# 국제무역관습 및 협약론

권 오 지음

청목출판사

# 머리말

    국제무역관습이라는 분야에 대하여 관심을 가지고 있었지만 그 범위에 관해서는 궁금한 점이 많았다. 다수의 문헌을 참고로 하여 본 책을 저술하면서 느낀 점은 무역관습을 주로 인코텀스에 대한 설명에 치중한 경향이 많았다는 점이다. 무역관습을 무역거래에 대한 정형조건에 대한 해석규칙을 중심으로 설명을 한정한다면 무역대금결제나 국제운송, 국제무역보험, 국제분쟁의 해결을 위한 분야에 존재하는 관습에 대해서는 어떻게 설명하여야 하는 것인가라는 의구심이 들었다. 그래서 본 책에서는 이러한 점을 개선하고자 국제무역관습이라는 분야를 무역거래 단계에서 각각 적용하는 국제관습이나 협약 또는 조약 중에서 대표적인 것을 선정하여 제시하면서 설명하는 것이 옳다고 판단하여 본 책을 다음과 같은 내용으로 저술하였다.

    첫째, 제1편 무역거래 관련 국제관습과 협약에서는 국제물품매매계약에 관한 UN협약(United Nations Conv ention on Contracts for The International Sale of Goods, 1980: CISG)과 국제무역거래조건의 해석에 관한 국제규칙(International Rules for the Interpretation of Trade Terms 2010; Incoterms 2010) 등을 제시하여 설명하였다.

    둘째, 제2편 무역대금결제 관련 국제관습과 협약에서는 화환신용장에 관한 통일규칙 및 관례, 2007 개정, ICC 출판물번호 제600호(The Uniform Customs and Practice for Documentary Credits, 2007 Revision, ICC Publication No. 600: UCP 600)와 추심에 관한 통일규칙(Uniform Rules for Collections, 1995 Revision ICC Publication No. 522: URC 522) 등을 제시하여 설명하였다.

    셋째, 제3편 무역운송 관련 국제관습과 협약에서는 국제육상운송과 관련한 국제도로물건운송조약(Convention on the Contract for International Carriage of Goods by Road: CMR) 및 국제철도물건운송조약(International Convention Concerning Carriage of Goods by Rail: CIM), 국제항공운송과 관련한 국제항공운송에 관한 바르샤바 협약(Convention for the Unification of Certain Rules Relating to International Carriage by Air, Signed at Warsaw on 12 October 1929: Warsaw Convention)과 국제항공운송협회 항공화물운송장 표준운송약관(International Air Transport Association The General Conditions of Carriage: IATA The General Conditions of Carriage), 국제해상운송과 관련한 선화증권에 관한 규정의 통일을 위한 국제협약

(International Convention for The Unification of Certain Rules of Law Relating to Bills of Lading: Hague Rules 1924), UN 해상화물운송 협약(United Nations Convention on The Carriage of Goods by Sea, 1978 Preamble: Hamburg Rules 1978), UN 국제복합운송 협약 (United Nations Convention on International Multimodal Trans port of Goods, Geneva, 24 May 1980: MT Convention), UNCTAD/ICC 복합운송증권 규칙(UNCTAD/ICC Rules for Multimodal Transport Documents(1992), 발틱 국제해운동맹 용선계약서(The Baltic and International Maritime Council Uniform General Charter; As Revised 1922, 1976 and 1994: GENCON) 등을 제시하여 설명하였다.

넷째, 제4편 무역보험 관련 국제관습과 협약에서는 1906년 해상보험법(The Marine Insurance Act 1906; MIA), 협회적하약관 2009(A)[Institute Cargo Clause 2009(A): ICC 2009(A)], 협회적하약관 2009(B)[Institute Cargo Clause 2009(B): ICC 2009(B)], 협회적하약관 2009(C)[Institute Cargo Clause 2009(C): ICC 2009(C)], 협회기간약관(선박) 1995 [Institute Time Clause(Hulls) 1995: ITC(Hulls) 1995], 공동해손규칙(York-Antwerp Rules 2004: YAR 2004) 등을 제시하여 설명하였다.

다섯째, 제5편 무역분쟁해결 관련 국제관습과 협약에서는 외국중재판정의 승인 및 집행에 관한 UN 협약(United Nations Convention on the Recognition and Enforcement of Foreign Arbitral Awards; New York Convention), 국제상사중재를 위한 국제무역위원회의 모델법 [UNCITRAL Model Law on International Commercial Arbitration (1985) (as adopted by the United Nations Commission on International Trade Law on 21 June 1985): UNCITRAL Model Law] 등을 제시하여 설명하였다.

그러나 국제무역관습과 협약 분야에 대한 학문적 깊이가 미천한 까닭에 각종의 참고문헌과 국제규칙을 인용하였지만 그 내용에 부족한 면이 많다. 또한 이미 무역의 각 분야에서 이미 일반화되어 있는 사항에 대해서는 참고의 근거를 상세하게 기록하지 못하였다. 부족한 면들은 연구를 거듭하면서 독자 여러분들의 비판과 지도를 수렴하고 계속 보완하려고 한다.

끝으로 본 책은 한성대학교 교내학술연구비의 지원을 받아 저술하였음을 밝히며, 발간하는 과정 중에 보여준 청목출판사 직원 분들의 노고와 협조에 대하여 감사를 드린다.

2014. 2.

저자

# 차 례

## 제2편　　무역대금결제 관련 국제관습과 협약

| 제3편 | 무역운송 관련 국제관습과 협약 |

## 제4편   무역보험 관련 국제관습과 협약

**제5편**  **무역분쟁해결 관련 국제관습과 협약**

# 제1편

# 무역거래 관련 국제관습과 협약

# 제 1 장

# 무역거래와 무역관습

## 제 1 절  무역거래와 관리제도

### 1. 무역

#### (1) 무역의 특수성

무역(Trade)은 국가와 국가 사이에 경제적 필요성이 발생하여 이루어지는 거래이다. 그래서 무역은 국경을 넘는 상거래라고도 하는데, 여기에서의 국경은 경제적 국경을 의미한다. 경제적 국경은 물품이 국가와 국가 사이를 통과하는 관세선을 지칭하며, 물품은 외국환거래법에서 정하는 지급수단, 증권 및 채권을 추상화한 서류 외의 동산을 뜻한다. 그리고 상거래라는 개념은 물품의 수출과 수입을 의미한다. 따라서 무역이란 물품의 수입과 수출이라고 요약할 수 있다.

국내거래와 무역이 다른 점은 거래가 국가와 국가 사이에 이루어진다는 것이다. 국내거래처럼 거래가 한 국가 또는 지역으로 한정되면 생산자와 소비자를 연결해 주는 과정은 단순화될 수 있다. 더욱이 대금지급에 사용되는 통화 및 거래와 관련한 법률의 적용 등과 같은 측면에서도 제약이 거의 없다. 그런데 무역거래는 한 국가 내에서 다른 국가로 물품이 이동하게 된다. 따라서 물품의 생산에서 운송, 보관, 분배, 소비에 이르는 전 과정이 매우 복잡하다. 더구나 국가와 국가 사이의 문화적, 사회적, 정치적 여건 등이 서로 다르기 때문에 거래 외적인 요소들도 많은 영향을 주게 된다. 그러므로 무역은 국내거래와는 다른 경제 환경 속에서 이루어지게 된다.

## (2) 수출과 수입

수출은 매매, 교환, 임대차, 사용대차, 증여 등을 원인으로 국내에서 외국으로 물품을 이동하는 것과 유상으로 외국에서 외국으로 물품을 인도하는 것으로서 수출입 주무기관의 장이 정하여 고시하는 기준에 해당하는 것, 그리고 거주자가 비거주자에게 전자적 형태의 무체물을 정보통신망을 통한 기타 수출입 주무기관의 장이 정하여 고시하는 방법으로 인도하는 것이다.

수입은 매매, 교환, 임대차, 사용대차, 증여 등을 원인으로 외국으로부터 국내로 물품을 이동하는 것과 유상으로 외국에서 외국으로 물품을 인수하는 것으로 수출입 주무기관의 장이 정하여 고시하는 기준에 해당하는 것, 거주자가 비거주자로부터 전자적 형태의 무체물을 정보통신망을 통한 기타 수출입 주무기관의 장이 정하여 고시하는 방법으로 인수하는 것이다.

## 2. 무역관리제도

### (1) 무역관리의 의의

무역관리(trade control)는 무역업자, 거래물품, 거래상대국, 외환거래 등에 관해 일정한 규제나 제한을 가하여 무역과 관련한 제반사항을 국가가 간섭, 규제, 제한, 통제하는 것이다. 우리나라뿐만 아니라 세계의 모든 국가들은 정도의 차이는 있지만 무역행위에 대하여 일정하게 관리 내지 감독을 하고 있다. 무역은 상대적인 것이기 때문에 두 국가 사이에서 존재하는 각종의 관습과 법적 환경 또는 경제적 환경 및 문화적 환경 등이 존재하기 때문에 서로의 환경을 존중하면서 유기적인 관계를 유지하여야 한다. 따라서 각국의 정부에서는 무역관리를 하면서 우선적으로는 자국의 이익을 추구하고, 다음으로는 무역당사국 사이에 원만한 관계를 유지하며, 더 나아가서는 모든 국가와 무역을 할 수 있는 기반을 조성하여야 한다.

### (2) 무역관리의 목적

우리나라의 무역정책은 수출진흥과 수입조정을 기초로 하여 엄격한 관리무역 체제를 기조로 시행되어 왔다. 정부가 무역을 관리하는 목적은 대외무역법에 규정하고 있는 것처럼 대외무역을 진흥하고 공정한 무역거래질서를 확립하여 국제수지의 균형과 통상의 확대를 도모함으로써 국민경제의 발전에 이바지하는 데에 있다.[1]

---

1) 대외무역법 제1조 참조.

## (3) 무역관리 관련 법규 및 무역관리기구

### 1) 무역관련 법규

#### ① 대외무역법

대외무역법은 무역전반에 대한 정부의 조정, 간섭 및 규제 등 무역을 규율하는 기본법이다. 그리고 대외무역법의 시행을 위하여 대외무역법 시행령과 대외무역법 관리규정이 제정되어 있다. 대외무역법은 우리나라의 무역관리에 대한 방향과 목적을 제시하고 있다. 대외무역법은 물품의 국제간 이동, 외환의 이동, 무역업자의 자격 등을 관리하는 기본법이다.

#### ② 외국환거래법

외국환거래법은 외국환과 그 거래 기타 대외거래를 합리적으로 조정 또는 관리함으로써 대외거래의 원활화를 기하고 국제수지의 균형과 통화가치의 안정을 도모하여 국민경제의 건전한 발전에 이바지하는 것을 목적으로 하고 있다. 국제물품거래와 관련한 대금결제 및 그 외의 각종 사업과 관련한 외환의 이동 등에 대하여 관리 감독하는 법이다.

#### ③ 관세법

관세법은 관세의 부과, 징수 및 수출입 물품의 통관을 적정하게 하여 국민경제의 발전에 기여하고 관세수입의 확보를 기함을 목적으로 하고 있다. 이와 같은 목적을 달성하기 위하여 무역관세법에서는 관세부과와 징수 그리고 수출입 통관에 관련된 모든 사항이 포괄적으로 규정하고 있다. 관세법에서는 관세의 부과, 징수, 감면에 관하여 규정하고, 징수의 확보를 위하여 보세제도, 운수기관에 대한 규제, 처벌 등을 규정하고 있기 때문에 조세법과 같은 특성을 지니고 있다. 관세법에서는 통관에 관한사항을 규정하고 있기 때문에 통관법과 같은 특성을 가지고 있다. 관세법에서는 통관과 관련한 벌칙과 조사 및 처분에 관한 방대한 규정을 두고 있기 때문에 형사법과 같은 특성을 가지고 있다. 그래서 관세법을 관세형법이라고도 한다.

#### ④ 기타의 무역 관련 법규

대외무역법에서 규정하고 있는 무역진흥을 위한 조치, 수출입거래에 관한 사항, 수입에 의한 산업피해에 관한 조사, 수출입의 질서유지에 관한 사항, 수출입관련조합 등과 같은 사항 등은 수출입주무기관의 단독적인 관리만으로 그 성과를 기대할 수는 없다. 따라서 각종의 제반 법규가 대외무역법의 시행을 지원한다. 수출품 품질향상에 관한 법, 수출보험법, 수출업자유지역설치법 등과 수출입규정에 관한 특별한 규정을 두어 그에 따라 규제를 하는 것이 이에 해당한다.

### 2) 무역관리기구

#### ① 주무기관

산업통상자원부는 무역관리를 주 업무로 하는 관청이다. 산업통상자원부 장관[2]은 통상을 담당하는 주무장관이 되는데 모든 수출입에 관한 사항을 관장, 통괄하도록 하고 있다. 필요한 경우에는 권한의 일부를 위임 또는 위탁하고 있다.

#### ② 협조기관

중앙행정기관들도 법에 의하여 수출입관리를 협조하고 있다. 협조기관들은 독자적으로 무역을 수행하는 것이 아니라 각각의 소관업무와 관련한 특별법에 의하여 협조를 하고 있다.

#### ③ 무역위원회

무역위원회는 특정한 물품의 수입증가, 무역, 유통서비스의 공급증가 또는 불공정한 수입으로 인한 국내산업의 피해를 구제하는데 필요한 각종 조사와 판정 및 구제조치의 건의 등을 수행하기 위하여 설치한 기관이다.

#### ④ 권한의 위임 또는 위탁

##### ㉠ 위임 또는 위탁 대상

수출입 주무기관의 장은 무역에 관한 권한의 일부를 위임 또는 위탁하고 있다. 무역관리에 관한 권한의 일부를 위임받는 기관들은 중앙행정관의 장, 특별시장, 광역시장과 시장 및 도지사, 기술표준원장 및 단체의장, 관세청장, 세관장, 한국은행총재, 한국수출입은행장, 외국환은행의 장, 기타 대통령령으로 정하는 법인 또는 단체 등이다. 이들은 대외무역법, 외국환거래법, 관세법 등에서 규정하는 일부의 권한에 대하여 위임 또는 위탁을 받아 무역관련 주무부서의 업무를 유기적으로 보완하고 있다. 이들 법령에서 규정하는 내용에 대해서는 필요한 경우각종의 규정이나 시행령 등을 통하여 업무의 효율성을 기하고 있다.

##### ㉡ 중앙행정기관의 장

중앙행정기관의 장은 법령에 따라 수출입 주무기관의 장으로부터 위임 또는 위탁받은 방산물자의 수출에 대한 조정명령에 관한 권한, 외화획득용 원료 및 기재의 수입제한에 관한 권한, 외화획득용 원료나 기재의 기준소요량의 결정에 관한 권한, 외화획득용 원료 및 기재 또는 그 원료 및 기재로 제조된 물품에 관한 권한, 각 조합의 정관변경 인가에 관한 권한, 각 조합에 대한 보고명령에 관한 권한, 특별시장과 광역시장 및 시장 그리고 도지사에게 위임한 사무에 대한 지휘 감독 및 보고에 관한 권한 등을 행사한다.

---

2) 이하 수출입 주무기관의 장이라고 한다.

# 제 2 절  무역계약과 무역관습

## 1. 무역계약체결 준비

### (1) 해외시장조사

무역업자가 물품을 수출 또는 수입하려면 가장 적합한 무역시장을 찾아야 한다. 해외시장조사(foreign market research)는 무역시장을 물색하고 선정된 무역시장에서 물품에 대한 매매가능성을 조사하는 것을 의미한다. 즉 해외시장조사는 물품을 가장 효율적으로 수출할 수 있는 시장을 탐색하거나 수입대상 물품에 대한 시장정보를 수집하기 위하여 행하는 일련의 절차를 의미한다.

### (2) 거래처의 선정

무역업자가 해외시장조사를 하면서 거래에 적합한 상대를 선정을 하는 방법으로는 현지조사에 의한 선정, 국내외의 견본시장과 상설전시장에 의한 선정, 소개에 의한 선정, 무역알선기관에 의한 선정, 상공인명록에 의한 선정, 홍보매체에 의한 선정 등이 있다.

## 2. 신용조사와 거래의 제의

### (1) 신용조사

신용조사(credit inquiry)는 신용을 제공받는 자가 신용을 제공하는 자에 대하여 대가를 지급할 수 있는 능력을 사전에 알아보는 것이다. 따라서 무역거래와 관련한 무역대금 결제 능력 및 일반적 경제상태 등을 사전에 조사하여 무역대금 결제에 대한 확실성을 추정하는 절차이다.

### (2) 거래의 제의

거래의 제의는 거래처를 선정하고 신용조사가 종료된 후에 상대방과 거래를 하겠다는 확신이 있을 때 거래제의장(circular letter)을 활용하여 제의한다.

## 3. 무역계약체결과 무역계약 조건

### (1) 청약과 승낙

청약(offer)은 청약자(offeror)가 피청약자(offeree)와 일정한 조건하에서 계약을 체결하겠다는 뜻을 나타낸 의사표시이다. 즉 계약을 요청하는 의사표시를 의미한다. 청약은 그 의사가 상대방에게 전달됨으로써 그 효력이 발생한다. 따라서 청약의사가 도달하기 이전에 철회하면 그 청약은 무효가 된다. 청약의 효력의 유효기간은 당사자가 자유로이 임의로 결정할 수 있으나, 무역거래에서 많이 활용되는 확정청약은 유효기간이 청약과 동시에 확정되는 것이 일반적이다. 청약의 내용은 품명(commodity), 등급(grade or specification), 원산지(origin), 선적일(shipping date, delivery date), 포장방법(packing method), 수량(quantity), 단가(unit price), 대금 결제방법(payment condition), 분할선적(partial shipment), 환적(transshipment), 분쟁해결(settlement of claim)에 관한 사항 등 여러 가지가 있다.

승낙(acceptance)은 청약을 받은 자가 청약에 응하여 무역계약을 성립시킬 목적으로 하는 의사표시이다. 승낙의 내용은 정확히 청약의 내용과 일치하여야 한다. 청약에 그 승낙방법이 지정되어 있는 경우에는 그 방법을 따라야 한다. 청약에 승낙의 방법이 지정되어 있지 아니한 경우에는 합리적인 방법으로 승낙하면 된다. 수출업자의 확정청약에 대하여 수입업자가 그대로 승낙하면 무역계약은 성립한다. 최초의 청약이 있게 되면 그 청약에 대하여 상대방이 조건을 수정한 청약을 제시하게 된다. 그러면 처음에 청약을 했던 무역업자는 상대방의 반대청약에 대하여 다시 조건을 제시하는 청약을 보내게 된다. 그러므로 청약에 대한 청약이 반복된 후에 최종적으로 누군가가 상대측의 반대청약을 무조건 승낙함으로써 무역계약이 성립된다. 결국 청약의 조건에 대하여 무역업자 사이에 흥정을 하고 그 흥정결과에 대하여 만족하여야 승낙을 결정하는 것이다. 승낙의 여부에 대한 침묵(acceptance by silence)은 청약자에 대하여 청약의 내용에 대하여 승낙할 의사가 없는 것으로 간주하여 거절로 판단한다.

청약이나 승낙의 효력에 대하여 인정하는 기준으로는 발신주의, 착신주의, 예지주의 등이 있다. 발신주의는 청약하거나 승낙한다는 의사표시가 발송될 때 계약이 성립하는 것으로, 도달주의는 청약하거나 승낙한다는 의사표시가 청약자에게 도달한 때에 계약이 성립하는 것으로, 예지주의는 청약하거나 승낙의 의사표시가 도달할 뿐만 아니라 현실적으로 청약자가 그 사실을 알았을 때 계약이 성립하는 것으로 보는 입장이다.

### (2) 무역계약 조건의 결정

#### 1) 품질에 관한 조건

무역계약자는 무역계약을 체결할 때에 무역매매물품의 품질(quality)에 관한 조건을 결정하게 된다. 품질은 무역매매물품을 선택하는 기준이 된다. 동종의 품목일지라도 품질은 상이하기 때문에 무역거래에서는 중요한 요소가 된다. 그러므로 품질을 결정하는 방법과 품질을 결정하는 시기에 대하여 결정하여야 한다. 품질을 결정하는 방법에는 견본매매(sale by sample), 표준품매매(sale by standard)3), 명세서매매(sale by specification or dimensions), 상표 또는 통명매매(sale by trade mark or brand), 규격매매(sale by grade), 점검매매(sale by inspection) 등이 활용된다. 품질을 결정하는 시기로는 선적품질조건(shipped quality terms)4), 양륙품질조건(landed quality terms)5) 등이 활용된다. 물품의 품질을 증명하는 방법과 품질검사기관에 대해서는 무역계약서나 일반거래협정서에 명시하여야 한다. 선적품질조건의 경우에는 수출업자가 물품의 품질에 대하여 증명하여야 한다. 양륙품질조건의 경우에는 수입업자가 물품의 품질에 대하여 증명하여야 한다. 품질검사기관에서는 수출업자 또는 수입업자의 의뢰를 받고 품질을 증명해 준다. 품질검사기관에서는 세계의 주요 항구에 상주하는 전문감정인에게 의뢰하여 검사의뢰를 받은 물품에 대한 품질을 검사한다. 품질검사기관에서는 품질검사에 대한 결과에 대하여 작성한 보고서를 의뢰자에게 송부하거나 검사증명서를 발급한다.

#### 2) 수량에 관한 조건

무역계약 당사자는 무역계약을 체결할 때에 무역매매물품의 수량(quantity)에 관한 조건을 결정하게 된다. 국가마다 수량(quantity), 중량(weight), 용적(measurement), 길이(length), 면적(square), 개수, 포장 등을 산출하는 도량단위가 서로 상이하고, 국가마다 수량을 표시하는 고유한 용어가 존재하며, 같은 수량 단위인데도 불구하고 기준치가 틀리는 경우도 있기 때문에 유의하여야 한다. 수량을 결정하는 시기로는 선적수량조건(shipped quantity terms, shipped weight terms), 양륙수량조건(landed quantity terms, landed weight terms) 등이 활용된다. 양륙수량조건에서는 무역매매물품이 양륙된 도착지의 특정장소에서 수입업자에게 인도할 때 검사기관이 물품에 대한 실제 수량을 산정하게 된다.

---

3) 표준품매매(sale by standard)에는 평균중등품질조건(fair average quality terms: FAQ), 판매적격품질조건(good merchantable quality terms: GMQ), 보통품질조건(usual standard quality terms: USQ) 등이 활용된다.
4) 선적품질조건(shipped quality terms)으로는 Tale Quale(T.Q.), Sea Damaged(S.D.) 등이 활용된다.
5) 양륙품질조건(landed quality terms)으로는 Rye Term(R.T.) 등이 활용된다.

### 3) 물품가격에 관한 조건

물품의 가격은 물품의 제조원가에 이윤을 합한 금액이다. 물품의 가격을 결정한다는 것은 물품의 단가를 조정하여 결정하는 일이다. 수출물품의 가격을 결정하는 데에는 물품의 공급과 수요에 대한 현황 및 예측도 중요하지만 환율변동이나 관세, 상대국의 무역장벽 제한요소 등과 같은 요소를 감안하여 결정하여야 한다. 물품의 가격을 어느 나라의 통화로 표시할 것인가에 따라 환율의 영향도 다르기 때문에 당사자가 협의하여 일반거래 협정서에 명시하여야 한다. 일반적인 물품의 가격을 산출하는 경우에는 단위당 원가, 수출포장비, 수출검사료, 화인비용, 국내운임 및 국외운임, 부선사용료, 선내인부임, 보험비용, 창고료, 금리, 외환비용, 수수료, 전신료, 수출통관비용, 수입통관비용, 양륙비용, 선적비용 등을 계산에 포함하게 된다.

### 4) 수출포장에 관한 조건

수출포장(packing, export packing)은 수출물품의 운송, 보관, 하역, 판매 등과 같은 과정을 거치는 동안에 물품의 가치 및 상태를 보호하기 위하여 적합한 재료나 용기로 포장하는 방법을 의미한다. 수출포장은 수출물품의 특성, 운송거리, 운송수단, 운송지역의 기후, 판매국가, 판매목적, 판매대상, 판매시기 등에 따라서 포장재료, 포장방법, 포장디자인 등이 다르게 된다. 수출포장을 할 때에는 화물의 형태, 성질, 무게, 길이 등을 고려하여 종이, 유지, 목재, 철판 등과 같은 수출포장재료를 적합하게 사용하여 화물의 특성을 보호하여야 한다. 수출포장을 할 때에는 해당 화물에 대한 적정한 포장기법을 적용하여야 하고 필수불가결한 요소에 국한하여 최소의 비용으로 포장하여야 한다. 수출포장을 할 때에는 화물이 그 특성에 따라 온도, 습도, 햇빛 등과 같은 기후의 여건에 영향을 받는 경우가 많다는 점을 고려하여야 한다. 수출포장을 할 때에는 화물에 관한 정보를 표시하여 하역작업을 하는 중에 주의를 촉구하여야 하고 무역거래의 대상이 되는 화물이 출발장소에서부터 목적지에 이르기까지의 과정 중에 용이하게 작업을 할 수 있는 단위로 하여야 한다. 수출포장을 할 때에는 화물이 운송 중에 운송수단에 따라 받는 충격을 방지하거나 완화할 수 있도록 하여야 하고 화물을 보관할 때에 대부분 다단적으로 하고 적치하는 경우가 많기 때문에 그 상단에 적치 또는 적재되는 화물의 중량을 지탱할 수 있도록 포장을 하여야 한다.

수출포장은 1개의 운송용기에 넣은 물품을 각각 보호하기 위하여 포장하는 최소단위의 포장인 단위포장 즉 개포장(個包裝, unitary pac king)과 단위포장이 이루어진 물품을 하나의 운송용기에 넣을 때 단위포장과 단위포장 사이에 충격을 완충시키는 역할을 하는 재료를 넣는 내부포장(interior packing), 외부포장(outer packing) 등으로 구분된다.

### 5) 수출화인에 관한 조건

수출화인(shipping marks)은 수출화물의 외부포장에 기입하는 수입업자명 또는 주소, 대조번호, 목적지, 번호, 기타의 표지를 의미한다. 수출화물의 포장에 화인을 표시하는 목적은 운송업자나 하역업자 그리고 보관업자 등이 화물의 운송, 하역, 보관 등과 같은 작업 중에 다른 화물과 구분을 하고 각 화물의 특성에 따라 적절한 취급방법을 강구하려는 것이다. 수출화인은 기본화인(principle marks)[6], 정보화인(information marks, 情報標識), 취급주의 화인(cargo handling marks, caution mark, 取扱注意 標識) 등으로 구성된다.

### 6) 무역거래에 관한 조건

무역거래에 관한 조건은 국제상업회의소(International Chamber of Commerce: ICC)에서n 제정한 국제무역거래조건의 해석에 관한 국제규칙(International Rules for the Interpretation of Trade Terms; Incoterms 2010)을 적용하는 조건이다. 인코텀스 2010에서는 거래규칙에 따라 매매당사자의 의무를 10개 항목의 표제로 분류하여 서로 대칭시켜 규정하고 있다. 즉 매도인의 의무와 매수인의 의무에 대하여 일반적 의무(General obligation of the seller), 허가, 인가, 보안 통관 및 기타 정보(Licences, authorizations, security clear ances and other formalities), 운송 및 보험계약(Contract of carriage and insurance), 인도(Delivery), 위험의 이전(Transfer of risks), 비용의 분배(Allocation of costs), 매수인에 대한 통지(Notice of the buyer), 인도서류(Delivery document), 검사, 포장, 화인(Checking-packing-marking), 정보에 관한 협조와 관련 비용(Assistance with information and related costs) 등에 관한 사항을 규정하고 있다.

### 7) 선적에 관한 조건

무역계약 당사자는 무역계약을 체결할 때 선적(shipment)에 관한 조건을 결정하게 된다. 선적에 관한 조건은 무역운송계약체결에 관한 조건이 아니다. 선적조건은 선적시기와 선적하는 방법 등에 관한 조건이다. 선적조건을 결정할 때에는 무역매매물품의 인도 및 인수시점, 무역매매물품의 특성, 무역매매물품의 분량, 무역매매물품의 운송경로 등으로 고려하여 결정하여야 한다. 선적시기를 결정할 때에는 단월 선적조건, 연월(連月) 선적방법, 즉시 선적조건 등을 활용하여야 한다. 선적의 유형은 일괄 선적 또는 분할선적(instalment shipment) 등을 활용한다. 운송 중에 직항항로 등이 없거나 복합운송인 경우에는 환적(換積, transshipment) 등을 고려하여야 한다.

---

6) 기본화인(principle marks)은 수입업자 표지(importer marks), 대조번호 표지(counter marks), 목적지 표지(destination marks), 화물번호 표지(case marks) 등으로 표시된다.

### 8) 무역보험에 관한 조건

보험에 부보를 하는 것은 운송 도중에 발생하는 위험을 대비하는 것이다. 그러므로 보험계약을 체결할 때의 보험조건은 운송물품과 운송방법에 따라 차이가 있게 된다. 운송방법 중에서 무역거래에서 가장 많이 이용되는 것은 해상운송이다. 이에 따라 보험에 관한 조건은 해상보험과 관련한 조건이 대부분이다.

### 9) 무역대금 결제에 관한 조건

무역계약을 체결할 때 무역대금 결제조건은 자금사정을 고려하여 결정하여야 한다. 무역대금 결제는 수출업자로서는 수출대금의 회수이고 수입업자로서는 수입물품에 대한 대금지급이 되기 때문에 무역대금 결제조건에서 중요한 것은 무역대금 결제시기이다. 무역대금 결제조건의 유형으로는 송금결제(remittance payment), 추심결제(collection), 현금결제(cash in delivery), 선지급(cash in advance: advance payment), 후지급(deferred payment), 분할지급(progressive payment: installment payment), 상호계산(current account: open account), 신용장 결제(payment basis with L/C), 현물상환 지급방식(COD), 선적서류상환 지급방식(CAD), 인수인도조건(D/A) 결제방식과 지급인도조건(D/P) 결제방식, 팩토링(factoring) 결제방식, 포페이팅(forfaiting) 결제방식, 자금이체 결제방식 등이 있다.

### 10) 분쟁 해결에 관한 조건

무역계약을 체결할 때 매도인과 매수인이 분쟁 해결에 관한 조건(settlement of dispute)을 결정하는 것은 분쟁을 해결할 수 있는 방법을 사전에 경정하여 놓음으로써 실제로 무역거래에서 분쟁이 발생하는 경우, 그 분쟁을 신속하게 처리하려는 의도이다. 사실상 무역거래를 시작하여 무역대금을 결제할 때까지 문제가 없다면 무역거래자는 분쟁에 대하여 우려할 이유가 없다. 그러나 무역거래는 국가와 국가 사이의 거래이고 무역거래절차에 따르는 여러 가지의 업무가 매우 복잡하기 때문에 분쟁이 발생할 가능성이 매우 높다. 그래서 무역거래를 이행하는 과정 중에 분쟁이 발생했을 때 어떤 방법으로 해결할 것인가에 관한 조건을 결정하는 것이다.

무역계약과 관련한 분쟁의 해결방법으로는 화해, 알선, 조정, 중재 등이 있다. 중재는 분쟁해결을 중재에 의한다는 중재조항을 미리 계약에 약정해 두지 않거나 나중에 중재에 의하여 해결할 것을 합의하지 못하면 편리한 중재제도를 이용할 수 없게 된다. 따라서 무역계약을 체결할 경우에는 중재조항을 반드시 삽입하되 중재기관, 중재장소 및 준거법 등을 포함시키도록 하는 것이 바람직하다.

### (3) 무역계약체결

#### 1) 무역계약의 의의

무역계약은 수출업자인 매도인이 계약에서 약정한 무역매매물품을 제공하기로 약속하고 수입업자인 매수인이 그 무역매매물품을 받는 대가로 대금을 지불할 것을 약속함으로써 성립되는 국제적인 매매계약이다. 무역계약은 개별계약(case by case contract), 장기계약 또는 포괄계약(master contract), 독점계약(exclusive contract) 등으로 구분된다.

#### 2) 무역계약의 특성

무역계약은 일방의 청약에 의하여 타방이 승낙하면 성립되는 낙성계약(consensual contract), 무역계약의 성립과 동시에 무역계약 당사자 사이에 채무가 존재하는 쌍무계약(bilateral contract), 무역계약은 당사자의 일방이 제공한 대가에 대하여 급부하고 상대방은 급부받은 대가에 대하여 급부를 할 것을 목적으로 하는 유상계약(remunerative contract, compensatory contract)인 보상계약(contract of consideration), 무역계약을 체결하고 그 내용을 기록하는 데에 있어서 일정한 형식이 결정되어 있지 않은 불요식계약(不要式契約, single contract, informal contract)이다.

### (4) 무역계약체결과 무역계약서

무역계약서는 무역계약 당사자의 책임과 의무에 대한 기준을 설정하여 당사자 사이의 책임과 의무를 확인함으로써 무역계약 당사자 사이에 분쟁이 발생하였을 경우에 분쟁을 해결하는 기준자료가 되기 때문에 중요하다. 무역계약서는 수출업자가 작성할 때는 매도서(賣渡書, sales note) 또는 주문확인서(conformation of order)가 작성된다. 수입업자가 작성할 때는 매입서(買入書, purchase note) 또는 주문서(order)가 사용된다. 무역계약의 체결을 확인한다는 것은 수출업자와 수입업자 사이에 합의한 계약내용을 기재한 무역계약서를 송부하는 절차이다. 즉 무역계약의 내용을 무역계약 당사자중 일방이 정리하여 정부(正副) 2부를 작성하여 서명한 후 상대방에게 발송하면 이를 수령한 상대방이 송부된 계약서를 검토한 후 1부를 반송하고 1부를 보관하면 무역계약체결 확인 절차는 종료된다. 수입업자가 수출업자의 청약서에 승낙 서명을 하거나 수출업자가 수입업자의 주문서에 서명을 하더라도 서류는 2부를 작성하여 1부는 보관하고 1부는 발송하면 무역계약체결 확인 절차는 종료된다. 그러므로 무역계약 당사자가 직접 만나서 무역계약서에 서명하고 교환하는 절차는 생략이 가능하다.

# 제 2 장

# 무역거래관습과 인코텀스 2010

## 제 1 절  무역거래규칙과 인코텀스

### 1. 무역거래규칙과 무역관습

무역거래규칙은 무역거래에서 관습적으로 사용되는 규칙을 의미한다. 무역거래에서는 매매당사자가 부담하여야 할 여러 가지 의무가 존재한다. 그래서 무역거래에서 매매당사자는 당사자의 의무에 관련된 내용들에 대하여 관심을 갖게 된다. 관습적으로 매매당사자는 매도인이 계약물품에 대하여 어느 지점 또는 시점까지 소유권을 행사하는가에 대하여 관심을 갖기 때문에 소유권의 분기점(division of proper)이 당사자 사이에 중요한 사안이 된다. 매매당사자는 계약물품에 대하여 소유권을 행사하는 동안 위험과 비용을 부담하여야 하기 때문에 위험의 분기점(division of risk)과 비용의 분기점(division of cost)도 당사자 사이에 중요한 사안이 된다.

이러한 문제를 해결하기 위하여 각국에서는 여러 가지의 무역거래규칙을 제정하여 사용하여 왔다. 그런데 각국이 제정한 무역거래규칙에 대한 그 해석과 적용은 자국에 유리하게 적용되었고 비록 국제적으로 제정한 무역거래규칙이라 하더라도 국가에 따라 동일한 규정을 두고 다르게 해석하고 적용하였기 때문에 매매당사자 사이에 분쟁이 발생하는 경우가 다반사였다. 매매당사자가 분쟁을 감소시키기 위하여 의무와 관련한 내용을 매매계약을 체결할 때마다 매매계약서에 일일이 열거한다는 것은 실무적으로 복잡하고 번거로운 일이었다. 결국에는 세계의 여러 나라가 관습적으로 사용하여 오던 각종의 무역거래규칙이 갖고 있던 문제점을 해결하기 위하여 국제적으로 통일된 무역거래규칙을 모색하게 되었던 것이다.

## 2. 무역거래규칙의 유형

### (1) 미국외국무역정의

#### 1) 미국외국무역정의의 의미

미국은 지리적 특수성 때문에 인접국과의 거래에서 선박을 사용하지 않고 육상수송수단을 이용하는 경우가 증가하고, 미국의 서부 도는 동부 해안의 항구에서 내륙의 도시로 물품을 운송하는 빈도가 증가함에 따라 미국의 실정에 맞는 무역거래규칙을 독자적으로 제정하여 사용할 필요성이 제기 되었다. 따라서 여러 유형으로 사용되던 FOB조건에 대한 해석의 통일을 위하여 1919년 뉴욕의 India House에서 전미국무역회의(National Foreign Trade Convention)가 개최되었으며 여기서 「수출가격조건의 정의」(Definition of Export Quotations), 즉 일명 「FOB에 관한 India House 규칙」(India House Rules for FOB)가 채택되었다.

그 후 1941년 전미국무역협회(National Foreign Trade Council, Inc.), 전미국수입업자협회(National Council of American Importers Inc.) 및 미국상공회의소의 합동위원회에서 개정작업을 하여 전미국무역협회에서 개정 미국외국무역정의(Revised of American Foreign Trade Definitions, 1941)가 채택되었다. 이 정의에서는 6종류의 무역조건, 즉 Ex(point of origin), FOB, C&F(named point of destination), CIF(named point of destination) 그리고 Ex Dock(named port of importation)을 규정하고 있는데, FOB조건을 미국의 실정에 맞게 규정한 6개의 FOB조건 분류하고 있는 것을 특징으로 하고 있다.

미국외국무역정의는 미국의 국제관습을 반영하여 사용되어 오다가 국제상업회의소가 1980년과 1990년에 인코텀스를 개정할 때 미국외국무역정의에 규정한 FOB에 관한 사항을 반영하여 개정함으로써 현재는 존재가치가 없어졌다.

#### 2) 미국외국무역정의의 FOB에 관한 조건

① FOB(named inland carrier at named inland point of departure; 지정국내 발송장소에서 지정국내 운송업자에의 반입인도조건)

육상의 지정된 지점에서 매도인이 물품을 매수인에게 인도하는 조건이다. 매도인이 자기의 비용과 위험으로 매수인이 지정한 운송기관에 적재하고 매수인이 수배한 운송인으로부터 화물상환증이나 화물수취증을 입수해야 한다. 그 이후는 매수인이 부담한다.

② FOB [(named inland carrier at named inland point of departure) freight prepaid to(named point of exportation); 지정국내 발송장소에서 지정국내 운송업자에의 반입인도조건(단 지정수출지까지의 운임선지급조건)]

매도인이 계약물품을 지정된 국내지점에서 지정된 국내의 운송업자에게 반입 인도하는 조건이다. 이 때 매도인이 지정된 수출지점까지의 운임을 부담하고 무사고화물상환증이나 운송화물수취증을 입수해야 한다. 그 이후는 매수인이 부담한다.

③ FOB [(named inland carrier at named inland point of departure) freight allowed to(named point of exportation); 지정국내 발송장소에서 지정국내 운송업자에의 반입인도조건(단 지정수출지까지의 운임공제조건)]

지정된 수출장소까지의 운임이 공제된다. 매도인은 지정 수출장소에서 계약물품을 운송기관에 적재한 후 무사고화물상환증이나 운송화물수취증을 입수해야 한다. 그 이후는 매수인이 부담한다.

④ FOB(named inland carrier at named point of exportation; 지정 수출장소에서 지정국내 운송업자에의 반입인도조건)

수출지인 항구의 화물도착역을 매도인과 매수인의 책임 한계점으로 하여 도착된 화차에서 계약물품의 인도하는 것을 조건으로 한다. 매도인은 자기의 위험과 비용으로 계약물품을 선적항의 종착역까지 화차로 반입하여 착하된 채 매수인에게 인도함으로써 의무는 끝난다. 매수인은 화물을 화차로부터 인수하여 자기의 비용과 위험으로 외국선박에 선적하여 목적지에 보내게 된다

⑤ FOB Vessel(named port of shipment; 지정 선적항에서 본선에의 적재인도조건)

매도인은 지정된 선박에 화물을 적재한 후 무사고화물상환증이나 운송화물수취증을 입수함으로써 책임은 종료된다. 매수인은 그 이후에 발생하는 위험과 비용을 부담한다. 이 조건은 소위 오늘날 사용하고 있는 FOB 거래규칙과 같다. 대륙국이었던 미국의 견해가 반영된 조건이라 할 수 있다.

⑥ FOB(named inland point in country of importation; 수입국내 지정 장소에의 반입인도조건)

매도인이 수입국의 지정장소까지의 일체의 수송에 관한 수배를 강구하고 필요한 비용과 위험을 부담한다. 매수인은 계약물품의 인수 이후에 발생하는 제비용과 위험을 부담한다.

### (2) Warsaw Oxford Rules(Warsaw—Oxford Rules for CIF Contract, 1970)

#### 1) Warsaw Oxford Rules의 의미

국제법협회(International Law Association: ILA)는 1928년 Warsaw회의에 CIF계약에 관한 통일초안을 상정하여 채택하였다. 1931년에는 국제상업회의소의 강력한 지원 아래 Warsaw규칙 개정초안이 작성되었고 1932년 Oxford에서 개최된 국제법협회의 회의에 상정되어 Warsaw-Oxford규칙이 채택되었다. 이 규칙은 서문과 21개 조문으로 구성되어 있는데 Incoterms와는 다르게 소유권 이전에 관한 규정을 포함하고 있다. 현재는 Warsaw-Oxford규칙을 국제법협회가 1970년에 개정하여 「Warsaw-Oxford Rules for CIF Contract, 1970」로 지칭되고 있다.

국제법협회는 국제공법 및 국제사법의 연구, 진흥, 법률 충돌의 해결에 관한 제안과 법률의 통일화를 촉진시키기 위한 사업활동을 전개하여 오고 있다. 국제법협회에서는 공동해손의 정산에 관한 1974년 요크-앤트워프 규칙(The York-Antwerp Rules, 1974: YAR) 및 1924년 선화증권통일규칙(International Convention for the Unification of Certain Rules of Law Relating to Bills of Lading)의 원안을 기초함으로써 국제무역의 발전에 공헌을 하였다.

#### 2) Warsaw Oxford Rules의 평가

Warsaw Oxford Rules에서 규정하고 있는 CIF 계약과 관련 내용을 보면 위험부담 측면에서 매도인은 물품을 수출 할 때 선적항에서 선적하는 시점까지의 위험만을 부담하면 되도록 하고 있다. 비용부담 측면에서는 매도인이 목적항에 도착할 때까지의 운임과 보험료를 부담하도록 하고 있다. 또한 소유권의 이전 측면에서는 다른 가격조건과는 다르게 현물인도에 의하지 않고 서류인도방식을 택하도록 하고 있다. 즉 Warsaw Oxford Rules에서 CIF 계약과 관련한 규정에 따르면 물품이 본선상에 인도된 시점이 매도인과 매수인의 위험과 비용 그리고 소유권의 분기점이 되는 것이다. 이렇게 Warsaw Oxford Rules에서 CIF 계약과 관련하여 규정한 매도인과 매수인의 의무에 대한 사항은 오늘날에 사용되고 있는 인코텀스의 CIF 거래규칙의 내용과 같은 취지를 담고 있다.

그런데 Warsaw Oxford Rules은 인코텀스나 미국외국무역정의와 같이 매매당사자가 임의로 채택할 수 있는 통일적 해석기준에 지나지 않기 때문에 매매계약에서 당사자의 합의에 의하여 본 규칙에 따를 것이라는 취지의 조항을 명시적으로 규정하는 경우에만 적용되었다. 그러므로 매매계약을 체결할 때에 매매계약서에 이를 명시할 필요성이 있었다.

# 제 2 절   인코텀스의 제정과 변천

## 1. 인코텀스의 의미와 목적

### (1) 인코텀스의 의미

무역거래규칙(trade terms)은 물품이 매도인으로부터 매수인에게 이르기까지 운송과 수출입통관을 비롯하여 모든 비용과 위험부담의 당사자를 구분해 주는 국제매매계약의 주요소를 의미한다.[7] 그런데 무역거래규칙도 국가나 지역별로 상관습과 법체계가 달라 종종 그 해석상의 오해와 분쟁이 야기되기도 하였다. 이러한 무역거래의 불확실성을 해소하기 위하여 1920년대부터 국제상업회의소(International Chamber of Commerce: ICC)가 중심이 되어 매매 당사자 사이에 법률, 제도, 관습, 화폐 등이 상이하기 때문에 일어날 수 있는 무역거래상의 분쟁을 없애고 국제무역조건과 관습을 통일시키기 위하여 1936년에 정형거래조건의 해석에 관한 국제규칙(International Rules for the Interpretation of Trade Terms), 즉 인코텀스(Incoterms: International Commercial Terms)라고 한다.

### (2) 인코텀스의 목적

인코텀스의 서문에서는 "인코텀스의 목적은 외국무역에 가장 일반적으로 사용되는 정형거래조건의 해석에 관한 일련의 국제규칙을 제공하는데 있다. 따라서 각 국가간에 이러한 정형거래조건에 대한 상이한 해석으로 인한 불확실성이 제거될 수 있거나 또는 최소한 상당한 정도로 감소될 수 있다. 흔히 계약당사자들은 그들 각 국가에 있어서의 상이한 거래관습을 알지 못한다. 이로 인하여 시간 및 금전상의 낭비를 초래하는 오해, 분쟁 및 소송이 야기될 수 있다. 이러한 문제를 해소하기 위하여 국제상업회의소는 1936년에 처음으로 정형거래조건의 해석에 관한 일련의 국제규칙을 공표하였다"라는 규정을 두고 있다. 즉 무역거래가 법률, 제도 및 관습 등이 서로 다른 국가의 당사자들 간에 이루어지기 때문에 발생하는 분쟁을 해결하기 위하여 공통적으로 적용될 수 있는 중립적이고 합리적인 국제규칙을 제공하려는 것이 제정목적이다.

---

7) ICC, GUIDE TO INCOTERMS 1990, Pub.No.461/9,1991, p8; Clive M. Schmmithoff, Schmmithoff's Expert Trade, London, 1990, p8

### (3) 인코텀스의 적용

인코텀스는 국제적으로 통일된 조약이나 법률과 같은 수준의 강제력을 갖는 것은 아니며, 이는 어디까지나 국제상업회의소에서 마련한 여러 무역거래조건의 국제적인 해석기준에 불과한 것이다. 그러므로 매매당사자 사이에 무역계약서를 작성할 때에는 당해거래에 있어서 먼저 어느 국가의 법률을 적용할 것인가에 관한 준거법의 조항을 명시적으로 합의해 두어야 한다. 즉 매매당사자들은 인코텀스의 해당규정을 적용하려면 매매계약을 체결할 때 반드시 계약의 해석기준으로서 'Trade Terms: Unless otherwise stated, the trade terms under this contract shall be governed and interpreted by the Incoterms 2010'라는 등의 조항을 명기하여야 한다. 그러나 매매계약서에 준거법조항이 별도로 명시되어 있지 않더라도 FOB 거래규칙이나 CIF 거래규칙과 같은 선적지 거래규칙의 경우에는 선적지 국가의 법률이 준거법으로 되며, 반면 DAT 거래규칙이나 DAP 거래규칙과 같은 도착지 거래규칙인 경우에는 도착지 국가의 법률이 준거법으로 되는 것이 관습이다.

## 2. 인코텀스의 제정과 변천

### (1) 인코텀스의 제정

20세기에 이르러 세계 각국에서 통용되고 있는 정형거래조건을 해석하는 기준이나 적용이 서로 달라 무역업자들 간에 오해나 분쟁이 빈발하고 결국 소송으로까지 번져 무역거래에 혼란과 지장을 초래하는 사례가 많다는 점에 공감대가 형성되었다. 이에 따라 1920년에 이르러 세계 35개국에서 가맹한 상공인들의 모임인 국제상업회의소(International Chamber of Commerce; ICC)가 프랑스 파리에 본부를 두고 창설되었다. 국제상업회의소는 그 본부 내에 무역거래조건 위원회(Trade Terms Committee)를 설치하고 각국에서 통용되고 있는 정형거래조건에 관한 실태조사를 하고 1921년 제1회 런던 총회에 보고하였다. 국제상업회의소 무역거래조건 위원회는 이때 보고된 12개국의 조사보고서를 바탕으로 1923년에 FOB, FOR/FOT, Free Delivered, CIF 등의 네 가지 무역거래규칙에 대한 정의와 당사자의 권리 및 의무에 관한 국가별 비교대조표를 수록한 무역조건정의(Trade Terms Definition)에 대한 초판을, 1929년에 21개국의 보고서를 받아 위 네 가지의 무역거래규칙에 FAS, C&F를 추가한 여섯 가지의 제2판을 발간하였다.

### (2) 인코텀스 1936

국제상업회의소 무역거래조건 위원회는 초기 작업을 바탕으로 1936년 1월에 정형거래조건의 해석에 관한 국제규칙의 원안을 마련하여 영국과 이탈리아 위원을 제외하고 미국을 비롯한 25개국의 위원들이 참가하여 인코텀스의 제정을 위한 초안으로 채택하였다. 이 초안은 1936년 6월 국제상업회의소 집행위원회의 심의를 통과하여 정형거래조건의 해석에 관한 국제규칙(International Rules for the Interpretation of Trade Terms)이라는 명칭으로 공표되었다. 이를 약칭하여 인코텀스 1936(Incoterms 1936)이라고 한다.

인코텀스 1936에서는 11가지의 정형거래조건에 대하여 규정하고 있었다. 즉 인코텀스 1936에는 공장인도 거래조건(Ex Works), 지정출발지 철도인도 거래조건(FOR/FOT…named departure point), 지정선적항 반입인도 거래조건(Free…named port of shipment), 지정선적항 선측인도 거래조건(FAS…named port of shipment), 지정선적항 본선인도(FOB…named port of shipment), 지정목적항 운임포함 거래조건(C&F…named port of destination), 지정목적항 운임 · 보험료포함 거래조건(CIF…named port of destination), 지정목적지 운송비지급필 거래조건(Freight or Carriage Paid to named point of destination), 지정항 착선인도 거래조건(Ex Ship named port), 지정항 부두인도 거래조건(Ex Quay named port), 지정목적지 반입인도 거래조건(Free or Free Delivered…named point of destination) 등이 규정되어 있다.

### (3) 인코텀스 1953

제2차 세계대전 이후 국제정세의 변화에 따라 인코텀스 1936에 대한 개정의 필요성이 제기되었다. 따라서 국제상업회의소 무역거래조건 위원회에서는 영국 국내위원회가 작성한 개정초안을 기초로 하여 각국 국내위원회의 의견을 수렴하여 1953년에 최종 개정안을 확정하였다. 이 개정안에 대하여 국제상업회의소 집행위원회의 승인을 얻어 1953년 제14차 비엔나 총회를 거쳐 10월에 인코텀스 1953(Incoterms 1953)으로 공표하였다.

인코텀스 1953에서는 인코텀스 1936에 규정된 지정선적항 반입인도 거래조건(Free… named port of shipment)과 지정목적지 반입인도 거래조건(Free or Free Delivered… named point of destination) 이 서로 비슷하여 혼동하기 쉽다는 점, 당사자의 의무에 대한 각국의 해석이 너무 상이하여 통일된 기준을 설정하기 어렵다는 점, 국제무역거래에서 거의 이용되지 않고 있다는 점 등을 문제점으로 지적하고 삭제하였다. 그래서 인코텀스 1953에서는 아홉 가지의 정형화된 거래조건만을 규정하였다.

### (4) Montreal Rules 1967

제2차 세계대전 이후 동서진영간의 냉전이 격화되던 시절, 유럽에서는 매수인이 수출국내에서 물품을 인도수령하거나 매도인이 수입국내의 목적지점까지 물품을 반입인도하는 것이 어려웠다. 그래서 무역업자들이 동서진영간의 국경에서 계약물품을 인도하는 조건으로 계약하는 방법인 국경지정인도지 국경인도 거래조건(Delivered at Frontier…named place of delivery at frontier: DAF)을 사용하였다.

또한 유럽의 경제성장기에는 화물운송과 관련한 많은 변화가 있었다. 특히 컨테이너나 화물받침대(pallet)는 화물을 단위화하는 데에 기여함으로써 물류의 대 변화를 주도하였다. 무역거래에서도 컨테이너나 화물받침대를 사용하는 빈도가 증가함에 따라 무역거래에서도 매도인이 수입국에서의 수입통관을 마치고 수입국가 내의 지정목적지까지 운송하여 그 장소에서 물품을 매수인에게 인도하는 계약방법이 증가하게 되었다. 이와 같은 거래방식을 지정목적지 관세지급 반입인도 거래조건(Delivered at Duty Paid…named place of destination: DDP)이라고 한다.

이와 같은 무역환경의 변화에 따라 국제상업회의소 무역거래조건 위원회는 그동안 사용하여 오던 인코텀스 1953의 내용을 개정하여 DAF와 DDP의 거래조건을 인정하는 문제를 검토하였다. 그러나 국제상업회의소 무역거래조건 위원회가 이문 제를 검토하는 과정 중에 DAF와 DDP의 거래조건이 인코텀스 1953을 적용하는 모든 국가에게 적용되는 것은 아니기 때문에 전면 개정은 바람직하지 않다는 반론이 제기 되었다. 이에 따라 1967년 제2차 Montreal 총회에서 인코텀스 1953을 전면적으로 개정하지 않고 국경지정인도지 국경인도 거래조건(Delivered at Frontier…named place of delivery at Frontier)과수입국내 지정목적지 관세지급 반입인도 거래조건(Delivered at Duty Paid…named place of destination in the country of importation: DDP) 조건을 인코텀스 1953에 추가하고 보완하였다. 그래서 이를 몬트리얼 규칙 1967(Montreal Rules 1967)이라고 한다.

### (5) Supplement 1976

1970년대에는 항공화물운송이 증가하면서 FOB 계통의 정형거래조건에 대한 사용도 증가하게 되었다. 이에 따라 국제상업회의소 무역거래조건 위원회는 이를 반영하기 위하여 지정출발공항 공항인도 거래조건(FOB Airport … named airport of departure; FOA)조건을 별도로 제정하였다. 이것은 몬트리얼 규칙 1967의 내용을 보완하는 것이었기 때문에 추가보완 1976(Supplement 1976)이라고 하는데 총 12가지의 정형거래조건이 규정되어 있다.

### (6) 인코텀스 1980

1970년대 이후 국제운송시장에 문전에서 문전까지(door to door)의 운송을 위한 복합운송방식이 등장하였다. 이러한 복합운송방식은 그동안 사용하여 오던 전통적인 해상운송관습 만으로는 해결할 수 없는 문제점이 제기됨에 따라 이 문제를 해결하기 위하여 관련된 운송에 관한 국제규칙과 협약 등이 제정되거나 개정되었다. 그래서 국제상업회의소에서도 내륙운송에만 사용하도록 정의된 지정목적지점 운송비지급 거래조건(Freight or Carriage Paid to … named point of destination: DCP)을 컨테이너, 견인차(trailer) 또는 페리(ferry) 등에 의한 roll on/roll off 방식의 복합운송에도 적용할 수 있도록 수정하고 지정지점 운송인인도 거래조건(Free Carrier… named point: FRC)와 지정목적지점 운송비 보험료지급 거래조건(Freight Carriage and Insurance Paid to named point of destination: CIP)을 신설하여 총 14가지의 정형거래조건으로 형성된 인코텀스 1980을 공표하였다.

### (7) 인코텀스 1990

무역거래에서 EDI(electronic data interchange: 전자자료교환) 방식이 증대되어 매매당사자 사이에 선화증권과 같은 유통성의 운송서류 뿐만 아니라 상업송장, 통관서류 또는 물품인도증서 등을 제공함에 따라 이를 무역거래조건에 반영할 필요성이 발생하여 국제상업회의소 상관습위원회(Commercial Practices Commission)에서는 1989년 11월에 그 개정안을 확정하고 총 13가지 거래조건의 인코텀스 1990을 공표하였다. 인코텀스 1990에는 종전의 지정지점 운송인인도 거래조건(Free Carrier… named point: FRC)을 FCA(운송인인도) 거래조건으로 개칭하면서 FOA 및 FOR/FOT 거래조건을 흡수 통합하였다.

### (8) 인코텀스 2000

국제상업회의소는 1999년 6월21일 프랑스 파리의 본부에서 국제상관습위원회를 개최하여 작업부회와 기초위원회가 작성한 인코텀스 2000(Incoterms 2000)의 최종초안을 승인하였다. 인코텀스 2000은 13개의 무역거래조건으로 구성되어 있으며, 실무상 식별이 용이하도록 매매계약조건에 관한 공통사항을 기준으로 E, F, C, D Group의 4가지 그룹별 즉, 현장인도조건 , 주운임미지급조건, 주운임지급조건 및 도착지조건으로 구성되어 있다. 인코텀스 2000의 거래조건은 인코텀스 1990과 동일하다. 수출업자는 자신의 작업장 구내에서 물품을 수입업자에게 인도하는 (E)조건 그룹으로부터, 수출업자는 물품을 도착장소까지 운송하는데 따른 모든 위험과 비용을 스스로 부담하여 수입업자에게 인도하여야 하는 (D)조건 그룹으로 되어 있다.

# 제 3 절   인코텀스 2010

## 1. 인코텀스 2010의 구성

### (1) 인코텀스 2010의 서문

인코텀스 2010의 서문(Introduction)은 인코텀스 2010의 사용법(How to use the Incoterms 2010 rules), 인코텀스 2010의 주요 특징(Main features of the Incoterms 2010 rules), 인코텀스 규칙의 다양성(Variants of Incoterms rules), 이 서문의 지위(Status of this introduction), 인코텀스 2010 규칙에서 사용된 조건의 설명(Explanation of terms used in the Incoterms 2010 rules) 등으로 구성되어 있다.

### (2) 인코텀스 2010의 본문

### 1) 인코텀스 2010의 본문 구성

인코텀스 2010은 운송방식을 기준으로 7개의 전 운송방식 전용 거래규칙과 4개의 해상 및 내수로 운송방식 전용 거래규칙 등 총 11개의 거래규칙으로 구성되어 있다. 전 운송방식 전용 거래규칙은 EXW 거래규칙, FCA 거래규칙, CPT 거래규칙, CIP 거래규칙, DAT 거래규칙, DAP 거래규칙, DDP 거래규칙 등이다. 해상 및 내수로 운송방식 전용 거래규칙은 FAS 거래규칙, FOB 거래규칙, CFR 거래규칙, CIF 거래규칙 등이다.

인도·인수형태를 기준으로 하면 현실적 거래규칙인 EXW 거래규칙, FCA 거래규칙, FAS 거래규칙, FOB 거래규칙, DAT 거래규칙, DAP 거래규칙, DDP 거래규칙, CPT 거래규칙, CIP 거래규칙 등과 상징적 거래규칙인 CFR 거래규칙, CIF 거래규칙 등으로 구분할 수 있다.

인도·인수장소를 기준으로 하면 선적지 거래규칙인 EXW 거래규칙, FCA 거래규칙, FAS 거래규칙, FOB 거래규칙, CPT 거래규칙, CIP 거래규칙, CFR 거래규칙, CIF 거래규칙 등과 양륙지 거래규칙인 DAT 거래규칙, DAP 거래규칙, DDP 거래규칙 등으로 구분할 수 있다. 표현방식을 기준으로 하면 지정장소 거래규칙인 EXW 거래규칙, FCA 거래규칙, FAS 거래규칙, FOB 거래규칙, DAT 거래규칙, DAP 거래규칙, DDP 거래규칙 등과 특수비용 포함 거래규칙인 CPT 거래규칙, CIP 거래규칙, CFR 거래규칙, CIF 거래규칙 등으로 구분할 수 있다.

〈표 2-1〉 인코텀스 2010의 거래규칙 구성

| 인코텀스 2010 거래규칙 | | 구분기준 | | |
| --- | --- | --- | --- | --- |
| | | 인도·인수 형태 | 인도·인수 장소 | 표현방식 |
| Rules for any mode or modes of transport (전 운송방식 전용 거래규칙) | EXW(ex-works: 작업장 거래규칙) | 현실적 거래규칙 | 선적지 거래규칙 | 지정장소 거래규칙 |
| | FCA(free carrier: 운송인 거래규칙) | | | |
| | CPT(carriage paid to: 수송비지급 거래규칙) | | | 특수비용 포함 거래규칙 |
| | CIP(carriage and insurance paid to: 수송비·보험료지급 거래규칙) | | | |
| | DAT(delivered at terminal: 터미널 인도 거래규칙) | | 양륙지 거래규칙 | 지정장소 거래규칙 |
| | DAP(delivered at place: 목적지 인도 거래규칙) | | | |
| | DDP(delivered duty paid: 관세지급반입 거래규칙) | | | |
| Rules for sea and inland waterway transport (해상 및 내수로 운송방식 전용 거래규칙) | FAS(free alongside ship: 선측 거래규칙) | 상징적 거래규칙 | 선적지 거래규칙 | 특수비용 포함 거래규칙 |
| | FOB(free on board: 본선 거래규칙) | | | |
| | CFR(cost and freight: 운임포함 거래규칙) | | | |
| | CIF(cost, insurance and freight: 운임·보험료포함 거래규칙) | | | |

## 2) 인코텀스 2010의 본문 형식

인코텀스 2010에서는 거래규칙에 따라 매매당사자의 의무를 규정하고 있다.

매도인의 의무(A. THE SELLER MUST)는 A1. 매도인의 일반적 의무(General obligation of the seller), A2. 허가, 인가, 보안통관 및 기타 정보(Licences, authorizations, security clearances and other formalities), A3. 운송 및 보험계약(Contract of carriage and insurance), A4. 인도(Delivery), A5. 위험의 이전(Transfer of risks), A6. 비용의 분배(Allocation of costs), A7. 매수인에 대한 통지(Notice of the buyer), A8. 인도서류(Delivery document), A9. 검사, 포장, 화인(Checking-packing-marking), A10. 정보에 관한 협조와 관련 비용(Assistance with information and related costs) 등이다.

매수인의 의무(B. THE BUYER MUST)는 B1. 매수인의 일반적 의무(General obligation of the buyer), B2. 허가, 인가, 보안통관 및 기타 정보(Licences, authorizations, security clearances and other formalities), B3. 운송 및 보험계약(Contract of carriage and insurance), B4. 인도의 수령(Taking delivery), B5. 위험의 이전(Transfer of risks), B6. 비용의 분배(Allocation of costs), B7. 매도인에 대한 통지(Notice of the buyer), B8. 인도의 증거(Proof of delivery), B9. 물품의 검사(Inspection of goods), B10. 정보에 관한 협조와 관련 비용(Assistance with information and related costs) 등이다.

〈표 2-2 〉 인코텀스 2010 거래규칙의 매매당사자 의무

| 거래규칙 | 의무사항 | 허가통관 | 운송계약체결 | 보험계약체결 | 보험정보제공 | 물품의 인도·수령 | 위험이전시기 | 통지의무 | 통관비용제세공과금 | 매수인 추가비용 부담의무 | 매도인 인도서류 제공의무 |
|---|---|---|---|---|---|---|---|---|---|---|---|
| EXW | 매도인 | | | | 의무 | 지정 인도장소에서 인도·수령 | 지정 인도장소에서 매수인이 임의 처분 하도록 인도된 때 | 수령에 필요사항 | 출·입 | | 없음 |
| | 매수인 | 출입 | | | | | | 합의된 기간 내의 시기 또는 장소내에서 인수지점 | | 불수령시, 불통지시 | |
| FCA | 매도인 | 출 | | | 의무 | 매수인이 지정한 운송인 또는 그밖의 당사자에게 인도, 수령 | 매수인이 지정한 운송인 또는 그밖의 당사자에게 인도된 때 | 인도사실,,불수령사항 | 출 | | 인도증거서류 운송서류취득 협조 |
| | 매수인 | 입 | 의무 | | | | | 운송인 또는 기타당사자에 관한 정보, 지정 장소내의 수령지점 | 입 | 운송인불지정시, 불수령시, 불통지시 | |
| CPT | 매도인 | 출 | 의무 | | 의무 | 운송인에게 인도, 매수인은 인도 수리, 지정 목적지에서 운송인으로부터 수령 | 운송인에게 인도된 때 | 인도사실, 수령에 필요한사항 | 출 | | |
| | 매수인 | 입 | | | 의무 | | | 발송시기/지정 목적지 또는 그 목적지내에서의물품수령지점 | 입 | 불통지시 | 통상의 운송서류 |
| CIP | 매도인 | 출 | 의무 | 의무 | 의무 | 운송인에게 인도, 매수인은 인도수리, 지정 목적지에서 운송인으로부터 수령 | 운송인에게 인도된 때 | CPT와 동일 | 출 | | CPT와 동일 |
| | 매수인 | 입 | | | 의무 | | | CPT와 동일 | 입 | CPT와 동일 | |
| DAT | 매도인 | 출 | 의무 | | 의무 | 목적항 또는 목적지의 지정 터미널에 도착한 운송수단에서 양륙하여 매수인이 임의 처분하도록 인도 | 목적항 또는 목적지의 지정 터미널에서 도착한 운송수단에서 양륙하여 매수인이 임의 처분하도록 인도된 때 | 수령에 필요한 사항 | 출 | | 물품수령시 필요서류 |
| | 매수인 | 입 | | | 의무 | | | 합의된 기간 내의 시기/지정 터미널에서 인수한 지점 | 입 | 의무불이행시불통지시 | |
| DAP | 매도인 | 출 | 의무 | | 의무 | 지정 목적지의 합의된 지점에서 도착한 운송수단에서 양륙하지 않은 상태로 매수인이 처분하도록 인도 | 지정 목적지의 합의된 지점에서 도착한 운송수단에서 양륙하지 않은 상태로 매수인이 임의처분 하도록 인도한 때 | DAT와 동일 | 출 | | DAT와 동일 |
| | 매수인 | 입 | | | 의무 | | | 합의된 기간 내의 시기/지정 목적지에서 인수한 지점 | 입 | DAT와 동일 | |
| DDP | 매도인 | 출·입 | 의무 | | 의무 | DAP와 동일 | DAP와 동일 | DAT와 동일 | 출·입 | | DAT와 동일 |
| | 매수인 | | | | 의무 | | | DAP와 동일 | | | DAT와 동일 |
| FAS | 매도인 | 출 | | | 의무 | 지정 선적항에서 매수인이 지정한 본선의 선측에서 인도하거나 그렇게 인도된 물품 조달 | 지정 선적항에서 매수인이 지정한 본선의 선측에서 인도하거나 그렇게 인도된 물품을 조달한 때 | 인도사실, 불수령 사실 | 출 | | 인도증거서류 물품수령시 필요서류 |
| | 매수인 | 입 | 의무 | | | | | 본선 적재지점 및 합의된 기간 내의 인도시기 | 입 | 불통지시 본선지연시,수령불가능시 조기선적시 | |
| FOB | 매도인 | 출 | | | 의무 | 지정 선적항에서 매수인이 지정한 본선 갑판 위에서 인도하거나 그렇게 인도된 물품 조달 | 지정 선적항에서 매수인이 지정한 본선 갑판 위에서 인도하거나 그렇게 인도된 물품을 조달한 때 | FAS와 동일 | 출 | FAS와 동일 | FAS와 동일 |
| | 매수인 | 입 | 의무 | | | | | FAS와 동일 | 입 | | |
| CFR | 매도인 | 출 | 의무 | | 의무 | 본선 갑판 위에서 인도하거나 인도된 물품 조달, 인도수리 지정 목적항에서 운송인에게서 수령 | 본선 갑판 위에서 인도하거나 인도된 물품 조달,인도수리 지정 목적항에서 운송인에게서 수령한 때 | 수령에 필요한사항 | 출 | | 운송서류 |
| | 매수인 | 입 | | | 의무 | | | 선적시기/지정 목적항에서 인수한 지점 | 입 | 부적절통지시 | |
| CIF | 매도인 | 출 | 의무 | 의무 | 의무 | CFR과 동일 | CFR과 동일 | CFR과 동일 | 출 | | CFR과 동일 |
| | 매수인 | 입 | | | 의무 | | | CFR과 동일 | 입 | CFR과 동일 | |

전 운송방식 전용 거래규칙: EXW, FCA, CPT, CIP, DAT, DAP, DDP
해상 및 내수로 운송방식 전용 거래규칙: FAS, FOB, CFR, CIF

자료: 권오, 국제무역실무, 청목출판사, 2012, p. 114.

## 2. 인코텀스 2010의 특징

### (1) 기존 거래규칙의 통합

인코텀스 2010은 인코텀스 2000에 규정되어 있던 DAF, DES, DEQ, DDU 조건을 통합하여 도착하는 운송수단으로부터 물품을 양륙한 후에 인도하는지, 아니면 양륙하지 않고 인도하는지의 여부에 따라 터미널 인도 거래규칙(delivered at terminal: DAT)과 목적지 인도 거래규칙(deliverd at place: DAP)을 구분하여 신설하였다.

### (2) 운송방식에 의한 분류

인코텀스 2010에서는 인코텀스 2000에서 규정한 11 가지의 거래규칙에 대하여 기존에 분류하던 방식인 현장인도조건인 E 그룹, 주운임미지급조건인 F 그룹, 주운임지급조건인 C 그룹 및 도착지조건인 D 그룹 등과 같은 방식을 형식적으로 포기하고 운송방식에 따라 전운송방식용 거래규칙(terms for any mode of transport)과 해상운송전용 거래규칙(maritime-only terms)으로 분류하고 있다. 전자에는 EXW, FCA, CPT, CIP, DAP, DDP 거래규칙이 속하며, 후자에는 FAS, FOB, CFR, CIF, DEQ 거래규칙이 속한다. 이러한 분류는 국제상업회의소가 컨테이너를 통한 화물운송, 복합운송 등에 관행적으로 이용되고 있는 FOB 거래규칙, CFR 거래규칙, CIF 거래규칙 등 대신에 FCA 거래규칙, CPT 거래규칙, CIP 거래규칙 등을 이용하려는 의도이다. 즉 내수로운송을 포함한 해상운송이 전혀 개입되지 않는 도로, 철도, 항공 등을 통한 단일운송은 물론 육상, 해상, 항공 등을 연결하는 복합운송, 컨테이너선 운송 등에는 전운송방식용 조건을 이용하여야 한다. 특히 인코텀스 2010의 서문은 매도인이 물품을 인도하는 지점이나 또는 물품이 매수인에게 운송되는 지점이 선측난간 이전인 한 운송의 일부로 선박이 이용되는 경우에도 이용될 수 있다는 것이다. 그렇지만 해상운송전용 거래규칙은 물품을 해상을 통해서만 운송되는 경우에 이용될 수 있는 것이다. 즉, 인도지점과 물품이 매수인에게 운송되는 장소가 모두 항구인 경우에 이용될 수 있다. 물론 해상을 통한 단일운송의 경우에도 물품을 직접 본선 상에 인도하는 경우가 아니라면 전운송방식용 거래규칙을 이용한다. 그런데 인코텀스 2010에서는 인코텀스 2000에서 E, F, C, D의 4그룹으로 분류하던 방식을 외형상 포기하고 있지만 실질적으로는 유지시키고 있다. 왜냐하면, 이러한 분류는 매매계약당사자들이 어떤 조건을 그들의 계약에 이용할 것인지를 결정하는데 있어서 중요하기 때문이다.

### (3) 국내거래 및 국제거래 겸용

국제상업회의소에서는 유럽에서 결성된 EU 등과 같은 단일의 경제권이 형성되면서 국가간의 무역에서 국제란 용어가 무의미하게 되었기 때문에 인코텀스를 국제거래에서만 사용하는 것으로 한정되어 있는 문제점의 해결을 시도하였다. 즉 EU 등에서는 무역업자들이 현실적으로 국내물품매매에도 인코텀스를 많이 이용하고 있고 미국이 국내거래에 미국통일상법전 대신에 인코텀스를 이용하려는 의도가 있기 때문에 인코텀스 2010을 국제물품매매에는 물론 국내물품매매에도 이용할 수 있도록 관련 조항들을 개정하였다. 그래서 국제상업회의소에서는 인코텀스 2010이 국내 및 국제무역에 사용할 수 있는 규칙임을 강조하기 위하여 인코텀스 2010을 규정한 책자에는 '국내 및 국제무역거래에 사용하기 위한 국제상업회의소 규칙(ICC Rules for the use of domestic and international trade terms'이라고 표기하고 있는데 이에 대한 사항은 서문에서 명확하게 규정하고 있다.

### (4) 비용의 명확화

인코텀스 2010의 CPT, CIP, CAT, DAP, DDP, CFR, CIF 등과 같은 거래규칙에서는 매도인이 운임을 지급하더라도 운임이 총판매가격에 포함되기 때문에 실질적으로는 매수인의 부담으로 되고 있다. 그런데 운송인이나 터미널 운영자는 목적지의 항구 내에서 또는 컨테이너 터미널 내에서의 화물의 취급과 관련한 비용을 매수인에게 부담시키는 경우가 많다. 그래서 매수인은 계약금액에 포함된 운임의 일부로서 비용을 매도인에게 지급하는 동시에 운송인 또는 터미널 운영자에게 화물의 취급비용을 이중으로 부담하게 되는 결과가 발생하기 때문에 이러한 문제를 해결하기 위하여 인코텀스 2010에서는 관련 거래규칙의 A6항과 B6항에서 이러한 비용의 부담에 대하여 매매당사자에게 각각 명확하게 할당하고 있다.

즉 DAP 거래규칙과 DDP 거래규칙에서는 양륙비용이 원칙적으로 매수인의 부담이지만, 운송계약에서 매도인의 부담으로 되어 있는 경우에는 매도인이 부담하도록 하고 있다. CPT, CIP, CFR, CIF 등과 같은 거래규칙에서는 운송계약에 따라 양륙비의 부담자가 달라질 수 있다. DAT 거래규칙에서 양륙비용을 매도인이 부담하고 싶지 않은 경우에는 DAP 거래규칙을 사용해야 한다. 그렇지만 DAP 거래규칙을 활용하는 경우 양륙비용이 매도인의 부담으로 되어 있는 경우에는 양륙비용의 부담자가 DAT 거래규칙과 동일하게 되는 모순점이 발생한다. 즉 DAT 거래규칙에서는 양륙비용이 매도인의 부담이기 때문에 매도인이 용선운송계약을 체결하는 경우에는 적양비용 선주부담조건(liner terms)으로 체결하여야 부담을 감소시킬 수 있다.

### (5) 보험의 부보 책임

인코텀스 2010은 2009년에 개정된 협회적하약관(Institute Cargo Clause)의 적용에 대한 사항을 반영하고 있다. 인코텀스 2010에서는 보험의 부보에 대하여 매도인이 매수인에게 보험계약체결의무가 없음 또는 매수인이 매도인에 대하여 보험계약체결의무가 없음이라고 규정하여 당사자들의 의무를 보다 명확하게 규정하고 있다.

### (6) 보험정보의 제공 의무

인코텀스 2010에서는 보험정보 제공과 관련하여 CIP 거래규칙과 CIF 거래규칙에서는 '매수인의 추가보험수배에 필요한 정보'로 규정하고 그 외의 거래규칙에서는 '매수인의 보험취득에 필요한 정보'로 규정하고 있다.

### (7) 전자서류의 인정

인코텀스 2010에서는 당사자들이 합의하거나 또는 거래관습이 있는 한, 모든 서류는 동등한 전자기록 또는 절차로 인정한다고 규정하고 있다. 즉, 인코텀스 2010에서는 전자서류에 기존의 종이로 된 서류와 기능적으로 완전한 동등성을 부여하고 있다.

### (8) 전매

인코텀스 2010에서는 전통적인 해상운송전용 조건 중 DEQ 거래규칙을 제외한 FAS 거래규칙, FOB 거래규칙, CFR 거래규칙 및 CIF 거래규칙 등에서 전매 즉 연속매매(string sales)를 규정하고 있다. 즉 전매를 하는 중간에 위치하고 있는 제1차 매수인이 전매를 하는 경우에는 매도인의 입장이 되기 때문에 매도인은 이미 선적된 물품을 구입하여 당해계약에 활용할 수 있음을 규정하고 있다.

### (9) 기타

인코텀스 2010에서는 FOB 거래규칙, CFR 거래규칙 및 CIF 거래규칙 등에서 위험의 분기점으로서의 본선의 난간(ship's rail)이라는 명칭을 삭제하고 본선의 갑판을 위험의 분기점으로 규정하고 있다. 물품의 인도방법에 대하여 FAS 거래규칙, FOB 거래규칙, CFR 거래규칙, CIF 거래규칙에서는 항구의 관습적인 방법을 사용하도록 규정하고 있다. 인코텀스 2010에서는 거래조건이라는 용어를 거래규칙으로 사용하였다.

## 3. 인코텀스 2010의 규정

### (1) 전 운송방식 전용 거래규칙

#### 1) 작업장 거래규칙[Ex Works(insert named place of delivery): EXW]

##### ① 작업장 거래규칙의 내용

| | |
|---|---|
| A THE SELLER' OBLIGATIONS<br>A1 General obligations of the seller<br>The seller must provide the goods and the commercial invoice in conformity with the contract of sale and any other evidence of conformity that may be required by the contract. | A. 매도인의 의무<br>A1 매도인의 일반적 의무<br>매도인은 반드시 매매계약에 일치하는 물품과 상업송장 및 계약에 의하여 요구될 수 있는 기타 모든 일치의 증명서류를 제공하여야 한다. |
| Any document referred to in A1-A10 may be an equivalent electronic record or procedure if agreed between the parties or customary.<br>A2 Licences, authorizations, security clearances and other formalities<br>Where applicable, the seller must provide the buyer, at the buyer's request, risk and expense, assistance in obtaining any export licence, or other official authorization necessary for the export of the goods.<br>Where applicable, the seller must provide, at the buyer's request, risk and expense, any information in the possession of the seller that is required for the security clearance of the goods. | A1 내지 A10에 언급된 모든 서류는 당사자 사이에 합의되었거나 관습적인 경우에는 이와 동등한 전자기록 또는 처리방법으로 할 수 있다.<br>A2 허가, 승인, 보안수속 및 기타 절차<br>적용가능한 경우에는, 매도인은 반드시 매수인의 요청과 위험 및 비용부담으로 모든 수출허가 또는 물품의 수출에 필요한 기타 공적인 승인을 취득하는데 따른 협조를 매수인에게 제공하여야 한다.<br>적용가능한 경우에는, 매도인은 반드시 매수인의 요청과 위험 및 비용부담으로 물품의 보안수속을 위하여 요구되는 매도인의 점유 하에 있는 모든 정보를 제공하여야 한다. |
| A3 Contracts of carriage and insurance<br>a) Contract of carriage<br>The seller has no obligation to the buyer to make a contract of carriage.<br>b) Contract of insurance<br>The seller has no obligation to the buyer to make a contract of insurance. However, the seller must provide the buyer, at the buyer's request, risk and expense (if any), with information that the buyer needs for obtaining insurance. | A3 운송 및 보험계약<br>a) 운송계약<br>매도인은 매수인에 대하여 운송계약을 체결할 아무런 의무도 부담하지 않는다.<br>b) 보험계약<br>매도인은 매수인에 대하여 보험계약을 체결할 아무런 의무도 부담하지 않는다. 그러나 매도인은 반드시 매수인의 요청과 위험 및 비용부담(있는 경우)으로 매수인이 보험을 취득하는데 필요한 정보를 매수인에게 제공하여야 한다. |
| A4 Delivery<br>The seller must deliver the goods by placing them at the disposal of the buyer at the agreed point, if any, at the named place of delivery, not loaded on any collecting vehicle. If no specific point has been agreed within the named place of delivery, and if there are several points available, the seller may select | A4 인도<br>매도인은 반드시 지정된 인도장소의 합의된 지점(있는 경우)에서 어떠한 수거용 차량상에 적재되지 아니한 상태로 물품을 매수인의 임의처분 하에 적치하는 행위로 이를 인도하여야 한다. 지정된 인도장소 내에서 특정한 지점이 전혀 합의되지 아니한 경우와 여러 개의 이용가능한 지점이 있는 경우에는, 매도인은 자신의 목적에 가장 적합한 지점을 선정할 수 있다. 매도인은 반드시 |

the point that best suits its purpose. The seller must deliver the goods on the agreed date or within the agreed period.

A5 Transfer of risks

The seller bears all risks of loss of or damage to the goods until they have been delivered in accordance with A4 with the exception of loss or damage in the circumstances described in B5.

A6 Allocation of costs

The seller must pay all costs relating to the goods until they have been delivered in accordance with A4, other than those payable by the buyer as envisaged in B6.

A7 Notices to the buyer

The seller must give the buyer any notice needed to enable the buyer to take delivery of the goods.

A8 Delivery document

The seller has no obligation to the buyer.

A9 Checking – packaging – marking

The seller must pay the costs of those checking operations (such as checking quality, measuring, weighing, counting) that are necessary for the purpose of delivering the goods in accordance with A4.

The seller must, at its own expense, package the goods, unless it is usual for the particular trade to transport the type of goods sold unpackaged. The seller may package the goods in the manner appropriate for their transport, unless the buyer has notified the seller of specific packaging requirements before the contract of sale is concluded. Packaging is to be marked appropriately.

A10 Assistance with information and related costs

The seller must, where applicable, in a timely manner, provide to or render assistance in obtaining for the buyer, at the buyer's request, risk and expense, any documents and information, including security-related information, that the buyer needs for the export and/or import of the goods and/or for their transport to the final destination.

B THE BUYER' OBLIGATIONS

B1 General obligations of the buyer

The buyer must pay the price of the goods as provided in the contract of sale.

Any document referred to in B1-B10 may be an equivalent electronic record or procedure if agreed between the parties or customary.

B2    Licences,    authorizations,    security

합의된 일자 또는 합의된 기간내에 물품을 인도하여야 한다.

A5 위험의 이전

매도인은 B5에 기술된 사정에서의 멸실 또는 손상을 제외하고, 물품이 A4에 따라 인도된 때까지 물품의 멸실 또는 손상의 모든 위험을 부담하여야 한다.

A6 비용의 분담

매도인은 반드시 B6에 적시된 대로 매수인에 의하여 지급되는 비용을 제외하고, 물품이 A4에 따라 인도된 때까지 물품에 관련한 모든 비용을 지급하여야 한다.

A7 매수인에 대한 통지

매도인은 반드시 매수인이 물품의 인도를 접수할 수 있도록 매수인에게 필요한 모든 통지를 행하여야 한다.

A8 인도서류

매도인은 매수인에 대하여 아무런 의무도 없다.

A9 점검 · 포장 · 화인

매도인은 반드시 A4에 따라 물품을 인도하기 위하여 필요한 물품점검업무(품질, 용적, 중량, 수량점검 등)의 비용을 지급하여야 한다.

특정무역거래에서 매각된 종류의 물품을 무포장으로 운송하는 것이 통상적이지 아니하는 한, 매도인은 반드시 자신의 비용부담으로 물품을 포장하여야 한다. 매수인이 매매계약의 체결 이전에 매도인에게 특정한 포장요건을 통지하지 않은 한, 매도인은 물품운송에 적절한 방법으로 이를 포장할 수 있다. 포장에는 적절한 화인이 있어야 한다.

A10 정보의 협조 및 관련 비용

매도인은 반드시 적용가능한 경우에는, 매수인의 요청과 위험 및 비용부담으로 매수인이 물품의 수출 및/또는 수입 및/또는 최종목적지까지의 물품운송에 필요한 보안관련 정보를 포함하여 모든 서류와 정보를 취득하는데 따른 협조를 매수인에게 시의적절한 방법으로 제공하거나 공여하여야 한다.

B 매수인의 의무

B1 매수인의 일반적 의무

매수인은 반드시 매매계약에 약정된 대로 물품의 대금을 지급하여야 한다.

B1 내지 B10에 언급된 모든 서류는 당사자 사이에 합의되었거나 관습적인 경우에는 이와 동등한 전자기록 또는 처리방법으로 할 수 있다.

B2 허가, 승인, 보안수속 및 기타 절차

clearances and other formalities

Where applicable, it is up to the buyer to obtain, at its own risk and expense, any export and import licence or other official authorization and carry out all customs formalities for the export of the goods.

B3 Contracts of carriage and insurance

a) Contract of carriage

The buyer has no obligation to the seller to make a contract of carriage.

b) Contract of insurance

The buyer has no obligation to the seller to make a contract of insurance.

B4 Taking delivery

The buyer must take delivery of the goods when A4 and A7 have been complied with.

B5 Transfer of risks

The buyer bears all risks of loss of or damage to the goods from the time they have been delivered as envisaged in A4.

If the buyer fails to give notice in accordance with B7, then the buyer bears all risks of loss of or damage to the goods from the agreed date or the expiry date of the agreed period for delivery, provided that the goods have been clearly identified as the contract goods.

B6 Allocation of costs

The buyer must:

a)pay all costs relating to the goods from the time they have been delivered as envisaged in A4;

b)pay any additional costs incurred by failing either to take delivery of the goods when they have been placed at its disposal or to give appropriate notice in accordance with B7, provided that the goods have been clearly identified as the contract goods;

c)pay, where applicable, all duties, taxes and other charges, as well as the costs of carrying out customs formalities payable upon export; and

d)reimburse all costs and charges incurred by the seller in providing assistance as envisaged in A2.

B7 Notices to the seller

The buyer must, whenever it is entitled to determine the time within an agreed period and/or the point of taking delivery within the named place, give the seller sufficient notice thereof.

B8 Proof of delivery

The buyer must provide the seller with appropriate evidence of having taken delivery.

적용가능한 경우에는, 매수인 자신의 위험과 비용부담으로 모든 수출과 수입허가 또는 기타 공적인 승인을 취득하여야 하는 것과 물품의 수출에 필요한 모든 통관절차를 이행하여야 하는 것은 매수인의 책임에 속한다.

B3 운송 및 보험계약

a) 운송계약

매수인은 매도인에 대하여 운송계약을 체결할 아무런 의무도 부담하지 않는다.

b) 보험계약

매수인은 매도인에 대하여 보험계약을 체결할 아무런 의무도 부담하지 않는다.

B4 인도의 접수

매수인은 반드시 A4 및 A7이 준수된 때에 물품의 인도를 접수하여야 한다.

B5 위험의 이전

매수인은 물품이 A4에 적시된 대로 인도된 시간부터 물품의 멸실 또는 손상의 모든 위험을 부담하여야 한다.

매수인이 B7에 따라 통지를 행하지 아니한 경우에는, 이에 매수인은 인도의 합의된 일자 또는 합의된 기간의 만기일자로부터 물품의 멸실 또는 손상의 모든 위험을 부담하여야 한다. 다만 물품이 계약물품으로서 명확하게 특정되어 있어야 한다.

B6 비용의 분담

매수인은 반드시 다음과 같이 행하여야 한다.

a) 물품이 A4에 적시된 대로 인도된 시간부터 물품에 관련한 모든 비용을 지급하여야 하고,

b) 물품이 자신의 임의처분하에 적치된 때에 물품의 인도가 접수하지 아니하거나 또는 B7에 따라 적절한 통지를 행하지 아니함으로써 발생된 모든 추가적인 비용을 지급하여야 한다. 다만 물품이 계약물품으로서 명확하게 특정되어 있어야 한다.

c) 적용가능한 경우에는, 수출시에 지급되는 모든 관세, 조세 및 기타 경비뿐만 아니라, 통관절차를 이행하는 비용을 지급하여야 하며, 그리고

d) A2에 적시된 대로 매도인이 협조를 제공하는 데 발생된 모든 비용과 경비를 보상하여야 한다.

B7 매도인에 대한 통지

매수인은 반드시 합의된 기간내의 시간 및/또는 지정된 장소내의 인도접수의 지점을 결정할 권한이 주어진 때에는, 항상 이에 관하여 매도인에게 충분한 통지를 행하여야 한다.

B8 인도의 증거

매수인은 반드시 인도를 접수하였다는 적절한 증명서류를 매도인에게 제공하여야 한다.

| | |
|---|---|
| B9 Inspection of goods<br>The buyer must pay the costs of any mandatory pre-shipment inspection, including inspection mandated by the authorities of the country of export.<br>B10 Assistance with information and related costs<br>The buyer must, in a timely manner, advise the seller of any security information requirements so that the seller may comply with A10.<br>The buyer must reimburse the seller for all costs and charges incurred by the seller in providing or rendering assistance in obtaining documents and information as envisaged in A10. | B9 물품의 검사<br>매수인은 반드시 수출국가의 당국에 의하여 강제된 검사를 포함하여 모든 강제적인 선적전검사의 비용을 지급하여야 한다.<br>B10 정보의 협조 및 관련 비용<br><br>매수인은 반드시 매도인이 A10을 준수할 수 있도록 모든 보안정보요건에 관하여 매도인에게 시의적절한 방법으로 고지하여야 한다.<br><br>매수인은 반드시 A10조에 적시된 대로 서류와 정보를 취득하는데 따른 협조를 제공하거나 공여하면서 매도인에 의하여 발생된 모든 비용과 경비를 매도인에게 보상하여야 한다. |

## ② 작업장 거래규칙의 개요

EXW 거래규칙[Ex Works(insert named place of delivery): EXW], 즉 작업장 거래규칙은 매도인이 자신의 영업소 또는 기타 지정된 장소에서 인도하는 거래규칙인데 국내거래에 적합한 규칙이다. Ex Works의 Ex는 라틴어로 Loco라고도 하는데 영문으로는 from here라는 의미로 사용된다. 그러므로 작업장에는 공장이나 농장 또는 정미소 등도 포함된다. EXW 거래규칙을 사용하는 경우 EXW 용어 뒤에 출하지의 지정장소, 또는 매도인의 구내를 표시한다. 무역매매에 있어서 매도인이 자신의 시설이나 공장 또는 농장 등에서 물품을 인도할 때에 매수인에게 물품의 적재의무를 부담시키려면 FCA 거래규칙을 사용하여야 한다. 매수인이 EXW 거래규칙으로 매도인으로부터 물품을 구매한 후 그 물품을 수출하는 경우에는 매도인이 매수인의 수출에 필요한 협조하여야 할 의무는 있지만 수출통관을 부담할 의무는 없다. 따라서 매수인이 수출국의 법령에 따라 수출허가를 받지 못하는 경우에는 EXW 거래규칙을 사용할 수 없기 때문에 유의하여야 한다.

EXW 거래규칙에서 위험의 분기점은 매수인이 임의로 처분할 수 있도록 인도한 때이다. 인도장소가 비용의 분기점이 되기 때문에 위험의 분기점과 비용의 분기점이 일치한다. 매수인이 지정된 장소 내의 물품의 수취 지점에서 물품의 적재와 관련한 책임 및 적재에 소요되는 비용과 위험을 매도인에게 부담시키려면 매매계약에서 이러한 취지의 문언을 명시하여 책임관계를 명확히 하여야 한다. 합의된 물품에 대한 인도인수에 대하여 매매계약상 매수인이 결정권한을 갖는 경우 합의된 기간 내의 시기 또는 지정장소 내에서 물품을 인수할 지점을 통지하여야 한다. 매수인은 반드시 매도인으로부터 물품의 인도를 접수하였다는 적절한 증명서류를 매도인에게 제공하여야 한다.

## 2) 운송인 거래규칙[Free Carrier(insert named place of delivery): FCA]

### ① 운송인 거래규칙의 내용

| | |
|---|---|
| A THE SELLER'S OBLIGATIONS<br>A1 General obligations of the seller<br>The seller must provide the goods and the commercial invoice in conformity with the contract of sale and any other evidence of conformity that may be required by the contract.<br>Any document referred to in A1-A10 may be an equivalent electronic record or procedure if agreed between the parties or customary.<br>A2 Licences, authorizations, security clearances and other formalities<br>Where applicable, the seller must obtain, at its own risk and expense, any export licence or other official authorization and carry out all customs formalities necessary for the export of the goods.<br>A3 Contracts of carriage and insurance<br>a) Contract of carriage<br>The seller has no obligation to the buyer to make a contract of carriage. However, if requested by the buyer or if it is commercial practice and the buyer does not give an instruction to the contrary in due time, the seller may contract for carriage on usual terms at the buyer's risk and expense. In either case, the seller may decline to make the contract of carriage and, if it does, shall promptly notify the buyer.<br>b) Contract of insurance<br>The seller has no obligation to the buyer to make a contract of insurance. However, the seller must provide the buyer, at the buyer's request, risk, and expense (if any), with information that the buyer needs for obtaining insurance.<br>A4 Delivery<br>The seller must deliver the goods to the carrier or another person nominated by the buyer at the agreed point, if any, at the named place on the agreed date or within the agreed period.<br>Delivery is completed :<br>a) If the named place is the seller's premises, when the goods have been loaded on the means of transport provided by the buyer.<br>b) In any other case, when the goods are placed at the disposal of the carrier or another person nominated by the buyer on the seller's means of transport ready for unloading. | A 매도인의 의무<br>A1 매도인의 일반적 의무<br>매도인은 반드시 매매계약에 일치하는 물품과 상업송장 및 계약에 의하여 요구될 수 있는 기타 모든 일치의 증명서류를 제공하여야 한다.<br><br>A1 내지 A10에 언급된 모든 서류는 당사자 사이에 합의되었거나 관습적인 경우에는 이와 동등한 전자기록 또는 처리방법으로 할 수 있다.<br>A2 허가, 승인, 보안수속 및 기타 절차<br><br>적용가능한 경우에는, 매도인은 반드시 자신의 위험과 비용부담으로 모든 수출허가 또는 기타 공적인 승인을 취득하여야 하며, 또 물품의 수출에 필요한 모든 통관절차를 이행하여야 한다.<br>A3 운송 및 보험계약<br>a) 운송계약<br>매도인은 매수인에 대하여 운송계약을 체결할 아무런 의무도 부담하지 않는다. 그러나 매수인이 요청한 경우 또는 상업적인 관례가 있고 매수인이 적기에 그 반대의 지시를 하지 아니한 경우에는, 매도인은 매수인의 위험과 비용부담으로 통상적인 조건의 운송계약을 체결할 수 있다. 이중의 어느 경우에서도, 매도인은 운송계약의 체결을 거절할 수 있으며, 또 그러한 경우에는 매수인에게 즉시 통지하여야 한다.<br>b) 보험계약<br>매도인은 매수인에 대하여 보험계약을 체결할 아무런 의무도 부담하지 않는다. 그러나 매도인은 반드시 매수인의 요청과 위험 및 비용부담(있는 경우)으로 매수인이 보험을 취득하는 데 필요한 정보를 매수인에게 제공하여야 한다.<br>A4 인도<br>매도인은 반드시 합의된 일자 또는 합의된 기간내에 지정된 장소의 합의된 지점(있는 경우)에서 매수인에 의하여 지명된 운송인 또는 기타의 자에게 물품을 인도하여야 한다.<br>인도의 완성:<br>a) 지정된 장소가 매도인의 영업장구내인 경우에는, 물품이 매수인에 의하여 제공된 운송수단상에 적재된 때.<br>b) 기타 모든 경우에는, 물품이 양륙할 준비를 갖춘 매도인의 운송수단상에서 매수인에 의하여 지명된 운송인 또는 기타 자의 임의처분하 |

If no specific point has been notified by the buyer under B7 d) within the named place of delivery, and if there are several points available, the seller may select the point that best suits its purpose.

Unless the buyer notifies the seller otherwise, the seller may deliver the goods for carriage in such a manner as the quantity and/or nature of the goods may require.

A5 Transfer of risks

The seller bears all risks of loss of or damage to the goods until they have been delivered in accordance with A4, with the exception of loss or damage in the circumstances described in B5.

A6 Allocation of costs

The seller must pay

a) all costs relating to the goods until they have been delivered in accordance with A4, other than those payable by the buyer as envisaged in B6; and

b) where applicable, the costs of customs formalities necessary for export, as well as all duties, taxes, and other charges payable upon export.

A7 Notices to the buyer

The seller must, at the buyer's risk and expense, give the buyer sufficient notice either that the goods have been delivered in accordance with A4 or that the carrier or another person nominated by the buyer has failed to take the goods within the time agreed.

A8 Delivery document

The seller must provide the buyer, at the seller's expense, with the usual proof that the goods have been delivered in accordance with A4.

The seller must provide assistance to the buyer, at the buyer's request, risk and expense, in obtaining a transport document.

A9 Checking – packaging – marking

The seller must pay the costs of those checking operations (such as checking quality, measuring, weighing, counting) that are necessary for the purpose of delivering the goods in accordance with A4, as well as the costs of any pre-shipment inspection mandated by the authority of the country of export.

The seller must, at its own expense, package the goods, unless it is usual for the particular trade to transport the type of goods sold unpackaged. The seller may package the goods

에 적치된 때.

지정된 인도장소 내에서 특정한 지점이 B7 d항에 따라 매수인에 의하여 전혀 통지되지 아니한 경우와 여러 개의 이용가능한 지점이 있는 경우에는, 매도인은 자신의 목적에 가장 적합한 지점을 선정할 수 있다.

매수인이 매도인에게 별도로 통지하지 않은 한, 매도인은 물품의 수량 및/또는 성질에 따라 요구될 수 있는 그러한 방법으로 운송물품을 인도할 수 있다.

A5 위험의 이전

매도인은 B5에 기술된 사정에서의 멸실 또는 손상을 제외하고, 물품이 A4에 따라 인도된 때까지 물품의 멸실 또는 손상의 모든 위험을 부담하여야 한다.

A6 비용의 분담

매도인이 지급할 비용

a) B6에 적시된 대로 매수인에 의하여 지급되는 비용을 제외하고, 물품이 A4에 따라 인도된 때까지 물품에 관련한 모든 비용; 그리고

b) 적용가능한 경우에는, 수출에 필요한 통관절차의 비용뿐만 아니라, 수출시에 지급되는 모든 관세, 조세 및 기타 경비.

A7 매수인에 대한 통지

매도인은 반드시 매수인의 위험과 비용부담으로 물품이 A4에 따라 인도되었다는 사실 또는 매수인에 의하여 지명된 운송인 또는 기타의 자가 합의된 시간내에 물품을 접수하지 아니하였다는 사실에 관하여 매수인에게 충분한 통지를 행하여야 한다.

A8 인도서류

매도인은 반드시 자신의 비용부담으로 물품이 A4에 따라 인도되었다는 통상적인 증거를 매수인에게 제공하여야 한다.

매도인은 반드시 매수인의 요청과 위험 및 비용부담으로 운송서류를 취득하는데 따른 협조를 매수인에게 제공하여야 한다.

A9 점검·포장·화인

매도인은 반드시 A4에 따라 물품을 인도하기 위하여 필요한 물품점검업무(품질, 용적, 중량, 수량점검 등)의 비용뿐만 아니라, 수출국가의 당국에 의하여 강제된 모든 선적전검사의 비용을 지급하여야 한다.

특정무역거래에서 매각된 종류의 물품을 무포장으로 운송하는 것이 통상적이지 아니하는 한, 매도인은 반드시 자신의 비용부담으로 물품을 포장하여야 한다. 매수인이 매매계약의 체결 이전에 매도인에게 특정한 포장요건을 통지하지 않은 한, 매도인은 물품운송에 적절한

in the manner appropriate for their transport, unless the buyer has notified the seller of specific packaging requirements before the contract of sale is concluded. Packaging is to be marked appropriately.

A10 Assistance with information and related costs

The seller must, where applicable, in a timely manner, provide to or render assistance in obtaining for the buyer, at the buyer's request, risk and expense, any documents and information, including security-related information, that the buyer needs for the import of the goods and/or for their transport to the final destination.

The seller must reimburse the buyer for all costs and charges incurred by the buyer in providing or rendering assistance in obtaining documents and information as envisaged in B10.

## B THE BUYER'S OBLIGATIONS

B1 General obligations of the buyer

The buyer must pay the price of the goods as provided in the contract of sale.

Any document referred to in B1-B10 may be an equivalent electronic record or procedure if agreed between the parties or customary.

B2 Licences, authorizations, security clearances and other formalities

Where applicable, it is up to the buyer to obtain, at its own risk and expense, any import licence or other official authorization and carry out all customs formalities for the import of the goods and for their transport through any country.

B3 Contracts of carriage and insurance

a) Contract of carriage

The buyer must contract at its own expense for the carriage of the goods from the named place of delivery, except when the contract of carriage is made by the seller as provided for in A3 a).

b) Contract of insurance

The buyer has no obligation to the seller to make a contract of insurance.

B4 Taking delivery

The buyer must take delivery of the goods when they have been delivered as envisaged in A4.

B5 Transfer of risks

The buyer bears all risks of loss of or damage to the goods from the time they have been delivered as envisaged in A4.

---

방법으로 이를 포장할 수 있다. 포장에는 적절한 화인이 있어야 한다.

A10 정보의 협조 및 관련 비용

매도인은 반드시 적용가능한 경우에는, 매수인의 요청과 위험 및 비용부담으로 매수인이 물품의 수입 및/또는 최종목적지까지의 물품운송에 필요한 보안관련 정보를 포함하여 모든 서류와 정보를 취득하는데 따른 협조를 매수인에게 시의적절한 방법으로 제공하거나 공여하여야 한다.

매도인은 반드시 B10에 적시된 대로 서류와 정보를 취득하는데 따른 협조를 제공하거나 공여하면서 매수인에 의하여 발생된 모든 비용과 경비를 매수인에게 보상하여야 한다.

B 매수인의 의무

B1 매수인의 일반적 의무

매수인은 반드시 매매계약에 약정된 대로 물품의 대금을 지급하여야 한다.

B1 내지 B10에 언급된 모든 서류는 당사자 사이에 합의되었거나 관습적인 경우에는 이와 동등한 전자기록 또는 처리방법으로 할 수 있다.

B2 허가, 승인, 보안수속 및 기타 절차

적용가능한 경우에는, 매수인 자신의 위험과 비용부담으로 모든 수입허가 또는 기타 공적인 승인을 취득하여야 하는 것과 물품의 수입 및 어떠한 국가를 통과하는 운송을 위한 모든 통관절차를 이행하여야 하는 것은 매수인의 책임에 속한다.

B3 운송 및 보험계약

a) 운송계약

매수인은 반드시 운송계약이 A3 a항에 규정된 대로 매도인에 의하여 체결된 때를 제외하고, 자신의 비용부담으로 지정된 인도장소로부터 물품의 운송계약을 체결하여야 한다.

b) 보험계약

매수인은 매도인에 대하여 보험계약을 체결할 아무런 의무도 부담하지 않는다.

B4 인도의 접수

매수인은 반드시 물품이 A4에 적시된 대로 인도된 때에 물품의 인도를 접수하여야 한다.

B5 위험의 이전

매수인은 물품이 A4에 적시된 대로 인도된 시간부터 물품의 멸실 또는 손상의 모든 위험을 부담하여야 한다.

If a) the buyer fails in accordance with B7 to notify the nomination of a carrier or another person as envisaged in A4 or to give notice; or

b) the carrier or person nominated by the buyer as envisaged in A4 fails to take the goods into its charge,

then, the buyer bears all risks of loss of or damage to the goods :

(i) from the agreed date, or in the absence of an agreed date,

(ii) from the date notified by the seller under A7 within the agreed period; or, if no such date has been notified,

(iii) from the expiry date of any agreed period for delivery,

provided that the goods have been clearly identified as the contract goods.

B6 Allocation of costs

The buyer must pay

a) all costs relating to the goods from the time they have been delivered as envisaged in A4, except, where applicable, the costs of customs formalities necessary for export, as well as all duties, taxes, and other charges payable upon export as referred to in A6 b);

b) any additional costs incurred, either because :

(i) the buyer fails to nominate a carrier or another person as envisaged in A4, or

(ii) the carrier or person nominated by the buyer as envisaged in A4 fails to take the goods into its charge, or

(iii) the buyer has failed to give appropriate notice in accordance with B7,

provided that the goods have been clearly identified as the contract goods; and

c) where applicable, all duties, taxes and other charges as well as the costs of carrying out customs formalities payable upon import of the goods and the costs for their transport through any country.

B7 Notices to the seller

The buyer must notify the seller of

a) the name of the carrier or another person nominated as envisaged in A4 within sufficient time as to enable the seller to deliver the goods in accordance with that article;

b) where necessary, the selected time within the period agreed for delivery when the carrier or person nominated will take the goods;

c) the mode of transport to be used by the person nominated; and

a) 매수인이 B7에 따라 A4에 적시된 대로 운송인 또는 기타 자의 지명을 통지하지 아니하거나 또는 통지를 행하지 아니한 경우, 또는

b) A4에 적시된 대로 운송인 또는 매수인에 의하여 지명된 자가 자신의 관리하에 물품을 접수하지 아니한 경우에는,

이에 매수인은 다음과 같은 때부터 물품의 멸실 또는 손상의 모든 위험을 부담하여야 한다.

(i) 합의된 일자로부터, 또는 합의된 일자가 없는 경우,

(ii) 합의된 기간 중 A7에 따라 매도인에 의하여 통지된 일자로부터, 또는 그러한 일자가 전혀 통지되지 아니한 경우,

(iii) 인도의 어떠한 합의된 기간의 만기일자로부터,

다만 물품이 계약물품으로서 명확하게 특정되어 있어야 한다.

B6 비용의 분담

매수인이 지급할 비용

a) 물품이 A4에 적시된 대로 인도된 시간부터 물품에 관련한 모든 비용. 다만 적용가능한 경우에는, 수출에 필요한 통관절차의 비용뿐만 아니라, A6 b항에 언급된 대로 수출시에 지급되는 모든 관세, 조세 및 기타 경비는 제외한다.

b) 다음과 같은 원인으로 발생된 모든 추가적인 비용:

(i) 매수인이 A4에 적시된 대로 운송인 또는 기타의 자를 지명하지 아니한 경우, 또는

(ii) A4에 적시된 대로 매수인에 의하여 지명된 운송인 또는 기타의 자가 물품을 자신의 관리하에 접수하지 아니한 경우, 또는

(iii) 매수인이 B7에 따라 적절한 통지를 행하지 아니한 경우. 다만 물품이 계약물품으로서 명확하게 특정되어 있어야 한다. 그리고

c) 적용가능한 경우에는, 물품의 수입시에 지급되는 모든 관세, 조세 및 기타 경비뿐만 아니라, 통관절차를 이행하는 비용 및 어떠한 국가를 통과하는 운송비용.

B7 매도인에 대한 통지

매수인이 매도인에게 통지할 사항

a) 매도인이 A4에 따라 물품을 인도할 수 있도록 충분한 시간내에 A4에 적시된 대로 지명된 운송인 또는 기타 자의 명의,

b) 필요한 경우에는, 운송인 또는 지명된 자가 물품을 수령하여야 할 인도의 합의된 기간내의 선정된 시간;

c) 지명된 자에 의하여 사용되어야 할 운송방식; 그리고

d) the point of taking delivery within the named place.

B8 Proof of delivery

The buyer must accept the proof of delivery provided as envisaged in A8.

B9 Inspection of goods. The buyer must pay the costs of any mandatory pre-shipment inspection, except when such inspection is mandated by the authorities of the country of export.

B10 Assistance with information and related costs. The buyer must, in a timely manner, advise the seller of any security information requirements so that the seller may comply with A10.

The buyer must reimburse the seller for all costs and charges incurred by the seller in providing or rendering assistance in obtaining documents and information as envisaged in A10.

The buyer must, where applicable, in a timely manner, provide to or render assistance in obtaining for the seller, at the seller's request, risk and expense, any documents and information, including security-related information, that the seller needs for the transport and export of the goods and for their transport through any country.

d) 지정된 장소내의 인도접수의 지점.

B8 인도의 증거

매수인은 반드시 A8에 적시된 대로 제공된 인도의 증거를 인수하여야 한다.

B9 물품의 검사

매수인은 반드시 수출국가의 당국에 의하여 강제된 그러한 검사의 경우를 제외하고, 모든 강제적인 선적전검사의 비용을 지급하여야 한다.

B10 정보의 협조 및 관련 비용

매수인은 반드시 매도인이 A10를 준수할 수 있도록 모든 보안정보요건에 관하여 매도인에게 시의적절한 방법으로 고지하여야 한다.

매수인은 반드시 A10에 적시된 대로 서류와 정보를 취득하는데 따른 협조를 제공하거나 공여하면서 매도인에 의하여 발생된 모든 비용과 경비를 매도인에게 보상하여야 한다.

매수인은 반드시 적용가능한 경우에는, 매도인의 요청과 위험 및 비용부담으로 매도인이 물품의 운송과 수출 및 어떠한 국가를 통과하는 물품운송에 필요한 보안관련 정보를 포함하여 모든 서류와 정보를 취득하는데 따른 협조를 매도인에게 시의적절한 방법으로 제공하거나 공여하여야 한다.

## ② 운송인 거래규칙의 개요

FCA 거래규칙[Free Carrier(insert named place of delivery) : FCA], 즉 운송인 거래규칙은 매도인이 매도인의 구내 또는 지정된 장소에서 매수인이 지정한 운송인, 즉 운송계약을 체결한 당사자 또는 그 밖의 당사자에게 수출통관된 물품을 인도하는 거래규칙이다. 매매계약상에서 특약을 하는 경우에는 매도인이 매수인의 위험과 비용부담이라는 전제하에 대리인 자격으로 운송계약을 체결할 수 있다.

FCA 거래규칙에서 위험 및 비용의 분기점은 매도인이 물품을 매수인이 지정한 운송인 또는 그 밖의 당사자에게 인도한 때이다. 매수인에 의하여 지정된 인도장소가 매도인의 구내인 경우에는 매수인이 제공한 운송수단에 매도인이 물품을 적재하여야 한다. 매도인은 수출허가를 취득하고 수출통관절차를 이행하는 데에 따르는 제세공과금 및 비용을 부담하여야 한다. 매매당사자는 상대방이 위험 및 비용을 부담하는 조건으로 상대방이 수출입통관 등 수출입을 하는 데에 필요한 서류와 물품 보안 및 안전에 관련된 정보를 취득하는 데에 협조를 요청하면 이에 협조하여야 한다.

## 3) 수송비지급 거래규칙[Carriage Paid to(insert named place of destination): CPT] 거래규칙

### ① 수송비지급 거래규칙의 내용

| | |
|---|---|
| A THE SELLER'S OBLIGATIONS<br>A1 General obligations of the seller<br>The seller must provide the goods and the commercial invoice in conformity with the contract of sale and any other evidence of conformity that may be required by the contract.<br>Any document referred to in A1-A10 may be an equivalent electronic record or procedure if agreed between the parties or customary.<br>A2 Licences, authorizations, security clearances and other formalities.<br>Where applicable, the seller must obtain, at its own risk and expense, any export licence or other official authorization and carry out all customs formalities necessary for the export of the goods, and for their transport through any country prior to delivery.<br>A3 Contracts of carriage and insurance<br>a) Contract of carriage<br>The seller must contract or procure a contract for the carriage of the goods from the agreed point of delivery, if any, at the place of delivery to the named place of destination or, if agreed, any point at that place. The contract of carriage must be made on usual terms at the seller's expense and provide for carriage by the usual route and in a customary manner. If a specific point is not agreed or is not determined by practice, the seller may select the point of delivery and the point at the named place of destination that best suit its purpose.<br>b) Contract of insurance<br>The seller has no obligation to the buyer to make a contract of insurance. However, the seller must provide the buyer, at the buyer's request, risk, and expense (if any), with information that the buyer needs for obtaining insurance.<br>A4 Delivery<br>The seller must deliver the goods by handing them over to the carrier contracted in accordance with A3 on the agreed date or within the agreed period.<br>A5 Transfer of risks<br>The seller bears all risks of loss of or damage to the goods until they have been delivered in accordance with A4, with the exception of loss or damage in the circumstances described in | A 매도인의 의무<br>A1 매도인의 일반적 의무<br>매도인은 반드시 매매계약에 일치하는 물품과 상업송장 및 계약에 의하여 요구될 수 있는 기타 모든 일치의 증명서류를 제공하여야 한다.<br><br>A1 내지 A10에 언급된 모든 서류는 당사자 사이에 합의되었거나 관습적인 경우에는 이와 동등한 전자기록 또는 처리방법으로 할 수 있다.<br>A2 허가, 승인, 보안수속 및 기타 절차<br><br>적용가능한 경우에는, 매도인은 반드시 자신의 위험과 비용부담으로 모든 수출허가 또는 기타 공적인 승인을 취득하여야 하며, 또 물품의 수출 및 인도하기 이전의 어떠한 국가를 통과하는 운송에 필요한 모든 통관절차를 이행하여야 한다.<br>A3 운송 및 보험계약<br>a) 운송계약<br>매도인은 반드시 인도장소의 합의된 인도지점(있는 경우)으로부터 지정된 목적장소 또는 당해장소의 어떠한 지점(합의된 경우)까지 물품의 운송계약을 체결하거나 조달하여야 한다. 운송계약은 반드시 매도인의 비용부담으로 통상적인 조건에 따라 체결되어야 하며, 또 통상적인 경로와 관습적인 방법에 따른 운송을 제공하여야 한다. 특정한 지점이 합의되지 아니하거나 또는 관례에 따라 결정되지 아니한 경우에는, 매도인은 자신의 목적에 가장 적합한 인도장소 및 지정된 목적장소의 지점을 선정할 수 있다.<br>b) 보험계약<br>매도인은 매수인에 대하여 보험계약을 체결할 아무런 의무도 부담하지 않는다. 그러나 매도인은 반드시 매수인의 요청과 위험 및 비용부담(있는 경우)으로 매수인이 보험을 취득하는 데 필요한 정보를 매수인에게 제공하여야 한다.<br>A4 인도<br>매도인은 반드시 합의된 일자 또는 합의된 기간내에 A3에 따라 계약된 운송인에게 물품을 인계하는 행위로 이를 인도하여야 한다.<br><br>A5 위험의 이전<br>매도인은 B5에 기술된 사정에서의 멸실 또는 손상을 제외하고, 물품이 A4에 따라 인도된 때까지 물품의 멸실 또는 손상의 모든 위험을 부 |

B5.
A6 Allocation of costs
The seller must pay
a) all costs relating to the goods until they have been delivered in accordance with A4, other than those payable by the buyer as envisaged in B6;
b) the freight and all other costs resulting from A3 a), including the costs of loading the goods and any charges for unloading at the place of destination that were for the seller's account under the contract of carriage; and
c) where applicable, the costs of customs formalities necessary for export, as well as all duties, taxes and other charges payable upon export, and the costs for their transport through any country that were for the seller's account under the contract of carriage.
A7 Notices to the buyer
The seller must notify the buyer that the goods have been delivered in accordance with A4. The seller must give the buyer any notice needed in order to allow the buyer to take measures that are normally necessary to enable the buyer to take the goods.
A8 Delivery document
If customary or at the buyer's request, the seller must provide the buyer, at the seller's expense, with the usual transport document[s] for the transport contracted in accordance with A3.
This transport document must cover the contract goods and be dated within the period agreed for shipment. If agreed or customary, the document must also enable the buyer to claim the goods from the carrier at the named place of destination and enable the buyer to sell the goods in transit by the transfer of the document to a subsequent buyer or by notification to the carrier.
When such a transport document is issued in negotiable form and in several originals, a full set of originals must be presented to the buyer.
A9 Checking – packaging – marking
The seller must pay the costs of those checking operations (such as checking quality, measuring, weighing, counting) that are necessary for the purpose of delivering the goods in accordance with A4, as well as the costs of any pre-shipment inspection mandated by the authority of the country of export.
The seller must, at its own expense, package the goods, unless it is usual for the particular trade to transport the type of goods sold

담하여야 한다.
A6 비용의 분담
매도인이 지급할 비용
a) B6에 적시된 대로 매수인에 의하여 지급되는 비용을 제외하고, 물품이 A4에 따라 인도된 때까지 물품에 관련한 모든 비용;
b) 물품의 적재비용 및 운송계약에 따라 매도인의 계산에 속한 목적장소에서의 모든 양륙경비를 포함하여, A3 a항의 결과로 발생하는 운임과 기타 모든 비용; 그리고

c) 적용가능한 경우에는, 수출에 필요한 통관절차의 비용뿐만 아니라, 수출시에 지급되는 모든 관세, 조세 및 기타 경비, 그리고 운송계약에 따라 매도인의 계산에 속한 어떠한 국가를 통과하는 운송비용.

A7 매수인에 대한 통지
매도인은 반드시 물품이 A4에 따라 인도되었다는 사실에 관하여 매수인에게 통지하여야 한다. 매도인은 반드시 매수인이 물품을 접수할 수 있도록 하는데 정상적으로 필요한 조치를 취할 수 있도록 매수인에게 필요한 모든 통지를 행하여야 한다.
A8 인도서류
관습적이거나 또는 매수인의 요청이 있는 경우는, 매도인은 반드시 자신의 비용부담으로 A3에 따라 계약을 체결한 운송에 관한 통상적인 운송서류[들]을 매수인에게 제공하여야 한다.

이 운송서류는 반드시 계약물품을 커버하여야 하며, 또 운송을 위하여 합의된 기간내로 일부되어 있어야 한다. 또한 합의되었거나 또는 관습적인 경우에는, 서류는 반드시 매수인이 지정된 목적장소에서 운송인으로부터 물품을 청구할 수 있는 것이어야 하며, 또 매수인이 후속되는 매수인에게 서류의 이전에 의하거나 또는 운송인에 대한 통지에 의하여 수송 중인 물품을 매각할 수 있는 것이어야 한다.
그러한 운송서류가 유통가능한 양식이면서 복수의 원본으로 발행되는 때에는, 반드시 전통의 원본이 매수인에게 제시되어야 한다.
A9 점검·포장·화인
매도인은 반드시 A4에 따라 물품을 인도하기 위하여 필요한 물품점검업무(품질, 용적, 중량, 수량점검 등)의 비용뿐만 아니라, 수출국가의 당국에 의하여 강제된 모든 선적전검사의 비용을 지급하여야 한다.

특정무역거래에서 매각된 종류의 물품을 무포장으로 운송하는 것이 통상적이지 아니하는 한, 매도인은 반드시 자신의 비용부담으로 물

unpackaged. The seller may package the goods in the manner appropriate for their transport, unless the buyer has notified the seller of specific packaging requirements before the contract of sale is concluded. Packaging is to be marked appropriately.

A10 Assistance with information and related costs

The seller must, where applicable, in a timely manner, provide to or render assistance in obtaining for the buyer, at the buyer's request, risk and expense, any documents and information, including security-related information, that the buyer needs for the import of the goods and/or for their transport to the final destination.

The seller must reimburse the buyer for all costs and charges incurred by the buyer in providing or rendering assistance in obtaining documents and information as envisaged in B10.

B THE BUYER'S OBLIGATIONS

B1 General obligations of the buyer

The buyer must pay the price of the goods as provided in the contract of sale.

Any document referred to in B1-B10 may be an equivalent electronic record or procedure if agreed between the parties or customary.

B2 Licences, authorizations, security clearances and other formalities

Where applicable, it is up to the buyer to obtain, at its own risk and expense, any import licence or other official authorization and carry out all customs formalities for the import of the goods and for their transport through any country.

B3 Contracts of carriage and insurance

a) Contract of carriage

The buyer has no obligation to the seller to make a contract of carriage.

b) Contract of insurance

The buyer has no obligation to the seller to make a contract of insurance. However, the buyer must provide the seller, upon request, with the necessary information for obtaining insurance.

B4 Taking delivery

The buyer must take delivery of the goods when they have been delivered as envisaged in A4 and receive them from the carrier at the named place of destination.

B5 Transfer of risks

The buyer bears all risks of loss of or damage

품을 포장하여야 한다. 매수인이 매매계약의 체결 이전에 매도인에게 특정한 포장요건을 통지하지 않은 한, 매도인은 물품운송에 적절한 방법으로 이를 포장할 수 있다. 포장에는 적절한 화인이 있어야 한다.

A10 정보의 협조 및 관련 비용

매도인은 반드시 적용가능한 경우에는, 매수인의 요청과 위험 및 비용부담으로 매수인이 물품의 수입 및/또는 최종목적지까지의 물품운송에 필요한 보안관련 정보를 포함하여 모든 서류와 정보를 취득하는데 따른 협조를 매수인에게 시의적절한 방법으로 제공하거나 공여하여야 한다.
매도인은 반드시 B10에 적시된 대로 서류와 정보를 취득하는데 따른 협조를 제공하거나 공여하면서 매수인에 의하여 발생된 모든 비용과 경비를 매수인에게 보상하여야 한다.

B 매수인의 의무
B1 매수인의 일반적 의무
매수인은 반드시 매매계약에 약정된 대로 물품의 대금을 지급하여야 한다.
B1 내지 B10에 언급된 모든 서류는 당사자 사이에 합의되었거나 관습적인 경우에는 이와 동등한 전자기록 또는 처리방법으로 할 수 있다.
B2 허가, 승인, 보안수속 및 기타 절차

적용가능한 경우에는, 매수인 자신의 위험과 비용부담으로 모든 수입허가 또는 기타 공적인 승인을 취득하여야 하는 것과 물품의 수입 및 어떠한 국가를 통과하는 운송을 위한 모든 통관절차를 이행하여야 하는 것은 매수인의 책임에 속한다.
B3 운송 및 보험계약
a) 운송계약
매수인은 매도인에 대하여 운송계약을 체결할 아무런 의무도 부담하지 않는다.
b) 보험계약
매수인은 매도인에 대하여 보험계약을 체결할 아무런 의무도 부담하지 않는다. 그러나 매수인은 요청 시에는 반드시 보험을 취득하는데 필요한 정보를 매도인에게 제공하여야 한다.
B4 인도의 접수
매수인은 반드시 물품이 A4에 적시된 대로 인도된 때에 물품의 인도를 접수하여야 하며, 또 지정된 목적장소에서 운송인으로부터 이를 수령하여야 한다.
B5 위험의 이전
매수인은 물품이 A4에 적시된 대로 인도된 시

to the goods from the time they have been delivered as envisaged in A4.

If the buyer fails to give notice in accordance with B7, it must bear all risks of loss of or damage to the goods from the agreed date or the expiry date of the agreed period for delivery, provided that the goods have been clearly identified as the contract goods.

B6 Allocation of costs

The buyer must, subject to the provisions of A3 a), pay

a) all costs relating to the goods from the time they have been delivered as envisaged in A4, except, where applicable, the costs of customs formalities necessary for export, as well as all duties, taxes, and other charges payable upon export as referred to in A6 c);

b) all costs and charges relating to the goods while in transit until their arrival at the agreed place of destination, unless such costs and charges were for the seller's account under the contract of carriage;

c) unloading costs, unless such costs were for the seller's account under the contract of carriage;

d) any additional costs incurred if the buyer fails to give notice in accordance with B7, from the agreed date or the expiry date of the agreed period for dispatch, provided that the goods have been clearly identified as the contract goods; and

e) where applicable, all duties, taxes and other charges, as well as the costs of carrying out customs formalities payable upon import of the goods and the costs for their transport through any country, unless included within the cost of the contract of carriage.

B7 Notices to the seller

The buyer must, whenever it is entitled to determine the time for dispatching the goods and/or the named place of destination or the point of receiving the goods within that place, give the seller sufficient notice thereof.

B8 Proof of delivery

The buyer must accept the transport document provided as envisaged in A8 if it is in conformity with the contract.

B9 Inspection of goods

The buyer must pay the costs of any mandatory pre-shipment inspection, except when such inspection is mandated by the authorities of the country of export.

B10 Assistance with information and related costs

간부터 물품의 멸실 또는 손상의 모든 위험을 부담하여야 한다.

매수인이 B7에 따라 통지를 행하지 아니한 경우에는, 매수인은 반드시 인도의 합의된 일자 또는 합의된 기간의 만기일자로부터 물품의 멸실 또는 손상의 모든 위험을 부담하여야 한다. 다만 물품이 계약물품으로서 명확하게 특정되어 있어야 한다.

B6 비용의 분담

매수인은 반드시 A3 a항에 규정된 경우를 제외하고, 다음과 같은 비용을 지급하여야 한다.

a) 물품이 A4에 적시된 대로 인도된 시간부터 물품에 관련한 모든 비용. 다만 적용가능한 경우에는, 수출에 필요한 통관절차의 비용뿐만 아니라, A6 c항에 언급된 대로 수출시에 지급되는 모든 관세, 조세 및 기타 경비는 제외한다.

b) 운송계약에 따라 매도인의 계산에 속한 것이 아닌 한, 합의된 목적장소에 도착할 때까지의 수송 중에 물품에 관련한 모든 비용 및 경비,

c) 운송계약에 따라 매도인의 계산에 속한 것이 아닌 한, 양륙비용,

d) 매수인이 B7에 따라 통지를 행하지 아니한 경우에는, 발송을 위하여 합의된 일자 또는 합의된 기간의 만기일자로부터 발생된 모든 추가적인 비용. 다만 물품이 계약물품으로서 명확하게 특정되어 있어야 한다. 그리고

e) 적용가능한 경우에는, 물품의 수입시에 지급되는 모든 관세, 조세 및 기타 경비뿐만 아니라, 통관절차를 이행하는 비용 및 운송계약의 비용에 포함되지 않은 한 어떠한 국가를 통과하는 운송비용.

B7 매도인에 대한 통지

매수인은 반드시 물품발송의 시간 및/또는 지정된 목적장소 또는 당해 장소내의 물품수령의 지점을 결정할 권한이 주어진 때에는, 항상 이에 관하여 매도인에게 충분한 통지를 행하여야 한다.

B8 인도의 증거

매수인은 반드시 운송서류가 계약에 일치하는 경우에는 A8에 적시된 대로 제공된 운송서류를 인수하여야 한다.

B9 물품의 검사

매수인은 반드시 수출국가의 당국에 의하여 강제된 그러한 검사의 경우를 제외하고, 모든 강제적인 선적전검사의 비용을 지급하여야 한다.

B10 정보의 협조 및 관련 비용

| | |
|---|---|
| The buyer must, in a timely manner, advise the seller of any security information requirements so that the seller may comply with A10. | 매수인은 반드시 매도인이 A10를 준수할 수 있도록 모든 보안정보요건에 관하여 매도인에게 시의적절한 방법으로 고지하여야 한다. |
| The buyer must reimburse the seller for all costs and charges incurred by the seller in providing or rendering assistance in obtaining documents and information as envisaged in A10. | 매수인은 반드시 A10에 적시된 대로 서류와 정보를 취득하는데 따른 협조를 제공하거나 공여하면서 매도인에 의하여 발생된 모든 비용과 경비를 매도인에게 보상하여야 한다. |
| The buyer must, where applicable, in a timely manner, provide to or render assistance in obtaining for the seller, at the seller's request, risk and expense, any documents and information, including security-related information, that the seller needs for the transport and export of the goods and for their transport through any country. | 매수인은 반드시 적용가능한 경우에는, 매도인의 요청과 위험 및 비용부담으로 매도인이 물품의 운송과 수출 및 어떠한 국가를 통과하는 물품운송에 필요한 보안관련 정보를 포함하여 모든 서류와 정보를 취득하는데 따른 협조를 매도인에게 시의적절한 방법으로 제공하거나 공여하여야 한다. |

② 수송비지급 거래규칙의 개요

CPT 거래규칙[Carriage Paid to(insert named place of destination): CPT], 즉 수송비지급 거래규칙은 매도인이 물품을 출하지에서 합의된 장소에서 자신이 지정한 운송인 또는 기타 당사자에게 수출통관된 물품을 인도하는 동시에 그 물품을 지정목적지까지 운송하기 위한 통상의 운송경로와 관습적인 방법에 따라 운송계약을 체결하고 운송비를 지급하는 거래규칙이다. 매도인이 FCA 거래규칙에 지정 목적지까지의 수송비를 추가 부담하는 거래규칙으로 CPT 용어 뒤에 지정목적지를 표시하여 사용한다. 매도인이 보험계약을 체결할 의무가 없다. 매수인은 매매계약상의 운송계약을 체결할 의무가 없다.

CPT 거래규칙에서 위험의 분기점은 매도인이 물품을 운송인에게 인도하였을 때이지만 인도장소를 지나 목적항 또는 목적지까지의 수송비를 부담한다. 위험 및 비용의 분기점이 일치하지 않기 때문에 매도인이 수송비를 부담하여야 하는 목적지에서의 지점과 매수인이 위험을 부담하는 인수장소를 명확하게 표시하여야 한다. 매수인이 매매계약상 결정권한을 갖는 경우 발송시기, 지정 목적지 또는 그 목적지 내에서의 물품 인수지점을 통지하여야 한다. 매도인은 수출허가를 취득하고 수출통관절차를 이행하는 데에 따르는 제세공과금 및 비용을 부담하고 매수인의 수출입허가 취득과 관련한 업무에 협조하여야 한다. 매수인은 수입허가를 취득하고 수입통관절차를 이행하는 데에 따르는 제세공과금 및 비용을 부담하여야 한다. 매수인은 매도인에게 인수와 관련한 적절한 통지를 하지 않은 경우에 발생하는 비용을 부담하여야 한다. 매도인은 물품을 매수인에게 인도하기 위하여 실시하는 점검비용을 부담하여야 한다. 매수인은 수출국 당국이 요구하는 검사비용을 제외하고 선적 전 검사비용을 부담하여야 한다.

## 4) 수송비 · 보험료지급 거래규칙 [Carriage and Insurance Paid to(insert named place of destination): CIP]

### ① 수송비·보험료지급 거래규칙의 내용

| | |
|---|---|
| A THE SELLER'S OBLIGATIONS<br>A1 General obligations of the seller<br>The seller must provide the goods and the commercial invoice in conformity with the contract of sale and any other evidence of conformity that may be required by the contract.<br>Any document referred to in A1-A10 may be an equivalent electronic record or procedure if agreed between the parties or customary.<br>A2 Licences, authorizations, security clearances and other formalities.<br>Where applicable, the seller must obtain, at its own risk and expense, any export licence or other official authorization and carry out all customs formalities necessary for the export of the goods and for their transport through any country prior to delivery.<br>A3 Contracts of carriage and insurance<br>a) Contract of carriage<br>The seller must contract or procure a contract for the carriage of the goods from the agreed point of delivery, if any, at the place of delivery to the named place of destination or, if agreed, any point at that place. The contract of carriage must be made on usual terms at the seller's expense and provide for carriage by the usual route and in a customary manner. If a specific point is not agreed or is not determined by practice, the seller may select the point of delivery and the point at the named place of destination that best suit its purpose.<br>b) Contract of insurance<br>The seller must obtain at its own expense cargo insurance complying at least with the minimum cover as provided by Clauses (C) of the Institute Cargo Clauses (LMA/IUA) or any similar clauses. The insurance shall be contracted with underwriters or an insurance company of good repute and entitle the buyer, or any other person having an insurable interest in the goods, to claim directly from the insurer.<br>When required by the buyer, the seller shall, subject to the buyer providing any necessary information requested by the seller, provide at the buyer's expense any additional cover, if | A 매도인의 의무<br>A1 매도인의 일반적 의무<br>매도인은 반드시 매매계약에 일치하는 물품과 상업송장 및 계약에 의하여 요구될 수 있는 기타 모든 일치의 증명서류를 제공하여야 한다.<br><br>A1 내지 A10에 언급된 모든 서류는 당사자 사이에 합의되었거나 관습적인 경우에는 이와 동등한 전자기록 또는 처리방법으로 할 수 있다.<br>A2 허가, 승인, 보안수속 및 기타 절차<br><br>적용가능한 경우에는, 매도인은 반드시 자신의 위험과 비용부담으로 모든 수출허가 또는 기타 공적인 승인을 취득하여야 하며, 또 물품의 수출 및 인도하기 이전의 어떠한 국가를 통과하는 운송에 필요한 모든 통관절차를 이행하여야 한다.<br>A3 운송 및 보험계약<br>a) 운송계약<br>매도인은 반드시 인도장소의 합의된 인도지점(있는 경우)으로부터 지정된 목적장소 또는 당해장소의 어떠한 지점(합의된 경우)까지 물품의 운송계약을 체결하거나 조달하여야 한다. 운송계약은 반드시 매도인의 비용부담으로 통상적인 조건에 따라 체결되어야 하며, 또 통상적인 경로와 관습적인 방법에 따른 운송을 제공하여야 한다. 특정한 지점이 합의되지 아니하거나 또는 관례에 따라 결정되지 아니한 경우에는, 매도인은 자신의 목적에 가장 적합한 인도장소 및 지정된 목적장소의 지점을 선정할 수 있다.<br>b) 보험계약<br>매도인은 반드시 자신의 비용부담으로 적어도 협회적하약관(LMA/IUA)의 (C) 조건 또는 이와 유사한 어떠한 약관에 의하여 규정된 최소한의 담보에 일치하는 적하보험을 취득하여야 한다. 보험계약은 평판이 좋은 보험업자 또는 보험회사와 체결하여야 하며, 또 매수인 또는 물품에 관한 피보험이익을 갖고 있는 기타 모든 자에게 보험자로부터 직접 보험금을 청구할 수 있는 권한을 부여하고 있어야 한다.<br>매수인이 요구한 때에는, 매도인은 매도인에게 요청되는 모든 필요한 정보를 매수인에게 제공한다는 전제하에 매수인의 비용부담으로 조달가능한 모든 추가적인 담보, 예컨대 협회적하 |

procurable, such as cover as provided by Clauses (A) or (B) of the Institute Cargo Clauses (LMA/IUA) or any similar clauses, and/or cover complying with the Institute War Clauses and/or Institute Strikes Clauses (LMA/IUA) or any similar clauses.

The insurance shall cover, at a minimum, the price provided in the contract plus 10% (i.e., 110%) and shall be in the currency of the contract.

The insurance shall cover the goods from the point of delivery set out in A4 and A5 to at least the named place of destination.

The seller must provide the buyer with the insurance policy or other evidence of insurance cover.

Moreover, the seller must provide the buyer, at the buyer's request, risk, and expense (if any), with information that the buyer needs to procure any additional insurance.

A4 Delivery

The seller must deliver the goods by handing them over to the carrier contracted in accordance with A3 on the agreed date or within the agreed period.

A5 Transfer of risks

The seller bears all risks of loss of or damage to the goods until they have been delivered in accordance with A4, with the exception of loss or damage in the circumstances described in B5.

A6 Allocation of costs

The seller must pay

a) all costs relating to the goods until they have been delivered in accordance with A4, other than those payable by the buyer as envisaged in B6;

b) the freight and all other costs resulting from A3 a), including the costs of loading the goods and any charges for unloading at the place of destination that were for the seller's account under the contract of carriage;

c) the costs of insurance resulting from A3 b); and

d) where applicable, the costs of customs formalities necessary for export, as well as all duties, taxes and other charges payable upon export, and the costs for their transport through any country that were for the seller's account under the contract of carriage.

A7 Notices to the buyer

The seller must notify the buyer that the goods have been delivered in accordance with A4. The seller must give the buyer any notice

약관(LMA/IUA)의 (A) 또는 (B) 조건 또는 이와 유사한 어떠한 약관에 의하여 규정된 담보, 및/또는 협회전쟁약관 및/또는 협회동맹파업약관(LMA/IUA) 또는 이와 유사한 어떠한 약관에 일치하는 담보 등을 제공하여야 한다.

보험은 최소한 계약에 약정된 대금에 10%를 가산한 금액(즉, 110%)을 담보하여야 하며, 또 계약상의 통화로 되어 있어야 한다.

보험은 A4 및 A5에 설정된 인도지점으로부터 적어도 지정된 목적장소까지 물품을 담보하여야 한다.

매도인은 반드시 매수인에게 보험증권 또는 기타 보험담보의 증명서류를 제공하여야 한다.

나아가 매도인은 반드시 매수인의 요청과 위험 및 비용부담(있는 경우)으로 매수인이 어떠한 추가적인 보험을 조달하는데 필요한 정보를 매수인에게 제공하여야 한다.

A4 인도

매도인은 반드시 합의된 일자 또는 합의된 기간내에 A3에 따라 계약된 운송인에게 물품을 인계하는 행위로 이를 인도하여야 한다.

A5 위험의 이전

매도인은 B5에 기술된 사정에서의 멸실 또는 손상을 제외하고, 물품이 A4에 따라 인도된 때까지 물품의 멸실 또는 손상의 모든 위험을 부담하여야 한다.

A6 비용의 분담

매도인이 지급할 비용

a) B6에 적시된 대로 매수인에 의하여 지급되는 비용을 제외하고, 물품이 A4에 따라 인도된 때까지 물품에 관련한 모든 비용;

b) 물품의 적재비용 및 운송계약에 따라 매도인의 계산에 속한 목적장소에서의 모든 양륙경비를 포함하여, A3 a항의 결과로 발생하는 운임과 기타 모든 비용;

c) A3 b항의 결과로 발생하는 보험비용; 그리고

d) 적용가능한 경우에는, 수출에 필요한 통관절

차의 비용뿐만 아니라, 수출시에 지급되는 모든 관세, 조세 및 기타 경비, 그리고 운송계약에 따라 매도인의 계산에 속한 어떠한 국가를 통과하는 운송비용.

A7 매수인에 대한 통지

매도인은 반드시 물품이 A4에 따라 인도되었다는 사실에 관하여 매수인에게 통지하여야 한다. 매도인은 반드시 매수인이 물품을 접수할 수 있도록 하는데 정상적으로 필요한 조치를

needed in order to allow the buyer to take measures that are normally necessary to enable the buyer to take the goods.

A8 Delivery document

If customary or at the buyer's request, the seller must provide the buyer, at the seller's expense, with the usual transport document[s] for the transport contracted in accordance with A3.

This transport document must cover the contract goods and be dated within the period agreed for shipment. If agreed or customary, the document must also enable the buyer to claim the goods from the carrier at the named place of destination and enable the buyer to sell the goods in transit by the transfer of the document to a subsequent buyer or by notification to the carrier.

When such a transport document is issued in negotiable form and in several originals, a full set of originals must be presented to the buyer.

A9 Checking - packaging - marking

The seller must pay the costs of those checking operations (such as checking quality, measuring, weighing, counting) that are necessary for the purpose of delivering the goods in accordance with A4 as well as the costs of any pre-shipment inspection mandated by the authority of the country of export.

The seller must, at its own expense, package the goods, unless it is usual for the particular trade to transport the type of goods sold unpackaged. The seller may package the goods in the manner appropriate for their transport, unless the buyer has notified the seller of specific packaging requirements before the contract of sale is concluded. Packaging is to be marked appropriately.

A10 Assistance with information and related costs

The seller must, where applicable, in a timely manner, provide to or render assistance in obtaining for the buyer, at the buyer's request, risk and expense, any documents and information, including security-related information, that the buyer needs for the import of the goods and/or for their transport to the final destination.

The seller must reimburse the buyer for all costs and charges incurred by the buyer in providing or rendering assistance in obtaining documents and information as envisaged in B10.

B THE BUYER'S OBLIGATIONS

취할 수 있도록 매수인에게 필요한 모든 통지를 행하여야 한다.

A8 인도서류

관습적이거나 또는 매수인의 요청이 있는 경우에는, 매도인은 반드시 자신의 비용부담으로 A3에 따라 계약을 체결한 운송에 관한 통상적인 운송서류[들]을 매수인에게 제공해야 한다.

이 운송서류는 반드시 계약물품을 커버하여야 하며, 또 선적을 위하여 합의된 기간내로 일부되어 있어야 한다. 또한 합의되었거나 또는 관습적인 경우에는, 서류는 반드시 매수인이 지정된 목적장소에서 운송인으로부터 물품을 청구할 수 있는 것이어야 하며, 또 매수인이 후속되는 매수인에게 서류의 이전에 의하거나 또는 운송인에 대한 통지에 의하여 수송 중인 물품을 매각할 수 있는 것이어야 한다.

그러한 운송서류가 유통가능한 양식이면서 복수의 원본으로 발행되는 때에는, 반드시 전통의 원본이 매수인에게 제시되어야 한다.

A9 점검·포장·화인

매도인은 반드시 A4에 따라 물품을 인도하기 위하여 필요한 물품점검업무(품질, 용적, 중량, 수량점검 등)의 비용뿐만 아니라, 수출국가의 당국에 의하여 강제된 모든 선적 전 검사의 비용을 지급하여야 한다.

특정무역거래에서 매각된 종류의 물품을 무포장으로 운송하는 것이 통상적이지 아니하는 한, 매도인은 반드시 자신의 비용부담으로 물품을 포장하여야 한다. 매수인이 매매계약의 체결 이전에 매도인에게 특정한 포장요건을 통지하지 않은 한, 매도인은 물품운송에 적절한 방법으로 이를 포장할 수 있다. 포장에는 적절한 화인이 있어야 한다.

A10 정보의 협조 및 관련 비용

매도인은 반드시 적용가능한 경우에는, 매수인의 요청과 위험 및 비용부담으로 매수인이 물품의 수입 및/또는 최종목적지까지의 물품운송에 필요한 보안관련 정보를 포함하여 모든 서류와 정보를 취득하는데 따른 협조를 매수인에게 시의적절한 방법으로 제공하거나 공여하여야 한다.

매도인은 반드시 B10에 적시된 대로 서류와 정보를 취득하는데 따른 협조를 제공하거나 공여하면서 매수인에 의하여 발생된 모든 비용과 경비를 매수인에게 보상하여야 한다.

B 매수인의 의무

B1 General obligations of the buyer
The buyer must pay the price of the goods as provided in the contract of sale.
Any document referred to in B1-B10 may be an equivalent electronic record or procedure if agreed between the parties or customary.
B2 Licences, authorizations, security clearances and other formalities
Where applicable, it is up to the buyer to obtain, at its own risk and expense, any import licence or other official authorization and carry out all customs formalities for the import of the goods and for their transport through any country.
B3 Contracts of carriage and insurance.
a) Contract of carriage
The buyer has no obligation to the seller to make a contract of carriage.
b) Contract of insurance
The buyer has no obligation to the seller to make a contract of insurance. However, the buyer must provide the seller, upon request, with any information necessary for the seller to procure any additional insurance requested by the buyer as envisaged in A3 b).

B4 Taking delivery
The buyer must take delivery of the goods when they have been delivered as envisaged in A4 and receive them from the carrier at the named place of destination.
B5 Transfer of risks
The buyer bears all risks of loss of or damage to the goods from the time they have been delivered as envisaged in A4.
If the buyer fails to give notice in accordance with B7, it must bear all risks of loss of or damage to the goods from the agreed date or the expiry date of the agreed period for delivery, provided that the goods have been clearly identified as the contract goods.
B6 Allocation of costs
The buyer must, subject to the provisions of A3 a), pay
a) all costs relating to the goods from the time they have been delivered as envisaged in A4, except, where applicable, the costs of customs formalities necessary for export, as well as all duties, taxes and other charges payable upon export as referred to in A6 d);
b) all costs and charges relating to the goods while in transit until their arrival at the agreed place of destination, unless such costs and charges were for the seller's account under the

B1 매수인의 일반적 의무
매수인은 반드시 매매계약에 약정된 대로 물품의 대금을 지급하여야 한다.
B1 내지 B10에 언급된 모든 서류는 당사자 사이에 합의되었거나 관습적인 경우에는 이와 동등한 전자기록 또는 처리방법으로 할 수 있다.
B2 허가, 승인, 보안수속 및 기타 절차

적용가능한 경우에는, 매수인 자신의 위험과 비용부담으로 모든 수입허가 또는 기타 공적인 승인을 취득하여야 하는 것과 물품의 수입 및 어떠한 국가를 통과하는 운송을 위한 모든 통관절차를 이행하여야 하는 것은 매수인의 책임에 속한다.
B3 운송 및 보험계약
a) 운송계약
매수인은 매도인에 대하여 운송계약을 체결할 아무런 의무도 부담하지 않는다.
b) 보험계약
매수인은 매도인에 대하여 보험계약을 체결할 아무런 의무도 부담하지 않는다. 그러나 매수인은 요청 시에는 반드시 매도인이 A3 b항에 적시된 대로 매수인에 의하여 요청되는 어떠한 추가적인 보험을 조달하는데 필요한 모든 정보를 매도인에게 제공하여야 한다.
B4 인도의 접수
매수인은 반드시 물품이 A4에 적시된 대로 인도된 때에 물품의 인도를 접수하여야 하며, 또 지정된 목적장소에서 운송인으로부터 이를 수령하여야 한다.
B5 위험의 이전
매수인은 물품이 A4에 적시된 대로 인도된 시간부터 물품의 멸실 또는 손상의 모든 위험을 부담하여야 한다.
매수인이 B7에 따라 통지를 행하지 아니한 경우에는, 매수인은 반드시 인도의 합의된 일자 또는 합의된 기간의 만기일자로부터 물품의 멸실 또는 손상의 모든 위험을 부담하여야 한다. 다만 물품이 계약물품으로서 명확하게 특정되어 있어야 한다.
B6 비용의 분담
매수인은 반드시 A3 a항에 따라 지급할 비용
a) 물품이 A4에 적시된 대로 인도된 시간부터 물품에 관련한 모든 비용. 다만 적용가능한 경우에는, 수출에 필요한 통관절차의 비용뿐만 아니라, A6 d항에 언급된 대로 수출시에 지급되는 모든 관세, 조세 및 기타 경비는 제외;

b) 운송계약에 따라 매도인의 계산에 속한 것이 아닌 한, 합의된 목적장소에 도착할 때까지의 수송 중에 물품에 관련한 모든 비용 및 경비;

contract of carriage;

c) unloading costs, unless such costs were for the seller's account under the contract of carriage;

d) any additional costs incurred if it fails to give notice in accordance with B7, from the agreed date or the expiry date of the agreed period for dispatch, provided that the goods have been clearly identified as the contract goods;

e) where applicable, all duties, taxes and other charges as well as the costs of carrying out customs formalities payable upon import of the goods and the costs for their transport through any country, unless included within the cost of the contract of carriage; and

f) the costs of any additional insurance procured at the buyer's request under A3 and B3.

**B7 Notices to the seller**

The buyer must, whenever it is entitled to determine the time for dispatching the goods and/or the named place of destination or the point of receiving the goods within that place, give the seller sufficient notice thereof.

**B8 Proof of delivery**

The buyer must accept the transport document provided as envisaged in A8 if it is in conformity with the contract.

**B9 Inspection of goods**

The buyer must pay the costs of any mandatory pre-shipment inspection, except when such inspection is mandated by the authorities of the country of export.

**B10 Assistance with information and related costs.** The buyer must, in a timely manner, advise the seller of any security information requirements so that the seller may comply with A10.

The buyer must reimburse the seller for all costs and charges incurred by the seller in providing or rendering assistance in obtaining documents and information as envisaged in A10.

The buyer must, where applicable, in a timely manner, provide to or render assistance in obtaining for the seller, at the seller's request, risk and expense, any documents and information, including security-related information, that the seller needs for the transport and export of the goods and for their transport through any country.

c) 운송계약에 따라 매도인의 계산에 속한 것이 아닌 한, 양륙비용;

d) 매수인이 B7에 따라 통지를 행하지 아니한 경우에는, 발송을 위하여 합의된 일자 또는 합의된 기간의 만기일자로부터 발생된 모든 추가적인 비용; 다만 물품이 계약물품으로서 명확하게 특정되어 있어야 한다.

e) 적용가능한 경우에는, 물품의 수입시에 지급되는 모든 관세, 조세 및 기타 경비뿐만 아니라, 통관절차를 이행하는 비용 및 운송계약의 비용에 포함되지 않은 한 어떠한 국가를 통과하는 운송비용; 그리고

f) A3 및 B3에 따라 매수인의 요청으로 조달되는 모든 추가적인 보험비용.

**B7 매도인에 대한 통지**

매수인은 반드시 물품발송의 시간 및/또는 지정된 목적장소 또는 당해 장소내의 물품수령의 지점을 결정할 권한이 주어진 때에는, 항상 이에 관하여 매도인에게 충분한 통지를 행하여야 한다.

**B8 인도의 증거**

매수인은 반드시 운송서류가 계약에 일치하는 경우에는 A8에 적시된 대로 제공된 운송서류를 인수하여야 한다.

**B9 물품의 검사**

매수인은 반드시 수출국가의 당국에 의하여 강제된 그러한 검사의 경우를 제외하고, 모든 강제적인 선적전검사의 비용을 지급하여야 한다.

**B10 정보의 협조 및 관련 비용**

매수인은 반드시 매도인이 A10를 준수할 수 있도록 모든 보안정보요건에 관하여 매도인에게 시의적절한 방법으로 고지하여야 한다.

매수인은 반드시 A10에 적시된 대로 서류와 정보를 취득하는데 따른 협조를 제공하거나 공여하면서 매도인에 의하여 발생된 모든 비용과 경비를 매도인에게 보상하여야 한다.

매수인은 반드시 적용가능한 경우에는, 매도인의 요청과 위험 및 비용부담으로 매도인이 물품의 운송과 수출 및 어떠한 국가를 통과하는 물품운송에 필요한 보안관련 정보를 포함하여 모든 서류와 정보를 취득하는데 따른 협조를 매도인에게 시의적절한 방법으로 제공하거나 공여하여야 한다.

② 수송비·보험료지급 거래규칙의 개요

CIP 거래규칙[Carriage and Insurance Paid to(insert named place of destination)： CIP], 즉 수송비·보험료지급 거래규칙은 매도인이 물품을 출하지에서 합의된 장소에서 자신이 지정한 운송업자 또는 기타 당사자에게 수출통관된 물품을 인도하고 그 물품을 지정목적지까지 운송하기 위한 통상의 운송경로와 관습적인 방법에 따라 운송계약 및 적하보험계약을 체결하여 보험료를 지급하는 것을 매도인에게 추가시키는 거래규칙이다. CIP 거래규칙을 사용하는 경우에는 CIP 용어 뒤에 지정목적지를 표시하여 사용한다. 매도인은 물품의 수출통관을 이행하여야 한다. 운송계약에 따라 운송한 물품에 대하여 매수인이 인수를 거부하는 경우를 대비하여 매수인에게 인수의무를 부과하고 있다. 매수인은 물품을 인수할 때에 물품대금을 지급하여야 한다. 매도인은 관습이 있거나 매수인이 요청하는 경우 통상적인 운송서류를 제공하여야 한다.

매도인은 매수인을 위하여 보험계약을 체결할 때에 로이즈 시장협회(LMA)와 런던 국제보험인수협회(IUA)가 제정한 협회적하약관 2009(C) 또는 이와 유사한 구보험약관상의 최저담보조건인 FPA 조건 등으로 부보하여야 한다. 이때의 보험기간은 물품의 출하지에서 운송업자에게 인도한 때로부터 최소한 지정목적지까지이어야 하며 보험부보금액은 계약가격의 예상이익 10%를 포함한 110% 한도까지 무역계약상의 통화단위로 보험에 부보하여야 한다.

CIP 거래규칙에서 위험의 분기점은 매도인이 물품을 본선 갑판 위에서 인도하였을 때이다. 그런데 매도인은 인도장소까지의 비용을 부담할 뿐만 아니라 목적항 또는 목적지까지의 운송비와 보험료를 부담한다. 이에 따라 CIP 거래규칙에서는 위험의 분기점과 비용의 분기점이 다르게 된다. 즉 위험의 분기점은 인도장소가 되지만 비용의 분기점은 목적항 또는 목적지가 된다. 그 비용은 매도인의 운송계약체결과 관련한 운송비 및 기타의 비용, 그리고 보험계약체결과 관련된 보험료 및 기타의 비용이다. 위험이 이전된 이후에 발생하는 비용은 매수인의 부담이다. 매도인이 합의된 물품에 대한 인도의무를 완료하기 이전에 매수인에게 위험이 이전되는 경우는 매수인이 매도인에게 물품을 인도시킬 의무를 불이행한 경우이거나 매수인이 물품을 인수하지 않는 경우에 발생한다. 그러므로 매수인이 매매계약상 결정권한을 갖는 경우 발송시기, 지정 목적지 또는 그 목적지 내에서의 물품 인수지점을 통지하여야 한다.

매도인은 수출허가를 취득하고 수출통관절차를 이행하는 데에 따르는 제세공과금 및 비용과 물품을 매수인에게 인도하기 위하여 실시하는 점검비용을 부담하여야 한다. 매수인은 수입허가를 취득하고 수입통관절차를 이행하는 데에 따르는 제세공과금 및 비용을 부담하여야 한다. 매도인은 매수인은 수출국 당국이 요구하는 검사비용을 제외하고 선적 전 검사비용을 부담하여야 한다. 매도인은 포장을 하는 경우에는 포장비용을 부담하여야 한다.

## 5) 터미널 인도[Delivered at Terminal(insert named terminal at port or place of destination): DAT] 거래규칙

### ① 터미널 인도 거래규칙의 내용

| | |
|---|---|
| A THE SELLER'S OBLIGATIONS<br>A1 General obligations of the seller<br>The seller must provide the goods and the commercial invoice in conformity with the contract of sale and any other evidence of conformity that may be required by the contract.<br>Any document referred to in A1-A10 may be an equivalent electronic record or procedure if agreed between the parties or customary.<br>A2 Licences, authorizations, security clearances and other formalities<br>Where applicable, the seller must obtain, at its own risk and expense, any export licence and other official authorization and carry out all customs formalities necessary for the export of the goods and for their transport through any country prior to delivery.<br>A3 Contracts of carriage and insurance<br>a) Contract of carriage<br>The seller must contract at its own expense for the carriage of the goods to the named terminal at the agreed port or place of destination. If a specific terminal is not agreed or is not determined by practice, the seller may select the terminal at the agreed port or place of destination that best suits its purpose.<br>b) Contract of insurance. The seller has no obligation to the buyer to make a contract of insurance. However, the seller must provide the buyer, at the buyer's request, risk, and expense (if any), with information that the buyer needs for obtaining insurance.<br>A4 Delivery<br>The seller must unload the goods from the arriving means of transport and must then deliver them by placing them at the disposal of the buyer at the named terminal referred to in A3 a) at the port or place of destination on the agreed date or within the agreed period.<br>A5 Transfer of risks<br>The seller bears all risks of loss of or damage to the goods until they have been delivered in accordance with A4 with the exception of loss or damage in the circumstances described in B5<br>A6 Allocation of costs<br>The seller must pay | A 매도인의 의무<br>A1 매도인의 일반적 의무<br>매도인은 반드시 매매계약에 일치하는 물품과 상업송장 및 계약에 의하여 요구될 수 있는 기타 모든 일치의 증명서류를 제공하여야 한다.<br><br>A1 내지 A10에 언급된 모든 서류는 당사자 사이에 합의되었거나 관습적인 경우에는 이와 동등한 전자기록 또는 처리방법으로 할 수 있다.<br>A2 허가, 승인, 보안수속 및 기타 절차<br><br>적용가능한 경우 매도인은 반드시 자신의 위험과 비용부담으로 모든 수출허가와 기타 공적인 승인을 취득하여야 하며, 또 물품의 수출 및 인도하기 이전의 어떠한 국가를 통과하는 운송에 필요한 모든 통관절차를 이행하여 한다.<br>A3 운송 및 보험계약<br>a) 운송계약<br>매도인은 반드시 자신의 비용부담으로 합의된 목적항구 또는 장소의 지정된 터미널까지 물품의 운송계약을 체결하여야 한다. 특정한 터미널이 합의되지 아니하거나 또는 관례에 따라 결정되지 아니한 경우에는, 매도인은 자신의 목적에 가장 적합한 합의된 목적항구 또는 장소의 터미널을 선정할 수 있다.<br>b) 보험계약<br>매도인은 매수인에 대하여 보험계약을 체결할 아무런 의무도 부담하지 않는다. 그러나 매도인은 반드시 매수인의 요청과 위험 및 비용부담(있다면)으로 매수인이 보험을 취득하는데 필요한 정보를 매수인에게 제공하여야 한다.<br>A4 인도<br>매도인은 반드시 도착하는 운송수단으로부터 물품을 양륙하여야 하며, 이에 반드시 합의된 일자 또는 합의된 기간내에 목적항구 또는 장소의 A3 a항에 언급된 지정된 터미널에서 물품을 매수인의 임의처분하에 적치하는 행위로 이를 인도하여야 한다.<br>A5 위험의 이전<br>매도인은 B5에 기술된 사정에서의 멸실 또는 손상을 제외하고, 물품이 A4에 따라 인도된 때까지 물품의 멸실 또는 손상의 모든 위험을 부담하여야 한다.<br>A6 비용의 분담<br>매도인이 지급할 비용 |

a) in addition to costs resulting from A3 a), all costs relating to the goods until they have been delivered in accordance with A4, other than those payable by the buyer as envisaged in B6; and

b) where applicable, the costs of customs formalities necessary for export as well as all duties, taxes and other charges payable upon export and the costs for their transport through any country, prior to delivery in accordance with A4.

A7 Notices to the buyer
The seller must give the buyer any notice needed in order to allow the buyer to take measures that are normally necessary to enable the buyer to take delivery of the goods.

A8 Delivery document
The seller must provide the buyer, at the seller's expense, with a document enabling the buyer to take delivery of the goods as envisaged in A4/B4.

A9 Checking – packaging – marking. The seller must pay the costs of those checking operations (such as checking quality, measuring, weighing, counting) that are necessary for the purpose of delivering the goods in accordance with A4, as well as the costs of any pre-shipment inspection mandated by the authority of the country of export.

The seller must, at its own expense, package the goods, unless it is usual for the particular trade to transport the type of goods sold unpackaged. The seller may package the goods in the manner appropriate for their transport, unless the buyer has notified the seller of specific packaging requirements before the contract of sale is concluded. Packaging is to be marked appropriately.

A10 Assistance with information and related costs
The seller must, where applicable, in a timely manner, provide to or render assistance in obtaining for the buyer, at the buyer's request, risk and expense, any documents and information, including security-related information, that the buyer needs for the import of the goods and/or for their transport to the final destination.

The seller must reimburse the buyer for all costs and charges incurred by the buyer in providing or rendering assistance in obtaining documents and information as envisaged in B10.

a) B6에 적시된 대로 매수인에 의하여 지급되는 비용을 제외하고, A3 a항의 결과로 발생하는 비용에 추가하여, 물품이 A4에 따라 인도된 때까지 물품에 관련한 모든 비용; 그리고

b) 적용가능한 경우에는, 수출에 필요한 통관절차의 비용뿐만 아니라, 수출시에 지급되는 모든 관세, 조세 및 기타 경비, 그리고 A4에 따라 인도하기 이전의 어떠한 국가를 통과하는 운송비용.

A7 매수인에 대한 통지
매도인은 반드시 매수인이 물품의 인도를 접수할 수 있도록 하는데 정상적으로 필요한 조치를 취할 수 있도록 매수인에게 필요한 모든 통지를 행하여야 한다.

A8 인도서류
매도인은 반드시 자신의 비용부담으로 A4와 B4에 적시된 대로 매수인이 물품의 인도를 접수할 수 있는 서류를 매수인에게 제공하여야 한다.

A9 점검·포장·화인
매도인은 반드시 A4에 따라 물품을 인도하기 위하여 필요한 물품점검업무(품질, 용적, 중량, 수량점검 등)의 비용뿐만 아니라, 수출국가의 당국에 의하여 강제된 모든 선적전검사의 비용을 지급하여야 한다.
특정무역거래에서 매각된 종류의 물품을 무포장으로 운송하는 것이 통상적이지 아니하는 한, 매도인은 반드시 자신의 비용부담으로 물품을 포장하여야 한다. 매수인이 매매계약의 체결 이전
에 매도인에게 특정한 포장요건을 통지하지 않은 한, 매도인은 물품운송에 적절한 방법으로 이를 포장할 수 있다. 포장에는 적절한 화인이 있어야 한다.

A10 정보의 협조 및 관련 비용

매도인은 반드시 적용가능한 경우에는, 매수인의 요청과 위험 및 비용부담으로 매수인이 물품의 수입 및/또는 최종목적지까지의 물품운송에 필요한 보안관련 정보를 포함하여 모든 서류와 정보를 취득하는데 따른 협조를 매수인에게 시의적절한 방법으로 제공하거나 공여하여야 한다.
매도인은 반드시 B10에 적시된 대로 서류와 정보를 취득하는데 따른 협조를 제공하거나 공여하면서 매수인에 의하여 발생된 모든 비용과 경비를 매수인에게 보상하여야 한다.

## B THE BUYER'S OBLIGATIONS

### B1 General obligations of the buyer

The buyer must pay the price of the goods as provided in the contract of sale.

Any document referred to in B1-B10 may be an equivalent electronic record or procedure if agreed between the parties or customary.

### B2 Licences, authorizations, security clearances and other formalities

Where applicable, the buyer must obtain, at its own risk and expense, any import licence or other official authorization and carry out all customs formalities for the import of the goods.

### B3 Contracts of carriage and insurance.

a) Contract of carriage

The buyer has no obligation to the seller to make a contract of carriage.

b) Contract of insurance

The buyer has no obligation to the seller to make a contract of insurance. However, the buyer must provide the seller, upon request, with the necessary information for obtaining insurance.

### B4 Taking delivery.

The buyer must take delivery of the goods when they have been delivered as envisaged in A4.

### B5 Transfer of risks

The buyer bears all risks of loss of or damage to the goods from the time they have been delivered as envisaged in A4.

If a) the buyer fails to fulfil its obligations in accordance with B2, then it bears all resulting risks of loss of or damage to the goods; or b) the buyer fails to give notice in accordance with B7, then it bears all risks of loss of or damage to the goods from the agreed date or the expiry date of the agreed period for delivery, provided that the goods have been clearly identified as the contract goods.

### B6 Allocation of costs

The buyer must pay

a) all costs relating to the goods from the time they have been delivered as envisaged in A4;
b) any additional costs incurred by the seller if the buyer fails to fulfil its obligations in accordance with B2, or to give notice in accordance with B7, provided that the goods have been clearly identified as the contract goods; and
c) where applicable, the costs of customs formalities as well as all duties, taxes and other charges payable upon import of the

## B 매수인의 의무

### B1 매수인의 일반적 의무

매수인은 반드시 매매계약에 약정된 대로 물품의 대금을 지급하여야 한다.

B1 내지 B10에 언급된 모든 서류는 당사자 사이에 합의되었거나 관습적인 경우에는 이와 동등한 전자기록 또는 처리방법으로 할 수 있다.

### B2 허가, 승인, 보안수속 및 기타 절차

적용가능한 경우에는, 매수인은 반드시 자신의 위험과 비용부담으로 모든 수입허가 또는 기타 공적인 승인을 취득하여야 하며, 또 물품의 수입을 위한 모든 통관절차를 이행하여야 한다.

### B3 운송 및 보험계약

a) 운송계약

매수인은 매도인에 대하여 운송계약을 체결할 아무런 의무도 부담하지 않는다.

b) 보험계약

매수인은 매도인에 대하여 보험계약을 체결할 아무런 의무도 부담하지 않는다. 그러나 매수인은 요청 시에는 반드시 보험을 취득하는데 필요한 정보를 매도인에게 제공하여야 한다.

### B4 인도의 접수

매수인은 반드시 물품이 A4에 적시된 대로 인도된 때에 물품의 인도를 접수하여야 한다.

### B5 위험의 이전

매수인은 물품이 A4에 적시된 대로 인도된 시간부터 물품의 멸실 또는 손상의 모든 위험을 부담하여야 한다.

a) 매수인이 B2에 따라 자신의 의무를 완수하지 아니한 경우에는, 이에 매수인은 물품의 멸실 또는 손상의 모든 결과적인 위험을 부담하여야 하며, 또는
b) 매수인이 B7에 따라 통지를 행하지 아니한 경우에는, 이에 매수인은 인도의 합의된 일자 또는 합의된 기간의 만기일자로부터 물품의 멸실 또는 손상의 모든 위험을 부담하여야 한다. 다만 물품이 계약물품으로서 명확하게 특정되어 있어야 한다.

### B6 비용의 분담

매수인이 지급할 비용

a) 물품이 A4에 적시된 대로 인도된 시간부터 물품에 관련한 모든 비용;
b) 매수인이 B2에 따라 자신의 의무를 완수하지 아니하거나 또는 B7에 따라 통지를 행하지 아니한 경우에 매도인에 의하여 발생된 모든 추가적인 비용. 다만 물품이 계약물품으로서 명확하게 특정되어 있어야 한다; 그리고
c) 적용가능한 경우에는, 물품의 수입시에 지급되는 통관절차의 비용뿐만 아니라, 모든 관세, 조세 및 기타 경비.

goods.

B7 Notices to the seller

The buyer must, whenever it is entitled to determine the time within an agreed period and/or the point of taking delivery at the named terminal, give the seller sufficient notice thereof.

B8 Proof of delivery. The buyer must accept the delivery document provided as envisaged in A8.

B9 Inspection of goods. The buyer must pay the costs of any mandatory pre-shipment inspection, except when such inspection is mandated by the authorities of the country of export.

B10 Assistance with information and related costs

The buyer must, in a timely manner, advise the seller of any security information requirements so that the seller may comply with A10.

The buyer must reimburse the seller for all costs and charges incurred by the seller in providing or rendering assistance in obtaining documents and information as envisaged in A10.

The buyer must, where applicable, in a timely manner, provide to or render assistance in obtaining for the seller, at the seller's request, risk and expense, any documents and information, including security-related information, that the seller needs for the transport and export of the goods and for their transport through any country.

B7 매도인에 대한 통지

매수인은 반드시 합의된 기간내의 시간 및/또는 지정된 터미널에서의 인도접수의 지점을 결정할 권한이 주어진 때에는, 항상 이에 관하여 매도인에게 충분한 통지를 행하여야 한다.

B8 인도의 증거. 매수인은 반드시 A8에 적시된 대로 제공된 인도서류를 인수하여야 한다.

B9 물품의 검사. 매수인은 반드시 수출국가의 당국에 의하여 강제된 그러한 검사의 경우를 제외하고, 모든 강제적인 선적전검사의 비용을 지급하여야 한다.

B10 정보의 협조 및 관련 비용

매수인은 반드시 매도인이 A10를 준수할 수 있도록 모든 보안정보요건에 관하여 매도인에게 시의적절한 방법으로 고지하여야 한다.

매수인은 반드시 A10에 적시된 대로 서류와 정보를 취득하는데 따른 협조를 제공하거나 공여하면서 매도인에 의하여 발생된 모든 비용과 경비를 매도인에게 보상하여야 한다.

매수인은 반드시 적용가능한 경우에는, 매도인의 요청과 위험 및 비용부담으로 매도인이 물품의 운송과 수출 및 어떠한 국가를 통과하는 물품운송에 필요한 보안관련 정보를 포함하여 모든 서류와 정보를 취득하는데 따른 협조를 매도인에게 시의적절한 방법으로 제공하거나 공여하여야 한다.

② 터미널 인도 거래규칙의 개요

DAT 거래규칙[Delivered at Terminal(insert named terminal at port or place of destination): DAT], 즉 터미널 인도 거래규칙은 지정 목적항 또는 지정 목적지에 있는 지정 터미널에서 도착된 운송수단으로부터 양륙된 물품을 수입통관하지 않고 매수인이 임의처분할 수 있는 상태로 인도하는 거래규칙이다. DAT 거래규칙을 사용하는 경우에는 DAT 용어 뒤에 목적항, 목적공항 또는 목적지의 지정 터미널을 표시하여 사용한다. DAT 거래규칙에서 위험의 분기점은 매도인이 목적항 또는 목적지의 지정터미널에 도착한 운송수단에서 양륙하여 매수인이 임의로 처분할 수 있는 상태로 인도한 때이다. 매매당사자들이 터미널에서 다른 장소로 물품을 운송하거나 처리하는 데에 따르는 위험과 비용을 매도인에게 부담시키려는 때에는 DAT 거래규칙 대신 DAP 거래 규칙 또는 DDP 거래규칙을 사용하여야 한다.

## 6) 목적지 인도 거래규칙 [Delivered at Place(insert named place of destination): DAP]

### ① 목적지 인도 거래규칙의 내용

A THE SELLER'S OBLIGATIONS

A1 General obligations of the seller

The seller must provide the goods and the commercial invoice in conformity with the contract of sale and any other evidence of conformity that may be required by the contract.

Any document referred to in A1-A10 may be an equivalent electronic record or procedure if agreed between the parties or customary.

A2 Licences, authorizations, security clearances and other formalities

Where applicable, the seller must obtain, at its own risk and expense, any export licence and other official authorization and carry out all customs formalities necessary for the export of the goods and for their transport through any country prior to delivery.

A3 Contracts of carriage and insurance.

a) Contract of carriage

The seller must contract at its own expense for the carriage of the goods to the named place of destination or to the agreed point, if any, at the named place of destination. If a specific point is not agreed or is not determined by practice, the seller may select the point at the named place of destination that best suits its purpose.

b) Contract of insurance

The seller has no obligation to the buyer to make a contract of insurance. However, the seller must provide the buyer, at the buyer's request, risk, and expense (if any), with information that the buyer needs for obtaining insurance.

A4 Delivery.  The seller must deliver the goods by placing them at the disposal of the buyer on the arriving means of transport ready for unloading at the agreed point, if any, at the named place of destination on the agreed date or within the agreed period.

A5 Transfer of risks

The seller bears all risks of loss of or damage to the goods until they have been delivered in accordance with A4, with the exception of loss or damage in the circumstances described in B5.

A6 Allocation of costs

The seller must pay

a) in addition to costs resulting from A3 a),

---

A 매도인의 의무

A1 매도인의 일반적 의무

매도인은 반드시 매매계약에 일치하는 물품과 상업송장 및 계약에 의하여 요구될 수 있는 기타 모든 일치의 증명서류를 제공하여야 한다.

A1 내지 A10에 언급된 모든 서류는 당사자 사이에 합의되었거나 관습적인 경우에는 이와 동등한 전자기록 또는 처리방법으로 할 수 있다.

A2 허가, 승인, 보안수속 및 기타 절차

적용가능한 경우에는, 매도인은 반드시 자신의 위험과 비용부담으로 모든 수출허가와 기타 공적인 승인을 취득하여야 하며, 또 물품의 수출 및 인도하기 이전의 어떠한 국가를 통과하는 운송에 필요한 모든 통관절차를 이행하여야 한다.

A3 운송 및 보험계약

a) 운송계약

매도인은 반드시 자신의 비용부담으로 지정된 목적장소까지 또는 지정된 목적장소의 합의된 지점까지 물품의 운송계약을 체결하여야 한다. 특정한 지점이 합의되지 아니하거나 또는 관례에 따라 결정되지 아니한 경우에는, 매도인은 자신의 목적에 가장 적합한 지정된 목적장소의 지점을 선정할 수 있다.

b) 보험계약

매도인은 매수인에 대하여 보험계약을 체결할 아무런 의무도 부담하지 않는다. 그러나 매도인은 반드시 매수인의 요청과 위험 및 비용부담(있는 경우)으로 매수인이 보험을 취득하는데 필요한 정보를 매수인에게 제공하여야 한다.

A4 인도.  매도인은 반드시 합의된 일자 또는 합의된 기간내에 지정된 목적장소의 합의된 지점(있는 경우)에서 양륙할 준비를 갖추어 도착하는 운송수단상에서 물품을 매수인의 임의처분하에 적치하는 행위로 이를 인도하여야 한다.

A5 위험의 이전

매도인은 B5에 기술된 사정에서의 멸실 또는 손상을 제외하고, 물품이 A4에 따라 인도된 때까지 물품의 멸실 또는 손상의 모든 위험을 부담하여야 한다.

A6 비용의 분담

매도인이 지급할 비용

a) B6에 적시된 대로 매수인에 의하여 지급되는

all costs relating to the goods until they have been delivered in accordance with A4, other than those payable by the buyer as envisaged in B6;

b) any charges for unloading at the place of destination that were for the seller's account under the contract of carriage; and

c) where applicable, the costs of customs formalities necessary for export as well as all duties, taxes and other charges payable upon export and the costs for their transport through any country, prior to delivery in accordance with A4.

A7 Notices to the buyer

The seller must give the buyer any notice needed in order to allow the buyer to take measures that are normally necessary to enable the buyer to take delivery of the goods.

A8 Delivery document

The seller must provide the buyer, at the seller's expense, with a document enabling the buyer to take delivery of the goods as envisaged in A4/B4.

A9 Checking – packaging – marking

The seller must pay the costs of those checking operations (such as checking quality, measuring, weighing, counting) that are necessary for the purpose of delivering the goods in accordance with A4, as well as the costs of any pre-shipment inspection mandated by the authority of the country of export.

The seller must, at its own expense, package the goods, unless it is usual for the particular trade to transport the type of goods sold unpackaged. The seller may package the goods in the manner appropriate for their transport, unless the buyer has notified the seller of specific packaging requirements before the contract of sale is concluded. Packaging is to be marked appropriately.

A10 Assistance with information and related costs

The seller must, where applicable, in a timely manner, provide to or render assistance in obtaining for the buyer, at the buyer's request, risk and expense, any documents and information, including security-related information, that the buyer needs for the import of the goods and/or for their transport to the final destination.

The seller must reimburse the buyer for all costs and charges incurred by the buyer in providing or rendering assistance in obtaining documents and information as envisaged in

비용을 제외하고, A3 a항의 결과로 발생하는 비용에 추가하여, 물품이 A4에 따라 인도된 때까지 물품에 관련한 모든 비용,

b) 운송계약에 따라 매도인의 계산에 속한 목적 장소에서의 모든 양륙경비; 그리고

c) 적용가능한 경우에는, 수출에 필요한 통관절차의 비용뿐만 아니라, 수출시에 지급되는 모든 관세, 조세 및 기타 경비, 그리고 A4에 따라 인도하기 이전의 어떠한 국가를 통과하는 운송비용.

A7 매수인에 대한 통지

매도인은 반드시 매수인이 물품의 인도를 접수할 수 있도록 하는데 정상적으로 필요한 조치를 취할 수 있도록 매수인에게 필요한 모든 통지를 행하여야 한다.

A8 인도서류

매도인은 반드시 자신의 비용부담으로 A4와 B4에 적시된 대로 매수인이 물품의 인도를 접수할 수 있는 서류를 매수인에게 제공하여야 한다.

A9 점검·포장·화인

매도인은 반드시 A4에 따라 물품을 인도하기 위하여 필요한 물품점검업무(품질, 용적, 중량, 수량점검 등)의 비용뿐만 아니라, 수출국가의 당국에 의하여 강제된 모든 선적전검사의 비용을 지급하여야 한다.

특정무역거래에서 매각된 종류의 물품을 무포장으로 운송하는 것이 통상적이지 아니하는 한, 매도인은 반드시 자신의 비용부담으로 물품을 포장하여야 한다. 매수인이 매매계약의 체결 이전에 매도인에게 특정한 포장요건을 통지하지 않은 한, 매도인은 물품운송에 적절한 방법으로 이를 포장할 수 있다. 포장에는 적절한 화인이 있어야 한다.

A10 정보의 협조 및 관련 비용

매도인은 반드시 적용가능한 경우에는, 매수인의 요청과 위험 및 비용부담으로 매수인이 물품의 수입 및/또는 최종목적지까지의 물품운송에 필요한 보안관련 정보를 포함하여 모든 서류와 정보를 취득하는데 따른 협조를 매수인에게 시의적절한 방법으로 제공하거나 공여하여야 한다.

매도인은 반드시 B10에 적시된 대로 서류와 정보를 취득하는데 따른 협조를 제공하거나 공여하면서 매수인에 의하여 발생된 모든 비용과 경비를 매수인에게 보상하여야 한다.

B10.

## B THE BUYER'S OBLIGATIONS

B1 General obligations of the buyer. The buyer must pay the price of the goods as provided in the contract of sale.

Any document referred to in B1-B10 may be an equivalent electronic record or procedure if agreed between the parties or customary.

B2 Licences, authorizations, security clearances and other formalities

Where applicable, the buyer must obtain, at its own risk and expense, any import licence or other official authorization and carry out all customs formalities for the import of the goods.

B3 Contracts of carriage and insurance

a) Contract of carriage

The buyer has no obligation to the seller to make a contract of carriage.

b) Contract of insurance

The buyer has no obligation to the seller to make a contract of insurance. However, the buyer must provide the seller, upon request, with the necessary information for obtaining insurance.

B4 Taking delivery

The buyer must take delivery of the goods when they have been delivered as envisaged in A4.

B5 Transfer of risks

The buyer bears all risks of loss of or damage to the goods from the time they have been delivered as envisaged in A4.

If a) the buyer fails to fulfil its obligations in accordance with B2, then it bears all resulting risks of loss of or damage to the goods; or b) the buyer fails to give notice in accordance with B7, then it bears all risks of loss of or damage to the goods from the agreed date or the expiry date of the agreed period for delivery,

provided that the goods have been clearly identified as the contract goods.

B6 Allocation of costs

The buyer must pay

a) all costs relating to the goods from the time they have been delivered as envisaged in A4;
b) all costs of unloading necessary to take delivery of the goods from the arriving means of transport at the named place of destination, unless such costs were for the seller's account under the contract of carriage;
c) any additional costs incurred by the seller

B 매수인의 의무

B1 매수인의 일반적 의무. 매수인은 반드시 매매계약에 약정된 대로 물품의 대금을 지급하여야 한다.

B1 내지 B10에 언급된 모든 서류는 당사자 사이에 합의되었거나 관습적인 경우에는 이와 동등한 전자기록 또는 처리방법으로 할 수 있다.

B2 허가, 승인, 보안수속 및 기타 절차

적용가능한 경우에는, 매수인은 반드시 자신의 위험과 비용부담으로 모든 수입허가 또는 기타 공적인 승인을 취득하여야 하며, 또 물품의 수입을 위한 모든 통관절차를 이행하여야 한다.

B3 운송 및 보험계약

a) 운송계약

매수인은 매도인에 대하여 운송계약을 체결할 아무런 의무도 부담하지 않는다.

b) 보험계약

매수인은 매도인에 대하여 보험계약을 체결할 아무런 의무도 부담하지 않는다. 그러나 매수인은 요청 시에는 반드시 보험을 취득하는데 필요한 정보를 매도인에게 제공하여야 한다.

B4 인도의 접수

매수인은 반드시 물품이 A4에 적시된 대로 인도된 때에 물품의 인도를 접수하여야 한다.

B5 위험의 이전

매수인은 물품이 A4에 적시된 대로 인도된 시간부터 물품의 멸실 또는 손상의 모든 위험을 부담하여야 한다.

a) 매수인이 B2에 따라 자신의 의무를 완수하지 아니한 경우에는, 이에 매수인은 물품의 멸실 또는 손상의 모든 결과적인 위험을 부담하여야 하며, 또는

b) 매수인이 B7에 따라 통지를 행하지 아니한 경우에는, 이에 매수인은 인도의 합의된 일자 또는 합의된 기간의 만기일자로부터 물품의 멸실 또는 손상의 모든 위험을 부담하여야 한다.

다만 물품이 계약물품으로서 명확하게 특정되어 있어야 한다.

B6 비용의 분담

매수인은 반드시 다음과 같은 비용을 지급하여야 한다.

a) 물품이 A4에 적시된 대로 인도된 시간부터 물품에 관련한 모든 비용,

b) 운송계약에 따라 매도인의 계산에 속한 것이 아닌 한, 지정된 목적장소에 도착하는 운송수단으로부터 물품의 인도를 접수하는데 필요한 모든 양륙비용,

c) 매수인이 B2에 따라 자신의 의무를 완수하지 아니하거나 또는 B7에 따라 통지를 행하지 아니

if the buyer fails to fulfil its obligations in accordance with B2 or to give notice in accordance with B7, provided that the goods have been clearly identified as the contract goods; and

d) where applicable, the costs of customs formalities, as well as all duties, taxes and other charges payable upon import of the goods.

B7 Notices to the seller

The buyer must, whenever it is entitled to determine the time within an agreed period and/or the point of taking delivery within the named place of destination, give the seller sufficient notice thereof.

B8 Proof of delivery

The buyer must accept the delivery document provided as envisaged in A8.

B9 Inspection of goods

The buyer must pay the costs of any mandatory pre-shipment inspection, except when such inspection is mandated by the authorities of the country of export.

B10 Assistance with information and related costs

The buyer must, in a timely manner, advise the seller of any security information require ments so that the seller may comply with A10. The buyer must reimburse the seller for all costs and charges incurred by the seller in providing or rendering assistance in obtaining documents and information as envisaged in A10.

The buyer must, where applicable, in a timely manner, provide to or render assistance in obtaining for the seller, at the seller's request, risk and expense, any documents and information, including security-related information, that the seller needs for the transport and export of the goods and for their transport through any country.

한 경우에 매도인에 의하여 발생된 모든 추가적인 비용. 다만 물품이 계약물품으로서 명확하게 특정되어 있어야 한다. 그리고

d) 적용가능한 경우에는, 물품의 수입시에 지급되는 통관절차의 비용뿐만 아니라, 모든 관세, 조세 및 기타 경비.

B7 매도인에 대한 통지

매수인은 반드시 합의된 기간내의 시간 및/또는 지정된 목적장소내의 인도접수의 지점을 결정할 권한이 주어진 때에는, 항상 이에 관하여 매도인에게 충분한 통지를 행하여야 한다.

B8 인도의 증거

매수인은 반드시 A8에 적시된 대로 제공된 인도 서류를 인수하여야 한다.

B9 물품의 검사

매수인은 반드시 수출국가의 당국에 의하여 강제된 그러한 검사의 경우를 제외하고, 모든 강제적인 선적 전 검사의 비용을 지급하여야 한다.

B10 정보의 협조 및 관련 비용

매수인은 반드시 매도인이 A10를 준수할 수 있도록 모든 보안정보요건에 관하여 매도인에게 시의적절한 방법으로 고지하여야 한다.
매수인은 반드시 A10에 적시된 대로 서류와 정보를 취득하는데 따른 협조를 제공하거나 공여하면서 매도인에 의하여 발생된 모든 비용과 경비를 매도인에게 보상하여야 한다.

매수인은 반드시 적용가능한 경우에는, 매도인의 요청과 위험 및 비용부담으로 매도인이 물품의 운송과 수출 및 어떠한 국가를 통과하는 물품운송에 필요한 보안관련 정보를 포함하여 모든 서류와 정보를 취득하는데 따른 협조를 매도인에게 시의적절한 방법으로 제공하거나 공여하여야 한다.

② 목적지 인도 거래규칙의 개요

DAP 거래규칙[Delivered at Place(insert named place of destination) : DAP], 즉 목적지 인도 거래규칙은 매도인이 지정 목적지 또는 항구에서 수입통관을 하지 않은 물품을 도착된 운송수단에서 양륙하지 않은 상태로 매수인이 임의로 처분할 수 있는 상태로 인도하는 거래규칙이다. 당사자들이 매도인이 위험을 부담할 지정 목적지 또는 특정 지점을 합의하지 않았거나 관습에 따라 결정하지 않은 경우 매도인은 지정 목적지에서 적합한 지점을 선택할 수 있다.

DAP 거래규칙을 사용하는 경우에는 DAP 용어 뒤에 지정 목적지를 표시하여 사용한다. 당사자들이 수입통관절차를 매도인이 하기로 합의하는 경우에는 DAP 거래규칙 대신에 DDP 거래규칙을 사용하여야 한다. DAP 거래규칙에서 위험의 분기점은 매도인이 지정목적지의 합의된 지점에 도착한 운송수단에서 양륙하지 않은 상태로 매수인이 임의로 처분할 수 있는 상태로 인도한 때이다. 매도인은 목적지에서 운송계약에서 양륙에 관련된 비용을 부담한 경우 당사자들이 별도의 합의가 없다면 부담하여야 한다. 매수인은 물품을 인수한 이후에 발생하는 위험과 비용을 부담한다.

매도인은 수출허가를 취득하고 수출통관절차를 이행하는 데에 따르는 제세공과금 및 비용을 부담하여야 한다. 매수인은 수입허가를 취득하고 수입통관절차를 이행하는 데에 따르는 제세공과금 및 비용을 부담하여야 한다. 매도인은 매수인이 수출입허가를 취득하는 데에 따르는 업무에 협조하여야 한다. 매수인은 수입허가, 보안 및 안전 확인 협조 등과 관련한 의무를 이행하지 않은 경우와 매도인에게 인수와 관련한 적절한 통지를 하지 않은 경우에 발생하는 비용을 부담하여야 한다. 매도인은 물품을 매수인에게 인도하기 위하여 실시하는 점검비용을 부담하여야 한다. 매수인은 수출국 당국이 요구하는 검사비용을 제외하고 선적 전 검사비용을 부담하여야 한다.

### 7) 관세지급반입 거래규칙 [Delivered Duty Paid(insert named place of destination): DDP]

#### ① 관세지급반입 거래규칙의 내용

| A THE SELLER'S OBLIGATIONS | A 매도인의 의무 |
|---|---|
| A1 General obligations of the seller | A1 매도인의 일반적 의무 |
| The seller must provide the goods and the commercial invoice in conformity with the contract of sale and any other evidence of conformity that may be required by the contract. | 매도인은 반드시 매매계약에 일치하는 물품과 상업송장 및 계약에 의하여 요구될 수 있는 기타 모든 일치의 증명서류를 제공하여야 한다. |
| Any document referred to in A1-A10 may be an equivalent electronic record or procedure if agreed between the parties or customary. | A1 내지 A10에 언급된 모든 서류는 당사자 사이에 합의되었거나 관습적인 경우에는 이와 동등한 전자기록 또는 처리방법으로 할 수 있다. |
| A2 Licences, authorizations, security clearances and other formalities | A2 허가, 승인, 보안수속 및 기타 절차 |
| Where applicable, the seller must obtain, at its own risk and expense, any export and import licence and other official authorization and carry out all customs formalities necessary for the export of the goods, for their transport through any country and for their import. | 적용가능한 경우에는, 매도인은 반드시 자신의 위험과 비용부담으로 모든 수출과 수입허가 및 기타 공적인 승인을 취득하여야 하며, 또 물품의 수출, 어떠한 국가를 통과하는 운송 및 수입에 필요한 모든 통관절차를 이행하여야 한다. |
| A3 Contracts of carriage and insurance | A3 운송 및 보험계약 |
| a) Contract of carriage | a) 운송계약 |
| The seller must contract at its own expense for the carriage of the goods to the named place | 매도인은 반드시 자신의 비용부담으로 지정된 |

of destination or to the agreed point, if any, at the named place of destination. If a specific point is not agreed or is not determined by practice, the seller may select the point at the named place of destination that best suits its purpose.

b) Contract of insurance

The seller has no obligation to the buyer to make a contract of insurance. However, the seller must provide the buyer, at the buyer's request, risk, and expense (if any), with information that the buyer needs for obtaining insurance.

A4 Delivery

The seller must deliver the goods by placing them at the disposal of the buyer on the arriving means of transport ready for unloading at the agreed point, if any, at the named place of destination on the agreed date or within the agreed period.

A5 Transfer of risks

The seller bears all risks of loss of or damage to the goods until they have been delivered in accordance with A4, with the exception of loss or damage in the circumstances described in B5.

A6 Allocation of costs

The seller must pay

a) in addition to costs resulting from A3 a), all costs relating to the goods until they have been delivered in accordance with A4, other than those payable by the buyer as envisaged in B6;

b) any charges for unloading at the place of destination that were for the seller's account under the contract of carriage; and

c) where applicable, the costs of customs formalities necessary for export and import as well as all duties, taxes and other charges payable upon export and import of the goods, and the costs for their transport through any country prior to delivery in accordance with A4.

A7 Notices to the buyer

The seller must give the buyer any notice needed in order to allow the buyer to take measures that are normally necessary to enable the buyer to take delivery of the goods.

A8 Delivery document

The seller must provide the buyer, at the seller's expense, with a document enabling the buyer to take delivery of the goods as envisaged in A4/B4.

A9 Checking - packaging - marking

목적장소까지 또는 지정된 목적장소의 합의된 지점까지 물품의 운송계약을 체결하여야 한다. 특정한 지점이 합의되지 아니하거나 또는 관례에 따라 결정되지 아니한 경우에는, 매도인은 자신의 목적에 가장 적합한 지정된 목적장소의 지점을 선정할 수 있다.

b) 보험계약

매도인은 매수인에 대하여 보험계약을 체결할 아무런 의무도 부담하지 않는다. 그러나 매도인은 반드시 매수인의 요청과 위험 및 비용부담(있는 경우)으로 매수인이 보험을 취득하는데 필요한 정보를 매수인에게 제공하여야 한다.

A4 인도

매도인은 반드시 합의된 일자 또는 합의된 기간 내에 지정된 목적장소의 합의된 지점(있는 경우)에서 양륙할 준비를 갖추어 도착하는 운송수단 상에서 물품을 매수인의 임의처분하에 적치하는 행위로 이를 인도하여야 한다.

A5 위험의 이전

매도인은 B5에 기술된 사정에서의 멸실 또는 손상을 제외하고, 물품이 A4에 따라 인도된 때까지 물품의 멸실 또는 손상의 모든 위험을 부담하여야 한다.

A6 비용의 분담

매도인이 지급할 비용

a) B6에 적시된 대로 매수인에 의하여 지급되는 비용을 제외하고, A3 a항의 결과로 발생하는 비용에 추가하여, 물품이 A4에 따라 인도된 때까지 물품에 관련한 모든 비용;

b) 운송계약에 따라 매도인의 계산에 속한 목적장소에서의 모든 양륙경비; 그리고

c) 적용가능한 경우에는, 수출과 수입에 필요한 통관절차의 비용뿐만 아니라, 물품의 수출과 수입시에 지급되는 모든 관세, 조세 및 기타 경비, 그리고 A4에 따라 인도하기 이전의 어떠한 국가를 통과하는 운송비용.

A7 매수인에 대한 통지

매도인은 반드시 매수인이 물품의 인도를 접수할 수 있도록 하는데 정상적으로 필요한 조치를 취할 수 있도록 매수인에게 필요한 모든 통지를 행하여야 한다.

A8 인도서류

매도인은 반드시 자신의 비용부담으로 A4와 B4에 적시된 대로 매수인이 물품의 인도를 접수할 수 있는 서류를 매수인에게 제공하여야 한다.

A9 점검 · 포장 · 화인

The seller must pay the costs of those checking operations (such as checking quality, measuring, weighing, counting) that are necessary for the purpose of delivering the goods in accordance with A4, as well as the costs of any pre-shipment inspection mandated by the authority of the country of export or of import.

The seller must, at its own expense, package the goods, unless it is usual for the particular trade to transport the type of goods sold unpackaged. The seller may package the goods in the manner appropriate for their transport, unless the buyer has notified the seller of specific packaging requirements before the contract of sale is concluded. Packaging is to be marked appropriately.

A10 Assistance with information and related costs

The seller must, where applicable, in a timely manner, provide to or render assistance in obtaining for the buyer, at the buyer's request, risk and expense, any documents and information, including security-related information, that the buyer needs for the transport of the goods to the final destination, where applicable, from the named place of destination.

The seller must reimburse the buyer for all costs and charges incurred by the buyer in providing or rendering assistance in obtaining documents and information as envisaged in B10.

B THE BUYER'S OBLIGATIONS
B1 General obligations of the buyer
The buyer must pay the price of the goods as provided in the contract of sale.
Any document referred to in B1-B10 may be an equivalent electronic record or procedure if agreed between the parties or customary.
B2 Licences, authorizations, security clearances and other formalities
Where applicable, the buyer must provide assistance to the seller, at the seller's request, risk and expense, in obtaining any import licence or other official authorization for the import of the goods.
B3 Contracts of carriage and insurance
a) Contract of carriage
The buyer has no obligation to the seller to make a contract of carriage.
b) Contract of insurance
The buyer has no obligation to the seller to

매도인은 반드시 A4에 따라 물품을 인도하기 위하여 필요한 물품점검업무(품질, 용적, 중량, 수량점검 등)의 비용뿐만 아니라, 수출 또는 수입국가의 당국에 의하여 강제된 모든 선적전검사의 비용을 지급하여야 한다.

특정무역거래에서 매각된 종류의 물품을 무포장으로 운송하는 것이 통상적이지 아니하는 한, 매도인은 반드시 자신의 비용부담으로 물품을 포장하여야 한다. 매수인이 매매계약의 체결 이전에 매도인에게 특정한 포장요건을 통지하지 않은 한, 매도인은 물품운송에 적절한 방법으로 이를 포장할 수 있다. 포장에는 적절한 화인이 있어야 한다.

A10 정보의 협조 및 관련 비용

매도인은 반드시 적용가능한 경우에는, 매수인의 요청과 위험 및 비용부담으로 매수인이 지정된 목적장소로부터 적용가능한 경우에 최종목적지까지의 물품운송에 필요한 보안관련 정보를 포함하여 모든 서류와 정보를 취득하는데 따른 협조를 매수인에게 시의적절한 방법으로 제공하거나 공여하여야 한다.

매도인은 반드시 B10에 적시된 대로 서류와 정보를 취득하는데 따른 협조를 제공하거나 공여하면서 매수인에 의하여 발생된 모든 비용과 경비를 매수인에게 보상하여야 한다.

B 매수인의 의무
B1 매수인의 일반적 의무
매수인은 반드시 매매계약에 약정된 대로 물품의 대금을 지급하여야 한다.
B1 내지 B10에 언급된 모든 서류는 당사자 사이에 합의되었거나 관습적인 경우에는 이와 동등한 전자기록 또는 처리방법으로 할 수 있다.
B2 허가, 승인, 보안수속 및 기타 절차

적용가능한 경우에는, 매수인은 반드시 매도인의 요청과 위험 및 비용부담으로 모든 수입허가 또는 물품의 수입을 위한 기타 공적인 승인을 취득하는데 따른 협조를 매도인에게 제공하여야 한다.
B3 운송 및 보험계약
a) 운송계약
매수인은 매도인에 대하여 운송계약을 체결할 아무런 의무도 부담하지 않는다.
b) 보험계약
매수인은 매도인에 대하여 보험계약을 체결할

make a contract of insurance. However, the buyer must provide the seller, upon request, with the necessary information for obtaining insurance.

B4 Taking delivery

The buyer must take delivery of the goods when they have been delivered as envisaged in A4.

B5 Transfer of risks

The buyer bears all risks of loss of or damage to the goods from the time they have been delivered as envisaged in A4.

If a) the buyer fails to fulfil its obligations in accordance with B2, then it bears all resulting risks of loss of or damage to the goods; or

b) the buyer fails to give notice in accordance with B7, then it bears all risks of loss of or damage to the goods from the agreed date or the expiry date of the agreed period for delivery,

provided that the goods have been clearly identified as the contract goods.

B6 Allocation of costs

The buyer must pay

a) all costs relating to the goods from the time they have been delivered as envisaged in A4;

b) all costs of unloading necessary to take delivery of the goods from the arriving means of transport at the named place of destination, unless such costs were for the seller's account under the contract of carriage; and

c) any additional costs incurred if it fails to fulfil its obligations in accordance with B2 or to give notice in accordance with B7, provided that the goods have been clearly identified as the contract goods.

B7 Notices to the seller

The buyer must, whenever it is entitled to determine the time within an agreed period and/or the point of taking delivery within the named place of destination, give the seller sufficient notice thereof.

B8 Proof of delivery

The buyer must accept the proof of delivery provided as envisaged in A8.

B9 Inspection of goods

The buyer has no obligation to the seller to pay the costs of any mandatory pre-shipment inspection mandated by the authority of the country of export or of import.

B10 Assistance with information and related costs

The buyer must, in a timely manner, advise

아무런 의무도 부담하지 않는다. 그러나 매수인은 요청 시에는 반드시 보험을 취득하는데 필요한 정보를 매도인에게 제공하여야 한다.

B4 인도의 접수

매수인은 반드시 물품이 A4에 적시된 대로 인도된 때에 물품의 인도를 접수하여야 한다.

B5 위험의 이전

매수인은 물품이 A4에 적시된 대로 인도된 시간부터 물품의 멸실 또는 손상의 모든 위험을 부담하여야 한다.

a) 매수인이 B2에 따라 자신의 의무를 완수하지 아니한 경우에는, 이에 매수인은 물품의 멸실 또는 손상의 모든 결과적인 위험을 부담하여야 하며; 또는

b) 매수인이 B7에 따라 통지를 행하지 아니한 경우에는, 이에 매수인은 인도의 합의된 일자 또는 합의된 기간의 만기일자로부터 물품의 멸실 또는 손상의 모든 위험을 부담하여야 한다.

다만 물품이 계약물품으로서 명확하게 특정되어 있어야 한다.

B6 비용의 분담

매수인이 지급할 비용

a) 물품이 A4에 적시된 대로 인도된 시간부터 물품에 관련한 모든 비용,

b) 운송계약에 따라 매도인의 계산에 속한 것이 아닌 한, 지정된 목적장소에 도착하는 운송수단으로부터 물품의 인도를 접수하는데 필요한 모든 양륙비용, 그리고

c) 매수인이 B2에 따라 자신의 의무를 완수하지 아니하거나 또는 B7에 따라 통지를 행하지 아니한 경우에 발생된 모든 추가적인 비용. 다만 물품이 계약물품으로서 명확하게 특정되어 있어야 한다.

B7 매도인에 대한 통지

매수인은 반드시 합의된 기간내의 시간 및/또는 지정된 목적장소내의 인도접수의 지점을 결정할 권한이 주어진 때에는, 항상 이에 관하여 매도인에게 충분한 통지를 행하여야 한다.

B8 인도의 증거

매수인은 반드시 A8에 적시된 대로 제공된 인도서류를 인수하여야 한다.

B9 물품의 검사

매수인은 매도인에 대하여 수출 또는 수입국가의 당국에 의하여 강제된 모든 강제적인 선적전 검사의 비용을 지급할 아무런 의무도 부담하지 않는다.

B10 정보의 협조 및 관련 비용

매수인은 반드시 매도인이 A10를 준수할 수 있

| | |
|---|---|
| the seller of any security information requirements so that the seller may comply with A10. | 도록 모든 보안정보요건에 관하여 매도인에게 시의적절한 방법으로 고지하여야 한다. |
| The buyer must reimburse the seller for all costs and charges incurred by the seller in providing or rendering assistance in obtaining documents and information as envisaged in A10. | 매수인은 반드시 A10에 적시된 대로 서류와 정보를 취득하는데 따른 협조를 제공하거나 공여하면서 매도인에 의하여 발생된 모든 비용과 경비를 매도인에게 보상하여야 한다. |
| The buyer must, where applicable, in a timely manner, provide to or render assistance in obtaining for the seller, at the seller's request, risk and expense, any documents and information, including security-related information, that the seller needs for the transport, export and import of the goods and for their transport through any country. | 매수인은 반드시 적용가능한 경우에는, 매도인의 요청과 위험 및 비용부담으로 매도인이 물품의 운송, 수출과 수입 및 어떠한 국가를 통과하는 물품운송에 필요한 보안관련 정보를 포함하여 모든 서류와 정보를 취득하는데 따른 협조를 매도인에게 시의적절한 방법으로 제공하거나 공여하여야 한다. |

## ② 관세지급반입 거래규칙의 개요

DDP 거래규칙[Delivered Duty Paid(insert named place of destination) : DDP], 즉 관세지급반입 거래규칙은 매도인이 지정된 목적지에서 수입통관을 이행하고 도착된 운송수단으로부터 양륙되지 않은 상태로 매수인에게 물품을 인도하는 거래규칙이다. 매도인이 매수인의 국가 내에서 수입허가를 취득할 수 있는 경우에만 이 거래규칙을 사용할 수가 있다. 매매당사자들이 매매계약을 체결할 때에 수입통관과 관련한 위험과 비용을 매수인에게 전가시키려는 경우에는 DAP 거래규칙을 사용하여야 한다.

DDP 거래규칙에서 위험의 분기점은 매도인이 지정목적지의 합의된 지점에 도착한 운송수단에서 양륙하지 않은 상태로 매수인이 임의로 처분할 수 있는 상태로 인도한 때이다. 매도인이 운송계약을 체결할 때에 매매계약에서 합의한 지정 목적지에서 양륙 또는 물품의 취급에 따르는 비용을 지급하였다고 하더라도, 매매당사자가 매매계약을 체결할 때에 별도의 합의가 없었다면 매도인이 모두 부담하여야 한다. 매도인은 매수인이 물품의 인도를 접수하는 데에 정상적으로 필요한 조치를 취할 수 있도록 매수인에게 필요한 모든 통지를 행하여야 한다.

매도인은 반드시 적용가능한 경우에는, 매수인의 요청과 위험 및 비용부담으로 매수인이 지정된 목적장소로부터 적용가능한 경우에 최종목적지까지의 물품운송에 필요한 보안관련 정보를 포함하여 모든 서류와 정보를 취득하는데 따른 협조를 매수인에게 시의적절한 방법으로 제공하거나 공여하여야 한다. 매수인은 반드시 적용가능한 경우에는, 매도인의 요청과 위험 및 비용부담으로 매도인이 물품의 운송, 수출과 수입 및 어떠한 국가를 통과하는 물품운송에 필요한 보안관련 정보를 포함하여 모든 서류와 정보를 취득하는데 따른 협조를 매도인에게 시의적절한 방법으로 제공하거나 공여하여야 한다.

## (2) 해상 및 내수로 운송방식 전용 거래규칙

### 1) 선측 거래규칙[Free Alongside Ship(insert port of shipment): FAS]

### ① 선측 거래규칙의 내용

| | |
|---|---|
| A THE SELLER'S OBLIGATIONS | A 매도인의 의무 |
| A1 General obligations of the seller. The seller must provide the goods and the commercial invoice in conformity with the contract of sale and any other evidence of conformity that may be required by the contract. | A1 매도인의 일반적 의무<br>매도인은 반드시 매매계약에 일치하는 물품과 상업송장 및 계약에 의하여 요구될 수 있는 기타 모든 일치의 증명서류를 제공하여야 한다. |
| Any document referred to in A1-A10 may be an equivalent electronic record or procedure if agreed between the parties or customary. | A1 내지 A10에 언급된 모든 서류는 당사자 사이에 합의되었거나 관습적인 경우에는 이와 동등한 전자기록 또는 처리방법으로 할 수 있다. |
| A2 Licences, authorizations, security clearances and other formalities | A2 허가, 승인, 보안수속 및 기타 절차 |
| Where applicable, the seller must obtain, at its own risk and expense, any export licence or other official authorization and carry out all customs formalities necessary for the export of the goods. | 적용가능한 경우에는, 매도인은 반드시 자신의 위험과 비용부담으로 모든 수출허가 또는 기타 공적인 승인을 취득하여야 하며, 또 물품의 수출에 필요한 모든 통관절차를 이행하여야 한다. |
| A3 Contracts of carriage and insurance | A3 운송 및 보험계약 |
| a) Contract of carriage. The seller has no obligation to the buyer to make a contract of carriage. However, if requested by the buyer or if it is commercial practice and the buyer does not give an instruction to the contrary in due time, the seller may contract for carriage on usual terms at the buyer's risk and expense. In either case, the seller may decline to make the contract of carriage and, if it does, shall promptly notify the buyer. | a) 운송계약<br>매도인은 매수인에 대하여 운송계약을 체결할 아무런 의무도 부담하지 않는다. 그러나 매수인이 요청한 경우 또는 상업적인 관례가 있고 매수인이 적기에 그 반대의 지시를 하지 아니한 경우에는, 매도인은 매수인의 위험과 비용부담으로 통상적인 조건의 운송계약을 체결할 수 있다. 이중의 어느 경우에서도, 매도인은 운송계약의 체결을 거절할 수 있으며, 또 그러한 경우에는 매수인에게 즉시 통지하여야 한다. |
| b) Contract of insurance. The seller has no obligation to the buyer to make a contract of insurance. However, the seller must provide the buyer, at the buyer's request, risk, and expense (if any), with information that the buyer needs for obtaining insurance. | b) 보험계약<br>매도인은 매수인에 대하여 보험계약을 체결할 아무런 의무도 부담하지 않는다. 그러나 매도인은 반드시 매수인의 요청과 위험 및 비용부담(있는 경우)으로 매수인이 보험을 취득하는데 필요한 정보를 매수인에게 제공하여야 한다. |
| A4 Delivery | A4 인도 |
| The seller must deliver the goods either by placing them alongside the ship nominated by the buyer at the loading point, if any, indicated by the buyer at the named port of shipment or by procuring the goods so delivered. In either case, the seller must deliver the goods on the agreed date or within the agreed period and in the manner customary at the port. | 매도인은 반드시 지정된 선적항구 중 매수인에 의하여 명시된 적재지점(있는 경우)에서 매수인에 의하여 지명된 선박의 선측에 물품을 적치하는 행위 또는 그렇게 인도된 물품을 조달하는 행위로 이를 인도하여야 한다. 이중의 어느 경우에도, 매도인은 반드시 합의된 일자 또는 합의된 기간내에 항구의 관습적인 방법에 따라 물품을 인도하여야 한다. |
| If no specific loading point has been indicated by the buyer, the seller may select the point | 특정한 적재지점이 매수인에 의하여 전혀 명시되지 아니한 경우에는, 매도인은 지정된 선적항 |

within the named port of shipment that best suits its purpose. If the parties have agreed that delivery should take place within a period, the buyer has the option to choose the date within that period.

A5 Transfer of risks

The seller bears all risks of loss of or damage to the goods until they have been delivered in accordance with A4 with the exception of loss or damage in the circumstances described in B5.

A6 Allocation of costs

The seller must pay

a) all costs relating to the goods until they have been delivered in accordance with A4, other than those payable by the buyer as envisaged in B6; and

b) where applicable, the costs of customs formalities necessary for export as well as all duties, taxes and other charges payable upon export.

A7 Notices to the buyer

The seller must, at the buyer's risk and expense, give the buyer sufficient notice either that the goods have been delivered in accordance with A4 or that the vessel has failed to take the goods within the time agreed.

A8 Delivery document

The seller must provide the buyer, at the seller's expense, with the usual proof that the goods have been delivered in accordance with A4.

Unless such proof is a transport document, the seller must provide assistance to the buyer, at the buyer's request, risk and expense, in obtaining a transport document.

A9 Checking – packaging – marking

The seller must pay the costs of those checking operations (such as checking quality, measuring, weighing, counting) that are necessary for the purpose of delivering the goods in accordance with A4, as well as the costs of any pre-shipment inspection mandated by the authority of the country of export.

The seller must, at its own expense, package the goods, unless it is usual for the particular trade to transport the type of goods sold unpackaged. The seller may package the goods in the manner appropriate for their transport, unless the buyer has notified the seller of specific packaging requirements before the contract of sale is concluded. Packaging is to be marked appropriately.

내에서 자신의 목적에 가장 적합한 지점을 선정할 수 있다. 당사자 사이에 인도가 어느 기간내에 이루어져야 하는 것으로 합의된 경우에는, 당해기간내의 일자를 정하는 선택권은 매수인이 갖는다.

A5 위험의 이전

매도인은 B5에 기술된 사정에서의 멸실 또는 손상을 제외하고, 물품이 A4에 따라 인도된 때까지 물품의 멸실 또는 손상의 모든 위험을 부담하여야 한다.

A6 비용의 분담

매도인이 지급할 비용

a) B6에 적시된 대로 매수인에 의하여 지급되는 비용을 제외하고, 물품이 A4에 따라 인도된 때까지 물품에 관련한 모든 비용; 그리고

b) 적용가능한 경우에는, 수출에 필요한 통관절차의 비용뿐만 아니라, 수출시에 지급되는 모든 관세, 조세 및 기타 경비.

A7 매수인에 대한 통지

매도인은 반드시 매수인의 위험과 비용부담으로 물품이 A4에 따라 인도되었다는 사실 또는 본선이 합의된 기간내에 물품을 접수하지 아니하였다는 사실에 관하여 매수인에게 충분한 통지를 행하여야 한다.

A8 인도서류

매도인은 반드시 자신의 비용부담으로 물품이 A4에 따라 인도되었다는 통상적인 증거를 매수인에게 제공하여야 한다.

그러한 증거가 운송서류가 아닌 한, 매도인은 반드시 매수인의 요청과 위험 및 비용부담으로 운송서류를 취득하는데 따른 협조를 매수인에게 제공하여야 한다.

A9 점검·포장·화인

매도인은 반드시 A4에 따라 물품을 인도하기 위하여 필요한 물품점검업무(품질, 용적, 중량, 수량점검 등)의 비용뿐만 아니라, 수출국가의 당국에 의하여 강제된 모든 선적전검사의 비용을 지급하여야 한다.

특정무역거래에서 매각된 종류의 물품을 무포장으로 운송하는 것이 통상적이지 아니하는 한, 매도인은 반드시 자신의 비용부담으로 물품을 포장하여야 한다. 매수인이 매매계약의 체결 이전에 매도인에게 특정한 포장요건을 통지하지 않은 한, 매도인은 물품운송에 적절한 방법으로 이를 포장할 수 있다. 포장에는 적절한 화인이 있어야 한다.

A10 Assistance with information and related costs

The seller must, where applicable, in a timely manner, provide to or render assistance in obtaining for the buyer, at the buyer's request, risk and expense, any documents and information, including security-related information, that the buyer needs for the import of the goods and/or for their transport to the final destination.

The seller must reimburse the buyer for all costs and charges incurred by the buyer in providing or rendering assistance in obtaining documents and information as envisaged in B10.

B THE BUYER'S OBLIGATIONS

B1 General obligations of the buyer

The buyer must pay the price of the goods as provided in the contract of sale.

Any document referred to in B1-B10 may be an equivalent electronic record or procedure if agreed between the parties or customary.

B2 Licences, authorizations, security clearances and other formalities

Where applicable, it is up to the buyer to obtain, at its own risk and expense, any import licence or other official authorization and carry out all customs formalities for the import of the goods and for their transport through any country.

B3 Contracts of carriage and insurance

a) Contract of carriage

The buyer must contract, at its own expense for the carriage of the goods from the named port of shipment, except where the contract of carriage is made by the seller as provided for in A3 a).

b) Contract of insurance

The buyer has no obligation to the seller to make a contract of insurance.

B4 Taking delivery

The buyer must take delivery of the goods when they have been delivered as envisaged in A4.

B5 Transfer of risks

The buyer bears all risks of loss of or damage to the goods from the time they have been delivered as envisaged in A4.

If a) the buyer fails to give notice in accordance with B7; or

b) the vessel nominated by the buyer fails to arrive on time, or fails to take the goods or closes for cargo earlier than the time notified

A10 정보의 협조 및 관련 비용

매도인은 반드시 적용가능한 경우에는, 매수인의 요청과 위험 및 비용부담으로 매수인이 물품의 수입 및/또는 최종목적지까지의 물품운송에 필요한 보안관련 정보를 포함하여 모든 서류와 정보를 취득하는데 따른 협조를 매수인에게 시의적절한 방법으로 제공하거나 공여하여야 한다.

매도인은 반드시 B10에 적시된 대로 서류와 정보를 취득하는데 따른 협조를 제공하거나 공여하면서 매수인에 의하여 발생된 모든 비용과 경비를 매수인에게 보상하여야 한다.

B 매수인의 의무

B1 매수인의 일반적 의무

매수인은 반드시 매매계약에 약정된 대로 물품의 대금을 지급하여야 한다.

B1 내지 B10에 언급된 모든 서류는 당사자 사이에 합의되었거나 관습적인 경우에는 이와 동등한 전자기록 또는 처리방법으로 할 수 있다.

B2 허가, 승인, 보안수속 및 기타 절차

적용가능한 경우에는, 매수인 자신의 위험과 비용부담으로 모든 수입허가 또는 기타 공적인 승인을 취득하여야 하는 것과 물품의 수입 및 어떠한 국가를 통과하는 운송을 위한 모든 통관절차를 이행하여야 하는 것은 매수인의 책임에 속한다.

B3 운송 및 보험계약

a) 운송계약

매수인은 반드시 운송계약이 A3 a항에 규정된 대로 매도인에 의하여 체결된 경우를 제외하고, 자신의 비용부담으로 지정된 선적항으로부터 물품의 운송계약을 체결하여야 한다.

b) 보험계약

매수인은 매도인에 대하여 보험계약을 체결할 아무런 의무도 부담하지 않는다.

B4 인도의 접수

매수인은 반드시 물품이 A4에 적시된 대로 인도된 때에 물품의 인도를 접수하여야 한다.

B5 위험의 이전. 매수인은 물품이 A4에 적시된 대로 인도된 시간부터 물품의 멸실 또는 손상의 모든 위험을 부담하여야 한다.

a) 매수인이 B7에 따라 통지를 행하지 아니한 경우, 또는

b) 매수인에 의하여 지명된 본선이 적기에 도착하지 아니하거나 또는 물품을 접수하지 아니한 경우, 또는 B7에 따라 통지된 시간보다 조기에 화물을 마감한 경우에는,

in accordance with B7;

then the buyer bears all risks of loss of or damage to the goods from the agreed date or the expiry date of the agreed period for delivery, provided that the goods have been clearly identified as the contract goods.

B6 Allocation of costs

The buyer must pay

a) all costs relating to the goods from the time they have been delivered as envisaged in A4, except, where applicable, the costs of customs formalities necessary for export as well as all duties, taxes, and other charges payable upon export as referred to in A6 b);

b) any additional costs incurred, either because :

(i) the buyer has failed to give appropriate notice in accordance with B7, or

(ii) the vessel nominated by the buyer fails to arrive on time, is unable to take the goods, or closes for cargo earlier than the time notified in accordance with B7,

provided that the goods have been clearly identified as the contract goods; and

c) where applicable, all duties, taxes and other charges, as well as the costs of carrying out customs formalities payable upon import of the goods and the costs for their transport through any country.

B7 Notices to the seller

The buyer must give the seller sufficient notice of the vessel name, loading point and, where necessary, the selected delivery time within the agreed period.

B8 Proof of delivery

The buyer must accept the proof of delivery provided as envisaged in A8.

B9 Inspection of goods

The buyer must pay the costs of any mandatory pre-shipment inspection, except when such inspection is mandated by the authorities of the country of export.

B10 Assistance with information and related costs

The buyer must, in a timely manner, advise the seller of any security information requirements so that the seller may comply with A10.

The buyer must reimburse the seller for all costs and charges incurred by the seller in providing or rendering assistance in obtaining documents and information as envisaged in A10.

The buyer must, where applicable, in a timely

이에 매수인은 인도의 합의된 일자 또는 합의된 기간의 만기일자로부터 물품의 멸실 또는 손상의 모든 위험을 부담하여야 한다. 다만 물품이 계약물품으로서 명확하게 특정되어 있어야 한다.

B6 비용의 분담. 매수인은 반드시 다음과 같은 비용을 지급하여야 한다.

a) 물품이 A4에 적시된 대로 인도된 시간부터 물품에 관련한 모든 비용. 다만 적용가능한 경우에는, 수출에 필요한 통관절차의 비용뿐만 아니라, A6 b항에 언급된 대로 수출시에 지급되는 모든 관세, 조세 및 기타 경비는 제외한다.

b) 다음과 같은 원인으로 발생된 모든 추가적인 비용.

(i) 매수인이 B7에 따라 적절한 통지를 행하지 아니한 경우, 또는

(ii) 매수인에 의하여 지명된 본선이 적기에 도착하지 아니하거나, 물품을 접수할 수 없거나, 또는 B7에 따라 통지된 시간보다 조기에 화물을 마감한 경우,

다만 물품이 계약물품으로서 명확하게 특정되어 있어야 한다; 그리고

c) 적용가능한 경우에는, 물품의 수입시에 지급되는 모든 관세, 조세 및 기타 경비뿐만 아니라, 통관절차를 이행하는 비용 및 어떠한 국가를 통과하는 운송비용.

B7 매도인에 대한 통지

매수인은 반드시 본선의 명칭, 적재지점 및 필요한 경우에는 합의된 기간내의 선정된 인도시간에 관하여 매도인에게 충분한 통지를 행하여야 한다.

B8 인도의 증거

매수인은 반드시 A8에 적시된 대로 제공된 인도의 증거를 인수하여야 한다.

B9 물품의 검사

매수인은 반드시 수출국가의 당국에 의하여 강제된 그러한 검사의 경우를 제외하고, 모든 강제적인 선적전검사의 비용을 지급하여야 한다.

B10 정보의 협조 및 관련 비용

매수인은 반드시 매도인이 A10를 준수할 수 있도록 모든 보안정보요건에 관하여 매도인에게 시의적절한 방법으로 고지하여야 한다.

매수인은 반드시 A10에 적시된 대로 서류와 정보를 취득하는데 따른 협조를 제공하거나 공여하면서 매도인에 의하여 발생된 모든 비용과 경비를 매도인에게 보상하여야 한다.

매수인은 반드시 적용가능한 경우에는, 매도인의

manner, provide to or render assistance in obtaining for the seller, at the seller's request, risk and expense, any documents and information, including security-related information, that the seller needs for the transport and export of the goods and for their transport through any country.

요청과 위험 및 비용부담으로 매도인이 물품의 운송과 수출 및 어떠한 국가를 통과하는 물품운송에 필요한 보안관련 정보를 포함하여 모든 서류와 정보를 취득하는데 따른 협조를 매도인에게 시의적절한 방법으로 제공하거나 공여하여야 한다.

## ② 선측 거래규칙의 개요

FAS 거래규칙[Free Alongside Ship(insert port of shipment): FAS], 즉 선측 거래규칙은 매도인이 지정 선적항에서 수출통관한 물품을 매수인이 지정한 본선의 선측에서 인도하는 거래규칙이다. 선측은 선박이 항구에 입항하여 접안하고 있는 경우에는 부두 위 또는 선박이 항구에 접안하지 못하고 외항에 정박하고 있어서 부선으로 정박 중인 선박까지 운송을 하는 경우에는 부선 위 등에서의 지정된 본선 선측이다. FAS 거래규칙을 사용하는 경우에는 FAS 용어 뒤에 지정 선적항을 표시하여 사용한다.

매수인은 선박을 수배하고 선박명, 선적장소, 선적시기 등을 매도인에게 통지하여야 한다. 매도인이 물품을 컨테이너에 적부하는 경우, 본선의 선측이 아니라 내륙터미널에서 운송인에게 물품을 인도하는 것이 일반적이기 때문에 그러한 물품을 거래하는 경우에는 FAS 거래규칙이 대신에 FCA 거래규칙을 사용하여야 한다. 매도인은 매매계약을 체결할 때에 특약을 하는 경우에는 상관습이 있고 또한 관습상 매매계약서에 명시하는 것에 대하여 매수인이 반대지시를 않는다면 매수인이 위험과 비용을 부담하는 조건으로 요청을 하면 대리인 자격으로 운송계약을 체결할 수 있다. 매도인은 보험계약을 체결할 의무가 없다. 매수인이 약정된 장소에서 매도인으로부터 물품을 수령한 후 물품을 운송하기 위한 운송계약을 체결하여야 한다.

FAS 거래규칙에서 위험의 분기점은 지정 선적항에서 매수인이 지정한 본선의 선측에 인도하거나 그렇게 인도된 물품을 조달한 때이다. 매수인은 본선 선명, 선적 지점 및 합의된 기간 내의 인수지점을 통지하여야 한다.

매도인은 수출허가를 취득하고 수출통관절차를 이행하는 데에 따르는 제세공과금 및 비용을 부담하여야 한다. 매수인은 수입허가를 취득하고 수입통관절차를 이행하는 데에 따르는 제세공과금 및 비용을 부담하여야 한다. 매수인이 위험과 비용을 부담하는 조건으로 보험계약을 체결하는 데에 필요한 정보를 요청하면 제공해 주어야 한다. 매수인이 매도인에게 인수와 관련한 적절한 통지를 하지 않은 경우와 매수인이 지정한 선박이 지정된 시점에 도착하지 않거나 그 선박이 물품을 수령할 수 없거나 매도인에게 통지한 인수시점보다 조기에 선적이 완료된 경우에 발생하는 비용을 부담하여야 한다.

## 2) 본선 거래규칙 [Free on Board(insert named port of shipment): FOB]

## ① 본선 거래규칙의 내용

A THE SELLER'S OBLIGATIONS

A1 General obligations of the seller

The seller must provide the goods and the commercial invoice in conformity with the contract of sale and any other evidence of conformity that may be required by the contract.

Any document referred to in A1-A10 may be an equivalent electronic record or procedure if agreed between the parties or customary.

A2 Licences, authorizations, security clearances and other formalities

Where applicable, the seller must obtain, at its own risk and expense, any export licence or other official authorization and carry out all customs formalities necessary for the export of the goods.

A3 Contracts of carriage and insurance

a) Contract of carriage

The seller has no obligation to the buyer to make a contract of carriage. However, if requested by the buyer or if it is commercial practice and the buyer does not give an instruction to the contrary in due time, the seller may contract for carriage on usual terms at the buyer's risk and expense. In either case, the seller may decline to make the contract of carriage and, if it does, shall promptly notify the buyer.

b) Contract of insurance

The seller has no obligation to the buyer to make a contract of insurance. However, the seller must provide the buyer, at the buyer's request, risk, and expense (if any), with information that the buyer needs for obtaining insurance.

A4 Delivery

The seller must deliver the goods either by placing them on board the vessel nominated by the buyer at the loading point, if any, indicated by the buyer at the named port of shipment or by procuring the goods so delivered. In either case, the seller must deliver the goods on the agreed date or within the agreed period and in the manner customary at the port.

If no specific loading point has been indicated by the buyer, the seller may select the point within the named port of shipment that best

A 매도인의 의무

A1 매도인의 일반적 의무

매도인은 반드시 매매계약에 일치하는 물품과 상업송장 및 계약에 의하여 요구될 수 있는 기타 모든 일치의 증명서류를 제공하여야 한다.

A1 내지 A10에 언급된 모든 서류는 당사자 사이에 합의되었거나 관습적인 경우에는 이와 동등한 전자기록 또는 처리방법으로 할 수 있다.

A2 허가, 승인, 보안수속 및 기타 절차

적용가능한 경우에는, 매도인은 반드시 자신의 위험과 비용부담으로 모든 수출허가 또는 기타 공적인 승인을 취득하여야 하며, 또 물품의 수출에 필요한 모든 통관절차를 이행하여야 한다.

A3 운송 및 보험계약

a) 운송계약

매도인은 매수인에 대하여 운송계약을 체결할 아무런 의무도 부담하지 않는다. 그러나 매수인이 요청한 경우 또는 상업적인 관례가 있고 매수인이 적기에 그 반대의 지시를 하지 아니한 경우에는, 매도인은 매수인의 위험과 비용부담으로 통상적인 조건의 운송계약을 체결할 수 있다. 이중의 어느 경우에서도, 매도인은 운송계약의 체결을 거절할 수 있으며, 또 그러한 경우에는 매수인에게 즉시 통지하여야 한다.

b) 보험계약

매도인은 매수인에 대하여 보험계약을 체결할 아무런 의무도 부담하지 않는다. 그러나 매도인은 반드시 매수인의 요청과 위험 및 비용부담(있는 경우)으로 매수인이 보험을 취득하는데 필요한 정보를 매수인에게 제공하여야 한다.

A4 인도

매도인은 반드시 지정된 선적항구 중 매수인에 의하여 명시된 적재지점(있는 경우)에서 매수인에 의하여 지명된 본선의 갑판상에 물품을 적치하는 행위 또는 그렇게 인도된 물품을 조달하는 행위로 이를 인도하여야 한다. 이중의 어느 경우에도, 매도인은 반드시 합의된 일자 또는 합의된 기간내에 항구의 관습적인 방법에 따라 물품을 인도하여야 한다.

특정한 적재지점이 매수인에 의하여 전혀 명시되지 아니한 경우에는, 매도인은 지정된 선적항 내에서 자신의 목적에 가장 적합한 지점을 선정

suits its purpose.

A5  Transfer of risks

The seller bears all risks of loss of or damage to the goods until they have been delivered in accordance with A4 with the exception of loss or damage in the circumstances described in B5.

A6  Allocation of costs

The seller must pay

a) all costs relating to the goods until they have been delivered in accordance with A4, other than those payable by the buyer as envisaged in B6; and

b) where applicable, the costs of customs formalities necessary for export, as well as all duties, taxes and other charges payable upon export.

A7  Notices to the buyer

The seller must, at the buyer's risk and expense, give the buyer sufficient notice either that the goods have been delivered in accordance with A4 or that the vessel has failed to take the goods within the time agreed.

A8  Delivery document

The seller must provide the buyer, at the seller's expense, with the usual proof that the goods have been delivered in accordance with A4.

Unless such proof is a transport document, the seller must provide assistance to the buyer, at the buyer's request, risk and expense, in obtaining a transport document.

A9  Checking – packaging – marking

The seller must pay the costs of those checking operations (such as checking quality, measuring, weighing, counting) that are necessary for the purpose of delivering the goods in accordance with A4, as well as the costs of any pre-shipment inspection mandated by the authority of the country of export.

The seller must, at its own expense, package the goods, unless it is usual for the particular trade to transport the type of goods sold unpackaged. The seller may package the goods in the manner appropriate for their transport, unless the buyer has notified the seller of specific packaging requirements before the contract of sale is concluded. Packaging is to be marked appropriately.

A10  Assistance with information and related costs

The seller must, where applicable, in a timely manner, provide to or render assistance in

할 수 있다.

A5 위험의 이전

매도인은 B5에 기술된 사정에서의 멸실 또는 손상을 제외하고, 물품이 A4에 따라 인도된 때까지 물품의 멸실 또는 손상의 모든 위험을 부담하여야 한다.

A6 비용의 분담

매도인은 반드시 다음과 같은 비용을 지급하여야 한다.

a) B6에 적시된 대로 매수인에 의하여 지급되는 비용을 제외하고, 물품이 A4에 따라 인도된 때까지 물품에 관련한 모든 비용, 그리고

b) 적용가능한 경우에는, 수출에 필요한 통관절차의 비용뿐만 아니라, 수출시에 지급되는 모든 관세, 조세 및 기타 경비.

A7 매수인에 대한 통지

매도인은 반드시 매수인의 위험과 비용부담으로 물품이 A4에 따라 인도되었다는 사실 또는 본선이 합의된 시간내에 물품을 접수하지 아니하였다는 사실에 관하여 매수인에게 충분한 통지를 행하여야 한다.

A8 인도서류

매도인은 반드시 자신의 비용부담으로 물품이 A4에 따라 인도되었다는 통상적인 증거를 매수인에게 제공하여야 한다.

그러한 증거가 운송서류가 아닌 한, 매도인은 반드시 매수인의 요청과 위험 및 비용부담으로 운송서류를 취득하는데 따른 협조를 매수인에게 제공하여야 한다.

A9 점검 · 포장 · 화인

매도인은 반드시 A4에 따라 물품을 인도하기 위하여 필요한 물품점검업무(품질, 용적, 중량, 수량점검 등)의 비용뿐만 아니라, 수출국가의 당국에 의하여 강제된 모든 선적전검사의 비용을 지급하여야 한다.

특정무역거래에서 매각된 종류의 물품을 무포장으로 운송하는 것이 통상적이지 아니하는 한, 매도인은 반드시 자신의 비용부담으로 물품을 포장하여야 한다. 매수인이 매매계약의 체결 이전에 매도인에게 특정한 포장요건을 통지하지 않은 한, 매도인은 물품운송에 적절한 방법으로 이를 포장할 수 있다. 포장에는 적절한 화인이 있어야 한다.

A10 정보의 협조 및 관련 비용

매도인은 반드시 적용가능한 경우에는, 매수인의 요청과 위험 및 비용부담으로 매수인이 물품의

obtaining for the buyer, at the buyer's request, risk and expense, any documents and information, including security-related information, that the buyer needs for the import of the goods and/or for their transport to the final destination.

The seller must reimburse the buyer for all costs and charges incurred by the buyer in providing or rendering assistance in obtaining documents and information as envisaged in B10.

## B THE BUYER'S OBLIGATIONS

B1 General obligations of the buyer. The buyer must pay the price of the goods as provided in the contract of sale.

Any document referred to in B1-B10 may be an equivalent electronic record or procedure if agreed between the parties or customary.

B2 Licences, authorizations, security clearances and other formalities.

Where applicable, it is up to the buyer to obtain, at its own risk and expense, any import licence or other official authorization and carry out all customs formalities for the import of the goods and for their transport through any country.

B3 Contracts of carriage and insurance

a) Contract of carriage

The buyer must contract, at its own expense for the carriage of the goods from the named port of shipment, except where the contract of carriage is made by the seller as provided for in A3 a).

b) Contract of insurance

The buyer has no obligation to the seller to make a contract of insurance.

B4 Taking delivery

The buyer must take delivery of the goods when they have been delivered as envisaged in A4.

B5 Transfer of risks.

The buyer bears all risks of loss of or damage to the goods from the time they have been delivered as envisaged in A4.

If a) the buyer fails to notify the nomination of a vessel in accordance with B7; or

b) the vessel nominated by the buyer fails to arrive on time to enable the seller to comply with A4, is unable to take the goods, or closes for cargo earlier than the time notified in accordance with B7;

then, the buyer bears all risks of loss of or damage to the goods :

수입 및/또는 최종목적지까지의 물품운송에 필요한 보안관련 정보를 포함하여 모든 서류와 정보를 취득하는데 따른 협조를 매수인에게 시의적절한 방법으로 제공하거나 공여하여야 한다.

매도인은 반드시 B10에 적시된 대로 서류와 정보를 취득하는데 따른 협조를 제공하거나 공여하면서 매수인에 의하여 발생된 모든 비용과 경비를 매수인에게 보상하여야 한다.

## B 매수인의 의무

B1 매수인의 일반적 의무. 매수인은 반드시 매매계약에 약정된 대로 물품의 대금을 지급하여야 한다.

B1 내지 B10에 언급된 모든 서류는 당사자 사이에 합의되었거나 관습적인 경우에는 이와 동등한 전자기록 또는 처리방법으로 할 수 있다.

B2 허가, 승인, 보안수속 및 기타 절차

적용가능한 경우에는, 매수인 자신의 위험과 비용부담으로 모든 수입허가 또는 기타 공적인 승인을 취득하여야 하는 것과 물품의 수입 및 어떠한 국가를 통과하는 운송을 위한 모든 통관절차를 이행하여야 하는 것은 매수인의 책임에 속한다.

B3 운송 및 보험계약

a) 운송계약

매수인은 반드시 운송계약이 A3 a항에 규정된 대로 매도인에 의하여 체결된 경우를 제외하고, 자신의 비용부담으로 지정된 선적항으로부터 물품의 운송계약을 체결하여야 한다.

b) 보험계약

매수인은 매도인에 대하여 보험계약을 체결할 아무런 의무도 부담하지 않는다.

B4 인도의 접수

매수인은 반드시 물품이 A4에 적시된 대로 인도된 때에 물품의 인도를 접수하여야 한다.

B5 위험의 이전

매수인은 물품이 A4에 적시된 대로 인도된 시간부터 물품의 멸실 또는 손상의 모든 위험을 부담하여야 한다.

a) 매수인이 B7에 따라 본선의 지명을 통지하지 아니한 경우; 또는

b) 매수인에 의하여 지명된 본선이 매도인으로 하여금 A4를 준수할 수 있도록 적기에 도착하지 아니하거나, 물품을 수령할 수 없거나, 또는 B7에 따라 통지된 시간보다 조기에 화물을 마감한 경우에는;

이에 매수인은 다음과 같은 때부터 물품의 멸실 또는 손상의 모든 위험을 부담하여야 한다.

(i) from the agreed date, or in the absence of an agreed date,

(ii) from the date notified by the seller under A7 within the agreed period, or, if no such date has been notified,

(iii) from the expiry date of any agreed period for delivery,

provided that the goods have been clearly identified as the contract goods.

B6 Allocation of costs

The buyer must pay

a) all costs relating to the goods from the time they have been delivered as envisaged in A4, except, where applicable, the costs of customs formalities necessary for export, as well as all duties, taxes and other charges payable upon export as referred to in A6 b);

b) any additional costs incurred, either because :

(i) the buyer has failed to give appropriate notice in accordance with B7, or

(ii) the vessel nominated by the buyer fails to arrive on time, is unable to take the goods, or closes for cargo earlier than the time notified in accordance with B7, provided that the goods have been clearly identified as the contract goods; and

c) where applicable, all duties, taxes and other charges, as well as the costs of carrying out customs formalities payable upon import of the goods and the costs for their transport through any country.

B7 Notices to the seller

The buyer must give the seller sufficient notice of the vessel name, loading point and, where necessary, the selected delivery time within the agreed period.

B8 Proof of delivery

The buyer must accept the proof of delivery provided as envisaged in A8.

B9 Inspection of goods

The buyer must pay the costs of any mandatory pre-shipment inspection, except when such inspection is mandated by the authorities of the country of export.

B10 Assistance with information and related costs

The buyer must, in a timely manner, advise the seller of any security information requirements so that the seller may comply with A10.

The buyer must reimburse the seller for all costs and charges incurred by the seller in providing or rendering assistance in obtaining

(i) 합의된 일자로부터, 또는 합의된 일자가 없는 경우,

(ii) 합의된 기간 중 A7에 따라 매도인에 의하여 통지된 일자로부터, 또는 그러한 일자가 전혀 통지되지 아니한 경우,

(iii) 인도의 어떠한 합의된 기간의 만기일자로부터.

다만 물품이 계약물품으로서 명확하게 특정되어 있어야 한다.

B6 비용의 분담

매수인이 지급할 비용

a) 물품이 A4에 적시된 대로 인도된 시간부터 물품에 관련한 모든 비용. 다만 적용가능한 경우에는, 수출에 필요한 통관절차의 비용뿐만 아니라, A6 b항에 언급된 대로 수출시에 지급되는 모든 관세, 조세 및 기타 경비는 제외한다.

b) 다음과 같은 원인으로 발생된 모든 추가적인 비용.

(i) 매수인이 B7에 따라 적절한 통지를 행하지 아니한 경우, 또는

(ii) 매수인에 의하여 지명된 본선이 적기에 도착하지 아니하거나, 물품을 접수할 수 없거나, 또는 B7에 따라 통지된 시간보다 조기에 화물을 마감한 경우, 다만 물품이 계약물품으로서 명확하게 특정되어 있어야 한다. 그리고

c) 적용가능한 경우에는, 물품의 수입시에 지급되는 모든 관세, 조세 및 기타 경비뿐만 아니라, 통관절차를 이행하는 비용 및 어떠한 국가를 통과하는 운송비용.

B7 매도인에 대한 통지

매수인은 반드시 본선의 명칭, 적재지점 및 필요한 경우에는 합의된 기간내의 선정된 인도시간에 관하여 매도인에게 충분한 통지를 행하여야 한다.

B8 인도의 증거

매수인은 반드시 A8에 적시된 대로 제공된 인도의 증거를 인수하여야 한다.

B9 물품의 검사

매수인은 반드시 수출국가의 당국에 의하여 강제된 그러한 검사의 경우를 제외하고, 모든 강제적인 선적전검사의 비용을 지급하여야 한다.

B10 정보의 협조 및 관련 비용

매수인은 반드시 매도인이 A10를 준수할 수 있도록 모든 보안정보요건에 관하여 매도인에게 시의적절한 방법으로 고지하여야 한다.

매수인은 반드시 A10에 적시된 대로 서류와 정보를 취득하는데 따른 협조를 제공하거나 공여하면서 매도인에 의하여 발생된 모든 비용과 경

| | |
|---|---|
| documents and information as envisaged in A10.<br><br>The buyer must, where applicable, in a timely manner, provide to or render assistance in obtaining for the seller, at the seller's request, risk and expense, any documents and information, including security-related information, that the seller needs for the transport and export of the goods and for their transport through any country. | 비를 매도인에게 보상하여야 한다.<br><br>매수인은 반드시 적용가능한 경우에는, 매도인의 요청과 위험 및 비용부담으로 매도인이 물품의 운송과 수출 및 어떠한 국가를 통과하는 물품운송에 필요한 보안관련 정보를 포함하여 모든 서류와 정보를 취득하는데 따른 협조를 매도인에게 시의적절한 방법으로 제공하거나 공여하여야 한다. |

② 본선 거래규칙의 개요

FOB 거래규칙 [Free on Board(insert named port of shipment) : FOB], 즉 본선 거래규칙은 매도인이 물품을 자기의 위험과 비용으로 약정된 기간 내에 지정 선적항에서 매수인이 지정한 선박의 본선 갑판 위에서 인도하는 거래규칙이다. 매도인은 지정 선적항에서 매수인이 지정한 본선의 갑판 위에서 수출통관한 물품을 인도하거나 선적을 위하여 인도된 물품을 조달하면 된다. FOB 거래규칙을 사용하는 경우에는 FOB 용어 뒤에 지정 선적항, 즉 계약의 이행 지점을 표시하여 사용한다. 물품이 본선에 적재되기 전에 내륙터미널에서 인도되는 컨테이너에 적재되는 물품 또는 roll-on/roll-off 또는 LASH 선박에 적재되는 경우에는 FCA 거래규칙을 사용하여야 한다.

매수인은 운송계약을 체결하여야 한다. 매도인은 매매계약을 체결할 때에 특약을 하는 경우에는 대리인 자격으로 운송계약을 체결할 수 있다. 매수인이 약정된 장소에서 매도인으로부터 물품을 수령한 후 물품을 운송하기 위하여 운송계약을 체결하는 것은 매수인의 의무이다. FOB 거래규칙에서 위험의 분기점과 비용의 분기점은 지정 선적항에서 매수인이 지정한 본선 갑판 위에서 인도하거나 그렇게 인도된 물품을 조달한 때이다. 매도인은 수출허가를 취득하고 수출통관절차를 이행하는 데에 따르는 제세공과금 및 비용을 부담하여야 한다. 매수인은 수입허가를 취득하고 수입통관절차를 이행하는 데에 따르는 제세공과금 및 비용을 부담하여야 한다. 매도인은 자신의 비용부담으로 물품의 수출허가와 수출통관을 하고 이에 따른 수출세와 요금을 지급하여야 한다. 매도인은 물품을 매수인에게 인도하기 위하여 실시하는 점검비용을 부담하여야 한다. 매수인은 수출국 당국이 요구하는 검사비용을 제외하고 선적 전 검사비용을 부담하여야 한다. 매수인은 지정 선적항의 본선 갑판 위에 물품이 적치된 이후부터 물품의 취급과 관련하여 발생하는 모든 비용과 물품에 발생하는 멸실 또는 손상 등을 부담하여야 한다. 필요한 경우 매수인은 매수인의 부담으로 해상보험계약을 체결하여야 한다. 매수인은 자신이나 운송인에 의하여 물품인도가 지연되어 발생하는 위험과 추가적인 비용을 부담하여야 한다.

## 3) 운임포함 거래규칙[Cost and Freight(insert named port of destination): CFR]

### ① 운임포함 거래규칙의 내용

| | |
|---|---|
| A THE SELLER'S OBLIGATIONS | A 매도인의 의무 |
| A1 General obligations of the seller | A1 매도인의 일반적 의무 |
| The seller must provide the goods and the commercial invoice in conformity with the contract of sale and any other evidence of conformity that may be required by the contract. | 매도인은 반드시 매매계약에 일치하는 물품과 상업송장 및 계약에 의하여 요구될 수 있는 기타 모든 일치의 증명서류를 제공하여야 한다. |
| Any document referred to in A1-A10 may be an equivalent electronic record or procedure if agreed between the parties or customary. | A1 내지 A10에 언급된 모든 서류는 당사자 사이에 합의되었거나 관습적인 경우에는 이와 동등한 전자기록 또는 처리방법으로 할 수 있다. |
| A2 Licences, authorizations, security clearances and other formalities | A2 허가, 승인, 보안수속 및 기타 절차 |
| Where applicable, the seller must obtain, at its own risk and expense, any export licence or other official authorization and carry out all customs formalities necessary for the export of the goods. | 적용가능한 경우에는, 매도인은 반드시 자신의 위험과 비용부담으로 모든 수출허가 또는 기타 공적인 승인을 취득하여야 하며, 또 물품의 수출에 필요한 모든 통관절차를 이행하여야 한다. |
| A3 Contracts of carriage and insurance | A3 운송 및 보험계약 |
| a) Contract of carriage | a) 운송계약 |
| The seller must contract or procure a contract for the carriage of the goods from the agreed point of delivery, if any, at the place of delivery to the named port of destination or, if agreed, any point at that port. The contract of carriage must be made on usual terms at the seller's expense and provide for carriage by the usual route in a vessel of the type normally used for the transport of the type of goods sold. | 매도인은 반드시 인도장소의 합의된 인도지점(있는 경우)으로부터 지정된 목적항구 또는 당해 항구의 어떠한 지점(합의된 경우)까지 물품의 운송계약을 체결하거나 조달하여야 한다. 운송계약은 반드시 매도인의 비용부담으로 통상적인 조건에 따라 체결되어야 하며, 또 매각되는 물품종류의 운송에 일반적으로 사용되는 종류의 선박으로 통상적인 경로에 따른 운송을 제공하여야 한다. |
| b) Contract of insurance | b) 보험계약 |
| The seller has no obligation to the buyer to make a contract of insurance. However, the seller must provide the buyer, at the buyer's request, risk, and expense (if any), with information that the buyer needs for obtaining insurance. | 매도인은 매수인에 대하여 보험계약을 체결할 아무런 의무도 부담하지 않는다. 그러나 매도인은 반드시 매수인의 요청과 위험 및 비용부담(있는 경우)으로 매수인이 보험을 취득하는데 필요한 정보를 매수인에게 제공하여야 한다. |
| A4 Delivery | A4 인도 |
| The seller must deliver the goods either by placing them on board the vessel or by procuring the goods so delivered. In either case, the seller must deliver the goods on the agreed date or within the agreed period and in the manner customary at the port. | 매도인은 반드시 본선의 갑판상에 물품을 적치하는 행위 또는 그렇게 인도된 물품을 조달하는 행위로 이를 인도하여야 한다. 이중의 어느 경우에도, 매도인은 반드시 합의된 일자 또는 합의된 기간내에 항구의 관습적인 방법에 따라 물품을 인도하여야 한다. |
| A5 Transfer of risks | A5 위험의 이전 |
| The seller bears all risks of loss of or damage to the goods until they have been delivered in accordance with A4, with the exception of loss or damage in the circumstances described in B5. | 매도인은 B5에 기술된 사정에서의 멸실 또는 손상을 제외하고, 물품이 A4에 따라 인도된 때까지 물품의 멸실 또는 손상의 모든 위험을 부담하여야 한다. |

A6 Allocation of costs

The seller must pay

a) all costs relating to the goods until they have been delivered in accordance with A4, other than those payable by the buyer as envisaged in B6;

b) the freight and all other costs resulting from A3 a), including the costs of loading the goods on board and any charges for unloading at the agreed port of discharge that were for the seller's account under the contract of carriage; and

c) where applicable, the costs of customs formalities necessary for export as well as all duties, taxes and other charges payable upon export, and the costs for their transport through any country that were for the seller's account under the contract of carriage.

A7 Notices to the buyer

The seller must give the buyer any notice needed in order to allow the buyer to take measures that are normally necessary to enable the buyer to take the goods.

A8 Delivery document

The seller must, at its own expense, provide the buyer without delay with the usual transport document for the agreed port of destination.

This transport document must cover the contract goods, be dated within the period agreed for shipment, enable the buyer to claim the goods from the carrier at the port of destination and, unless otherwise agreed, enable the buyer to sell the goods in transit by the transfer of the document to a subsequent buyer or by notification to the carrier.

When such a transport document is issued in negotiable form and in several originals, a full set of originals must be presented to the buyer.

A9 Checking – packaging – marking

The seller must pay the costs of those checking operations (such as checking quality, measuring, weighing, counting) that are necessary for the purpose of delivering the goods in accordance with A4, as well as the costs of any pre-shipment inspection mandated by the authority of the country of export.

The seller must, at its own expense, package the goods, unless it is usual for the particular trade to transport the type of goods sold unpackaged. The seller may package the goods in the manner appropriate for their transport, unless the buyer has notified the seller of specific packaging requirements before the

A6 비용의 분담

매도인이 지급할 비용

a) B6에 적시된 대로 매수인에 의하여 지급되는 비용을 제외하고, 물품이 A4에 따라 인도된 때까지 물품에 관련한 모든 비용,

b) 갑판상에 물품의 적재비용 및 운송계약에 따라 매도인의 계산에 속한 합의된 양륙항구에서의 모든 양륙경비를 포함하여, A3 a항의 결과로 발생하는 운임과 기타 모든 비용; 그리고

c) 적용가능한 경우에는, 수출에 필요한 통관절차의 비용뿐만 아니라, 수출시에 지급되는 모든 관세, 조세 및 기타 경비, 그리고 운송계약에 따라 매도인의 계산에 속한 어떠한 국가를 통과하는 운송비용;

A7 매수인에 대한 통지

매도인은 반드시 매수인이 물품을 접수할 수 있도록 하는데 정상적으로 필요한 조치를 취할 수 있도록 매수인에게 필요한 모든 통지를 행하여야 한다.

A8 인도서류

매도인은 반드시 자신의 비용부담으로 합의된 목적항구까지의 통상적인 운송서류를 지체 없이 매수인에게 제공하여야 한다.

이 운송서류는 반드시 계약물품을 커버하여야 하고, 선적을 위하여 합의된 기간내로 일부되어 있어야 하고, 매수인이 목적항구에서 운송인으로부터 물품을 청구할 수 있는 것이어야 하며, 또 별도의 합의가 없는 한 매수인이 후속되는 매수인에게 서류의 이전에 의하거나 또는 운송인에 대한 통지에 의하여 수송 중인 물품을 매각할 수 있는 것이어야 한다.

그러한 운송서류가 유통가능한 양식이면서 복수의 원본으로 발행되는 때에는, 반드시 전통의 원본이 매수인에게 제시되어야 한다.

A9 점검·포장·화인

매도인은 반드시 A4에 따라 물품을 인도하기 위하여 필요한 물품점검업무(품질, 용적, 중량, 수량점검 등)의 비용뿐만 아니라, 수출국가의 당국에 의하여 강제된 모든 선적전검사의 비용을 지급하여야 한다.

특정무역거래에서 매각된 종류의 물품을 무포장으로 운송하는 것이 통상적이지 아니하는 한, 매도인은 반드시 자신의 비용부담으로 물품을 포장하여야 한다. 매수인이 매매계약의 체결 이전에 매도인에게 특정한 포장요건을 통지하지 않은 한, 매도인은 물품운송에 적절한 방법으로 이를 포장할 수 있다. 포장에는 적절한 화인이 있어야 한다.

contract of sale is concluded. Packaging is to be marked appropriately.

A10 Assistance with information and related costs

The seller must, where applicable, in a timely manner, provide to or render assistance in obtaining for the buyer, at the buyer's request, risk and expense, any documents and information, including security-related information, that the buyer needs for the import of the goods and/or for their transport to the final destination.

The seller must reimburse the buyer for all costs and charges incurred by the buyer in providing or rendering assistance in obtaining documents and information as envisaged in B10.

## B THE BUYER'S OBLIGATIONS

B1 General obligations of the buyer

The buyer must pay the price of the goods as provided in the contract of sale.

Any document referred to in B1-B10 may be an equivalent electronic record or procedure if agreed between the parties or customary.

B2 Licences, authorizations, security clearances and other formalities

Where applicable, it is up to the buyer to obtain, at its own risk and expense, any import licence or other official authorization and carry out all customs formalities for the import of the goods and for their transport through any country.

B3 Contracts of carriage and insurance

a) Contract of carriage

The buyer has no obligation to the seller to make a contract of carriage.

b) Contract of insurance

The buyer has no obligation to the seller to make a contract of insurance. However, the buyer must provide the seller, upon request, with the necessary information for obtaining insurance.

B4 Taking delivery

The buyer must take delivery of the goods when they have been delivered as envisaged in A4 and receive them from the carrier at the named port of destination.

B5 Transfer of risks

The buyer bears all risks of loss of or damage to the goods from the time they have been delivered as envisaged in A4.

If the buyer fails to give notice in accordance with B7, then it bears all risks of loss of or

A10 정보의 협조 및 관련 비용

매도인은 반드시 적용가능한 경우에는, 매수인의 요청과 위험 및 비용부담으로 매수인이 물품의 수입 및/또는 최종목적지까지의 물품운송에 필요한 보안관련 정보를 포함하여 모든 서류와 정보를 취득하는데 따른 협조를 매수인에게 시의적절한 방법으로 제공하거나 공여하여야 한다.

매도인은 반드시 B10에 적시된 대로 서류와 정보를 취득하는데 따른 협조를 제공하거나 공여하면서 매수인에 의하여 발생된 모든 비용과 경비를 매수인에게 보상하여야 한다.

B 매수인의 의무

B1 매수인의 일반적 의무

매수인은 반드시 매매계약에 약정된 대로 물품의 대금을 지급하여야 한다.

B1 내지 B10에 언급된 모든 서류는 당사자 사이에 합의되었거나 관습적인 경우에는 이와 동등한 전자기록 또는 처리방법으로 할 수 있다.

B2 허가, 승인, 보안수속 및 기타 절차

적용가능한 경우에는, 매수인 자신의 위험과 비용부담으로 모든 수입허가 또는 기타 공적인 승인을 취득하여야 하는 것과 물품의 수입 및 어떠한 국가를 통과하는 운송을 위한 모든 통관절차를 이행하여야 하는 것은 매수인의 책임에 속한다.

B3 운송 및 보험계약

a) 운송계약

매수인은 매도인에 대하여 운송계약을 체결할 아무런 의무도 부담하지 않는다.

b) 보험계약

매수인은 매도인에 대하여 보험계약을 체결할 아무런 의무도 부담하지 않는다. 그러나 매수인은 요청 시에는 반드시 보험을 취득하는데 필요한 정보를 매도인에게 제공하여야 한다.

B4 인도의 접수

매수인은 반드시 물품이 A4에 적시된 대로 인도된 때에 물품의 인도를 접수하여야 하며, 또 지정된 목적항에서 운송인으로부터 이를 수령하여야 한다.

B5 위험의 이전

매수인은 물품이 A4에 적시된 대로 인도된 시간부터 물품의 멸실 또는 손상의 모든 위험을 부담하여야 한다.

매수인이 B7에 따라 통지를 행하지 아니한 경우에는, 이에 매수인은 선적의 합의된 일자 또는

damage to the goods from the agreed date or the expiry date of the agreed period for shipment, provided that the goods have been clearly identified as the contract goods.

B6 Allocation of costs

The buyer must, subject to the provisions of A3 a), pay

a) all costs relating to the goods from the time they have been delivered as envisaged in A4, except, where applicable, the costs of customs formalities necessary for export as well as all duties, taxes, and other charges payable upon export as referred to in A6 c);

b) all costs and charges relating to the goods while in transit until their arrival at the port of destination, unless such costs and charges were for the seller's account under the contract of carriage;

c) unloading costs including lighterage and wharfage charges, unless such costs and charges were for the seller's account under the contract of carriage;

d) any additional costs incurred if it fails to give notice in accordance with B7, from the agreed date or the expiry date of the agreed period for shipment, provided that the goods have been clearly identified as the contract goods; and

e) where applicable, all duties, taxes and other charges, as well as the costs of carrying out customs formalities payable upon import of the goods and the costs for their transport through any country unless included within the cost of the contract of carriage.

B7 Notices to the seller

The buyer must, whenever it is entitled to determine the time for shipping the goods and/or the point of receiving the goods within the named port of destination, give the seller sufficient notice thereof.

B8 Proof of delivery

The buyer must accept the transport document provided as envisaged in A8 if it is in conformity with the contract.

B9 Inspection of goods

The buyer must pay the costs of any mandatory pre-shipment inspection, except when such inspection is mandated by the authorities of the country of export.

B10 Assistance with information and related costs

The buyer must, in a timely manner, advise the seller of any security information requirements so that the seller may comply

합의된 기간의 만기일자로부터 물품의 멸실 또는 손상의 모든 위험을 부담하여야 한다. 다만 물품이 계약물품으로서 명확하게 특정되어 있어야 한다.

B6 비용의 분담

매수인은 반드시 A3 a항에 규정된 경우를 제외하고, 다음과 같은 비용을 지급하여야 한다.

a) 물품이 A4에 적시된 대로 인도된 시간부터 물품에 관련한 모든 비용. 다만 적용가능한 경우에는, 수출에 필요한 통관절차의 비용뿐만 아니라, A6 c항에 언급된 대로 수출시에 지급되는 모든 관세, 조세 및 기타 경비는 제외한다;

b) 운송계약에 따라 매도인의 계산에 속한 것이 아닌 한, 목적항구에 도착할 때까지의 수송 중에 물품에 관련한 모든 비용 및 경비;

c) 운송계약에 따라 매도인의 계산에 속한 것이 아닌 한, 부선료와 부두사용료를 포함한 양륙비용;

d) 매수인이 B7에 따라 통지를 행하지 아니한 경우에는, 선적을 위하여 합의된 일자 또는 합의된 기간의 만기일자로부터 발생된 모든 추가적인 비용. 다만 물품이 계약물품으로서 명확하게 특정되어 있어야 한다. 그리고

e) 적용가능한 경우에는, 물품의 수입시에 지급되는 모든 관세, 조세 및 기타 경비뿐만 아니라, 통관절차를 이행하는 비용 및 운송계약의 비용에 포함되지 않은 한 어떠한 국가를 통과하는 운송비용.

B7 매도인에 대한 통지

매수인은 반드시 물품선적의 시간 및/또는 지정된 목적항구내의 물품수령의 지점을 결정할 권한이 주어진 때에는, 항상 이에 관하여 매도인에게 충분한 통지를 행하여야 한다.

B8 인도의 증거

매수인은 반드시 운송서류가 계약에 일치하는 경우에는 A8에 적시된 대로 제공된 운송서류를 인수하여야 한다.

B9 물품의 검사

매수인은 반드시 수출국가의 당국에 의하여 강제된 그러한 검사의 경우를 제외하고, 모든 강제적인 선적전검사의 비용을 지급하여야 한다.

B10 정보의 협조 및 관련 비용

매수인은 반드시 매도인이 A10를 준수할 수 있도록 모든 보안정보요건에 관하여 매도인에게 시의적절한 방법으로 고지하여야 한다.

| | |
|---|---|
| with A10.<br>The buyer must reimburse the seller for all costs and charges incurred by the seller in providing or rendering assistance in obtaining documents and information as envisaged in A10.<br>The buyer must, where applicable, in a timely manner, provide to or render assistance in obtaining for the seller, at the seller's request, risk and expense, any documents and information, including security-related information, that the seller needs for the transport and export of the goods and for their transport through any country. | 매수인은 반드시 A10에 적시된 대로 서류와 정보를 취득하는데 따른 협조를 제공하거나 공여하면서 매도인에 의하여 발생된 모든 비용과 경비를 매도인에게 보상하여야 한다.<br><br>매수인은 반드시 적용가능한 경우에는, 매도인의 요청과 위험 및 비용부담으로 매도인이 물품의 운송과 수출 및 어떠한 국가를 통과하는 물품운송에 필요한 보안관련 정보를 포함하여 모든 서류와 정보를 취득하는데 따른 협조를 매도인에게 시의적절한 방법으로 제공하거나 공여하여야 한다. |

② 운임포함 거래규칙의 개요

CFR 거래규칙 [Cost and Freight(insert named port of destination) : CFR], 즉 운임포함 거래규칙은 매도인이 물품을 자기의 위험과 비용으로 약정된 기간 내에 지정 선적항에서 매수인이 지정한 본선 갑판 위에서 인도할 때까지의 원가, 즉 FOB 가격에 지정 목적항까지 물품을 운송하기 위한 해상운임을 가산한 거래규칙이다. 매도인은 지정 선적항에서 매수인이 지정한 본선 갑판 위에서 수출통관한 물품을 인도하거나 선적을 위하여 인도된 물품을 조달하면 된다. CFR 거래규칙을 사용하는 경우에는 CFR 용어 뒤에 지정 목적항을 표시하여 사용한다.

매도인은 지정 선적항으로부터 목적항까지 물품을 운송하는 데에 통상 사용되는 유형의 선박에 통상의 항로 및 조건으로 운송계약을 체결하고 그 비용을 부담한다. 매매계약을 체결하고 물품을 목적지로 운송하는 과정 중에 수출국에서 출발항구에 도착하여 물품을 본선에 적재하기 전에 내륙에 있는 터미널에서 인도를 해야 하는 컨테이너에 적입되는 물품인 경우 또는 roll-on/roll-off 또는 LASH 선박에 적재되는 경우에는 CPT 거래규칙을 사용하여야 한다.

CFR 거래규칙에서 위험의 분기점은 본선의 갑판 위에서 인도하거나 그렇게 인도된 물품을 조달한 때이다. 그렇지만 매도인은 위험의 분기점인 인도장소까지의 비용을 부담할 뿐만 아니라 인도장소 이후의 목적항 또는 목적지까지의 운송비를 부담한다. 이에 따라 CFR 거래규칙에서는 위험의 분기점과 비용의 분기점이 다르다.

매도인이 합의된 물품에 대한 인도의무를 완료하기 이전에 매수인에게 위험이 이전되는 경우는 매수인이 매도인에게 물품을 인도시킬 의무를 불이행한 경우이거나 매수인이 물품을 인수하지 않는 때이다. 그러므로 매매계약상 매수인이 결정권한을 갖는 경우 선적시기 또는 지정 목적항에서 물품을 인수할 지점을 통지하여야 한다. 매수인은 매도인에게 인수와 관련한 적절한 통지를 하지 않은 경우에 발생하는 비용을 부담하여야 한다.

## 4) 운임·보험료포함 거래규칙[Cost, Insurance and Freight(insert named port of destination) : CIF]

### ① 운임·보험료포함 거래규칙의 내용

| A THE SELLER'S OBLIGATIONS | A 매도인의 의무 |
|---|---|
| A1 General obligations of the seller. The seller must provide the goods and the commercial invoice in conformity with the contract of sale and any other evidence of conformity that may be required by the contract.<br><br>Any document referred to in A1-A10 may be an equivalent electronic record or procedure if agreed between the parties or customary.<br>A2 Licences, authorizations, security clearances and other formalities.<br>Where applicable, the seller must obtain, at its own risk and expense, any export licence or other official authorization and carry out all customs formalities necessary for the export of the goods.<br>A3 Contracts of carriage and insurance<br>a) Contract of carriage<br>The seller must contract or procure a contract for the carriage of the goods from the agreed point of delivery, if any, at the place of delivery to the named port of destination or, if agreed, any point at that port. The contract of carriage must be made on usual terms at the seller's expense and provide for carriage by the usual route in a vessel of the type normally used for the transport of the type of goods sold.<br>b) Contract of insurance<br>The seller must obtain, at its own expense, cargo insurance complying at least with the minimum cover provided by Clauses (C) of the Institute Cargo Clauses (LMA/IUA) or any similar clauses. The insurance shall be contracted with underwriters or an insurance company of good repute and entitle the buyer, or any other person having an insurable interest in the goods, to claim directly from the insurer.<br>When required by the buyer, the seller shall, subject to the buyer providing any necessary information requested by the seller, provide at the buyer's expense any additional cover, if procurable, such as cover as provided by Clauses (A) or (B) of the Institute Cargo Clauses (LMA/IUA) or any similar clauses | A1 매도인의 일반적 의무<br>매도인은 반드시 매매계약에 일치하는 물품과 상업송장 및 계약에 의하여 요구될 수 있는 기타 모든 일치의 증명서류를 제공하여야 한다.<br><br>A1 내지 A10에 언급된 모든 서류는 당사자 사이에 합의되었거나 관습적인 경우에는 이와 동등한 전자기록 또는 처리방법으로 할 수 있다.<br>A2 허가, 승인, 보안수속 및 기타 절차<br><br>적용가능한 경우에는, 매도인은 반드시 자신의 위험과 비용부담으로 모든 수출허가 또는 기타 공적인 승인을 취득하여야 하며, 또 물품의 수출에 필요한 모든 통관절차를 이행하여야 한다.<br>A3 운송 및 보험계약<br>a) 운송계약<br>매도인은 반드시 인도장소의 합의된 인도지점(있는 경우)으로부터 지정된 목적항구 또는 당해 항구의 어떠한 지점(합의된 경우)까지 물품의 운송계약을 체결하거나 조달하여야 한다. 운송계약은 반드시 매도인의 비용부담으로 통상적인 조건에 따라 체결되어야 하며, 또 매각되는 물품종류의 운송에 일반적으로 사용되는 종류의 선박으로 통상적인 경로에 따른 운송을 제공하여야 한다.<br><br>b) 보험계약<br>매도인은 반드시 자신의 비용부담으로 적어도 협회적하약관(LMA/IUA)의 (C) 조건 또는 이와 유사한 어떠한 약관에 의하여 규정된 최소한의 담보에 일치하는 적하보험을 취득하여야 한다. 보험계약은 평판이 좋은 보험업자 또는 보험회사와 체결하여야 하며, 또 매수인 또는 물품에 관한 피보험이익을 갖고 있는 기타 모든 자에게 보험자로부터 직접 보험금을 청구할 수 있는 권한을 부여하고 있어야 한다.<br><br>매수인이 요구한 때에는, 매도인은 매도인에게 요청되는 모든 필요한 정보를 매수인에게 제공한다는 전제하에 매수인의 비용부담으로 조달가능한 모든 추가적인 담보, 예컨대 협회적하약관(LMA/IUA)의 (A) 또는 (B) 조건 또는 이와 유사한 어떠한 약관에 의하여 규정된 담보, 및/또는 협회전쟁약관 및/또는 협회동맹파업약관 |

and/or cover complying with the Institute War Clauses and/or Institute Strikes Clauses (LMA/IUA) or any similar clauses.

The insurance shall cover, at a minimum, the price provided in the contract plus 10% (i.e., 110%) and shall be in the currency of the contract.

The insurance shall cover the goods from the point of delivery set out in A4 and A5 to at least the named port of destination.

The seller must provide the buyer with the insurance policy or other evidence of insurance cover.

Moreover, the seller must provide the buyer, at the buyer's request, risk, and expense (if any), with information that the buyer needs to procure any additional insurance.

A4 Delivery

The seller must deliver the goods either by placing them on board the vessel or by procuring the goods so delivered. In either case, the seller must deliver the goods on the agreed date or within the agreed period and in the manner customary at the port.

A5 Transfer of risks

The seller bears all risks of loss of or damage to the goods until they have been delivered in accordance with A4, with the exception of loss or damage in the circumstances described in B5.

A6 Allocation of costs

The seller must pay

a) all costs relating to the goods until they have been delivered in accordance with A4, other than those payable by the buyer as envisaged in B6;

b) the freight and all other costs resulting from A3 a), including the costs of loading the goods on board and any charges for unloading at the agreed port of discharge that were for the seller's account under the contract of carriage;

c) the costs of insurance resulting from A3 b); and

d) where applicable, the costs of customs formalities necessary for export, as well as all duties, taxes and other charges payable upon export, and the costs for their transport through any country that were for the seller's account under the contract of carriage.

A7 Notices to the buyer

The seller must give the buyer any notice needed in order to allow the buyer to take measures that are normally necessary to enable the buyer to take the goods.

(LMA/IUA) 또는 이와 유사한 어떠한 약관에 일치하는 담보 등을 제공하여야 한다.

보험은 최소한 계약에 약정된 대금에 10%를 가산한 금액(즉, 110%)을 담보하여야 하며, 또 계약상의 통화로 되어 있어야 한다.

보험은 A4 및 A5에 설정된 인도지점으로부터 적어도 지정된 목적항까지 물품을 담보하여야 한다.

매도인은 반드시 매수인에게 보험증권 또는 기타 보험담보의 증명서류를 제공하여야 한다.

나아가 매도인은 반드시 매수인의 요청과 위험 및 비용부담(있는 경우)으로 매수인이 어떠한 추가적인 보험을 조달하는데 필요한 정보를 매수인에게 제공하여야 한다.

A4 인도

매도인은 반드시 본선의 갑판상에 물품을 적치하는 행위 또는 그렇게 인도된 물품을 조달하는 행위로 이를 인도하여야 한다. 이중의 어느 경우에도, 매도인은 반드시 합의된 일자 또는 합의된 기간내에 항구의 관습적인 방법에 따라 물품을 인도하여야 한다.

A5 위험의 이전

매도인은 B5에 기술된 사정에서의 멸실 또는 손상을 제외하고, 물품이 A4에 따라 인도된 때까지 물품의 멸실 또는 손상의 모든 위험을 부담하여야 한다.

A6 비용의 분담

매도인이 지급할 비용

a) B6에 적시된 대로 매수인에 의하여 지급되는 비용을 제외하고, 물품이 A4에 따라 인도된 때까지 물품에 관련한 모든 비용;

b) 갑판상에 물품의 적재비용 및 운송계약에 따라 매도인의 계산에 속한 합의된 양륙항구에서의 모든 양륙경비를 포함하여, A3 a항의 결과로 발생하는 운임과 기타 모든 비용;

c) A3 a항의 결과로 발생하는 보험비용; 그리고

d) 적용가능한 경우에는, 수출에 필요한 통관절차의 비용뿐만 아니라, 수출시에 지급되는 모든 관세, 조세 및 기타 경비, 그리고 운송계약에 따라 매도인의 계산에 속한 어떠한 국가를 통과하는 운송비용.

A7 매수인에 대한 통지

매도인은 반드시 매수인이 물품을 접수할 수 있도록 하는데 정상적으로 필요한 조치를 취할 수 있도록 매수인에게 필요한 모든 통지를 행하여야 한다.

## A8 Delivery document

The seller must, at its own expense provide the buyer without delay with the usual transport document for the agreed port of destination.

This transport document must cover the contract goods, be dated within the period agreed for shipment, enable the buyer to claim the goods from the carrier at the port of destination and, unless otherwise agreed, enable the buyer to sell the goods in transit by the transfer of the document to a subsequent buyer or by notification to the carrier.

When such a transport document is issued in negotiable form and in several originals, a full set of originals must be presented to the buyer.

## A9 Checking – packaging – marking

The seller must pay the costs of those checking operations (such as checking quality, measuring, weighing, counting) that are necessary for the purpose of delivering the goods in accordance with A4, as well as the costs of any pre-shipment inspection mandated by the authority of the country of export.

The seller must, at its own expense, package the goods, unless it is usual for the particular trade to transport the type of goods sold unpackaged. The seller may package the goods in the manner appropriate for their transport, unless the buyer has notified the seller of specific packaging requirements before the contract of sale is concluded. Packaging is to be marked appropriately.

## A10 Assistance with information and related costs

The seller must, where applicable, in a timely manner, provide to or render assistance in obtaining for the buyer, at the buyer's request, risk and expense, any documents and information, including security-related information, that the buyer needs for the import of the goods and/or for their transport to the final destination.

The seller must reimburse the buyer for all costs and charges incurred by the buyer in providing or rendering assistance in obtaining documents and information as envisaged in B10.

## B THE BUYER'S OBLIGATIONS

### B1 General obligations of the buyer

The buyer must pay the price of the goods as provided in the contract of sale.

Any document referred to in B1-B10 may be

---

A8 인도서류

매도인은 반드시 자신의 비용부담으로 합의된 목적항구까지의 통상적인 운송서류를 지체 없이 매수인에게 제공하여야 한다.

이 운송서류는 반드시 계약물품을 커버하여야 하고, 선적을 위하여 합의된 기간내로 일부되어 있어야 하고, 매수인이 목적항구에서 운송인으로부터 물품을 청구할 수 있는 것이어야 하며, 또 별도의 합의가 없는 한 매수인이 후속되는 매수인에게 서류의 이전에 의하거나 또는 운송인에 대한 통지에 의하여 수송 중인 물품을 매각할 수 있는 것이어야 한다.

그러한 운송서류가 유통가능한 양식이면서 복수의 원본으로 발행되는 때에는, 반드시 전통의 원본이 매수인에게 제시되어야 한다.

A9 점검 · 포장 · 화인

매도인은 반드시 A4에 따라 물품을 인도하기 위하여 필요한 물품점검업무(품질, 용적, 중량, 수량점검 등)의 비용뿐만 아니라, 수출국가의 당국에 의하여 강제된 모든 선적전검사의 비용을 지급하여야 한다.

특정무역거래에서 매각된 종류의 물품을 무포장으로 운송하는 것이 통상적이지 아니하는 한, 매도인은 반드시 자신의 비용부담으로 물품을 포장하여야 한다. 매수인이 매매계약의 체결 이전에 매도인에게 특정한 포장요건을 통지하지 않은 한, 매도인은 물품운송에 적절한 방법으로 이를 포장할 수 있다. 포장에는 적절한 화인이 있어야 한다.

A10 정보의 협조 및 관련 비용

매도인은 반드시 적용가능한 경우에는, 매수인의 요청과 위험 및 비용부담으로 매수인이 물품의 수입 및/또는 최종목적지까지의 물품운송에 필요한 보안관련 정보를 포함하여 모든 서류와 정보를 취득하는데 따른 협조를 매수인에게 시의적절한 방법으로 제공하거나 공여하여야 한다.

매도인은 반드시 B10에 적시된 대로 서류와 정보를 취득하는데 따른 협조를 제공하거나 공여하면서 매수인에 의하여 발생된 모든 비용과 경비를 매수인에게 보상하여야 한다.

B 매수인의 의무
B1 매수인의 일반적 의무
매수인은 반드시 매매계약에 약정된 대로 물품의 대금을 지급하여야 한다.

B1 내지 B10에 언급된 모든 서류는 당사자 사이

an equivalent electronic record or procedure if agreed between the parties or customary.

B2    Licences,    authorizations,    security clearances and formalities.

Where applicable, it is up to the buyer to obtain, at its own risk and expense, any import licence or other official authorization and carry out all customs formalities for the import of the goods and for their transport through any country.

B3 Contracts of carriage and insurance

a) Contract of carriage

The buyer has no obligation to the seller to make a contract of carriage.

b) Contract of insurance

The buyer has no obligation to the seller to make a contract of insurance. However, the buyer must provide the seller, upon request, with any information necessary for the seller to procure any additional insurance requested by the buyer as envisaged in A3 b).

B4 Taking delivery

The buyer must take delivery of the goods when they have been delivered as envisaged in A4 and receive them from the carrier at the named port of destination.

B5 Transfer of risks

The buyer bears all risks of loss of or damage to the goods from the time they have been delivered as envisaged in A4.

If the buyer fails to give notice in accordance with B7, then it bears all risks of loss of or damage to the goods from the agreed date or the expiry date of the agreed period for shipment, provided that the goods have been clearly identified as the contract goods.

B6 Allocation of costs

The buyer must, subject to the provisions of A3 a), pay

a) all costs relating to the goods from the time they have been delivered as envisaged in A4, except, where applicable, the costs of customs formalities necessary for export, as well as all duties, taxes and other charges payable upon export as referred to in A6 d);

b) all costs and charges relating to the goods while in transit until their arrival at the port of destination, unless such costs and charges were for the seller's account under the contract of carriage;

c) unloading costs including lighterage and wharfage charges, unless such costs and charges were for the seller's account under the contract of carriage;

---

에 합의되었거나 관습적인 경우에는 이와 동등한 전자기록 또는 처리방법으로 할 수 있다.

B2 허가, 승인, 보안수속 및 기타 절차.

적용가능한 경우에는, 매수인 자신의 위험과 비용부담으로 모든 수입허가 또는 기타 공적인 승인을 취득하여야 하는 것과 물품의 수입 및 어떠한 국가를 통과하는 운송을 위한 모든 통관절차를 이행하여야 하는 것은 매수인의 책임에 속한다.

B3 운송 및 보험계약

a) 운송계약

매수인은 매도인에 대하여 운송계약을 체결할 아무런 의무도 부담하지 않는다.

b) 보험계약

매수인은 매도인에 대하여 보험계약을 체결할 아무런 의무도 부담하지 않는다. 그러나 매수인은 요청 시에는 반드시 매도인이 A3 b항에 적시된 대로 매수인에 의하여 요청되는 어떠한 추가적인 보험을 조달하는데 필요한 모든 정보를 매도인에게 제공하여야 한다.

B4 인도의 접수

매수인은 반드시 물품이 A4에 적시된 대로 인도된 때에 물품의 인도를 접수하여야 하며, 또 지정된 목적항에서 운송인으로부터 이를 수령하여야 한다.

B5 위험의 이전

매수인은 물품이 A4에 적시된 대로 인도된 시간부터 물품의 멸실 또는 손상의 모든 위험을 부담하여야 한다.

매수인이 B7에 따라 통지를 행하지 아니한 경우에는, 이에 매수인은 선적의 합의된 일자 또는 합의된 기간의 만기일자로부터 물품의 멸실 또는 손상의 모든 위험을 부담하여야 한다. 다만 물품이 계약물품으로서 명확하게 특정되어 있어야 한다.

B6 비용의 분담

매수인은 반드시 A3 a항에 규정된 경우를 제외하고, 다음과 같은 비용을 지급하여야 한다.

a) 물품이 A4에 적시된 대로 인도된 시간부터 물품에 관련한 모든 비용. 다만 적용가능한 경우에는, 수출에 필요한 통관절차의 비용뿐만 아니라, A6 d항에 언급된 대로 수출시에 지급되는 모든 관세, 조세 및 기타 경비는 제외한다.

b) 운송계약에 따라 매도인의 계산에 속한 것이 아닌 한, 목적항구에 도착할 때까지의 수송 중에 물품에 관련한 모든 비용 및 경비;

c) 운송계약에 따라 매도인의 계산에 속한 것이 아닌 한, 부선료와 부두사용료를 포함한 양륙비용;

d) any additional costs incurred if it fails to give notice in accordance with B7, from the agreed date or the expiry date of the agreed period for shipment, provided that the goods have been clearly identified as the contract goods;

e) where applicable, all duties, taxes and other charges, as well as the costs of carrying out customs formalities payable upon import of the goods and the costs for their transport through any country, unless included within the cost of the contract of carriage; and

f) the costs of any additional insurance procured at the buyer's request under A3 b) and B3 b).

B7 Notices to the seller. The buyer must, whenever it is entitled to determine the time for shipping the goods and/or the point of receiving the goods within the named port of destination, give the seller sufficient notice thereof.

B8 Proof of delivery. The buyer must accept the transport document provided as envisaged in A8 if it is in conformity with the contract.

B9 Inspection of goods. The buyer must pay the costs of any mandatory pre-shipment inspection, except when such inspection is mandated by the authorities of the country of export.

B10 Assistance with information and related costs. The buyer must, in a timely manner, advise the seller of any security information requirements so that the seller may comply with A10.

The buyer must reimburse the seller for all costs and charges incurred by the seller in providing or rendering assistance in obtaining documents and information as envisaged in A10.

The buyer must, where applicable, in a timely manner, provide to or render assistance in obtaining for the seller, at the seller's request, risk and expense, any documents and information, including security-related information, that the seller needs for the transport and export of the goods and for their transport through any country.

d) 매수인이 B7에 따라 통지를 행하지 아니한 경우에는, 선적을 위하여 합의된 일자 또는 합의된 기간의 만기일자로부터 발생된 모든 추가적인 비용. 다만 물품이 계약물품으로서 명확하게 특정되어 있어야 한다.

e) 적용가능한 경우에는, 물품의 수입시에 지급되는 모든 관세, 조세 및 기타 경비뿐만 아니라, 통관절차를 이행하는 비용 및 운송계약의 비용에 포함되지 않은 한 어떠한 국가를 통과하는 운송비용, 그리고

f) A3 b항 및 B3 b항에 따라 매수인의 요청으로 조달되는 모든 추가적인 보험비용.

B7 매도인에 대한 통지. 매수인은 반드시 물품 선적의 시간 및/또는 지정된 목적항구내의 물품 수령의 지점을 결정할 권한이 주어진 때에는, 항상 이에 관하여 매도인에게 충분한 통지를 행하여야 한다.

B8 인도의 증거. 매수인은 반드시 운송서류가 계약에 일치하는 경우에는 A8에 적시된 대로 제공된 운송서류를 인수하여야 한다.

B9 물품의 검사. 매수인은 반드시 수출국가의 당국에 의하여 강제된 그러한 검사의 경우를 제외하고, 모든 강제적인 선적전검사의 비용을 지급하여야 한다.

B10 정보의 협조 및 관련 비용. 매수인은 반드시 매도인이 A10를 준수할 수 있도록 모든 보안정보요건에 관하여 매도인에게 시의적절한 방법으로 고지하여야 한다.

매수인은 반드시 A10에 적시된 대로 서류와 정보를 취득하는데 따른 협조를 제공하거나 공여하면서 매도인에 의하여 발생된 모든 비용과 경비를 매도인에게 보상하여야 한다.

매수인은 반드시 적용가능한 경우에는, 매도인의 요청과 위험 및 비용부담으로 매도인이 물품의 운송과 수출 및 어떠한 국가를 통과하는 물품운송에 필요한 보안관련 정보를 포함하여 모든 서류와 정보를 취득하는데 따른 협조를 매도인에게 시의적절한 방법으로 제공하거나 공여하여야 한다.

② 운임·보험료포함 거래규칙의 개요

CIF 거래규칙 [Cost, Insurance and Freight(insert named port of destination) : CIF], 즉 운임·보험료포함 거래규칙은 매도인이 수출원가에 도착항까지의 운임 및 보험료를 포함하여 매수인에게 인도하는 거래규칙이다.

매도인이 물품을 자기의 위험과 비용으로 약정된 기간 내에 지정 선적항에서 매수인이 지정한 본선 갑판 위에서 인도할 때까지의 원가(cost), 즉 FOB 거래규칙 가격에 지정 목적항까지 물품을 운송하기 위한 해상운임과 보험료를 가산한 거래규칙이다. CIF 거래규칙은 매도인이 선적항에서 본선에 선적하여 인도한다는 의미와 소유권을 추상화한 선적서류의 제공에 의한 인도라는 복잡성을 띠게 된다. 매도인은 지정 선적항에서 매수인이 지정한 본선 갑판에 수출통관한 물품을 인도하거나 선적을 위하여 인도된 물품을 조달하면 된다. CIF 거래규칙을 사용하는 경우에는 CIF 용어 뒤에 지정 선적항을 표시하여 사용한다. 매도인은 지정 선적항으로부터 목적항까지 물품을 운송하는 데에 통상 사용되는 유형의 선박에 통상의 항로 및 조건으로 운송계약을 체결하고 그 비용을 부담한다. 또한 매도인은 보험계약을 체결하여야 한다. 매수인은 운송계약을 체결할 의무가 없다. 매도인은 매매계약에 일치함을 입증하는 상업송장과 운송서류 등을 제공하여야 한다. 매매계약에 따라 수출국에서 출발항구에 도착하여 물품을 본선에 적재하기 전에 내륙터미널에서 인도되어 컨테이너에 적입되는 물품 또는 roll-on/roll- off 또는 LASH 선박에 적재되는 경우에는 CIP 거래규칙을 사용하여야 한다.

매수인은 매도인이 인도한 물품을 인수하여야 한다. 물품을 인수할 때에 물품대금을 지급하여야 한다. 물품의 인수는 매매계약상 합의된 인도기일 내에 이루어진 경우에 한한다.

CIF 거래규칙에서 위험의 분기점은 매도인이 물품을 본선의 갑판 위에서 인도하거나 그렇게 인도된 물품을 조달한 때이다. 매도인은 위험의 분기점인 인도장소까지의 비용을 부담할 뿐만 아니라 목적항 또는 목적지까지의 운송비와 보험료를 부담하기 때문에 위험의 분기점과 비용의 분기점이 다르게 된다. 그 비용은 매도인의 운송계약체결에 따르는 비용, 그리고 운송계약 보험계약에 관련하여 발생하는 운송비 및 기타의 비용이다. 위험이 이전된 이후에 발생하는 비용은 매수인의 부담이다. 매도인은 합의된 목적항까지 물품을 운송하는 데에 따르는 비용을 부담하기 때문에 당사자는 합의된 목적항내의 특정 지점을 확인하고 이를 운송계약에 반영하여 계약을 체결하여야 한다. 매도인은 당사자 사이에 별도의 합의가 없었다면 매매계약에서 합의된 지정 목적지에서 양륙 또는 취급과 관련된 비용을 지급하여야 한다.

매도인은 수출허가를 취득하고 수출통관절차를 이행하는 데에 따르는 제세공과금 및 비용을 부담하여야 한다. 매수인은 수입허가를 취득하고 수입통관절차를 이행하는 데에 따르는 제세공과금 및 비용을 부담하여야 한다. 매도인은 매수인이 수출입허가를 취득하는 데에 따르는 업무에 협조하여야 한다. 매도인은 물품을 매수인에게 인도하기 위하여 실시하는 점검비용을 부담하여야 한다. 매수인은 수출국 당국이 요구하는 검사비용을 제외하고 선적 전 검사비용을 부담하여야 한다. 매도인은 포장을 하는 경우에는 포장비용을 부담하여야 한다.

# 제 3 장

# 국제물품매매계약에 관한 UN협약

## 제 1 절   CISG의 적용범위 및 일반 규정

### 1. 적용범위

### (1) 적용의 기본원칙

### 1) 조항의 내용

| PART I - Sphere of Application and General Provisions<br>Chapter I - Sphere of Application<br>Article 1<br>(1) This Convention applies to contracts of sale of goods between parties whose places of business are in different States:<br>(a) when the States are Contracting States; or<br>(b) when the rules of private international law lead to the application of the law of a Contracting State.<br>(2) The fact that the parties have their places of business in different States is to be disregarded whenever this fact does not appear either from the contract or from any dealings between, or from information disclosed by, the parties at any time before or at the conclusion of the contract.<br>(3) Neither the nationality of the parties nor | 제1부 적용범위 및 일반 규정<br>제1장 적용범위<br>제1조(적용의 기본원칙)<br>(1) 본 협약은 다음과 같은 경우에 영업소가 상이한 국가에 있는 당사자 사이의 물품매매계약에 적용된다.<br>(a) 당해 국가가 모두 체약국인 경우, 또는<br>(b) 국제사법의 규칙에 따라 어느 체약국의 법률을 적용하게 되는 경우.<br>(2) 당사자가 상이한 국가에 그 영업소를 갖고 있다는 사실이 계약의 체결전 또는 그 당시에 당사자 사이에 행한 계약이나 모든 거래에서, 또는 당사자가 밝힌 정보로부터 나타나지 아니한 경우에는 이를 무시할 수 있다.<br>(3) 당사자의 국적이나, 또는 당사자 또는 계약 |

| the civil or commercial character of the parties or of the contract is to be taken into consideration in determining the application of this Convention. | 의 민사상 또는 상사상의 성격은 본 협약의 적용을 결정함에 있어서 고려되지 않는다. |

### 2) 조항의 개요

본 협약(United Nations Convention on Contracts for The International Sale of Goods, 1980: CISG)은 영업소가 상이한 국가에 있는 당사자 사이의 물품매매계약에 적용된다. 당해 국가가 모두 체약국인 경우, 또는 국제사법(國際私法)의 규칙에 따라 어느 체약국의 법률을 적용하게 되는 경우, 당사자가 상이한 국가에 그 영업소를 갖고 있다는 사실이 계약의 체결 전 또는 그 당시에 당사자 사이에 행한 계약이나 모든 거래에서, 또는 당사자가 제시한 정보에 나타나지 않으면 무시할 수 있다. 당사자의 국적이나, 또는 당사자 또는 계약의 민사(民事)상 또는 상사(商事)상의 성격은 본 협약의 적용을 결정함에 있어서 고려되지 않는다. 본 협약을 적용함에 있어서 영업소가 상이한 국가에 존재한다는 사실이 반드시 계약에 필요한 요건이 될 수 있는 가에 대하여 본 협약에서는 강요하고 있지는 않다. 그리고 본 협약의 적용에 있어서 국제사법의 규칙을 준용하는 경우에 그 준용을 허용하고 있으며 계약과 관련하여 발생하는 민사 법적으로 발생하는 문제와 상사 법적으로 발생하는 문제와는 별개임을 규정하고 있다.

### (2) 협약의 적용 제외

### 1) 조항의 내용

| Article 2<br>This Convention does not apply to sales:<br><br>(a) of goods bought for personal, family or household use, unless the seller, at any time before or at the conclusion of the contract, neither knew nor ought to have known that the goods were bought for any such use;<br>(b) by auction;<br>(c) on execution or otherwise by authority of law;<br>(d) of stocks, shares, investment securities, negotiable instruments or money;<br>(e) of ships, vessels, hovercraft or aircraft;<br><br>(f) of electricity. | 제2조(협약의 적용제외)<br>본 협약은 다음과 같은 매매에는 적용되지 않는다.<br>(a) 개인용, 가족용 또는 가사용으로 구입되는 물품의 매매. 다만 매도인이 계약의 체결전 또는 그 당시에 물품이 그러한 용도로 구입된 사실을 알지 못하였거나 또는 알았어야 할 것도 아닌 경우에는 제외한다.<br>(b) 경매에 의한 매매,<br>(c) 강제집행 또는 기타 법률상의 권한에 의한 매매,<br>(d) 주식, 지분, 투자증권, 유통증권 또는 통화의 매매,<br>(e) 선박, 부선, 수상익선(水上翼船), 또는 항공기의 매매,<br>f) 전기의 매매 등. |

## 2) 조항의 개요

본 협약은 개인용, 가족용 또는 가사용으로 구입되는 물품의 매매, 다만 매도인이 계약의 체결 전 또는 당시에 물품이 그러한 용도로 구입된 사실을 모르거나 알 필요도 없었으면 제외한다. 경매에 의한 매매, 강제집행 또는 기타 법률상의 권한에 의한 매매, 주식, 투자증권, 유통증권 또는 통화의 매매, 선박, 또는 항공기의 매매 등에는 적용되지 않는다.

## (3) 서비스계약 등의 제외

### 1) 조항의 내용

| Article 3 | 제3조(서비스계약 등의 제외) |
|---|---|
| (1) Contracts for the supply of goods to be manufactured or produced are to be considered sales unless the party who orders the goods undertakes to supply a substantial part of the materials necessary for such manufacture or production. | (1) 물품을 제조하거나 또는 생산하여 공급하는 계약은 이를 매매로 본다. 다만 물품을 주문한 당사자가 그 제조 또는 생산에 필요한 재료의 중요한 부분을 공급하기로 약정한 경우에는 그러하지 아니하다. |
| (2) This Convention does not apply to contracts in which the preponderant part of the obligations of the party who furnishes the goods consists in the supply of labour or other services. | (2) 본 협약은 물품을 공급하는 당사자의 의무 중에서 대부분이 노동 또는 기타 서비스의 공급으로 구성되어 있는 계약의 경우에는 적용되지 않는다. |

## 2) 조항의 개요

물품을 제조하거나 또는 생산하여 공급하는 계약은 이를 매매로 본다. 다만 물품을 주문한 당사자가 그 제조 또는 생산에 필요한 재료의 중요한 부분을 공급하기로 약정한 경우에는 그러하지 아니하다. 본 협약은 물품을 공급하는 당사자의 의무 중에서 대부분이 노동 또는 기타 서비스의 공급으로 구성되어 있는 계약의 경우에는 적용되지 않는다.

## (4) 적용대상과 대상외의 문제

### 1) 조항의 내용

| Article 4 | 제4조(적용대상과 대상외의 문제) |
|---|---|
| This Convention governs only the formation of the contract of sale and the rights and obligations of the seller and the buyer arising from such a contract. In particular, except as otherwise expressly provided in this Convention, it is not concerned with: | 본 협약은 단지 매매계약의 성립과 그러한 계약으로부터 발생하는 매도인과 매수인의 규율한다. 특히 본 협약에서 별도의 명시적인 규정이 있는 경우를 제외하고, 본 협약은 다음과 같은 사항에는 관계되지 않는다. |

| (a) the validity of the contract or of any of its provisions or of any usage; | (a) 계약 또는 그 어떠한 조항이나 어떠한 관행의 유효성, |
| (b) the effect which the contract may have on the property in the goods sold. | (b) 매각된 물품의 소유권에 관하여 계약이 미칠 수 있는 효과. |

### 2) 조항의 개요

본 협약은 단지 매매계약의 성립과 그러한 계약으로부터 발생하는 매도인과 매수인의 규율한다. 특히 본 협약에서 별도의 명시적인 규정이 있는 경우를 제외하고, 본 협약은 계약 또는 그 어떠한 조항이나 어떠한 관행의 유효성, 매각된 물품의 소유권에 관하여 계약이 미칠 수 있는 효과 등과 같은 사항에는 관계되지 않는다.

## (5) 사망 등의 적용제외

### 1) 조항의 내용

| Article 5<br>This Convention does not apply to the liability of the seller for death or personal injury caused by the goods to any person. | 제5조(사망 등의 적용제외)<br>본 협약은 물품에 의하여 야기된 어떠한 자의 사망 또는 신체적인 상해에 대한 매도인의 책임에 대해서는 적용되지 않는다. |

### 2) 조항의 개요

본 협약은 물품에 의하여 야기된 어떠한 자의 사망 또는 신체적인 상해에 대한 매도인의 책임에 대해서는 적용되지 않는다.

## (6) 계약에 의한 적용배제

### 1) 조항의 내용

| Article 6<br>The parties may exclude the application of this Convention or, subject to article 12, derogate from or vary the effect of any of its provisions. | 제6조(계약에 의한 적용배제)<br>당사자는 본 협약의 적용을 배제하거나, 또는 제12조에 따라 본 협약의 어느 규정에 관해서는 그 효력을 감퇴키거나 변경시킬 수 있다. |

### 2) 조항의 개요

당사자는 본 협약의 적용을 배제하거나, 또는 당사자의 합의에 의해 본 협약의 어느 규정에 관해 그 효력을 감퇴키거나 변경시킬 수 있다.

## 2. 일반 규정

### (1) 협약의 해석원칙

#### 1) 조항의 내용

| Chapter II - General Provisions Article 7 (1) In the interpretation of this Convention, regard is to be had to its international character and to the need to promote uniformity in its application and the observance of good faith in international trade. (2) Questions concerning matters governed by this Convention which are not expressly settled in it are to be settled in conformity with the general principles on which it is based or, in the absence of such principles, in conformity with the law applicable by virtue of the rules of private international law. | 제2장 일반 규정 제7조(협약의 해석원칙) (1) 본 협약의 해석에 있어서는, 협약의 국제적인 성격과 그 적용상의 통일성의 증진을 위한 필요성 및 국제무역상의 신의성실의 준수에 대한 고려가 있어야 한다. (2) 본 협약에 의하여 규율되는 사항으로서 본 협약에서 명시적으로 해결되지 아니한 문제는 본 협약이 기초하고 있는 일반원칙에 따라 해결되어야 하며, 또는 그러한 원칙이 없는 경우에는 국제사법의 원칙에 의하여 적용되는 법률에 따라 해결되어야 한다. |
|---|---|

#### 2) 조항의 개요

본 협약의 규정을 해석할 때는 협약의 국제적인 성격과 그 적용상의 통일성의 증진을 위한 필요성 및 국제무역상의 신의성실의 준수에 대한 고려가 있어야 한다. 본 협약에 의하여 규율되는 사항으로서 본 협약에서 명시적으로 해결되지 아니한 문제는 본 협약이 기초하고 있는 일반원칙에 따라 해결되어야 하며, 또는 그러한 원칙이 없는 경우에는 국제사법의 원칙에 의하여 적용되는 법률에 따라 해결되어야 한다.

### (2) 당사자 진술이나 행위의 해석

#### 1) 조항의 내용

| Article 8 (1) For the purposes of this Convention statements made by and other conduct of a party are to be interpreted according to his intent where the other party knew or could not have been unaware what that intent was. (2) If the preceding paragraph is not | 제8조(당사자 진술이나 행위의 해석) (1) 본 협약의 적용에 있어서 당사자의 진술 또는 기타의 행위는 상대방이 그 의도를 알았거나 또는 알 수 있었던 경우에는 당사자의 의도에 따라 해석되어야 한다. (2) 전항의 규정이 적용될 수 없는 경우에는, |
|---|---|

| | |
|---|---|
| applicable, statements made by and other conduct of a party are to be interpreted according to the understanding that a reasonable person of the same kind as the other party would have had in the same circumstances.<br><br>(3) In determining the intent of a party or the understanding a reasonable person would have had, due consideration is to be given to all relevant circumstances of the case including the negotiations, any practices which the parties have established between themselves, usages and any subsequent conduct of the parties. | 당사자의 진술 또는 기타의 행위는 상대방과 같은 종류의 합리적인 자가 동일한 사정에서 가질 수 있는 이해력에 따라 해석되어야 한다.<br><br>(3) 당사자의 의도 또는 합리적인 자가 가질 수 있는 이해력을 결정함에 있어서는, 당사자 사이의 교섭, 당사자 사이에 확립되어 있는 관습, 관행 및 당사자의 후속되는 어떠한 행위를 포함하여 일체의 관련된 사정에 대한 상당한 고려가 있어야 한다. |

## 2) 조항의 개요

본 협약의 적용에 있어서 당사자의 진술 또는 기타의 행위는 상대방이 그 의도를 알았거나 또는 알 수 있었던 경우에는 당사자의 의도에 따라 해석되어야 한다. 본 협약을 적용할 때에 당사자의 진술 또는 행위는 당사자가 무엇을 의도하였는가에 따라 해석할 수 있다는 규정이 적용될 수 없는 경우에는, 당사자의 진술 또는 기타의 행위는 상대방과 같은 종류의 합리적인 자가 동일한 사정에서 가질 수 있는 이해력에 따라 해석되어야 한다. 당사자의 의도 또는 합리적인 자가 가질 수 있는 이해력을 결정함에 있어서는, 당사자 사이의 교섭, 당사자 사이에 확립되어 있는 관습, 관행 및 당사자의 후속되는 어떠한 행위를 포함하여 일체의 관련된 사정에 대한 상당한 고려가 있어야 한다.

## (3) 관습과 관행의 구속력

### 1) 조항의 내용

| | |
|---|---|
| Article 9<br>(1) The parties are bound by any usage to which they have agreed and by any practices which they have established between themselves.<br>(2) The parties are considered, unless otherwise agreed, to have impliedly made applicable to their contract or its formation a usage of which the parties knew or ought to have known and which in international trade is widely known to, and regularly observed by, parties to contracts of the type involved in the particular trade concerned. | 제9조(관습과 관행의 구속력)<br>(1) 당사자는 그들이 합의한 모든 관행과 당사자 사이에서 확립되어 있는 모든 관습에 구속된다.<br><br>(2) 별도의 합의가 없는 한, 당사자가 알았거나 또는 당연히 알았어야 하는 관행으로서 국제무역에서 해당되는 특정무역에 관련된 종류의 계약당사자에게 널리 알려져 있고 통상적으로 준수되고 있는 관행은 당사자가 이를 그들의 계약 또는 계약성립에 묵시적으로 적용하는 것으로 본다. |

## 2) 조항의 개요

당사자는 그들이 합의한 모든 관행과 당사자 사이에서 확립되어 있는 모든 관습에 구속된다. 당사자가 알았거나 또는 당연히 알았어야 하는 관행으로서 국제무역에서 해당되는 특정의 무역에 관련된 종류의 계약당사자에게 널리 알려져 있고 통상적으로 준수되고 있는 관행은 당사자가 이를 그들의 계약 또는 계약성립에 묵시적으로 적용하는 것으로 본다.

## (4) 영업소의 정의

### 1) 조항의 내용

| Article 10 | 제10조(영업소의 정의) |
|---|---|
| For the purposes of this Convention:<br>(a) if a party has more than one place of business, the place of business is that which has the closest relationship to the contract and its performance, having regard to the circumstances known to or contemplated by the parties at any time before or at the conclusion of the contract;<br>(b) if a party does not have a place of business, reference is to be made to his habitual residence. | 본 협약의 적용에 있어서,<br>(a) 어느 당사자가 둘 이상의 영업소를 갖고 있는 경우에는, 영업소는 계약의 체결전 또는 그 당시에 당사자들에게 알려졌거나 또는 예기되었던 사정을 고려하여 계약 및 그 이행과 가장 밀접한 관계가 있는 영업소를 의미한다.<br><br>(b) 당사자가 영업소를 갖고 있지 아니한 경우에는, 당사자의 일상적인 거주지를 영업소로 참조하여야 한다. |

### 2) 조항의 개요

본 협약의 적용에 있어서, 어느 당사자가 둘 이상의 영업소를 갖고 있는 경우에는, 영업소는 계약의 체결 전 또는 그 당시에 당사자들에게 알려졌거나 또는 예기되었던 사정을 고려하여 계약 및 그 이행과 가장 밀접한 관계가 있는 영업소를 의미한다. 영업소는 영업사업을 하는 일정한 장소를 의미한다.

## (5) 계약의 형식

### 1) 조항의 내용

| Article 11 | 제11조(계약의 형식) |
|---|---|
| A contract of sale need not be concluded in or evidenced by writing and is not subject to any other requirement as to form. It may be proved by any means, including witnesses. | 매매계약은 서면에 의하여 체결되거나 또는 입증되어야 할 필요가 없으며, 또 형식에 관해서도 어떠한 다른 요건에 따라야 하지 않는다. 매매계약은 증인을 포함하여 여하한 수단에 의해서도 입증될 수 있다. |

### 2) 조항의 개요

매매계약은 서면에 의하여 체결되거나 또는 입증되어야 할 필요가 없으며, 또 형식에 관해서도 어떠한 다른 요건에 따르지 않는다. 매매계약은 증인을 포함하여 어떠한 수단으로도 입증될 수 있다.  계약의 형식에서 의미하는 것은 무역계약의 불요식성을 의미하는 것이다.

## (6) 계약형식의 국내요건

### 1) 조항의 내용

| Article 12 | 제12조(계약형식의 국내요건) |
|---|---|
| Any provision of article 11, article 29 or Part II of this Convention that allows a contract of sale or its modification or termination by agreement or any offer, acceptance or other indication of intention to be made in any form other than in writing does not apply where any party has his place of business in a Contracting State which has made a declaration under article 96 of this Convention. The parties may not derogate from or vary the effect or this article. | 매매계약 또는 합의에 의한 계약의 변경이나 해제, 또는 모든 청약, 승낙 또는 기타의 의사표시를 서면 이외의 형식으로 행하는 것을 허용하고 있는 본 협약의 제11조, 제29조 또는 제2부의 모든 규정은 어느 당사자가 본 협약의 제96조에 의거한 선언을 행한 체약국에 그 영업소를 갖고 있는 경우에는 적용되지 않는다. 당사자는 본조의 효력을 감퇴시키거나 또는 변경하여서는 아니된다. |

### 2) 조항의 개요

매매계약 또는 합의에 의한 계약의 변경이나 해제, 또는 모든 청약, 승낙 또는 기타의 의사표시를 서면 이외의 형식으로 행하는 것을 허용하고 있는 본 협약의 모든 규정은 어느 당사자가 본 협약의 계약형식요건의 유보 조항에 의거한 선언을 행한 체약국에 그 영업소를 갖고 있는 경우에는 적용되지 않는다. 당사자는 본조의 효력을 감퇴 또는 변경하여서는 안된다.

## (7) 서면의 정의

### 1) 조항의 내용

| Article 13 | 제13조(서면의 정의) |
|---|---|
| For the purposes of this Convention 'writing' includes telegram and telex. | 본 협약의 적용에 있어서 '서면'이란 전보와 텔렉스를 포함한다. |

### 2) 조항의 개요

본 협약의 적용에 있어서 '서면'이란 전보와 텔렉스를 포함한다.

# 제2절　CISG의 계약 성립 규정

## 1. 청약

### (1) 청약의 기준

#### 1) 조항의 내용

| PART II - Formation of the Contract<br>Article 14<br>(1) A proposal for concluding a contract addressed to one or more specific persons constitutes an offer if it is sufficiently definite and indicates the intention of the offeror to be bound in case of acceptance. A proposal is sufficiently definite if it indicates the goods and expressly or implicitly fixes or makes provision for determining the quantity and the price.<br>(2) A proposal other than one addressed to one or more specific persons is to be considered merely as an invitation to make offers, unless the contrary is clearly indicated by the person making the proposal. | 제2부 계약의 성립<br>제14조(청약의 기준)<br>(1) 1인 이상의 특정한 자에게 통지된 계약체결의 제의는 그것이 충분히 확정적이고 또한 승낙이 있을 경우에 구속된다고 하는 청약자의 의사를 표시하고 있는 경우에는 청약으로 된다. 어떠한 제의가 물품을 표시하고, 또한 그 수량과 대금을 명시적 또는 묵시적으로 지정하거나 또는 이를 결정하는 규정을 두고 있는 경우에는 이 제의는 충분히 확정적인 것으로 한다.<br>(2) 1인 이상의 특정한 자에게 통지된 것 이외의 어떠한 제의는 그 제의를 행한 자가 반대의 의사를 명확히 표시하지 아니하는 한, 이는 단순히 청약을 행하기 위한 유인으로만 본다. |

#### 2) 조항의 개요

　1인 이상의 특정한 자에게 통지된 계약체결의 제의는 그것이 충분히 확정적이고 또한 승낙이 있을 경우에 구속된다고 하는 청약자의 의사를 표시하고 있는 경우에는 청약으로 인정된다. 어떠한 제의가 물품을 표시하고, 또한 그 수량과 대금을 명시적 또는 묵시적으로 지정하거나 또는 이를 결정하는 규정을 두고 있는 경우에는 이 제의는 충분히 확정적인 것으로 판단한다. 특정인에게 통지된 계약체결의 제의는 확정적이며 승낙이 있으면 구속된다고 하는 청약자의 의사표시가 있으면 청약으로 인정된다. 1인 이상의 특정한 자에게 통지된 것 이외의 어떠한 제의는 그 제의를 행한 자가 반대의 의사를 명확히 표시하지 아니하는 한, 이는 단순히 청약을 행하기 위한 유인으로만 본다.

## (2) 청약의 효력 발생

### 1) 조항의 내용

| Article 15<br>(1) An offer becomes effective when it reaches the offeree.<br>(2) An offer, even if it is irrevocable, may be withdrawn if the withdrawal reaches the offeree before or at the same time as the offer. | 제15조(청약의 효력발생)<br>(1) 청약은 피청약자에게 도달한 때 효력이 발생한다.<br>(2) 청약은 그것이 취소불능한 것이라도 그 철회가 청약의 도달전 또는 그와 동시에 피청약자에게 도달하는 경우에는 이를 철회할 수 있다. |
| --- | --- |

### 2) 조항의 개요

청약자가 피청약자에게 보낸 청약은 피청약자에게 도달한 때 효력이 발생한다. 청약은 그것이 취소불능한 것이라도 그 철회가 청약의 도달 전 또는 그와 동시에 피청약자에게 도달하는 경우에는 이를 철회할 수 있다.

## (3) 청약의 취소

### 1) 조항의 내용

| Article 16<br>(1) Until a contract is concluded an offer may be revoked if the revocation reaches the offeree before he has dispatched an acceptance.<br>(2) However, an offer cannot be revoked:<br><br>(a) if it indicates, whether by stating a fixed time for acceptance or otherwise, that it is irrevocable; or<br>(b) if it was reasonable for the offeree to rely on the offer as being irrevocable and the offeree has acted in reliance on the offer. | 제16조(청약의 취소)<br>(1) 계약이 체결되기까지는 청약은 취소될 수 있다. 다만 이 경우에 취소의 통지는 피청약자가 승낙을 발송하기 전에 피청약자에게 도달하여야 한다.<br>(2) 그러나 다음과 같은 경우에는 청약은 취소될 수 없다.<br>(a) 청약이 승낙을 위한 지정된 기간을 명시하거나 또는 기타의 방법으로 그 것이 철회불능임을 표시하고 있는 경우, 또는<br>(b) 피청약자가 청약을 취소불능이라고 신뢰하는 것이 합리적이고, 또 피청약자가 그 청약을 신뢰하여 행동한 경우. |
| --- | --- |

### 2) 조항의 개요

계약이 체결되기 전에 청약은 취소될 수 있다. 청약자가 청약을 할 때에 승낙을 위한 일정한 기간을 명시하거나 또는 기타의 방법으로 철회가 불가능하다고 표시한 경우에는 청약을 취소할 수 없다.

## (4) 청약의 거절

### 1) 조항의 내용

| Article 17 | 제17조(청약의 거절) |
|---|---|
| An offer, even if it is irrevocable, is terminated when a rejection reaches the offeror. | 청약은 그것이 취소불능한 것이라도 어떠한 거절의 통지가 청약자에게 도달한 때에는 그 효력이 상실된다. |

### 2) 조항의 개요

청약은 그것이 취소불능한 것이라도 어떠한 거절의 통지가 청약자에게 도달한 때에는 그 효력이 상실된다.

## 2. 승낙

## (1) 승낙의 시기 및 방법

### 1) 조항의 내용

| Article 18 | 제18조(승낙의 시기 및 방법) |
|---|---|
| (1) A statement made by or other conduct of the offeree indicating assent to an offer is an acceptance. Silence or inactivity does not in itself amount to acceptance.<br>(2) An acceptance of an offer becomes effective at the moment the indication of assent reaches the offeror. An acceptance is not effective if the indication of assent does not reach the offeror within the time he has fixed or, if no time is fixed, within a reasonable time, due account being taken of the circumstances of the transaction, including the rapidity of the means of communication employed by the offeror. An oral offer must be accepted immediately unless the circumstances indicate otherwise.<br>(3) However, if, by virtue of the offer or as a result of practices which the parties have established between themselves or of usage, the offeree may indicate assent by performing an act, such as one relating to the dispatch of the goods or payment of the price, without | (1) 청약에 대한 동의를 표시하는 피청약자의 진술 또는 기타의 행위는 이를 승낙으로 한다. 침묵 또는 부작위 그 자체는 승낙으로 되지 않는다.<br>(2) 청약에 대한 승낙은 동의의 의사표시가 청약자에게 도달한 때에 그 효력이 발생한다. 승낙은 동의의 의사표시가 청약자가 지정한 기간내에 도달하지 아니하거나, 또는 어떠한 기간도 지정되지 아니한 때에는 청약자가 사용만 통신수단의 신속성을 포함하여 거래의 사정을 충분히 고려한 상당한 기간내에 도달하지 아니한 경우에는 그 효력이 발생하지 않는다. 구두의 청약은 별도의 사정이 없는 한 즉시 승낙되어야 한다.<br><br>(3) 그러나 청약의 규정에 의하거나 또는 당사자 사이에 확립된 관습 또는 관행의 결과에 따라, 피청약자가 청약자에게 아무런 통지없이 물품의 발송이나 대금의 지급에 관한 행위를 이행함으로써 동의의 의사표시를 할 수 있는 |

| notice to the offeror, the acceptance is effective at the moment the act is performed, provided that the act is performed within the period of time laid down in the preceding paragraph. | 경우에는, 승낙은 그 행위가 이행되어진 때에 그 효력이 발생한다. 다만 그 행위는 전항에 규정된 기간 내에 이행되어진 경우에 한한다. |

## 2) 조항의 개요

청약에 대한 동의를 표시하는 피청약자의 진술 또는 기타의 행위는 이를 승낙으로 한다. 침묵 또는 부작위 그 자체는 승낙으로 되지 않는다. 청약에 대한 승낙은 동의의 의사표시가 청약자에게 도달한 때에 그 효력이 발생한다. 승낙은 동의의 의사표시가 청약자가 지정한 기간 내에 도달하지 아니하거나, 또는 어떠한 기간도 지정되지 아니한 때에는 청약자가 사용만 통신수단의 신속성을 포함하여 거래의 사정을 충분히 고려한 상당한 기간 내에 도달하지 아니한 경우에는 그 효력이 발생하지 않는다. 구두의 청약은 별도의 사정이 없는 한 즉시 승낙되어야 한다. 그러나 청약의 규정에 의하거나 또는 당사자 사이에 확립된 관습 또는 관행의 결과에 따라, 피청약자가 청약자에게 아무런 통지없이 물품의 발송이나 대금의 지급에 관한 행위를 이행함으로써 동의의 의사표시를 할 수 있는 경우에는, 승낙은 그 행위가 이행되어진 때에 그 효력이 발생한다. 다만 그 행위는 전항에 규정된 기간 내에 이행되어진 경우에 한한다.

## (2) 변경된 승낙의 효력

## 1) 조항의 내용

| Article 19<br>(1) A reply to an offer which purports to be an acceptance but contains additions, limitations or other modifications is a rejection of the offer and constitutes a counter-offer.<br>(2) However, a reply to an offer which purports to be an acceptance but contains additional or different terms which do not materially alter the terms of the offer constitutes an acceptance, unless the offeror, without undue delay, objects orally to the discrepancy or dispatches a notice to that effect. If he does not so object, the terms of the contract are the terms of the offer with the modifications contained in the acceptance.<br>(3) Additional or different terms relating, among other things, to the price, payment, quality and quantity of the goods, place and time of delivery, extent of one party's liability | 제19조(변경된 승낙의 효력)<br>(1) 승낙을 의도하고는 있으나 이에 추가, 제한 또는 기타의 변경을 포함하고 있는 청약에 대한 회답은 청약의 거절이면서 또한 반대청약을 구성한다.<br>(2) 그러나 승낙을 의도하고 있으나 청약의 조건을 실질적으로 변경하지 아니하는 추가적 또는 상이한 조건을 포함하고 있는 청약에 대한 회답은 승낙을 구성한다. 다만 청약자가 부당한 지체없이 그 상위를 구두로 반대하거나 또는 그러한 취지의 통지를 발송하지 아니하여야 한다. 청약자가 그러한 반대를 하지 아니하는 경우에는, 승낙에 포함된 변경사항을 추가한 청약의 조건이 계약의 조건으로 된다.<br>(3) 특히, 대금, 지급, 물품의 품질 및 수량, 인도의 장소 및 시기, 상대방에 대한 당사자 일방의 책임의 범위 또는 분쟁의 해결에 관한 추가적 또는 상이한 조건은 청약의 조건을 실질적으로 변경하는 것으로 본다. |

to the other or the settlement of disputes are considered to alter the terms of the offer materially.

## 2) 조항의 개요

승낙을 의도하고는 있으나 이에 추가, 제한 또는 기타의 변경을 포함하고 있는 청약에 대한 회답은 청약의 거절이면서 또한 반대청약을 구성한다. 그러나 승낙을 의도하고 있으나 청약의 조건을 실질적으로 변경하지 아니하는 추가적 또는 상이한 조건을 포함하고 있는 청약에 대한 회답은 승낙을 구성한다. 다만 청약자가 부당한 지체없이 그 상위를 구두로 반대하거나 또는 그러한 취지의 통지를 발송하지 아니하여야 한다. 청약자가 그러한 반대를 하지 아니하는 경우에는, 승낙에 포함된 변경사항을 추가한 청약의 조건이 계약의 조건으로 된다. 특히, 대금, 지급, 물품의 품질 및 수량, 인도의 장소 및 시기, 상대방에 대한 당사자 일방의 책임의 범위 또는 분쟁의 해결에 관한 추가적 또는 상이한 조건은 청약의 조건을 실질적으로 변경하는 것으로 본다.

## (3) 승낙기간의 해석

### 1) 조항의 내용

| Article 20 | 제20조(승낙기간의 해석) |
|---|---|
| (1) A period of time for acceptance fixed by the offeror in a telegram or a letter begins to run from the moment the telegram is handed in for dispatch or from the date shown on the letter or, if no such date is shown, from the date shown on the envelope. A period of time for acceptance fixed by the offeror by telephone, telex or other means of instantaneous communication, begins to run from the moment that the offer reaches the offeree. | (1) 전보 또는 서신에서 청약자가 지정한 승낙의 기간은 전보가 발신을 위하여 교부된 때로부터, 또는 서신에 표시된 일자로부터, 또는 그러한 일자가 표시되지 아니한 경우에는 봉투에 표시된 일자로부터 기산된다. 전화, 텔렉스 또는 기타의 동시적 통신수단에 의하여 청약자가 지정한 승낙의 기간은 청약이 피청약자에게 도달한 때로부터 기산된다. |
| (2) Official holidays or non-business days occurring during the period for acceptance are included in calculating the period. However, if a notice of acceptance cannot be delivered at the address of the offeror on the last day of the period because that day falls on an official holiday or a non-business day at the place of business of the offeror, the period is extended until the first business day which follows. | (2) 승낙의 기간 중에 들어 있는 공휴일 또는 비영업일은 그 기간의 계산에 산입된다. 그러나 기간의 말일이 청약자의 영업소에서의 공휴일 또는 비영업일에 해당하는 이유로 승낙의 통지가 기간의 말일에 청약자의 주소에 전달될 수 없는 경우에는, 승낙의 기간은 이에 이어지는 최초의 영업일까지 연장된다. |

### 2) 조항의 개요

전보 또는 서신에서 청약자가 지정한 승낙의 기간은 전보가 발신을 위하여 교부된 때로부터, 또는 서신에 표시된 일자로부터, 또는 그러한 일자가 표시되지 아니한 경우에는 봉투에 표시된 일자로부터 기산된다.

## (4) 지연된 승낙

### 1) 조항의 내용

| Article 21 | 제21조(지연된 승낙) |
|---|---|
| (1) A late acceptance is nevertheless effective as an acceptance if without delay the offeror orally so informs the offeree or dispatches a notice to that effect. | (1) 지연된 승낙은 그럼에도 불구하고 청약자가 지체없이 구두로 피청약자에게 유효하다는 취지를 통지하거나 또는 그러한 취지의 통지를 발송한 경우에는, 이는 승낙으로서의 효력을 갖는다. |
| (2) If a letter or other writing containing a late acceptance shows that it has been sent in such circumstances that if its transmission had been normal it would have reached the offeror in due time, the late acceptance is effective as an acceptance unless, without delay, the offeror orally informs the offeree that he considers his offer as having lapsed or dispatches a notice to that effect. | (2) 지연된 승낙이 포함되어 있는 서신 또는 기타의 서면상으로, 이것이 통상적으로 전달된 경우라면 적시에 청약자에게 도달할 수 있었던 사정에서 발송되었다는 사실을 나타내고 있는 경우에는, 그 지연된 승낙은 승낙으로서의 효력을 갖는다. 다만 청약자가 지체없이 피청약자에게 청약이 효력을 상실한 것으로 본다는 취지를 구두로 통지하거나 또는 그러한 취지의 통지를 발송하지 아니하여야 한다. |

### 2) 조항의 개요

지연된 승낙은 그럼에도 불구하고 청약자가 지체없이 구두로 피청약자에게 유효하다는 취지를 통지하거나 또는 그러한 취지의 통지를 발송한 경우에는, 이는 승낙으로서의 효력을 갖는다. 지연된 승낙이 포함되어 있는 서신 등이 통상적으로 전달된 경우라면 적시에 청약자에게 도달할 수 있었던 상황에서 발송되었다는 사실이 있으면 승낙으로서의 효력을 갖는다.

## (5) 승낙의 철회

### 1) 조항의 내용

| Article 22 | 제22조(승낙의 철회) |
|---|---|
| An acceptance may be withdrawn if the withdrawal reaches the offeror before or at the same time as the acceptance would have become effective. | 승낙은 그 승낙의 효력이 발생하기 이전 또는 그와 동시에 철회가 청약자에게 도달하는 경우에는 이를 철회할 수 있다. |

## 2) 조항의 개요

승낙은 그 승낙의 효력이 발생하기 이전 또는 그와 동시에 철회가 청약자에게 도달하는 경우에는 이를 철회할 수 있다.

## (6) 계약의 성립시기

### 1) 조항의 내용

| Article 23<br>A contract is concluded at the moment when an acceptance of an offer becomes effective in accordance with the provisions of this Convention. | 제23조(계약의 성립시기)<br>계약은 청약에 대한 승낙이 본 협약의 규정에 따라 효력을 발생한 때에 성립된다. |
| --- | --- |

### 2) 조항의 개요

계약은 청약에 대한 승낙이 본 협약의 규정에 따라 효력을 발생한 때에 성립된다. 그러므로 청약과 승낙으로만 계약의 성립이 이루어진다.

## (7) 도달의 정의

| Article 24<br>For the purposes of this Part of the Convention, an offer, declaration of acceptance or any other indication of intention 'reaches' the addressee when it is made orally to him or delivered by any other means to him personally, to his place of business or mailing address or, if he does not have a place of business or mailing address, to his habitual residence. | 제24조(도달의 정의)<br>본 협약의 제2부의 적용에 있어서, 청약, 승낙의 선언 또는 기타의 모든 의사표시는 그것이 상대방에게 구두로 통지되거나, 또는 기타 모든 수단에 의하여 상대방 자신에게, 상대방의 영업소 또는 우편송부처에, 또는 상대방이 영업소나 우편송부처가 없는 경우에는 그 일상적인 거주지에 전달되었을 때에 상대방에게 '도달'한 것으로 한다 |
| --- | --- |

### 2) 조항의 개요

청약과 승낙은 그 선언 또는 기타의 청약과 승낙을 위한 모든 의사표시는 그것이 상대방에게 구두로 통지되거나, 또는 우편이나 전신 또는 전신통보매체 등과 같은 기타 모든 수단에 의하여 청약과 승낙의 상대방 자신에게, 상대방의 영업소 또는 우편송부처에, 또는 상대방이 영업소나 우편송부처가 없는 경우에는 그 일상적인 거주지에 전달되었을 때에 상대방에게 도달한 것으로 한다.

# 제3절   CISG의 물품 매매 규정

## 1. 물품매매 관련 일반 규정

### (1) 본질적 위반의 정의

#### 1) 조항의 내용

| | |
|---|---|
| PART III - Sale of Goods<br>Chapter I - General Provisions<br>Article 25<br>A breach of contract committed by one of the parties is fundamental if it results in such detriment to the other party as substantially to deprive him of what he is entitled to expect under the contract, unless the party in breach did not foresee and a reasonable person of the same kind in the same circumstances would not have foreseen such a result. | 제3부 물품의 매매<br>제1장 일반 규정<br>제25조(본질적 위반의 정의)<br>당사자의 일방이 범한 계약위반이 그 계약하에서 상대방이 기대할 권리가 있는 것을 실질적으로 박탈할 정도의 손해를 상대방에게 주는 경우에는, 이는 본질적 위반으로 한다. 다만 위반한 당사자가 그러한 결과를 예견하지 못하였으며, 또한 동일한 종류의 합리적인 자도 동일한 사정에서 그러한 결과를 예견할 수가 없었던 경우에는 그러하지 아니하다. |

#### 2) 조항의 개요

당사자의 일방이 범한 계약위반이 그 계약하에서 상대방이 기대할 권리가 있는 것을 실질적으로 박탈할 정도의 손해를 상대방에게 주는 경우에는, 이는 본질적 위반으로 한다.

### (2) 계약해제의 통지

#### 1) 조항의 내용

| | |
|---|---|
| Article 26<br>A declaration of avoidance of the contract is effective only if made by notice to the other party. | 제26조(계약해제의 통지)<br>계약해제의 선언은 상대방에 대한 통지로써 이를 행한 경우에 한하여 효력을 갖는다. |

#### 2) 조항의 개요

계약해제의 선언은 상대방에 대한 통지로써 이를 행한 경우에 한하여 효력을 갖는다.

## (3) 통신상의 지연과 오류

### 1) 조항의 내용

| Article 27<br>Unless otherwise expressly provided in this Part of the Convention, if any notice, request or other communication is given or made by a party in accordance with this Part and by means appropriate in the circumstances, a delay or error in the transmission of the communication or its failure to arrive does not deprive that party of the right to rely on the communication. | 제27조(통신상의 지연과 오류)<br>본 협약 제3부에서 별도의 명시적인 규정이 없는 한, 어떠한 통지, 요청 또는 기타의 통신이 본 협약 제3부에 따라 그 사정에 적절한 수단으로 당사자에 의하여 행하여진 경우에는, 통신의 전달에 있어서의 지연 또는 오류, 또는 불착이 발생하더라도 당사자가 그 통신에 의존할 권리를 박탈당하지 않는다. |
| --- | --- |

### 2) 조항의 개요

본 협약의 물품의 매매에 관련된 규정에서 별도의 명시적인 규정이 없는 한, 어떠한 통지, 요청 또는 기타의 통신이 본 협약 물품의 매매에 관련된 규정에 따라 그 사정에 적절한 수단으로 당사자에 의하여 행하여진 경우에는, 통신의 전달에 있어서의 지연 또는 오류, 또는 불착이 발생하더라도 당사자가 그 통신에 의존할 권리를 박탈당하지 않는다.

## (4) 특정이행과 국내법

### 1) 조항의 내용

| Article 28<br>If, in accordance with the provisions of this Convention, one party is entitled to require performance of any obligation by the other party, a court is not bound to enter a judgement for specific performance unless the court would do so under its own law in respect of similar contracts of sale not governed by this Convention. | 제28조(특정이행과 국내법)<br>본 협약의 규정에 따라 당사자의 일방이 상대방에 의한 의무의 이행을 요구할 권리가 있는 경우라 하더라도, 법원은 본 협약에 의하여 규율되지 아니하는 유사한 매매계약에 관하여 국내법에 따라 특정이행을 명하는 판결을 하게 될 경우를 제외하고는 특정이행을 명하는 판결을 하여야 할 의무가 없다. |
| --- | --- |

### 2) 조항의 개요

본 협약의 규정에 따라 당사자의 일방이 상대방에 의한 의무의 이행을 요구할 권리가 있는 경우라 하더라도, 법원은 본 협약에 의하여 규율되지 아니하는 유사한 매매계약에 관하여 국내법에 따르는 경우를 제외하고는 특정이행을 명하는 판결을 하여야 할 의무가 없다.

## (5) 계약변경 또는 합의종료

### 1) 조항의 내용

| Article 29<br>(1) A contract may be modified or terminated by the mere agreement of the parties.<br>(2) A contract in writing which contains a provision requiring any modification or termination by agreement to be in writing may not be otherwise modified or terminated by agreement. However, a party may be precluded by his conduct from asserting such a provision to the extent that the other party has relied on that conduct. | 제29조(계약변경 또는 합의종료)<br>(1) 계약은 당사자 쌍방의 단순한 합의만으로 변경되거나 또는 종료될 수 있다.<br>(2) 어떠한 변경 또는 합의에 의한 종료를 서면으로 할 것을 요구하는 규정이 있는 서면에 의한 계약은 그 이외의 방법으로 변경되거나 합의에 의하여 종료될 수 없다. 그러나 당사자 일방은 자신의 행위에 의하여 상대방이 그러한 행위를 신뢰한 범위에까지 위의 규정을 원용하는 것으로부터 배제될 수 있다. |

### 2) 조항의 개요

계약은 당사자 쌍방의 단순한 합의만으로 변경되거나 또는 종료될 수 있다. 어떠한 변경 또는 합의에 의한 종료를 서면으로 할 것을 요구하는 규정이 있는 서면에 의한 계약은 그 이외의 방법으로 변경되거나 합의에 의하여 종료될 수 없다.

## 2. 매도인의 의무

### (1) 매도인의 의무 요약

### 1) 조항의 내용

| Chapter II - Obligations of the Seller<br>Article 30<br>The seller must deliver the goods, hand over any documents relating to them and transfer the property in the goods, as required by the contract and this Convention. | 제2장 매도인의 의무<br>제30조(매도인의 의무요약)<br>매도인은 계약과 본 협약에 의하여 요구된 바에 따라 물품을 인도하고, 이에 관련된 모든 서류를 교부하며, 또 물품에 대한 소유권을 이전하여야 한다. |

### 2) 조항의 개요

매도인은 물품의 매매계약과 본 협약에 의하여 요구된 바에 따라 물품을 인도하고, 물품의 매매계약에 관련된 모든 서류를 교부하며, 또 물품에 대한 소유권을 이전하여야 한다.

## (2) 인도의 장소

### 1) 조항의 내용

| | |
|---|---|
| Section I - Delivery of the goods and handing over of documents 106<br>Article 31<br>If the seller is not bound to deliver the goods at any other particular place, his obligation to deliver consists:<br>(a) if the contract of sale involves carriage of the goods - in handing the goods over to the first carrier for transmission to the buyer;<br>(b) if, in cases not within the preceding subparagraph, the contract related to specific goods, or unidentified goods to be drawn from a specific stock or to be manufactured or produced, and at the time of the conclusion of the contract the parties knew that the goods were at, or were to be manufactured or produced at, a particular place - in placing the goods at the buyer's disposal at that place;<br>(c) in other cases - in placing the goods at the buyer's disposal at the place where the seller had his place of business at the time of the conclusion of the contract. | 제1절 물품의 인도와 서류의 교부<br><br>제31조(인도의 장소)<br>매도인이 물품을 다른 특정한 장소에서 인도할 의무가 없는 경우에는, 매도인의 인도의 의무는 다음과 같이 구성된다.<br>(a) 매매계약이 물품의 운송을 포함하는 경우 - 매수인에게 전달하기 위하여 물품을 최초의 운송인에게 인도하는 것.<br>(b) 전항의 규정에 해당되지 아니하는 경우로서 계약이 특정물, 또는 특정한 재고품으로부터 인출되어야 하거나 또는 제조되거나 생산되어야 하는 불특정물에 관련되어 있으며, 또한 당사자 쌍방이 계약체결시에 물품이 특정한 장소에 존재하거나 또는 그 장소에서 제조되거나 생산된다는 것을 알고 있었던 경우 - 그 장소에서 물품을 매수인의 임의처분하에 두는 것.<br>(c) 기타의 경우 - 매도인이 계약체결시에 영업소를 가지고 있던 장소에서 물품을 매수인의 임의처분하에 두는 것. |

### 2) 조항의 개요

매도인이 물품을 다른 특정한 장소에서 인도할 의무가 없는 경우에는, 매도인의 인도의 의무는 매매계약이 물품의 운송을 포함하는 경우에는 매수인에게 전달하기 위하여 물품을 최초의 운송인에게 인도하는 것이 매도인의 인도의무이다. 매매계약이 물품의 운송을 포함하는 경우에 결정되는 인도장소와 관련된 규정에 해당되지 아니하는 경우로서 매매계약이 특정물, 또는 특정한 재고품으로부터 인출되어야 하거나 또는 제조되거나 생산되어야 하는 불특정물에 관련되어 있으며, 또한 당사자 쌍방이 매매계약을 체결할 때에 물품이 특정한 장소에 존재하거나 또는 특정한 장소에서 제조되거나 생산된다는 것을 알고 있었던 경우에는 특정한 장소에서 물품을 매수인의 임의처분 하에 두는 것을 매도인의 인도의무로 한다. 기타의 경우에는 매도인이 계약체결 시에 영업소를 가지고 있던 장소에서 물품을 매수인의 임의처분 하에 두는 것을 매도인의 의무로 한다. 그러므로 물품의 인도장소는 운송인에게 인도하는 장소, 특정한 장소를 인지하고 매매계약을 체결하는 경우에는 그 특정한 장소, 영업소 등이 물품의 인도장소가 된다.

### (3) 선적수배의 의무

#### 1) 조항의 내용

| Article 32 | 제32조(선적수배의 의무) |
|---|---|
| (1) If the seller, in accordance with the contract or this Convention, hands the goods over to a carrier and if the goods are not clearly identified to the contract by markings on the goods, by shipping documents or otherwise, the seller must give the buyer notice of the consignment specifying the goods.<br><br>(2) If the seller is bound to arrange for carriage of the goods, he must make such contracts as are necessary for carriage to the place fixed by means of transportation appropriate in the circumstances and according to the usual terms for such transportation.<br><br>(3) If the seller is not bound to effect insurance in respect of the carriage of the goods, he must, at the buyer's request, provide him with all available information necessary to enable him to effect such insurance. | (1) 매도인이 계약 또는 본 협약에 따라 물품을 운송인에게 인도하는 경우에 있어서, 물품이 화인에 의하거나 선적서류 또는 기타의 방법에 의하여 그 계약의 목적물로서 명확히 특정되어 있지 아니한 경우에는, 매도인은 물품을 특정하는 탁송통지서를 매수인에게 송부하여야 한다.<br><br>(2) 매도인이 물품의 운송을 수배하여야 할 의무가 있는 경우에는, 매도인은 사정에 따라 적절한 운송수단에 의하여 그러한 운송의 통상적인 조건으로 지정된 장소까지의 운송에 필요한 계약을 체결하여야 한다.<br><br>(3) 매도인이 물품의 운송에 관련한 보험에 부보하여야 할 의무가 없는 경우에는, 매도인은 매수인의 요구에 따라 매수인이 그러한 보험에 부보하는데 필요한 모든 입수가능한 정보를 매수인에게 제공하여야 한다. |

#### 2) 조항의 개요

매도인이 계약 또는 본 협약에 따라 물품을 운송인에게 인도하는 경우에 있어서, 물품이 화인에 의하거나 선적서류 또는 기타의 방법에 의하여 그 계약의 목적물로서 명확히 특정되어 있지 아니한 경우에는, 매도인은 물품을 특정하는 탁송통지서를 매수인에게 송부하여야 한다. 계약물품을 화인으로 구분하지 못할 경우에는 그 물품을 확정할 수 있는 탁송통지서를 매도인이 매수인에게 송부함으로써 물품을 인수하는 데에 착오가 발생하는 것을 방지할 수 있다. 매도인이 물품의 운송을 수배하여야 할 의무가 있는 경우에는, 매도인은 사정에 따라 적절한 운송수단에 의하여 그러한 운송의 통상적인 조건으로 지정된 장소까지의 운송에 필요한 계약을 체결하여야 한다. 매도인이 물품의 운송에 관련한 보험에 부보하여야 할 의무가 없는 경우에는, 매도인은 매수인의 요구에 따라 매수인이 그러한 보험에 부보하는 데에 필요한 모든 입수가능한 정보를 매수인에게 제공하여야 한다. 매매 당사자가 물품을 운송하는 과정 중에 발생하는 위험으로 인한 손실을 방지, 경감하거나 손실에 대한 보상을 받기위하여 보험에 부보를 하는 것은 매도인과 매수인의 입장이 서로 다르지만 상대방이 보험에 부보를 하는 데에 있어서 필요한 사항이 발생하면 협조를 하여야 한다.

## (4) 인도의 시기

### 1) 조항의 내용

| Article 33 | 제33조(인도의 시기) |
|---|---|
| The seller must deliver the goods: | 매도인은 다음과 같은 시기에 물품을 인도하여야 한다. |
| (a) if a date is fixed by or determinable from the contract, on that date; | (a) 어느 기일이 계약에 의하여 지정되어 있거나 또는 결정될 수 있는 경우에 그 기일, |
| (b) if a period of time is fixed by or determinable from the contract, at any time within that period unless circumstances indicate that the buyer is to choose a date; or | (b) 어느 기간이 계약에 의하여 지정되어 있거나 또는 결정될 수 있는 경우에는, 매수인이 기일을 선택하여야 하는 사정이 명시되어 있지 않는 한 그 기간내의 어떠한 시기, 또는 |
| (c) in any other case, within a reasonable time after the conclusion of the contract. | (c) 기타의 모든 경우에는 계약체결후의 상당한 기간내, |

### 2) 조항의 개요

매도인은 어느 기일이 매매계약에 의하여 지정되어 있거나 또는 매매계약에 의하여 결정될 수 있는 경우에 그 기일에 물품을 인도하여야 한다. 어느 기간이 매매계약에 의하여 지정되어 있거나 또는 결정될 수 있는 경우에는 그 기간에 물품을 인도하여야 한다. 매수인이 기일을 선택하여야 하는 사정이 명시되어 있지 않는 한 그 기간 내의 어떠한 임의적인 시기에 물품을 인도하여야 한다. 또는 기타의 모든 경우에는 계약체결 후의 상당한 기간 내에 물품을 인도하여야 한다.

## (5) 물품에 관한 서류

### 1) 조항의 내용

| Article 34 | 제34조(물품에 관한 서류) |
|---|---|
| If the seller is bound to hand over documents relating to the goods, he must hand them over at the time and place and in the form required by the contract. If the seller has handed over documents before that time, he may, up to that time, cure any lack of conformity in the documents, if the exercise of this right does not cause the buyer unreasonable inconvenience or unreasonable expense. However, the buyer retains any right to claim damages as provided for in this Convention. | 매도인이 물품에 관련된 서류를 교부하여야 할 의무가 있는 경우에는, 매도인은 계약에서 요구되는 시기와 장소와 방법에 따라 서류를 교부하여야 한다. 매도인이 당해 시기 이전에 서류를 교부한 경우에는, 매도인은 당해 시기까지는 서류상의 모든 결함을 보완할 수 있다. 다만 이 권리의 행사가 매수인에게 불합리한 불편이나 또는 불합리한 비용을 발생하게 하여서는 아니된다. 그러나 매수인은 본 협약에서 규정된 바의 손해배상을 청구하는 모든 권리를 보유한다. |

## 2) 조항의 개요

매도인이 물품에 관련된 서류를 교부하여야 할 의무가 있는 경우에는, 매도인은 매매계약에서 요구되는 시기와 장소와 방법에 따라 서류를 교부하여야 한다. 매도인이 당해 시기 이전에 서류를 교부한 경우에는, 매도인은 당해 시기까지는 서류상의 모든 결함을 보완할 수 있다. 다만 서류상의 모든 결함을 보완할 수 있는 권리의 행사가 매수인에게 불합리한 불편이나 또는 불합리한 비용을 발생하게 하여서는 안된다. 그러나 매수인은 본 협약에서 규정된 바의 손해배상을 청구하는 모든 권리를 보유한다.

## (6) 물품의 일치성

### 1) 조항의 내용

| Section II - Conformity of the goods and third party claims<br>Article 35<br>(1) The seller must deliver goods which are of the quantity, quality and description required by the contract and which are contained or packaged in the manner required by the contract.<br>(2) Except where the parties have agreed otherwise, the goods do not conform with the contract unless they:<br>(a) are fit for the purposes for which goods of the same description would ordinarily be used;<br>(b) are fit for any particular purpose expressly or impliedly made known to the seller at the time of the conclusion of the contract, except where the circumstances show that the buyer did not rely, or that it was unreasonable for him to rely, on the seller's skill and judgement;<br>(c) possess the qualities of goods which the seller has held out to the buyer as a sample or model;<br>(d) are contained or packaged in the manner usual for such goods or, where there is no such manner, in a manner adequate to preserve and protect the goods.<br>(3) The seller is not liable under subparagraphs (a) to (d) of the preceding paragraph for any lack of conformity of the goods if at the time of the conclusion of the contract the buyer knew or could not have been unaware of such lack of conformity. | 제2절 물품의 일치성 및 제3자의 청구권<br>제35조(물품의 일치성)<br>(1) 매도인은 계약에서 요구되는 수량, 품질 및 상품명세에 일치하고, 또한 계약에서 요구되는 방법으로 용기에 담거나 또는 포장된 물품을 인도하여야 한다.<br>(2) 당사자가 별도로 합의한 경우를 제외하고, 물품은 다음과 같지 아니하는 한 계약과 일치하지 아니한 것으로 한다.<br>(a) 물품은 그 동일한 명세의 물품이 통상적으로 사용되는 목적에 적합할 것.<br>(b) 물품은 계약체결시에 명시적 또는 묵시적으로 매도인에게 알려져 있는 어떠한 특정의 목적에 적합할 것. 다만 사정으로 보아 매수인이 매도인의 기량과 판단에 신뢰하지 않았거나 또는 신뢰하는 것이 불합리한경우에는 제외한다.<br>(c) 물품은 매도인이 매수인에게 견본 또는 모형으로서 제시한 물품의 품질을 보유할 것.<br>(d) 물품은 그러한 물품에 통상적인 방법으로, 또는 그러한 방법이 없는 경우에는 그 물품을 보존하고 보호하는데 적절한 방법으로 용기에 담거나 또는 포장되어 있을 것.<br>(3) 매수인이 계약체결시에 물품의 어떠한 불일치를 알고 있었거나 또는 알지 못하였을 수가 없는 경우에는, 매도인은 물품의 어떠한 불일치에 대하여 전항의 제a호 내지 제d호에 따른 책임을 지지 않는다. |

### 2) 조항의 개요

매도인은 계약에서 요구되는 수량, 품질 및 상품명세에 일치하고, 또한 계약에서 요구되는 방법으로 용기에 담거나 또는 포장된 물품을 인도하여야 한다. 당사자가 별도로 합의한 경우를 제외하고, 물품은 그 동일한 명세의 물품이 통상적으로 사용되는 목적에 적합하여야 한다. 물품은 그러한 물품에 통상적인 방법으로, 또는 그러한 방법이 없는 경우에는 그 물품을 보존하고 보호하는데 적절한 방법으로 용기에 담거나 또는 포장되어 있어야 한다. 매수인이 계약체결시에 물품의 어떠한 불일치를 알고 있었거나 또는 알지 못하였을 수가 없는 경우에는, 매도인은 물품의 어떠한 불일치에 따른 책임을 지지 않는다.

### (7) 일치성의 결정시점

#### 1) 조항의 내용

| Article 36 | 제36조(일치성의 결정시점) |
|---|---|
| (1) The seller is liable in accordance with the contract and this Convention for any lack of conformity which exists at the time when the risk passes to the buyer, even though the lack of conformity becomes apparent only after that time. | (1) 매도인은 위험이 매수인에게 이전하는 때에 존재한 어떠한 불일치에 대하여 계약 및 본 협약에 따른 책임을 진다. 이는 물품의 불일치가 그 이후에 드러난 경우에도 동일하다. |
| (2) The seller is also liable for any lack of conformity which occurs after the time indicated in the preceding paragraph and which is due to a breach of any of his obligations, including a breach of any guarantee that for a period of time the goods will remain fit for their ordinary purpose or for some particular purpose or will retain specified qualities or characteristics. | (2) 매도인은 전항에서 규정된 때보다 이후에 발생하는 어떠한 불일치에 대해서도 그것이 매도인의 어떠한 의무위반에 기인하고 있는 경우에는 이에 책임을 진다. 그러한 의무위반에는 일정한 기간동안 물품이 통상적인 목적 또는 어떠한 특정의 목적에 적합성을 유지할 것이라는 보증, 또는 특정된 품질이나 특질을 보유할 것이라는 보증의 위반도 포함된다. |

#### 2) 조항의 개요

매도인은 위험이 매수인에게 이전하는 때에 존재한 어떠한 불일치에 대하여 계약 및 본 협약에 따른 책임을 진다. 이는 물품의 불일치가 그 이후에 드러난 경우에도 동일하다. 매도인은 전항에서 규정된 때보다 이후에 발생하는 어떠한 불일치에 대해서도 그것이 매도인의 어떠한 의무위반에 기인하고 있는 경우에는 이에 책임을 진다. 그러한 의무위반에는 일정한 기간동안 물품이 통상적인 목적 또는 어떠한 특정의 목적에 적합성을 유지할 것이라는 보증, 또는 특정된 품질이나 특질을 보유할 것이라는 보증의 위반도 포함된다.

## (8) 인도만기 전의 보완권

### 1) 조항의 내용

| Article 37 | 제37조(인도만기 전의 보완권) |
|---|---|
| If the seller has delivered goods before the date for delivery, he may, up to that date, deliver any missing part or make up any deficiency in the quantity of the goods delivered, or deliver goods in replacement of any non-conforming goods delivered or remedy any lack of conformity in the goods delivered, provided that the exercise of this right does not cause the buyer unreasonable inconvenience or unreasonable expense. However, the buyer retains any right to claim damages as provided for in this Convention. | 매도인이 인도기일 이전에 물품을 인도한 경우에는, 매수인에게 불합리한 불편이나 또는 불합리한 비용을 발생시키지 아니하는 한, 매도인은 그 기일까지는 인도된 물품의 모든 부족분을 인도하거나, 또는 수량의 모든 결함을 보충하거나, 또는 인도된 모든 불일치한 물품에 갈음하는 물품을 인도하거나, 또는 인도된 물품의 모든 불일치를 보완할 수 있다. 그러나 매수인은 본 협약에서 규정된 바의 손해배상을 청구하는 모든 권리를 보유한다. |

### 2) 조항의 개요

매도인이 인도기일 이전에 물품을 인도한 경우에는, 매수인에게 불합리한 불편이나 또는 불합리한 비용을 발생시키지 아니하는 한, 매도인은 그 기일까지는 인도된 물품의 모든 부족분을 인도하거나, 또는 수량의 모든 결함을 보충하거나, 또는 인도된 모든 불일치한 물품에 갈음하는 물품을 인도하거나, 또는 인도된 물품의 모든 불일치를 보완할 수 있다. 그러나 매수인은 본 협약에서 규정된 바의 손해배상을 청구하는 모든 권리를 보유한다.

## (9) 물품의 검사기간

### 1) 조항의 내용

| Article 38 | 제38조(물품의 검사기간) |
|---|---|
| (1) The buyer must examine the goods, or cause them to be examined, within as short a period as is practicable in the circumstances. (2) If the contract involves carriage of the goods, examination may be deferred until after the goods have arrived at their destination. (3) If the goods are redirected in transit or redispatched by the buyer without a reasonable opportunity for examination by him and at the time of the conclusion of the contract the seller knew or ought to have known of the possibility of such redirection or redispatch, examination may be deferred until after the goods have arrived at the new destination. | (1) 매수인은 그 사정에 따라 실행가능한 짧은 기간내에 물품을 검사하거나 또는 물품이 검사되어 지도록 하여야 한다. (2) 계약이 물품의 운송을 포함하고 있는 경우에는, 검사는 물품이 목적지에 도착한 이후까지 연기될 수 있다. (3) 물품이 매수인에 의한 검사의 상당한 기회도 없이 매수인에 의하여 운송중에 목적지가 변경되거나 또는 전송(轉送)되고, 또한 계약체결시에 매도인이 그러한 변경이나 전송의 가능성을 알았거나 또는 알았어야 하는 경우에는, 검사는 물품이 새로운 목적지에 도착한 이후까지 연기될 수 있다. |

## 2) 조항의 개요

매수인은 그 사정에 따라 실행이 가능한 짧은 기간 내에 물품을 검사하거나 또는 물품이 검사되어 지도록 하여야 한다. 계약이 물품의 운송을 포함하고 있는 경우에는, 검사는 물품이 목적지에 도착한 이후까지 연기될 수 있다. 물품이 매수인에 의한 검사의 상당한 기회도 없이 매수인에 의하여 운송중에 목적지가 변경되거나 또는 전송되고, 또한 계약체결시에 매도인이 그러한 변경이나 전송의 가능성을 알았거나 또는 알았어야 하는 경우에는, 검사는 물품이 새로운 목적지에 도착한 이후까지 연기될 수 있다.

## (10) 불일치의 통지시기

### 1) 조항의 내용

| Article 39 | 제39조(불일치의 통지시기) |
|---|---|
| (1) The buyer loses the right to rely on a lack of conformity of the goods if he does not give notice to the seller specifying the nature of the lack of conformity within a reasonable time after he has discovered it or ought to have discovered it. | (1) 매수인이 물품의 불일치를 발견하였거나 또는 발견하였어야 한 때부터 상당한 기간내에 매도인에게 불일치의 성질을 기재한 통지를 하지 아니한 경우에는, 매수인은 물품의 불일치에 의존하는 권리를 상실한다. |
| (2) In any event, the buyer loses the right to rely on a lack of conformity of the goods if he does not give the seller notice thereof at the latest within a period of two years from the date on which the goods were actually handed over to the buyer, unless this time-limit is inconsistent with a contractual period of guarantee. | (2) 어떠한 경우에도, 물품이 매수인에게 현실적으로 인도된 날로부터 늦어도 2주 이내에 매수인이 매도인에게 불일치의 통지를 하지 아니한 경우에는, 매수인은 물품의 불일치에 의존하는 권리를 상실한다. 다만 이러한 기간의 제한이 계약상의 보증기간과 모순된 경우에는 그러하지 아니하다. |

### 2) 조항의 개요

매수인이 물품의 불일치를 발견하였음에도 불구하고 불일치의 성질을 기재한 통지를 하지 아니한 경우이거나 물품의 불일치에 대하여 발견하였어야 한 때부터 상당한 기간 내에 매도인에게 불일치의 성질을 기재한 통지를 하지 아니한 경우에는, 매수인은 물품의 불일치가 발생하여 보상을 받거나 권리를 행사할 수 있도록 본 협약에서 규정하고 있는 모든 권리를 상실한다. 어떠한 경우에도, 물품이 매수인에게 현실적으로 인도된 날로부터 늦어도 2주 이내에 매수인이 매도인에게 불일치의 통지를 하지 아니한 경우에는, 매수인은 물품의 불일치에 의존하는 권리를 상실한다. 다만 이러한 기간의 제한이 계약상의 보증기간과 모순된 경우에는 그러하지 아니하다.

### (11) 매도인의 악의

#### 1) 조항의 내용

| Article 40 | 제40조(매도인의 악의) |
|---|---|
| The seller is not entitled to rely on the provisions of articles 38 and 39 if the lack of conformity relates to facts of which he knew or could not have been unaware and which he did not disclose to the buyer. | 물품의 불일치가 매도인이 알았거나 또는 알지 못하였을 수가 없는 사실에 관련되고 또 매도인이 이를 매수인에게 고지하지 아니한 사실에도 관련되어 있는 경우에는, 매도인은 제38조 및 제39조의 규정을 원용할 권리가 없다. |

#### 2) 조항의 개요

물품의 불일치에 대하여 매도인이 매수인에게 인도하기 전에 그 사실을 알았거나 또는 그 물품을 취급하는 자의 상식적인 수준에서 알지 못하였을 수가 없는 사실에 관련되는 경우에는 매도인은 물품의 검사기간, 불일치의 통지시기의 규정을 원용할 권리가 없다. 또한 매도인이 이를 매수인에게 고지하지 아니한 사실에도 관련되어 있는 경우에는, 매도인은 물품의 검사기간, 불일치의 통지시기의 규정을 원용할 권리가 없다.

### (12) 제3자의 청구권

#### 1) 조항의 내용

| Article 41 | 제41조(제3자의 청구권) |
|---|---|
| The seller must deliver goods which are free from any right or claim of a third party, unless the buyer agreed to take the goods subject to that right or claim. However, if such right or claim is based on industrial property or other intellectual property, the seller's obligation is governed by article 42. | 매도인은 매수인이 제3자의 권리 또는 청구권을 전제로 물품을 수령하는 것에 동의한 경우가 아닌 한, 제3자의 권리 또는 청구권으로부터 자유로운 물품을 인도하여야 한다. 그러나 그러한 제3자의 권리 또는 청구권이 공업소유권 또는 기타 지적소유권에 기초를 두고 있는 경우에는, 매도인의 의무는 제42조에 의하여 규율된다. |

#### 2) 조항의 개요

매도인은 매수인이 제3자의 권리 또는 청구권을 전제로 물품을 수령하는 것에 동의한 경우가 아닌 한, 제3자의 권리 또는 청구권으로부터 자유로운 물품을 인도하여야 한다. 그러나 그러한 제3자의 권리 또는 청구권이 공업소유권 또는 기타 지적소유권에 기초를 두고 있는 경우에는, 매도인의 의무는 제3자의 지적소유권 규정에 의하여 규율된다.

## (13) 제3자의 지적소유권

### 1) 조항의 내용

| | |
|---|---|
| Article 42<br>(1) The seller must deliver goods which are free from any right or claim of a third party based on industrial property or other intellectual property, of which at the time of the conclusion of the contract the seller knew or could not have been unaware, provided that the right or claim is based on industrial property or other intellectual property:<br>(a) under the law of the State where the goods will be resold or otherwise used, if it was contemplated by the parties at the time of the conclusion of the contract that the goods would be resold or otherwise used in that State; or<br>(b) in any other case, under the law of the State where the buyer has his place of business.<br>(2) The obligation of the seller under the preceding paragraph does not extend to cases where:<br>(a) at the time of the conclusion of the contract the buyer knew or could not have been unaware of the right or claim; or<br>(b) the right or claim results from the seller's compliance with technical drawings, designs, formulae or other such specifications furnished by the buyer. | 제42조(제3자의 지적소유권)<br>(1) 매도인은 계약체결 시에 매도인이 알았거나 또는 알지 못하였을 수가 없는 공업소유권 또는 지적소유권에 기초를 두고 있는 제3자의 권리 또는 청구권으로부터 자유로운 물품을 인도하여야 한다. 다만 그 권리 또는 청구권은 다음과 같은 국가의 법률에 의한 공업소유권 또는 기타 지적소유권에 기초를 두고 있는 경우에 한한다.<br>(a) 물품이 어느 국가에서 전매되거나 또는 기타의 방법으로 사용될 것이라는 것을 당사자 쌍방이 계약체결 시에 예상한 경우에는, 그 물품이 전매되거나 또는 기타의 방법으로 사용되는 국가의 법률, 또는<br>(b) 기타의 모든 경우에는, 매수인이 영업소를 갖고 있는 국가의 법률,<br>(2) 전항에 따른 매도인의 의무는 다음과 같은 경우에는 이를 적용하지 않는다.<br>(a) 계약체결 시에 매수인이 그 권리 또는 청구권을 알았거나 또는 알지 못하였을 수가 없는 경우, 또는<br>(b) 그 권리 또는 청구권이 매수인에 의하여 제공된 기술적 설계, 디자인, 공식 또는 기타의 명세서에 매도인이 따른 결과로 발생한 경우. |

### 2) 조항의 개요

매도인은 매매계약체결 시에 매도인이 알았거나 또는 알지 못하였을 수가 없는 공업소유권 또는 지적소유권에 기초를 두고 있는 제3자의 권리 또는 청구권으로부터 자유로운 물품을 인도하여야 한다. 그렇지만 매매계약체결 시에 매수인이 그 권리 또는 청구권을 알았거나 또는 알지 못하였을 수가 없는 경우에는 이를 적용할 수 없다. 또한 공업소유권 또는 지적소유권에 기초를 두고 있는 제3자의 권리 또는 청구권이 매수인에 의하여 제공된 기술적 설계, 디자인, 공식 또는 기타의 명세서에 매도인이 따른 결과로 발생한 경우 등과 같은 국가의 법률에 의한 공업소유권 또는 기타 지적소유권에 기초를 두고 있는 경우에는 제3자의 권리 또는 청구권으로부터 자유로운 물품을 인도하여야 하는 규정을 원용할 수 없다.

## (14) 제3자의 권리에 대한 통지

### 1) 조항의 내용

| Article 43 | 제43조(제3자의 권리에 대한 통지) |
|---|---|
| (1) The buyer loses the right to rely on the provisions of article 41 or article 42 if he does not give notice to the seller specifying the nature of the right or claim of the third party within a reasonable time after he has become aware or ought to have become aware of the right or claim. | (1) 매수인이 제3자의 권리 또는 청구권을 알았거나 또는 알았어야 하는 때로부터 상당한 기간내에 매도인에게 그 제3자의 권리 또는 청구권의 성질을 기재한 통지를 하지 아니한 경우에는, 매수인은 제41조 또는 제42조의 규정을 원용할 권리를 상실한다. |
| (2) The seller is not entitled to rely on the provisions of the preceding paragraph if he knew of the right or claim of the third party and the nature of it. | (2) 매도인이 제3자의 권리 또는 청구권 및 그 성질을 알고 있었던 경우에 매도인은 전항의 규정을 원용할 권리가 없다. |

### 2) 조항의 개요

매수인이 제3자의 권리 또는 청구권을 알았거나 또는 알았어야 하는 때로부터 상당한 기간 내에 매도인에게 그 제3자의 권리 또는 청구권의 성질을 기재한 통지를 하지 아니한 경우에는, 매수인은 제3자의 청구권 또는 제3자의 지적소유권 규정을 원용할 권리를 상실한다.

## (15) 통지불이행의 정당한 이유

### 1) 조항의 내용

| Article 44 | 제44조(통지불이행의 정당한 이유) |
|---|---|
| Notwithstanding the provisions of paragraph (1) of article 39 and paragraph (1) of article 43, the buyer may reduce the price in accordance with article 50 or claim damages, except for loss of profit, if he has a reasonable excuse for his failure to give the required notice. | 제39조 제1항 및 제43조 제1항의 규정에도 불구하고, 매수인은 요구된 통지의 불이행에 대한 정당한 이유가 있는 경우에는 제50조에 따라 대금을 감액하거나 또는 이익의 손실을 제외한 손해배상을 청구할 수 있다. |

### 2) 조항의 개요

매수인이 물품의 불일치를 발견하였거나 또는 발견하였어야 한 때부터 상당한 기간 내에 매도인에게 불일치의 성질을 기재한 통지를 하지 않았는데 통지의 불이행에 대한 정당한 이유가 있는 경우에는 대금을 감액하거나 또는 이익의 손실을 제외한 손해배상을 청구할 수 있다.

## (16) 매수인의 구제방법

### 1) 조항의 내용

| | |
|---|---|
| Section III - Remedies for breach of contract by the seller 160<br>Article 45<br>(1) If the seller fails to perform any of his obligations under the contract or this Convention, the buyer may:<br>(a) exercise the rights provided in articles 46 to 52;<br>(b) claim damages as provided in articles 74 to 77.<br>(2) The buyer is not deprived of any right he may have to claim damages by exercising his right to other remedies.<br>(3) No period of grace may be granted to the seller by a court or arbitral tribunal when the buyer resorts to a remedy for breach of contract. | 제3절 매도인의 계약위반에 대한 구제<br><br>제45조(매수인의 구제방법)<br>(1) 매도인이 계약 또는 본 협약에 따른 어떠한 의무를 이행하지 아니하는 경우에는, 매수인은 다음과 같은 것을 행할 수 있다.<br>(a) 제46조 내지 제52조에서 규정된 권리를 행사하는 것,<br>(b) 제74조 내지 제77조에서 규정된 바의 손해배상을 청구하는 것 등.<br>(2) 매수인은 손해배상 이외의 구제를 구하는 권리의 행사로 인하여 손해배상을 청구할 수 있는 권리를 박탈당하지 않는다.<br>(3) 매수인이 계약위반에 대한 구제를 구할 때에는, 법원 또는 중재판정부는 매도인에게 어떠한 유예기간도 적용하여서는 아니된다. |

### 2) 조항의 개요

매도인이 계약 또는 본 협약에 따른 어떠한 의무를 이행하지 아니하는 경우에는, 매수인은 매수인의 이행청구권, 이행추가기간의 통지, 인도기일후의 보완, 매수인의 계약해제권, 대금의 감액, 물품일부의 불일치, 기일전의 인도 및 초과수량 과 관련된 권리의 행사, 손해배상액산정의 원칙, 대체거래시의 손해배상액, 시가에 기초한 손해배상액, 손해경감의 의무와 등과 관련된 손해배상 청구 등과 같은 것을 행할 수 있다. 매수인은 손해배상 이외의 구제를 구하는 권리의 행사로 인하여 손해배상을 청구할 수 있는 권리를 박탈당하지 않는다. 매수인이 계약위반에 대한 구제를 구할 때에는, 법원 또는 중재판정부는 매도인에게 어떠한 유예기간도 적용하여서는 안된다.

## (17) 매수인의 이행청구권

### 1) 조항의 내용

| | |
|---|---|
| Article 46<br>(1) The buyer may require performance by the seller of his obligations unless the buyer has resorted to a remedy which is inconsistent | 제46조(매수인의 이행청구권)<br>(1) 매수인은 매도인에게 그 의무의 이행을 청구할 수 있다. 다만 매수인이 이러한 청구와 모순되는 구제를 구한 경우에는 그러하지 아니하 |

with this requirement.
(2) If the goods do not conform with the contract, the buyer may require delivery of substitute goods only if the lack of conformity constitutes a fundamental breach of contract and a request for substitute goods is made either in conjunction with notice given under article 39 or within a reasonable time thereafter.
(3) If the goods do not conform with the contract, the buyer may require the seller to remedy the lack of conformity by repair, unless this is unreasonable having regard to all the circumstances. A request for repair must be made either in conjunction with notice given under article 39 or within a reasonable time thereafter.

다.
(2) 물품이 계약과 일치하지 아니한 경우에는, 매수인은 대체품의 인도를 청구할 수 있다. 다만 이러한 청구는 불일치가 계약의 본질적인 위반을 구성하고 또 대체품의 청구가 제39조에 따라 지정된 통지와 함께 또는 그 후 상당한 기간내에 행하여지는 경우에 한한다.

(3) 물품이 계약과 일치하지 아니한 경우에는, 매수인은 모든 사정으로 보아 불합리하지 아니하는 한 매도인에 대하여 수리에 의한 불일치의 보완을 청구할 수 있다. 수리의 청구는 제39조에 따라 지정된 통지와 함께 또는 그 후 상당한 기간내에 행하여져야 한다.

## 2) 조항의 개요

매수인은 매도인에게 그 의무의 이행을 청구할 수 있다. 다만 매수인이 이러한 청구와 모순되는 구제를 구한 경우에는 그러하지 아니하다. 물품이 계약과 일치하지 아니한 경우에는, 매수인은 대체품의 인도를 청구할 수 있다. 다만 이러한 청구는 불일치가 계약의 본질적인 위반을 구성하고 또 대체품의 청구가 지정된 통지와 함께 또는 그 후 상당한 기간 내에 행하여지는 경우에 한한다. 물품이 계약과 일치하지 아니한 경우에는, 매수인은 모든 사정으로 보아 불합리하지 아니하는 한 매도인에 대하여 수리에 의한 불일치의 보완을 청구할 수 있다. 수리의 청구는 지정된 통지와 함께 또는 그 후 상당한 기간 내에 행하여져야 한다.

## (18) 이행추가기간의 통지

### 1) 조항의 내용

| Article 47 | 제47조(이행추가기간의 통지) |
|---|---|
| (1) The buyer may fix an additional period of time of reasonable length for performance by the seller of his obligations.<br>(2) Unless the buyer has received notice from the seller that he will not perform within the period so fixed, the buyer may not, during that period, resort to any remedy for breach of contract. However, the buyer is not deprived thereby of any right he may have to claim damages for delay in performance. | (1) 매수인은 매도인에 의한 의무의 이행을 위한 상당한 기간만큼의 추가기간을 지정할 수 있다.<br>(2) 매수인이 매도인으로부터 그 지정된 추가기간내에 이행하지 아니하겠다는 뜻의 통지를 수령하지 않은 한, 매수인은 그 기간 중에는 계약위반에 대한 어떠한 구제도 구할 수 없다. 그러나 매수인은 이로 인하여 이행의 지연에 대한 손해배상을 청구할 수 있는 어떠한 권리를 박탈당하지 않는다. |

### 2) 조항의 개요

매수인은 매도인에 의한 의무의 이행을 위한 상당한 기간만큼의 추가기간을 지정할 수 있다. 즉 매수인은 매도인이 매매계약상의 의무를 위반한 경우에는 그 위반사항에 대하여 시정할 수 있도록 기회를 부여하기 위한 추가기간을 지정할 수 있다. 매수인이 매도인으로부터 그 지정된 추가기간 내에 이행하지 아니하겠다는 뜻의 통지를 수령하지 않은 한, 매수인은 그 기간 중에는 계약위반에 대한 어떠한 구제도 구할 수 없다. 즉 그렇게 매매계약의 추가이행을 위한 기간을 부여하였음에도 불구하고 매도인이 위반사항의 시행조치의 이행여부에 대한 의사표시를 하지 않는다면 매수인은 구제방법이 없다는 것이다. 그렇지만 매수인은 매도인이 추가기간 중에 위반사항의 시행조치의 이행여부에 대한 의사표시를 하지 않음으로써 발생하는 이행의 지연에 대한 손해배상을 청구할 수 있는 어떠한 권리를 박탈당하지 않는다.

### (19) 인도기일 후의 보완

### 1) 조항의 내용

| Article 48 | 제48조(인도기일후의 보완) |
|---|---|
| (1) Subject to article 49, the seller may, even after the date for delivery, remedy at his own expense any failure to perform his obligations, if he can do so without unreasonable delay and without causing the buyer unreasonable inconvenience or uncertainty of reimbursement by the seller of expenses advanced by the buyer. However, the buyer retains any right to claim damages as provided for in this Convention. | (1) 제49조의 규정에 따라, 매도인은 인도기일 후에도 불합리한 지체없이 그리고 매수인에게 불합리한 불편을 주거나 또는 매수인이 선지급한 비용을 매도인으로부터 보상받는데 대한 불확실성이 없는 경우에는 자신의 비용부담으로 그 의무의 어떠한 불이행을 보완할 수 있다. 그러나 매수인은 본 협약에 규정된 바의 손해배상을 청구하는 모든 권리를 보유한다. |
| (2) If the seller requests the buyer to make known whether he will accept performance and the buyer does not comply with the request within a reasonable time, the seller may perform within the time indicated in his request. The buyer may not, during that period of time, resort to any remedy which is inconsistent with performance by the seller. | (2) 매도인이 매수인에 대하여 그 이행을 승낙할 것인지의 여부를 알려 주도록 요구하였으나 매수인시 상당한 기간내에 그 요구에 응하지 아니한 경우에는 매도인은 그 요구에서 제시한 기간내에 이행할 수 있다. 매수인은 그 기간 중에는 매도인의 이행과 모순되는 구제를 구하여서는 아니된다. |
| (3) A notice by the seller that he will perform within a specified period of time is assumed to include a request, under the preceding paragraph, that the buyer make known his decision. | (3) 특정한 기간내에 이행하겠다는 매도인의 통지는 매수인이 승낙여부의 결정을 알려주어야 한다는 내용의 전항에 규정하고 있는 요구를 포함하는 것으로 추정한다. |
| (4) A request or notice by the seller under paragraph (2) or (3) of this article is not effective unless received by the buyer. | (4) 본조 제2항 또는 제3항에 따른 매도인의 요구 또는 통지는 매수인에 의하여 수령되지 아니한 경우에는 그 효력이 발생하지 않는다. |

## 2) 조항의 개요

매도인은 인도기일 후에도 매수인에게 불합리한 불편을 주거나 또는 매수인이 선지급한 비용을 매도인으로부터 보상받는 것이 확실하면 자신의 비용부담으로 그 의무의 불이행을 보완할 수 있다. 매수인은 본 협약에 규정된 손해배상을 청구하는 모든 권리를 보유한다. 매도인이 매수인에 대하여 그 이행여부를 알려 주도록 요구하였으나 매수시 상당한 기간 내에 그 요구에 응하지 아니한 경우에는 매도인은 그 요구에서 제시한 기간 내에 이행할 수 있다.

## (20) 매수인의 계약해제권

### 1) 조항의 내용

| Article 49 | 제49조(매수인의 계약해제권) |
|---|---|
| (1) The buyer may declare the contract avoided:<br>(a) if the failure by the seller to perform any of his obligations under the contract or this Convention amounts to a fundamental breach of contract; or<br>(b) in case of non-delivery, if the seller does not deliver the goods within the additional period of time fixed by the buyer in accordance with paragraph (1) of article 47 or declares that he will not deliver within the period so fixed.<br>(2) However, in cases where the seller has delivered the goods, the buyer loses the right to declare the contract avoided unless he does so:<br>(a) in respect of late delivery, within a reasonable time after he has become aware that delivery has been made;<br>(b) in respect of any breach other than late delivery, within a reasonable time:<br>(i) after he knew or ought to have known of the breach;<br>(ii) after the expiration of any additional period of time fixed by the buyer in accordance with paragraph (1) of article 47, or after the seller has declared that he will not perform his obligations within such an additional period; or<br>(iii) after the expiration of any additional period of time indicated by the seller in accordance with paragraph (2) of article 48, or after the buyer has declared that he will not accept performance. | (1) 매수인은 다음과 같은 경우에 계약의 해제를 선언할 수 있다.<br>(a) 계약 또는 본 협약에 따른 매도인의 어떠한 의무의 불이행키 계약의 본질적인 위반에 상당하는 경우, 또는<br>(b) 인도불이행의 경우에는, 매도인이 제47조 제1항에 따라 매수인에 의하여 지정된 추가기간내에 물품을 인도하지 아니하거나, 또는 매도인이 그 지정된 기간내에 인도하지 아니하겠다는 뜻을 선언한 경우.<br>(2) 그러나 매도인이 물품을 이미 인도한 경우에는, 매수인은 다음과 같은 시기에 계약의 해제를 선언하지 않는 한 그 해제의 권리를 상실한다.<br>(a) 인도의 지연에 관해서는, 매수인이 인도가 이루어진 사실을 알게 된 때로부터 상당한 기간내,<br>(b) 인도의 지연 이외의 모든 위반에 관해서는, 다음과 같은 때로부터 상당한 기간내.<br>(i) 매수인이 그 위반을 알았거나 또는 알았어야 하는 때,<br>(ii) 제47조 제1항에 따라 매수인에 의하여 지정된 어떠한 추가기간이 경과한 때, 또는 매도인이 그러한 추가기간내에 의무를 이행하지 아니하겠다는 뜻을 선언한 때, 또는<br>(iii) 제48조 제2항에 따라 매도인에 의하여 제시된 어떠한 추가기간이 경과한 때, 또는 매수인이 이행을 승낙하지 아니하겠다는 뜻을 선언한 때. |

### 2) 조항의 개요

매수인은 계약 또는 본 협약에 따른 매도인의 어떠한 의무의 불이행키 계약의 본질적인 위반에 상당하는 경우, 또는 인도불이행의 경우에는, 매도인이 이행추가기간의 통지 규정에 따라 매수인에 의하여 지정된 추가기간 내에 물품을 인도하지 아니하거나, 또는 매도인이 그 지정된 기간 내에 인도하지 아니하겠다는 뜻을 선언한 경우에 계약의 해제를 선언할 수 있다. 그러나 매도인이 물품을 이미 인도한 경우에는, 매수인은 인도의 지연에 관해서는, 매수인이 인도가 이루어진 사실을 알게 된 때로부터 상당한 기간 내, 인도의 지연 이외의 모든 위반에 관해서는, 매수인이 그 위반을 알았거나 또는 알았어야 하는 때, 이행추가기간의 통지에 따라 매수인에 의하여 지정된 어떠한 추가기간이 경과한 때, 또는 매도인이 그러한 추가기간 내에 의무를 이행하지 아니하겠다는 뜻을 선언한 때, 또는 매도인에 의하여 제시된 어떠한 추가기간이 경과한 때, 또는 매수인이 이행을 승낙하지 아니하겠다는 뜻을 선언한 때로부터 상당한 기간 내에 계약의 해제를 선언하지 않는 한 그 해제의 권리를 상실한다.

## (21) 대금의 감액

### 1) 조항의 내용

| Article 50 | 제50조(대금의 감액) |
|---|---|
| If the goods do not conform with the contract and whether or not the price has already been paid, the buyer may reduce the price in the same proportion as the value that the goods actually delivered had at the time of the delivery bears to the value that conforming goods would have had at that time. However, if the seller remedies any failure to perform his obligations in accordance with article 37 or article 48 or if the buyer refuses to accept performance by the seller in accordance with those articles, the buyer may not reduce the price. | 물품이 계약과 일치하지 아니하는 경우에는 대금이 이미 지급된 여부에 관계없이, 매수인은 실제로 인도된 물품이 인도시에 가지고 있던 가액이 계약에 일치하는 물품이 그 당시에 가지고 있었을 가액에 대한 동일한 비율로 대금을 감액할 수 있다. 그러나 매도인이 제37조 또는 제48조에 따른 그 의무의 어떠한 불이행을 보완하거나, 또는 매수인이 그러한 조항에 따른 매도인의 이행의 승낙을 거절하는 경우에는, 매수인은 대금을 감액할 수 없다. |

### 2) 조항의 개요

물품이 계약과 일치하지 아니하는 경우에는 대금이 이미 지급된 여부에 관계없이, 매수인은 실제로 인도된 물품이 인도할 때에 가지고 있던 물품의 가액이 계약에 일치하는 물품이 그 당시에 가지고 있었을 가액에 대한 동일한 비율로 대금을 감액할 수 있다.

### (22) 물품 일부의 불일치

#### 1) 조항의 내용

| Article 51<br>(1) If the seller delivers only a part of the goods or if only a part of the goods delivered is in conformity with the contract, articles 46 to 50 apply in respect of the part which is missing or which does not conform.<br>(2) The buyer may declare the contract avoided in its entirety only if the failure to make delivery completely or in conformity with the contract amounts to a fundamental breach of the contract. | 제51조(물품일부의 불일치)<br>(1) 매도인이 물품의 일부만을 인도하거나, 또는 인도된 물품의 일부만이 계약과 일치하는 경우에는, 제46조 내지 제50조의 규정은 부족 또는 불일치한 부분에 관하여 적용한다.<br><br>(2) 인도가 완전하게 또는 계약에 일치하게 이행되지 아니한 것이 계약의 본질적인 위반에 해당하는 경우에 한하여, 매수인은 계약 그 전체의 해제를 선언할 수 있다. |
| --- | --- |

#### 2) 조항의 개요

매도인이 물품의 일부만을 인도하거나, 또는 매도인이 인도한 물품의 일부만이 매매계약과 일치하는 경우에는, 매수인의 이행청구권을 행사하거나 매매계약상의 물품의 대금을 감액하는 경우의 규정은 부족 또는 불일치한 부분에 관하여 적용한다.

### (23) 기일 전의 인도 및 초과수량

#### 1) 조항의 내용

| Article 52<br>(1) If the seller delivers the goods before the date fixed, the buyer may take delivery or refuse to take delivery.<br>(2) If the seller delivers a quantity of goods greater than that provided for in the contract, the buyer may take delivery or refuse to take delivery of the excess quantity. If the buyer takes delivery of all or part of the excess quantity, he must pay for it at the contract rate. | 제52조(기일 전의 인도 및 초과수량)<br>(1) 매도인이 지정된 기일전에 물품을 인도하는 경우에는, 매수인은 인도를 수령하거나 또는 이를 거절할 수 있다.<br>(2) 매도인이 계약에서 약정된 것보다도 많은 수량의 물품을 인도하는 경우에는, 매수인은 초과수량의 인도를 수령하거나 또는 이를 거절할 수 있다. 매수인이 초과수량의 전부 또는 일부의 인도를 수령하는 경우에는, 매수인은 계약비율에 따라 그 대금을 지급하여야 한다. |
| --- | --- |

#### 2) 조항의 개요

매도인이 매매계약에서 약정한 지정된 기일 전에 물품을 인도하는 경우와 매매계약에서 약정된 것보다 많은 물품을 인도하는 경우에 매수인은 수령하거나 거절할 수 있다.

## 3. 매수인의 의무

### (1) 매수인의 의무 요약

#### 1) 조항의 내용

| Chapter III - Obligations of the Buyer<br>Article 53<br>The buyer must pay the price for the goods and take delivery of them as required by the contract and this Convention. | 제3장 매수인의 의무<br>제53조(매수인의 의무요약)<br>매수인은 계약 및 본 협약에 의하여 요구된 바에 따라 물품의 대금을 지급하고 물품의 인도를 수령하여야 한다. |
| --- | --- |

#### 2) 조항의 개요

매수인은 매매계약 및 본 협약에 의하여 요구된 바에 따라 물품의 대금을 지급하고 물품의 인도를 수령하여야 한다.

### (2) 대금지급을 위한 조치

#### 1) 조항의 내용

| Section I - Payment of the price<br>Article 54<br>The buyer's obligation to pay the price includes taking such steps and complying with such formalities as may be required under the contract or any laws and regulations to enable payment to be made. | 제1절 대금의 지급<br>제54조(대금지급을 위한 조치)<br>매수인의 대금지급의 의무는 지급을 가능하게 하기 위한 계약 또는 어떠한 법률 및 규정에 따라 요구되는 그러한 조치를 취하고 또 그러한 절차를 준수하는 것을 포함한다. |
| --- | --- |

#### 2) 조항의 개요

매수인의 대금지급의 의무라는 것은 대금지급을 가능하게 하기 위한 계약 또는 어떠한 매매계약과 관련한 법률 및 규정에서 요구하는 대금지급을 위한 조치를 취하고 또 대금지급을 위한 절차를 준수하는 것을 포함한다. 매매계약은 쌍무계약의 특성을 가지고 있기 때문에 매도인으로부터 물품을 인도받은 경우에는 물품의 대금을 지급하여야 할 의무가 발생한다. 그러므로 매수인은 대금지급을 위한 모든 조치를 이행하여야 한다. 대금지급을 위한 모든 조치에는 대금지급수단의 확보가 포함된다.

## (3) 대금이 불확정된 계약

### 1) 조항의 내용

| Article 55<br>Where a contract has been validly concluded but does not expressly or implicitly fix or make provision for determining the price, the parties are considered, in the absence of any indication to the contrary, to have impliedly made reference to the price generally charged at the time of the conclusion of the contract for such goods sold under comparable circumstances in the trade concerned. | 제55조(대금이 불확정된 계약)<br>계약이 유효하게 성립되었으나, 그 대금을 명시적 또는 묵시적으로 지정하지 아니하거나 또는 이를 결정하기 위한 조항을 두지 아니한 경우에는, 당사자는 반대의 어떠한 의사표시가 없는 한 계약체결시에 관련거래와 유사한 사정하에서 매각되는 동종의 물품에 대하여 일반적으로 청구되는 대금을 묵시적으로 참조한 것으로 본다. |
| --- | --- |

### 2) 조항의 개요

매매계약을 유효하게 합법적으로 체결하였으나 매매계약상의 물품대금을 명시적 또는 묵시적으로 지정하지 아니한 경우 또는 물품대금을 결정하기 위한 조항을 두지 아니한 경우에는, 당사자는 반대의 어떠한 의사표시가 없는 한 당사자는 매매계약을 체결한 거래와 유사한 상황에서 매각되는 동종의 물품에 대하여 일반적으로 청구되는 대금을 묵시적으로 참조한 것으로 본다.

## (4) 순중량에 의한 결정

### 1) 조항의 내용

| Article 56<br>If the price is fixed according to the weight of the goods, in case of doubt it is to be determined by the net weight. | 제56조(순중량에 의한 결정)<br>대금이 물품의 중량에 따라 지정되는 경우에 이에 의혹이 있을 때에는, 그 대금은 순중량에 의하여 결정되어야 한다. |
| --- | --- |

### 2) 조항의 개요

매매계약에서 물품의 대금이 물품의 중량에 따라 지정되는 경우에 물품의 중량을 측정한 결과 물품의 중량에 대하여 의혹이 있는 경우에는, 물품에 대한 대금은 순중량을 기준으로 결정되어야 한다. 중량은 포장을 포함하여 측정하기 때문에 포장의 무게로 인하여 중량에 오차가 발생하는 경우가 있다. 그러므로 포장을 제외한 물품의 순중량으로 결정한다.

## (5) 대금지급의 장소

### 1) 조항의 내용

| Article 57 | 제57조(대금지급의 장소) |
|---|---|
| (1) If the buyer is not bound to pay the price at any other particular place, he must pay it to the seller: | (1) 매수인이 기타 어느 특정한 장소에서 대금을 지급하여야 할 의무가 없는 경우에는, 매수인은 다음과 같은 장소에서 매도인에게 이를 지급하여야 한다. |
| (a) at the seller's place of business; or | (a) 매도인의 영업소, 또는 |
| (b) if the payment is to be made against the handing over of the goods or of documents, at the place where the handing over takes place. | (b) 지급이 물품 또는 서류의 교부와 상환으로 이루어져야 하는 경우에는, 그 교부가 행하여지는 장소. |
| (2) The seller must bear any increases in the expenses incidental to payment which is caused by a change in his place of business subsequent to the conclusion of the contract. | (2) 매도인은 계약체결후에 그 영업소를 변경함으로 인하여 야기된 지급의 부수적인 비용의 모든 증가액을 부담하여야 한다. |

### 2) 조항의 개요

매수인이 기타 어느 특정한 장소에서 대금을 지급하여야 할 의무가 없는 경우에는, 매수인은 매도인의 영업소, 또는 지급이 물품 또는 서류의 교부와 상환으로 이루어져야 하는 경우에는, 그 교부가 행하여지는 장소에서 매도인에게 이를 지급하여야 한다. 매도인은 매매계약을 체결한 후에 그 영업소를 변경함으로 인하여 야기된 지급의 부수적인 비용의 모든 증가액을 부담하여야 한다.

## (6) 대금지급의 시기

### 1) 조항의 내용

| Article 58 | 제58조(대금지급의 시기) |
|---|---|
| (1) If the buyer is not bound to pay the price at any other specific time, he must pay it when the seller places either the goods or documents controlling their disposition at the buyer's disposal in accordance with the contract and this Convention. The seller may make such payment a condition for handing over the goods or documents. | (1) 매수인이 기타 어느 특정한 대금을 지급하여야 할 의무가 없는 경우에는, 매수인은 매도인이 계약 및 이 협정에 따라 물품 또는 그 처분을 지배하는 서류 중에 어느 것을 매수인의 임의처분에 인도한 때에 대금을 지급하여야 한다. 매도인은 그러한 지급을 물품 또는 서류의 교부를 위한 조건으로 정할 수 있다. |
| (2) If the contract involves carriage of the goods, the seller may dispatch the goods on terms whereby the goods, or documents controlling their disposition, will not be handed over to the buyer except against | (2) 계약이 물품의 운송을 포함하는 경우에는, 매도인은 대금의 지급과 상환하지 아니하면 물품 또는 그 처분을 지배하는 서류를 매수인에게 교부하지 아니한다는 조건으로 물품을 발송 |

| | |
|---|---|
| payment of the price.<br>(3) The buyer is not bound to pay the price until he has had an opportunity to examine the goods, unless the procedures for delivery or payment agreed upon by the parties are inconsistent with his having such an opportunity. | 할 수 있다.<br>(3) 매수인은 물품을 검사할 기회를 가질 때까지는 대금을 지급하여야 할 의무가 없다. 다만 당사자 사이에 합의된 인도 또는 지급의 절차가 매수인이 그러한 기회를 가지는 것과 모순되는 경우에는 그러하지 아니하다. |

### 2) 조항의 개요

매수인이 기타 어느 특정한 대금을 지급하여야 할 의무가 없는 경우에는, 매수인은 매도인이 매매계약 및 이 협정에 따라 물품 또는 그 물품의 처분에 필요한 서류 중에 어느 것을 매수인이 임의처분할 수 있도록 인도한 때에 대금을 지급하여야 한다. 그러므로 매도인은 그러한 매매계약에 따르는 물품의 대금지급 방법에 대하여 물품 또는 서류의 교부를 위한 조건으로 정할 수 있다. 계약이 물품의 운송을 포함하는 경우에는, 매도인은 대금의 지급과 상환하지 아니하면 물품 또는 그 처분을 지배하는 서류를 매수인에게 교부하지 아니한다는 조건으로 물품을 발송할 수 있다. 매수인은 물품을 검사할 기회를 가질 때까지는 대금을 지급하여야 할 의무가 없다. 다만 당사자 사이에 합의된 인도 또는 지급의 절차가 매수인이 그러한 기회를 가지는 것과 모순되는 경우에는 그러하지 아니하다.

### (7) 지급청구에 앞선 지급

#### 1) 조항의 내용

| | |
|---|---|
| Article 59<br>The buyer must pay the price on the date fixed by or determinable from the contract and this Convention without the need for any request or compliance with any formality on the part of the seller. | 제59조(지급청구에 앞선 지급)<br>매수인은 매도인측의 어떠한 요구나 그에 따른 어떠한 절차를 준수할 필요없이 계약 및 본 협약에 의하여 지정되었거나 또는 이로부터 결정될 수 있는 기일에 대금을 지급하여야 한다. |

#### 2) 조항의 개요

매수인은 매도인 측으로부터 대금지급을 위한 어떠한 요구나 대금지급을 위한 어떠한 절차를 준수할 필요없이 매매계약에 의하거나 본 협약에 의하여 지정되었거나 또는 매매계약 또는 본 협약을 근거로 하여 결정될 수 있는 기일에 대금을 지급하여야 한다. 즉 매수인은 매도인으로부터 물품대금에 대한 지급청구와 관련 없이 물품대금을 지급할 수 있다.

### (8) 인도수령의 의무

#### 1) 조항의 내용

| | |
|---|---|
| Section II - Taking delivery<br>Article 60<br>The buyer's obligation to take delivery consists:<br>(a) in doing all the acts which could reasonably be expected of him in order to enable the seller to make delivery; and<br>(b) in taking over the goods. | 제2절 인도의 수령<br>제60조(인도수령의 의무)<br>매수인의 인도수령의 의무는 다음과 같은 것으로 구성된다.<br>(a) 매도인에 의한 인도를 가능하도록 매수인에게 합리적으로 기대될 수 있었던 모든 행위를 하는 것, 그리고<br>(b) 물품을 수령하는 것. |

#### 2) 조항의 개요

매수인의 인도수령의 의무는 매도인이 매매계약에 다른 물품인도의 관행이나 관습에 의거하여 물품을 인도받을 수 있거나 인도받을 것으로 매수인이 합리적으로 기대할 수 있는 모든 행위를 하는 것이 인도수령 의무이다. 또한 매수인이 매도인으로부터 물품을 수령하는 것도 물품의 인도수령 의무이다. 즉 매수인이 매도인으로부터 물품을 인도받기 위하여 이행하는 모든 행위가 인도수령 의무에 해당한다.

### (9) 매도인의 구제방법

#### 1) 조항의 내용

| | |
|---|---|
| Section III - Remedies for breach of contract by the buyer 223<br>Article 61<br>(1) If the buyer fails to perform any of his obligations under the contract or this Convention, the seller may:<br>(a) exercise the rights provided in articles 62 to 65;<br>(b) claim damages as provided in articles 74 to 77.<br>(2) The seller is not deprived of any right he may have to claim damages by exercising his right to other remedies.<br>(3) No period of grace may be granted to the buyer by a court or arbitral tribunal when the seller resorts to a remedy for breach of contract. | 제3절 매수인의 계약위반에 대한 구제<br>제61조(매도인의 구제방법)<br>(1) 매수인이 계약 또는 본 협약에 따른 어떠한 의무를 이행하지 아니하는 경우에는, 매도인은 다음과 같은 것을 행할 수 있다.<br>(a) 제62조 내지 제65도에 규정된 권리를 행사하는 것,<br>(b) 제74조 내지 제77조에 규정된 바의 손해배상을 청구하는 것 등.<br>(2) 매도인은 손해배상 이외의 구제를 구하는 권리의 행사로 인하여 손해배상을 청구할 수 있는 권리를 박탈당하지 않는다.<br>(3) 매도인이 계약위반에 대한 구제를 구할 때에는, 법원 또는 중재판정부는 매수인에게 어떠한 유예기간도 허용하여서는 아니된다. |

### 2) 조항의 개요

매수인이 계약 또는 본 협약에 따른 어떠한 의무를 이행하지 아니하는 경우에는, 이행청구권, 물품명세의 확정권에 따른 권리를 행사하는 것, 손해배상액 산정, 손해경감의 의무에 규정된 바의 손해배상을 청구하는 것을 행할 수 있다. 매도인은 손해배상 이외의 구제를 구하는 권리의 행사로 인하여 손해배상을 청구할 수 있는 권리를 박탈당하지 않는다. 매도인이 계약위반에 대한 구제를 구할 때에는, 법원 또는 중재판정부는 매수인에게 어떠한 유예기간도 허용하여서는 안된다.

## (10) 매도인의 이행청구권

### 1) 조항의 내용

| Article 62 | 제62조(매도인의 이행청구권) |
|---|---|
| The seller may require the buyer to pay the price, take delivery or perform his other obligations, unless the seller has resorted to a remedy which is inconsistent with this requirement. | 매도인은 매수인에 대하여 대금의 지급, 인도의 수령 또는 기타 매수인의 의무를 이행하도록 청구할 수 있다. 다만 매도인이 이러한 청구와 모순되는 구제를 구한 경우에는 그러하지 아니하다. |

### 2) 조항의 개요

매도인은 매수인에 대하여 대금의 지급, 인도의 수령 또는 기타 매수인의 의무를 이행하도록 청구할 수 있다. 다만 매도인이 이러한 청구와 모순되는 구제를 구한 경우에는 그러하지 아니하다.

## (11) 이행추가기간의 통지

### 1) 조항의 내용

| Article 63 | 제63조(이행추가기간의 통지) |
|---|---|
| (1) The seller may fix an additional period of time of reasonable length for performance by the buyer of his obligations. (2) Unless the seller has received notice from the buyer that he will not perform within the period so fixed, the seller may not, during that period, resort to any remedy for breach of contract. However, the seller is not deprived thereby of any right he may have to claim damages for delay in performance. | (1) 매도인은 매수인에 의한 의무의 이행을 위한 상당한 기간 만큼의 추가기간을 지정할 수 있다. (2) 매도인이 매수인으로부터 그 지정된 추가기간내에 이행하지 아니하겠다는 뜻의 통지를 수령하지 않은 한, 매도인은 그 기간 중에는 계약위반에 대한 어떠한 구제도 구할 수 없다. 그러나 매도인은 이로 인하여 이행의 지연에 대한 손해배상을 청구할 수 있은 어떠한 권리를 박탈당하지 않는다. |

## 2) 조항의 개요

매도인은 매수인에 의한 의무의 이행을 위한 상당한 기간만큼의 추가기간을 지정할 수 있다. 매도인은 매수인이 매매계약에서 약속한 내용에 대하여 계약을 위반한 경우에는 이를 시정하기 위한 일정한 추가기간을 부여할 수 있다. 매도인이 매수인으로부터 그 지정된 추가기간 내에 이행하지 아니하겠다는 뜻의 통지를 수령하지 않은 한, 매도인은 그 기간 중에는 계약위반에 대한 어떠한 구제도 구할 수 없다. 즉 매도인은 매수인에게 부여한 추가기간 중에 어떠한 의사표가 없으면 그 추가기간 중에는 어떠한 조치도 취할 수가 없다. 그러나 매도인은 이로 인하여 이행의 지연에 대한 손해배상을 청구할 수 있는 어떠한 권리를 박탈당하지 않는다.

### (12) 매도인의 계약해제권

## 1) 조항의 내용

| Article 64 | 제64조(매도인의 계약해제권) |
|---|---|
| (1) The seller may declare the contract avoided:<br>(a) if the failure by the buyer to perform any of his obligations under the contract or this Convention amounts to a fundamental breach of contract; or<br>(b) if the buyer does not, within the additional period of time fixed by the seller in accordance with paragraph (1) of article 63, perform his obligation to pay the price or take delivery of the goods, or if he declares that he will not do so within the period so fixed.<br>(2) However, in cases where the buyer has paid the price, the seller loses the right to declare the contract avoided unless he does so:<br><br>(a) in respect of late performance by the buyer, before the seller has become aware that performance has been rendered; or<br>(b) in respect of any breach other than late performance by the buyer, within a reasonable time:<br>(i) after the seller knew or ought to have known of the breach; or<br>(ii) after the expiration of any additional period of time fixed by the seller in accordance with paragraph (1) or article 63, or after the buyer has declared that he will not perform his obligations within such an additional period. | (1) 매도인은 다음과 같은 경우에 계약의 해제를 선언할 수 있다.<br>(a) 계약 또는 본 협약에 따른 매수인의 어떠한 의무의 불이행이 계약의 본질적인 위반에 상당하는 경우, 또는<br><br>(b) 매수인이 제63조 제1항에 따라 매도인에 의하여 지정된 추가기간내에 대금의 지급 또는 물품의 인도수령의 의무를 이행하지 아니하거나, 또는 매수인이 그 지정된 기간내에 이를 이행하지 아니하겠다는 뜻을 선언한 경우.<br>(2) 그러나 매수인이 대금을 이미 지급한 경우에는, 매도인은 다음과 같은 시기에 계약의 해제를 선언하지 않는 한 그 해제의 권리를 상실한다.<br>(a) 매수인에 의한 이행의 지연에 관해서는, 매도인이 그 이행이 이루어진 사실을 알기 전, 또는<br>(b) 매수인에 의한 이행의 지연 이외의 모든 위반에 관해서는, 다음과 같은 때로부터 상당한 기간내.<br>(i) 매도인이 그 위반을 알았거나 또는 알았어야 하는 때, 또는<br>(ii) 제63조 제1항에 따라 매도인에 의하여 지정된 어떠한 추가기간이 경과한 때, 또는 매수인이 그러한 추가기간내에 의무를 이행하지 아지하겠다는 뜻을 선언한 때. |

## 2) 조항의 개요

매도인은 매매계약 또는 매수인이 어떠한 매매계약상의 의무를 불이행하여 계약의 본질적인 위반이 상당하게 발생한 경우 계약의 해제를 선언할 수 있다. 매수인이 대금을 이미 지급한 경우에는, 매도인은 매수인에 의한 이행의 지연에 관해서는, 매도인이 그 이행이 이루어진 사실을 알기 전에 계약의 해제를 선언하지 않는 한 그 해제의 권리를 상실한다. 또는 매수인에 의한 이행의 지연 이외의 모든 위반에 관하여 매도인이 그 위반을 알았거나 또는 알았어야 하는 때, 또는 매수인이 그러한 추가기간 내에 의무를 이행하지 않겠다는 뜻을 선언한 때로부터 상당한 기간 내에 계약의 해제를 선언하지 않는 한 그 해제의 권리를 상실한다.

## (13) 물품명세의 확정권

### 1) 조항의 내용

| Article 65 | 제65조(물품명세의 확정권) |
|---|---|
| (1) If under the contract the buyer is to specify the form, measurement or other features of the goods and he fails to make such specification either on the date agreed upon or within a reasonable time after receipt of a request from the seller, the seller may, without prejudice to any other rights he may have, make the specification himself in accordance with the requirements of the buyer that may be known to him. | (1) 계약상 매수인이 물품의 형태, 용적 또는 기타의 특징을 지정하기로 되어 있을 경우에 만약 매수인이 합의된 기일 또는 매도인으로부터의 요구를 수령한 후 상당한 기간내에 그 물품명세를 작성하지 아니한 때에는, 매도인은 그가 보유하고 있는 다른 모든 권리의 침해없이 매도인에게 알려진 매수인의 요구조건에 따라 스스로 물품명세를 작성할 수 있다. |
| (2) If the seller makes the specification himself, he must inform the buyer of the details thereof and must fix a reasonable time within which the buyer may make a different specification. If, after receipt of such a communication, the buyer fails to do so within the time so fixed, the specification made by the seller is binding. | (2) 매도인이 스스로 물품명세를 작성하는 경우에는, 매도인은 매수인에게 이에 관한 세부사항을 통지하여야 하고, 또 매수인이 이와 상이한 물품명세를 작성할 수 있도록 상당한 기간을 지정하여야 한다. 매수인이 그러한 통지를 수령한 후 지정된 기간내에 이와 상이한 물품명세를 작성하지 아니하는 경우에는, 매도인이 작성한 물품명세가 구속력을 갖는다. |

### 2) 조항의 개요

계약상 매수인이 물품의 형태, 용적 또는 기타의 특징을 지정하기로 되어 있을 경우에 만약 매수인이 합의된 기일 또는 매도인으로부터의 요구를 수령한 후 상당한 기간 내에 그 물품명세를 작성하지 아니한 때에는, 매도인은 그가 보유하고 있는 다른 모든 권리의 침해없이 매도인에게 알려진 매수인의 요구조건에 따라 스스로 물품명세를 작성할 수 있다.

## 4. 위험의 이전

### (1) 위험부담의 일반원칙

#### 1) 조항의 내용

| Chapter IV - Passing of Risk<br>Article 66<br>Loss of or damage to the goods after the risk has passed to the buyer does not discharge him from his obligation to pay the price, unless the loss or damage is due to an act or omission of the seller. | 제4장 위험의 이전<br>제66조(위험부담의 일반원칙)<br>위험이 매수인에게 이전된 이후에 물품의 멸실 또는 손상은 매수인을 대금지급의 의무로부터 면제시키지 않는다. 다만 그 멸실 또는 손상이 매도인의 작위 또는 부작위에 기인한 경우에는 그러하지 아니하다. |
| --- | --- |

#### 2) 조항의 개요

위험이 매수인에게 이전된 이후의 물품의 멸실 또는 손상이 있더라도 매수인은 대금지급의 의무 가 있다. 멸실 또는 손상이 매도인의 작위 또는 부작위에 기인한 경우에는 제외한다.

### (2) 운송조건부 계약물품의 위험

#### 1) 조항의 내용

| Article 67<br>(1) If the contract of sale involves carriage of the goods and the seller is not bound to hand them over at a particular place, the risk passes to the buyer when the goods are handed over to the first carrier for transmission to the buyer in accordance with the contract of sale. If the seller is bound to hand the goods over to a carrier at a particular place, the risk does not pass to the buyer until the goods are handed over to the carrier at that place. The fact that the seller is authorized to retain documents controlling the disposition of the goods does not affect the passage of the risk.<br>(2) Nevertheless, the risk does not pass to the buyer until the goods are clearly identified to the contract, whether by markings on the goods, by shipping documents, by notice given to the buyer or otherwise. | 제67조(운송조건부 계약물품의 위험)<br>(1) 매매계약이 물품의 운송을 포함하고 있는 경우에 매도인이 특정한 장소에서 이를 인도하여야 할 의무가 없는 때에는, 위험은 물품이 매매계약에 따라 매수인에게 송부하도록 최초의 운송인에게 인도된 때에 매수인에게 이전한다. 매도인이 특정한 장소에서 물품을 운송인에게 인도하여야 할 의무가 있는 경우에는, 위험은 물품이 그러한 장소에서 운송인에게 인도되기까지는 매수인에게 이전하지 않는다. 매도인이 물품의 처분을 지배하는 서류를 보유하는 권한이 있다는 사실은 위험의 이전에 영향을 미치지 않는다.<br><br>(2) 그럼에도 불구하고, 위험은 물품이 화인, 선적서류, 매수인에 대한 통지 또는 기타의 방법에 의하여 계약에 명확히 특정되기까지는 매수인에게 이전하지 않는다. |
| --- | --- |

### 2) 조항의 개요

매매계약이 물품의 운송을 포함하고 있는 경우에 매도인이 특정한 장소에서 이를 인도하여야 할 의무가 없으면, 위험은 물품이 계약에 따라 매수인에게 송부하도록 최초의 운송인에게 인도된 때에 매수인에게 이전한다. 즉 운송인 인도 거래규칙으로 매매계약을 체결한 경우에는 매수인이 지정한 운송인에게 임의처분 할 수 있도록 인도한 때에 물품에 대한 위험이 매도인인으로부터 매수인에게로 이전된다. 매도인이 매매계약에서 약정한 특정한 장소에서 물품을 운송인에게 인도하여야 할 의무가 있으면, 위험은 물품이 그러한 특정한 장소에서 운송인에게 인도되기까지는 매수인에게 이전하지 않는다. 매도인이 물품처분을 지배하는 서류를 보유하는 권한이 있다는 사실은 위험의 이전에 영향이 없다. 그럼에도 불구하고, 위험은 물품이 화인, 선적서류, 매수인에 대한 통지 또는 기타의 방법에 의하여 계약에 명확히 특정되기까지는 매수인에게 이전하지 않는다.

## (3) 운송 중 매매물품의 위험

### 1) 조항의 내용

| Article 68 | 제68조(운송중매매물품의 위험) |
|---|---|
| The risk in respect of goods sold in transit passes to the buyer from the time of the conclusion of the contract. However, if the circumstances so indicate, the risk is assumed by the buyer from the time the goods were handed over to the carrier who issued the documents embodying the contract of carriage. Nevertheless, if at the time of the conclusion of the contract of sale the seller knew or ought to have known that the goods had been lost or damaged and did not disclose this to the buyer, the loss or damage is at the risk of the seller. | 운송 중에 매각된 물품에 관한 위험은 계약체결시로부터 매수인에게 이전한다. 그러나 사정에 따라서는 위험은 운송계약을 구현하고 있는 서류를 발행한 운송인에게 물품이 인도된 때로부터 매수인이 부담한다. 그럼에도 불구하고, 매도인이 매매계약의 체결시에 물품이 이미 멸실 또는 손상되었다는 사실을 알았거나 또는 알았어야 하는 경우에 이를 매수인에게 밝히지 아니한 때에는, 그 멸실 또는 손상은 매도인의 위험부담에 속한다. |

### 2) 조항의 개요

운송 중에 매각된 물품에 관한 위험은 계약체결 시로부터 매수인에게 이전한다. 또는 위험은 운송계약을 구현하고 있는 서류를 발행한 운송인에게 물품이 인도된 때로부터 매수인이 부담한다. 매도인이 매매계약의 체결 시에 물품이 이미 멸실 또는 손상되었다는 사실을 알았거나 또는 알아야 하는 경우에 매수인에게 알리지 않았으면 매도인의 위험부담에 속한다.

## (4) 기타 경우의 위험

### 1) 조항의 내용

| Article 69 | 제69조(기타 경우의 위험) |
| --- | --- |
| (1) In cases not within articles 67 and 68, the risk passes to the buyer when he takes over the goods or, if he does not do so in due time, from the time when the goods are placed at his disposal and he commits a breach of contract by failing to take delivery.<br>(2) However, if the buyer is bound to take over the goods at a place other than a place of business of the seller, the risk passes when delivery is due and the buyer is aware of the fact that the goods are placed at his disposal at that place.<br>(3) If the contract relates to goods not then identified, the goods are considered not to be placed at the disposal of the buyer until they are clearly identified to the contract. | (1) 제67조 및 제68조에 해당되지 아니하는 경우에는, 위험은 매수인이 물품을 인수한 때, 또는 매수인이 적시에 이를 인수하지 아니한 경우에는 물품이 매수인의 임의처분하에 적치되고 매수인이 이를 수령하지 아니하여 계약위반을 범하게 된 때로부터 매수인에게 이전한다.<br>(2) 그러나 매수인이 매도인의 영업소 이외의 장소에서 물품을 인수하여야 하는 경우에는, 위험은 인도의 기일이 도래하고 또 물품이 그러한 장소에서 매수인의 임의처분하에 적치된 사실을 매수인이 안 때에 이전한다.<br>(3) 계약이 아직 특정되지 아니한 물품에 관한 것인 경우에는, 물품은 계약의 목적물로서 명확히 특정되기까지는 태수인의 임의처분하에 적치되지 아니한 것으로 본다. |

### 2) 조항의 개요

위험은 매수인이 물품을 인수하거나, 임의처분하도록 적치되거나, 계약위반이 되거나, 매도인의 영업소 이외의 장소에서 물품을 인수하는 경우, 위험은 인도기일이 도래하고 또 물품이 그러한 장소에서 매수인이 임의처분하도록 적치한 것을 매수인이 안 때에 이전한다.

## (5) 매도인의 계약위반시의 위험

### 1) 조항의 내용

| Article 70 | 제70조(매도인의 계약위반시의 위험) |
| --- | --- |
| If the seller has committed a fundamental breach of contract, articles 67, 68 and 69 do not impair the remedies available to the buyer on account of the breach. | 매도인이 계약의 본질적인 위반을 범한 경우에는, 제67조, 제68조 및 제69조의 규정은 그 본질적인 위반을 이유로 매수인이 원용할 수 있는 구제를 침해하지 않는다. |

### 2) 조항의 개요

매도인이 계약의 본질적인 위반을 범한 경우에는, 그 본질적인 위반을 이유로 매수인이 원용할 수 있는 구제를 침해하지 않는다.

## 5. 매도인과 매수인의 의무에 공통되는 규정

### (1) 이행의 정지

#### 1) 조항의 내용

| | |
|---|---|
| Chapter V - Provisions Common to the Obligations of the Seller and of the Buyer<br>Section I - Anticipatory breach and instalment contracts 262<br>Article 71<br>(1) A party may suspend the performance of his obligations if, after the conclusion of the contract, it becomes apparent that the other party will not perform a substantial part of his obligations as a result of:<br>(a) a serious deficiency in his ability to perform or in his creditworthiness; or<br>(b) his conduct in preparing to perform or in performing the contract.<br>(2) If the seller has already dispatched the goods before the grounds described in the preceding paragraph become evident, he may prevent the handing over of the goods to the buyer even though the buyer holds a document which entitles him to obtain them. The present paragraph relates only to the rights in the goods as between the buyer and the seller.<br>(3) A party suspending performance, whether before or after dispatch of the goods, must immediately give notice of the suspension to the other party and must continue with performance if the other party provides adequate assurance of his performance. | 제5장 매도인과 매수인의 의무에 공통되는 규정<br>제1절 이행기일전의 계약위반과 분할이행계약<br><br>제71조(이행의 정지)<br>(1) 당사자 일방은 계약체결후에 상대방이 다음과 같은 사유의 결과로 그 의무의 어떤 실질적인 부분을 이행하지 아니할 것이 명백하게 된 경우에는, 자기의 의무의 이행을 정지할 수 있다.<br>(a) 상대방의 이행능력 또는 그 신뢰성의 중대한 결함, 또는<br>(b) 상대방의 계약이행의 준비 또는 계약이행의 행위.<br>(2) 매도인이 전항에 기술된 사유가 명백하게 되기 전에 이미 물품을 발송한 경우에는, 비록 매수인이 물품을 취득할 권한을 주는 서류를 소지하고 있더라도, 매도인은 물품이 매수인에게 인도되는 것을 중지시킬 수 있다. 본항의 규정은 매도인과 매수인 간에서의 물품에 대한 권리에만 적용한다.<br><br>(3) 이행을 정지한 당사자는 물품의 발송 전후에 관계없이 상대방에게 그 정지의 통지를 즉시 발송하여야 하고, 또 상대방이 그 이행에 관하여 적절한 확약을 제공하는 경우에는 이행을 계속하여야 한다. |

#### 2) 조항의 개요

당사자 일방은 계약체결 후에 상대방이 이행능력, 신뢰성의 결함, 상대방의 계약이행의 준비, 계약이행의 행위 등으로 의무를 이행하지 못하면 의무이행을 정지할 수 있다. 매도인이 이미 물품을 발송하였으면, 매수인이 물품에 관한 취득서류를 소지하였더라도 물품을 매수인에게 인도되지 못하게 할 수 있다. 이행을 정지한 당사자는 물품의 발송 전후에 관계없이 상대방에게 그 사실을 통지하여야 하고, 상대방이 그 이행에 관하여 확약을 제공하면 이행을 계속한다.

## (2) 이행기일 전의 계약해제

### 1) 조항의 내용

| Article 72 | 제72조(이행기일전의 계약해제) |
|---|---|
| (1) If prior to the date for performance of the contract it is clear that one of the parties will commit a fundamental breach of contract, the other party may declare the contract avoided. (2) If time allows, the party intending to declare the contract avoided must give reasonable notice to the other party in order to permit him to provide adequate assurance of his performance. (3) The requirements of the preceding paragraph do not apply if the other party has declared that he will not perform his obligations. | (1) 계약의 이행기일 이전에 당사자의 일방이 계약의 본질적인 위반을 범할 것이 명백한 경우에는, 상대방은 계약의 해제를 선언할 수 있다. (2) 시간이 허용하는 경우에는, 계약의 해제를 선언하고자 하는 당사자는 상대방이 그 이행에 관하여 적절한 확약을 제공할 수 있도록 하기 위하여 상대방에게 상당한 통지를 발송하여야 한다. (3) 전항의 요건은 상대방이 그 의무를 이행하지 아니할 것을 선언한 경우에는 이를 적용하지 않는다. |

### 2) 조항의 개요

계약의 이행기일 이전에 당사자의 일방이 계약을 본질적으로 위반할 것이 명백한 경우에는, 상대방은 계약의 해제를 선언할 수 있다. 계약의 해제를 선언하려는 당사자는 상대방이 그 이행에 관하여 확신을 줄 수 있도록 하기 위하여 상대방에게 상당한 통지하여야 한다.

## (3) 분할 이행계약의 해제

### 1) 조항의 내용

| Article 73 | 제73조(분할이행계약의 해제) |
|---|---|
| (1) In the case of a contract for delivery of goods by instalments, if the failure of one party to perform any of his obligations in respect of any instalment constitutes a fundamental breach of contract with respect to that instalment, the other party may declare the contract avoided with respect to that instalment. | (1) 물품의 분할인도를 위한 계약의 경우에 있어서, 어느 분할부분에 관한 당사자 일방의 어떠한 의무의 불이행이 그 분할부분에 관하여 계약의 본질적인 위반을 구성하는 경우에는, 상대방은 그 분할부분에 관하여 계약의 해제를 선언할 수 있다. |
| (2) If one party's failure to perform any of his obligations in respect of any instalment gives the other party good grounds to conclude that a fundamental breach of contract will occur with respect to future instalments, he may declare the contract avoided for the future, provided that he does so within a reasonable time. | (2) 어느 분할부분에 관한 당사자 일방의 어떠한 의무의 불이행이 상대방으로 하여금 장래의 분할부분에 관하여 계약의 본질적인 위반이 발생할 것이라는 결론을 내리게 하는 충분한 근거가 되는 경우에는, 상대방은 장래의 분할부분에 관하여 계약의 해제를 선언할 수 있다. 다만 상대방은 상당한 기간 내에 이를 행하여야 |

| | |
|---|---|
| (3) A buyer who declares the contract avoided in respect of any delivery may, at the same time, declare it avoided in respect of deliveries already made or of future deliveries if, by reason of their interdependence, those deliveries could not be used for the purpose contemplated by the parties at the time of the conclusion of the contract. | 한다.<br>(3) 어느 인도부분에 관하여 계약의 해제를 선언하는 매수인은 이미 행하여진 인도 또는 장래의 인도에 관해서도 동시에 계약의 해제를 선언할 수 있다. 다만 그러한 인도부분들이 상호 의존관계로 인하여 계약체결시에 당사자 쌍방이 의도한 목적으로 사용될 수 없을 경우에 한한다. |

### 2) 조항의 개요

물품의 분할인도를 위한 매매계약에서, 어느 분할부분에 관한 당사자 중에서 일방의 의무 불이행이 그 분할부분에 관하여 계약의 합의한 내용을 본질적으로 위반한 것이면, 당사자 중에서 상대방은 그 분할부분에 관하여 매매계약의 해제를 선언할 수 있다. 물품의 분할인도를 위한 매매계약을 이행하는 과정 중에 어느 분할부분에 관하여 당사자 중에서 일방이 의무를 불이행한 것이 상대방에게 장래에 이행되어야 할 분할부분에 관하여 매매계약에서 합의한 내용을 본질적으로 위반을 할 것이라는 결론을 내리는 경우에는, 당사자 중에서 상대방은 장래에 이행이 이루어질 분할부분에 관하여 계약의 해제를 선언할 수 있다. 물품의 분할인도를 위한 매매계약을 이행하는 과정 중에 이루어진 어느 인도부분에 관하여 계약의 해제를 선언하는 매수인은 이미 행하여진 인도 또는 장래의 인도에 관해서도 동시에 계약의 해제를 선언할 수 있다. 다만 물품의 분할인도를 위한 매매계약을 이행하는 과정 중에 이루어진 인도부분들이 상호 의존관계로 인하여 매매계약을 체결할 당시에 매매당사자 쌍방이 물품의 분할인도를 악용하려는 목적이 아닌 경우에만 해당한다.

### (4) 손해배상액산정의 원칙

### 1) 조항의 내용

| | |
|---|---|
| Section II - Damages<br>Article 74<br>Damages for breach of contract by one party consist of a sum equal to the loss, including loss of profit, suffered by the other party as a consequence of the breach. Such damages may not exceed the loss which the party in breach foresaw or ought to have foreseen at the time of the conclusion of the contract, in the light of the facts and matters of which he then knew or ought to have known, as a possible consequence of the breach of contract. | 제2절 손해배상액<br>제74조(손해배상액산정의 원칙)<br>당사자 일방의 계약위반에 대한 손해배상액은 이익의 손실을 포함하여 그 위반의 결과로 상대방이 입은 손실과 동등한 금액으로 한다. 그러한 손해배상액은 계약체결시에 위반의 당사자가 알았거나 또는 알았어야 할 사실 및 사정에 비추어서 그 위반의 당사자가 계약체결시에 계약위반의 가능한 결과로서 예상하였거나 또는 예상하였어야 하는 손실을 초과할 수 없다. |

## 2) 조항의 개요

당사자 일방의 계약위반에 대한 손해배상액은 이익의 손실을 포함하여 그 위반의 결과로 상대방이 입은 손실과 동등한 금액으로 한다. 그러한 손해배상액은 계약체결 시에 위반의 당사자가 알았거나 또는 알았어야 할 사실 및 사정에 비추어서 그 위반의 당사자가 계약체결 시에 계약위반의 가능한 결과로서 예상하였거나 또는 예상하였어야 하는 손실을 초과할 수 없다.

## (5) 대체거래시의 손해배상액

### 1) 조항의 내용

| Article 75 | 제75조(대체거래시의 손해배상액) |
|---|---|
| If the contract is avoided and if, in a reasonable manner and within a reasonable time after avoidance, the buyer has bought goods in replacement or the seller has resold the goods, the party claiming damages may recover the difference between the contract price and the price in the substitute transaction as well as any further damages recoverable under article 74. | 계약이 해제되고 또한 해제후에 상당한 방법과 상당한 기간내에 매수인이 대체품을 구매하거나 또는 매도인이 물품을 재매각한 경우에는, 손해배상을 청구하는 당사자는 계약대금과 대체거래의 대금과의 차액뿐만 아니라 제74조에 따라 회수가능한 기타의 모든 손해배상액을 회수할 수 있다. |

### 2) 조항의 개요

계약이 해제되고 또한 해제 후에 상당한 방법과 상당한 기간 내에 매수인이 대체품을 구매하거나 또는 매도인이 물품을 재매각한 경우에는, 손해배상을 청구하는 당사자는 계약대금과 대체거래의 대금과의 차액뿐만 아니라 회수 가능한 기타의 모든 손해배상액을 회수할 수 있다.

## (6) 시가에 기초한 손해배상액

### 1) 조항의 내용

| Article 76 | 제76조(시가에 기초한 손해배상액) |
|---|---|
| (1) If the contract is avoided and there is a current price for the goods, the party claiming damages may, if he has not made a purchase or resale under article 75, recover the difference between the price fixed by the contract and the current price at the time of avoidance as well as any further damages recoverable under article 74. If, however, the party claiming damages has avoided the contract after taking over the goods, the | (1) 계약이 해제되고 또한 물품에 시가가 있는 경우에는, 손해배상을 청구하는 당사자는 제75조에 따라 구매 또는 재매각을 행하지 아니한 때에는 계약대금과 계약해제시의 시가와의 차액뿐만 아니라 제74조에 따라 회수가능한 기타의 모든 손해배상액을 회수할 수 있다. 그러나 손해배상을 청구하는 당사자가 물품을 인수한 후에 계약을 해제한 경우에는, 계약해제시의 시가에 대신하여 물품인수시의 시가를 적용한 |

| current price at the time of such taking over shall be applied instead of the current price at the time of avoidance.<br>(2) For the purposes of the preceding paragraph, the current price is the price prevailing at the place where delivery of the goods should have been made or, if there is no current price at that place, the price at such other place as serves as a reasonable substitute, making due allowance for differences in the cost of transporting the goods. | 다.<br><br>(2) 전항의 적용에 있어서, 시가는 물품의 인도가 행하여졌어야 할 장소에서 지배적 신 가격을 말하고, 그 장소에서 아무런 시가가 없는 경우에는 물품의 운송비용의 차이를 적절히 감안하여 상당한 대체가격으로 할 수 있는 다른 장소에서의 가격을 의미한다. |
| --- | --- |

## 2) 조항의 개요

계약이 해제되고 또한 물품에 시가가 있는 경우에는, 손해배상을 청구하는 당사자는 계약대금과 계약해제시의 시가와의 차액뿐만 아니라 회수가능한 기타의 모든 손해배상액을 회수할 수 있다. 그러나 손해배상을 청구하는 당사자가 물품을 인수한 후에 계약을 해제한 경우에는, 계약해제시의 시가에 대신하여 물품인수시의 시가를 적용한다. 시가는 물품의 인도가 행하여졌어야 할 장소에서의 지배적 신 가격이다.

## (7) 손해경감의 의무

### 1) 조항의 내용

| Article 77<br>A party who relies on a breach of contract must take such measures as are reasonable in the circumstances to mitigate the loss, including loss of profit, resulting from the breach. If he fails to take such measures, the party in breach may claim a reduction in the damages in the amount by which the loss should have been mitigated. | 제77조(손해경감의 의무)<br>계약위반을 주장하는 당사자는 이익의 손실을 포함하여 그 위반으로부터 야기된 손실을 경감하기 위하여 그 사정에 따라 상당한 조치를 취하여야 한다. 그러한 조치를 취하지 아니하는 경우에는, 위반의 당사자는 경감되었어야 하는 손실의 금액을 손해배상액에서 감액하도록 청구할 수 있다. |
| --- | --- |

### 2) 조항의 개요

계약위반을 주장하는 당사자는 이익의 손실을 포함하여 그 위반으로부터 야기된 손실을 경감하기 위하여 그 사정에 따라 상당한 조치를 취하여야 한다. 그러한 조치를 취하지 아니하는 경우에는, 위반의 당사자는 경감되었어야 하는 손실의 금액을 손해배상액에서 감액하도록 청구할 수 있다.

## (8) 연체금액의 이자

### 1) 조항의 내용

| Section III - Interest<br>Article 78<br>If a party fails to pay the price or any other sum that is in arrears, the other party is entitled to interest on it, without prejudice to any claim for damages recoverable under article 74. | 제3절 이자<br>제78조(연체금액의 이자)<br>당사자 일방이 대금 또는 기타 모든 연체된 금액을 지급하지 아니한 경우에는, 상대방은 제74조에 따라 회수가능한 손해배상액의 청구에 침해받지 아니하고 그 금액에 대한 이자를 청구할 권리를 갖는다. |

### 2) 조항의 개요

당사자 일방이 대금 또는 기타 모든 연체된 금액을 지급하지 아니한 경우에는, 상대방은 회수가능한 손해배상액의 청구에 침해받지 아니하고 그 금액에 대한 이자를 청구할 권리를 갖는다.

## (9) 손해배상책임의 면제

### 1) 조항의 내용

| Section IV - Exemptions<br>Article 79<br>(1) A party is not liable for a failure to perform any of his obligations if he proves that the failure was due to an impediment beyond his control and that he could not reasonably be expected to have taken the impediment into account at the time of the conclusion of the contract or to have avoided or overcome it or its consequences.<br>(2) If the party's failure is due to the failure by a third person whom he has engaged to perform the whole or a part of the contract, that party is exempt from liability only if:<br>(a) he is exempt under the preceding paragraph; and<br>(b) the person whom he has so engaged would be so exempt if the provisions of that paragraph were applied to him.<br>(3) The exemption provided by this article has effect for the period during which the impediment exists.<br>(4) The party who fails to perform must give notice to the other party of the impediment | 제4절 면책<br>제79조(손해배상책임의 면제)<br>(1) 당사자 일방은 그 의무의 불이행이 자신의 통제를 벗어난 장해에 기인하였다는 점과 계약체결시에 그 장해를 고려하거나 또는 그 장해나 장해의 결과를 회피하거나 극복하는 것이 합리적으로 기대될 수 없었다는 점을 입증하는 경우에는 자신의 어떠한 의무의 불이행에 대하여 책임을 지지 않는다.<br><br>(2) 당사자의 불이행이 계약의 전부 또는 일부를 이행하기 위하여 고용된 제3자의 불이행에 기인한 경우에는, 그 당사자는 다음과 같은 경우에 한하여 그 책임이 면제된다.<br>(a) 당사자가 전항의 규정에 따라 면책되고, 또<br><br>(b) 당사자가 고용한 제3자가 전항의 규정이 그에게 적용된다면 역시 면책되는 경우.<br><br>(3) 본조에 규정된 면책은 장해가 존재하는 동안의 기간에만 효력을 갖는다.<br>(4) 불이행의 당사자는 장해와 그것이 자신의 이행능력에 미치는 영향에 관하여 상대방에게 |

and its effect on his ability to perform. If the notice is not received by the other party within a reasonable time after the party who fails to perform knew or ought to have known of the impediment, he is liable for damages resulting from such non-receipt.

(5) Nothing in this article prevents either party from exercising any right other than to claim damages under this Convention.

통지하여야 한다. 불이행의 당사자가 장해를 알았거나 또는 알았어야 하는 때로부터 상당한 기간내에 그 통지가 상대방에게 도착하지 아니한 경우에는, 당사자는 그러한 불착으로 인하여 발생하는 손해배상액에 대한 책임이 있다.

(5) 본조의 규정은 어느 당사자에 대해서도 본 협약에 따른 손해배상액의 청구 이외의 모든 권리를 행사하는 것을 방해하지 않는다.

### 2) 조항의 개요

당사자 일방은 그 의무의 불이행이 자신의 통제를 벗어난 장해에 기인하였다는 점과 매매계약을 체결할 때에 그 장해를 고려하거나 또는 그 장해나 장해의 결과를 회피하거나 극복하는 것이 합리적으로 기대될 수 없었다는 점을 입증하는 경우에는 자신의 어떠한 의무의 불이행에 대하여 책임을 지지 않는다. 당사자의 불이행이 계약의 전부 또는 일부를 이행하기 위하여 고용된 제3자의 불이행에 기인한 경우에는 그 당사자는 면책된다.

## (10) 자신의 귀책사유와 불이행

### 1) 조항의 내용

| Article 80<br>A party may not rely on a failure of the other party to perform, to the extent that such failure was caused by the first party's act or omission. | 제80조(자신의 귀책사유와 불이행)<br>당사자 일방은 상대방의 불이행이 자신의 작위 또는 부작위에 기인하여 발생한 한도내에서는 상대방의 불이행을 원용할 수 없다. |
|---|---|

### 2) 조항의 개요

당사자 일방은 상대방의 불이행이 자신의 작위 또는 부작위에 기인하여 발생한 한도 내에서는 상대방의 불이행을 원용할 수 없다.

## (11) 계약의무의 소멸과 반환청구

### 1) 조항의 내용

| Section V - Effects of avoidance<br>Article 81<br>(1) Avoidance of the contract releases both parties from their obligations under it, subject to any damages which may be due. Avoidance | 제5절 해제의 효과<br>제81조(계약의무의 소멸과 반환청구)<br>(1) 계약의 해제는 이미 발생한 모든 손해배상의 의무를 제외하고 양당사자를 계약상의 의무로부터 면하게 한다. 해제는 분쟁해결을 위한 |
|---|---|

| | |
|---|---|
| does not affect any provision of the contract for the settlement of disputes or any other provision of the contract governing the rights and obligations of the parties consequent upon the avoidance of the contract.<br>(2) A party who has performed the contract either wholly or in part may claim restitution from the other party of whatever the first party has supplied or paid under the contract. If both parties are bound to make restitution, they must do so concurrently. | 어떠한 계약조항이나 계약의 해제에 따라 발생하는 당사자의 권리와 의무를 규율하는 기타 모든 계약조항에 영향을 미치지 않는다.<br><br>(2) 계약의 전부 또는 일부를 이행한 당사자 일방은 상대방에 대하여 그 계약하에서 자신이 이미 공급하였거나 또는 지급한 것에 대한 반환을 청구할 수 있다. 당사자 쌍방이 반환하여야 할 의무가 있는 경우에는, 양당사자는 동시에 이를 이행하여야 한다. |

### 2) 조항의 개요

계약의 해제는 모든 손해배상의 의무를 제외하고 양당사자를 계약상의 의무로부터 면하게 한다. 해제는 분쟁해결을 위한 어떠한 계약조항이나 계약의 해제에 따라 발생하는 당사자의 권리와 의무를 규율하는 기타 모든 계약조항에 영향을 미치지 않는다. 계약의 전부 또는 일부를 이행한 당사자 일방은 상대방에 대하여 그 계약하에서 자신이 이미 공급하였거나 또는 지급한 것에 대한 반환을 청구할 수 있다. 당사자 쌍방이 반환하여야 할 의무가 있는 경우에는, 양당사자는 동시에 이를 이행하여야 한다.

### (12) 물품반환이 불가능한 경우

### 1) 조항의 내용

| Article 82 | 제82조(물품반환이 불가능한 경우) |
|---|---|
| (1) The buyer loses the right to declare the contract avoided or to require the seller to deliver substitute goods if it is impossible for him to make restitution of the goods substantially in the condition in which he received them.<br>(2) The preceding paragraph does not apply:<br><br>(a) if the impossibility of making restitution of the goods or of making restitution of the goods substantially in the condition in which the buyer received them is not due to his act or omission;<br>(b) if the goods or part of the goods have perished or deteriorated as a result of the examination provided for in article 38; or<br>(c) if the goods or part of the goods have been sold in the normal course of business or have been consumed or transformed by the buyer in the course normal use before he discovered or | (1) 매수인이 물품을 수령한 상태와 실질적으로 동등한 물품을 반환하는 것이 불가능한 경우에는, 매수인은 계약의 해제를 선언하거나 또는 매도인에게 대체품의 인도를 요구하는 권리를 상실한다.<br><br>(2) 전항의 규정은 다음과 같은 경우에는 이를 적용하지 않는다.<br>(a) 물품을 반환하거나 또는 매수인이 물품을 수령한 상태와 실질적으로 동등한 물품을 반환하는 것이 불가능한 사유가 매수인의 작위 또는 부작위에 기인하지 아니한 경우,<br><br>(b) 제38조에 규정된 검사의 결과로 물품의 전부 또는 일부가 이미 멸실되었거나 또는 변질된 경우, 또는<br>(c) 매수인이 불일치를 발견하였거나 또는 발견하였어야 하는 때 이전에 물품의 전부 또는 일부가 이미 매수인에 의하여 정상적인 영업과정 |

| | |
|---|---|
| ought to have discovered the lack of conformity. | 에서 매각되었거나, 또는 정상적인 사용과정에서 소비되었거나 또는 변형된 경우. |

### 2) 조항의 개요

매수인이 수령한 물품의 상태와 동등한 물품을 반환하는 것이 불가능하면, 매수인은 계약의 해제나 매도인에게 대체품을 요구할 수 없다. 그러므로 매수인이 물품을 반환할 의사가 있다면 보존을 하여야 한다. 물품을 반환하거나 또는 매수인이 물품을 수령한 상태와 실질적으로 동등한 물품을 반환하는 것이 불가능한 사유가 매수인의 작위 또는 부작위에 기인하지 아니한 경우, 또는 매수인이 불일치를 발견하였거나 또는 발견하였어야 하는 때 이전에 물품의 전부 또는 일부가 이미 매수인에 의하여 정상적인 영업과정에서 매각되었거나, 또는 정상적인 사용과정에서 소비되었거나 또는 변형된 경우에는 이를 적용하지 않는다.

### (13) 매수인의 구제방법

### 1) 조항의 내용

| | |
|---|---|
| Article 83<br>A buyer who has lost the right to declare the contract avoided or to require the seller to deliver substitute goods in accordance with article 82 retains all other remedies under the contract and this Convention. | 제83조(기타의 구제방법)<br>매수인은 제82조에 가라 계약의 해제를 선언하는 권리 또는 매도인에게 대체품의 인도를 요구하는 권리를 상실한 경우에도, 계약 및 본 협약에 따른 기타 모든 구제방법을 보유한다. |

### 2) 조항의 개요

매수인은 계약의 해제를 선언하는 권리 또는 매도인에게 대체품의 인도를 요구하는 권리를 상실한 경우에도, 계약 및 본 협약에 따른 기타 모든 구제방법을 보유한다.

### (14) 이익의 반환

### 1) 조항의 내용

| | |
|---|---|
| Article 84<br>(1) If the seller is bound to refund the price, he must also pay interest on it, from the date on which the price was paid.<br>(2) The buyer must account to the seller for all benefits which he has derived from the goods or part of them: | 제84조(이익의 반환)<br>(1) 매도인이 대금을 반환하여야 할 의무가 있는 경우에는, 매도인은 대금이 지급된 날로부터의 그것에 대한 이자도 지급하여야 한다.<br>(2) 매수인은 다음과 같은 경우에는 물품의 전부 또는 일부로부터 취득한 이익을 매도인에게 |

| | |
|---|---|
| (a) if he must make restitution of the goods or part of them; or<br>(b) if it is impossible for him to make restitution of all or part of the goods or to make restitution of all or part of the goods substantially in the condition in which he received them, but he has nevertheless declared the contract avoided or required the seller to deliver substitute goods. | 반환하여야 한다.<br>(a) 매수인이 물품의 전부 또는 일부를 반환하여야 하는 경우, 또는<br>(b) 매수인이 물품의 전부 또는 일부를 반환하거나 또는 그가 물품을 수령한 상태와 실질적으로 동등하게 물품의 전부 또는 일부를 반환하는 것이 불가능함에도 불구하고, 매수인이 계약의 해제를 선언하였거나 또는 매도인에게 대체품의 인도를 요구한 경우. |

## 2) 조항의 개요

매도인이 대금을 반환할 의무가 있으면 대금과 이자도 지급하여야 한다. 매수인이 물품을 수령한 상태와 동등한 물품의 전부 또는 일부를 반환하는 것이 불가능함에도 불구하고, 매수인이 계약의 해제를 선언하였거나 또는 매도인에게 대체품의 인도를 요구한 경우에는 물품의 전부 또는 일부로부터 취득한 이익을 매도인에게 반환하여야 한다.

## (15) 매도인의 보존의무

### 1) 조항의 내용

| | |
|---|---|
| Section VI - Preservation of the goods<br>Article 85<br>If the buyer is in delay in taking delivery of the goods or, where payment of the price and delivery of the goods are to be made concurrently, if he fails to pay the price, and the seller is either in possession of the goods or otherwise able to control their disposition, the seller must take such steps as are reasonable in the circumstances to preserve them. He is entitled to retain them until he has been reimbursed his reasonable expenses by the buyer. | 제6절 물품의 보존<br>제85조(매도인의 보존의무)<br>매수인이 물품의 인도수령을 지체한 경우에, 또는 대금의 지급과 물품의 인도가 동시에 이행되어야 하는 때에 매수인이 그 대금을 지급하지 아니하고 매도인이 물품을 점유하고 있거나 또는 기타의 방법으로 그 처분을 지배할 수 있는 경우에는, 매도인은 물품을 보존하기 위하여 그 사정에 합리적인 조치를 취하여야 한다. 매도인은 자신의 합리적인 비용을 매수인으로부터 보상받을 때까지 물품을 유치할 권리가 있다. |

### 2) 조항의 개요

매수인이 물품의 인도수령을 지체한 경우에, 또는 대금의 지급과 물품의 인도가 동시에 이행되어야 하는 때에 매수인이 그 대금을 지급하지 아니하고 매도인이 물품을 점유하고 있거나 또는 기타의 방법으로 그 처분을 지배할 수 있는 경우에는, 매도인은 물품을 보존하기 위하여 그 사정에 합리적인 조치를 취하여야 한다.

## (16) 매수인의 보존의무

### 1) 조항의 내용

| Article 86 | 제86조(매수인의 보존의무) |
|---|---|
| (1) If the buyer has received the goods and intends to exercise any right under the contract or this Convention to reject them, he must take such steps to preserve them as are reasonable in the circumstances. He is entitled to retain them until he has been reimbursed his reasonable expenses by the seller.<br>(2) If goods dispatched to the buyer have been placed at his disposal at their destination and he exercises the right to reject them, he must take possession of them on behalf of the seller, provided that this can be done without payment of the price and without unreasonable inconvenience or unreasonable expense. This provision does not apply if the seller or a person authorized to take charge of the goods on his behalf is present at the destination. If the buyer takes possession of the goods under this paragraph, his rights and obligations are governed by the preceding paragraph. | (1) 매수인이 물품을 수령한 경우에 있어서 그 물품을 거절하기 위하여 계약 또는 본 협약에 따른 어떠한 권리를 행사하고자 할 때에는, 매수인은 물품을 보존하기 위하여 그 사정에 합리적인 조치를 취하여야 한다. 매수인은 자신의 합리적인 비용을 매도인으로부터 보상받을 때까지 물품을 유치할 권리가 있다.<br>(2) 매수인 앞으로 발송된 물품이 목적지에서 매수인의 임의처분하에 적치된 경우에 있어서 매수인이 물품을 거절하는 권리를 행사할 때에는, 매수인은 매도인을 위하여 물품을 점유하여야 한다. 다만 이것은 대금의 지급이 없이 그리고 불합리한 불편이나 불합리한 비용이 없이 행하여질 수 있는 경우에 한한다. 이 규정은 매도인이나 또는 매도인을 위하여 물품을 관리하도록 수권된 자가 목적지에 있는 경우에는 이를 적용하지 않는다. 매수인이 본항의 규정에 따라 물품을 점유하는 경우에는, 매수인의 권리와 의무에 대해서는 전항의 규정을 적용한다. |

### 2) 조항의 개요

매수인이 물품을 수령한 경우에 있어서 그 물품을 거절하기 위하여 계약 또는 본 협약에 따른 어떠한 권리를 행사하고자 할 때에는, 매수인은 물품을 보존하기 위하여 그 사정에 합리적인 조치를 취하여야 한다. 매수인은 자신의 합리적인 비용을 매도인으로부터 보상받을 때까지 물품을 유치할 권리가 있다.

## (17) 제3자 창고에의 기탁

### 1) 조항의 내용

| Article 87 | 제87조(제3자 창고에의 기탁) |
|---|---|
| A party who is bound to take steps to preserve the goods may deposit them in a warehouse of a third person at the expense of the other party provided that the expense incurred is not unreasonable. | 물품을 보존하기 위한 조치를 취하여야 할 의무가 있는 당사자는 그 발생한 비용이 불합리한 것이 아닌 한, 상대방의 비용으로 물품을 제3자의 창고에 기탁할 수 있다. |

### 2) 조항의 개요

물품을 보존하기 위한 조치를 취하여야 할 의무가 있는 당사자는 그 발생한 비용이 불합리한 것이 아닌 한, 상대방의 비용으로 물품을 제3자의 창고에 기탁할 수 있다. 매도인이나 매수인은 본인에게 책임이 없는 경우에는 상대방의 비용부담으로 보존의무를 이행할 수 있다.

### (18) 물품의 매각

### 1) 조항의 내용

| Article 88 | 제88조(물품의 매각) |
|---|---|
| (1) A party who is bound to preserve the goods in accordance with article 85 or 86 may sell them by any appropriate means if there has been an unreasonable delay by the other party in taking possession of the goods or in taking them back or in paying the price or the cost of preservation, provided that reasonable notice of the intention to sell has been given to the other party. | (1) 제85조 또는 제86조에 따라 물품을 보존하여야 할 의무가 있는 당사자는 상대방이 물품의 점유 또는 반송에 있어서, 또는 대금이나 보존비용의 지급에 있어서 불합리하게 지연한 경우에는, 적절한 방법으로 물품을 매각할 수 있다. 다만 상대방에 대하여 그 매각의 의도에 관한 합리적인 통지가 있어야 한다. |
| (2) If the goods are subject to rapid deterioration or their preservation would involve unreasonable expense, a party who is bound to preserve the goods in accordance with article 85 or 86 must take reasonable measures to sell them. To the extent possible he must give notice to the other party of his intention to sell. | (2) 물품이 급속히 변질되기 쉬운 것이거나 또는 그 보존에 불합리한 비용이 요구되는 경우에는, 제85조 또는 제86조에 따라 물품을 보존하여야 할 의무가 있는 당사자는 이를 매각하기 위한 합리적인 조치를 취하여야 안다. 보존의 의무가 있는 당사자는 가능한 한, 상대방에게 매각의 의도에 관하여 통지를 하여야 한다. |
| (3) A party selling the goods has the right to retain out of the proceeds of sale an amount equal to the reasonable expenses of preserving the goods and of selling them. He must account to the other party for the balance. | (3) 물품을 매각하는 당사자는 매각의 대금으로부터 물품의 보존과 그 매각에 소요된 합리적인 비용과 동등한 금액을 유보할 권리를 갖는다. 그러나 그 당사자는 상대방에게 잔액을 반환하여야 한다. |

### 2) 조항의 개요

물품을 보존하여야 할 의무가 있는 당사자는 상대방이 물품의 점유 또는 반송에 있어서, 또는 대금이나 보존비용의 지급에 있어서 불합리하게 지연한 경우에는, 적절한 방법으로 물품을 매각할 수 있다. 다만 상대방에 대하여 그 매각의 의도에 관한 합리적인 통지가 있어야 한다. 물품이 급속히 변질되기 쉬운 것이거나 또는 그 보존에 불합리한 비용이 요구되는 경우에는, 물품을 보존하여야 할 의무가 있는 당사자는 이를 매각하기 위한 합리적인 조치를 취하여야 한다.

# 제4절 CISG의 최종 규정

## 1. 협약과 타 협정

### (1) 협약의 수탁자

#### 1) 조항의 내용

| | |
|---|---|
| PART IV - Final Provisions<br>Article 89<br>The Secretary-General of the United Nations is hereby designated as the depositary for this Convention. | 제4부 최종규정<br>제89조(협약의 수탁자)<br>국제연합의 사무총장은 본 협약의 수탁자로서 이에 임명된다. |

#### 2) 조항의 개요

본 협약의 수탁자는 국제연합의 사무총장이다.

### (2) 타협정과의 관계

#### 1) 조항의 내용

| | |
|---|---|
| Article 90<br>This Convention does not prevail over any international agreement which has already been or may be entered into and which contains provisions concerning the matters governed by this Convention, provided that the parties have their places of business in States parties to such agreement. | 제90조(타협정과의 관계)<br>본 협약은 이미 발효되었거나 또는 앞으로 발효되는 어떠한 국제적인 협정이 본 협약에 의하여 규율되는 사항에 관한 규정을 포함하고 있는 경우에는 이에 우선하지 않는다. 다만 당사자 쌍방이 그러한 협정의 당사국에 영업소를 갖고 있는 경우에 한한다. |

#### 2) 조항의 개요

본 협약은 이미 발효되었거나 또는 앞으로 발효되는 어떠한 국제적인 협정이 본 협약에 의하여 규율되는 사항에 관한 규정을 포함하고 있는 경우에는 이에 우선하지 않는다.

## 2. 협약의 채택

### (1) 서명과 협약의 채택

#### 1) 조항의 내용

| Article 91 | 제91조(서명과 협약의 채택) |
|---|---|
| (1) This Convention is open for signature at the concluding meeting of the United Nations Conference on Contracts for the International Sale of Goods and will remain open for signature by all States at the Headquarters of the United Nations, New York until 30 September 1981. | (1) 본 협약은 국제물품매매계약에 관한 국제연합회의의 최종일에 서명을 위하여 개방되며, 또 1981년 9월 30일까지 뉴욕의 국제연합본부에서 모든 국가에 의한 서명을 위하여 개방해 둔다. |
| (2) This Convention is subject to ratification, acceptance or approval by the signatory States. | (2) 본 협약은 서명국에 의하여 비준, 승낙 또는 승인되는 것을 전제로 한다. |
| (3) This Convention is open for accession by all States which are not signatory States as from the date it is open for signature. | (3) 본 협약은 서명을 위하여 개방된 날로부터 서명국이 아닌 모든 국가에 의한 가입을 위하여 개방된다. |
| (4) Instruments of ratification, acceptance, approval and accession are to be deposited with the Secretary-General of the United Nations. | (4) 비준서, 승낙서, 승인서 및 가입서는 국제연합의 사무총장에게 기탁하는 것으로 한다. |

#### 2) 조항의 개요

본 협약은 국제물품매매계약에 관한 국제연합회의의 최종일에 서명을 위하여 모든 국가에 개방되며, 또 1981년 9월 30일까지 뉴욕의 국제연합본부에서 모든 국가에 의한 서명을 위하여 개방하여 둔다. 본 협약은 서명국에 의하여 비준, 승낙 또는 승인되는 것을 전제로 한다. 비준서, 승낙서, 승인서 및 가입서는 국제연합의 사무총장에게 기탁하는 것으로 한다.

### (2) 일부규정의 채택

#### 1) 조항의 내용

| Article 92 | 제92조(일부규정의 채택) |
|---|---|
| (1) A Contracting State may declare at the time of signature, ratification, acceptance, approval or accession that it will not be bound by Part II of this Convention or that it will not be bound by Part III of this Convention. | (1) 체약국은 서명, 비준, 승낙, 승인 또는 가입의 당시에 그 국가가 본 협약의 제2부에 구속되지 아니한다거나 또는 본 협약의 제3부에 구속되지 아니한다는 것을 선언할 수 있다. |

| | |
|---|---|
| (2) A Contracting State which makes a declaration in accordance with the preceding paragraph in respect of Part II or Part III of this Convention is not to be considered a Contracting State within paragraph (1) of article 1 of this Convention in respect of matters governed by the Part to which the declaration applies. | (2) 본 협약의 제2부 또는 제3부에 관하여 전항의 규정에 따른 선언을 하는 체약국은 그 선언이 적용되는 각부에 의하여 규율되는 사항에 관해서는 본 협약의 제1조 제1항에서 규정하는 체약국으로 보지 않는다. |

## 2) 조항의 개요

체약국은 서명, 비준, 승낙, 승인 또는 가입의 당시에 그 국가가 본 협약의 제2부에 구속되지 아니한다거나 또는 본 협약의 제3부에 구속되지 아니한다는 것을 선언할 수 있다.

## (3) 연방국가의 채택

## 1) 조항의 내용

| | |
|---|---|
| Article 93<br>(1) If a Contracting State has two or more territorial units in which, according to its constitution, different systems of law are applicable in relation to the matters dealt with in this Convention, it may, at the time of signature, ratification, acceptance, approval or accession, declare that this Convention is to extend to all its territorial units or only to one or more of them, and may amend its declaration by submitting another declaration at any time. | 제93조(연방국가의 채택)<br>(1) 체약국이 그 헌법에 의하여 본 협약에서 취급되는 사항에 관하여 상이한 법체계가 적용되는 둘 이상의 영역을 보유하고 있는 경우에는, 체약국은 서명, 비준, 승낙, 승인 또는 가입의 당시에 본 협약을 전부의 영역 또는 그 중의 하나 이상의 일부의 영역에만 적용한다는 것을 선언할 수 있으며, 또 언제든지 다른 선언을 제출함으로써 앞의 선언을 변경할 수 있다. |
| (2) These declarations are to be notified to the depositary and are to state expressly the territorial units to which the Convention extends. | (2) 전항의 선언은 수탁자에게 통고되어야 하며, 또 본 협약이 적용되는 영역을 명시적으로 기재하여야 한다. |
| (3) If, by virtue of a declaration under this article, this Convention extends to one or more but not all of the territorial units of a Contracting State, and if the place of business of a party is located in that State, this place of business, for the purposes of this Convention, is considered not to be in a Contracting State, unless it is in a territorial unit to which the Convention extends. | (3) 본조에 따른 선언에 의하여, 본 협약이 체약국의 하나 이상의 일부의 영역에 적용되고 그 전부의 영역에는 적용되지 아니한 경우에 당사자 일방의 영업소가 그 체약국에 있는 때에는, 그 영업소는 본 협약의 적용에 있어서 체약국에 있지 아니한 것으로 본다. 다만 그 영업소가 본 협약이 적용되는 영역에 있는 경우에는 그러하지 아니하다. |
| (4) If a Contracting State makes no declaration under paragraph (1) of this article, the Convention is to extend to all territorial units of that State. | (4) 체약국이 본조 제1항에 따른 선언을 하지 아니하는 경우에는, 본 협약은 그 체약국의 전부의 영역에 적용되는 것으로 한다. |

## 2) 조항의 개요

체약국이 그 헌법에 의하여 본 협약에서 취급되는 사항에 관하여 상이한 법체계가 적용되는 둘 이상의 영역을 보유하고 있는 경우에는, 체약국은 서명, 비준, 승낙, 승인 또는 가입의 당시에 본 협약을 전부의 영역 또는 그 중의 하나 이상의 일부의 영역에만 적용한다는 것을 선언할 수 있으며, 또 언제든지 다른 선언을 제출함으로써 앞의 선언을 변경할 수 있다.

## (4) 관련법이 있는 국가의 채택

### 1) 조항의 내용

| Article 94 | 제94조(관련법이 있는 국가의 채택) |
|---|---|
| (1) Two or more Contracting States which have the same or closely related legal rules on matters governed by this Convention may at any time declare that the Convention is not to apply to contracts of sale or to their formation where the parties have their places of business in those States. Such declarations may be made jointly or by reciprocal unilateral declarations. | (1) 본 협약이 규율하는 사항에 관하여 이와 동일하거나 또는 밀접한 관계가 있는 법령을 두고 있는 둘 이상의 체약국은 당사자 쌍방이 이들 체약국에 영업소를 갖고 있는 경우의 매매계약 및 그 성립에 대하여 본 협약을 적용하지 아니한다는 것을 언제라도 선언할 수 있다. 그러한 선언은 체약국이 공동으로 또는 호혜주의를 조건으로 하여 일방적으로 행할 수 있다. |
| (2) A Contracting State which has the same or closely related legal rules on matters governed by this Convention as one or more non-Contracting States may at any time declare that the Convention is not to apply to contracts of sale or to their formation where the parties have their places of business in those States. | (2) 본 협약이 규율하는 사항에 관하여 하나 이상의 비체약국과 동일하거나 또는 밀접한 관계가 있는 법령을 두고 있는 체약국은 당사자 쌍방이 이들 해당 국가에 영업소를 갖고 있는 경우의 매매계약 및 그 성립에 대하여 이 조약을 적재하지 아니한다는 것을 언제라도 선언할 수 있다. |
| (3) If a State which is the object of a declaration under the preceding paragraph subsequently becomes a Contracting State, the declaration made will, as from the date on which the Convention enters into force in respect of the new Contracting State, have the effect of a declaration made under paragraph (1), provided that the new Contracting State joins in such declaration or makes a reciprocal unilateral declaration. | (3) 전항에 따른 선언의 대상이 된 국가가 그 후 체약국이 된 경우에는, 그 선언은 본 협약이 그 새로운 체약국에 대하여 효력을 발생한 날로부터 본조 제1항에 따른 선언으로서의 효력을 갖는다. 다만 새로운 체약국이 그러한 선언에 참가하거나 또는 호혜주의를 조건으로 하는 일방적인 선언을 행하는 경우에 한한다. |

### 2) 조항의 개요

본 협약이 규율하는 사항에 관하여 이와 동일하거나 또는 밀접한 관계가 있는 법령을 두고 있는 둘 이상의 체약국은 당사자 쌍방이 이들 체약국에 영업소를 갖고 있는 경우의 매매계약 및 그 성립에 대하여 본 협약을 적용하지 아니한다는 것을 언제라도 선언할 수 있다.

### (5) 제1조 제1항 b호의 배제

#### 1) 조항의 내용

| Article 95 | 제95조(제1조 제1항 b호의 배제) |
|---|---|
| Any State may declare at the time of the deposit of its instrument of ratification, acceptance, approval or accession that it will not be bound by subparagraph (1)(b) of article 1 of this Convention. | 어느 국가의 경우에도 본 협약의 비준서, 승낙서, 승인서 또는 가입서를 기탁할 당시에 본 협약의 제1조 제1항 b호의 규정에 구속되지 아니한다는 것을 선언할 수 있다. |

#### 2) 조항의 개요

어느 국가의 경우에도 본 협약의 비준서, 승낙서, 승인서 또는 가입서를 기탁할 당시에 본 협약은 국제사법의 규칙에 따라 어느 체약국의 법률을 적용하게 되는 경우 영업소가 상이한 국가에 있는 매매당사자가 물품매매계약에 적용하지 않는다고 선언할 수 있다.

### (6) 계약형식요건의 유보

#### 1) 조항의 내용

| Article 96 | 제96조(계약형식요건의 유보) |
|---|---|
| A Contracting State whose legislation requires contracts of sale to be concluded in or evidenced by writing may at any time make a declaration in accordance with article 12 that any provision of article 11, article 29, or Part II of this Convention, that allows a contract of sale or its modification or termination by agreement or any offer, acceptance, or other indication of intention to be made in any form other than in writing, does not apply where any party has his place of business in that State. | 체약국의 법률상 매매계약을 서면으로 체결하거나 또는 입증하도록 요구하고 있는 체약국은 제12조의 규정에 따라, 어떠한 매매계약이나 그 변경 또는 합의에 의한 해지 또는 모든 청약, 승낙 또는 기타의 의사표시를 서면 이외의 어느 방법으로 행하는 것을 인정하고 있는 본 협약의 제11조, 제29조 또는 제2부의 어떠한 규정도 당사자의 어느 일방이 그 체약국에 영업소를 갖고 있는 경우에는 이를 적용하지 아니한다는 것을 선언할 수 있다. |

#### 2) 조항의 개요

체약국의 법률상 매매계약을 서면으로 체결하거나 또는 입증하도록 요구하고 있는 체약국은 어떠한 매매계약이나 그 변경 또는 합의에 의한 해지 또는 모든 청약, 승낙 또는 기타의 의사표시를 서면 이외의 어느 방법으로 행하는 것을 인정하는 본 협약의 규정도 당사자의 어느 일방이 그 체약국에 영업소를 갖고 있는 경우에는 적용하지 아니한다는 것을 선언할 수 있다.

# 3. 협약의 선언과 발효 및 폐기

## (1) 협약에 관한 선언절차

### 1) 조항의 내용

| Article 97 | 제97조(협약에 관한 선언절차) |
|---|---|
| (1) Declarations made under this Convention at the time of signature are subject to confirmation upon ratification, acceptance or approval. | (1) 서명시에 본 협약에 따라 행한 선언은 비준, 승낙 또는 승인에 즈음하여 이를 확인하여야 하는 것으로 한다. |
| (2) Declarations and confirmations of declarations are to be in writing and be formally notified to the depositary. | (2) 선언 및 선언의 확인은 서면으로 이를 행하여야 하며, 또 정식으로 수탁자에게 통고하여야 한다. |
| (3) A declaration takes effect simultaneously with the entry into force of this Convention in respect of the State concerned. However, a declaration of which the depositary receives formal notification after such entry into force takes effect on the first day of the month following the expiration of six months after the date of its receipt by the depositary. Reciprocal unilateral declarations under article 94 take effect on the first day of the month following the expiration of six months after the receipt of the latest declaration by the depositary. | (3) 선언은 관련된 국가에 대하여 본 협약이 효력을 발생함과 동시에 그 효력을 발생한다. 그러나 본 협약이 그 국가에 대하여 효력을 발생한 이후에 수탁자가 정식의 통고를 수령한 선언은 수탁자가 이를 수령한 날로부터 6개월을 경과한 후 이어지는 월의 최초일에 그 효력을 발생한다. 제94조에 따른 호혜주의를 조건으로 하는 일방적인 선언은 수탁자가 최후의 선언을 수령한 날로부터 6개월을 경과한 후 이어지는 월의 최초일에 그 효력을 발생한다. |
| (4) Any State which makes a declaration under this Convention may withdraw it at any time by a formal notification in writing addressed to the depositary. Such withdrawal is to take effect on the first day of the month following the expiration of six months after the date of the receipt of the notification by the depositary. | (4) 본 협약에 따른 선언을 행한 모든 국가는 수탁자 앞으로 서면에 의한 정식의 통고를 함으로써 언제든지 이를 철회할 수 있다. 그러한 철회는 수탁자가 통고를 수령한 날로부터 6개월을 경과한 후 이어지는 월의 최초일에 그 효력을 발생한다. |
| (5) A withdrawal of a declaration made under article 94 renders inoperative, as from the date on which the withdrawal takes effect, any reciprocal declaration made by another State under that article. | (5) 제94조에 따른 선언의 철회는 그 철회가 효력을 갖는 날로부터 동조에 따른 다른 국가의 모든 호혜적인 선언의 효력을 상실하게 한다. |

### 2) 조항의 개요

서명시에 본 협약에 따라 행한 선언은 비준, 승낙 또는 승인에 즈음하여 이를 확인하여야 하는 것으로 한다. 선언 및 선언의 확인은 서면으로 이를 행하여야 한다.

## (2) 유보의 금지

### 1) 조항의 내용

| Article 98 | 제98조(유보의 금지) |
|---|---|
| No reservations are permitted except those expressly authorized in this Convention. | 어떠한 유보도 본 협약에서 명시적으로 인정된 경우를 제외하고는 이를 허용하지 않는다. |

### 2) 조항의 개요

어떠한 유보도 본 협약에서 명시적으로 인정된 경우를 제외하고는 이를 허용하지 않는다.

## (3) 협약의 발효

### 1) 조항의 내용

| Article 99 | 제99조(협약의 발효) |
|---|---|
| (1) This Convention enters into force, subject to the provisions of paragraph (6) of this article, on the first day of the month following the expiration of twelve months after the date of deposit of the tenth instrument of ratification, acceptance, approval or accession, including an instrument which contains a declaration made under article 92. | (1) 본 협약은 본조 제6항의 규정에 따라 제92조에 의한 선언에 기재되어 있는 문서를 포함하여 제10번째의 비준서, 승낙서, 승인서 또는 가입서가 기탁된 날로부터 12개월을 경과한 후 이어지는 월의 최초일에 그 효력을 발생한다. |
| (2) When a State ratifies, accepts, approves or accedes to this Convention after the deposit of the tenth instrument of ratification, acceptance, approval or accession, this Convention, with the exception of the Part excluded, enters into force in respect of that State, subject to the provisions of paragraph (6) of this article, on the first day of the month following the expiration of twelve months after the date of the deposit of its instrument of ratification, acceptance, approval or accession. | (2) 어느 국가가 제10번째의 비준서, 승낙서, 승인서 또는 가입서를 기탁한 후에 본 협약을 비준, 승낙, 승인 또는 가입하는 경우에는, 본 협약은 그 적용이 배제되는 부을 제외하고 본조 제6항의 규정에 따라 그 국가의 비준서, 승낙서, 승인서 또는 가입서가 기탁된 날로부터 12개월을 경과한 후 이어지는 월의 최초일에 그 국가에 대하여 효력을 발생한다. |
| (3) A State which ratifies, accepts, approves or accedes to this Convention and is a party to either or both the Convention relating to a Uniform Law on the Formation of Contracts for the International Sale of Goods done at The Hague on 1 July 1964 (1964 Hague Formation Convention) and the Convention relating to a Uniform Law on the International Sale of Goods done at The Hague on 1 July 1964 (1964 Hague Sales Convention) shall at the same time denounce, as the case may be, | (3)) 본 협약을 비준, 승낙, 승인 또는 가입하는 국가가 1964년 7월 1일 헤이그에서 작성된 국제물품매매계약의 성립에 관한 통일법에 관련한 협약(1964년 헤이그 성립협약) 및 1964년 7월 1일 헤이그에서 작성된 국제물품매매에 관한 통일법에 관련한 협약(1964년 헤이그 매매협약)의 일방 또는 쌍방의 당사국인 경우에는, 그 국가는 이와 동시에 네덜란드 정부에 폐기의 취지를 통고함으로써 경우에 따라서는 1964년 헤이그 매매협약과 1964년 헤이그 성립협약 |

either or both the 1964 Hague Sales Convention and the 1964 Hague Formation Convention by notifying the Government of the Netherlands to that effect.

(4) A State party to the 1964 Hague Sales Convention which ratifies, accepts, approves or accedes to the present Convention and declares or has declared under article 52 that it will not be bound by Part II of this Convention shall at the time of ratification, acceptance, approval or accession denounce the 1964 Hague Sales Convention by notifying the Government of the Netherlands to that effect.

(5) A State party to the 1964 Hague Formation Convention which ratifies, accepts, approves or accedes to the present Convention and declares or has declared under article 92 that it will not be bound by Part III of this Convention shall at the time of ratification, acceptance, approval or accession denounce the 1964 Hague Formation Convention by notifying the Government of the Netherlands to that effect.

(6) For the purpose of this article, ratifications, acceptances, approvals and accessions in respect of this Convention by States parties to the 1964 Hague Formation Convention or to the 1964 Hague Sales Convention shall not be effective until such denunciations as may be required on the part of those States in respect of the latter two Conventions have themselves become effective. The depositary of this Convention shall consult with the Government of the Netherlands, as the depositary of the 1964 Conventions, so as to ensure necessary co-ordination in this respect.

의 일방 또는 쌍방을 폐기하여야 한다.

(4) 1964년 헤이그 매매협약의 당사국으로서 본 협약을 비준, 승낙, 승인 또는 가입하는 국가가 제92조에 따라 본 협약의 제2부에 구속되지 아니한다는 것을 선언하거나 또는 선언한 경우에는, 그 국가는 본 협약의 비준, 승낙, 승인 또는 가입시에 네덜란드 정부에 폐기의 취지를 통고함으로써 1964년 헤이그 매매협약을 폐기하여야 한다.

(5) 1964년 헤이그 성립협약의 당사국으로서 본 협약을 비준, 승낙, 승인 또는 가입하는 국가가 제92조에 따라 본 협약의 제3부에 구속되지 아니한다는 것을 선언하거나 또는 선언한 경우에는, 그 국가는 본 협약의 비준, 승낙, 승인 또는 가입시에 네덜란드 정부에 폐기의 취지를 통고함으로써 1964년 헤이그 성립협약을 폐기하여야 한다.

(6) 본조의 적용에 있어서, 1964년 헤이그 성립협약 또는 1964년 헤이그 매매협약의 당사국에 의한 본 협약의 비준, 승낙, 승인 또는 가입은 당사국측의 이 두 가지 협약에 대한 폐기의 통고가 스스로 효력을 발생하기까지는 그 효력을 발생하지 않는다. 본 협약의 수탁자는 이러한 점에 대한 필요한 상호조정을 확실히 하기 위하여 1964년 협약의 수탁자인 네덜란드 정부와 협의하여야 한다.

## 2) 조항의 개요

본 협약은 선언에 기재되어 있는 문서를 포함하여 비준서, 승낙서, 승인서 또는 가입서가 기탁된 날로부터 12개월을 경과한 후 이어지는 월의 최초일에 그 효력을 발생한다. 본 협약을 비준, 승낙, 승인 또는 가입하는 국가가 1964년 7월 1일 헤이그에서 작성된 국제물품매매계약의 성립에 관한 통일법에 관련한 협약(1964년 헤이그 성립협약) 및 1964년 7월 1일 헤이그에서 작성된 국제물품매매에 관한 통일법에 관련한 협약(1964년 헤이그 매매협약)의 일방 또는 쌍방의 당사국인 경우에는, 네덜란드 정부에 폐기의 취지를 통고함으로써 1964년 헤이그 매매협약과 1964년 헤이그 성립협약의 일방 또는 쌍방을 폐기하여야 한다.

### (4) 계약에 대한 적용일

#### 1) 조항의 내용

| Article 100 | 제100조(계약에 대한 적용일) |
|---|---|
| (1) This Convention applies to the formation of a contract only when the proposal for concluding the contract is made on or after the date when the Convention enters into force in respect of the Contracting States referred to in subparagraph (1)(a) or the Contracting State referred to in subparagraph (1)(b) of article 1. | (1) 본 협약은 제1조 제1항 a호에 언급된 체약국이나 또는 동조 제1항 b호에 언급된 체약국에 대하여 그 효력을 발생하는 날 또는 그 이후에 계약의 체결을 위한 제의가 행하여진 경우에만 계약의 성립에 적용한다. |
| (2) This Convention applies only to contracts concluded on or after the date when the Convention enters into force in respect of the Contracting States referred to in subparagraph (1)(a) or the Contracting State referred to in subparagraph (1)(b) of article 1. | (2) 본 협약은 제1조 제1항 a호에 언급된 체약국이나 또는 동조 제1항 b호에 언급된 체약국에 대하여 그 효력을 발생하는 날 또는 그 이후에 체결되는 계약에만 적용한다. |

#### 2) 조항의 개요

본 협약은 체약국에 대하여 그 효력을 발생하는 날 또는 그 이후에 계약의 체결을 위한 제의가 행하여진 경우에만 계약의 성립에 적용한다.

### (5) 협약의 폐기

#### 1) 조항의 내용

| Article 101 | 제101조(협약의 폐기) |
|---|---|
| (1) A Contracting State may denounce this Convention, or Part II or Part III of the Convention, by a formal notification in writing addressed to the depositary. | (1) 체약국은 수탁자 앞으로 서면에 의한 정식의 통고를 함으로써 본 협약 또는 본 협약의 제2부 또는 제3부를 폐기할 수 있다. |
| (2) The denunciation takes effect on the first day of the month following the expiration of twelve months after the notification is received by the depositary. Where a longer period for the denunciation to take effect is specified in the notification, the denunciation takes effect upon the expiration of such longer period after the notification is received by the depositary. | (2) 폐기는 수탁자가 그 통고를 수령한 날로부터 12개월을 경과한 후 이어지는 월의 최초일에 그 효력을 발생한다. 폐기가 효력을 발생하기 위한 보다 긴 기간이 그 통고에 명시되어 있는 경우에는, 폐기는 수탁자가 그 통고를 수령한 날로부터 그러한 기간이 경과한 때에 그 효력을 발생한다. |

#### 2) 조항의 개요

체약국은 수탁자 앞으로 서면에 의한 정식의 통고를 함으로써 본 협약을 폐기할 수 있다.

## (6) 협약의 작성

### 1) 조항의 내용

| [Post Provisions]<br>[Post Clauses (If any: Signed; Witnessed; Done; Authentic Texts; & Deposited Clauses)]<br>DONE at Vienna, this day of eleventh day of April, one thousand nine hundred and eighty, in a single original, of which the Arabic, Chinese, English, French, Russian and Spanish texts are equally authentic.<br>IN WITNESS WHEREOF the undersigned plenipotentiaries, being duly authorized by their respective Governments, have signed this Convention | 협약의 작성<br>본 협약은 1980년 4월 11일 당일에 비엔나에서 국제연합이 동등하게 인증한 아랍어, 중국어, 영어, 불어, 러시아어 및 스페인어를 정본으로 한 1통의 원본으로 작성되었다.<br><br><br>이상의 증거로서 아래에 명기된 전권위원들은 그 각각의 정부로부터 정당하게 위임을 받아 본 협약에 서명하였다. |
| --- | --- |

### 2) 조항의 개요

본 협약은 1980년 4월 11일 당일에 비엔나에서 국제연합이 동등하게 인증한 아랍어, 중국어, 영어, 불어, 러시아어 및 스페인어를 정본으로 한 1통의 원본으로 작성되었다. 증거로서 전권위원들은 그 각각의 정부로부터 정당하게 위임을 받아 본 협약에 서명하였다.

# 제 2 편

# 무역대금결제 관련 국제관습과 협약

# 제 4 장

# 신용장 결제방식과 신용장 통일규칙

## 제1절   신용장 결제방식과 환어음

### 1. 신용장과 선적서류

#### (1) 신용장

신용장(信用狀, letter of credit ： L/C)은 수입업자의 거래은행이 수입업자의 지시에 따라 신용장에 명시한 조건에 일치하는 선적서류와 상환으로 수출업자 또는 그 지시인이 발행하는 환어음에 대하여 지급, 인수 또는 매입할 것을 확약한 서신이다. 신용장은 외국환거래은행이 무역대금의 결제에 대하여 보증을 해주고 있다는 특징이 있다.

#### (2) 신용장 결제방식

신용장 결제방식은 무역거래에서 신용장을 이용하여 대금결제를 하는 방식이다. 신용장결제 방식에서는 외국환은행이 수입업자의 담보 등을 전제로 신용장을 보증하여 발행하여 주기 때문에 수입업자가 대금지급을 거절하거나 파산하여 지급불능의 상태에 있다고 하더라도 수출대금의 회수가 확실하다는 점이 있다. 수출대금의 회수가 확실하기 때문에 수출업자는 수출을 확정지으며 상대국가에서 발생하는 외환위험에 대해서도 회피할 수 있는 기능을 함으로써 무역발전에 기여하고 있다. 신용장을 활용하는 경우에는 무역금융을 활용할 수 있는 제도적 장치가 되어 있어 무역당사자들의 자금부담을 완화시켜 주는 역할도 한다.

### (3) 선적서류

#### 1) 선적서류의 구분

##### ① 기본서류

수출업자가 준비하는 선적서류 중에서 기본서류는 선화증권, 상업송장, 보험증권 등이다. 선화증권은 운송계약을 체결한 증거로서 운송회사가 송화인에게 작성하여 교부하는 증권이다. 상업송장은 수출업자가 작성하는 서류로서 물품에 대한 품명, 수량, 단가, 포장 등에 관한사항을 기재한 물품의 명세서인 동시에 물품의 대금청구서 및 계산서의 역할을 한다. 운임·보험료포함 거래규칙(CIF)이나 수송비보험료포함 거래규칙(CIP)에서는 선화증권, 보험서류, 상업송장 등이 기본서류가 된다. 본선인도 거래규칙(FOB)에서는 선화증권을 포함한 운송서류와 상업송장만으로 충분하다.

##### ② 부속서류

수입업자가 요구하는 부속서류로는 품질증명서, 수량증명서, 중량증명서, 검사증명서, 포장명세서 등이 있다. 수입국의 법규를 준수하기 위하여 준비하는 부속서류로는 원산지증명서, 일반특혜관세 원산지증명서, 영사송장, 세관송장, 검역증명서, 위생검사서 등이 있다.

#### 2) 선적서류의 준비

##### ① 선적서류의 구비

무역계약서나 신용장에는 수입업자가 요구하고 있는 선적서류 및 제출 통수에 대하여 기재하고 있다. 운송서류나 보험서류 등과 같이 관련기관에서 작성한 기본서류를 제외한 기타의 선적서류에 대하여 여러 통을 요구할 경우 1통의 원본에 나머지는 사본으로 구비하면 된다.

##### ② 원본과 사본의 구분

무역거래 관련 당사자가 직접 작성하는 선적서류는 자체에 원본(original)이라는 표시와 함께 작성하는 자의 서명이 있어야 한다. 선적서류에 표기된 서명은 육필, 천공, 스탬프, 기계 및 전자방법 등과 같이 어떠한 수단을 사용하여 표시하여도 된다. 그러므로 서명이 되어 있는 선적서류는 복사한 서류도 원본으로서의 효력을 인정받는다. 즉 무역거래 관련 기관에서 작성한 선적서류는 서류에 'Original(원본)' 또는 'Negotiable(매입가능)'이라는 표시와 함께 서명이 있으면 원본이다. 'Non-Negotiable(매입불능)'이라는 표시가 있거나 서명이 되지 않은 것은 사본이다.

## 2. 환어음의 발행

### (1) 환어음의 의미

환어음(bill of exchange or draft)은 채권자인 어음의 발행인(drawer)이 채무자인 지급인(drawee)에 대하여 일정기일에 일정한 장소에서 환어음상에 기재된 표시금액, 즉 채권금액을 지시인 또는 소지인(bearer)에게 무조건 지급할 것을 위탁하는 요식 유가증권으로서 지급청구서(a demand for payment)의 역할을 한다. 따라서 선적서류를 첨부하여 환어음을 발행하는 것은 상업송장에 기재된 물품대금의 총액을 환어음의 금액으로 기재하여 지급인에게 무역대금의 지급을 요구하는 행위인 것이다.

### (2) 환어음의 발행

환어음은 갑(甲)이 을(乙)에게 채권이 있는 경우, 갑이 을에게 일정한 금액을 병(丙)에게 지급할 것을 위탁하는 유가증권이다. 이때 갑은 발행인(drawer), 을은 지급인(drawee), 병은 수취인(payee)이라고 한다. 환어음의 발행은 갑이 환어음을 작성하여 수취인 병에게 교부함으로써 병이 어음에 기재된 금액을 수취할 수 있는 지위에 서게 하는 것이다. 즉 수출업자가 본인 또는 제3자를 위하여 환어음을 작성하여 교부하는 행위가 환어음의 발행인 것이다.

### (3) 환어음의 배서

#### 1) 환어음 배서의 의미

환어음의 배서는 환어음의 수취인인 병이 정(丁)을 지정하여 본인과 동일한 환어음에 따르는 권리를 갖게 하는 행위이다. 갑이 을을 지급인으로 하여 환어음을 발행하였으나 수취인인 병에게 을이 지급을 하지 않는 경우에는 갑이 수취인인 병에 대하여 어음대금을 지급할 의무가 있다.

#### 2) 환어음 배서의 방법

무역업계에서는 배서(endorsement)에 의한 방법과 교부(delivery)에 의한 방법으로 환어음을 유통시키게 된다. 우리나라는 어음 수표법 제10조 및 제12조에 의거 선택무기명식 발행이나 소지인식 발행은 인정하지 않는다. 우리나라에서는 환어음을 반드시 기명식 또는 지시식으로 발행하게 함으로써 유통성을 보장하고 있다.

### (4) 환어음과 관련 법규

#### 1) 환어음의 준거법

무역거래에서 대금결제수단으로 사용되는 환어음에 대한 준거법은 환어음의 유통성을 보장하는 데에 중요하다. 환어음은 국제통화가 아니기 때문에 국제적으로 보장을 하지 않으면 무역거래에서는 무용지물이 될 수도 있다. 그렇지만 전통적으로 국제무역거래에서는 이러한 문제를 해결하면서 지금까지 환어음을 활용하고 있다. 외국환어음에 따르는 환어음 행위의 효력은 원칙적으로 행위지의 법률에 의하여 처리하게 되어 있다. 우리나라에서 발생한 어음행위는 우리나라 어음법이 적용된다. 외국에서 발생한 환어음 행위는 그 나라의 환어음 관계법을 따른다. 국제무역에서 환어음거래는 1882년 영국에서 제정된 환어음법(Bill of Exchange Act 1882)과 국제상업회의소(ICC)에 의하여 제정된 추심에 관한 통일규칙(Uniform Rules for Collections, 1995 Revision ICC Publication No. 522; URC 522)을 적용한다.

#### 2) 환어음법의 국제적 통일

① 제네바 통일 어음조약

국제무역업계에서는 환어음의 사용과 과련한 통일을 위하여 괄1930년에 제네바 통일 어음조약이 제정하였다. 제네바 통일 어음조약은 대륙법계 국가들만 수용하여 영국을 비롯한 대부분의 국가 등에서는 채택을 하지 않았다는 결점이 있었다. 환어음법 분야에서 대륙법은 체계와 이론적인 구성을 중요시하여 간단하고 추상적인 규정으로 되어 있다. 우리나라는 제네바 통일 어음조약을 근거로 하여 어음법과 수표법을 제정하였다.

② 영국과 미국의 환어음법

영국에서는 판례법을 바탕으로 하여 1882년에 어음법(Bill of Exchange Act; BEA 1882)을 제정하였다. 미국에서는 영국의 어음법을 준거로 하여 1896년에 통일 유통증권법(Uniform Negotiable Act)을 제정하였는데 현재까지도 환어음에 관한 기본법으로 사용하고 있다.

③ 국제무역법위원회 어음협약의 성립

1971년부터 국제무역법 위원회(UNCITRAL)에서는 어음법의 통일을 기하고 국내어음거래에는 영향을 미치지 않는 국제적인 거래에만 적용할 수 있는 어음법을 모색하였다. 이후 국제무역법 위원회에서는 계속적인 논의를 거쳐 1987년 8월에 최종 초안을 채택하여 1988년 9월의 UN총회에서 '국제환어음 및 국제약속어음에 관한 협약(Convention on International Bill of Exchange and Promissory Notes; 어음협약)'이 성립되었다.

# 제 2 절   신용장 통일규칙

## 1. 신용장 통일규칙의 의의와 적용

### (1) 신용장 통일규칙의 의의

신용장 통일규칙(Uniform Customs and Practice for Documentary Credits; UCP600)은 국제상업회의소가 제정한 신용장 거래에 관한 국제규칙이다. 신용장 업무를 취급할 때 지켜야 할 제반사항 및 해석의 기준을 규정하고 있다. 국제무역에서 외국환은행과 외국환은행 사이에 사용되는 신용장의 형식과 내용에 통일성이 없기 때문에 분쟁이 발생하는 경우 해결 원칙을 제시하기가 어려웠다. 결국 신용장 거래에 적용할 규칙에 대한 국제적인 통일규칙이 필요하여 국제상업회의소  은행기술실무위원회에서는 1930년에 'Uniform Regulations for Commercial Documentary Credits'라는 보고서를 채택하였다. 이후 1933년 5월 개최된 국제상업회의소 비인 제7차 회의에서  '화환 신용장 통일규칙 및 관례(Uniform Customs and Practice for Commercial Documentary Credit; UCP)'를 국제상업회의소 발행 82호(Brochure No.82)로 제정하였다. 국제상업회의소에서 제정한 신용장 통일규칙은 법적 구속력이 없다. 그래서 신용장 거래당사자가 신용장에 'Except so far as otherwise expressly stated, this documentary credit is subject to Uniform Customs and Practice for Documentary Credits(2007 Revision International Chamber of Commerce Publication No.600)' 등과 같이 신용장 통일규칙을 신용장의 해석기준으로 하겠다는 합의를 한 경우에만 효력을 발휘하게 된다. 이것은 별도의 명시조항이 없는 한, 본 신용장은 국제상업회의소 간행물 번호 제600번 개정된 화환 신용장 통일규칙 및 관례에 따른다는 준거문언이다.

### (2) 신용장 통일규칙의 적용

신용장 해석과 관련한 규정을 적용하는 우선순위는, 첫째 무역거래 당사국의 국내강행법규인 어음법 또는 섭외사법 등, 둘째 무역계약 당사자 사이의 특약, 셋째 신용장 통일규칙이다. 따라서 신용장 통일규칙의 규범과 신용장에 명시한 사항이 서로 상충될 때에는 신용장에 명시한 사항의 효력이 우선적으로 적용된다.

## 2. 신용장 통일규칙의 규정

### (1) 적용범위

#### 1) 조항의 내용

| | |
|---|---|
| The Uniform Customs and Practice for Documentary Credits, 2007 Revision, ICC Publication No. 600 | 화환신용장에 관한 통일규칙 및 관례, 2007 개정, ICC 출판물번호 제600호 |
| Article 1   Application of UCP<br>The Uniform Customs and Practice for Documentary Credits, 2007 Revision, ICC Publication no. 600 ('UCP') are rules that apply to any documentary credit ('credit') (including, to the extent to which they may be applicable, any standby letter of credit) when the text of the credit expressly indicates that it is subject to these rules. They are binding on all parties thereto unless expressly modified or excluded by the credit. | 제1조 신용장통일규칙의 적용<br>화환신용장에 관한 통일규칙 및 관례, 2007 개정, ICC 출판물번호 제600호('UCP')는 신용장의 본문이 이 규칙에 따른다고 명시적으로 표시하고 있는 경우 모든 화환신용장('신용장')(적용가능한 범위에서 모든 보증신용장을 포함한다)에 적용되는 규칙이다. 신용장에 명시적으로 변경되거나 또는 배제되지 아니하는 한, 이 규칙은 모든 관계당사자를 구속한다. |

#### 2) 조항의 개요

화환 신용장에 관한 통일규칙 및 관례, 2007년 개정, 국제상업회의소 출판물번호 제600호는 신용장의 본문이 이 규칙에 따른다고 명시적으로 명시하고 있는 경우 모든 보증 신용장을 포함한 화환 신용장에 적용되는 규칙이다. 신용장에 명시적으로 변경되거나 또는 배제되지 아니하는 한, 이 규칙은 모든 관계당사자를 구속한다.

### (2) 용어의 정의

#### 1) 조항의 내용

| | |
|---|---|
| Article 2   Definitions<br>For the purpose of these rules:<br>Advising bank means the bank that advises the credit at the request of the issuing bank.<br>Applicant means the party on whose request the credit is issued.<br>Banking day means a day on which a bank is regularly open at the place at which an act | 제2조 용어의 정의<br>이 규칙을 위하여<br>통지은행은 발행은행의 요청으로 신용장을 통지하는 은행을 의미한다.<br>발행의뢰인은 신용장이 발행되는 것을 요청하는 당사자를 의미한다.<br>은행영업일은 이 규칙에 따라 업무가 이행되는 장소에서 은행이 정상적으로 영업을 하는 일자 |

subject to these rules is to be performed.

Beneficiary means the party in whose favour a credit is issued.

Complying presentation means a presentation that is in accordance with the terms and conditions of the credit, the applicable provisions of these rules and international standard banking practice.

Confirmation means a definite undertaking of the confirming bank, in addition to that of the issuing bank, to honour or negotiate a complying presentation.

Confirming bank means the bank that adds its confirmation to a credit upon the issuing bank's authorization or request.

Credit means any arrangement, however named or described, that is irrevocable and thereby constitutes a definite undertaking of the issuing bank to honour a complying presentation.

Honour means:

a.to pay at sight if the credit is available by sight payment.

b.to incur a deferred payment undertaking and pay at maturity if the credit is available by deferred payment.

c.to accept a bill of exchange ('draft') drawn by the beneficiary and pay at maturity if the credit is available by acceptance.

Issuing bank means the bank that issues a credit at the request of an applicant or on its own behalf.

Negotiation means the purchase by the nominated bank of drafts (drawn on a bank other than the nominated bank) and/or documents under a complying presentation, by advancing or agreeing to advance funds to the beneficiary on or before the banking day on which reimbursement is due to the nominated bank.

Nominated bank means the bank with which the credit is available or any bank in the case of a credit available with any bank.

Presentation means either the delivery of documents under a credit to the issuing bank or nominated bank or the documents so delivered.

Presenter means a beneficiary, bank or other party that makes a presentation.

---

를 의미한다.

수익자은 그 자신을 수익자로 하여 신용장을 발행받은 당사자를 의미한다.

일치하는 제시는 신용장의 제조건, 이 규칙 및 국제표준은행관행의 적용가능한 규정에 따른 제시를 의미한다.

확인은 일치하는 제시를 지급이행 또는 매입할 발행은행의 확약에 추가하는 확인은행의 확약을 의미한다.

확인은행은 발행은행의 수권 또는 요청에 따라 신용장에 확인을 추가하는 은행을 의미한다.

신용장은 그 명칭이나 기술에 관계없이 취소불능이며 일치하는 제시를 지급이행할 발행은행의 확약을 구성하는 모든 약정을 의미한다.

지급이행은 다음을 말한다:

a. 신용장이 일람지급에 의하여 사용될 수 있는 경우 일람후 지급하는 것.

b. 신용장이 연지급에 의하여 사용될 수 있는 경우 연지급확약의무를 부담하고 만기일에 지급하는 것.

c. 신용장이 인수에 의하여 사용될 수 있는 경우 수익자에 의하여 발행된 환어음('어음')을 인수하고 만기일에 지급하는 것.

발행은행은 발행의뢰인 또는 그 대리인의 요청에 따라 신용장을 발행하는 은행을 의미한다.

매입은 수익자에게 대금을 선지급하거나 또는 선지급하기로 약정함으로써, 일치하는 제시에 따른 환어음(지정은행이 아닌 은행을 지급인으로 하여 발행된) 및/또는 서류의 지정은행에 의한 구매를 한다.

지정은행은 신용장에서 지급이행 또는 매입하도록 수권된 은행, 또는 자유사용신용장의 경우에는 모든 은행을 의미한다.

제시는 발행은행 또는 지정은행에게 신용장에 의한 서류를 인도하는 행위 또는 그렇게 인도된 서류를 의미한다.

제시인은 제시를 행하는 수익자, 은행 또는 기타 당사자를 의미한다.

## 2) 조항의 개요

용어의 정의에서는 통지은행, 은행영업일, 수익자, 일치하는 제시, 확인, 확인은행, 신용장, 지급이행, 발행은행, 매입, 지정은행, 제시, 제시인 등에 대한 의미를 규정하고 있다.

## (3) 용어의 해석

### 1) 조항의 내용

| Article 3  Interpretations | 제3조 해석 |
|---|---|
| For the purpose of these rules: | 이 규칙에서: |
| Where applicable, words in the singular include the plural and in the plural include the singular. | 적용할 수 있는 경우에는, 단수형의 단어는 복수형을 포함하고 복수형의 단어는 단수형을 포함한다. |
| A credit is irrevocable even if there is no indication to that effect. | 신용장은 취소불능의 표시가 없는 경우에도 취소불능이다. |
| A document may be signed by handwriting, facsimile signature, perforated signature, stamp, symbol or any other mechanical or electronic method of authentication. | 서류는 수기, 모사서명, 천공서명, 스탬프, 상징 또는 기타 모든 기계적 또는 전자적 인증방법에 의하여 서명될 수 있다. |
| A requirement for a document to be legalized, visaed, certified or similar will be satisfied by any signature, mark, stamp or label on the document which appears to satisfy that requirement. | 공인, 사증 또는 증명된 서류의 요건은 그러한 요건을 충족하는 것으로 보이는 서류상의 모든 서명, 표시, 스탬프 또는 부전에 의하여 충족된다. |
| Branches of a bank in different countries are considered to be separate banks. | 다른 국가에 있는 어떤 은행의 지점은 타은행으로 본다. |
| Terms such as 'first class', 'well known', 'qualified', 'independent', 'official', 'competent' or 'local' used to describe the issuer of a document allow any issuer except the beneficiary to issue that document. | 서류의 발행인을 기술하기 위하여 사용되는 '일류의', '저명한', '자격 있는', '독립적인', '공인된', '유능한' 또는 '국내의'와 같은 용어는 수익자를 제외한 모든 발행인이 그 서류를 발행하는 것을 허용한다. |
| Unless required to be used in a document, words such as 'prompt', 'immediately' or 'as soon as possible' will be disregarded. | 서류에 사용될 것이 요구되지 아니하는 한, '신속한', '즉시' 또는 '가능한 한 빨리'와 같은 단어는 무시된다. |
| The expression 'on or about' or similar will be interpreted as a stipulation that an event is to occur during a period of five calendar days before until five calendar days after the specified date, both start and end dates included. | '~경에' 또는 이와 유사한 표현은 사건이 명시된 일자 이전의 5일부터 그 이후의 5일까지의 기간으로서 초일 및 종료일을 포함하는 기간 동안에 발생하는 약정으로 해석된다. |
| The words 'to', 'until', 'till', 'from' and 'between' when used to determine a period of shipment include the date or dates mentioned, and the words 'before' and 'after' exclude the date mentioned. | '까지', '까지', '까지', '부터' 및 '사이'라는 단어는 선적기간을 결정하기 위하여 사용되는 경우에는 언급된 당해 일자를 포함하며, '이전' 및 '이후'라는 단어는 언급된 당해 일자를 제외한다. |
| The words 'from' and 'after' when used to determine a maturity date exclude the date mentioned. | '부터' 및 '이후'라는 단어는 만기일을 결정하기 위하여 사용된 경우에는 언급된 당해 일자를 제외한다. |
| The terms 'first half' and 'second half' of a | 어느 개월의 '전반', '후반'이라는 용어는 각각 |

| | |
|---|---|
| month shall be construed respectively as the 1st to the 15th and the 16th to the last day of the month, all dates inclusive.<br>The terms 'beginning', 'middle' and 'end' of a month shall be construed respectively as the 1st to the 10th, the 11th to the 20th and the 21st to the last day of the month, all dates inclusive. | 해당 개월의 1일부터 15일까지, 그리고 16일부터 말일까지로 하고, 양끝의 일자를 포함하는 것으로 해석된다.<br>어느 개월의 '상순', '중순' 및 '하순'이라는 용어는 각각 해당 개월의 1일부터 10일까지, 11일부터 20일까지, 그리고 21일부터 말일까지로 하고, 양끝의 일자를 포함하는 것으로 해석된다. |

### 2) 조항의 개요

단수형의 단어는 복수형을 포함하고 복수형의 단어는 단수형을 포함한다. 신용장은 취소불능의 명시가 없는 경우에도 취소불능이다. 서류는 수기, 모사서명, 천공서명, 스탬프, 상징 또는 기타 모든 기계적 또는 전자적 인증방법에 의하여 서명될 수 있다. 공인, 사증 또는 증명된 서류의 요건은 그러한 요건을 충족하는 것으로 보이는 서류상의 모든 서명, 명시, 스탬프 또는 부전에 의하여 충족된다. 다른 국가에 있는 은행의 지점은 타은행으로 본다. 신용장에서 사용하는 용어는 허용하는 것과 제한하는 것으로 구분된다. 기간을 나타내는 용어는 그 기간의 확정에 대하여, 일자를 나타내는 용어는 해당일자가 포함되는가의 여부에 대하여 규정하고 있다.

### (4) 신용장과 계약

### 1) 조항의 내용

| | |
|---|---|
| Article 4　Credits v. Contracts<br>a. A credit by its nature is a separate transaction from the sale or other contract on which it may be based. Banks are in no way concerned with or bound by such contract, even if any reference whatsoever to it is included in the credit. Consequently, the undertaking of a bank to honour, to negotiate or to fulfil any other obligation under the credit is not subject to claims or defences by the applicant resulting from its relationships with the issuing bank or the beneficiary.<br>A beneficiary can in no case avail itself of the contractual relationships existing between banks or between the applicant and the issuing bank.<br>b. An issuing bank should discourage any attempt by the applicant to include, as an integral part of the credit, copies of the underlying contract, proforma invoice and the like. | 제4조 신용장과 계약<br>a. 신용장은 그 성질상 그것이 근거될 수 있는 매매계약 또는 기타 계약과는 별개의 거래이다. 은행은 그러한 계약에 관한 어떠한 참조사항이 신용장에 포함되어 있다 하더라도 그러한 계약과는 아무런 관계가 없으며 또한 이에 구속되지 않는다. 결과적으로 신용장에 의하여 지급이행, 매입하거나 또는 기타 모든 의무를 이행한다는 은행의 확약은 발행은행 또는 수익자와 발행의뢰인과의 관계로부터 생긴 발행의뢰인에 의한 클레임 또는 항변에 지배받지 않는다.<br>수익자는 어떠한 경우에도 은행상호간 또는 발행의뢰인과 발행은행간에 존재하는 계약관계를 원용할 수 없다.<br><br>b. 발행은행은 신용장의 필수적인 부분으로서, 근거계약의 사본, 견적송장 등을 포함시키고자 하는 어떠한 시도도 저지하여야 한다. |

### 2) 조항의 개요

신용장은 그 성질상 그것이 근거될 수 있는 매매계약 또는 기타 계약과는 별개의 거래이다. 은행은 그러한 계약에 관한 어떠한 참조사항이 신용장에 포함되어 있다 하더라도 그러한 계약과는 아무런 관계가 없으며 또한 이에 구속되지 않는다. 이러한 것을 신용장의 독립성이라고 한다.

## (5) 서류와 물품, 용역, 이행

### 1) 조항의 내용

| Article 5   Documents v. Goods, Services or Performance<br>Banks deal with documents and not with goods, services or performance to which the documents may relate. | 제5조 서류와 물품/용역/이행<br><br>은행은 서류를 취급하는 것이며 그 서류와 관련될 수 있는 물품, 용역 또는 이행을 취급하는 것은 아니다. |
| --- | --- |

### 2) 조항의 개요

은행은 서류를 취급하는 것이며 그 서류와 관련되는 물품이나 용역 또는 무역거래 이행 자체를 취급하는 것은 아니다.

## (6) 사용가능성 및 유효기일 그리고 제시장소

### 1) 조항의 내용

| Article 6   Availability, Expiry Date and Place for Presentation<br>a. A credit must state the bank with which it is available or whether it is available with any bank. A credit available with a nominated bank is also available with the issuing bank.<br><br>b. A credit must state whether it is available by sight payment, deferred payment, acceptance or negotiation.<br>c. A credit must not be issued available by a draft drawn on the applicant.<br>d. ⅰ. A credit must state an expiry date for presentation. An expiry date stated for honour or negotiation will be deemed to be an expiry date for presentation.<br>ⅱ.The place of the bank with which the credit | 제6조 사용가능성, 유효기일 및 장소<br>a. 신용장은 그것이 사용될 수 있는 은행을 명기하여야 한다. 지정은행에서 사용될 수 있는 신용장은 발행은행에서도 사용될 수 있다. 자유사용신용장의 경우에는 어떠한 은행도 지정은행이다.<br>b. 신용장은 그것이 일람지급, 연지급, 인수 또는 매입 중 어느 것에 의하여 사용될 수 있는지를 명기하여야 한다.<br>c. 신용장은 발행의뢰인을 지급인으로 하는 환어음을 발행하여서는 아니된다.<br>d. ⅰ. 신용장은 제시를 위한 유효기일을 명시하여야 한다. 지급이행 또는 매입을 위하여 명시된 유효기일은 제시를 위한 유효기일로 본다. |
| --- | --- |

is available is the place for presentation. The place for presentation under a credit available with any bank is that of any bank. A place for presentation other than that of the issuing bank is in addition to the place of the issuing bank.

e. Except as provided in sub-article 29 (a), a presentation by or on behalf of the beneficiary must be made on or before the expiry date.

ii. 신용장이 사용될 수 있는 은행의 장소는 제시를 위한 장소이다. 발행은행의 장소 이외의 제시를 위한 장소는 발행은행의 장소이다. 자유사용신용장의 경우에, 어떠한 장소도 제시를 위한 장소이다.

e. 제29조 a항에서 규정된 경우를 제외하고는, 수익자에 의하거나 또는 대리하는 제시는 유효기일에 또는 그 이전에 행하여져야 한다.

## 2) 조항의 개요

신용장에서는 신용장이 사용될 수 있는 은행을 명시하여야 한다. 신용장은 그것이 일람지급, 연지급, 인수 또는 매입 중 어느 것에 의하여 사용될 수 있는지를 명시하여야 한다. 신용장은 발행의뢰인을 지급인으로 하여 발행된 어음을 사용될 수 있도록 해서는 안된다. 신용장은 제시를 위한 유효기일을 명시하여야 한다. 서류의 제시는 신용장의 유효기일 또는 신용장의 유효기일 이전에 행하여져야 한다.

## (7) 발행은행의 확약

## 1) 조항의 내용

Article 7   Issuing Bank Undertaking

a. Provided that the stipulated documents are presented to the nominated bank or to the issuing bank and that they constitute a complying presentation, the issuing bank must honour if the credit is available by:

i .sight payment, deferred payment or acceptance with the issuing bank;

ii .sight payment with a nominated bank and that nominated bank does not pay;

iii.deferred payment with a nominated bank and that nominated bank does not incur its deferred payment undertaking or, having incurred its deferred payment undertaking, does not pay at maturity;

iv.acceptance with a nominated bank and that nominated bank does not accept a draft drawn on it or, having accepted a draft drawn on it, does not pay at maturity;

v .negotiation with a nominated bank and that nominated bank does not negotiate.

b. An issuing bank is irrevocably bound to honour as of the time it issues the credit.

c. An issuing bank undertakes to reimburse a

제7조  발행은행의 확약

a. 명시된 서류가 지정은행 또는 발행은행에 제시되고, 그 서류가 일치하는 제시를 구성하는 한, 신용장이 다음 중의 어느 것에 의하여 사용될 수 있는 경우에는, 발행은행은 지급이행하여야 한다:

ⅰ. 발행은행에서 일람지급, 연지급 또는 인수 중의 어느 것에 의하여 사용될 수 있는 경우;

ⅱ. 지정은행에서 일람지급에 의하여 사용될 수 있고 그 지정은행이 지급하지 아니한 경우;

ⅲ. 지정은행에서 연지급에 의하여 사용될 수 있고 그 지정은행이 연지급확약을 부담하지 아니한 경우 또는, 그 지정은행이 연지급확약을 부담하였지만 만기일에 지급하지 아니한 경우;

ⅳ. 지정은행에서 인수에 의하여 사용될 수 있고 그 지정은행이 자행을 지급인으로 하여 발행된 환어음을 인수하지 아니한 경우 또는, 그 환어음을 인수하였지만 만기일에 지급하지 아니한 경우;

ⅴ.지정은행에서 매입에 의하여 사용될 수 있고 그 지정은행이 매입되지 아니한 경우.

b. 발행은행은 신용장을 발행하는 시점부터 지급이행할 취소불능의 의무를 부담한다.

c. 발행은행은 일치하는 제시를 지급이행 또는

nominated bank that has honoured or negotiated a complying presentation and forwarded the documents to the issuing bank. Reimbursement for the amount of a complying presentation under a credit available by acceptance or deferred payment is due at maturity, whether or not the nominated bank prepaid or purchased before maturity. An issuing bank's undertaking to reimburse a nominated bank is independent of the issuing bank's undertaking to the beneficiary.

매입하고 그 서류를 발행은행에 발송하는 지정은행에게 상환할 것을 약정한다. 인수 또는 연지급에 의하여 사용될 수 있는 신용장에 따른 제시금액에 대한 상환은 지정은행이 만기일 전에 선지급 또는 구매하였는지의 여부와 관계없이 만기일에 이행되어야 한다. 지정은행에 상환할 발행은행의 확약은 수익자에 대한 발행은행의 확약으로부터 독립한다.

## 2) 조항의 개요

무역업자가 명시된 서류를 지정은행 또는 발행은행에 제시하고, 무역업자가 제시한 서류가 일치하는 제시요건을 구비하는 한, 신용장이 사용될 수 있는 경우 발행은행은 지급을 이행하여야 한다. 발행은행의 지급이행 유형은 일람지급, 연지급 또는 인수 등에 따라서 다르게 된다. 발행은행은 신용장을 발행하는 시점부터 지급이행할 취소불능의 의무를 부담한다. 발행은행은 일치하는 제시를 지급이행 또는 매입하고 그 서류를 발송하는 지정은행에게 상환할 것을 약정한다.

## (8) 확인은행의 확약

### 1) 조항의 내용

| Article 8 Confirming Bank Undertaking | 제8조 확인은행의 확약 |
| --- | --- |
| a. Provided that the stipulated documents are presented to the confirming bank or to any other nominated bank and that they constitute a complying presentation, the confirming bank must:<br>i. honour, if the credit is available by<br><br>a.sight payment, deferred payment or acceptance with the confirming bank;<br>b. sight payment with another nominated bank and that nominated bank does not pay;<br><br>c. deferred payment with another nominated bank and that nominated bank does not incur its deferred payment undertaking or, having incurred its deferred payment undertaking, does not pay at maturity;<br>d. acceptance with another nominated bank and that nominated bank does not accept a draft drawn on it or, having accepted a draft | a. 명시된 서류가 지정은행 또는 기타 모든 지정은행에 제시되고, 그 서류가 일치하는 제시를 구성하는 한, 확인은행은:<br><br>i. 신용장이 다음 중의 어느 것에 의하여 사용될 수 있는 경우에는 지급이행하여야 한다:<br>a. 확인은행에서 일람지급, 연지급 또는 인수 중의 어느 것에 의하여 사용될 수 있는 경우;<br>b. 다른 지정은행에서 일람지급에 의하여 사용될 수 있고 그 지정은행이 지급하지 아니한 경우;<br>c. 다른 지정은행에서 연지급에 의하여 사용될 수 있고 그 지정은행이 연지급확약을 부담하지 아니한 경우 또는, 그 지정은행이 연지급확약을 부담하였지만 만기일에 지급하지 아니한 경우;<br>d. 다른 지정은행에서 인수에 의하여 사용될 수 있고 그 지정은행이 매입하지 아니한 경우 |

drawn on it, does not pay at maturity;
e. .negotiation with another nominated bank and that nominated bank does not negotiate.

ⅱ. a .negotiate, without recourse, if the credit is available by negotiation with the confirming bank.
b. A confirming bank is irrevocably bound to honour or negotiate as of the time it adds its confirmation to the credit.
c. A confirming bank undertakes to reimburse another nominated bank that has honoured or negotiated a complying presentation and forwarded the documents to the confirming bank. Reimbursement for the amount of a complying presentation under a credit available by acceptance or deferred payment is due at maturity, whether or not another nominated bank prepaid or purchased before maturity. A confirming bank's undertaking to reimburse another nominated bank is independent of the confirming bank's undertaking to the beneficiary.
d. If a bank is authorized or requested by the issuing bank to confirm a credit but is not prepared to do so, it must inform the issuing bank without delay and may advise the credit without confirmation.

e. 다른 지정은행에서 매입에 의하여 사용될 수 있고 어떠한 지정은행에 의해서도 매입되지 아니한 경우.
ⅱ. 신용장이 확인은행에서 매입에 의하여 사용될 수 있는 경우에는, 상환청구 없이, 매입하여야 한다.
b. 확인은행은 신용장에 자행의 확인을 추가하는 시점부터 지급이행 또는 매입할 취소불능의 의무를 부담한다.
c. 확인은행은 일치하는 제시를 지급이행 또는 매입하고 그 서류를 확인은행에 발송하는 다른 지정은행에게 상환할 것을 약정한다. 인수 또는 연지급에 의하여 사용될 수 있는 신용장에 따른 제시금액에 대한 상환은 다른 지정은행이 만기일 전에 선지급 또는 구매하였는지의 여부와 관계없이 만기일에 이행되어야 한다. 다른 지정은행에 상환할 확인은행의 확약은 수익자에 대한 발행은행의 확약으로부터 독립한다.

d. 어떤 은행이 발행은행에 의하여 신용장을 확인하도록 수권 또는 요청받았으나 이를 행할 용의가 없는 경우, 그 은행은 지체없이 발행은행에게 통고하여야 하고 확인 없이 신용장을 통지할 수 있다.

## 2) 조항의 개요

확인은행은 무역업자가 명시된 서류를 지정은행 또는 기타 모든 지정은행에 제시하고, 그 서류가 일치하는 제시를 구성하는 한, 신용장이 사용될 수 있는 경우, 지급을 이행하여야 한다. 확인은행의 지급이행 유형은 일람지급, 연지급이나 인수 또는 지급 중의 하나이다. 신용장이 확인은행에서 매입에 사용될 수 있고 일치하는 제시가 확인은행에 행해지거나 또는 다른 지정은행에 행해졌지만 그 지정은행에 의하여 매입되지 아니한 경우에는, 상환청구 없이 매입하여야 한다. 확인은행은 신용장에 자행의 확인을 추가하는 시점부터 지급이행 또는 매입할 취소불능의 의무를 부담한다. 확인은행은 일치하는 제시를 지급이행 또는 매입하고 그 서류를 발송하는 지정은행에게 상환할 것을 약정한다. 다른 지정은행에 상환할 확인은행의 확약은 수익자에 대한 발행은행의 확약으로부터 독립한다. 즉 발행은행의 확약과 확인은행의 확약은 별도의 관계이다. 어떤 은행이 발행은행에 의하여 신용장을 확인하도록 수권 또는 요청받았으나 이를 행할 용의가 없는 경우, 그 은행은 발행은행에게 통고하여야 하고 확인없이 신용장을 통지할 수 있다.

## (9) 신용장 통지 및 조건변경의 통지

### 1) 조항의 내용

| | |
|---|---|
| Article 9 Advising of Credits and Amendments<br>a. A credit and any amendment may be advised to a beneficiary through an advising bank. An advising bank that is not a confirming bank advises the credit and any amendment without any undertaking to honour or negotiate.<br>b. By advising the credit or amendment, the advising bank signifies that it has satisfied itself as to the apparent authenticity of the credit or amendment and that the advice accurately reflects the terms and conditions of the credit or amendment received.<br>c. An advising bank may utilize the services of another bank ('second advising bank') to advise the credit and any amendment to the beneficiary. By advising the credit or amendment, the second advising bank signifies that it has satisfied itself as to the apparent authenticity of the advice it has received and that the advice accurately reflects the terms and conditions of the credit or amendment received.<br>d. A bank utilizing the services of an advising bank or second advising bank to advise a credit must use the same bank to advise any amendment thereto.<br>e. If a bank is requested to advise a credit or amendment but elects not to do so, it must so inform, without delay, the bank from which the credit, amendment or advice has been received.<br>f. If a bank is requested to advise a credit or amendment but cannot satisfy itself as to the apparent authenticity of the credit, the amendment or the advice, it must so inform, without delay, the bank from which the instructions appear to have been received. If the advising bank or second advising bank elects nonetheless to advise the credit or amendment, it must inform the beneficiary or second advising bank that it has not been able to satisfy itself as to the apparent authenticity of the credit, the amendment or the advice. | 제9조 신용장 및 조건변경의 통지<br>a. 신용장 및 모든 조건변경은 통지은행을 통하여 수익자에게 통지될 수 있다. 확인은행이 아닌 통지은행은 지급이행 또는 매입할 어떠한 확약 없이 신용장 및 모든 변경서를 통지한다.<br>b. 신용장 또는 조건변경을 통지함으로써, 통지은행은 그 자신이 신용장 또는 조건변경의 외관상의 진정성에 관하여 스스로 충족하였다는 것과 그 통지가 수령된 신용장 또는 조건변경의 제조건을 정확히 반영하고 있다는 것을 의미한다.<br>c. 통지은행은 수익자에게 신용장 및 모든 조건변경을 통지하기 위하여 타은행('제2통지은행')의 서비스를 이용할 수 있다. 신용장 또는 조건변경을 통지함으로써 제2통지은행은 자신이 수령한 그 통지의 외관상의 진정성에 관하여 스스로 충족하였다는 것과 그 통지가 수령된 신용장 또는 조건변경의 제조건을 정확히 반영하고 있다는 것을 의미한다.<br>d. 신용장을 통지하기 위하여 통지은행 또는 제2통지은행의 서비스를 이용하는 은행은 이에 대한 모든 조건변경을 통지하기 위하여 동일한 은행을 이용하여야 한다.<br>e. 어떤 은행이 신용장 또는 조건변경을 통지하도록 요청되었지만 그렇게 하지 아니하기로 결정하는 경우에는, 그 은행은 신용장, 조건변경 또는 통지를 송부해 온 은행에게 이를 지체없이 통고하여야 한다.<br>f. 어떤 은행이 신용장 또는 조건변경을 통지하도록 요청되었지만 신용장 또는 조건변경 또는 통지의 외관상의 진정성에 관하여 스스로 충족할 수 없는 경우에는, 그 은행은 그 지시를 송부해 온 것으로 보이는 은행에게 이를 지체없이 통고하여야 한다. 그럼에도 불구하고 통지은행 또는 제2통지은행이 그 신용장 또는 조건변경을 통지하기로 결정한 경우에는, 그 은행은 수익자 또는 제2통지은행에게 신용장 또는 조건변경 또는 통지의 외관상의 진정성에 관하여 스스로 충족할 수 없다는 것을 통고하여야 한다. |

## 2) 조항의 개요

통지은행은 신용장 및 모든 조건변경은 수익자에게 통지할 수 있다. 확인은행이 아닌 통지은행은 지급이행 또는 매입할 어떠한 확약 없이 신용장 및 모든 변경서를 통지한다. 통지은행은 수익자에게 신용장 및 모든 조건변경을 통지하기 위하여 타은행 즉 제2 통지은행의 서비스를 이용할 수 있다. 신용장을 통지하기 위하여 통지은행 또는 제2 통지은행의 서비스를 이용하는 은행은 이후에 신용장의 조건변경 등과 같은 내용을 통지하는 경우에 동일한 은행을 이용하여야 한다. 제2의 통지은행은 통지요청에 대하여 무조건 승낙할 필요가 없다. 제2 통지은행이 그 신용장 또는 조건변경을 통지하기로 결정한 경우에는, 그 은행은 수익자 또는 제2 통지은행에게 신용장 또는 조건변경 또는 통지의 외관상의 진정성에 관하여 스스로 충족할 수 없다는 것을 통고하여야 한다.

## (10) 조건변경

### 1) 조항의 내용

| Article 10  Amendments | 제10조 조건변경 |
|---|---|
| a. Except as otherwise provided by article 38, a credit can neither be amended nor cancelled without the agreement of the issuing bank, the confirming bank, if any, and the beneficiary.<br>b. An issuing bank is irrevocably bound by an amendment as of the time it issues the amendment. A confirming bank may extend its confirmation to an amendment and will be irrevocably bound as of the time it advises the amendment. A confirming bank may, however, choose to advise an amendment without extending its confirmation and, if so, it must inform the issuing bank without delay and inform the beneficiary in its advice.<br>c. The terms and conditions of the original credit (or a credit incorporating previously accepted amendments) will remain in force for the beneficiary until the beneficiary communicates its acceptance of the amendment to the bank that advised such amendment. The beneficiary should give notification of acceptance or rejection of an amendment. If the beneficiary fails to give such notification, a presentation that complies with the credit and to any not yet accepted amendment will be deemed to be notification of acceptance by the beneficiary of such | a. 제38조에 의하여 별도로 규정된 경우를 제외하고는, 신용장은 발행은행, 확인은행(있는 경우) 및 수익자의 합의 없이는 변경 또는 취소될 수 없다.<br>b. 발행은행은 그 자신이 조건변경서를 발행한 시점부터 그 조건변경서에 의하여 취소불능의 의무를 부담한다. 확인은행은 그 자신의 확인을 조건변경에까지 확장할 수 있으며 그 변경을 통지한 시점부터 취소불능의 의무를 부담한다. 그러나, 확인은행은 그 자신의 확인을 확장함이 없이 조건변경을 통지하기로 결정할 수 있으며 이러한 경우에는 발행은행에게 지체없이 통고하고 그 자신의 통지서로 수익자에게 통고하여야 한다.<br>c. 원신용장(또는 이전에 승낙된 조건변경을 포함하고 있는 신용장)의 제조건은 수익자가 조건변경에 대한 그 자신의 승낙을 그러한 조건변경을 통지해 온 은행에게 통보할 때까지는 수익자에게는 여전히 유효하다. 수익자는 조건변경에 대하여 승낙 또는 거절의 통고를 행하여야 한다. 수익자가 그러한 통고를 행하지 아니한 경우, 신용장 및 아직 승낙되지 않은 조건변경에 일치하는 제시는 수익자가 그러한 조건변경에 대하여 승낙의 통고를 행하는 것으로 본다. 그 순간부터 신용장은 조건변경된다. |

amendment. As of that moment the credit will be amended.

d. A bank that advises an amendment should inform the bank from which it received the amendment of any notification of acceptance or rejection.

e. Partial acceptance of an amendment is not allowed and will be deemed to be notification of rejection of the amendment.

f. A provision in an amendment to the effect that the amendment shall enter into force unless rejected by the beneficiary within a certain time shall be disregarded.

d. 조건변경을 통지하는 은행은 승낙 또는 거절의 모든 통고의 조건변경을 송부해 온 은행에게 통지하여야 한다.

e. 조건변경의 부분승낙은 허용되지 아니하며 그 조건변경의 거절로 보며, 그 조건변경을 송부해 온 은행에게 이를 통지하여야 한다.

f. 조건변경이 유효하게 된다는 취지의 문언을 포함하고 있는 조건변경서상의 규정은 특정기한 내에 수익자에 의하여 거절되지 아니하는 한 무시된다.

## 2) 조항의 개요

신용장은 발행은행, 확인은행이 있는 경우 확인은행 및 수익자의 합의를 하지 않는다면 변경 또는 취소될 수 없다. 확인은행은 그 자신의 확인을 조건변경에까지 확장할 수 있으며 그 변경을 통지한 시점부터 취소불능의 의무를 부담한다. 원 신용장 또는 이전에 승낙된 조건변경을 포함하고 있는 신용장의 모든 조건은 수익자가 조건변경에 대한 승낙을 조건변경을 통지한 은행에게 통보할 때까지는 여전히 유효하다.

## (11) 전송과 사전통지신용장 그리고 조건변경

### 1) 조항의 내용

Article 11   Teletransmitted and Pre-Advised Credits and Amendments

a. An authenticated teletransmission of a credit or amendment will be deemed to be the operative credit or amendment, and any subsequent mail confirmation shall be disregarded.

If a teletransmission states 'full details to follow' (or words of similar effect), or states that the mail confirmation is to be the operative credit or amendment, then the teletransmission will not be deemed to be the operative credit or amendment. The issuing bank must then issue the operative credit or amendment without delay in terms not inconsistent with the teletransmission.

b. A preliminary advice of the issuance of a credit or amendment ('pre-advice') shall only be sent if the issuing bank is prepared to issue the operative credit or amendment. An issuing

제11조 전송 및 사전통지신용장과 조건변경

a. 신용장 또는 조건변경의 인증된 전송은 유효한 신용장 또는 조건변경으로 보며, 추후의 모든 우편확인서는 무시된다.

전송이 '완전한 명세는 추후 통지함'(또는 이와 유사한 표현)이라고 명기하고 있거나 또는 우편확인서를 유효한 신용장 또는 조건변경으로 한다는 것을 명기하고 있는 경우에는, 그 전송을 유효한 신용장 또는 조건변경으로 보지 않는다. 발행은행은 전송과 모순되지 않는 조건으로 지체없이 유효한 신용장 또는 조건변경을 발행하여야 한다.

b.   신용장의 발행 또는 조건변경의 예비통지('사전통지')는 발행은행이 유효한 신용장 또는 조건변경을 발행할 용의가 있는 경우에만 송부된다. 사전통지를 송부하는 발행은행은 지체없

| | |
|---|---|
| bank that sends a pre-advice is irrevocably committed to issue the operative credit or amendment, without delay, in terms not inconsistent with the pre-advice. | 이 사전통지와 모순되지 아니한 조건으로 유효한 신용장 또는 조건변경을 발행할 것을 취소불능적으로 약속한다. |

## 2) 조항의 개요

신용장 또는 조건변경의 인증된 전송은 유효한 신용장 또는 조건변경으로 보며, 추후의 모든 우편확인서는 무시된다. 신용장의 발행 또는 조건변경에 대한 예비통지, 즉 사전통지는 발행은행이 유효한 신용장을 발행하거나 신용장 조건을 변경할 용의가 있는 경우에만 송부된다.

## (12) 지정

### 1) 조항의 내용

| Article 12  Nomination | 제12조 지정 |
|---|---|
| a. Unless a nominated bank is the confirming bank, an authorization to honour or negotiate does not impose any obligation on that nominated bank to honour or negotiate, except when expressly agreed to by that nominated bank and so communicated to the beneficiary. | a. 지정은행이 확인은행이 아닌 한, 지급이행 또는 매입할 수권은 그 지정은행이 명시적으로 합의하고 이를 수익자에게 통보하는 경우를 제외하고는, 그 지정은행에게 어떠한 의무도 부과되지 않는다. |
| b. By nominating a bank to accept a draft or incur a deferred payment undertaking, an issuing bank authorizes that nominated bank to prepay or purchase a draft accepted or a deferred payment undertaking incurred by that nominated bank. | b. 어음을 인수하거나 또는 연지급확약을 부담할 은행을 지정함으로써, 발행은행은 그 지정은행에 의하여 인수된 환어음 또는 부담된 연지급확약을 그 지정은행에게 선지급 또는 구매할 권한을 부여한다. |
| c. Receipt or examination and forwarding of documents by a nominated bank that is not a confirming bank does not make that nominated bank liable to honour or negotiate, nor does it constitute honour or negotiation. | c. 확인은행이 아닌 지정은행에 의한 서류의 수령 또는 심사 및 발송은 지급이행 또는 매입할 의무를 그 지정은행에게 부담시키는 것은 아니며, 그것은 지급이행 또는 매입을 구성하지 않는다. |

### 2) 조항의 개요

지정은행이 확인은행이 아닌 한, 지급이행 또는 매입할 수권에 대한 어떠한 의무도 없다. 발행은행이 어음을 인수하거나 또는 연지급 확약을 부담할 은행을 지정하면, 지정은행이 인수한 환어음 또는 연지급 확약에 대하여 선지급 또는 구매할 권한을 부여한다. 확인은행이 아닌 지정은행에 의한 서류의 수령 또는 심사 및 발송은 지급이행 또는 매입할 의무를 그 지정은행에게 부담시키는 것은 아니다.

## (13) 은행간 상환약정

### 1) 조항의 내용

| | |
|---|---|
| Article 13    Bank-to-Bank Reimbursement Arrangements<br><br>a. If a credit states that reimbursement is to be obtained by a nominated bank ('claiming bank') claiming on another party ('reimbursing bank'), the credit must state if the reimbursement is subject to the ICC rules for bank-to-bank reimbursements in effect on the date of issuance of the credit.<br><br>b. If a credit does not state that reimbursement is subject to the ICC rules for bank-to-bank reimbursements, the following apply:<br><br>i. An issuing bank must provide a reimbursing bank with a reimbursement authorization that conforms with the availability stated in the credit. The reimbursement authorization should not be subject to an expiry date.<br><br>ii. A claiming bank shall not be required to supply a reimbursing bank with a certificate of compliance with the terms and conditions of the credit.<br><br>iii. An issuing bank will be responsible for any loss of interest, together with any expenses incurred, if reimbursement is not provided on first demand by a reimbursing bank in accordance with the terms and conditions of the credit.<br><br>iv. A reimbursing bank's charges are for the account of the issuing bank. However, if the charges are for the account of the beneficiary, it is the responsibility of an issuing bank to so indicate in the credit and in the reimbursement authorization. If a reimbursing bank's charges are for the account of the beneficiary, they shall be deducted from the amount due to a claiming bank when reimbursement is made. If no reimbursement is made, the reimbursing bank's charges remain the obligation of the issuing bank.<br><br>c. An issuing bank is not relieved of any of its obligations to provide reimbursement if reimbursement is not made by a reimbursing bank on first demand. | 제13조 은행간 상환약정<br><br>a. 신용장에서 지정은행('청구은행')이 상환을 다른 당사자('상환은행')에게 청구하여 받는 것으로 명기하고 있는 경우에는, 그 신용장은 상환이 신용장의 발행일에 유효한 은행간 대금상환에 관한 ICC 규칙에 따르는지를 명기하여야 한다.<br><br>b. 신용장에서 상환이 은행간 대금상환에 관한 ICC 규칙에 따른다고 명기하고 있지 아니한 경우에는, 다음과 같이 적용된다:<br><br>i. 발행은행은 신용장에 명기된 유효성을 따르는 상환수권을 상환은행에게 부여하여야 한다. 상환수권은 유효기일에 지배받지 아니하여야 한다.<br><br>ii.청구은행은 상환은행에게 신용장의 제조건과의 일치증명서를 제공하도록 요구되지 않는다.<br><br>iii. 상환이 최초의 청구시에 신용장의 제조건에 따라 상환은행에 의하여 이행되지 아니한 경우, 발행은행은 부담된 모든 경비와 함께 이자손실의 책임을 부담하여야 한다.<br><br>iv. 상환은행의 비용은 발행은행의 부담으로 하여야 한다. 그러나 그 비용이 수익자의 부담으로 되는 경우에는, 발행은행은 신용장 및 상환수권서에 이를 지시할 책임이 있다. 상환은행의 비용이 수익자의 부담으로 되는 경우에는, 그 비용은 상환이 행해질 때 청구은행에 기인하는 금액으로부터 공제되어야 한다. 상환이 행해지지 아니한 경우에는, 상환은행의 비용은 발행은행의 의무로 남는다.<br><br>c. 발행은행은 상환이 최초의 청구시에 상환은행에 의하여 행해지지 아니하는 경우에는 상환을 이행해야 할 자신의 의무로부터 면제되지 않는다. |

## 2) 조항의 개요

신용장에서 청구은행이 상환은행에게 청구하는 것으로 명시하였다면, 상환이 신용장의 발행일에 은행간 대금상환에 관한 국제상업회의소 규칙에 따르는가의 여부를 명시하여야 한다. 신용장에서 상환이 은행간 대금상환에 관한 국제상업회의소 규칙에 따른다고 명기하고 있지 아니한 경우, 발행은행은 신용장에 명기된 유효성을 따르는 상환수권을 상환은행에게 부여하여야 한다. 상환수권은 유효기일에 지배받지 아니하여야 한다. 청구은행은 상환은행에게 신용장의 제조건과의 일치증명서를 제공하지 못하며 상환이 최초의 청구시에 신용장의 제조건에 따라 상환은행에 의하여 이행되지 아니한 경우, 발행은행은 부담된 모든 경비와 함께 이자손실의 책임을 부담하여야 한다. 상환은행의 비용은 발행은행의 부담으로 하여야 한다. 상환은행의 비용이 수익자의 부담으로 되는 경우에는, 그 비용은 상환이 행해질 때 청구은행에 기인하는 금액으로부터 공제되어야 한다. 상환이 행해지지 아니한 경우에는, 상환은행의 비용은 발행은행의 의무로 남는다.

## (14) 서류심사의 기준

### 1) 조항의 내용

| Article 14 Standard for Examination of Documents | 제14조 서류심사의 기준 |
|---|---|
| a. A nominated bank acting on its nomination, a confirming bank, if any, and the issuing bank must examine a presentation to determine, on the basis of the documents alone, whether or not the documents appear on their face to constitute a complying presentation. | a. 지정에 따라 행동하는 지정은행 ,확인은행(있는 경우) 및 발행은행은 서류가 문면상 일치하는 제시를 구성하는지 여부('일치성')를 결정하기 위하여 서류만을 기초로 하여 그 제시를 심사하여야 한다. |
| b. A nominated bank acting on its nomination, a confirming bank, if any, and the issuing bank shall each have a maximum of five banking days following the day of presentation to determine if a presentation is complying. This period is not curtailed or otherwise affected by the occurrence on or after the date of presentation of any expiry date or last day for presentation. | b. 지정에 따라 행동하는 지정은행, 확인은행(있는 경우) 및 발행은행은 제시가 일치하는지 여부를 결정하기 위하여 제시일의 다음날부터 최대 제5은행영업일을 각각 가진다. 이 기간은 도래하는 유효기일 또는 제시를 위한 최종일에 좌우되지 않는다. |
| c. A presentation including one or more original transport documents subject to articles 19, 20, 21, 22, 23, 24 or 25 must be made by or on behalf of the beneficiary not later than 21 calendar days after the date of shipment as described in these rules, but in any event not later than the expiry date of the credit. | c. 제19조부터 제25조에 따르는 하나 또는 그 이상의 운송서류의 원본을 포함하는 제시는 이 규칙에 기술된 대로 선적일 이후 21일보다 늦지 않게 수익자에 의하여 또는 대리하여 이행되어야 한다. 그러나 어떠한 경우에도, 신용장의 유효기일보다 늦지 않아야 한다. |

d. Data in a document, when read in context with the credit, the document itself and international standard banking practice, need not be identical to, but must not conflict with, data in that document, any other stipulated document or the credit.

e. In documents other than the commercial invoice, the description of the goods, services or performance, if stated, may be in general terms not conflicting with their description in the credit.

f. If a credit requires presentation of a document other than a transport document, insurance document or commercial invoice, without stipulating by whom the document is to be issued or its data content, banks will accept the document as presented if its content appears to fulfil the function of the required document and otherwise complies with sub-article 14 (d).

g. A document presented but not required by the credit will be disregarded and may be returned to the presenter.

h. If a credit contains a condition without stipulating the document to indicate compliance with the condition, banks will deem such condition as not stated and will disregard it.

i. A document may be dated prior to the issuance date of the credit, but must not be dated later than its date of presentation.

j. When the addresses of the beneficiary and the applicant appear in any stipulated document, they need not be the same as those stated in the credit or in any other stipulated document, but must be within the same country as the respective addresses mentioned in the credit. Contact details (telefax, telephone, email and the like) stated as part of the beneficiary's and the applicant's address will be disregarded. However, when the address and contact details of the applicant appear as part of the consignee or notify party details on a transport document subject to articles 19, 20, 21, 22, 23, 24 or 25, they must be as stated in the credit.

k. The shipper or consignor of the goods indicated on any document need not be the beneficiary of the credit.

l. A transport document may be issued by any party other than a carrier, owner, master or charterer provided that the transport document meets the requirements of articles 19, 20, 21, 22, 23 or 24 of these rules.

d. 서류상의 자료는 신용장, 서류의 자료, 서류 그 자체 및 국제표준은행관행은 명시된사류 또는 신영장상의 자료와 동일할 필요는 없지만 이와 상충되어서도 아니된다:

e. 상업송장 이외의 서류에 있어서, 물품의 명세, 용역 또는 이행은 명기된 경우 신용장상의 물품명세와 상충되지 아니하는 일반용어로 기재될 수 있다.

f. 신용장이 서류가 누구에 의하여 발행되는 것인가를 또는 서류의 자료내용을 명시하지 않고, 운송서류, 보험서류 또는 상업송장 이외의 서류의 제시를 요구하는 경우에는, 그 서류의 내용이 요구된 서류의 기능을 충족하는 것으로 보이고 기타의 방법으로 제14조 d항과 일치한다면, 은행은 그 서류를 제시된 대로 수리한다.

g. 제시되었지만 신용장에 의하여 요구되지 않은 서류는 무시되고 제시인에게 반송될 수 있다.

h. 신용장이 어떤 조건과의 일치성을 표시하기 위하여 서류를 명시하지 않고 그 조건을 포함하고 있는 경우에는, 은행은 그러한 조건을 명기되지 아니한 것으로 보고 이를 무시하여야 한다.

i. 서류는 신용장의 일자보다 이전의 일자가 기재될 수 있으나 서류제시일보다 늦게 일자가 기재되어서는 아니된다.

j. 모든 명시된 서류상의 수익자 및 발행의뢰인의 주소는 신용장 또는 기타 모든 명시된 서류에 명기된 것과 동일할 필요는 없으나, 신용장에 언급된 각각의 주소와 동일한 국가내에 있어야 한다. 수익자 및 발행의뢰인의 주소의 일부로서 명기된 연락처 명세(모사전송, 전화, 전자우편 등)는 무시된다. 그러나, 발행의뢰인의 주소 및 연락처가 제19조부터 제25조에 따라 운송서류상의 수화인 또는 착화통지처 명세의 일부로서 보여야 하는 경우에는, 그것은 신용장에 명기된 대로 이어야 한다.

k. 모든 서류상에 표시된 물품의 송화인 또는 탁송인은 신용장의 수익자일 필요는 없다.

l. 운송서류가 이 규칙의 제19조, 제20조, 제21조, 제23조 또는 제24조의 요건을 충족하는 한, 그 운송서류는 선박 또는 기타 운송수단의 소유자 이외의 당사자에 의하여 발행될 수 있다.

## 2) 조항의 개요

지정에 따라 행동하는 지정은행이 있는 경우에는 확인은행 및 발행은행은 서류가 문면상 일치하는 제시를 구성하는지 여부를 심사하여야 한다. 지정은행, 확인은행이 있는 경우에는 확인은행 및 발행은행은 제시가 일치하는지 여부를 결정하기 위하여 제시일의 다음날부터 최대 제5 은행영업일을 각각 가진다. 하나 또는 그 이상의 운송서류의 원본을 포함하는 제시는 신용장 통일규칙에 기술된 대로 선적일 이후 21일보다 늦지 않게 수익자에 의하여 또는 대리하여 이행되어야 한다. 운송서류가 21일을 경과한 경우에는 서류심사 자체가 이루어지지 않는다고 보아야 한다. 서류를 검토할 때, 서류 그 자체의 관점 및 국제표준은행관행의 관점에서 검토할 때, 그 서류 혹은 기타 모든 명시된 서류 또는 신용장상의 자료와 동일할 필요는 없지만 이와 상충되어서는 안된다. 국제표준은행관행에 관한 사항은 국제상업회의소에서 별도로 제정하여 사용하고 있다. 서류가 제시되었지만 신용장에 의하여 요구되지 않은 서류는 무시되고 제시인에게 반송될 수 있다. 서류는 신용장의 발행일자보다 이전의 일자가 명시될 수 있으나 신용장에서 명시하고 있는 서류의 제시일보다 늦은 일자가 명시되어서는 안된다.

## (15) 일치하는 제시

### 1) 조항의 내용

| Article 15  Complying Presentation | 제15조 일치하는 제시 |
|---|---|
| a. When an issuing bank determines that a presentation is complying, it must honour. | a. 발행은행이 제시가 일치한다고 결정하는 경우에는, 그 발행은행은 지급이행하여야 한다. |
| b. When a confirming bank determines that a presentation is complying, it must honour or negotiate and forward the documents to the issuing bank. | b. 확인은행이 제시가 일치한다고 결정하는 경우에는, 그 확인은행은 지급이행 또는 매입하고 발행은행에게 서류를 발송하여야 한다. |
| c. When a nominated bank determines that a presentation is complying and honours or negotiates, it must forward the documents to the confirming bank or issuing bank. | c. 지정은행이 제시가 일치한다고 결정하고 지급이행 또는 매입하는 경우에는, 그 지정은행은 확인은행 또는 발행은행에게 서류를 발송하여야 한다. |

### 2) 조항의 개요

발행은행이 제시가 일치한다고 결정하는 경우에는, 그 발행은행은 지급을 이행하여야 한다. 확인은행이 제시가 일치한다고 결정하는 경우에는, 그 확인은행은 지급이행 또는 매입하고 발행은행에게 서류를 발송하여야 한다. 지정은행이 제시가 일치한다고 결정하고 지급을 이행하거나 매입하는 경우에는, 그 지정은행은 확인은행 또는 발행은행에게 서류를 발송하여야 한다.

## (16) 불일치서류와 권리포기 그리고 통지

### 1) 조항의 내용

| | |
|---|---|
| Article 16  Discrepant Documents, Waiver and Notice | 제16조 불일치서류, 권리포기 및 통지 |
| a. When a nominated bank acting on its nomination, a confirming bank, if any, or the issuing bank determines that a presentation does not comply, it may refuse to honour or negotiate. | a.   지정에 따라 행동하는 지정은행, 확인은행 (있는 경우) 또는 발행은행은 제시가 일치하지 아니한 것으로 결정하는 경우에는, 지급이행 또는 매입을 거절할 수 있다. |
| b. When an issuing bank determines that a presentation does not comply, it may in its sole judgement approach the applicant for a waiver of the discrepancies. This does not, however, extend the period mentioned in sub-article 14 (b). | b.   발행은행은 제시가 일치하지 아니하다고 결정하는 경우에는, 독자적인 판단으로 불일치에 관한 권리포기의 여부를 발행의뢰인과 교섭할 수 있다. 그러나 이것은 제14조 b항에서 언급된 기간을 연장하지 않는다. |
| c. When a nominated bank acting on its nomination, a confirming bank, if any, or the issuing bank decides to refuse to honour or negotiate, it must give a single notice to that effect to the presenter.<br>The notice must state:<br>i. that the bank is refusing to honour or negotiate; and<br>ii. each discrepancy in respect of which the bank refuses to honour or negotiate; and<br>iii. a) that the bank is holding the documents pending further instructions from the presenter; or<br>b) that the issuing bank is holding the documents until it receives a waiver from the applicant and agrees to accept it, or receives further instructions from the presenter prior to agreeing to accept a waiver; or<br>c) that the bank is returning the documents; or<br>d) that the bank is acting in accordance with instructions previously received from the presenter. | c.   지정에 따라 행동하는 지정은행, 확인은행 (있는 경우) 또는 발행은행은 지급이행 또는 매입을 거절하기로 결정한 경우에는, 제시인에게 그러한 취지를 1회만 통지하여야 한다.<br><br>통지는 다음을 명기하여야 한다:<br>ⅰ. 은행이 지급이행 또는 매입을 거절하고 있다는 것; 그리고<br>ⅱ. 은행이 지급이행 또는 매입을 거절하게 되는 각각의 불일치사항; 그리고<br>ⅲ. a) 은행이 제시인으로부터 추가지시를 받을 때까지 서류를 보관하고 있다는 것; 또는<br>b) 발행은행이 발행의뢰인으로부터 권리포기를 수령하고 서류를 수리하기로 합의할 때까지, 또는 권리포기를 승낙하기로 합의하기 전에 제시인으로부터 추가지시를 수령할 때까지 발행은행이 서류를 보관하고 있다는 것; 또는<br>c) 은행이 서류를 반송하고 있다는 것; 또는<br>d) 은행이 제시인으로부터 이전에 수령한 지시에 따라 행동하고 있다는 것; 또는 |
| d. The notice required in sub-article 16 (c) must be given by telecommunication or, if that is not possible, by other expeditious means no later than the close of the fifth banking day following the day of presentation. | d. 제16조 c항에서 요구된 통지는 전기통신으로 또는 그 이용이 불가능한 때에는 기타 신속한 수단으로 제시일의 다음 제5은행영업일의 마감시간까지 행해져야 한다. |
| e. A nominated bank acting on its nomination, a confirming bank, if any, or the issuing bank may, after providing notice required by sub-article 16 (c) (iii) (a) or (b), return the documents to the presenter at any time. | e. 지정에 따라 행동하는 지정은행, 확인은행 (있는 경우) 또는 발행은행은, 제16조 c항 ⅲ호 (a) 또는 (b)에 의하여 요구된 통지를 행한 후에, 언제든지 제시인에게 서류를 반송할 수 있다. |
| f. If an issuing bank or a confirming bank fails to act in accordance with the provisions of this article, it shall be precluded from claiming that | f. 발행은행 또는 확인은행이 이 조의 규정에 따라 행동하지 아니한 경우에는, 그 은행은 서 |

| | |
|---|---|
| the documents do not constitute a complying presentation. | 류가 일치하는 제시를 구성하지 아니한다고 주장할 수 없다. |
| g. When an issuing bank refuses to honour or a confirming bank refuses to honour or negotiate and has given notice to that effect in accordance with this article, it shall then be entitled to claim a refund, with interest, of any reimbursement made. | g. 발행은행이 지급이행을 거절하거나 또는 확인은행이 지급이행 또는 매입을 거절하고 이 조에 따라 그러한 취지를 통지한 경우에는, 그 은행은 이미 행해진 상환금에 이자를 추가하여 그 상환금의 반환을 청구할 권리가 있다. |

## 2) 조항의 개요

확인은행 또는 발행은행은 수익자가 제시한 선적서류와 환어음이 신용장 조건과 일치하지 아니한 것으로 결정하면 지급이행 또는 매입을 거절할 수 있으며 독자적인 판단으로 불일치에 관한 권리포기의 여부를 발행의뢰인과 교섭할 수 있다. 확인은행 또는 발행은행이 수익자가 제시한 선적서류와 환어음에 대하여 지급이행 또는 매입을 거절하기로 결정한 경우에는, 제시인에게 그러한 취지를 1회만 통지하여야 한다. 확인은행 또는 발행은행은 거절통지를 할 때는 전기통신으로 또는 그 이용이 불가능한 때에는 기타 신속한 수단으로 제시일의 다음 제5 은행영업일의 마감시간까지 행해져야 한다. 발행은행이 지급이행을 거절하거나 또는 확인은행이 지급이행 또는 매입을 거절하고 그 취지를 통지한 경우에는, 그 은행은 이미 행해진 상환금과 이자를 추가하여 그 상환금의 반환을 청구할 권리가 있다.

## (17) 원본서류 및 사본

### 1) 조항의 내용

| | |
|---|---|
| Article 17 Original Documents and Copies | 제17조 원본서류 및 사본 |
| a. At least one original of each document stipulated in the credit must be presented. | a. 적어도 신용장에 명시된 각 서류의 1통의 원본은 제시되어야 한다. |
| b. A bank shall treat as an original any document bearing an apparently original signature, mark, stamp, or label of the issuer of the document, unless the document itself indicates that it is not an original. | b. 서류 그 자체가 원본이 아니라고 표시하고 있지 아니하는 한, 명백히 서류발행인의 원본 서명, 표기, 스탬프, 또는 부전을 기재하고 있는 서류를 원본으로서 취급한다. |
| c. Unless a document indicates otherwise, a bank will also accept a document as original if it: | c. 서류가 별도로 표시하지 아니하는 한, 서류가 다음과 같은 경우에는, 은행은 서류를 원본으로서 수리한다: |
| i. appears to be written, typed, perforated or stamped by the document issuer's hand; or | i .서류발행인에 의하여 수기, 타자, 천공 또는 스탬프된 것으로 보이는 경우; 또는 |
| ii. appears to be on the document issuer's original stationery; or | ii. 서류발행인의 원본용지상에 기재된 것으로 보이는 경우; 또는 |
| iii. states that it is original, unless the statement appears not to apply to the | iii. 제시된 서류에 적용되지 아니하는 것으로 보이지 아니하는 한, 원본이라는 명기가 있는 |

document presented.
d. If a credit requires presentation of copies of documents, presentation of either originals or copies is permitted.
e. If a credit requires presentation of multiple documents by using terms such as 'in duplicate', 'in two fold' or 'in two copies', this will be satisfied by the presentation of at least one original and the remaining number in copies, except when the document itself indicates otherwise.

경우.
d. 신용장이 서류의 사본의 제시를 요구하는 경우에는, 원본 또는 사본의 제시는 허용된다.

e. 신용장이 '2통', '2부', '2장'과 같은 용어를 사용함으로써 수통의 서류의 제시를 요구하는 경우에는, 이것은 서류자체에 별도의 표시가 있는 경우를 제외하고는 적어도 원본 1통과 사본으로 된 나머지 통수의 제시에 의하여 충족된다.

## 2) 조항의 개요

신용장에 명시된 각 서류의 1통의 원본은 제시되어야 한다. 원본이라는 명시가 있는 경우 신용장이 서류의 사본의 제시를 요구하는 경우에는, .서류발행인에 의하여 수기, 타자, 천공 또는 스탬프된 것으로 보이는 경우 은행은 서류를 원본으로서 수리한다. 원본 또는 사본의 제시는 허용된다. 신용장이 2통, 2부, 2장과 같은 용어를 사용함으로써 수통의 서류의 제시를 요구하는 경우에는, 이것은 서류자체에 별도의 명시가 있는 경우를 제외하고는 적어도 원본 1통과 사본으로 된 나머지 통수의 제시에 의하여 충족된다.

## (18) 상업송장

Article 18   Commercial Invoice
a. A commercial invoice:
i. must appear to have been issued by the beneficiary (except as provided in article 38);
ii. must be made out in the name of the applicant (except as provided in sub-article 38 (g));
iii. must be made out in the same currency as the credit; and
iv. need not be signed.
b. A nominated bank acting on its nomination, a confirming bank, if any, or the issuing bank may accept a commercial invoice issued for an amount in excess of the amount permitted by the credit, and its decision will be binding upon all parties, provided the bank in question has not honoured or negotiated for an amount in excess of that permitted by the credit.
c. The description of the goods, services or performance in a commercial invoice must correspond with that appearing in the credit.

제18조 상업송장
a. 상업송장은:
ⅰ. 수익자에 의하여 발행된 것으로 보여야 하며(제38조에 규정된 경우를 제외한다);
ⅱ. 발행의뢰인 앞으로 작성되어야 하며(제38조 g항에 규정된 경우를 제외한다);
ⅲ. 신용장과 동일한 통화로 작성되어야 하며; 그리고

ⅳ. 서명될 필요가 없다.
b. 지정에 따라 행동하는 지정은행, 확인은행(있는 경우) 또는 발행은행은 신용장에 의하여 허용된 금액을 초과한 금액으로 발행된 상업송장을 수리할 수 있으며, 그러한 결정은 모든 당사자를 구속한다. 다만, 문제의 은행은 신용장에 의하여 허용된 금액을 초과한 금액으로 지급이행 또는 매입하지 아니하여야 한다.
c. 상업송장상의 물품명세, 용역 또는 이행은 신용장에 보이는 것과 일치하여야 한다.

## 2) 조항의 개요

상업송장은 수익자에 의하여 발행된 것이어야 하며 발행의뢰인 앞으로 작성되어야 한다. 그리고 신용장과 동일한 통화로 작성되어야 한다. 그러나 서명이 있어야 할 필요가 없다. 지정은행, 확인은행이 있는 경우에는 확인은행 또는 발행은행은 신용장에 의하여 허용된 금액을 초과한 금액으로 발행된 상업송장을 수리할 수 있다. 상업송장상의 물품명세, 용역 또는 이행은 신용장에 명시한 것과 일치하여야 한다.

## (19) 복합운송서류

### 1) 조항의 내용

| | |
|---|---|
| Article 19 Transport Document Covering at Least Two Different Modes of Transport<br>a.A transport document covering at least two different modes of transport (multimodal or combined transport document), however named, must appear to:<br>i. indicate the name of the carrier and be signed by:<br>• the carrier or a named agent for or on behalf of the carrier, or<br>• the master or a named agent for or on behalf of the master.<br>Any signature by the carrier, master or agent must be identified as that of the carrier, master or agent.<br>Any signature by an agent must indicate whether the agent has signed for or on behalf of the carrier or for or on behalf of the master.<br>ii. indicate that the goods have been dispatched, taken in charge or shipped on board at the place stated in the credit, by:<br>• pre-printed wording, or<br>• a stamp or notation indicating the date on which the goods have been dispatched, taken in charge or shipped on board.<br>The date of issuance of the transport document will be deemed to be the date of dispatch, taking in charge or shipped on board, and the date of shipment. However, if the transport document indicates, by stamp or notation, a date of dispatch, taking in charge or shipped on board, this date will be deemed to be the date of shipment.<br>iii. indicate the place of dispatch, taking in charge or shipment and the place of final destination stated in the credit, even if: | 제19조 적어도 2가지 상이한 운송수단을 표시하는 운송서류<br>a. 적어도 2가지 상이한 운송수단을 표시하는 운송서류(복합운송서류)는 그 명칭에 관계없이 다음과 같이 보여야 한다:<br>ⅰ. 운송인의 명칭을 표시하고 다음의 자에 의하여 서명되어 있는 것:<br>• 운송인 또는 운송인을 대리하는 지정대리인, 또는<br>• 선장 또는 선장을 대리하는 지정대리인.<br>운송인, 선장 또는 대리인의 모든 서명은 운송인, 선장 또는 대리인의 것이라는 것을 확인하고 있어야 한다.<br>대리인에 의한 모든 서명은 그 대리인이 운송인을 대리하여 서명하였는지, 또는 선장을 대리하여 서명하였는지를 표시하여야 한다.<br>ⅱ. 물품이 다음에 의하여 발송, 수탁 또는 본선 선적되었음을 표시하고 있는 것:<br>• 사전인쇄된 문언, 또는<br>• 물품이 발송, 수탁 또는 본선선적된 일자를 표시하고 있는 스탬프 또는 표기<br>운송서류의 발행일은 발송, 수탁 또는 본선선적일 및 선적일로 본다. 다만, 운송서류가 스탬프 또는 표기에 의하여 발송, 수탁 또는 본선선적일을 표시하고 있는 경우에는 그러하지 아니하며, 이 경우, 이러한 일자를 선적일로 본다.<br>ⅲ. 비록 다음과 같더라도, 신용장에 명시된 발송, 수탁 또는 본선적재지 및 최종목적지를 표시하고 있는 것: |

a. the transport document states, in addition, a different place of dispatch, taking in charge or shipment or place of final destination, or

b. the transport document contains the indication 'intended' or similar qualification in relation to the vessel, port of loading or port of discharge.

iv. be the sole original transport document or, if issued in more than one original, be the full set as indicated on the transport document.

v. contain terms and conditions of carriage or make reference to another source containing the terms and conditions of carriage (short form or blank back transport document). Contents of terms and conditions of carriage will not be examined.

vi. contain no indication that it is subject to a charter party.

b. For the purpose of this article, transhipment means unloading from one means of conveyance and reloading to another means of conveyance (whether or not in different modes of transport) during the carriage from the place of dispatch, taking in charge or shipment to the place of final destination stated in the credit.

c. i. A transport document may indicate that the goods will or may be transhipped provided that the entire carriage is covered by one and the same transport document.

ii. A transport document indicating that transhipment will or may take place is acceptable, even if the credit prohibits transshipment.

a. 운송서류가 그 장소에 추가하여 다른 발송, 수탁 또는 선적지 또는 다른 최종목적지를 명기하고 있더라도, 또는

b. 운송서류가 선박 및/또는 적재항 또는 양륙항에 관하여 '예정된' 또는 이와 유사한 제한의 표시를 포함하고 있더라도,

iv. 단일의 운송서류 원본 또는, 2통 이상의 원본으로 발행된 경우에는, 운송서류상에 표시된 대로 전통인 것.

ⅴ. 운송의 제조건을 포함하고 있거나, 또는 운송의 제조건을 포함하는 다른 자료를 참조하고 있는 것(약식/백지배면식 운송서류). 운송의 제조건의 내용은 심사되지 않는다.

vi. 용선계약에 따른다는 어떠한 표시도 포함하고 있지 아니한 것

b. 이 조에서, 환적이란 신용장에 명시된 발송, 수탁 또는 선적지로부터 최종목적지까지의 운송과정 중에 한 운송수단으로부터의 양화 및 다른 운송수단으로의 재적재를 의미한다.

c. 신용장이 환적을 금지하고 있는 경우에도, 은행은 환적이 행해질 것이라거나 또는 행해질 수 있다고 표시하고 있는 운송서류를 수리하여야 한다. 다만, 전운송은 동일한 운송서류에 의하여 커버되어야 한다.

## 2) 조항의 개요

복합운송서류는 그 명칭에 관계없이 운송인의 명칭을 명시하고 확인된 운송인 또는 운송인을 대리하는 지정대리인, 또는 선장 또는 선장을 대리하는 지정대리인의 서명이 있어야 한다. 복합운송서류는 물품이 사전 인쇄된 문언, 또는 물품이 발송, 수탁 또는 본선 선적된 일자를 명시하고 있는 스탬프 또는 표기에 로 발송, 수탁 또는 본선 선적되었음을 명시하여야 한다. 운송서류에 신용장에서 명시된 발송, 수탁 또는 본선 적재지 및 최종 목적지 이외의 장소를 추가하거나 선박 및/또는 선적항 또는 양륙항에 관하여 '예정된' 이라는 명시를 포함하고 있더라도 수리한다. 단일의 운송서류 원본 또는, 2통 이상의 원본으로 발행된 경우에는, 운송서류상에 명시된 대로 전통인 것은 수리한다.

## (20) 선화증권

### 1) 조항의 내용

| | |
|---|---|
| Article 20  Bill of Lading<br>a. A bill of lading, however named, must appear to:<br>i. indicate the name of the carrier and be signed by:<br>• the carrier or a named agent for or on behalf of the carrier, or<br>• the master or a named agent for or on behalf of the master.<br>Any signature by the carrier, master or agent must be identified as that of the carrier, master or agent.<br>Any signature by an agent must indicate whether the agent has signed for or on behalf of the carrier or for or on behalf of the master.<br>ii. indicate that the goods have been shipped on board a named vessel at the port of loading stated in the credit by:<br>• pre-printed wording, or<br>• an on board notation indicating the date on which the goods have been shipped on board. The date of issuance of the bill of lading will be deemed to be the date of shipment unless the bill of lading contains an on board notation indicating the date of shipment, in which case the date stated in the on board notation will be deemed to be the date of shipment.<br>If the bill of lading contains the indication 'intended vessel' or similar qualification in relation to the name of the vessel, an on board notation indicating the date of shipment and the name of the actual vessel is required.<br>iii. indicate shipment from the port of loading to the port of discharge stated in the credit.<br>If the bill of lading does not indicate the port of loading stated in the credit as the port of loading, or if it contains the indication 'intended' or similar qualification in relation to the port of loading, an on board notation indicating the port of loading as stated in the credit, the date of shipment and the name of the vessel is required. This provision applies even when loading on board or shipment on a named vessel is indicated by pre-printed wording on the bill of lading.<br>iv. be the sole original bill of lading or, if issued in more than one original, be the full set as indicated on the bill of lading. | 제20조 선화증권<br>a. 선화증권은 그 명칭에 관계없이 다음과 같이 보여야 한다:<br>ⅰ. 운송인의 명칭을 표시하고 다음의 자에 의하여 서명되어 있는 것:<br>• 운송인 또는 운송인을 대리하는 지정대리인, 또는<br>• 선장 또는 선장을 대리하는 지정대리인.<br><br>운송인, 선장 또는 대리인에 의한 모든 서명은 운송인, 선장 또는 대리인의 것이라는 것을 확인하고 있어야 한다.<br>대리인에 의한 모든 서명은 그 대리인이 운송인을 대리하여 서명하였는지, 또는 선장을 대리하여 서명하였는지를 표시하여야 한다.<br>ⅱ. 물품이 다음에 의하여 지정선박에 본선선적되었음을 표시하고 있는 것:<br>• 사전인쇄된 문언, 또는<br>• 물품이 본선선적된 일자를 표시하고 있는 본선적재표기<br>선화증권의 발행일은 선적일로 본다. 다만, 선화증권이 선적일을 표시하고 있는 본선적재표기를 포함하고 있는 경우에는 그러하지 아니하며, 이 경우, 본선적재표기상에 명기된 일자는 선적일로 본다.<br><br>선화증권이 선박의 명칭에 관하여 '예정된 선박' 또는 이와 유사한 제한의 표시를 포함하고 있는 경우에는, 선적일 및 실제 선박의 명칭을 표시하고 있는 본선적재표기는 요구된다.<br><br>ⅲ. 신용장에 명시된 적재항으로부터 양륙항까지의 선적을 표시하고 있는 것.<br>선화증권이 적재항으로서 신용장에 명시된 적재항을 표시하고 있지 아니한 경우에는, 또는 적재항에 관하여 '예정된' 또는 이와 유사한 제한의 표시를 포함하고 있는 경우에는, 신용장에 명시된 대로 적재항을 표시하고 있는 본선적재표기, 선적일 및 선박의 명칭이 요구된다. 이 규정은 비록 지정된 선박에의 본선적재 또는 선적이 선화증권상에 사전에 인쇄된 문언에 의하여 표시되어 있더라도 또한 적용된다.<br><br>ⅳ. 단일의 선화증권 원본 또는, 2통 이상의 원본으로 발행된 경우에는, 선화증권상에 표시된 |

v. contain terms and conditions of carriage or make reference to another source containing the terms and conditions of carriage (short form or blank back bill of lading). Contents of terms and conditions of carriage will not be examined.

vi. contain no indication that it is subject to a charter party.

b. For the purpose of this article, transhipment means unloading from one vessel and reloading to another vessel during the carriage from the port of loading to the port of discharge stated in the credit.

c. i . A bill of lading may indicate that the goods will or may be transhipped provided that the entire carriage is covered by one and the same bill of lading.

ii.A bill of lading indicating that transhipment will or may take place is acceptable, even if the credit prohibits transhipment, if the goods have been shipped in a container, trailer or LASH barge as evidenced by the bill of lading.

d. Clauses in a bill of lading stating that the carrier reserves the right to tranship will be disregarded.

대로 전통인 것.

ⅴ. 운송의 제조건을 포함하고 있거나, 또는 운송의 제조건을 포함하는 다른 자료를 참조하고 있는 것(약식/백지배면식 선화증권). 운송의 제조건의 내용은 심사되지 않는다.

ⅵ. 용선계약에 따른다는 어떠한 표시도 포함하고 있지 아니한 것

b. 이 조에서, 환적이란 신용장에 명시된 적재항으로부터 양륙항까지의 운송과정 중에 한 선박으로부터의 양화 및 다른 선박으로의 재적재를 의미한다.

c. ⅰ. 운송서류는 물품이 환적될 것이라거나 또는 될 수 있다고 표시할 수 있다. 다만 전운송이 동일한 선화증권에 의하여 커버되어야 한다.

ⅱ.신용장이 환적을 금지하고 있지 아니하여야 한다(물품이 선화증권에 의하여 입증된 대로 컨테이너, 트레일러 또는 래쉬선에 선적되지 아니하는 한).

d. 운송인이 환적할 권리를 유보한다고 명기하고 있는 선화증권상의 조항은 무시된다.

## 2) 조항의 개요

선화증권은 그 명칭에 관계없이 운송인의 명칭을 명시하고 확인된 운송인 또는 운송인을 대리하는 지정대리인 또는 선장 또는 선장을 대리하는 지정대리인의 서명이 있어야 한다. 사전 인쇄된 문언 또는 물품이 본선 적재된 일자를 명시하고 있는 본선 적재표기에 의하여 물품이 신용장에 명시된 지정선박에 본선 선적되었음을 명시하고 있어야 한다. 선화증권의 발행일은 선적일로 본다. 신용장에 명시된 선적항으로부터 양륙항까지의 선적을 명시하고 있어야 한다. 선화증권이 선적항으로서 신용장에 명시된 선적항을 명시하고 있지 아니한 경우에는 신용장에 명시된 대로 선적항을 명시하고 있는 본선 적재표기, 선적일 및 선박의 명칭이 요구된다. 또는 선적항에 관하여 '예정된' 또는 이와 유사한 제한의 명시를 포함하고 있는 경우에는 신용장에 명시된 대로 선적항을 명시하고 있는 본선 적재표기, 선적일 및 선박의 명칭이 요구된다. 단일의 선화증권 원본 또는, 용선계약에 따른다는 어떠한 명시도 포함하고 있지 않는다. 은행은 물품이 환적될 것이라고 명시하고 있는 선화증권을 수리하여야 한다. 신용장에 명시된 선적항으로부터 양륙항까지의 전운송이 동일한 선화증권에 의하여 커버되어야 한다. 운송인이 환적할 권리를 유보한다고 명기하고 있는 선화증권상의 조항은 무시된다.

## (21) 해상화물 운송장

### 1) 조항의 내용

| Article 21   Non-Negotiable Sea Waybill | 제21조 비유통성 해상화물운송장 |
|---|---|
| a. A non-negotiable sea waybill, however named, must appear to:<br>i.indicate the name of the carrier and be signed by:<br>• the carrier or a named agent for or on behalf of the carrier, or<br>• the master or a named agent for or on behalf of the master.<br>Any signature by the carrier, master or agent must be identified as that of the carrier, master or agent.<br>Any signature by an agent must indicate whether the agent has signed for or on behalf of the carrier or for or on behalf of the master.<br>ii. indicate that the goods have been shipped on board a named vessel at the port of loading stated in the credit by:<br>• pre-printed wording, or<br>• an on board notation indicating the date on which the goods have been shipped on board.<br>The date of issuance of the non-negotiable sea waybill will be deemed to be the date of shipment unless the non-negotiable sea waybill contains an on board notation indicating the date of shipment, in which case the date stated in the on board notation will be deemed to be the date of shipment.<br>If the non-negotiable sea waybill contains the indication 'intended vessel' or similar qualification in relation to the name of the vessel, an on board notation indicating the date of shipment and the name of the actual vessel is required.<br>iii. indicate shipment from the port of loading to the port of discharge stated in the credit.<br>If the non-negotiable sea waybill does not indicate the port of loading stated in the credit as the port of loading, or if it contains the indication 'intended' or similar qualification in relation to the port of loading, an on board notation indicating the port of loading as stated in the credit, the date of shipment and the name of the vessel is required. This provision applies even when loading on board or shipment on a named vessel is indicated by pre-printed wording on the non-negotiable sea waybill. | a. 비유통성 해상화물운송장은 그 명칭에 관계 없이 다음과 같이 보여야 한다:<br>ⅰ. 운송인의 명칭을 표시하고 다음의 자에 의하여 서명되어 있는 것:<br>• 운송인 또는 운송인을 대리하는 지정대리인, 또는<br>• 선장 또는 선장을 대리하는 지정대리인.<br>운송인, 선장 또는 대리인에 의한 모든 서명은 운송인, 선장 또는 대리인의 것이라는 것을 확인하고 있어야 한다.<br>대리인에 의한 모든 서명은 그 대리인이 운송인을 대리하여 서명하였는지, 또는 선장을 대리하여 서명하였는지를 표시하여야 한다.<br>ⅱ. 물품이 다음에 의하여 지정선박에 본선선적되었음을 표시하고 있는 것:<br>• 사전인쇄된 문언, 또는<br>• 물품이 본선선적된 일자를 표시하고 있는 본선적재표기<br>비유통성 해상화물운송장의 발행일은 선적일로 본다. 다만, 비유통성 해상화물운송장이 선적일을 표시하고 있는 본선적재표기를 포함하고 있는 경우에는 그러하지 아니하며, 이 경우, 본선적재표기상에 명기된 일자는 선적일로 본다.<br>비유통성 해상화물운송장이 선박의 명칭에 관하여 '예정된 선박' 또는 이와 유사한 제한의 표시를 포함하고 있는 경우에는, 선적일 및 실제 선박의 명칭을 표시하고 있는 본선적재표기는 요구된다.<br>ⅲ. 신용장에 명시된 적재항으로부터 양륙항까지의 선적을 표시하고 있는 것.<br>비유통성 해상화물운송장이 적재항으로서 신용장에 명시된 적재항을 표시하고 있지 아니한 경우에는, 또는 적재항에 관하여 '예정된' 또는 이와 유사한 제한의 표시를 포함하고 있는 경우에는, 신용장에 명시된 대로 적재항을 표시하고 있는 본선적재표기, 선적일 및 선박의 명칭이 요구된다. 이 규정은 비록 지정된 선박에의 본선적재 또는 선적이 비유통성 해상화물운송장상에 사전에 인쇄된 문언에 의하여 표시되어 있더라도 또한 적용된다. |

iv. be the sole original non-negotiable sea waybill or, if issued in more than one original, be the full set as indicated on the non-negotiable sea waybill.

v. contain terms and conditions of carriage or make reference to another source containing the terms and conditions of carriage (short form or blank back non-negotiable sea waybill). Contents of terms and conditions of carriage will not be examined.

vi. contain no indication that it is subject to a charter party.

b. For the purpose of this article, transhipment means unloading from one vessel and reloading to another vessel during the carriage from the port of loading to the port of discharge stated in the credit.

c. i. A non-negotiable sea waybill may indicate that the goods will or may be transhipped provided that the entire carriage is covered by one and the same non-negotiable sea waybill.

ii. A non-negotiable sea waybill indicating that transhipment will or may take place is acceptable, even if the credit prohibits transhipment, if the goods have been shipped in a container, trailer or LASH charge as evidenced by the non-negotiable sea waybill.

d. Clauses in a non-negotiable sea waybill stating that the carrier reserves the right to tranship will be disregarded.

iv. 단일의 비유통성 해상화물운송장 원본 또는, 2통 이상의 원본으로 발행된 경우에는, 비유통성 해상화물운송장상에 표시된 대로 전통인 것.

ⅴ. 운송의 제조건을 포함하고 있거나, 또는 운송의 제조건을 포함하는 다른 자료를 참조하고 있는 것(약식/백지배면식 비유통성 해상화물운송장). 운송의 제조건의 내용은 심사되지 않는다.

ⅵ. 용선계약에 따른다는 어떠한 표시도 포함하고 있지 아니한 것

b. 이 조에서, 환적이란 신용장에 명시된 적재항으로부터 양륙항까지의 운송과정 중에 한 선박으로부터의 양화 및 다른 선박으로의 재적재를 의미한다.

c. ⅰ. 비유통성 해상화물운송장은 물품이 환적될 것이라거나 또는 될 수 있다고 표시할 수 있다.다만 전운송이 동일한 비유통성 해상화물운송장에 의하여 커버되어야 한다.

ⅱ. 신용장이 환적을 금지하고 있는 경우에도 물품이 비유통성 해상화물운송장에 의하여 입증된 대로 컨테이너, 트레일러 또는 래쉬선에 선적된 경우에는 환적될 것이라거나 또는 될 수 있다고 표시한 비유통성 해상화물운송장은 수리될 수 있다.

d. 운송인이 환적할 권리를 유보한다고 명기하고 있는 비유통성 해상화물운송장상의 조항은 무시된다.

## 2) 조항의 개요

해상화물 운송장은 그 명칭에 관계없이 운송인의 명칭을 명시하고 확인된 운송인 또는 운송인을 대리하는 지정대리인 또는 선장 또는 선장을 대리하는 지정대리인의 서명이 있어야 한다. 사전 인쇄된 문언 또는 물품이 본선 선적된 일자를 명시하고 있는 본선 적재표기에 의하여 물품이 신용장에 명시된 지정선박에 본선 선적되었음을 명시하고 있어야 한다. 해상화물 운송장의 발행일은 선적일로 본다. 해상화물 운송장이 신용장에 명시된 선적항으로부터 양륙항까지의 선적을 명시하고 있어야 한다. 단일의 해상화물 운송장 원본 또는, 2통 이상의 원본으로 발행된 경우에는, 해상화물 운송장상에 명시된 대로 전통이어야 한다. 약식운송서류 또는 백지 배서식 운송서류에 대한 운송조건의 모든 내용은 심사하지 않는다. 용선계약에 따른다는 어떠한 명시도 포함하고 있지 않다. 은행은 물품이 환적될 것이라고 명시하고 있는 해상화물 운송장을 수리하여야 한다.

## (22) 용선계약 선화증권

### 1) 조항의 내용

| | |
|---|---|
| Article 22  Charter Party Bill of Lading<br>a. A bill of lading, however named, containing an indication that it is subject to a charter party (charter party bill of lading), must appear to:<br>i. be signed by:<br>• the master or a named agent for or on behalf of the master, or<br>• the owner or a named agent for or on behalf of the owner, or<br>• the charterer or a named agent for or on behalf of the charterer.<br>Any signature by the master, owner, charterer or agent must be identified as that of the master, owner, charterer or agent.<br>Any signature by an agent must indicate whether the agent has signed for or on behalf of the master, owner or charterer.<br>An agent signing for or on behalf of the owner or charterer must indicate the name of the owner or charterer.<br>ii. indicate that the goods have been shipped on board a named vessel at the port of loading stated in the credit by:<br>• pre-printed wording, or<br>• an on board notation indicating the date on which the goods have been shipped on board. The date of issuance of the charter party bill of lading will be deemed to be the date of shipment unless the charter party bill of lading contains an on board notation indicating the date of shipment, in which case the date stated in the on board notation will be deemed to be the date of shipment.<br>iii. indicate shipment from the port of loading to the port of discharge stated in the credit. The port of discharge may also be shown as a range of ports or a geographical area, as stated in the credit.<br>iv. be the sole original charter party bill of lading or, if issued in more than one original, be the full set as indicated on the charter party bill of lading.<br>b. A bank will not examine charter party contracts, even if they are required to be presented by the terms of the credit. | 제22조 용선계약선화증권<br>a. 용선계약에 따른다는 표시를 포함하고 있는 용선계약선화증권은 그 명칭에 관계없이 다음과 같이 보여야 한다:<br>ⅰ. 다음의 자에 의하여 서명되어 있는 것:<br>• 선장 또는 선장을 대리하는 지정대리인, 또는<br>• 선주 또는 선주를 대리하는 지정대리인, 또는<br>• 용선자 또는 용선자를 대리하는 지정대리인<br>선장, 선주, 용선자 또는 대리인에 의한 모든 서명은 선장, 선주, 용선자 또는 대리인의 것이라는 것을 확인하고 있어야 한다.<br>대리인에 의한 모든 서명은 그 대리인이 운송인, 선장 또는 용선자를 대리하여 서명하였는지를 표시하여야 한다.<br>선주 또는 용선자를 대리하여 서명하는 대리인은 선주 또는 용선자의 명칭을 표시하여야 한다.<br>ⅱ. 물품이 다음에 의하여 지정선박에 본선선적되었음을 표시하고 있는 것:<br>• 사전인쇄된 문언, 또는<br>• 물품이 본선선적된 일자를 표시하고 있는 본선적재표기<br>비유통성 용선계약선화증권의 발행일은 선적일로 본다. 다만, 용선계약선화증권이 본선적재표기를 포함하고 있는 경우에는 그러하지 아니하며, 이 경우, 본선적재표기상에 명기된 일자는 선적일로 본다.<br>ⅲ. 신용장에 명시된 적재항으로부터 양륙항까지의 선적을 표시하고 있는 것. 또한 양륙항은 신용장에 명시된 대로 항구의 구역 또는 지리적 지역으로 표시될 수 있다.<br>ⅳ. 단일의 용선계약선화증권 원본 또는, 2통 이상의 원본으로 발행된 경우에는, 용선계약선화증권상에 표시된 대로 전통인 것.<br>b.  용선계약서가 신용장의 조건(terms)에 따라 제시되도록 요구되더라도, 은행은 그 용선계약서를 심사하지 않는다. |

## 2) 조항의 개요

용선계약 선화증권은 그 명칭에 관계없이 운송인의 명칭을 명시하고 확인된 운송인 또는 운송인을 대리하는 지정대리인 또는 선장 또는 선장을 대리하는 지정대리인, 용선자 또는 용선자를 대리하는 지정대리인의 서명이 있어야 한다. 용선계약 선화증권은 사전 인쇄된 문언 또는 물품의 본선 선적일자를 명시하고 있는 본선 적재표기로 물품이 신용장에 명시된 지정선박에 본선 선적되었음을 명시하여야 한다. 용선계약 선화증권의 발행일은 선적일로 본다. 용선계약 선화증권에는 선적항으로부터 양륙항까지의 선적을 명시할 수 있다. 단일의 용선계약 선화증권 원본 또는, 2통 이상의 원본으로 발행된 경우에는, 용선계약 선화증권에 명시된 대로 전통이어야 한다. 용선계약서가 신용장의 조건에 따라 제시되도록 요구되더라도, 은행은 그 용선계약서를 심사하지 않는다.

## (23) 항공운송서류

### 1) 조항의 내용

| Article 23  Air Transport Document | 제23조 항공운송서류 |
|---|---|
| a.An air transport document, however named, must appear to:<br>i. indicate the name of the carrier and be signed by:<br>• the carrier, or<br>• a named agent for or on behalf of the carrier.<br>Any signature by the carrier or agent must be identified as that of the carrier or agent.<br>Any signature by an agent must indicate that the agent has signed for or on behalf of the carrier.<br>ii. indicate that the goods have been accepted for carriage.<br>iii. indicate the date of issuance. This date will be deemed to be the date of shipment unless the air transport document contains a specific notation of the actual date of shipment, in which case the date stated in the notation will be deemed to be the date of shipment.<br>Any other information appearing on the air transport document relative to the flight number and date will not be considered in determining the date of shipment.<br>iv. indicate the airport of departure and the airport of destination stated in the credit.<br>v. be the original for consignor or shipper, | a. 항공운송서류는 그 명칭에 관계없이 다음과 같이 보여야 한다:<br>ⅰ. 운송인의 명칭을 표시하고 다음의 자에 의하여 서명되어 있는 것:<br>• 운송인, 또는<br>• 운송인을 대리하는 지정대리인.<br><br>운송인 또는 대리인에 의한 모든 서명은 운송인 또는 대리인의 것을 확인하고 있어야 한다. 대리인에 의한 모든 서명은 그 대리인이 운송인을 대리하여 서명하였는지를 표시하여야 한다.<br>ⅱ. 물품이 운송을 위하여 인수되었음을 표시하고 있는 것.<br>ⅲ. 발행일을 표시하고 있는 것. 이 일자는 선적일로 본다. 다만, 항공운송서류가 실제의 선적일에 관한 특정표기를 포함하고 있는 경우에는 그러하지 아니하며, 이 경우, 이 일자는 선적일로 본다.<br>운항번호 및 일자에 관하여 항공운송서류상에 보이는 기타 모든 정보는 선적일을 결정하는데 고려되지 않는다.<br><br>ⅳ.  신용장에 명시된 출발공항과 목적공항을 표시하고 있는 것.<br>ⅴ. 신용장이 원본의 전통을 명시하고 있는 경 |

even if the credit stipulates a full set of originals.

vi. contain terms and conditions of carriage or make reference to another source containing the terms and conditions of carriage. Contents of terms and conditions of carriage will not be examined.

b. For the purpose of this article, transhipment means unloading from one aircraft and reloading to another aircraft during the carriage from the airport of departure to the airport of destination stated in the credit.

c. i. An air transport document may indicate that the goods will or may be transhipped, provided that the entire carriage is covered by one and the same air transport document.

ii. An air transport document indicating that transhipment will or may take place is acceptable, even if the credit prohibits transshipment.

우에도, 탁송인 또는 송화인용 원본인 것.

vi. 운송의 제조건을 포함하고 있거나, 또는 운송의 제조건을 포함하는 다른 자료를 참조하고 있는 것. 운송의 제조건의 내용은 심사되지 않는다.

b. 이 조에서, 환적이란 신용장에 명시된 출발공항으로부터 목적공항까지의 운송과정 중에 한 항공기로부터의 양화 및 다른 항공기로의 재적재를 의미한다.

c. 신용장이 환적을 금지하고 있는 경우에도, 은행은 환적이 행해질 것이라거나 또는 행해질 수 있다고 표시하고 있는 항공운송서류를 수리하여야 한다. 다만, 전운송은 동일한 항공운송서류에 의하여 커버되어야 한다.

## 2) 조항의 개요

항공운송서류는 그 명칭에 관계없이 운송인의 명칭을 명시하고 확인된 운송인 또는 운송인을 대리하는 지정대리인의 서명이 있어야 한다. 물품이 운송을 위하여 수취되었음을 명시하고 있어야 한다. 발행일을 명시하고 있어야 하면 발행일을 선적일로 본다. 신용장에 명시된 출발공항과 목적공항을 명시하고 있어야 한다. 신용장이 원본의 전통을 명시하고 있는 경우에도, 탁송인 또는 송화인용 원본이어야 한다. 약식운송서류 또는 백지 배서식 운송서류의 운송조건의 모든 내용은 심사하지 않는다. 신용장이 환적을 금지하고 있는 경우에도, 은행은 환적이 행해질 것이라거나 또는 행해질 수 있다고 표시하고 있는 항공운송서류를 수리하여야 한다.

## (24) 도로, 철도 또는 내륙수로운송서류

## 1) 조항의 내용

Article 24   Road, Rail or Inland Waterway Transport Documents

a. A road, rail or inland waterway transport document, however named, must appear to:

i.indicate the name of the carrier and:

• be signed by the carrier or a named agent for or on behalf of the carrier, or

• indicate receipt of the goods by signature, stamp or notation by the carrier or a named agent for or on behalf of the carrier.

제24조 도로, 철도 또는 내륙수로운송서류

a. 도로, 철도 또는 내륙수로운송서류는 그 명칭에 관계없이 다음과 같이 보여야 한다:

ⅰ. 운송인의 명칭을 표시하고 있는 것 그리고:

• 운송인 또는 운송인을 대리하는 지정대리인에 의하여 서명되어 있는 것, 또는

• 운송인 또는 운송인을 대리하는 지정대리인에 의하여 행해진 서명, 스탬프 또는 표기에 의하여 물품의 수령을 표시하고 있는 것.

Any signature, stamp or notation of receipt of the goods by the carrier or agent must be identified as that of the carrier or agent.

Any signature, stamp or notation of receipt of the goods by the agent must indicate that the agent has signed or acted for or on behalf of the carrier. If a rail transport document does not identify the carrier, any signature or stamp of the railway company will be accepted as evidence of the document being signed by the carrier.

ii. indicate the date of shipment or the date the goods have been received for shipment, dispatch or carriage at the place stated in the credit. Unless the transport document contains a dated reception stamp, an indication of the date of receipt or a date of shipment, the date of issuance of the transport document will be deemed to be the date of shipment.

iii. indicate the place of shipment and the place of destination stated in the credit.

b.i. A road transport document must appear to be the original for consignor or shipper or bear no marking indicating for whom the document has been prepared.

ii. A rail transport document marked 'duplicate' will be accepted as an original.

iii. A rail or inland waterway transport document will be accepted as an original whether marked as an original or not.

c. In the absence of an indication on the transport document as to the number of originals issued, the number presented will be deemed to constitute a full set.

d. For the purpose of this article, transshipment means unloading from one means of conveyance and reloading to another means of conveyance, within the same mode of transport, during the carriage from the place of shipment, dispatch or carriage to the place of destination stated in the credit.

e.i. A road, rail or inland waterway transport document may indicate that the goods will or may be transshipped provided that the entire carriage is covered by one and the same transport document.

ii. A road, rail or inland waterway transport document indicating that transhipment will or may take place is acceptable, even if the credit prohibits transshipment.

물품의 수령에 관한 운송인 또는 대리인에 의한 모든 서명, 스탬프 또는 표기는 운송인 또는 대리인의 것임을 확인하고 있어야 한다.

물품의 수령에 관한 대리인에 의한 모든 서명, 스탬프 또는 표기는 그 대리인이 운송인을 대리하여 서명 또는 행동하였음을 표시하여야 한다. 철도운송서류가 운송인을 확인하지 아니한 경우에는, 철도회사의 모든 서명 또는 스탬프는 운송인에 의하여 서명되어 있는 서류의 증거로서 수리되어야 한다.

ii. 선적일 또는 물품이 선적, 발송, 운송(또는 이러한 취지의 문언)을 위하여 수령된 일자를 표시하고 있는 것. 운송서류가 일자기재의 수령스탬프, 수령일의 표시 또는 선적일을 포함하고 있지 아니하는 한, 운송서류의 발행일은 선적일로 본다.

iii. 신용장에 명시된 선적지 및 목적지를 표시하고 있는 것.

b.i. 도로운송서류는 탁송인 또는 송화인용 원본인 것으로 보여야 하거나 또는 그 서류가 누구를 위하여 준비되었는지를 표시하는 어떠한 표시도 기재하지 않은 것으로 보여야 한다.

ii. 부본으로 표시된 철도운송서류는 원본으로서 수리되어야 한다..

iii. 철도 또는 내륙수로운송서류는 원본이라는 표시의 유무에 관계없이 원본으로 수리된다.

c. 발행된 원본의 통수에 관하여 운송서류에 표시가 없는 경우에 제시된 통수는 전통을 구성하는 것으로 본다.

d. 이 조에서 환적이란 신용장에 명시된 선적지로부터 목적지까지의 운송과정 중에, 각각의 운송방식에 있어서, 한 운송수단으로부터의 양화 및 다른 운송수단으로의 재적재를 의미한다.

e. .i. 도로, 철도 또는 내륙수로운송서류는 물품이 환적이 행해질 것이라거나 또는 행해질 수 있다고 표시할 수 있다.

ii. 신용장이 환적을 금지하고 있는 경우에도, 환적이 행해질 것이라거나 또는 행해질 수 있다고 표시하고 있는 도로, 철도 또는 내륙수로운송서류는 수리할 수 있다.

## 2) 조항의 개요

도로, 철도 또는 내륙수로 운송서류는 운송인의 명칭을 명시하고 확인된 운송인 또는 운송인을 대리하는 지정대리인의 서명이 있어야 한다. 선적일 또는 물품이 선적, 발송, 운송을 위하여 수령된 일자를 명시하고 있어야 한다. 신용장에 명시된 선적지 및 목적지를 명시하고 있어야 한다. 도로, 철도 또는 내륙수로 운송서류는 원본이라는 명시의 유무에 관계없이 원본으로서 수리된다.

## (25) 특송화물수령증, 우편수령증 또는 우송증명서

### 1) 조항의 내용

| Article 25  Courier Receipt, Post Receipt or Certificate of Posting<br>a. A courier receipt, however named, evidencing receipt of goods for transport, must appear to:<br>i. indicate the name of the courier service and be stamped or signed by the named courier service at the place from which the credit states the goods are to be shipped; and<br>ii. indicate a date of pick-up or of receipt or wording to this effect. This date will be deemed to be the date of shipment.<br>b. A requirement that courier charges are to be paid or prepaid may be satisfied by a transport document issued by a courier service evidencing that courier charges are for the account of a party other than the consignee.<br>c. A post receipt or certificate of posting, however named, evidencing receipt of goods for transport, must appear to be stamped or signed and dated at the place from which the credit states the goods are to be shipped. This date will be deemed to be the date of shipment. | 제25조 특송화물수령증, 우편수령증 또는 우송증명서<br>a. 운송물품의 수령을 증명하는 특송화물수령증은 그 명칭에 관계없이 다음과 같이 보여야 한다:<br>ⅰ. 특송업자의 명칭을 표시하고, 신용장에서 물품이 선적되어야 한다고 명시하고 있는 장소에서 그 지정된 특송업자에 의하여 스탬프, 서명 또는 기타의 방법으로 인증된 것; 그리고<br>ⅱ. 접수일 또는 수령일 또는 이러한 취지의 문언을 표시하고 있는 것. 이 일자는 선적일로 본다.<br>b. 신용장에서 특송비용이 지급 또는 선지급되도록 요구하는 경우에는, 은행은 특송비용이 수화인 이외의 당사자의 부담이라는 것을 입증하는 특송업자에 의하여 발행된 운송서류를 수리하여야 한다.<br>c. 운송물품의 수령을 증명하는 우편수령증 또는 우송증명서는 그 명칭에 관계없이 신용장에서 물품이 선적되어야 한다고 명시하는 장소에서 스탬프 또는 기타의 방법으로 인증되고 일자가 기재된 것으로 보여야 한다. |

### 2) 조항의 개요

운송물품의 수령을 증명하는 특송화물수령증은 특송업자의 명칭을 명시하고, 신용장에서 물품이 선적되어야 한다고 명시된 장소에서 지정된 특송업자가 스탬프, 서명 또는 기타의 방법으로 인증하여야 한다. 운송물품의 수령을 증명하는 우편수령증 또는 우송증명서는 신용장에서 명시된 물품의 선적장소에서 스탬프 또는 기타의 방법으로 인증한 일자를 명시하여야 한다.

## (26) 갑판적, 송화인의 적재 및 수량확인 및 운임의 추가비용

### 1) 조항의 내용

| Article 26 'On Deck', 'Shipper's Load and Count', 'Said by Shipper to Contain' and Charges Additional to Freight<br>a. A transport document must not indicate that the goods are or will be loaded on deck. A clause on a transport document stating that the goods may be loaded on deck is acceptable.<br>b. A transport document bearing a clause such as 'shipper's load and count' and 'said by shipper to contain' is acceptable.<br>c. A transport document may bear a reference, by stamp or otherwise, to charges additional to the freight. | 제26조 '갑판적', '송화인의 적재 및 수량확인' 및 운임의 추가비용<br><br>a. 운송서류는 물품이 갑판에 적재되었거나 또는 될 것이라고 표시해서는 아니된다. 물품이 갑판에 적재될 수 있다고 명기하고 있는 운송서류상의 조항은 수리될 수 있다.<br>b. '송화인의 적재 및 수량확인' 및 '송화인의 신고내용에 따름'과 같은 조항을 기재하고 있는 운송서류는 수리될 수 있다.<br>c. 운송서류는 스탬프 또는 기타의 방법으로 운임의 추가비용에 관한 참조를 기재할 수 있다. |

### 2) 조항의 개요

운송서류는 물품이 갑판에 적재되었거나 또는 될 것이라고 명시해서는 안된다. 물품이 갑판에 적재될 수 있다고 명시하고 있는 운송서류는 수리될 수 있다. 송화인의 적재 및 수량 확인 및 송화인의 신고내용 준수 등과 같은 사항을 명시하고 있는 운송서류는 수리될 수 있다.

## (27) 무사고 운송서류

### 1) 조항의 내용

| Article 27　Clean Transport Document<br>A bank will only accept a clean transport document. A clean transport document is one bearing no clause or notation expressly declaring a defective condition of the goods or their packaging. The word 'clean' need not appear on a transport document, even if a credit has a requirement for that transport document to be 'clean on board'. | 제27조 무고장 운송서류<br>은행은 무고장 운송서류만을 수리한다. 무고장 운송서류는 물품 또는 그 포장에 하자 있는 상태를 명시적으로 표시하는 조항 또는 단서를 기재하고 있지 아니한 것을 의미한다. 신용장에서 그 운송서류가 '무고장본선적재'이어야 한다는 요건을 가지는 경우에도, '무고장'이라는 단어는 운송서류상에 보일 필요가 없다. |

### 2) 조항의 개요

은행은 무사고 운송서류만을 수리한다. 신용장에서 그 운송서류가 무사고 본선 적재이어야 한다는 요건을 가지는 경우에도, 무사고라는 단어는 운송서류에 표시할 필요가 없다.

## (28) 보험서류 및 담보

### 1) 조항의 내용

| | |
|---|---|
| Article 28  Insurance Document and Coverage<br>a. An insurance document, such as an insurance policy, an insurance certificate or a declaration under an open cover, must appear to be issued and signed by an insurance company, an underwriter or their agents or their proxies.<br>Any signature by an agent or proxy must indicate whether the agent or proxy has signed for or on behalf of the insurance company or underwriter.<br>b. When the insurance document indicates that it has been issued in more than one original, all originals must be presented.<br>c. Cover notes will not be accepted.<br>d. An insurance policy is acceptable in lieu of an insurance certificate or a declaration under an open cover.<br>e. The date of the insurance document must be no later than the date of shipment, unless it appears from the insurance document that the cover is effective from a date not later than the date of shipment.<br>f.i. The insurance document must indicate the amount of insurance coverage and be in the same currency as the credit.<br>ii.A requirement in the credit for insurance coverage to be for a percentage of the value of the goods, of the invoice value or similar is deemed to be the minimum amount of coverage required.<br>If there is no indication in the credit of the insurance coverage required, the amount of insurance coverage must be at least 110% of the CIF or CIP value of the goods.<br>When the CIF or CIP value cannot be determined from the documents, the amount of insurance coverage must be calculated on the basis of the amount for which honour or negotiation is requested or the gross value of the goods as shown on the invoice, whichever is greater.<br>iii. The insurance document must indicate that risks are covered at least between the place of taking in charge or shipment and the place of discharge or final destination as stated in the credit.<br>g. A credit should state the type of insurance | 제28조 보험서류 및 담보<br>a. 보험증권, 포괄예정보험에 의한 보험증명서 또는 통지서와 같은 보험서류는 보험회사, 보험업자 또는 이들 대리인 또는 대리업자에 의하여 발행되고 서명된 것으로 보여야 한다.<br><br>대리인 또는 대리업자에 의한 서명은 그 대리인 또는 대리업자가 보험회사를 대리하여 서명하였는지 또는 보험업자를 대리하여 서명하였는지를 표시하여야 한다.<br>b.  보험서류가 2통 이상의 원본으로 발행되었다고 표시하고 있는 경우에는, 모든 원본은 제시되어야 한다.<br>c. 보험각서는 수리되지 않는다.<br>d. 보험증권은 포괄예정보험에 의한 보험증명서 또는 통지서를 대신하여 수리될 수 있다.<br><br>e. 보험서류에서 담보가 선적일보다 늦지 않게 유효하다고 보이지 아니하는 한, 보험서류의 일자는 선적일보다 늦어서는 아니된다.#<br><br>f..i. 보험서류는 보험담보의 금액을 표시하여야 하고 신용장과 동일한 통화이어야 한다.<br><br>ii. 보험담보가 물품가액 또는 송장가액 등의 비율이어야 한다는 최소담보금액이 요구된 것으로 본다.<br><br><br>요구된 보험담보에 관하여 신용장에 아무런 표시가 없는 경우에는, 보험담보의 최저금액은 물품의 CIF 또는 CIP 가격의 110%이어야 한다.<br><br>그러나, CIF 또는 CIP 가격이 서류로부터 결정될 수 없는 경우에는, 최소보험담보금액은 지급이행 또는 매입이 요청되는 금액의 110%, 또는 송장에 표시된 물품총가액 중에서 보다 큰 금액이어야 한다.<br><br><br>iii. 보험서류는 위험이 적어도 신용장에 명기된 대로 수탁 또는 선적지 및 신용장에 명기된 대로 양륙 또는 최종목적지간에 담보되었음을 표시하여야 한다.<br>g. 신용장은 요구된 보험을 명시하여야 하고 만 |

| | |
|---|---|
| required and, if any, the additional risks to be covered. An insurance document will be accepted without regard to any risks that are not covered if the credit uses imprecise terms such as 'usual risks' or 'customary risks'.<br>h. When a credit requires insurance against 'all risks' and an insurance document is presented containing any 'all risks' notation or clause, whether or not bearing the heading 'all risks', the insurance document will be accepted without regard to any risks stated to be excluded.<br>i. An insurance document may contain reference to any exclusion clause.<br>j. An insurance document may indicate that the cover is subject to a franchise or excess (deductible). | 일 부보되어야 하는 추가위험이 있다면 이것도 명시하여야 한다. 신용장이 '통상적 위험' 또는 '관습적 위험'과 같은 부정확한 용어를 사용하는 경우에는, 보험서류는 부보되지 아니한 어떠한 위험에 관계없이 수리되어야 한다.<br>h. 신용장이 '전위험'에 대한 보험을 요구하고, '전위험'이라는 표제를 기재하고 있는지의 여부와 관계없이 '전위험'의 표기 또는 조항을 포함하고 있는 보험서류가 제시된 경우에는, 그 보험서류는 배제되어야 한다고 명기된 어떠한 위험에 관계없이 수리되어야 한다.<br>i. 보험서류는 모든 면책율 조항의 참조를 포함할 수 있다.<br>j. 보험서류는 담보가 소손해면책율 또는 초과(공제)면책율을 조건으로 한다는 것을 표시할 수 있다. |

## 2) 조항의 개요

보험증권, 포괄예정보험에 의한 보험증명서 또는 통지서와 같은 보험서류는 보험회사, 보험업자 또는 이들 대리인 또는 대리업자에 의하여 발행되고 서명된 것으로 보여야 한다. 보험서류가 2통 이상의 원본으로 발행되었다고 명시하고 있는 경우에는, 모든 원본은 제시되어야 한다. 보험각서는 수리되지 않는다. 보험증권은 포괄예정보험에 의한 보험증명서 또는 통지서를 대신하여 수리될 수 있다. 보험서류에서 담보가 선적일보다 늦지 않게 유효하다고 보이지 아니하는 한, 보험서류의 일자는 선적일보다 늦어서는 안된다. 보험서류는 보험담보의 금액을 명시하여야 하고 신용장과 동일한 통화이어야 한다. 신용장에 아무런 명시가 없는 경우에는, 보험담보의 최저금액은 물품의 CIF 또는 CIP 가격의 110%이어야 한다. 그러나, CIF 또는 CIP 가격이 서류로부터 결정될 수 없는 경우에는, 최소보험담보금액은 지급이행 또는 매입이 요청되는 금액의 110%, 또는 송장에 명시된 물품의 총가액 중에서 보다 큰 금액이어야 한다.

## (29) 유효기일의 연장 또는 제시를 위한 최종일

### 1) 조항의 내용

| | |
|---|---|
| Article 29  Extension of Expiry Date or Last Day for Presentation<br>a. If the expiry date of a credit or the last day for presentation falls on a day when the bank to which presentation is to be made is closed for reasons other than those referred to in article 36, the expiry date or the last day for | 제29조 유효기일의 연장 또는 제시를 위한 최종일<br>a. 신용장의 유효기일 또는 제시를 위한 최종일이 제36조에 언급된 사유 이외의 사유로 제시를 받아야 하는 은행의 휴업일에 해당하는 경우에는, 그 유효기일 또는 제시를 위한 최종일은 경우에 따라 최초의 다음 은행영업일까지 |

presentation, as the case may be, will be extended to the first following banking day.
b. If presentation is made on the first following banking day, a nominated bank must provide the issuing bank or confirming bank with a statement on its covering schedule that the presentation was made within the time limits extended in accordance with sub-article 29 (a).
c. The latest date for shipment will not be extended as a result of sub-article 29 (a).

연장된다.

b. 제시가 최초의 다음 은행영업일에 행해지는 경우에는, 지정은행은 발행은행 또는 확인은행에게 제시가 제29조 a항에 따라 연장된 기간내에 제시되었다는 서류송부장(covering schedule)에 관한 설명을 제공하여야 한다.

c. 선적을 위한 최종일은 제29조 a항의 결과로서 연장되지 않는다.

## 2) 조항의 개요

신용장의 유효기일 또는 제시를 위한 최종일이 신용장 통일규칙에 규정된 사유 이외의 사유로 제시를 받아야 하는 최종일이 은행의 휴업일에 해당하는 경우에는, 그 유효기일 또는 제시를 위한 최종일은 경우에 따라 최초의 다음 은행영업일까지 연장된다. 선적을 위한 최종일은 연장되지 않는다.

## (30) 신용장 금액, 수량, 단가의 과부족

### 1) 조항의 내용

Article 30　Tolerance in Credit Amount, Quantity and Unit Prices
a. The words 'about' or 'approximately' used in connection with the amount of the credit or the quantity or the unit price stated in the credit are to be construed as allowing a tolerance not to exceed 10% more or 10% less than the amount, the quantity or the unit price to which they refer.
b. A tolerance not to exceed 5% more or 5% less than the quantity of the goods is allowed, provided the credit does not state the quantity in terms of a stipulated number of packing units or individual items and the total amount of the drawings does not exceed the amount of the credit.
c. Even when partial shipments are not allowed, a tolerance not to exceed 5% less than the amount of the credit is allowed, provided that the quantity of the goods, if stated in the credit, is shipped in full and a unit price, if stated in the credit, is not reduced or that sub-article 30 (b) is not applicable. This tolerance does not apply when the credit

제30조 신용장금액/수량/단가의 과부족
a. 신용장에 명기된 신용장의 금액 또는 수량 또는 단가와 관련하여 사용된 '약(about)' 또는 '대략(approximately)'이라는 단어는 이에 언급된 금액, 수량 또는 단가의 10%를 초과하지 아니하는 과부족을 허용하는 것으로 해석된다.

b. 신용장이 명시된 포장단위 또는 개개의 품목의 개수로 수량을 명시하지 아니하고 어음발행의 총액이 신용장의 금액을 초과하지 아니하는 경우에는, 물품수량의 5%를 초과하지 아니하는 과부족은 허용된다.

c. 분할선적이 허용되지 아니하는 경우에도, 신용장금액의 5%를 초과하지 아니하는 부족은 허용된다. 다만, 물품의 수량은 신용장에 명기된 경우 전부 선적되고 단가는 신용장에 명기된 경우 감액되어서는 아니되거나 또는 제30조 b항이 적용될 수 있어야 한다. 이 과부족은 신용장이 특정 과부족을 명시하거나 또는 제30조 a항에 언급된 표현을 사용하는 경우에는 적용

| | |
|---|---|
| stipulates a specific tolerance or uses the expressions referred to in sub-article 30 (a). | 되지 않는다. |

## 2) 조항의 개요

신용장에 명시된 신용장의 금액 또는 수량 또는 단가와 관련하여 사용된 약 또는 대략이라는 단어는 이에 언급된 금액, 수량 또는 단가의 10%를 초과하지 아니하는 과부족을 허용하는 것으로 해석된다. 신용장이 명시된 포장단위 또는 개개의 품목의 개수로 수량을 명시하지 아니하고 어음발행의 총액이 신용장의 금액을 초과하지 아니하는 경우에는, 물품수량의 5%를 초과하지 아니하는 과부족은 허용된다.

## (31) 분할어음발행 또는 선적

## 1) 조항의 내용

| | |
|---|---|
| Article 31  Partial Drawings or Shipments<br>a. Partial drawings or shipments are allowed.<br>b. A presentation consisting of more than one set of transport documents evidencing shipment commencing on the same means of conveyance and for the same journey, provided they indicate the same destination, will not be regarded as covering a partial shipment, even if they indicate different dates of shipment or different ports of loading, places of taking in charge or dispatch. If the presentation consists of more than one set of transport documents, the latest date of shipment as evidenced on any of the sets of transport documents will be regarded as the date of shipment.<br>A presentation consisting of one or more sets of transport documents evidencing shipment on more than one means of conveyance within the same mode of transport will be regarded as covering a partial shipment, even if the means of conveyance leave on the same day for the same destination.<br>c. A presentation consisting of more than one courier receipt, post receipt or certificate of posting will not be regarded as a partial shipment if the courier receipts, post receipts or certificates of posting appear to have been stamped or signed by the same courier or postal service at the same place and date and for the same destination. | 제31조 분할어음발행 또는 선적<br>a. 분할어음발행 또는 분할선적은 허용된다.<br>b. 동일한 운송수단에 그리고 동일한 운송을 위하여 출발하는 선적을 증명하는 2조 이상의 운송서류를 구성하는 제시는, 이들 서류가 동일한 목적지를 표시하고 있는 한, 이들 서류가 상이한 선적일 또는 상이한 적재항, 수탁지 또는 발송지를 표시하고 있더라도, 분할선적이 행해진 것으로 보지 않는다. 그 제시가 2조 이상의 운송서류를 구성하는 경우에는, 운송서류의 어느 한 조에 증명된 대로 최종선적일은 선적일로 본다.<br><br>동일한 운송방식에서 2 이상의 운송수단상의 선적을 증명하는 2조 이상의 운송서류를 구성하는 제시는 그 운송수단이 동일한 날에 동일한 목적지를 향하여 출발하는 경우에도 분할선적이 행해진 것으로 본다.<br><br>c. 특송업자 또는 우편에 의하여 행해진 선적은 특송업자수령증, 우편수령증 또는 우송증명서가 동일한 장소 및 일자 그리고 동일한 목적지를 위하여 동일한 특송업자 또는 우편서비스에 의하여 스탬프 또는 서명된 것으로 보이는 경우에는 분할선적으로 보지 않는다. |

## 2) 조항의 개요

동일한 운송수단에, 동일한 운송을 위하여 출발하는 선적을 증명하는 2조 이상의 운송서류의 제시는, 서류가 동일한 목적지를 명시하고 있다면, 선적일 또는 상이한 선적항, 수탁지 또는 발송지를 명시였더라도, 분할 선적이 아니다. 특송업자 또는 우편에 의한 선적은 특송업자 수령증, 우편수령증 또는 우송증명서가 동일한 장소 및 일자, 동일한 목적지를 위하여 동일한 특송업자 또는 우편서비스에 의하여 스탬프 또는 서명되었다면 분할 선적이 아니다.

## (32) 할부어음발행 또는 선적

### 1) 조항의 내용

| | |
|---|---|
| Article 32  Instalment Drawings or Shipments<br>If a drawing or shipment by instalments within given periods is stipulated in the credit and any instalment is not drawn or shipped within the period allowed for that instalment, the credit ceases to be available for that and any subsequent instalment. | 제32조 할부어음발행 또는 선적<br>일정기간 내에 할부에 의한 어음발행 또는 선적이 신용장에 명시되어 있고 어떠한 할부부분이 그 할부분을 위하여 허용된 기간 내에 어음발행 또는 선적되지 아니한 경우에는, 그 신용장은 그 할부분과 그 이후의 모든 할부부분에 대하여 효력을 상실한다. |

### 2) 조항의 개요

일정기간 내에 할부에 의한 어음발행 또는 선적을 하도록 신용장에 명시되어 있고 어떠한 할부부분이 그 할부부분을 위하여 허용된 기간 내에 어음발행 또는 선적되지 아니한 경우에는, 그 신용장은 그 할부부분과 그 이후의 모든 할부부분에 대하여 효력을 상실한다.

## (33) 제시시간

### 1) 조항의 내용

| | |
|---|---|
| Article 33   Hours of Presentation<br>A bank has no obligation to accept a presentation outside of its banking hours. | 제33조 제시시간<br>은행은 그 은행영업시간 이외의 제시를 수리할 의무가 없다. |

### 2) 조항의 개요

은행은 은행의 영업시간 이외에 수익자가 제시한 선적서류와 환어음에 대하여 심사를 하거나 수리할 의무가 없다.

## (34) 서류효력에 관한 면책

### 1) 조항의 내용

| Article 34  Disclaimer on Effectiveness of Documents<br><br>A bank assumes no liability or responsibility for the form, sufficiency, accuracy, genuineness, falsification or legal effect of any document, or for the general or particular conditions stipulated in a document or superimposed thereon; nor does it assume any liability or responsibility for the description, quantity, weight, quality, condition, packing, delivery, value or existence of the goods, services or other performance represented by any document, or for the good faith or acts or omissions, solvency, performance or standing of the consignor, the carrier, the forwarder, the consignee or the insurer of the goods or any other person. | 제34조 서류효력에 관한 면책<br><br>은행은 모든 서류의 형식, 충분성, 정확성, 진정성, 위조성 또는 법적 효력에 대하여 또는 서류에 명시되거나 또는 이에 부가된 일반조건 또는 특별조건에 대하여 어떠한 의무 또는 책임도 부담하지 아니하며, 또한 은행은 모든 서류에 표시되어 있는 물품, 용역 또는 기타 이행의 명세, 수량, 중량, 품질, 상태, 포장, 인도, 가치 또는 존재에 대하여 또는 물품의 송화인, 운송인, 운송주선인, 수화인 또는 보험자, 또는 기타 당사자의 성실성 또는 작위 또는 부작위, 지급능력, 이행능력 또는 신용상태에 대하여 어떠한 의무 또는 책임도 부담하지 않는다. |
|---|---|

### 2) 조항의 개요

은행은 모든 서류의 형식, 또는 법적 효력에 대하여 또는 서류에 명시되거나, 부가된 일반조건 또는 특별조건에 대하여, 서류에 명시되어 있는 물품, 용역 또는 기타 이행의 명세, 수량, 중량, 품질, 상태, 포장, 인도, 가치 또는 존재에 대하여, 물품의 송화인, 운송인, 기타 당사자의 성실성 또는 작위 또는 부작위, 지급능력, 이행능력 또는 신용상태에 대하여 면책이다.

## (35) 송달 및 번역에 관한 면책

### 1) 조항의 내용

| Article 35  Disclaimer on Transmission and Translation<br><br>A bank assumes no liability or responsibility for the consequences arising out of delay, loss in transit, mutilation or other errors arising in the transmission of any messages or delivery of letters or documents, when such messages, letters or documents are transmitted or sent according to the requirements stated in the credit, or when the bank may have taken the initiative in the choice of the delivery service in the absence of such instructions in the | 제35조 송달 및 번역에 관한 면책<br><br>모든 통신문, 서신 또는 서류가 신용장에 명시된 요건에 따라 송달 또는 송부된 경우, 또는 은행이 신용장에 그러한 지시가 없으므로 인도 서비스의 선정에 있어서 자발적으로 행하였을 경우에는, 은행은 그러한 통신문의 송달 또는 서신이나 서류의 인도 중에 지연, 분실, 훼손 또는 기타 오류로 인하여 발생하는 결과에 대하여 어떠한 의무 또는 책임도 부담하지 않는다. |
|---|---|

credit.
If a nominated bank determines that a presentation is complying and forwards the documents to the issuing bank or confirming bank, whether or not the nominated bank has honoured or negotiated, an issuing bank or confirming bank must honour or negotiate, or reimburse that nominated bank, even when the documents have been lost in transit between the nominated bank and the issuing bank or confirming bank, or between the confirming bank and the issuing bank.
A bank assumes no liability or responsibility for errors in translation or interpretation of technical terms and may transmit credit terms without translating them.

지정은행이 제시가 일치하고 있다고 결정하고 그 서류를 발행은행 또는 확인은행에 발송하는 경우에는, 서류가 지정은행과 발행은행 또는 확인은행간에, 또는 확인은행과 발행은행간에 송달중에 분실된 경우라 하더라도, 지정은행이 지급이행 또는 매입하였는지의 여부에 관계없이, 발행은행 또는 확인은행은 지급이행 또는 매입하거나, 또는 그 지정은행에 상환하여야 한다.

은행은 전문용어의 번역 또는 해석상의 오류에 대하여 어떠한 의무 또는 책임도 부담하지 아니하며 신용장의 용어를 번역함이 없이 이를 송달할 수 있다.

## 2) 조항의 개요

### 1) 서류의 지연 또는 분실

은행은 통신문의 송달 또는 서신이나 서류의 인도 중에 지연, 분실, 훼손 또는 기타 오류로 인하여 발생하는 결과 및 전문용어의 번역 또는 해석상의 오류에 대하여 면책이다.

## (36) 불가항력

### 1) 조항의 내용

Article 36   Force Majeure
A bank assumes no liability or responsibility for the consequences arising out of the interruption of its business by Acts of God, riots, civil commotions, insurrections, wars, acts of terrorism, or by any strikes or lockouts or any other causes beyond its control.
A bank will not, upon resumption of its business, honour or negotiate under a credit that expired during such interruption of its business.

제36조 불가항력
은행은 천재, 폭동, 소요, 반란, 전쟁, 폭력주의의 행위에 의하거나 또는 동맹파업 또는 직장폐쇄 또는 기타 은행이 통제할 수 없는 원인에 의한 은행업무의 중단으로 인하여 발생하는 결과에 대하여 어떠한 의무 또는 책임도 부담하지 않는다.
은행은 그 업무를 재개하더라도 그러한 업무의 중단 동안에 유효기일이 경과한 신용장에 의한 지급이행 또는 매입하지 않는다.

### 2) 조항의 개요

은행은 천재, 폭동, 소요, 반란, 전쟁, 폭력주의의 행위에 의하거나 또는 동맹파업 또는 직장폐쇄 또는 기타 은행이 통제할 수 없는 원인에 의한 은행업무의 중단으로 인하여 발생하는 결과에 대하여 어떠한 의무 또는 책임도 부담하지 않는다.

## (37) 피지시인의 행위에 대한 면책

### 1) 조항의 내용

| | |
|---|---|
| Article 37    Disclaimer  for  Acts  of  an Instructed Party<br>a. A bank utilizing the services of another bank for the purpose of giving effect to the instructions of the applicant does so for the account and at the risk of the applicant.<br>b. An issuing bank or advising bank assumes no liability or responsibility should the instructions it transmits to another bank not be carried out, even if it has taken the initiative in the choice of that other bank.<br>c. A bank instructing another bank to perform services is liable for any commissions, fees, costs or expenses ('charges') incurred by that bank in connection with its instructions.<br>If a credit states that charges are for the account of the beneficiary and charges cannot be collected or deducted from proceeds, the issuing bank remains liable for payment of charges.<br>A credit or amendment should not stipulate that the advising to a beneficiary is conditional upon the receipt by the advising bank or second advising bank of its charges.<br>d. The applicant shall be bound by and liable to indemnify a bank against all obligations and responsibilities imposed by foreign laws and usages. | 제37조 피지시인의 행위에 대한 면책<br>a. 발행의뢰인의 지시를 이행하기 위하여 다른 은행의 서비스를 이용하는 은행은 그 발행의뢰인의 비용과 위험으로 이를 행한다.<br>b. 발행은행 또는 통지은행이 타은행의 선정에 있어서 자발적으로 행한 경우라 하더라도, 그 은행이 다른 은행에게 전달한 지시가 수행되지 아니하는 경우에는, 발행은행 또는 통지은행은 어떠한 의무 또는 책임도 부담하지 않는다.<br>c. 다른 은행에게 서비스를 이행하도록 지시하는 은행은 그 지시와 관련하여 그 은행에 의하여 부담되는 모든 수수료, 요금, 비용 또는 경비('비용')에 대하여 책임을 부담한다.<br>신용장에 비용이 수익자의 비용이라고 명시하고 있고 비용이 대금으로부터 징수 또는 공제될 수 없는 경우에는, 발행은행은 비용의 지급에 대하여 책임을 부담한다.<br>신용장 또는 조건변경은 수익자에 대한 통지가 통지은행 또는 제2통지은행에 의한 통지비용의 수령을 조건으로 한다고 명시하여서는 아니 된다.<br>d. 발행의뢰인은 외국의 법률과 관행에 의하여 부과되는 모든 의무와 책임에 구속되며 이에 대하여 은행에게 보상할 책임이 있다. |

### 2) 조항의 개요

발행의뢰인의 지시를 이행하기 위하여 다른 은행의 서비스를 이용하는 은행은 그 발행의뢰인의 비용과 위험으로 이를 행한다. 발행은행 또는 통지은행이 타은행을 선정하더라도, 그 은행이 다른 은행에게 전달한 지시가 수행되지 않더라도 발행은행 또는 통지은행은 어떠한 의무 또는 책임도 부담하지 않는다. 다른 은행에게 서비스를 이행하도록 지시하는 은행은 그 지시와 관련하여 발생하는 모든 수수료, 요금, 비용 또는 경비에 대하여 책임을 부담한다. 발행의뢰인은 외국의 법률과 관행에 의하여 부과되는 모든 의무와 책임에 구속되며 이에 대하여 은행에게 보상할 책임이 있다.

## (38) 양도가능 신용장

### 1) 조항의 내용

| Article 38  Transferable Credits | 제38조 양도가능신용장 |
|---|---|
| a. A bank is under no obligation to transfer a credit except to the extent and in the manner expressly consented to by that bank.<br>b. For the purpose of this article:<br>Transferable credit means a credit that specifically states it is 'transferable'. A transferable credit may be made available in whole or in part to another beneficiary ('second beneficiary') at the request of the beneficiary ('first beneficiary').<br>Transferring bank means a nominated bank that transfers the credit or, in a credit available with any bank, a bank that is specifically authorized by the issuing bank to transfer and that transfers the credit. An issuing bank may be a transferring bank.<br>Transferred credit means a credit that has been made available by the transferring bank to a second beneficiary.<br>c. Unless otherwise agreed at the time of transfer, all charges (such as commissions, fees, costs or expenses) incurred in respect of a transfer must be paid by the first beneficiary.<br>d. A credit may be transferred in part to more than one second beneficiary provided partial drawings or shipments are allowed.<br>A transferred credit cannot be transferred at the request of a second beneficiary to any subsequent beneficiary. The first beneficiary is not considered to be a subsequent beneficiary.<br>e. Any request for transfer must indicate if and under what conditions amendments may be advised to the second beneficiary. The transferred credit must clearly indicate those conditions.<br>f. If a credit is transferred to more than one second beneficiary, rejection of an amendment by one or more second beneficiary does not invalidate the acceptance by any other second beneficiary, with respect to which the transferred credit will be amended accordingly. For any second beneficiary that rejected the amendment, the transferred credit will remain unamended.<br>g. The transferred credit must accurately reflect the terms and conditions of the credit, including confirmation, if any, with the | a. 은행은 그 은행에 의하여 명시적으로 동의된 범위 및 방법에 의한 경우를 제외하고 신용장을 양도할 의무를 부담하지 않는다.<br>b. 이 조에서:<br>양도가능신용장이란 '양도가능'이라고 특별히 명기하고 있고 그 수익자(‘제1수익자’)의 요청에 의하여 전부 또는 일부가 다른 수익자(‘제2수익자’)에게 사용될 수 있도록 될 수 있는 신용장을 의미한다.<br>양도은행은 신용장을 양도하는 지정은행, 또는 자유사용신용장에 있어서 발행은행에 의하여 양도하도록 특별히 수권되고 그 신용장을 양도하는 은행을 의미한다. 발행은행은 양도은행일 수 있다.<br>양도된 신용장은 양도은행에 의하여 제2수익자에게 사용될 수 있도록 되는 신용장을 의미한다.<br>c. 양도를 이행할 때에 별도의 합의가 없는 한, 양도와 관련하여 부담된 모든 비용(이를 테면, 수수료, 요금, 비용, 경비)은 제1수익자에 의하여 지급되어야 한다.<br>d. 분할어음발행 또는 분할선적이 허용되는 한, 신용장은 2이상의 제2수익자에게 분할양도될 수 있다.<br>양도된 신용장은 제2수익자의 요청에 의하여 그 이후의 어떠한 수익자에게도 양도될 수 없다.<br>e. 양도를 위한 모든 요청은 조건변경이 제2수익자에게 통지될 수 있는지 그리고 어떤 조건에 의하여 조건변경이 통지될 수 있는지를 표시하여야 한다. 양도된 신용장은 이러한 조건을 명확히 표시하여야 한다.<br>f. 신용장이 2명 이상의 제2수익자에게 양도된 경우에는, 1명 또는 그 이상의 제2수익자에 의한 조건변경의 거절은 이로 인하여 양도된 신용장이 조건변경되어지는 기타 모든 제2수익자에 의한 승낙을 무효로 하지 않는다. 조건변경을 거절한 제2수익자에 대하여는, 양도된 신용장은 조건변경 없이 존속한다.<br>g. 양도된 신용장은 다음의 경우를 제외하고는 확인(있는 경우)을 포함하여 신용장의 제조건을 정확히 반영하여야 한다: |

exception of:
- the amount of the credit,
- any unit price stated therein,
- the expiry date,
- the period for presentation, or
- the latest shipment date or given period for shipment,
any or all of which may be reduced or curtailed.
The percentage for which insurance cover must be effected may be increased to provide the amount of cover stipulated in the credit or these articles.
The name of the first beneficiary may be substituted for that of the applicant in the credit.
If the name of the applicant is specifically required by the credit to appear in any document other than the invoice, such requirement must be reflected in the transferred credit.
h. The first beneficiary has the right to substitute its own invoice and draft, if any, for those of a second beneficiary for an amount not in excess of that stipulated in the credit, and upon such substitution the first beneficiary can draw under the credit for the difference, if any, between its invoice and the invoice of a second beneficiary.
i. If the first beneficiary is to present its own invoice and draft, if any, but fails to do so on first demand, or if the invoices presented by the first beneficiary create discrepancies that did not exist in the presentation made by the second beneficiary and the first beneficiary fails to correct them on first demand, the transferring bank has the right to present the documents as received from the second beneficiary to the issuing bank, without further responsibility to the first beneficiary.
j. The first beneficiary may, in its request for transfer, indicate that honour or negotiation is to be effected to a second beneficiary at the place to which the credit has been transferred, up to and including the expiry date of the credit. This is without prejudice to the right of the first beneficiary in accordance with sub-article 38 (h).
k. Presentation of documents by or on behalf of a second beneficiary must be made to the transferring bank.

- 신용장의 금액,
- 신용장에 명기된 단가,
- 유효기일,
- 제시를 위한 기간, 또는
- 최종선적일 또는 정해진 선적기간,
이들 중의 일부 또는 전부는 감액 또는 단축될 수 있다.
보험부보가 이행되어야 하는 비율은 이 규칙 또는 신용장에 명기된 부보금액을 충족시킬 수 있도록 증가될 수 있다.

제1수익자의 명의는 신용장상의 신용장발행의뢰인의 명의로 대체될 수 있다. 그러나 발행의뢰인의 명의가 송장 이외의 모든 서류에 표시되도록 신용장에 의하여 특별히 요구되는 경우에는, 그러한 요구는 이행되어야 한다.

h. 제1수익자는 신용장에 명시된 금액을 초과하지 아니하는 금액에 대하여 제2수익자의 송장 및 어음을 그 자신의 송장 및 어음(있는 경우)으로 대체할 권리를 가지고 있으며, 그러한 대체시에, 제1수익자는 자신의 송장과 제2수익자의 송장 사이에 차액이 있다면, 그 차액에 대하여 신용장에 따라 어음을 발행할 수 있다.

i. 제1수익자가 그 자신의 송장 및 어음(있는 경우)을 제공하여야 하지만 최초의 요구시에 이를 행하지 아니하는 경우, 또는 제1수익자에 의하여 제시된 송장이 제2수익자의 서류상에 없었던 불일치를 발생시키고 제1수익자가 최초의 요구시에 이를 정정하지 아니한 경우에는, 양도은행은 제1수익자에 대한 더 이상의 책임 없이 제2수익자로부터 수령한 서류를 발행은행에 제시할 권리를 가진다.

j. 제1수익자는 그 자신의 양도요청으로 지급이행 또는 매입이 신용장의 유효기일을 포함한 기일까지 신용장이 양도된 장소에서 제2수익자에게 이행되어야 한다는 것을 표시할 수 있다. 이것은 제38조 h항에 따른 제1수익자의 권리를 침해하지 않는다.

k. 제2수익자에 의거나 또는 대리하는 서류의 제시는 양도은행에 행해져야 한다.

### 2) 조항의 개요

은행은 명시적으로 동의된 범위 및 방법에 의한 경우를 제외하고 신용장을 양도할 의무를 부담하지 않는다. 양도가능 신용장은 양도가능이라고 명시하고 그 수익자인 제1 수익자의 요청으로 전부 또는 일부가 다른 수익자인 제2 수익자에게 사용될 수 있도록 될 수 있는 신용장을 의미한다. 양도를 이행할 때에 별도의 합의가 없는 한, 양도와 관련하여 발생된 모든 비용, 즉 수수료, 요금, 비용, 경비 등은 제1 수익자가 지급하여야 한다. 분할어음발행 또는 분할 선적이 허용되는 한, 신용장은 2 이상의 제2 수익자에게 분할 양도할 수 있다. 양도된 신용장은 제2 수익자의 요청에 의하여 그 이후의 어떠한 수익자에게도 양도할 수 없다. 신용장이 2명 이상의 제2 수익자에게 양도된 경우에는, 1명 또는 그 이상의 제2 수익자에 의한 조건변경의 거절은 이로 인하여 양도된 신용장이 조건변경되어지는 기타 모든 제2 수익자에 의한 승낙을 무효로 하지 않는다. 조건변경을 거절한 제2 수익자에 대하여는, 양도된 신용장은 조건변경 없이 존속한다. 양도조건으로 신용장의 내용변경, 보험부보비율의 증가, 발행의뢰인의 명의변경, 송장 및 환어음의 대체 및 차액청구 등을 할 수 있다.

### (39) 대금의 양도

### 1) 조항의 내용

| Article 39  Assignment of Proceeds | 제39조 대금의 양도 |
|---|---|
| The fact that a credit is not stated to be transferable shall not affect the right of the beneficiary to assign any proceeds to which it may be or may become entitled under the credit, in accordance with the provisions of applicable law. This article relates only to the assignment of proceeds and not to the assignment of the right to perform under the credit. | 신용장이 양도가능한 것으로 명기되어 있지 아니하다는 사실은 적용가능한 법률의 규정에 따라 그러한 신용장에 의하여 수권되거나, 또는 될 수 있는 대금을 양도할 수익자의 권리에 영향을 미치지 않는다. 이 조는 대금의 양도에만 관련되어 있으며 신용장에 따라 이행할 권리의 양도에 관련되는 것은 아니다. |

### 2) 조항의 개요

신용장이 양도가능한 것으로 명시되어 있지 아니하다는 사실은 적용 가능한 법률의 규정에 따라 그러한 신용장에 의하여 수권되거나, 또는 될 수 있는 대금을 양도할 수익자의 권리에 영향을 미치지 않는다. 신용장통일규칙의 대금의 양도에 관한 규정은 대금의 양도에만 관련되어 있으며 신용장에 따라 이행할 권리의 양도에 관련되는 것은 아니다.

# 제 5 장

# 추심결제방식과 추심에 관한 통일규칙

## 제 1 절  추심결제방식과 추심절차

### 1. 추심결제방식의 의의와 추심

#### (1) 추심결제방식의 의의

추심결제방식은 채권관계에 있는 외국환은행이 선적서류 또는 기타조건의 서류를 채무관계에 있는 수입업자에게 인도하고 환어음 금액을 지급받거나 인수받는 추심환을 활용하는 대금결제방식이다.

추심(collection)은 외국환은행이 추심의뢰은행으로부터 접수된 지시에 따라 환어음 금액의 지급 또는 인수를 받거나 지급인도 또는 인수인도로 선적서류를 인도하거나 기타의 조건으로 금융서류 및 상업서류를 인도하는 목적으로 서류를 취급하는 것이다.

추심환(negotiation by draft)은 국가와 국가 사이에서 발생하는 무역대금결제 관계에 있어 채권관계에 있는 당사자가 채무관계에 있는 당사자에게 대금결제를 요구하며 보내는 수단이다. 추심결제방식은 외국환은행이 지급보증을 하지 않는 결제방식인데 인수인도조건(documents against acceptance base; D/A) 결제방식과 지급인도조건(documents against payment base; D/P) 결제방식이 있다.

### (2) 추심결제방식의 추심 종류

#### 1) 당발추심

당발추심(當發推尋, outward collection)은 국내 외국환은행이 지급지가 외국으로 되어 있는 외화수표나 어음을 매입하거나 매입의뢰를 받은 후에 외국에 있는 지급은행에 직접 또는 외국 환은행을 통하여 매입대금을 청구할 때의 조치이다. 환거래의 시발점이 되는 외국환은행을 당 발은행이라 하고 당발은행에서 취급하는 외국환을 당발추심환 또는 당발환(當發換)이라 한다.

#### 2) 타발추심

타발추심(他發推尋, inward collection)은 해외의 외국환은행으로부터 외화수표나 어음이 우 송되어 왔을 때, 외화수표나 어음의 채무자 즉 환어음의 지급인에게 추심대금을 결제하도록 연 락하여 매입대금을 수취한 후 해외의 은행에게 송금하는 조치이다. 환거래의 종료점이 되는 외 국환은행을 타발은행이라 하고 타발은행에서 취급하는 외국환을 타발추심환 또는 타발환(他發 換)이라고 한다.

### (2) 추심결제방식의 한계성

추심결제방식에서 수출업자는 환어음에 대한 추심기간동안 그리고 환어음의 만기일까지를 합한 기간 동안 수출대금을 회수하지 못하게 되어 자금을 운영하는 데에 불리하다. 추심결제방 식에서 수출업자는 수입업자가 환어음의 추심 후 파산하거나, 추심전 전 파산하는 경우 무역대 금을 회수할 수 없다.

추심결제방식에서 수입업자는 추심되어 온 환어음에 대하여 인수만 하고 선적서류를 인도받 기 때문에 환어음의 만기일까지 금융혜택을 누릴 수 있다. 추심결제방식에서 수입업자가 환어 음을 인수하고 선적서류를 인도받으면 수입물품을 수입통관하여 확인할 수 있다.

추심결제방식에서는 외국환은행이 개입하더라도 수출업자에게 무역대금의 지급을 보장하는 것이 아니고 외국환은행은 단순히 무역대금의 추심 및 추심 의뢰업무만 수행한다. 추심결제방 식에서 환어음의 만기일에 수입업자가 인수한 환어음 금액을 수입업자가 지급을 하지 않거나 수입업자가 추심되어 온 환어음 금액을 지급하지 않더라도 추심은행이 환어음 금액에 대한 지 급을 보증하지 않는다. 추심결제방식에서 추심의뢰은행이나 추심은행은 수출업자의 추심대리 인 역할을 하기 때문에 수입업자가 무역계약에 불일치하는 물품을 수령하였더라도 항변할 수 없다. 추심결제방식에서 모든 환어음행위는 준거법인 추심에 관한 통일규칙을 적용하기보다는 상업어음거래약정이나 환어음을 발행하는 행위지의 법이 우선적으로 적용된다.

## 2. 추심결제방식의 추심절차

무역대금 결제조건이 추심결제방식인 경우에 수출업자가 선적서류를 첨부하여 발행하는 환어음에 대한 추심절차는 다음과 같이 진행된다.

첫째, 수출업자와 수입업자가 무역계약을 체결할 때, 무역대금은 추심결제방식으로 하여 지급할 것을 약정한다.

둘째, 수출업자는 수입업자로부터 선적에 대한 지시를 받아 무역계약에 일치하는 물품을 통관시켜 무역계약서에 약정된 기간 내에 선적을 완료한다.

셋째, 수출업자는 선적서류를 구비하고 인수인도조건에서는 수입업자를 환어음의 지급인으로 하는 기한부 환어음을, 지급인도조건에서는 일람출급 환어음을 발행한다. 수출업자는 자신이 거래하는 외국환은행에게 선적서류와 환어음을 제시하여 수입업자가 거래하는 외국환은행으로 추심하여 줄 것을 의뢰한다.

넷째, 수출업자로부터 추심의뢰를 받은 추심의뢰은행은 추심의뢰서를 작성하여 수출업자의 환어음과 선적서류를 첨부한 후, 추심은행에 발송하면서 수입업자에게 무역대금에 대한 추심을 의뢰한다.

다섯째, 추심은행은 추심의뢰서를 접수하고 추심의뢰서에 기재된 내용과 수출업자의 환어음과 선적서류가 일치하는가를 검토한 후에 이상이 없으면 즉시 수입업자에게 선적서류가 도착하였다는 도착통지서를 발송하고 환어음 금액을 인수 또는 지급할 것을 요청한다. 추심은행이 수입업자가 거래하는 외국환은행이 아닌 경우에는 별도의 제시은행을 경유하여 추심서류를 수입업자에게 제시한다. 일반적으로는 추심은행이 제시은행의 역할을 한다.

여섯째, 추심은행으로부터 추심받은 수입업자는 인수인도조건에서는 제시된 환어음에 'Accepted by…'라고 배서하고 인수를 하고, 지급인도조건에서는 환어음에 대하여 지급을 하고 추심은행으로부터 선적서류를 인도받는다. 선적서류를 인도받은 수입업자는 수입통관절차를 거쳐 수입물품을 수령한다.

일곱째, 인수인도조건에서 추심은행은 환어음의 만기일이 되면 수입업자로부터 환어음 금액을 받아 추심의뢰서에 명기된 내용에 따라 추심의뢰은행에게 송금한다. 지급인도조건에서는 수입업자로부터 환어음의 대금을 받으면 추심의뢰서에 따라 추심의뢰은행에게 송금한다.

여덟째, 추심은행으로부터 환어음 금액을 받은 추심의뢰은행이 수출업자에게 환어음 금액을 지급하면 추심결제방식에 의한 무역대금 결제절차는 종료한다.

# 제2절  추심에 관한 통일규칙

## 1. 추심에 관한 통일규칙의 의의

추심결제방식에 의한 대금결제를 할 때에는 추심에 관한 통일규칙(Uniform Rules for Collections, 1995 Revision ICC Publication No. 522; URC 522)을 적용하게 된다. 추심에 관한 통일규칙(URC)은 그 준거문언이 추심의뢰서의 본문에 삽입된 경우 모든 추심에 적용된다. 추심에 관한 통일규칙(URC)은 별도의 명시적인 합의가 없거나 국가, 주 또는 지방의 법률 또는 규칙의 규정에 위배되지 아니하는 한 추심결제방식의 모든 관계당사자를 구속한다.

## 2. 추심에 관한 통일규칙의 규정

### (1) 총칙 및 정의

### 1) 추심에 관한 통일규칙 522의 적용

#### ① 조항의 내용

| | |
|---|---|
| A. General Provisions And Definitions<br>Article 1.  Application of URC 522<br>a. The Uniform Rules for Collections, 1995 Revision, ICC Publication No. 522, shall apply to all collections as defined in Article 2 where such rules are incorporated into the text of the (collection instruction) referred to in Article 4 and are binding on all parties thereto unless otherwise expressly agreed or contrary to the provisions of a national, state or local law and/or regulation which cannot be departed from.<br>b. Banks shall have no obligation to handle either a collection or any collection instruction or subsequent related instructions.<br>c. If a bank elects, for any reason, not to handle a collection or any related instructions received by it, it must advise the party from whom it received the collection or the | A. 총칙과 정의<br><br>제1조 추심에 관한 통일규칙 522의 적용<br>a. 1995년 개정, 국제상업회의소 간행물 번호 522, 추심에 관한 통일규칙은 본 규칙의 준거문언이 제4조에 언급된 '추심지시서'의 본문에 삽입된 경우 제2조에 정의된 모든 추심에 적용되며, 별도의 명시적인 합의가 없거나 또는 국가, 주 또는 지방의 법률 및/또는 규칙의 규정에 위배되지 아니하는 한 모든 관계당사자를 구속한다.<br><br>b. 은행은 추심 또는 어떠한 추심지시서 또는 이후의 관련지시서를 취급하여야 할 의무를 지지 않는다.<br><br>c. 은행이 어떠한 이유로 접수된 추심 또는 어떠한 관련지시서를 취급하지 않을 것을 결정한 경우에는 추심 또는 그 지시서를 송부한 당사자에게 전신, 또는 그것이 가능하지 않은 경우, |

| | |
|---|---|
| instructions by telecommunication or, if that is not possible, by other expeditious means, without delay. | 다른 신속한 수단으로 지체없이 통지하여야 한다. |

### ② 조항의 개요

추심에 관한 통일규칙의 준거문언이 추심의뢰서에 'subject to Uniform Rules for Collections, 1995 Revision, ICC Publication No. 522' 등과 같이 명시된 경우에 모든 추심에 적용되며, 별도의 명시적인 합의가 없거나 또는 국가, 주 또는 지방의 법률 및/또는 규칙의 규정에 위배되지 아니하는 한 모든 관계당사자를 구속한다. 은행은 추심 또는 어떠한 추심지시서 또는 이후의 관련지시서를 취급하여야 할 의무를 지지 않는다.

### 2) 용어의 정의

### ① 조항의 내용

| | |
|---|---|
| Article 2.  Definition of Collection<br>For the purposes of these Articles:<br>a. (Collection) means the handling by banks of documents as defined in sub-Article 2(b) below, in accordance with instructions received, in order to:<br> i.obtain payment and/or acceptance, or<br>ii.deliver documents against payment and/or against acceptance, or<br>iii. deliver documents on other terms and conditions.<br>b. (Documents) means financial documents and/or commercial documents:<br> i.(Financial documents) means bills of exchange, promissory notes, cheques, or other similar instruments  used for obtaining the payment of money;<br>ii.(Commercial documents) means invoices, transport documents, documents of title or other similar  documents, or any other documents whatsoever, not being financial documents.<br>c. (Clean collection) means collection of financial documents not accompanied by commercial documents.<br>d. (Documentary collection) means collection of:<br> i.Financial documents accompanied by commercial documents;<br>ii.Commercial documents not accompanied by financial documents. | 제2조 추심의 정의<br>본 규칙의 목적상,<br>a. (추심)은 은행이 접수된 지시에 따라 다음과 같은 목적으로 제2조 b항에 정의된 서류를 취급하는 것을 의미한다:<br> i. 지급 및 /또는 인수를 받거나, 또는<br>ii. 서류를 지급인도 및/또는 인수인도 하거나, 또는<br>iii. 기타의 조건으로 서류를 인도하는 목적.<br>b. (서류)는 금융서류 및/또는 상업서류를 의미한다.<br> i. (금융서류)는 환어음, 약속어음, 수표 또는 기타 금전의 지급을 받기 위하여 사용되는 기타 이와 유사한 증서를 의미한다;<br>ii. (상업서류)는 송장, 운송서류, 권리서류 또는 이와 유사한 서류, 또는 그밖에 금융서류가 아닌 일체의 서류를 의미한다.<br>c. (추심)은 상업서류가 첨부되지 아니한 금융서류의 추심을 의미한다.<br>d. (화환추심)은 다음과 같은 추심을 의미한다:<br> i. 상업서류가 첨부된 금융서류의 추심;<br>ii. 금융서류가 첨부되지 아니한 상업서류의 추심. |

② 조항의 개요

추심의 정의에서는 추심에 관한 통일규칙에서 규정하고 있는 조항의 용어에 때한 의미에 대하여 설명하고 있다. 즉 추심, 추심서류, 금융서류, 상업서류, 추심의뢰서, 화환추심, 무화환추심, 등에 대한 용어의 정의를 규정하고 있다.

### 3) 추심거래 당사자

#### ① 조항의 내용

| | |
|---|---|
| Article 3.  Parties to a Collection<br>a. For the purposes of these Articles the 'parties thereto' are:<br>ⅰ. the 'principal' who the party entrusting the handling of a collection to a bank<br>ⅱ. the 'remitting bank' which is the bank to which the principal has entrusted the handling of a collection;<br>ⅲ. the 'collecting bank' which is any bank, other than the remitting bank, involved in processing the collection;<br>ⅳ. the 'presenting bank' which is the collecting bank marking presentation to the drawee.<br>b. The 'drawee' is the one to whom presentation is to be made in accordance with the collection instruction. | 제3조 추심당사자<br>a. 본 조의 목적상 관계당사자란 다음과 같은 자를 의미한다;<br>ⅰ. '추심의뢰인'은 은행에 추심의 취급을 의뢰하는 당사자이다.<br>ⅱ. '추심의뢰은행'은 추심의뢰인으로부터 추심의 취급을 의뢰 받은 은행이다.<br><br>ⅲ. '추심은행'은 추심의뢰은행 이외에 추심과정에 참여하는 모든 은행이다.<br><br>ⅳ. '제시은행'은 지급인에게 제시를 행하는 추심은행이다.<br><br>b. '지급인'은 추심지시서에 따라 제시를 받는 자이다. |

② 조항의 개요

추심거래의 당사자는 추심의뢰인, 추심의뢰은행, 추심은행 또는 제시은행 이다. 당사자의 정의는 규정을 참조한다.

### (2) 추심의 형식 및 구성

#### ① 조항의 내용

| | |
|---|---|
| B. Form and Structure of Collections<br>Article 4  Collection Instruction<br>a. ⅰ. all documents sent for collection must be accompanied by a collection instruction indicating that the collection is subject to URC 522 and giving complete and precise instructions. banks are only permitted to act upon the instructions given in such collection instruction, and in accordance with these rules. | B. 추심의 형식과 구성<br>제4조 추심지시서<br>a. ⅰ. 추심을 위하여 송부되는 어떤 서류에도, 추심에 관한 통일규칙 간행물번호 522에 의함이 표시되고 완전하고 정확한 지시가 기재된 추심지시서가 첨부되어야 한다. 은행은 이러한 추심지시서에 기재된 지시와 이 규칙에 따라서만 업무를 수행하여야 한다. |

ii. banks will not examine documents in order to obtain instructions.

iii. unless otherwise authorized in the collection instruction, banks will disregard any instructions from any party/bank other than the party/bank from whom they received the collection.

b. A Collection instruction should contain the following items of information, as appropriate.

i. Details of the bank from which the collection was received including full name, postal and SWIFT addresses, telex, telephone, facsimile numbers and reference.

ii. Details of the principal including full name, postal address, and if applicable telex, telephone and facsimile numbers.

iii. Details of the drawee including full name, postal address, or the domicile at which presentation is to be made and if applicable telex, telephone and facsimile numbers.

iv. Details of the presenting bank, if any, including full name, postal address, and if applicable telex, telephone and facsimile numbers.

v. Amount(s) and currency(ies) to be collected.

vi. List of documents enclosed and the numerical count of each document.

vii. ⓐ. Terms and conditions upon which payment and/or acceptance is to be obtained.
ⓑ. Terms of delivery of documents against:
1) payment and/or acceptance
2) other terms and conditions
It is the responsibility of the party preparing the collection instruction to ensure that the terms for the delivery of documents are clearly and unambiguously stated, otherwise banks will not be responsible for any consequences arising therefrom.

viii. Charges to be collected, indicating whether they maybe waived or not.

ix. Interest to be collected, if applicable, indicating whether it may be waived or not, including:
ⓐ. rate of interest
ⓑ. interest period
ⓒ. basis of calculation (for example 360 or 365 days in a year) as applicable.

x. Method of payment and from of payment and payment advice.

xi. Instructions in case of non-payment, non-acceptance and/or non compliance with other instructions.

c. i. Collection instruction should bear the

ii. 은행은 지시를 얻어내기 위해 서류를 심사하지 않는다.

iii. 추심지시서에 별도의 수권이 없는 한 은행은 추심을 의뢰한 당사자/은행 이외의 어느 당사자/은행으로부터의 어떠한 지시도 무시한다.

b. 추심지시서는 다음과 같은 정보자료를 적절하게 포함하여야 한다.

i. 정식명칭, 우편 및 스위프트 주소, 텔렉스, 전화, 팩스 번호 및 참조사항을 포함한 추심의뢰은행의 명세

ii. 정식명칭, 우편주소, 그리고 해당되는 경우, 텔렉스, 전화, 팩스 번호를 포함한 추심의뢰인의 명세

iii. 정식명칭, 우편주소 또는 제시가 행하여질 환어음 지급장소 및 해당되는 경우 텔렉스, 전화, 팩스 번호를 포함한 환어음지급인의 명세

iv. 정식명칭, 우편주소 및, 해당되는 경우 텔렉스, 전화, 팩스 번호를 포함한, 만일 있는 경우 제시은행의 명세

v. 추심 되는 금액과 통화

vi. 동봉서류의 목록과 각 서류의 통수

vii. ⓐ. 지급 및/또는 인수받는 조건

ⓑ. 서류의 인도 조건:
1) 지급 및/또는 인수
2) 기타 조건
추심지시서를 작성하는 당사자는 서류의 인도조건이 분명하고 명확하게 표시되도록 할 책임이 있으며, 그렇지 않을 경우 은행은 이로 인해 발생하는 어떠한 결과에 대하여도 책임을 지지 않는다.

viii. 포기될 수 있는지의 여부를 명시한 추심수수료.

ix. 해당되는 경우 다음을 포함하여, 포기될 수 있는 지의 여부를 명시한 추심이자.

ⓐ. 이자율
ⓑ. 이자지급기간
ⓒ. 해당되는 경우, 계산 근거 (예컨데, 1년을 365일 또는 360 일로 할 것인지)
x. 지급방법 및 지급통지의 형식
xi. 지급거절, 인수거절, 및/또는 다른 지시와 불일치의 경우에 대한 지시

c. i. 추심지시서에는 환어음지급인 또는 제시

| complete address of the drawee or of the domicile atwhich the presentation is to be made. if the address is incomplete or incorrect, the collecting asbank may, without any liability and responsibility on its part, endeavour to certain the proper address.<br>ii. The collecting bank will not be liable or responsibility for any ensuing delay as a result of an incomplete/incorrect address being provided. | 가 행하여 질 장소의 완전한 주소가 기재되어야 한다. 그 주소가 불완전하거나 부정확한 경우에 추심은행은 아무런 의무나 책임 없이 적정한 주소를 확인하기 위한 조치를 취할 수 있다.<br>ii. 추심은행은 불완전한/부정확한 주소가 제공된 결과로 발생하는 어떠한 지연에 대해서도 의무 및 책임을 지지 않는다. |

## ② 조항의 개요

추심의뢰서의 기재사항은 추심의뢰은행의 명칭, 추심의뢰인, 환어음의 지급인, 제시은행의 명세, 추심금액 및 통화, 선적서류 목록, 지급 또는 인수조건, 추심수수료 또는 이자에 관한 사항, 지급방법과 지급통지의 형식, 지급 또는 인수거절 및 불일치의 경우에 대한 지시 등이다.

## (3) 제시의 형식

## 1) 제시

## ① 조항의 내용

| C. Form of Presentation<br>Article 5 Presentation<br>a. For the purposes of these Articles, presentation is the procedure whereby the presenting bank makes the documents available to the drawee as instructed.<br>b. The collection instruction should state the exact period of time within which any action is to be taken by the drawee.<br>Expressions such as 'first', 'prompt', 'immediate', and the like should not be used in connection with presentation or with reference to any period of time within which documents have to be taken up or for any other action that is to be taken by the drawee. If such terms are used banks will disregard them.<br>c. Documents are to be presented to the drawee in the form in which they are received, except that banks are authorized to affix any necessary stamps, at the expense of the party from whom they received the collection unless otherwise instructed, and to make any necessary endorsements or place any rubber stamps or other identifying marks or symbols customary to or required for the collection | C. 제시의 형식<br>제5조 제시<br>a. 이 조항의 목적상, 제시란 제시은행이 지시받은대로 서류를 지급인이 취득할 수 있도록 하는 절차이다.<br>b. 추심지시서는 지급인이 행위를 취해야 하는 정확한 기한을 기재하여야 한다. 제시와 관련하여, 또는 지급인이 서류를 인수하여 하는 기한 또는 지급인이 취해야 하는 다른 조치에 관하여 '첫째', '신속한', '즉시' 또는 이와 유사한 표현은 사용되어서는 아니된다. 만일 그러한 용어가 사용된다면 은행은 이를 무시한다.<br>c. 서류는 접수한 원형대로 지급인에게 제시되어야 한다. 다만 별도의 지시가 없다면 추심을 의뢰한 당사자의 비용부담으로, 은행이 필요한 인지를 첨부할 수 있도록 수권 되어 있는 경우와 필요한 배서를 하거나 또는 추심업무상 관례적이거나 요구되는 고무인 또는 기타 인식표지 또는 부호를 표시할 수 있도록 수권 되어 있는 경우에는 그러하지 아니하다. |

| | |
|---|---|
| operation.<br>d. For the purpose of giving effect to the instructions of the principal, the remitting bank will utilise the bank nominated by the principal as the collecting bank.<br>In the absence of such nomination, the remitting bank will utilise any bank if its own, or another bank's choice in the country of payment or acceptance or in the country where other terms and conditions have to be complied with.<br>e. The documents and collection instruction may be sent directly by the remitting bank to the collecting bank or through another banks as intermediary.<br>f. If the remitting bank does not nominate a specific presenting bank, the collecting bank may until a presenting bank of its choice. | d. 추심의뢰인의 지시를 이행하기 위하여, 추심의뢰은행은 추심의뢰인이 지정한 은행을 추심은행으로 이용할 수 있다.<br><br>그러한 지정이 없는 경우에 추심의뢰은행은 지급 또는 인수가 이루어지는 국가, 또는 기타 조건이 응하여지는 국가 내에서 자신 또는 기타 은행이 선정한 모든 은행을 이용할 수 있다.<br><br>e. 서류와 추심지시서는 추심의뢰은행이 추심은행으로 직접송부하거나, 다른 중개 은행을 통하여 송부될 수 있다.<br><br>f. 추심의뢰은행이 특정 제시은행을 지정하지 아니한 경우에 추심은행은 자신이 선택한 제시은행을 이용할 수 있다. |

② 조항의 개요

제시는 추심은행이 지시받은 대로 환어음의 지급인이 선적서류를 취득할 수 있도록 하는 절차이다. 선적서류는 접수한 원형대로 환어음의 지급인에게 제시되어야 한다. 추심은행은 추심의뢰인의 부담으로 필요한 인지(印紙)를 첨부한다. 추심은행이 배서를 할 권한을 위임받았거나 추심업무상 관례적으로 날인하는 고무인이나 기타 식별표지 등을 표시하는 것은 관계없다.

### 2) 일람출급 환어음 또는 기한부 환어음

① 조항의 내용

| | |
|---|---|
| Article 6   Sight/Acceptance<br>In the case of documents payably at sight the presenting bank must make presentation for payment without delay.<br><br>In the case of documents payable at a tenor other than sight the presenting bank must, where acceptance is called for, make presentation for acceptance without delay, and where payment is called for, make presentation for payment not later than the appropriate maturity date. | 제6조 일람출급/인수<br>서류가 일람출급인 경우 제시은행은 지체없이 지급을 위한 제시를 하여야 한다.<br><br>제시은행은 서류가 일람출급이 아닌 기한부지급조건으로 인수를 요하는 경우 지체없이 인수를 위한 제시를, 그리고 지급을 요하는 경우에는 적절한 만기일 내에 지급을 위한 제시를 하여야 한다. |

② 조항의 개요

일람출급 환어음인 경우에는 지급을 위하여 제시가 즉시 이루어져야 한다. 기한부 환어음의 경우에는 인수를 위한 제시를 하여야 한다.

## 3) 상업서류의 인도

### ① 조항의 내용

| | |
|---|---|
| Article 7  Release of Commercial Documents Documents Against Acceptance(D/A) vs. Documents Against Payment(D/P)<br><br>a. Collections should not contain bills of exchange payable at a future date with instructions that commercial documents are to be delivered against payment.<br><br>b. If a collection contains a bill of exchange payable at a future date, the collection instruction should state whether the commercial documents are to be released to the drawee against acceptance(D/A) or against payment(D/P) in the absence of such statement commercial documents will be released only against payment and the collecting bank will not be responsible for any consequences arising out of any delay in the delivery of documents.<br><br>c. If a collection contains a bill of exchange payable at a future date and the collection instruction indicates that commercial documents are to be released against payment, documents will be released only against such payment and the collecting bank will not be responsible for any consequences arising out of any delay in the delivery of documents. | 제7조 상업서류의 인도: 인수인도(D/A) 대 지급인도(D/P)<br><br>a. 추심에는 상업서류가 지급과 상환으로 인도되어야 한다는 지시와 함께 장래의 확정일 출급조건의 환어음을 포함시켜서는 아니된다.<br><br>b. 추심이 장래의 확정일 출급조건의 환어음을 포함하는 경우에 추심지시서에는 상업서류가 지급인에게 인수인도(D/A)또는 지급인도 (D/P) 중 어느 조건으로 인도되어야 하는 지를 명시하여야 한다. 그러한 명시가 없는 경우 상업서류는 지급과 상환으로만 인도되어야 하며, 추심은행은 서류인도의 지연으로 기인하는 어떠한 결과에 대해서도 책임을 지지 않는다.<br><br>c. 추심이 장래의 확정일 출급조건의 환어음을 포함하고 추심지시서에 상업서류는 지급과 상환으로 인도되어야 한다고 명시된 경우에는, 서류는 오직 그러한 지급에 대해서만 인도되고, 추심은행은 서류인도의 지연으로 기인하는 어떠한 결과에 대해서도 책임을 지지 않는다. |

### ② 조항의 개요

추심의뢰서에 확정일부 정기출급 환어음의 지급을 조건으로 상업서류를 인도하여야 한다고 명시되었다면 기한부 환어음을 인수한 이후, 환어음 만기일이 되어야 환어음 금액이 지급되고 인도되기 때문에 추심은행은 상업서류의 인도지연으로 기인한 결과에 대해서는 책임이 없다.

인수인도조건 결제방식에서는 'Deliver documents against acceptance …', '60 days after arrval of the steamer(or cargo)', '60 days after sight', '60 days after B/L date', '60 days after the date (of draft)' 등과 같이 인수인도조건 결제방식으로 판단할 수 있는 지시나 환어음에 대한 지급조건을 나타내어야 한다. 지급인도조건 결제방식에서는 'Deliver documents against payment', 'D/P at sight', 'sight', 'D/P day sight', 'At sight on arrival of vessel' 등과 같이 지급인도조건 결제방식으로 판단할 수 있는 지시나 환어음에 대한 지급조건을 나타내어야 업무 추진이 순조롭게 진행된다.

## 4) 추심서류의 작성

### ① 조항의 내용

| | |
|---|---|
| Article 8  Creation of Documents<br>Where the remitting bank instructs that either the collecting bank or the drawee is to create documents(bill of exchange, promissory notes, trust receipts, letter of undertaking or other documents)that were not included in the collection, the form and wording of such documents shall be provided by the remitting bank;<br><br>otherwise the collecting bank shall not be liable or responsible for the form and wording of any such document provided by the collecting bank and/or the drawee. | 제8조 서류의 작성<br>추심의뢰은행이 추심은행 또는 지급인에게 추심에 포함되어 있지 않은 서류(환어음, 약속어음, 수입화물대도증서, 약속증서 또는 기타 서류)를 작성할 것을 지시하는 경우에는 그러한 서류의 형식과 문구는 추심의뢰은행에 의해 제공되어야 한다.<br><br>그렇지 않은 경우 추심은행은 추심은행 및/또는 지급인에 의해 제공된 그러한 서류의 형식과 문구에 대하여 의무나 책임을 지지 않는다. |

### ② 조항의 개요

추심의뢰은행이 추심은행 또는 환어음의 지급인에게 추심의뢰서에 포함되어 있지 않은 환어음, 약속어음등과 같은 금융서류를 작성할 것을 지시하는 경우, 금융서류의 형식과 문구는 추심의뢰은행이 제공하여야 한다. 추심의뢰은행이 제공하지 않은 경우 추심은행은 그러한 금융서류의 형식과 문구에 대하여 책임이 없다.

## (4) 의무 및 책임

### 1) 추심은행의 성실행동 및 주의의무

### ① 조항의 내용

| | |
|---|---|
| D. Liabilities and Responsibilities<br>Article 9  Good Faith and Resonable Care<br>Banks will act in good faith and exercise reasonable care. | D. 의무와 책임<br>제9조 신의성실 및 상당한 주의<br>은행은 신의성실에 따라 행동하고 또 상당한 주의를 하여야 한다. |

### ② 조항의 개요

추심에 관계하는 은행은 추심의 목적을 충분히 달성할 수 있도록 성실히 행동하고 상당한 주의를 다 하여야 한다. 추심은행은 추심에 참여하는 업무의 이행에 있어서 최선을 다하여 성실하게 주의 깊게 행동하여야 한다.

## 2) 추심서류 대 물품/서비스/이행

### ① 조항의 내용

| | |
|---|---|
| Article10    Documents    vs.    Goods/Services/Performances | 제10조 서류 대 물품/용역/이행 |
| a. Goods should not be despatched directly to the address of a bank or consigned to or to the order of a bank without prior agreement on the part of that bank. | a. 물품은 당해은행의 사전동의 없이 어느 은행의 주소로 직접 발송되거나 은행에게 또는 은행의 지시인에게 탁송되어서는 아니된다. |
| Nevertheless, in the event that goods are despatched directly to the address of a bank or consigned to or to the order of a bank for release to a drawee against payment or acceptance or upon other terms and conditions without prior agreement on the part of that bank, such bank shall have no obligation to take delivery of the goods, which remain at the risk and responsibility of the party dispatching the goods. | 그럼에도 불구하고 물품이 당해은행의 사전동의 없이 지급인에게 지급인도, 인수인도, 또는 은행의 지시인에게 탁송되는 경우에 그와 같은 은행은 물품을 인수하여야 할 의무를 지지 아니하며 그 물품은 물품을 발송하는 당사자의 위험과 책임으로 남는다. |
| b. Banks have no obligation to take any action in respect of the goods to which a documentary collection relates, including storage and insurance of the goods even when specific instructions are given to do so. Banks will only take such action if, when, and to the extent that they agree to do so in each case. Notwithstanding the provisions of a sub-Article 1(c) this rule applies even in the absence of any specific advice to this effect by the collecting bank. | b. 은행은 화환추심과 관련된 물품에 대하여 특별한 지시를 받은 경우라 하더라도 물품의 보관, 물품에 대한 보험을 포함하여 어떠한 조치를 취할 의무가 없다. 은행은 그와 같이하는 것을 동의한 경우 및 동의한 범위 내에서 단지 그러한 조치를 취한다. 1조 c항의 규정에도 불구하고 본 규칙은 추심은행이 이와 같은 취지에 대하여 아무런 통지를 하지 않은 경우에도 적용된다. |
| c. Nevertheless, in the case that banks take action for the protection of the goods, whether instructed or not, they assume no liability or responsibility with regard to the fate and/or condition of the goods and/or for any acts and/or omissions on the part of any third parties entrusted with the custody and/or protection of the goods. | c. 그럼에도 불구하고, 은행이 지시를 받았는지의 여부와는 상관없이, 그 물품의 보전을 위해 조치를 취할 경우, 은행은 그 물품의 보전 결과 및/또는 물품의 상태 및/또는 물품의 보관 및/또는 부작위에 대하여 아무런 의무나 책임을 지지 않는다. |
| However the collecting bank must advise without delay the bank from which the collection instruction was received of any such action taken. | 그러나, 추심은행은 추심지시서를 송부한 은행에게 그러한 조치의 내용을 지체없이 통지하여야 한다. |
| d. Any charges and/or expenses incurred by banks in connection with any action taken to protect the goods will be for the account of the party from whom they received the collection. | d. 물품을 보전하기 위하여 취해진 조치와 관련하여 은행에게 발생한 모든 수수료 및/또는 비용은 추심을 송부한 당사자의 부담으로 한다. |
| e. ⅰ. Notwithstanding the provisions of sub-Article 10(a), where the goods are consigned to or to the order of the collecting bank and the drawee has honoured the collection by payment, acceptance or other | e. ⅰ. 10조 a항의 규정에도 불구하고, 물품이 추심은행에게 또는 추심은행의 지시인에게 탁송되고, 지급인이 지급, 인수 또는 기타조건으로 추심을 인수하고, 추심은행이 물품의 인도를 주선하는 경우에는, 추심의뢰은행이 추심은 |

| | |
|---|---|
| terms and conditions, and the collecting bank arranges for the release of the goods, the remitting bank shall be deemed to have authorized the collecting bank to do so.<br>ii. Where a collecting bank on the instructions of the remitting bank or in terms of sub-Article 10(e)1, arranges for the release of the goods, the remitting bank shall indemnify such collecting bank for all damages and expenses incurred. | 행에게 그렇게 하도록 수권한 것으로 간주된다.<br><br>ii. 추심은행이 추심의뢰은행의 지시에 의거하여 또는 전항의 e항1호화 관련하여 물품의 인도를 주선하는 경우, 추심의뢰은행은 그 추심은행에게 발생한 모든 손해와 비용을 보상하여야 한다. |

### ② 조항의 개요

추심은행은 추심과 관련된 물품의 보관 및 보험에 관하여 의무가 없다. 추심은행은 물품의 탁송과 관련하여 자행의 사전 동의없이 자행 또는 자행의 지시인을 수화인으로 하여 탁송된 물품을 인수할 책임이 없다. 추심은행이 무역계약물품의 보전을 위한 조치를 취할 경우 무역계약물품 보전조치에 따른 수수료 및 비용 부담자는 추심을 의뢰한 당사자가 된다.

### 3) 지시받은 당사자의 행위

#### ① 조항의 내용

| | |
|---|---|
| Article 11   Disclaimer for Acts of an Instructed Party<br>a. Banks utilizing the services of another bank or other banks for the purpose of giving effect to the instructions of the principal, do so for the account and at the risk of such principal.<br>b. Banks assume no liability or responsibility should the instructions they transmit not be carried out, even if they have themselves taken the initiative in the choice of such other bank(s)<br>c. A party instructing another party to perform services shall be bound by and liable to indemnify the instructed party against all obligations and responsibilities imposed by foreign laws and usages. | 제11조 지시 받은 당사자의 행위에 대한 면책<br><br>a. 추심의뢰인의 지시를 이행할 목적으로 그 밖의 은행 또는 다른 은행의 서비스를 이용하는 은행은 그 추심의뢰인의 비용과 위험부담으로 이를 행한다.<br>b. 은행은 자신이 전달한 지시가 이행되지 않는 경우에도 아무런 의무 또는 책임을 지지 아니하며, 그 은행 자신이 그러한 다른 은행의 선택을 주도한 경우에도 그러하다.<br><br>c. 다른 당사자에게 서비스를 이행하도록 지시하는 당사자는 외국의 법률과 관행에 의하여 부과되는 모든 의무와 책임을 져야하며, 또 이에 대하여 지시 받은 당사자에게 보상하여야 한다. |

### ② 조항의 개요

추심의뢰서에는 추심서류, 인수, 지급, 송금, 수수료 등에 대한 지시가 있을 수 있다. 추심은행이 추심의뢰은행의 지시에 따를 수 없는 경우에 대비하여 정확한 지시를 하여야 한다. 추심은행은 당해 추심에 대하여 추심의뢰 당사자에게만 책임이 있다. 추심은행이 추심의뢰인의 지시 이행을 위해 다른 외국환은행을 이용하는 경우 책임 및 비용은 추심의뢰인이 부담한다.

### 4) 접수된 서류에 대한 면책

#### ① 조항의 내용

| Article 12 Disclaimer on Documents Received<br>a. Banks must determine that the documents received appear to be as listed in the collection instruction and must advise by telecommunication or, if that is not possible, by other expedition means, without delay, the party from whom the collection instruction was received of any documents missing, or found to be other than listed. Banks have further obligation in this respect.<br>b. If the documents do not appear to be listed, the remitting bank shall be precluded from disputing the type and number of documents received by the collecting bank.<br>c. Subject to sub-Article 5(c) and sub-Article 12(a) and 12(b) above, banks will present documents as received without further examination. | 제12조 접수된 서류에 대한 면책<br>a. 은행은 접수된 서류가 외관상 추심지시서에 기재된 대로 있는가를 확인하여야 하며, 또 누락되거나 기재된 것과 다른 서류에 대하여 지체없이 전신으로, 이것이 가능하지 않은 경우에는 다른 신속한 수단으로 추심지시서를 송부한 당사자에게 통지하여야 한다. 은행은 이와 관련하여 더 이상의 의무를 지지 않는다.<br>b. 만일 외관상 서류의 목록이 기재되어 있지 아니한 경우, 추심의뢰은행은 추심은행에 의해 접수된 서류의 종류와 통수에 대하여 다툴 수 없다.<br>c. 5조c항 그리고 12조 a항과 12조 b항에 따라, 은행은 더 이상의 심사없이 서류를 접수된 대로 제시한다. |

#### ② 조항의 개요

추심은행은 접수된 선적서류가 외관상 추심의뢰서에 기재된 대로 있는가를 확인하여야 한다. 추심은행은 접수된 선적서류의 형식, 신빙성, 법적 효력 등에 대하여 면책이기 때문에 기재내용의 확인 이외의 추가적 심사의무는 없다.

### 5) 서류의 효력에 대한 면책

#### ① 조항의 내용

| Article 13 Disclaimer on Effectiveness of Documents<br>Banks assume no liability or responsibility for the form, sufficiency, accuracy, genuineness, falsification or legal effect of any document(s), or for the general and/or particular conditions stipulated in the document(s) or superimposed thereon;<br>nor do they assume any liability or responsibility for the description, quantity, weight, quality, condition, packing, delivery, value or existence of the goods represented by any document(s), or for the goods faith or acts and/or omission, solvency, performance or | 제13조 서류의 효력에 대한 면책<br>은행은 어떠한 서류이든 그 형식, 충분성, 정확성, 진정성, 위조 또는 법적 효력에 대하여, 또는 서류상에 명기 또는 부기된 일반조건 및/또는 특별조건에 대하여 어떠한 의무나 책임을 지지 않으며;<br>또한 은행은 어떠한 서류에 의해 표시되어 있는 물품의 명세, 수량, 중량, 품질, 상태, 포장, 인도, 가치 또는 존재에 대하여, 또는 물품의 송화인, 운송인, 운송주선인, 수화인, 또는 보험자, 또는 기타 당사자의 성실성, 작위 및/또는 부작위, 지급능력, 이행 또는 신용상태에 대하 |

| | |
|---|---|
| standing of the consignors, the carriers, the forwarders, the consignees or the insurers of the goods, or any other person whomever. | 여 어떠한 의무나 책임을 지지 않는다. |

## ② 조항의 개요

추심은행은 선적서류에 기재된 물품의 명세, 중량, 품질, 선적서류의 작성 및 발행자에 대하여 면책이다.

### 6) 송달 및 변역중의 지연, 멸실에 대한 면책

## ① 조항의 내용

| | |
|---|---|
| Article 14  Disclaimer on Delays, Loss in Transit and Translation<br>a. Banks assume no liability or responsibility for the consequences arising out of delay and/or loss in transit of any message(s), letter(s) or document(s), or for delay, mutilation or other error(S) arising in transmission of any telecommunication or for error(s) in translation and/or interpretation of technical terms.<br>b. Banks will not be liable or responsible for any delays resulting from the need to obtain clarification of any instructions received. | 제14조 송달 및 변역중의 지연, 멸실에 대한 면책<br>a. 은행은 모든 통보, 서신, 또는 서류의 송달중의 지연 및/또는 멸실로 인하여 발생하는 결과, 또는 모든 전신의 송달 중에 발생하는 지연, 훼손 또는 기타의 오류, 또는 전문용어의 번역 및/또는 해석상의 오류에 대하여 어떠한 의무나 책임을 지지 않는다.<br>b. 은행은 접수된 지시의 명확성을 기하기 위한 필요에서 기인하는 어떠한 지연에 대해서도 책임을 지지 않는다. |

## ② 조항의 개요

업무상 취급하는 통지의 지연, 서신의 전달 지연, 또는 선적서류의 송달지연이나 전문용어의 번역, 추심서류의 해석에서 발생한 오류, 업무의 정확성을 기하기 위하여 발생되는 지연에 대하여 면책이다.

### 7) 불가항력 에 대한 면책

## ① 조항의 내용

| | |
|---|---|
| Article 15  Force Majeure<br>Banks assume no liability or responsibility for consequences arising out of the interruption of their business by Acts of God, riot, civil commotions, insurrections, wars, or any other causes beyond their control or by strikes or lockouts. | 제15조 불가항력<br>은행은 천재, 폭동, 소요, 반란, 전쟁 또는 기타 은행이 통제할 수 없는 원인에 의하거나, 또는 동맹파업 또는 직장폐쇄에 의하여 은행업무가 중단됨으로써 발생하는 결과에 대하여 어떠한 의무나 책임을 지지 않는다. |

② 조항의 개요

천재, 폭동, 소요, 반란, 전쟁 또는 은행이 통제할 수 없는 경우 또는 동맹파업 또는 직장폐쇄 등으로 은행업무가 중단되어 발생하는 결과에 대하여 면책이다.

## (5) 지급

### 1) 즉시 지급

#### ① 조항의 내용

| E. Payment<br>Article 16  Payment Without Delay<br>a. Amounts collected (less charges and/or disbursements and/or expenses where applicable) must be made available without delay to the party from whom the collection instruction was received in accordance with the terms and conditions of the collection instruction.<br>b.  Notwithstanding  the  provisions  of sub-Article 1(c), and unless otherwise agreed, the collecting bank will effect payment of the amount collected in favour of the remitting bank only. | E. 지급<br>제16조 지연 없는 지급<br>a. 추심금액(해당되는 경우 수수료 및/또는 지출금 및/또는 비용을 공제하고)은 추심지시서의 조건에 따라 추심지시서를 송부한 당사자에게 지체없이 지급되어야 한다.<br><br>b. 제1조 c항의 규정에도 불구하고, 별도의 합의가 없는 경우에는 추심은행은 오직 추심의뢰은행 앞으로 추심금액의 지급을 행한다. |

#### ② 조항의 개요

추심결제방식에서 추심금액은 추심의뢰서의 조건에 따라 지체하지 말고 추심의뢰은행에 지급되어야 한다.

### 2) 자국통화에 의한 지급

#### ① 조항의 내용

| Article 17  Payment in Local Currency<br>In the case of documents payable in the currency of the country of payment (local currency), the presenting bank must, unless otherwise instructed in the collection instruction, release the documents to the drawee against payment in local currency only if such currency is immediately available for disposal in the manner specified in the collection instruction. | 제17조 내국통화에 의한 지급<br>지급국가의 통화(내국통화)로 지급할 수 있는 서류의 경우, 제시은행은 추심지시서에 별도의 지시가 없는 한, 내국통화가 추심지시서에 명시된 방법으로 즉시 처분할 수 있는 경우에만 내국통화에 의한 지급에 대하여 지급인에게 서류를 인도하여야 한다. |

② 조항의 개요

추심결제방식에서 내국통화로 지급할 수 있는 추심서류의 경우, 제시은행은 추심의뢰서에 별도의 지시가 없는 한, 내국통화가 추심의뢰서에 명시된 방법으로 즉시 처분할 수 있는 경우에 한하여 내국통화로 지급이 이루어지면 환어음의 지급인에게 추심서류를 인도하여야 한다.

### 3) 외국통화에 의한 지급

① 조항의 내용

| Article 18　Payment in Foreign Currency<br>In the case of documents payable in a currency other than that of the country of payment (foreign currency), the presenting bank must, unless otherwise instructed in the collection instruction, release the documents to the drawee against payment in the designated foreign currency only if such foreign currency can immediately be remitted in accordance with the instructions given in the collection instruction. | 제18조 외국통화에 의한 지급<br>지급국가의 통화 이외의 통화(외국통화)로 지급할 수 있는 서류의 경우, 지시은행은 추심지시서에 별도의 지시가 없는 한, 지정된 외국통화가 추심지시서의 지시에 따라 즉시 송금될 수 있는 경우에 한하여 그 외국통화에 의한 지급에 대하여 지급인에게 서류를 인도하여야 한다. |

② 조항의 개요

추심결제방식에서 외국통화로 지급할 수 있는 추심서류의 경우, 제시은행은 추심의뢰서에 별도의 지시가 없는 한, 지정된 외국통화가 추심의뢰의 지시에 따라 즉시 송금될 수 있는 경우에 한하여 외국통화로 지급이 되면 환어음의 지급인에게 추심서류를 인도하여야 한다. 즉시송금될 수 있는 경우라는 것은 외국환은행에서 보유하고 있는 외환의 종류가 한정되어 있기 때문에 추심의뢰서에서 요구하고 있는 외환을 확보하고 있는 경우에 즉시 송금할 수 있도록 하라는 것이다.

### 4) 분할지급

① 조항의 내용

| Article 19　Partial Payments<br>a. In respect of clean collections, partial payments may be accepted if and to the extent to which and on the conditions on which partial payments are authorized by the law in force in the place of payment.<br>the financial document(s) will be released to the drawee only when full payment thereof has been received. | 제19조 분할지급<br>a. 무화환추심에 있어서 분할 지급은 지급지의 유효한 법률에 의하여 허용되는 경우 그 범위와 조건에 따라 인정될 수 있다. 금융서류는 그 전액이 지급되었을 때에 한하여 지급인에게 인도된다. |

b. In respect of documentary collections, partial payments will only be accepted if specifically authorized in the collection instruction. however, unless otherwise instructed, the presenting bank will release the documents to the drawee only after full payment has been received, and the presenting bank will not be responsible for any consequences arising out of any delay in the delivery of documents.

c. In all cases partial payments will be accepted only subject to compliance with the provisions of either Article 17 or Article 18 as appropriate. Partial payment, if accepted, will be dealt with in accordance with the provisions of Article 16.

b. 화환추심에 있어서, 분할 지급은 추심지시서에 특별히 수권된 경우에만 인정된다. 그러나 별도의 지시가 없는 한, 제시은행은 그 전액을 지급 받은 후에 지급인에게 서류를 인도하며, 제시은행은 서류인도의 지연에서 야기되는 어떠한 결과에 대해서도 책임을 지지 않는다.

c. 모든 경우에 있어서 분할지급은 제17조 또는 제18조의 해당되는 규정에 따라서만 허용된다. 분할지급이 허용되는 경우 제16조의 규정에 따라 처리되어야 한다.

② 조항의 개요

추심결제방식에서 화환추심에서의 분할지급은 추심의뢰서에 별도의 명시가 없는 한 추심대금 전액을 지급받은 경우에만 추심서류의 인도가 가능하다. 추심결제방식에서 화환추심에서의 분할지급에 관련한 제시은행은 추심서류의 인도하는 데에 있어 발생하는 지연에 대하여 면책된다. 추심결제방식에서 무화환추심에서의 분할지급은 지급지의 법률에 의하여 허용되는 경우에 한하여 인정되지만 금융서류인 경우에는 환어음 금액에 대한 전액이 지급된 경우에만 선적서류가 인도된다.

### (6) 수수료 및 비용

### 1) 이자

#### ① 조항의 내용

F. Interest, Charges and Expenses
Article 20  Interest
a. If the collection instruction specifies that interest is to be collected and the drawee refuses to pay such interest, the presenting bank may deliver the document(s) against payment or on other terms and conditions as the case may be, without collecting such interest, unless sub-Article 20(c) applies.
b. Where such interest is to be collected, the collection instruction must specify the rate of interest, interest period and basis of calculation.
c. Where the collection instruction expressly

제20조 이자, 수수료 및 비 용
a. 추심지시서에서 이자가 추심 되어야 함을 명시하고 지급인이 그 이자의 지급을 거절할 경우에는 20조 c항에 해당되지 아니하는 한 제시은행은 그 이자를 추심 하지 아니하고 서류를 경우에 따라 지급인도 또는 인수인도, 또는 기타의 조건으로 인도할 수 있다.

b. 그 이자가 추심 되어야 하는 경우, 추심지시서에는 이자율, 이자지급기간과 계산근거를 명시하여야 한다.

c. 추심지시서가 이자는 포기될 수 없음을 명확

states that interest may not be waived and the drawee refuses to pay such interest the presenting bank will not deliver documents and will not be responsible for any consequences arising out of any delay in the delivery of document(s).
when payment of interest has been refused, the presenting bank must inform by telecommunication or, if that is not possible, by other expeditious means without delay the bank from which the collection instruction was received.

하게 기재하고 또한 지급인이 그 이자의 지급을 거절하는 경우, 제시은행은 서류를 인도하지 아니하며, 서류인도의 지연에서 비롯되는 어떠한 결과에 대해서도 책임을 지지 않는다.

이자의 지급이 거절되었을 경우, 제시은행은 전신, 또는 그것이 가능하지 않은 경우에는 다른 신속한 수단으로 지체없이 추심지시서를 송부한 은행에 통지하여야 한다.

② 조항의 개요

추심결제방식에서 추심의뢰서에 이자를 추심하라는 명시가 없는 경우에 환어음의 지급인이 이자의 지급을 거절하였다면 제시은행은 이자를 추심하지 않고 추심서류를 인도할 수 있게 된다. 이자의 추심을 위해서는 추심의뢰서에 이자율과 이자지급기간에 대한 계산근거가 명시되어야 한다.

추심결제방식에서 추심의뢰서에 이자를 받아야 한다는 명시가 있는 경우에 환어음의 지급인이 이자의 지급을 거절하였다면 제시은행은 이자를 추심하는 경우에만 추심서류를 인도하고 이자의 지급을 거절하면 제시은행은 추심서류를 인도하지 않는다. 이것은 이미 환어음의 지급인이 이자의 지급에 대하여 승낙을 하는 경우에만 추심서류를 인도하는 증표로 보기 때문이다. 제시은행이 추심서류를 인도하지 않으면 추심의뢰은행에게 그 사실을 신속한 수단을 활용하여 통지하여야 한다.

### 2) 수수료 및 비용의 부담자

① 조항의 내용

Article 21  Charges and Expenses
a. If the collection instruction specifies that collection charges and/or expenses are to be for account of the drawee and the drawee refuses to pay them, the presenting bank may deliver the document(s) against payment or acceptance or on other terms and conditions as the case may be, without collecting charges and/or expenses, unless sub-Article21 (b) applies.
Whenever collection charges and/or expenses are so waived they will be for the account of the party from whom the collection was received and may be deducted from the

제21조 수수료와 비용
a. 추심지시서에 추심수수료 및/또는 비용은 지급인의 부담으로 하도록 명시하고 있으나 그 지급인이 이의 지급을 거절하는 경우에는 제시은행은 21조 b항에 해당하지 아니하는 한 수수료 및/또는 비용을 추심 하지 아니하고 경우에 따라서 지급인도, 인수인도, 또는 기타 조건으로 서류를 인도할 수 있다.

추심수수료 및/또는 비용이 포기된 경우, 이는 추심을 송부한 당사자의 부담으로 하며 대금에서 공제될 수 있다.

proceeds.

b. where the collection instruction expressly states that charges and/or expenses may not be waived and the drawee refuses to pay such charges and/or expenses, the presenting bank will not deliver documents and will not be responsible for any consequences arising out of any delay in the delivery of the document(s). When payment of collection charges and/or expenses has been refused the presenting bank must inform by telecommunication or, if that is not possible, by other expeditious means without delay the bank from which the collection instruction was received.

c. In all cases where in the express terms of a collection instruction or under these rules, disbursements and/or expenses and/or collection charges are to be borne by the principal, the collecting bank(s) shall be entitled to recover promptly outlays in respect of disbursements, expenses and charges from the bank from which the collection instruction was received, and the remitting bank shall be entitled to recover promptly from the principal any amount so paid out by it, together with its own disbursements, expenses and charges, regardless of the fate of the collection.

d. Banks reserve the right to demand payment of charges and/or expenses in advance from the party from whom the collection instruction was received to cover costs in attempting to carry out any instructions, and pending receipt of such payment, also reserve the right not to carry out such instructions.

b. 추심지시서에 수수료 및/또는 비용은 포기될 수 없음을 명확하게 기재하고 지급인이 수수료 및 비용의 지급을 거절하는 경우, 제시은행은 서류를 인도하지 아니하며, 서류인도의 지연에서 비롯되는 어떠한 결과에 대해서도 책임을 지지 않는다. 추심수수료 및/또는 비용의 지급이 거절되었을 경우 제시은행은 전신, 또는 그것이 가능하지 않은 경우에는, 다른 신속한 수단으로 지체없이 추심지시서를 송부한 은행에 통지하여야 한다.

c. 추심지시서에 명시된 조건에 의하거나 또는 이 규칙 하에서 지출금 및/또는 비용 및/또는 추심수수료를 추심의뢰인의 부담으로 하는 모든 경우에 있어서 추심은행은 지출금, 비용 및 수수료와 관련한 지출경비를 추심지시서를 송부한 은행으로부터 즉시 회수할 권리를 가지며, 추심의뢰은행은 추심의 결과에 관계없이 자행이 지급한 지출금, 비용 및 수수료를 포함하여 이렇게 지급한 모든 금액을 추심의뢰인으로부터 즉시 상환 받을 권리가 있다.

d. 은행은 어떤 지시를 이행하려고 시도하는 데 있어서의 경비를 충당하기 위하여 추심지시서를 송부한 당사자에게 수수료 및/비용의 선지급을 요구할 권리를 보유하며, 그 지급을 받을 때까지, 또한 그 지시를 이행하지 아니 할 권리를 보유한다.

## ② 조항의 개요

추심결제방식에서 추심에 관련하여 발생하는 수수료와 제비용은 추심의뢰인이 부담하는 경우와 환어음의 지급인이 부담하는 경우가 있다. 추심결제방식에서 환어음의 지급인이 수수료 또는 비용 등의 부담을 거절하는 경우, 추심의뢰서에 수수료 또는 비용을 부담해야 한다는 명시가 없으면 수수료 등의 추심없이 선적서류의 인도가 가능하다. 제시은행은 환어음의 지급인에게 선적서류를 인도하지 않으면 그 사실을 신속한 방법으로 추심의뢰서를 발송한 은행 앞으로 통지하여야 한다. 추심은행은 추심과 관련하여 발생되는 제비용을 추심의뢰은행으로부터 즉시 회수할 권리를 가진다. 추심의뢰은행은 추심의 결과에 관계없이 추심과 관련한 제비용을 추심의뢰인으로부터 상환받을 권리가 있다. 추심은행은 추심의뢰은행에게 추심과 관련된 제비용의 선지급을 요구할 권리가 있다.

## (7) 기타 규정

### 1) 인수

#### ① 조항의 내용

| G. Other Provisions<br>Article 22  Acceptance<br>The presenting bank is responsible for seeing that the form of the acceptance of a bill of exchange appears to be complete and correct, but is not responsible for the genuineness of any signature or for the authority of any signature to sing the acceptance. | G. 기타 규정<br>제22조 인수<br>제시은행은 환어음의 인수의 형식이 외관상 완전하고 정확한지를 확인하여야 할 책임이 있다. 그러나 제시은행은 어떠한 서명의 진정성이나 인수의 서명을 한 어떠한 서명인의 권한에 대하여 책임을 지지 않는다. |
|---|---|

#### ② 조항의 개요

추심결제방식에서 추심은행은 환어음의 인수형식에 대하여 조사할 책임이 있으나 서명의 진실성이나 서명인의 권한에 대해서는 면책된다. 실제적으로 추심결제방식에서 인수의 표시는 'accepted' 또는 이와 동일한 의미가 있는 문자로 표시하고 환어음의 지급인이 기명날인을 하면 성립된다. 추심결제방식에서 일람 후 정기출급 환어음이나 일정한 기간 내에 인수가 필요한 환어음은 소지인이 제시일자를 기재하여야 한다. 추심결제방식에서 환어음 지급인의 환어음 인수는 무조건이어야 하기 때문에 환어음의 기재사항을 변경하여 인수한 때는 인수를 거절한 것으로 본다.

### 2) 약속어음 및 기타증서

#### ① 조항의 내용

| Article 23  Promissory Notes and Other Instruments<br>The presenting bank is not responsible for the genuineness of any signature or for the authority of any signature to sign a promissory note, receipt, or other instruments. | 제23조 약속어음 및 기타 증서<br>제시은행은 어떠한 서명의 진정성 또는 약속어음, 영수증, 또는 기타 증서에 서명을 한 어떠한 서명인의 권한에 대하여 책임을 지지 않는다. |
|---|---|

#### ② 조항의 개요

추심결제방식에서 추심은행은 어떠한 서명의 신빙성이나 서명 또는 약속어음, 영수증 또는 기타 증서에 서명을 한 어떠한 서명인의 권한에 대하여도 책임을 부담하지 않는다.

### 3) 거절증서

#### ① 조항의 내용

| Article 24 Protest | 제24조 거절증서 |
|---|---|
| The collection instruction should give specific instructions regarding protest (or other legal process in lieu thereof), in the event of non-payment or non-acceptance. In the absence of such specific instructions, the banks concerned with the collection have no obligation to have the document(s) protest (or subjected to other legal process in lieu thereof) for non-payment or non-acceptance. Any charges and/or expenses incurred by banks in connection with such protest, or other legal process, will be for the account of the party from whom the collection instruction was received. | 추심지시서에는 인수거절 또는 지급거절의 경우에 있어서의 거절증서(또는 이에 갈음하는 기타 법적 절차)에 관한 특정한 지시를 명기하여야 한다. 이러한 특정한 지시가 없는 경우 추심에 관여하는 은행은 지급거절 또는 인수거절에 대하여 서류의 거절증서를 작성하여야 할 (또는 이에 갈음하는 법적절차를 취해야 할) 의무를 지지 않는다. 이러한 거절증서 또는 기타 법적 절차와 관련하여 은행에게 발생하는 모든 수수료 및/또는 비용은 추심지시서를 송부한 당사자의 부담으로 한다. |

#### ② 조항의 개요

추심결제방식에서는 추심의뢰서에 거절증서에 관한 지시를 명시하여야 하며 이러한 명시가 없는 경우 거절증서의 작성의무는 없다.

### 4) 예비지급인

#### ① 조항의 내용

| Article 25 Case-of-Need | 제25조 예비지급인 |
|---|---|
| If the principal nominates a representative to act as case-of-need in the event of non-payment and/or non-acceptance the collection instruction should clearly and fully indicate the powers of such case-of-need. In the absence of such indication banks will not accept any instructions from the case-of-need. | 추심의뢰인이 인수거절 및/또는 지급거절에 대비하여 예비지급인으로서 행동할 대리인을 지명하는 경우에는, 추심지시서에 그러한 예비지급인의 권한에 대하여 명확하고 완전한 지시를 하여야 한다. 이러한 지시가 없는 경우 은행은 예비지급인으로부터의 어떠한 지시에도 응하지 않는다. |

#### ② 조항의 개요

추심결제방식에서 추심의뢰인이 인수거절 및/또는 지급거절에 대비하여 예비지급인으로서 행동할 대리인을 지명하는 경우에는, 추심지시서에 그러한 예비지급인의 권한에 대하여 명확하고 완전한 지시를 하여야 한다. 이러한 지시가 없는 경우 은행은 예비지급인으로부터의 어떠한 지시에도 응하지 않는다.

## 5) 통지

### ① 조항의 내용

| Article 26   Advices | 제26조 통지 |
|---|---|
| Collecting banks are to be advise fate in accordance with the following rules:<br><br>a. Form of Advice<br>All advices or information from the collecting bank to the bank from which the collection instruction was received, must bear appropriate details including, in all cases, the latter bank's reference as stated in the collection instruction.<br><br>b. Method of Advice<br>It shall be the responsibility of the remitting bank to instruct the collecting bank regarding the method by which the advices detailed in sub-Article (c)1, (c)2 and c(3) are to be given. In the absence of such instructions, the collecting bank will send the relative advices by the method of its choice at the expense of the bank from which the collection instruction was received.<br><br>c. ⅰ. Advice of Payment<br>The collecting bank must send without delay advice of payment to the bank from which the collection instruction was received, detailing the amount or amounts collected, charges and/or disbursements and/or expenses deducted, where appropriate, and method of disposal of the funds.<br><br>ⅱ. Advice of Acceptance<br>The collecting bank must send without delay advice of acceptance to the bank from which the collection instruction was received.<br><br>ⅲ. Advice of Non-Payment and/or Non-Acceptance<br>The presenting bank should endeavour to ascertain the reasons for non-payment and/or non－acceptance and advise accordingly, without delay, the bank from which it received the collection instruction.<br>The presenting bank must send without delay advice of non-payment and/or advice of non-acceptance to the bank from which it received the collection instruction.<br>On receipt of such advice the remitting bank must give appropriate instructions as to the further handling of the documents.  If such instructions are not received by the presenting bank within 60days after its advice of non-payment and/or non-acceptance, the documents may be returned to the bank from | 추심은행은 다음의 규칙에 따라 추심결과를 통지하여야 한다:<br><br>a. 통지형식<br>추심은행이 추심지시서를 송부한 은행으로 보내는 모든 지시 또는 정보에는 항상 추심지시서에 기재된 대로 추심지시서 송부은행의 참조번호를 포함한 적절한 명세가 기재되어야 한다.<br><br>b. 통지 방법<br>추심의뢰은행은 추심은행에게 c항 1호 c항 2호 및 c항3호에 상술된 통지가 행해져야 하는 방법을 지시하여야 할 의무가 있다. 이러한 지사가 없는 경우, 추심은행은 자신이 선택한 방법으로 추심지시서를 송부한 은행의 부담으로 관련된 통지를 보낸다.<br><br>c. ⅰ. 지급통지<br>추심은행은 추심지시서를 송부한 은행에게 추심금액, 충당한 경우 공제한 수수료 및/또는 지출금 및/또는 비용 및 그 자금의 처분방법을 상술한 지급통지를 지체없이 송부하여야 한다.<br><br>ⅱ. 인수 통지<br>추심은행은 추심지시서를 송부한 은행으로 인수통지를 지체없이 송부하여야 한다.<br><br>ⅲ. 지급거절 및/또는 인수거절통지<br><br>제시은행은 추심지시서를 송부한 은행에게 지급거절 또는 인수거절의 사유를 확인하기 위하여 노력하고 그 결과를 지체없이 통지하여야 한다.<br><br>제시은행은 추심지시서를 송부한 은행에게 지급거절 및/또는 인수거절의 통지를 지체없이 송부하여야 한다.<br>추심의뢰은행은 이러한 통지를 받는 대로 향후의 서류취급에 대한 적절한 지시를 하여야 한다. 제시은행은 지급거절 및/또는 인수거절을 통지한 후 60일 이내에 이러한 지시를 받지 못한 경우에 제시은행측에 더이상의 책임없이 서류를 추심지시서를 송부한 은행으로 반송할 수 있다. |

which the collection instruction was received without any further responsibility on the part of the presenting bank.

② 조항의 개요

추심의뢰서에서는 추심서류가 인수 또는 지급되는 경우에 대한 통지방법 등을 지시한다. 또한 환어음의 인수 또는 지급을 거절하는 경우에 대한 통지방법 등을 지시한다. 추심은행은 인수 또는 지급 거절된 추심서류에 대한 거절사실을 통지한 후 60일 이내에 추후로 추심지시를 받지 못하면 추심의뢰은행으로 추심서류를 반송할 수 있다. 추심은행은 지급인도조건 결제방식에 의한 환어음 금액이 결제되면 추심금액, 공제한 수수료, 지출금, 비용, 자금의 처분방법 등을 기재한 지급통지서를 추심의뢰은행에 지체하지 말고 발송하여야 한다. 추심결과 통지서에는 추심의뢰서 번호 및 기타 적절한 명세와 통지방법이 기재하여야 한다. 통지방법에 대한 지시가 없는 경우 추심은행이 선택한 방법으로 추심의뢰은행의 부담으로 통지한다.

추심결과를 통지할 때는 전신 또는 우편으로 하는가를 기재한다. 추심결과를 통지할 때의 비용은 추심의뢰인의 부담으로 한다. 추심은행은 추심의뢰서에 인수의 통지를 전신으로 하여 줄 것을 명백히 요청하고 있거나 수입업자가 자기의 비용부담으로 전신에 의한 통지를 요청하는 경우 이외에는 항공우편으로 송달한다.

# 무역운송 관련 국제관습과 협약

# 국제육상운송 관련 국제관습과 CMR 및 CIM

## 제1절 국제도로화물운송과 국제관습

### 1. 국제도로화물운송의 의의

국제도로화물운송(international carriage by road)은 국가와 국가 사이에 이루어지는 무역에서 자동차에 의하여 도로로 운송하는 방법이다. 국제도로화물운송은 육로가 발달되면서 동반하여 발달된 무역운송방법이다. 도로화물운송(carriage by road)은 자동차에 의하여 도로로 운송하여 문전에서 문전까지의 일관운송 서비스체제를 운영할 수 있는 방법이다. 도로화물운송은 도로의 폭에 따라 다양한 도로화물운송수단을 선택할 수 있기 때문에 수요자의 다양한 요구에 적극 부응할 수 있다. 이러한 장점을 사려 국제무역운송에 도입된 것이 국제도로화물운송인 것이다. 우리나라의 실정에서는 다소 생소한 분야로 여겨질 수 있지만 유럽이나 북미지역이나 남미지역, 그리고 아프리카 및 중동지역 등에서 국경을 맞대고 있는 지역에서는 도로로 무역운송을 하는 국가들이 많다.

국제도로화물운송은 다른 운송방법에 비하여 화물의 운송량이 적고 중소화물의 단거리운송에 적합하다. 국제도로화물운송은 단거리에 이용되는 것이기 때문에 운임이 저렴하게 된다. 국제도로화물운송은 물품의 특성에 맞는 다양한 화물차를 선택하여 운송할 수 있다. 국제도로화물운송에는 운송과 관련한 기초적인 기반시설이 필요 없다. 국제도로화물운송은 도로망이 충분하게 발달되어 있다면 생산자로부터 소비자에게 물품을 직송할 수 있다. 그러므로 문전에서 문전까지의 운송서비스가 가능하다. 이러한 장점으로 국제도로화물운송이 발달한 것이다.

## 2. 국제도로화물운송장

### (1) 국제도로화물운송장의 의미

국제도로화물운송장(CMR consignment note, CMR road waybill)은 송화인과 도로화물운송인이 운송계약을 체결하고 서명을 하거나 날인하였음을 증명하는 서류이다. 국제도로화물운송장은 유통성이 보장되지 않으며 화물을 인수하였다는 증거에 불과하기 때문에 화물의 수취증이라고도 한다. 국제도로화물운송장은 송화인과 운송인 사이에 통상적으로 3통을 작성하여 송화인과 운송인이 각각 1통씩 보관하고 다른 한 통은 화물과 함께 수화인에게 발송된다.

### (2) 국제도로화물운송장의 내용

국제도로화물운송장을 작성할 때는 발급일자 및 장소, 송화인의 성명과 주소, 도로화물운송인의 성명과 주소, 화물의 수탁지 및 수탁일자와 인도장소, 수화인의 성명과 주소, 물품의 명칭, 위험물인 경우에는 일반적으로 식별이 가능한 품명, 물품 포장 수, 화인 및 수량, 비용, 통관 및 행정상 필요한 사항, 운송이 본 국제도로화물운송조약의 조항에 의하여 규제된다는 문언 등과 같은 사항이 기재된다.

## 3. 국제도로화물운송조약

### (1) 국제도로화물운송조약의 적용범위

국제도로화물운송에서는 1956년 제네바에서 서명된 국제도로화물운송조약(Convention on the Contract for International Carriage of Goods by Road : CMR)을 적용한다. 국제도로화물운송조약은 주로 국가와 국가의 국경이 육로로 연결되어 있는 지역에서의 도로화물운송의 경우에 적용한다. 이러한 여건을 가진 지역은 유럽, 미주, 아프리카 등지인데 유럽의 도로화물운송의 경우에 주로 적용된다. 국제도로화물운송조약에서는 도로화물운송계약을 체결하고 운송하는 경로 중에 해상운송이 포함되어 있을지라도 차량으로부터 물품이 하역되지 않는다면 전 운송구간을 국제도로화물운송구간으로 인정하고 있다. 즉 화물을 적재한 차량을 직접 화물차와 선박(car ferry)에 진입시켜 운송을 연결하는 경우에도 국제도로화물운송인 것이다.

### (2) 국제도로화물운송조약의 송화인 책임과 의무

국제도로화물운송조약은 무역계약 당사자 중 어느 일방이 가입한 경우에 적용한다. 국제도로화물운송조약은 우편물이나 이삿짐 등과 같은 화물의 운송에는 적용하지 않는다.

국제도로화물운송조약에 의하면 송화인은 운송 중인 화물의 운송을 중지하도록 운송인에게 요구하여 그 화물을 처분하거나, 인도장소를 변경하여 도로화물운송장에 지정된 수화인이 아닌 다른 수화인에게 화물을 인도할 권리를 갖는다. 그러나 이러한 권리는 일단 수화인이 운송인으로부터 도로화물운송장을 받아서 화물을 수령하면 종료된다. 송화인은 이러한 권리를 행사함으로써 발생되는 비용이나 손해에 대하여 책임을 부담하여야 하며, 처분권의 행사가 운송인의 작업에 영향을 주어서도 안 된다.

### (3) 국제도로화물운송조약의 운송인 책임과 의무

국제도로화물운송 계약에서 운송인이 책임을 부담하는 기준은 엄격책임주의이다. 운송인은 조약에서 규정하고 있는 화주측의 고의 또는 과실에 의한 손해, 운송인측의 고의 또는 과실의 결과가 아닌 화주의 지시에 의한 손해, 화물 고유의 숨은 하자에 의한 손해, 불가항력에 의한 손해, 도로화물운송장에 명시된 무개자동차의 사용으로 인한 손해, 불충분한 포장으로 인한 손해, 화주측의 적양작업에 따른 손해, 화물고유의 성질에 의한 손해, 포장상의 화인표시미비로 인한 손해, 동물운송에 따른 손해 등을 제외하고는 책임을 부담하여야 한다. 국제도로화물운송 계약에서 연속운송인(successive carriers)은 전체의 도로화물운송구간에 대한 책임을 부담하며, 각 구간에서 각 운송인은 운송계약의 당사자가 된다.

### (4) 국제도로화물운송조약의 운송인 책임한도

운송인은 지연에 의한 손실 및 화물에 손해가 발생하면 책임을 부담하지만, 손해가 손해배상청구자 자신에 의하여 발생하거나, 화물고유의 성질 또는 운송인이 피할 수 없는 상황이었거나 운송인의 책임한도보다 높은 금액이 선고되었거나 추가로 지정한 요금이 지급되지 않았다면 1 킬로그램(kg)당 25 금프랑(gold francs)을 보상한다.

수화인은 화물의 외관상 손해가 발견되면 인수할 때에 운송인에게 통지하고, 외관상 손해가 불분명하면 인수한 후로부터 7일 이내에 통지하여야 한다. 지연에 의한 손해인 경우에는 인도를 받은 후로부터 21일 이내에 통지하여야 한다. 소송은 보통 2년 이내에 제기되어야 하며, 운송인의 고의적 악행에 의하여 손해가 발생되었으면 3년 이내에 제기하면 된다.

# 제 2 절   국제철도화물운송과 국제관습

## 1. 국제철도화물운송의 의의

국제철도화물운송(international carriage by rail)은 철도차량으로 어느 항만시설 국가로부터 다른 내륙지역 국가, 반대로 내륙지역 국가에서 항만시설 국가로, 또는 대륙과 대륙 구간 사이에서 국제무역물품을 운송하는 것이다. 철도화물운송(carriage by rail)은 궤도를 주행하는 열차를 이용하여 화물을 운송하는 방법이다. 철도화물운송은 투자규모가 크고 투자자본 회수에 장기간이 소요된다. 그러므로 국가마다 국영기업으로 독점하여 운영하는 것이다.

## 2. 국제철도화물운송장

### (1) 국제철도화물운송장의 의미

국제철도화물운송장(CIM consignment note, CIM rail waybill)은 송화인과 국제철도화물운송인이 운송계약을 체결하고 서명을 하거나 날인하였음을 증명하는 서류이다. 국제철도화물운송장은 유통성이 보장되지 않으며 물품을 인수하였다는 증거에 불과하다. 그래서 국제철도화물운송장은 화물 수취증이라고도 한다. 국제철도화물운송장은 송화인과 운송인 사이에 통상적으로 3 통의 국제철도화물운송장을 작성하여 송화인과 운송인이 각각 1통씩 보관하고 다른 1 통은 화물과 함께 수화인에게 발송된다.

### (2) 국제철도화물운송장의 내용

국제철도화물운송장을 작성할 때는 국제철도화물운송장의 발급일자와 발급장소, 송화인의 성명과 주소, 철도화물운송인의 성명과 주소, 철도운송화물의 수탁장소와 수탁일자 그리고 철도운송화물의 인도장소 또는 최종목적지, 수화인의 성명과 주소, 철도운송화물의 명칭, 철도운송화물의 포장 수량, 철도운송화물의 화인 및 포장유무, 철도운송과 관련하여 발생하는 비용, 철도운송화물의 통관 및 행정상 필요한 사항, 철도화물운송이 국제철도화물운송조약의 조항에 의하여 규제된다는 문언 의 명시 등과 같은 사항이 기재된다.

## 3. 국제철도화물운송조약

### (1) 국제철도화물운송조약의 적용범위

국제철도화물운송에서는 1970년 추가의정서를 반영한 국제철도화물운송조약(International Convention Concerning Carriage of Goods by Rail : CIM)을 적용한다. 국제도로화물운송조약은 주로 국가와 국가의 국경이 철도로 연결되어 있는 지역에서의 철도화물운송의 경우에 적용한다. 국제철도화물운송조약에서는 철도화물운송계약을 체결하고 운송하는 경로 중에 해상운송이 포함되어 있을지라도 철도열차로부터 화물을 하차하지 않는다면 전 운송구간을 국제도로화물운송구간으로 인정하고 있다. 즉 화물을 적재한 철도열차를 직접 열차와 선박(rail ferry)에 진입시켜 운송을 연결하는 경우에도 국제철도화물운송인 것이다.

### (2) 국제철도화물운송조약의 송화인 책임과 의무

국제철도화물운송조약은 무역계약 당사자 중 어느 일방이 가입한 경우에 적용한다. 국제철도화물운송조약에 의하면 송화인은 운송 중인 화물의 운송을 중지하도록 운송인에게 요구하여 그 화물을 처분하거나, 인도장소를 변경하여 철도화물운송장에 지정된 수화인이 아닌 다른 수화인에게 화물을 인도할 권리를 갖는다. 그러나 이러한 권리는 일단 수화인이 운송인으로부터 철도화물운송장을 받아서 화물을 수령하면 종료된다. 송화인은 이러한 권리를 행사함으로써 발생되는 비용이나 손해에 대하여 책임을 부담하여야 하며, 처분권의 행사가 운송인의 작업에 영향을 주어서도 안 된다.

### (3) 국제철도화물운송조약의 운송인 책임과 의무

국제철도화물운송 계약에서 연속운송인은 전체의 철도화물운송구간에 대하여 책임을 부담하여야 한다. 철도운송인은 화물의 손해에 대하여 포괄적으로 책임을 부담한다. 화주가 고의적으로 손해를 발생시키거나 화물 고유의 하자 또는 불가항력적인 원인에 의하여 발생된 손해 등에 대해서는 면책이다. 또한 운송인이 위험을 방지하거나, 제거할 수 없었던 사유로 인하여 발생한 화물의 멸실 또는 훼손, 그리고 인도의 지연에 대해서도 면책이다. 그런데 운송인은 그러한 멸실 또는 훼손 등과 같은 손해에 대하여 입증을 하여야 할 책임이 있다. 이러한 거증책임 속에는 손해가 둘 이상의 연속적인 원인에 의하여 손해가 발생하였다는 내용도 포함된다.

### (4) 국제철도화물운송조약의 운송인 책임한도

국제철도화물운송 계약에서 철도운송인은 본인의 고의에 의한 손해나 중대한 과실에 의한 손해를 제외하고는 1 킬로그램(kg)당 50 금프랑(gold francs)을 한도로 보상한다. 철도운송인에게 중과실이 있는 경우에는 정상적인 책임한도액의 2 배를 보상한다.

인도의 지연에 의한 손실이 발생하면 철도운송인이 그 실제의 손해액에 대하여 증명을 하지 못하면 특정운송기간의 10 분의 1 의 지연에 대하여 운임의 10 분의 1 을 운송인이 반환하여야 한다. 다만 그 반환액의 한도는 총운임의 4 분의 1 이다. 만약 인도의 지연으로 인한 실제의 손해액을 증명한 경우에는 그 손해액이 배상액이 되는데 해당운임의 2 배를 초과하지 못한다.

국제철도화물운송에서 손해가 발생한 경우 운송인에 대하여 제소할 수 있는 기한은 1년이다 다만 운송인의 사기 또는 고의적인 행위가 있는 경우에는 제소기한이 2년이다.

제 7 장

# 국제항공운송 관련 국제관습과 W.A. 및 IATA 표준운송약관

## 제 1 절  국제항공운송과 항공화물

### 1. 국제항공운송

국제항공운송(international air transportation)은 항공기를 이용하여 승객, 우편, 화물 등을 탑재하여 국제간의 한 공항에서 다른 공항까지 운송하는 것이다. 그래서 국제항공운송은 항공여객운송과 항공화물운송으로 구분이 가능하다. 항공여객운송은 운송의 대상이 여객이고 항공화물운송은 대상이 화물이다. 항공화물을 운송하기 시작한 것은 1910년에 필립 팔메리가 60 파운드의 견직물을 라이트식 복엽기에 탑재하여 미국 오하이오 데이톤과 컬럼버스 사이의 65 마일을 66 분에 운항한 것이 최초의 기록이다.

### 2. 항공화물

항공화물(air cargo)은 항공기로 운송하는 물품을 의미하는데 승객의 수화물은 제외한다. 항공화물은 항공운송계약에 의하여 송화인과 수화인이 존재하고 여객전용기 또는 화물전용기를 불문하고 비행기의 동체에 설치한 전용 화물실을 이용하여 운송하는 화물이다. 항공운송의 특성상 항공화물은 여러 가지의 제한이 있을 수 있다. 항공화물은 낱개 별로 포장이나 중량 또는 용적을 감안하여 탑재하여야 하는 까닭에 항공운송회사에서 요구하는 여러 가지의 제한요소를 지켜야 한다.

# 제 2 절  국제항공운송 관련 조약과 바르샤바 협약

## 1. 공법관계 조약과 사법관계 조약

### (1) 공법관계 조약

국제항공에 관한 조약은 국가와 국가 사이의 합의, 협정, 약정 등을 의미하는 것으로 국제관습법인 동시에 국제법이다. 이러한 관계에 있는 조약을 공법관계의 조약이라고 한다. 국제항공에 관한 공법적인 지위를 가지고 있는 조약으로는 파리 조약(1991), 시카고 조약(1944), 로마 조약(1952) 도쿄 조약(1963) 등이 있다. 이러한 조약들이 제정된 배경을 보면 항공화물의 운송과 관련한 운송인의 책임과 의무 등에 대하여 제한을 하려는 점도 들 수 있지만 항공운송이 발달한 국가 또는 지역에서 논의가 되었다는 점이다.

### (2) 사법관계 조약

### 1) 바르샤바 협약

바르샤바 협약(Warsaw Convention: W.A.)은 국제항공운송과 관련한 사항들을 규율하기 위한 협약인데 1929년 10월 12일 바르샤바(Warsaw)에서 서명된 국제항공운송에 관한 국제항공운송에 있어서의 일부 규칙의 통일에 관한 조약을 개정한 의정서(Protocol to Amend the Convention for the Unification of Certain Rules Relating International Carriage by Air Signed at Warsaw on oct. 1929)이기 때문에 바르샤바 협약이라고 한다. 바르샤바 협약은 1933년 2월 13일 발효되었는데 국제항공운송에 있어서의 일부 규칙의 통일에 관한 협약(The Convention for the Unification of Certain Rules relating to International Transportation of Air)이 원래의 명칭이다.

바르샤바 협약에서는 항공화물운송장의 법률적 성격, 항공운송인의 책임범위, 항공운송인의 배상한도, 송화인의 권리와 의무, 수화인의 권리와 의무, 항공회사의 권리와 의무 등을 규정하고 있기 때문에 국제항공운송협약이라고도 한다. 이외에 국제항공운송에 적용하는 조약으로는 헤이그 의정서(Hague Protocol), 몬트리올 협정(Montreal Agreement), 과다라하라(Guadala jara) 조약, 과테말라(Guatemala) 의정서, 몬트리올 제1·제2·제3·제4 의정서가 있다.

### 2) 헤이그 의정서

헤이그 의정서(The Warsaw Convention as amended as the Rules 1955: Hague Protocol)는 1929년 바르샤바 협약의 책임제한 규정에 대해 국제민간항공기구의 법률위원회가 개정작업에 착수하여 1955년 헤이그에서 개최된 항공회사법국제회의에서 채택하고 1963년에 발효한 것이기 때문에 1955년의 헤이그 의정서와 바르샤바 협약을 단일조약으로 간주한다. 우리나라는 바르샤바 협약에는 가입하지 않았으나 헤이그 의정서인 개정 바르샤바 협약에는 가입하였다.

### 3) 과다라하라 의정서

과다라하라 의정서(Guadalajara Protocol)는 1961년 멕시코의 과다라하라(Guadalajarana)에서 개최된 외교회의에서 항공운송 계약자가 아닌 운송인이 이행한 국제항공운송과 관련된 일부 규칙의 통일을 위한 바르샤바 규칙을 보충하는 협약(Convention Supplementary to the Warsaw Convention for the Unification of Certain Rules Relating to Int'l Carriage by Air Performed by a Person Other than the Contracting Carrier)을 채택하여 1964년에 발효하였다. 항공운송업계에서 존재하는 계약운송인과 실제운송인에게 발생하는 문제를 해결하고, 타사의 집화행위, 다수 항공회사들에 대한 공동 운항, 항공회사들의 항공기 교환 및 항공기의 임대차계약, 항공화물용기계약 등과 같은 변화를 바르샤바 협약에 반영하여 보충한 의정서를 채택한 의정서이다.

### 4) 몬트리올 협약

몬트리올 협약(Montreal Convention)은 국제항공운송협회(IATA)가 미국 정부와 협의를 하고 미국을 출발 공항으로 하거나 도착 공항으로 하거나, 또는 경유 공항으로 하는 항공노선에 취항하고 있는 항공회사들이 모여 1966년에 채택하고 2003년에 발효한 협약이다. 미국이 1955년 헤이그 의정서에 규정된 항공운송인의 책임한도액 25만 폴란드 프랑이 너무 적다는 이유로 바라샤바 조약을 탈퇴하겠다고 통보가 있자 국제항공운송협회가 주도하여 바르샤바 협약과 헤이그 의정서에 규정한 내용을 근거로 하여 제정한 것이다. 우리나라는 2007년에 가입하였다.

### 5) 과테말라 의정서

과테말라 의정서(Guatemala Protocol)는 1965년 국제민간항공기구에서 총회를 개최하여 헤이그 의정서에 규정된 항공운송인의 책임한도액을 개정하기 위한 협의를 하고 국제민간항공기구 법률위원회가 개정 협약 초안을 작성하여 1971년 과테말라(Guatemala)에서 개최된 외교회의에서 채택된 의정서이다. 이를 헤이그 의정서의 개정 협약이라고도 한다.

## 2. 바르샤바 협약

### (1) 범위 및 정의

### 1) 범위

#### ① 조항의 내용

| | |
|---|---|
| Convention for the Unification of Certain Rules Relating to International Carriage by Air, Signed at Warsaw on 12 October 1929 (Warsaw Convention)<br><br>Chapter I - Scope - Definitions<br>Article 1<br>(1) This Convention applies to all international carriage of persons, luggage or goods performed by aircraft for reward. It applies equally to gratuitous carriage by aircraft performed by an air transport undertaking.<br>(2) For the purposes of this Convention the expression 'international carriage' means any carriage in which, according to the contract made by the parties, the place of departure and the place of destination, whether or not there be a break in the carriage or a transhipment, are situated either within the territories of two High Contracting Parties, or within the territory of a single High Contracting Party, if there is an agreed stopping place within a territory subject to the sovereignty, suzerainty, mandate or authority of another Power, even though that Power is not a party to this Convention. A carriage without such an agreed stopping place between territories subject to the sovereignty, suzerainty, mandate or authority of the same High Contracting Party is not deemed to be international for the purposes of this Convention.<br>(3) A carriage to be performed by several successive air carriers is deemed, for the purposes of this Convention, to be one undivided carriage, if it has been regarded by the parties as a single operation, whether it had been agreed upon under the form of a single contract or of a series of contracts, and it does not lose its international character merely because one contract or a series of | 국제항공운송에 관한 바르샤바 협약(1929)<br><br><br>제1장 범위 및 정의<br>제1조<br>(1) 본 협약은 항공기에 의하여 유상으로 행하는 승객, 수하물, 또는 화물의 모든 국제운송에 적용한다. 본 협약은 또한 항공운송기업이 항공기에 의하여 무상으로 행하는 운송에도 적용한다.<br>(2) 본 협약의 적용에 있어서 '국제운송'이란 운송의 중단 또는 환적의 유무를 불문하고, 당사자 사이의 약정에 따라 출발지 및 도착지가 두개의 체약국의 영역내에 있는 운송이나 또는 출발지 및 도착지가 단일의 체약국의 영역내에 있고 또 합의된 기항지가 본 협약의 체약국의 여부를 불문하고 타국의 주권, 종주권, 위임통치 또는 권력하에 있는 영역내에서의 운송을 의미한다. 동일한 체약국의 주권, 종주권, 위임통치 또는 권력하에 있는 영역간의 운송으로서 그러한 예정된 기항지가 없는 것은 본 협약의 적용에 있어서 국제운송이라고 보지 않는다.<br><br><br><br>(3) 둘 이상의 운송인이 계속하여 행하는 항공운송은 당사자가 단일의 취급을 한 때에는 단일의 계약형식에 의하거나 또는 일련의 계약형식에 의하거나를 불문하고, 본조의 적용에 있어서 불가분의 운송을 구성하는 것으로 보며, 또 이러한 운송은 단일의 계약이거나 또는 일련의 계약이 동일한 체약국의 주권, 종주권, 위임통치 또는 권력하에 있는 영역내에서 모두 |

| | |
|---|---|
| contracts is to be performed entirely within a territory subject to the sovereignty, suzerainty, mandate or authority of the same High Contracting Party. | 이행되는 것이라는 사실만으로써 그의 국제적인 성질을 잃는 것은 아니다. |

② 조항의 개요

본 협약은 항공기에 의하여 유상으로 행하는 승객, 수하물, 또는 화물의 모든 국제운송을 대상으로 한다. 또한 항공운송기업이 항공기에 의하여 무상으로 행하는 운송도 대상이다. 항공운송은 당사자가 단일의 취급을 한 때에는 단일의 계약형식에 의하거나 또는 일련의 계약형식에 의하거나를 불문하고, 본조의 적용에 있어서 불가분의 운송을 구성하는 것으로 한다.

## 2) 적용

### ① 조항의 내용

| | |
|---|---|
| Article 2<br>(1) This Convention applies to carriage performed by the State or by legally constituted public bodies provided it falls within the conditions laid down in Article 1.<br>(2) This Convention does not apply to carriage performed under the terms of any international postal Convention. | 제2조<br>(1) 본 협약은 운송이 제1조에 규정된 조건에 합치하는 한, 국가 또는 기타의 공법인에 의하여 행하는 운송에 적용한다.<br>(2) 본 협약은 우편에 관한 국제협약에 따라 행하는 운송에는 적용하지 않는다. |

② 조항의 개요

본 협약은 규정된 조건에 합치하는 한, 국가 또는 기타의 공법인에 의하여 행하는 운송에 적용한다. 그러나 우편에 관한 국제협약에 따라 행하는 운송에는 적용하지 않는다.

## (2) 운송서류

### 1) 여객항공표

#### ① 조항의 내용

| | |
|---|---|
| Chapter II - Documents of Carriage<br><br>Section I - Passenger Ticket<br>Article 3<br>(1) For the carriage of passengers the carrier must deliver a passenger ticket which shall contain the following particulars:-<br>(a) the place and date of issue; | 제2장 운송서류<br><br>제1절 여객항공표<br>제3조<br>(1) 여객운송에 있어서는, 운송인은 다음의 사항을 기재한 여객항공표를 교부하여야 한다.<br><br>(a) 발행의 장소 및 일자, |

(b) the place of departure and of destination;
(c) the agreed stopping places, provided that the carrier may reserve the right to alter the stopping places in case of necessity, and that if he exercises that right, the alteration shall not have the effect of depriving the carriage of its international character;
(d) the name and address of the carrier or carriers;
(e) a statement that the carriage is subject to the rules relating to liability established by this Convention.
(2) The absence, irregularity or loss of the passenger ticket does not affect the existence or the validity of the contract of carriage, which shall none the less be subject to the rules of this Convention. Nevertheless, if the carrier accepts a passenger without a passenger ticket having been delivered he shall not be entitled to avail himself of those provisions of this Convention which exclude or limit his liability.

(b) 출발지 및 도착지,
(c) 예정된 기항지. 다만 운송인은 필요한 경우에는 그 기항지를 변경할 권리를 유보할 수 있으며, 또 운송인이 이러한 권리를 행사한다 하더라도 그 변경은 당해 운송의 국제적인 성질을 잃게 하지는 않는다.

(d) 운송인의 명칭과 주소,

(e) 운송이 본 협약에 정하여진 책임에 관한 규칙에 따른다는 표시 등.

(2) 여객항공표의 부존재, 불비, 또는 멸실은 운송계약의 존재 또는 효력에 영향을 미치는 것이 아니며, 운송계약은 이 경우에도 본 협약의 규정에 적용을 받는다. 다만 운송인은 여객항공표를 교부하지 아니하고 여객을 인수한 때에는 운송인의 책임을 배제하거나 또는 제한하는 본 협약의 규정을 원용할 권리를 갖지 못한다.

② 조항의 개요

여객운송에 있어서는, 운송인은 다음의 사항을 기재한 여객항공표를 교부하여야 한다. 여객항공표의 부존재, 불비, 또는 멸실은 운송계약의 존재 또는 효력에 영향을 미치는 것이 아니며, 운송계약은 이 경우에도 본 협약의 규정에 적용을 받는다. 다만 운송인은 여객항공표를 교부하지 아니하고 여객을 인수한 때에는 운송인의 책임을 부담한다.

### 2) 수화물표

① 조항의 내용

Section II - Luggage Ticket
Article 4
(1) For the carriage of luggage, other than small personal objects of which the passenger takes charge himself, the carrier must deliver a luggage ticket.
(2) The luggage ticket shall be made out in duplicate, one part for the passenger and the other part for the carrier.
(3) The luggage ticket shall contain the following particulars:-
(a) the place and date of issue;
(b) the place of departure and of destination;
(c) the name and address of the carrier or

제2절 수화물표
제4조
(1) 여객이 보관하는 휴대품 이외의 수화물의 운송에 있어서는, 운송인은 수화물표를 교부하여야 한다.

(2) 수화물표는 2통으로 작성하여야 한다. 그 중의 1통은 여객용으로 하고 또 다른 1통은 운송인용으로 한다.
(3) 수화물표에는 다음의 사항을 기재하여야 한다.
(a) 발행의 장소 및 일자,
(b) 출발지 및 도착지,
(c) 운송인의 명칭과 주소,

carriers;
(d) the number of the passenger ticket;
(e) a statement that delivery of the luggage will be made to the bearer of the luggage ticket;
(f) the number and weight of the packages;
(g) the amount of the value declared in accordance with Article 22(2);
(h) a statement that the carriage is subject to the rules relating to liability established by this Convention.
(4) The absence, irregularity or loss of the luggage ticket does not affect the existence or the validity of the contract of carriage, which shall none the less be subject to the rules of this Convention. Nevertheless, if the carrier accepts luggage without a luggage ticket having been delivered, or if the luggage ticket does not contain the particulars set out at (d), (f) and (h) above, the carrier shall not be entitled to avail himself of those provisions of the Convention which exclude or limit his liability.

(d) 여객항공표의 번호,
(e) 수화물표의 소지인에게 수화물을 인도한다는 뜻의 표시,
(f) 소포의 개수 및 중량,
(g) 제22조 제2항에 따라 신고된 가액,
(h) 운송이 본 협약에서 정하는 책임에 관한 규정에 따른다는 뜻의 표시 등.
(4) 수화물표의 부존재, 불비, 또는 멸실은 운송계약의 존재 또는 효력에 영향을 미치는 것이 아니며, 운송계약은 이 경우에도 본 협약의 규정에 적용을 받는다. 다만 운송인이 수화물표를 교부하지 아니하고 수화물을 인수하거나, 또는 수화물표에 상기 제3항 제d호, 제f호 및 제h호에 정하여진 사항의 기재가 없는 때에는, 운송인은 그의 책임을 배제하거나 또는 제한하는 본 협약의 규정을 원용할 권리를 갖지 못한다.

### ② 조항의 개요

여객이 보관하는 휴대품 이외의 수화물의 운송에 있어서는, 운송인은 수화물표를 교부하여야 한다. 다만 운송인이 수화물표를 교부하지 아니하고 수화물을 인수하거나, 수화물표에 규정에 필요한 기재가 없는 때에는, 운송인은 그의 책임을 배제하거나 또는 제한하는 본 협약의 규정을 원용할 권리를 갖지 못한다.

## (3) 항공화물운송장

### 1) 항공화물운송장의 청구와 수령

### ① 조항의 내용

Section III - Air Consignment Note
Article 5
(1) Every carrier of goods has the right to require the consignor to make out and hand over to him a document called an 'air consignment note'; every consignor has the right to require the carrier to accept this document.
(2) The absence, irregularity or loss of this document does not affect the existence or the

제3절 항공화물운송장
제5조
(1) 화물의 모든 운송인은 송화인에 대하여 '항공화물운송장'이라는 서류를 작성하여 이의 교부를 청구할 권리를 갖는다. 모든 송화인은 운송인에 대하여 그 서류의 수령을 청구할 권리를 갖는다.
(2) 이러한 서류의 부존재, 불비, 또는 멸실은 운송계약의 존재 또는 효력에 영향을 미치는

| | |
|---|---|
| validity of the contract of carriage which shall, subject to the provisions of Article 9, be none the less governed by the rules of this Convention. | 것이 아니며, 운송계약은 이 경우에도 제9조의 규정에 따르는 것을 조건으로 본 협약의 규정에 적용을 받는다. |

② 조항의 개요

화물의 모든 운송인은 송화인이 작성한 항공화물운송장을 청구할 권리를 갖는다. 모든 송화인은 운송인이 그 서류를 수령하도록 청구할 권리를 갖는다. 이러한 서류의 부존재, 불비, 또는 멸실은 운송계약의 존재 또는 효력에 영향을 미치는 것이 아니며, 운송계약은 이 경우에도 본 협약의 규정에 적용을 받는다.

### 2) 항공화물운송장의 교부

① 조항의 내용

| Article 6 | 제6조 |
|---|---|
| (1) The air consignment note shall be made out by the consignor in three original parts and be handed over with the goods. | (1) 항공화물운송장은 송화인이 원본 3통을 작성하여 이를 화물과 함께 교부하여야 한다. |
| (2) The first part shall be marked 'for the carrier,' and shall be signed by the consignor. The second part shall be marked 'for the consignee'; it shall be signed by the consignor and by the carrier and shall accompany the goods. The third part shall be signed by the carrier and handed by him to the consignor after the goods have been accepted. | (2) 제1의 원본에는 '운송인용' 이라고 기재하고 송화인이 이에 서명하여야 한다. 제2의 원본에는 '수화인용' 이라고 기재하고 송화인 및 운송인이 이에 서명한 후 이를 화물과 함께 송부하여야 한다. 제3의 원본에는 운송인이 서명하여야 하며, 이는 화물을 인수한 후에 송화인에게 교부하여야 한다. |
| (3) The carrier shall sign on acceptance of the goods. | (3) 운송인은 화물을 인수한 때에 서명하여야 한다. |
| (4) The signature of the carrier may be stamped; that of the consignor may be printed or stamped. | (4) 운송인의 서명은 타인(打印)으로써 이에 대체할 수 있다. 송화인의 서명은 인쇄 또는 타인으로써 이에 대체할 수 있다. |
| (5) If, at the request of the consignor, the carrier makes out the air consignment note, he shall be deemed, subject to proof to the contrary, to have done so on behalf of the consignor. | (5) 운송인은 송화인의 청구에 따라 항공화물운송장을 작성한 경우에는, 반증이 없는 한 송화인에 대신하여 이를 작성한 것으로 본다. |

② 조항의 개요

항공화물운송장은 송화인이 송화인용, 수화인용, 운송인용으로 원본 3통을 작성하여 이를 화물과 함께 교부하여야 한다. 제1의 원본에는 '운송인용' 이라고 기재하고 송화인이 이에 서명하여야 한다. 제2의 원본에는 '수화인용' 이라고 기재하고 송화인 및 운송인이 이에 서명한 후 이를 화물과 함께 송부하여야 한다. 제3의 원본에는 운송인이 서명하여야 한다.

### 3) 항공화물운송장의 작성

#### ① 조항의 내용

| Article 7 | 제7조 |
|---|---|
| The carrier of goods has the right to require the consignor to make out separate consignment notes when there is more than one package. | 화물의 운송인은 2개 이상의 포장이 있는 때에는, 송화인에 대하여 각각 항공화물운송장을 작성할 것을 청구할 권리를 갖는다. |

#### ② 조항의 개요

화물의 운송인은 2개 이상의 포장이 있는 때에는, 송화인에 대하여 각각 항공화물운송장을 작성하게 할 수 있다.

### 4) 항공화물운송장의 기재사항

#### ① 조항의 내용

| Article 8 | 제8조 |
|---|---|
| The air consignment note shall contain the following particulars:- | 항공화물운송장에는 다음의 사항을 기재하여야 한다. |
| (a) the place and date of its execution; | (a) 작성의 장소 및 일자, |
| (b) the place of departure and of destination; | (b) 출발지 및 도착지, |
| (c) the agreed stopping places, provided that the carrier may reserve the right to alter the stopping places in case of necessity, and that if he exercises that right the alteration shall not have the effect of depriving the carriage of its international character; | (c) 합의된 기항지. 다만 운송인은 필요한 경우에는 그 기항지를 변경할 권리를 유보할 수 있으며, 또 운송인이 이러한 권리를 행사한다 하더라도 그 변경은 당해운송의 국제적인 성질을 잃게 하지는 않는다. |
| (d) the name and address of the consignor; | (d) 송화인의 성명 및 주소, |
| (e) the name and address of the first carrier; | (e) 최초의 운송인의 성명 및 주소, |
| (f) the name and address of the consignee, if the case so requires; | (f) 필요한 경우에는 수화인의 성명 및 주소, |
| (g) the nature of the goods; | (g) 화물의 종류, |
| (h) the number of the packages, the method of packing and the particular marks or numbers upon them; | (h) 포장의 개수, 포장의 방법 및 특별한 기호 또는 번호, |
| (i) the weight, the quantity and the volume or dimensions of the goods; | (i) 화물의 중량, 수량 및 용적 또는 크기, |
| (j) the apparent condition of the goods and of the packing; | (j) 화물 및 포장의 외관상태, |
| (k) the freight, if it has been agreed upon, the date and place of payment, and the person who is to pay it; | (k) 운임을 약정한 경우에는 그 운임, 지급의 기일과 장소 및 지급인, |
| (l) if the goods are sent for payment on delivery, the price of the goods, and, if the case so requires, the amount of the expenses incurred; | (l) 대금과 상환으로 발송하는 경우에는 화물의 대금 및 필요한 비용액, |

| | |
|---|---|
| (m) the amount of the value declared in accordance with Article 22 (2); | (m) 제22조 제2항에 따라 신고된 가액, |
| (n) the number of parts of the air consignment note; | (n) 항공화물운송장의 통수, |
| (o) the documents handed to the carrier to accompany the air consignment note; | (o) 항공화물운송장에 첨부하기 위하여 운송인에게 교부된 서류, |
| (p) the time fixed for the completion of the carriage and a brief note of the route to be followed, if these matters have been agreed upon; | (p) 특약이 있는 경우에는 운송의 기한 및 경로의 개요, |
| (q) a statement that the carriage is subject to the rules relating to liability established by this Convention. | (q) 운송이 본 협약에 정하여진 책임에 관한 규정에 따른다는 뜻을 표시 등. |

② 조항의 개요

항공화물운송장에는 운송계약의 당사자 및 수화인, 화물의 명세, 운임, 운송인의 책임 등에 관한 사항을 기재하여야 한다.

### 5) 항공화물운송장 기재사항의 미기재

① 조항의 내용

| Article 9 | 제9조 |
|---|---|
| If the carrier accepts goods without an air consignment note having been made out, or if the air consignment note does not contain all the particulars set out in Article 8(a) to (i) inclusive and (q), the carrier shall not be entitled to avail himself of the provisions of this Convention which exclude or limit his liability. | 운송인이 항공화물운송장 없이 화물을 인수하거나 또는 항공화물운송장이 제8조 제a항 내지 제i항에 규정된 모든 명세를 기재하지 아니한 경우에는, 운송인은 그의 책임을 배제하거나 또는 제한하는 본 협약의 규정을 원용할 권리를 갖지 못한다. |

② 조항의 개요

운송인이 항공화물운송장 없이 화물을 인수하거나 항공화물운송장에 규정된 모든 명세를 기재하지 아니한 경우에는 그와 관련한 책임을 부담하여야 한다.

### 6) 항공화물운송장 기재사항의 부정확

① 조항의 내용

| Article 10 | 제10조 |
|---|---|
| (1) The consignor is responsible for the correctness of the particulars and statements relating to the goods which he inserts in the | (1) 송화인은 화물에 관하여 항공화물운송장에 기재된 명세 및 신고가 정확하다는 것에 대하여 책임을 진다. |

| | |
|---|---|
| air consignment note.<br>(2) The consignor will be liable for all damage suffered by the carrier or any other person by reason of the irregularity, incorrectness or incompleteness of the said particulars and statements. | (2) 송화인은 전기의 명세 및 신고의 불비, 부정확 또는 불완전한 것으로 인하여 운송인 또는 기타의 자가 입은 모든 손해에 대하여 책임을 진다. |

## ② 조항의 개요

송화인은 전기의 명세 및 신고의 불비, 부정확 또는 불완전한 것으로 인하여 운송인 또는 기타의 자가 입은 모든 손해에 대하여 책임을 진다.

### 7) 항공화물운송장 기재사항의 법적 지위

## ① 조항의 내용

| Article 11 | 제11조 |
|---|---|
| (1) The air consignment note is prima facie evidence of the conclusion of the contract, of the receipt of the goods and of the conditions of carriage.<br>(2) The statements in the air consignment note relating to the weight, dimensions and packing of the goods, as well as those relating to the number of packages, are prima facie evidence of the facts stated; those relating to the quantity, volume and condition of the goods do not constitute evidence against the carrier except so far as they both have been, and are stated in the air consignment note to have been, checked by him in the presence of the consignor, or relate to the apparent condition of the goods. | (1) 항공화물운송장은 계약의 체결, 화물의 수령 및 운송의 조건에 관한 추정적인 증거가 된다.<br>(2) 화물의 중량, 크기와 포장 및 포장의 개수에 관한 항공화물운송장의 기재는 그 기재된 사실에 대한 추정적인 증거가 된다. 화물의 수량, 용적 및 상태에 관한 기재는 운송인이 송화인이 입회하에 화물을 점검하고 그 뜻을 항공화물운송장에 기재한 경우 또는 화물의 외관상태에 관한 기재의 경우를 제외하고는, 운송인에 대하여 불리한 증거를 구성하는 것은 아니다. |

## ② 조항의 개요

항공화물운송장은 계약의 체결, 화물의 수령 및 운송의 조건에 관한 추정적인 증거가 된다. 화물의 중량, 크기와 포장 및 포장의 개수에 관한 항공화물운송장의 기재는 그 기재된 사실에 대한 추정적인 증거가 된다.

### 8) 항공화물운송장과 송화인

## ① 조항의 내용

| Article 12 | 제12조 |
|---|---|
| (1) Subject to his liability to carry out all his | (1) 송화인은 운송계약으로부터 발생하는 모든 |

obligations under the contract of carriage, the consignor has the right to dispose of the goods by withdrawing them at the aerodrome of departure or destination, or by stopping them in the course of the journey on any landing, or by calling for them to be delivered at the place of destination or in the course of the journey to a person other than the consignee named in the air consignment note, or by requiring them to be returned to the aerodrome of departure. He must not exercise this right of disposition in such a way as to prejudice the carrier or other consignors and he must repay any expenses occasioned by the exercise of this right.

(2) If it is impossible to carry out the orders of the consignor the carrier must so inform him forthwith.

(3) If the carrier obeys the orders of the consignor for the disposition of the goods without requiring the production of the part of the air consignment note delivered to the latter, he will be liable, without prejudice to his right of recovery from the consignor, for any damage which may be caused thereby to any person who is lawfully in possession of that part of the air consignment note.

(4) The right conferred on the consignor ceases at the moment when that of the consignee begins in accordance with Article 1(3) Nevertheless, if the consignee declines to accept the consignment note or the goods, or if he cannot be communicated with, the consignor resumes his right of disposition.

채무를 이행할 것을 조건으로, 출발공항 또는 도착공항에서 화물을 회수하거나, 운송도중 착륙할 때에 화물을 정지하거나 또는 항공화물운송장에 기재한 수화인 이외의 자에 대하여 도착지에서 또는 운송도중에 화물을 인도하거나, 또는 출발공항으로 화물의 반송을 청구하는 것으로 인하여, 화물을 처분할 권리를 갖는다. 다만 그 권리의 행사로 인하여 운송인 또는 기타의 송화인을 해하여서는 아니되며, 또 그 행사로 의하여 생긴 비용을 부담하여야 한다.

(2) 운송인은 송화인의 지시에 따를 수 없을 경우에는, 즉시 그 뜻을 송화인에게 통고하여야 한다.

(3) 운송인은 송화인에게 교부한 항공화물운송장의 제시를 요구하지 아니하고 화물의 처분에 관한 송화인의 지시에 따른 경우에는 이로 인하여 그 항공운송장의 정당한 소지인에게 입힌 손해에 대하여 책임을 진다. 다만 이로 인하여 송화인에 대한 운송인의 상환청구권을 해하는 것은 아니다.

(4) 송화인의 권리는 수화인의 권리가 제13조에 의하여 생긴 때에는 소멸한다. 다만 수화인이 항공화물운송장 또는 화물의 수령을 거부한 경우 또는 수화인을 알 수 없는 경우에는, 송화인은 그 처분의 권리를 회복한다.

② 조항의 개요

운송인은 송화인에게 교부한 항공화물운송장의 제시를 요구하지 아니하고 화물의 처분에 관한 송화인의 지시에 따른 경우에는 이로 인하여 그 항공운송장의 정당한 소지인에게 입힌 손해에 대하여 책임을 진다.

### 9) 항공화물운송장과 수화인

① 조항의 내용

Article 13
(1) Except in the circumstances set out in the preceding Article, the consignee is entitled, on arrival of the goods at the place of destination, to require the carrier to hand over to him the

제13조
(1) 앞의 조(제12조)에 규정된 경우를 제외하고, 화물이 도착지에 도착한 경우에는, 수화인은 운송인에 대하여 채무액을 지급하고 항공화물운송장에 기재된 운송의 조건을 충족한 때에는

| | |
|---|---|
| air consignment note and to deliver the goods to him, on payment of the charges due and on complying with the conditions of carriage set out in the air consignment note.<br>(2) Unless it is otherwise agreed, it is the duty of the carrier to give notice to the consignee as soon as the goods arrive.<br>(3) If the carrier admits the loss of the goods, or if the goods have not arrived at the expiration of seven days after the date on which they ought to have arrived, the consignee is entitled to put into force against the carrier the rights which flow from the contract of carriage. | 항공화물운송장의 교부 및 화물의 인도를 청구할 권리를 갖는다.<br><br>(2) 별도의 합의가 없는 한, 운송인은 화물이 도착한 때에는 그 사실을 수화인에게 통지하여야 할 의무를 진다.<br>(3) 운송인이 화물의 멸실을 인정하거나 또는 화물이 도착할 날로부터 7일의 기산이 경과하여도 도착되지 아니한 경우에는, 수화인은 운송인에 대하여 운송계약으로부터 생기는 권리를 행사할 수 있다. |

② 조항의 개요

수화인은 운송인에 대하여 채무액을 지급하고 항공화물운송장에 기재된 운송의 조건을 충족한 때에는 항공화물운송장의 교부 및 화물의 인도를 청구할 권리를 갖는다.

### 10) 송화인과 수화인의 권리

① 조항의 내용

| | |
|---|---|
| Article 14<br>The consignor and the consignee can respectively enforce all the rights given them by Articles 12 and 13, each in his own name, whether he is acting in his own interest or in the interest of another, provided that he carries out the obligations imposed by the contract. | 제14조<br>송화인 및 수화인은 계약에 의하여 부담하는 채무를 이행하는 것을 조건으로 하여 자신을 위하거나 또는 타인을 위하거나를 불문하고, 각자의 이름으로 제12조 및 제13조에 의하여 송화인 및 수화인 각각에게 부여된 모든 권리를 행사할 수 있다. |

② 조항의 개요

송화인 및 수화인은 계약에 의하여 부담하는 채무를 이행하는 것을 조건으로 하여 각각에게 부여된 모든 권리를 행사할 수 있다.

### 11) 송화인과 수화인 및 제3자의 관계

① 조항의 내용

| | |
|---|---|
| Article 15<br>(1) Articles 12, 13 and 14 do not affect either the relations of the consignor or the consignee with each other or the mutual relations of third parties whose rights are derived either from | 제15조<br>(1) 제12조, 제13조 및 제14조는 송화인과 수화인간의 관계 또는 송화인이나 수화인으로부터 권리를 취득한 제3자 상호간의 관계에 영향을 미치지 않는다. |

| | |
|---|---|
| the consignor or from the consignee.<br>(2) The provisions of Articles 12, 13 and 14 can only be varied by express provision in the air consignment note. | (2) 제12조, 제13조 및 제14조의 규정은 항공화물운송장의 명시적인 규정에 의하여서만 변경될 수 있다. |

② 조항의 개요

송화인과 수화인간의 관계 또는 송화인이나 수화인으로부터 권리를 취득한 제3자 상호간의 관계에 영향을 미치지 않는다.

### 12) 송화인의 의무

① 조항의 내용

| Article 16 | 제16조 |
|---|---|
| (1) The consignor must furnish such information and attach to the air consignment note such documents as are necessary to meet the formalities of customs, octroi or police before the goods can be delivered to the consignee. The consignor is liable to the carrier for any damage occasioned by the absence, insufficiency or irregularity of any such information or documents, unless the damage is due to the fault of the carrier or his agents.<br>(2) The carrier is under no obligation to enquire into the correctness or sufficiency of such information or documents. | (1) 송화인은 화물이 수화인에게 인도되기 전에 세관, 입시세관 또는 경찰의 절차를 이행하기 위하여 필요한 정보를 제공하고 또 필요한 서류를 항공화물운송장에 첨부하여야 한다. 송화인은 운송인에 대하여 그 정보 및 서류의 부존재, 부족 및 불비로부터 생기는 손해에 대하여 책임을 진다. 다만 그 손해가 운송인 또는 그 대리인의 과실로 인한 경우에는 그러하지 아니하다.<br>(2) 운송인은 그러한 정보 및 서류가 정확한가의 여부 또는 충분한가의 여부를 검사하여야 할 의무를 지지 않는다. |

② 조항의 개요

송화인은 화물이 수화인에게 인도되기 전에 세관, 입시세관 또는 경찰의 절차를 이행하기 위하여 정보를 제공하고 또 필요한 서류를 항공화물운송장에 첨부하여야 한다. 송화인은 운송인에 대하여 그 정보 및 서류의 부존재, 부족 및 불비로부터 생기는 손해에 대하여 책임을 진다.

### (3) 운송인의 책임

### 1) 여객의 신체적 장애

① 조항의 내용

| Chapter III - Liability of the Carrier<br>Article 17 | 제3장 운송인의 책임<br>제17조 |
|---|---|

| The carrier is liable for damage sustained in the event of the death or wounding of a passenger or any other bodily injury suffered by a passenger, if the accident which caused the damage so sustained took place on board the aircraft or in the course of any of the operations of embarking or disembarking. | 운송인은 여객의 사망 또는 부상 또는 기타의 모든 신체적인 장해의 경우의 손해에 대하여서는 그 손해의 원인이 된 사고가 항공기 내에서 발생하였거나 또는 승강을 위한 작업 중에 발생하였을 경우에는 이에 책임을 진다. |
| --- | --- |

② 조항의 개요

운송인은 여객에 발생한 신체적 장해의 경우의 손해에 대하여 그 손해의 원인이 된 사고가 항공기 내에서 발생하였거나 또는 승강을 위한 작업중에 발생하였을 경우에는 책임을 진다.

### 2) 탁송수화물 또는 화물의 손해

① 조항의 내용

| Article 18<br>(1) The carrier is liable for damage sustained in the event of the destruction or loss of, or of damage to, any registered luggage or any goods, if the occurrence which caused the damage so sustained took place during the carriage by air.<br>(2) The carriage by air within the meaning of the preceding paragraph comprises the period during which the luggage or goods are in charge of the carrier, whether in an aerodrome or on board an aircraft, or, in the case of a landing outside an aerodrome, in any place whatsoever.<br>(3) The period of the carriage by air does not extend to any carriage by land, by sea or by river performed outside an aerodrome. If, however, such a carriage takes place in the performance of a contract for carriage by air, for the purpose of loading, delivery or transshipment, any damage is presumed, subject to proof to the contrary, to have been the result of an event which took place during the carriage by air. | 제18조<br>(1) 운송인은 탁송수화물 또는 화물의 파괴, 멸실 또는 손상된 경우의 손해에 대하여 그 손해의 원인이 된 사고가 항공운송 중에 발생하였을 경우에는 이에 책임을 진다.<br><br>(2) 전항에 있어서 항공운송중이란 수화물 또는 화물이 공항 또는 항공기 내에서 또는 공항 이외에 착륙한 경우에는 장소의 여하를 불문하고 운송인의 관리하에 있는 기간을 의미한다.<br><br>(3) 항공운송의 기간에는 공항 이외에서 행하는 육상운송, 해상운송 또는 하천운송의 기간을 포함하지 않는다. 다만 이러한 운송이 항공운송계약의 이행에 있어서 적재, 인도 또는 환적을 위하여 행하여진 경우에는, 손해는 반증이 없는 한 모든 항공운송중의 사고로부터 발생하는 것으로 추정된다. |
| --- | --- |

② 조항의 개요

탁송수화물 또는 화물의 파괴, 멸실 또는 손상된 경우의 손해에 대하여 그 손해의 원인이 된 사고가 항공운송 중에 발생하였을 경우에는 이에 책임을 진다. 항공운송의 기간에는 공항 이외에서 행하는 육상운송, 해상운송 또는 하천운송의 기간을 포함하지 않는다.

### 3) 수화물 또는 화물의 지연손해

#### ① 조항의 내용

| Article 19 | 제19조 |
|---|---|
| The carrier is liable for damage occasioned by delay in the carriage by air of passengers, luggage or goods. | 운송인은 여객, 수화물 또는 화물의 항공운송에 있어서의 연착으로부터 발생하는 손해에 대하여 책임을 진다. |

#### ② 조항의 개요

운송인은 여객, 수화물 또는 화물의 항공운송에 있어서의 연착으로부터 발생하는 손해에 대하여 책임을 진다. 그렇지만 천재에 의한 기상악화로 인한 연착 등에 대해서는 책임을 부담하지 않는다.

### 4) 운송인의 대리인에 의한 손해

#### ① 조항의 내용

| Article 20 | 제20조 |
|---|---|
| (1) The carrier is not liable if he proves that he and his agents have taken all necessary measures to avoid the damage or that it was impossible for him or them to take such measures. | (1) 운송인은 운송인 및 그의 대리인이 손해의 방지에 필요한 모든 조치를 취하였다는 사실 또는 그 조치를 취할 수 없었다는 사실을 증명한 경우에는 이에 책임을 지지 않는다. |
| (2) In the carriage of goods and luggage the carrier is not liable if he proves that the damage was occasioned by negligent pilotage or negligence in the handling of the aircraft or in navigation and that, in all other respects, he and his agents have taken all necessary measures to avoid the damage. | (2) 화물 및 수화물의 운송에 있어서는, 운송인은 손해가 조종, 항공기의 취급 또는 항행에 관한 과실로부터 발생하였다는 사실 및 운송인과 그의 대리인이 기타의 모든 점에서 손해를 방지하기 위하여 필요한 모든 조치를 취하였다는 사실을 증명한 경우에는 이에 책임을 지지 않는다. |

#### ② 조항의 개요

운송인은 운송인 및 그의 대리인이 손해의 방지에 필요한 모든 조치를 취하였다는 사실을 증명하거나 어떠한 상황하에서 그러한 조치를 취할 수 없었다는 사실을 증명한 경우에는 이에 책임을 지지 않는다. 화물 및 수화물의 운송에 있어서는, 운송인은 손해가 조종, 항공기의 취급 또는 항행에 관한 과실로부터 발생하였다는 사실 및 운송인과 그의 대리인이 기타의 모든 점에서 손해를 방지하기 위하여 필요한 모든 조치를 취하였다는 사실을 증명한 경우에는 이에 책임을 지지 않는다.

## 5) 피해자의 과실

### ① 조항의 내용

| Article 21 | 제21조 |
|---|---|
| If the carrier proves that the damage was caused by or contributed to by the negligence of the injured person the Court may, in accordance with the provisions of its own law, exonerate the carrier wholly or partly from his liability. | 피해자의 과실이 손해의 원인이 되었거나 또는 그 원인의 일부가 되었다는 사실을 증명한 경우에는, 법원은 자국의 법률의 규정에 따라 운송인의 책임을 면제하거나 또는 경감할 수 있다. |

### ② 조항의 개요

피해자의 과실이 손해의 원인이 되었거나 또는 그 원인의 일부가 되었다는 사실을 증명한 경우, 법원은 자국의 법률의 규정에 따라 운송인의 책임을 면제하거나 또는 경감할 수 있다.

## 6) 운송인의 책임한도

### ① 조항의 내용

| Article 22 | 제22조 |
|---|---|
| (1) In the carriage of passengers the liability of the carrier for each passenger is limited to the sum of 125,000 francs. Where, in accordance with the law of the Court seised of the case, damages may be awarded in the form of periodical payments, the equivalent capital value of the said payments shall not exceed 125,000 francs. Nevertheless, by special contract, the carrier and the passenger may agree to a higher limit of liability. | (1) 여객운송에 있어서는, 각 여객에 대한 운송인의 책임은 125,000 프랑의 금액을 한도로 한다. 소송이 제기된 법원에 속하는 국가의 법률에 따라 손해배상을 정기지급의 방법으로 할 것을 판결할 수 있을 경우에는, 정기지급금의 원금은 125,000 프랑을 초과하여서는 아니된다. 그러나 여객은 운송인과의 특약에 의하여 보다 고액의 책임한도를 정할 수 있다. |
| (2) In the carriage of registered luggage and of goods, the liability of the carrier is limited to a sum of 250 francs per kilogram, unless the consignor has made, at the time when the package was handed over to the carrier, a special declaration of the value at delivery and has paid a supplementary sum if the case so requires. In that case the carrier will be liable to pay a sum not exceeding the declared sum, unless he proves that that sum is greater than the actual value to the consignor at delivery. | (2) 탁송수화물 및 화물의 운송에 있어서는, 운송인의 책임은 1 킬로그램당 250 프랑의 금액을 한도로 한다. 다만 송화인이 수화물을 운송인에게 교부함에 있어서 인도시의 가액을 특별히 신고하고 또 필요로 하는 종가요금을 지급한 경우에는 그러하지 아니하다. 이 경우에는 운송인은 신고된 가액이 인도시 송화인에 있어서의 실제의 가치를 초과하는 것을 증명하지 아니하는 한, 신고된 가액을 한도로 하는 금액을 지급하여야 한다. |
| (3) As regards objects of which the passenger takes charge himself the liability of the carrier is limited to 5,000 francs per passenger. | (3) 여객이 보관하는 물건에 대한 운송인의 책임은 승객 1인에 대하여 5,000 프랑의 금액을 한도로 한다. |
| (4) The sums mentioned above shall be deemed to refer to the French franc consisting | (4) 앞의 항(제3항)에 기재된 금액은 순분 1,000분의 900의 금의 65.5 밀리그램으로 이루어지 |

| of 65 ? milligrams gold of millesimal fineness 900. These sums may be converted into any national currency in round figures. | 는 프랑스 프랑에 의하는 것으로 한다. 그 금액은 각국의 통화의 단수가 없는 금액으로 환산할 수 있다. |
|---|---|

② 조항의 개요

여객에 대한 운송인의 책임은 125,000 프랑의 금액이 한도이다. 탁송수화물 및 화물의 운송에 대한 운송인의 책임은 1 킬로그램당 250 프랑의 금액이 한도이다. 여객의 보관물건에 대한 운송인의 책임은 승객 1인에 대하여 5,000 프랑의 금액이 한도이다.

### 7) 책임한도액보다 낮은 한도액

① 조항의 내용

| Article 23 | 제23조 |
|---|---|
| Any provision tending to relieve the carrier of liability or to fix a lower limit than that which is laid down in this Convention shall be null and void, but the nullity of any such provision does not involve the nullity of the whole contract, which shall remain subject to the provisions of this Convention. | 운송인의 책임을 면제하거나 또는 본 협약에 정하여진 책임한도액보다 낮은 한도액을 정하는 모든 규정은 이를 무효로 한다. 그러나 전체적인 계약은 이러한 조항의 무효에 의하여 무효로 되지 아니하고 계속 본 협약의 규정에 적용을 받는다. |

② 조항의 개요

운송인의 책임을 면제하거나 또는 본 협약에 정하여진 책임한도액보다 낮은 한도액을 정하는 모든 규정은 이를 무효로 한다.

### 8) 책임에 관한 소송의 전제

① 조항의 내용

| Article 24 | 제24조 |
|---|---|
| (1) In the cases covered by Articles 18 and 19 any action for damages, however founded, can only be brought subject to the conditions and limits set out in this Convention.<br>(2) In the cases covered by Article 17 the provisions of the preceding paragraph also apply, without prejudice to the questions as to who are the persons who have the right to bring suit and what are their respective rights. | (1) 제18조 및 제19조에 의하여 정하여진 경우에는, 책임에 관한 소송은 명의의 여하를 불문하고 본 협약에 정하여진 조건 및 제한하에서만 이를 제기할 수 있다.<br>(2) 전항의 규정은 제17조에 의하여 정하여진 경우에도 이를 적용한다. 다만 소송을 제기하는 권리를 가지는 자의 결정 및 이러한 자가 각자 가지는 권리의 결정에 영향을 미치지 않는다. |

② 조항의 개요

책임에 관한 소송은 명의의 여하를 불문하고 본 협약에 정하여진 조건 및 제한하에서만 이를 제기할 수 있다.

### 9) 고의에 의한 손실

① 조항의 내용

| Article 25 | 제25조 |
|---|---|
| (1) The carrier shall not be entitled to avail himself of the provisions of this Convention which exclude or limit his liability, if the damage is caused by his wilful misconduct or by such default on his part as, in accordance with the law of the Court seised of the case, is considered to be equivalent to wilful misconduct. | (1) 손해가 운송인의 고의에 의하여 발생하거나 또는 소송이 제기되는 법원이 속하는 국가의 법률에 의하면 고의에 상당하다고 인정되는 과실에 의하여 발생하는 경우에는, 운송인은 운송인의 책임을 배제하거나 제한하는 본 협약의 규정을 원용하는 권리를 가지지 못한다. |
| (2) Similarly the carrier shall not be entitled to avail himself of the said provisions, if the damage is caused as aforesaid by any agent of the carrier acting within the scope of his employment. | (2) 운송인은 그의 대리인이 그 직무를 행함에 있어서 전항과 동일한 조건에서 손해를 발생시킨 경우에도 전항의 권리를 가지지 못한다. |

② 조항의 개요

운송인의 고의에 의하여 발생하거나 또는 소송이 제기되는 법원이 속하는 국가의 법률에 의하면 고의에 상당하다고 인정되는 과실에 의하여 발생한 손실에 대해서는 책임을 부담한다.

### 10) 손해에 대한 이의제기 기한

① 조항의 내용

| Article 26 | 제26조 |
|---|---|
| (1) Receipt by the person entitled to delivery of luggage or goods without complaint is prima facie evidence that the same have been delivered in good condition and in accordance with the document of carriage. | (1) 수화인이 이의 없이 수화물 및 화물을 수령한 경우에는, 이것은 반증이 없는 한 수화물 및 화물이 양호한 상태로 또한 운송서류에 따라 인도되었다는 추정적인 증거가 된다. |
| (2) In the case of damage, the person entitled to delivery must complain to the carrier forthwith after the discovery of the damage, and, at the latest, within three days from the date of receipt in the case of luggage and seven days from the date of receipt in the case of goods. In the case of delay the complaint must be made at the latest within fourteen days from the date on which the luggage or | (2) 훼손이 있는 경우에는, 수화인은 훼손을 발견한 후 즉시, 늦어도 수화물에 있어서는 그 수령일로부터 3일 이내에, 화물에 있어서는 그 수령일로부터 7일 이내에 운송인에게 이의를 제기하여야 한다. 연착의 경우에는 이의는 수화인이 수화물이나 화물을 처분할 수 있는 날로부터 14일 이내에 이의를 제기하여야 한다. |

| | |
|---|---|
| goods have been placed at his disposal.<br>(3) Every complaint must be made in writing upon the document of carriage or by separate notice in writing despatched within the times aforesaid.<br>(4) Failing complaint within the times aforesaid, no action shall lie against the carrier, save in the case of fraud on his part. | (3) 모든 이의는 운송서류에 유보를 기재함으로써 또는 전기의 기간 내에 별개의 서면을 발송함으로써 제기되어야 한다.<br>(4) 소정의 기간 내에 이의를 제기하지 아니한 경우에는, 운송인에 대한 소송은 운송인에게 사기가 있는 경우를 제외하고는 수리되지 않는다. |

### ② 조항의 개요

수화인은이 훼손이 있는 경우에는, 수화물은 수령일로부터 3일 이내에, 화물은 수령일로부터 7일 이내에, 연착의 경우에는 수화인이 수화물이나 화물을 처분할 수 있는 날로부터 14일 이내에 이의를 제기하여야 한다.

## 11) 채무자의 사망

### ① 조항의 내용

| Article 27 | 제27조 |
|---|---|
| In the case of the death of the person liable, an action for damages lies in accordance with the terms of this Convention against those legally representing his estate. | 채무자가 사망한 경우에는, 손해에 관한 소송은 본 협약에 정하여진 제한에 따라 채무자의 법률적인 승계인에 대하여 이를 제기할 수 있다. |

### ② 조항의 개요

채무자가 사망한 경우에는, 손해에 관한 소송은 본 협약에 정하여진 제한에 따라 채무자의 법률적인 승계인에 대하여 이를 제기할 수 있다.

## 12) 소송 제기장소

### ① 조항의 내용

| Article 28 | 제28조 |
|---|---|
| (1) An action for damages must be brought, at the option of the plaintiff, in the territory of one of the High Contracting Parties, either before the Court having jurisdiction where the carrier is ordinarily resident, or has his principal place of business, or has an establishment by which the contract has been made or before the Court having jurisdiction at the place of destination. | (1) 손해에 관한 소송은 원고의 선택에 따라 어느 1개의 체약국의 영역에 있어서 운송인의 주소지, 운송인의 주된 영업소의 소재지 또는 운송인이 계약을 체결한 영업소의 소재지의 법원 또는 도착지의 법원의 어느 쪽에 제기하여야 한다. |
| (2) Questions of procedure shall be governed by the law of the Court seised of the case. | (2) 소송절차의 문제는 소송이 제기된 법원이 속하는 국가의 법률에 의한다. |

② 조항의 개요

손해에 관한 소송은 원고의 선택에 따라 어느 1개의 체약국의 영역에서 운송인의 주소지, 운송인의 주된 영업소의 소재지 또는 운송인이 계약을 체결한 영업소의 소재지의 법원 또는 도착지의 법원의 어느 쪽에 제기하여도 된다.

### 13) 소송의 제기기한

① 조항의 내용

| Article 29 | 제29조 |
|---|---|
| (1) The right to damages shall be extinguished if an action is not brought within two years, reckoned from the date of arrival at the destination, or from the date on which the aircraft ought to have arrived, or from the date on which the carriage stopped. | (1) 손해에 관한 권리는 도착지에서의 도착일, 항공기가 도착하여야 할 일자 또는 운송의 중지일로부터 기산하여 2년의 기한 내에 제기되지 아니하면 소멸된다. |
| (2) The method of calculating the period of limitation shall be determined by the law of the Court seised of the case. | (2) 소송제기기한의 계산방법은 소송이 제기된 법원의 국가의 법률에 의하여 결정된다. |

② 조항의 개요

손해에 관한 권리는 도착지에서의 도착일, 항공기가 도착하여야 할 일자 또는 운송의 중지일로부터 기산하여 2년의 기한 내에 제기되지 아니하면 소멸된다.  소송제기기한의 계산방법은 소송이 제기된 법원의 국가의 법률에 의하여 결정된다.

### 14) 순차운송인의 책임

① 조항의 내용

| Article 30 | 제30조 |
|---|---|
| (1) In the case of carriage to be performed by various successive carriers and falling within the definition set out in the third paragraph of Article 1, each carrier who accepts passengers, luggage or goods is subjected to the rules set out in this Convention, and is deemed to be one of the contracting parties to the contract of carriage in so far as the contract deals with that part of the carriage which is performed under his supervision. | (1) 둘 이상의 운송인이 순차적으로 행하는 운송으로서 제1조 제3항의 정의에 해당하는 경우에는, 여객, 수화물 또는 화물을 인도한 각 운송인은 본 협약의 규정에 적용을 받으며, 또 그는 운송인의 관리하에 행하여지는 부분의 운송에 운송계약이 관련하는 한도에서 운송계약의 당사자의 1인으로 본다. |
| (2) In the case of carriage of this nature, the passenger or his representative can take action only against the carrier who performed the carriage during which the accident or the delay occurred, save in the case where, by | (2) 앞의 조항(제1항)에 명시된 것과 같은 운송의 경우에는, 여객 또는 그의 권리의 승계인은 사고 또는 연착을 일으키게 한 운송을 행한 운송인에 대하여서만 청구할 수 있다. 다만 명시적인 특약에 의하여 최초의 운송인이 전체의 |

| | |
|---|---|
| express agreement, the first carrier has assumed liability for the whole journey.<br>(3) As regards luggage or goods, the passenger or consignor will have a right of action against the first carrier, and the passenger or consignee who is entitled to delivery will have a right of action against the last carrier, and further, each may take action against the carrier who performed the carriage during which the destruction, loss, damage or delay took place. These carriers will be jointly and severally liable to the passenger or to the consignor or consignee. | 항로에 대하여 책임을 지는 경우에는 그러하지 아니하다.<br>(3) 수화물 또는 화물에 관하여서는, 여객 또는 송화인은 최초의 운송인에 대하여, 그리고 인도받을 수 있는 권리를 가지는 여객 또는 수화인은 최후의 운송인에 대하여 청구할 수 있다. 또한 당해 여객, 송화인 및 수화인은 파괴, 멸실, 손상 또는 연착이 발생하도록 운송을 한 운송인에 대하여 청구할 수 있다. 이러한 운송인은 당해 여객, 송화인 및 수화인에 대하여 연대하여 책임을 진다. |

② 조항의 개요

둘 이상의 운송인이 순차적으로 행하는 운송으로서 본 협약의 제1조 제3항에 규정된 사항에 해당하는 경우에는, 여객, 수화물 또는 화물을 인도한 각 운송인은 본 협약의 규정에 적용을 받으며, 또 그는 운송인의 관리하에 행하여지는 부분의 운송에 운송계약이 관련하는 한도에서 운송계약의 당사자의 1인으로 본다. 이러한 운송의 경우에는, 여객 또는 그의 권리의 승계인은 사고 또는 연착을 일으키게 한 운송을 행한 운송인에 대하여서만 청구할 수 있다. 다만 명시적인 특약에 의하여 최초의 운송인이 전체의 항로에 대하여 책임을 지는 경우에는 그러하지 아니하다. 수화물 또는 화물에 관하여서는, 여객 또는 송화인은 최초의 운송인에 대하여, 그리고 인도받을 수 있는 권리를 가지는 여객 또는 수화인은 최후의 운송인에 대하여 청구할 수 있다.

### (4) 복합운송

① 조항의 내용

| | |
|---|---|
| Chapter IV - Provisions Relating to Combined Carriage<br>Article 31<br>(1) In the case of combined carriage performed partly by air and partly by any other mode of carriage, the provisions of this Convention apply only to the carriage by air, provided that the carriage by air falls within the terms of Article (1)<br>(2) Nothing in this Convention shall prevent the parties in the case of combined carriage from inserting in the document of air carriage conditions relating to other modes of carriage, provided that the provisions of this Convention are observed as regards the carriage by air. | 제4장 복합운송에 관한 규정<br>제31조<br>(1) 운송의 일부는 항공에 의하여 행하여지고 또 일부는 기타의 운송방식에 의하여 행하여지는 복합운송의 경우에는, 본 협약의 규정은 항공운송에 대하여서만 적용된다. 다만 그 항공운송이 제1조의 조건에 합치하는 것인 경우에 한한다.<br>(2) 본 협약의 규정은 복합운송의 경우에는 당사자가 항공운송서류에 다른 운송방식에 관련된 조건을 기재하는 것을 막는 것은 아니다. 다만 항공운송에 관하여서는 본 협약의 규정을 준수하여야 한다. |

② 조항의 개요

운송의 일부는 항공에 의하여 행하여지고 또 일부는 기타의 운송방식에 의하여 행하여지는 복합운송의 경우, 본 협약의 규정은 항공운송에 대하여서만 적용된다.

## (5) 일반 최종조항

### 1) 특약

#### ① 조항의 내용

| Chapter V - General and Final Provisions<br>Article 32<br>Any clause contained in the contract and all special agreements entered into before the damage occurred by which the parties purport to infringe the rules laid down by this Convention, whether by deciding the law to be applied, or by altering the rules as to jurisdiction, shall be null and void. Nevertheless for the carriage of goods arbitration clauses are allowed, subject to this Convention, if the arbitration is to take place within one of the jurisdictions referred to in the first paragraph of Article 28. | 제5장 일반 최종조항<br>제32조<br>운송계약의 모든 약관 및 손해가 발생하기 전의 모든 특약은 당사자가 그 약관 또는 특약으로써 적용할 법률을 결정하거나 또는 재판관할권에 관한 규칙을 변경하는 것에 의하여 본 협약의 규정에 위반한 때에는 이를 무효로 한다. 다만 화물운송에 있어서는 중재약관은 중재가 제28조 제1항에 정하여진 법원의 관할구역에서 행하여지는 경우에는 본 협약의 제한 내에서 허용된다. |

#### ② 조항의 개요

운송계약의 모든 약관 및 손해가 발생하기 전의 모든 특약은 당사자가 그 약관 또는 특약으로써 적용할 법률을 결정하거나 또는 재판관할권에 관한 규칙을 변경하는 것에 의하여 본 협약의 규정에 위반한 때에는 무효로 한다. 화물운송에 있어서 중재약관은 본 협약에서 정하여진 법원의 관할구역에서 행하여지는 경우에는 본 협약의 제한 내에서 허용된다.

### 2) 자율권

#### ① 조항의 내용

| Article 33<br>Nothing contained in this Convention shall prevent the carrier either from refusing to enter into any contract of carriage, or from making regulations which do not conflict with the provisions of this Convention. | 제33조<br>본 협약의 규정은 운송인이 운송계약의 체결을 거부하거나 또는 본 협약의 규정에 저촉되지 아니하는 조항을 정하는 것을 막는 것은 아니다. |

② 조항의 개요

본 협약의 규정은 운송인이 운송계약의 체결을 거부하는 것을 방해하지 않는다. 또한 본 협약의 규정에 저촉되지 아니하는 조항을 정하는 것에 대해서도 자율권을 부여한다.

### 3) 적용의 예외

① 조항의 내용

| Article 34<br>This Convention does not apply to international carriage by air performed by way of experimental trial by air navigation undertakings with the view to the establishment of a regular line of air navigation, nor does it apply to carriage performed in extraordinary circumstances outside the normal scope of an air carrier's business. | 제34조<br>본 협약은 항공기업이 정기항공로선의 개선을 위하여 최초의 시험으로서 행하는 국제항공운송, 그리고 항공사업의 통상적인 업무의 범위 외에 있어서 예외적인 사정하에서 행하여지는 운송에는 이를 적용하지 않는다. |
|---|---|

② 조항의 개요

본 협약은 항공기업이 정기항공로선의 개선을 위하여 최초의 시험으로서 행하는 국제항공운송, 그리고 항공사업의 통상적인 업무의 범위 외에 있어서 예외적인 사정하에서 행하여지는 운송에는 이를 적용하지 않는다.

### 4) 일수의 계산

① 조항의 내용

| Article 35<br>The expression 'days' when used in this Convention means current days not working days. | 제35조<br>본 협약에 있어서 사용되는 '일수'는 거래일에 의하지 아니하고, 기일에 의한다. |
|---|---|

② 조항의 개요

본 협약에서 사용되는 일수는 거래일에 의하지 아니하고 기일에 의한다.

### 5) 작성 사실

① 조항의 내용

| Article 36<br>The Convention is drawn up in French in a | 제36조<br>본 협약은 프랑스어로 본문 1통을 작성하고 그 |
|---|---|

| | |
|---|---|
| single copy which shall remain deposited in the archives of the Ministry for Foreign Affairs of Poland and of which one duly certified copy shall be sent by the Polish Government to the Government of each of the High Contracting Parties. | 본문은 폴란드 외무부의 기록에 이를 기탁한다. 그의 정히 인증된 사본은 폴란드 정부가 각 체약국의 정부에 이를 송부한다. |

② 조항의 개요

본 협약은 프랑스어로 본문 1통을 작성하고 본문은 폴란드 외무부의 기록에 이를 기탁한다. 그의 정히 인증된 사본은 폴란드 정부가 각 체약국의 정부에 이를 송부한다.

### 6) 효력의 발생

① 조항의 내용

| | |
|---|---|
| Article 37<br>(1) This Convention shall be ratified. The instruments of ratification shall be deposited in the archives of the Ministry for Foreign Affairs of Poland, which will notify the deposit to the Government of each of the High Contracting Parties.<br>(2) As soon as this Convention shall have been ratified by five of the High Contracting Parties it shall come into force as between them on the nineteenth day after the deposit of the fifth ratification. Thereafter it shall come into force between the High Contracting Parties who shall have ratified and the High Contracting Party who deposits his instrument of ratification on the nineteenth day after the deposit.<br>(3) It shall be the duty of the Government of the Republic of Poland to notify to the Government of each of the High Contracting Parties the date on which this Convention comes into force as well as the date of the deposit of each ratification. | 제37조<br>(1) 본 협약은 비준되어야 한다. 비준서는 폴란드 외무부의 기록에 기탁되고 폴란드 외무부는 그 기탁을 각 체약국의 정부에 통고하여야 한다.<br><br>(2) 본 협약은 5개의 체약국이 비준한 때에는, 다섯 번째의 비준서를 기탁한 날로부터 90일째에 이를 체약국간에 효력을 발생한다. 그 후에는 본 협약은 비준하였던 체약국과 새로 비준서를 기탁하는 체약국간에 그 기탁이 있었던 날로부터 90일째에 효력을 발생한다.<br><br>(3) 폴란드공화국 정부는 각 체약국의 정부에 본 협약의 효력의 발생일 및 각 비준서의 기탁일을 통고하여야 할 의무를 진다. |

② 조항의 개요

본 협약은 비준을 하여야 효력이 발생한다. 비준을 하는 경우에 작성되는 비준서는 폴란드 외무부의 기록에 기탁되고 폴란드 외무부는 그 기탁된 사실에 관하여 비준을 한 각 체약국의 정부에 통고하여야 한다. 본 협약은 5개의 체약국이 비준한 때에는, 다섯 번째의 비준서를 기탁한 날로부터 90일째에 체약국간에 효력을 발생한다.

## 7) 가입

### ① 조항의 내용

| Article 38 | 제38조 |
|---|---|
| (1) This Convention shall, after it has come into force, remain open for accession by any State. | (1) 본 협약은 그 효력이 발생한 후에는 모든 국가의 가입을 위하여 개방해 둔다. |
| (2) The accession shall be effectcd by a notification addressed to the Government of the Republic of Poland, which will inform the Government of each of the High Contracting Parties thereof. | (2) 가입은 폴란드공화국 정부에 통고를 함으로써 행하여지고, 이 정부는 그 가입을 각 체약국의 정부에 통고하여야 한다. |
| (3) The accession shall take effect as from the ninetieth day after the notification made to the Government of the Republic of Poland. | (3) 가입은 폴란드공화국 정부에 통고가 있었던 날로부터 90일째부터 효력을 발생한다. |

### ② 조항의 개요

본 협약은 그 효력이 발생한 후에는 모든 국가의 가입을 위하여 개방해 둔다. 가입은 폴란드공화국 정부에 통고를 함으로써 행하여지고, 이 정부는 그 가입을 각 체약국의 정부에 통고하여야 한다. 가입은 폴란드공화국 정부에 통고가 있었던 날로부터 90일째부터 효력을 발생한다.

## 8) 폐기

### ① 조항의 내용

| Article 39 | 제39조 |
|---|---|
| (1) Any one of the High Contracting Parties may denounce this Convention by a notification addressed to the Government of the Republic of Poland, which will at once inform the Government of each of the High Contracting Parties. | (1) 각 체약국은 폴란드공화국 정부에 통고를 함으로써 본 협약을 폐기할 수 있다. 이 정부는 즉시 그 폐기를 각 체약국의 정부에 통고하여야 한다. |
| (2) Denunciation shall take effect six months after the notification of denunciation, and shall operate only as regards the Party who shall have proceeded to denunciation. | (2) 폐기는 폐기의 통고 후 6개월에 그 폐기절차를 한 국가에 대하여서만 효력을 발생한다. |

### ② 조항의 개요

각 체약국은 폴란드공화국 정부에 통고를 함으로써 본 협약을 폐기할 수 있다. 이 정부는 즉시 그 폐기를 각 체약국의 정부에 통고하여야 한다.  폐기는 폐기의 통고 후 6개월에 그 폐기절차를 한 국가에 대하여서만 효력을 발생한다.

## 9) 체약국의 지위

### ① 조항의 내용

| Article 40 | 제40조 |
|---|---|
| (1) Any High Contracting Party may, at the time of signature or of deposit of ratification or of accession declare that the acceptance which he gives to this Convention does not apply to all or any of his colonies, protectorates, territories under mandate, or any other territory subject to his sovereignty or his authority, or any territory under his suzerainty. | (1) 체약국은 서명 또는 비준서를 기탁하거나 가입함에 있어서 자국에 의한 본 협약의 승낙이 자국의 식민지, 보호령, 위임통치의 영역, 기타 주권이나 권력하에 있는 영역의 전부나 일부 또는 자국의 종주권하에 있는 기타 영역에 미치는 것이 아니라고 선언할 수 있다. |
| (2) Accordingly any High Contracting Party may subsequently accede separately in the name of all or any of his colonies, protectorates, territories under mandate or any other territory subject to his sovereignty or to his authority or any territory under his suzerainty which has been thus excluded by his original declaration. | (2) 따라서 체약국은 그 후에는 제1항에 의한 최초의 선언에서 제외된 자국의 식민지, 보호령, 위임통치의 영역, 기타 주권이나 권력하에 있는 영역의 전부나 일부 또는 자국의 종주권하에 있는 기타 영역의 이름으로 각기 가입할 수 있다. |
| (3) Any High Contracting Party may denounce this Convention, in accordance with its provisions, separately or for all or any of his colonies, protectorates, territories under mandate or any other territory subject to his sovereignty or to his authority, or any other territory under his Contracting Parties reserve to themselves the right to declare at the time of ratification or of accession that the first paragraph of Article 2 of this Convention shall not apply to international carriage by air performed directly by the State, its colonies, protectorates or mandated territories or by any other territory under its sovereignty, suzerainty or authority. | (3) 체약국은 또한 본 협약의 규정에 따라 자국의 식민지, 보호령, 위임통치의 영역의 전부나 일부 또는 자국의 종주권하에 있는 기타의 영역에 대하여 각기 본 협약을 폐기할 수 있다. 체약국은 비준 또는 가입함에 있어서 국가 또는 그의 식민지, 보호령, 위임통치의 영역, 기타 주권, 종주권이나 권력하에 있는 영역이 직접 행하는 국제항공운송에 대하여서는, 본 협약 제2조 제1항을 적용하지 아니할 것을 선언할 권리를 유보한다. |

### ② 조항의 개요

체약국은 서명 또는 비준서를 기탁하거나 가입함에 있어서 자국에 의한 본 협약의 승낙이 자국의 식민지, 보호령, 위임통치의 영역, 기타 주권이나 권력하에 있는 영역의 전부나 일부 또는 자국의 종주권하에 있는 기타 영역에 미치는 것이 아니라고 선언할 수 있다. 체약국은 또한 본 협약의 규정에 따라 자국의 식민지, 보호령, 위임통치의 영역의 전부나 일부 또는 자국의 종주권하에 있는 기타의 영역에 대하여 각기 본 협약을 폐기할 수 있다. 다만 본 협약은 국가 또는 기타의 공법인에 의하여 행하는 운송에 적용한다는 것과 우편에 관한 국제협약에 따라 행하는 운송에는 적용하지 않는다는 조항을 적용하지 않을 것을 유보하는 조건을 따른다.

## 10) 개정

### ① 조항의 내용

| | |
|---|---|
| Article 41<br>Any High Contracting Party shall be entitled not earlier than two years after the coming into force of this Convention to call for the assembling of a new international Conference in order to consider any improvements which may be made in this Convention. To this end he will communicate with the Government of the French Republic which will take the necessary measures to make preparations for such Conference.<br>This Convention done at Warsaw on the 12th October, 1929, shall remain open for signature until the 31st January, 1930.<br><br>Additional Protocol<br>(With reference to Article 2)<br>The High Contracting Parties reserve to themselves the right to declare at the time of ratification or of accession that the first paragraph of Article 2 of this Convention shall not apply to international carriage by air performed directly by the State, its colonies, protectorates or mandated territories or by any other territory under its sovereignty, suzerainty or authority. | 제41조<br>각 체약국은 본 협약을 개선하는 것에 관하여 심의하기 위하여 본 협약이 효력을 발생한 후 빨라도 2년 후에 새로운 국제회의의 개최를 요청할 권리를 갖는다. 이를 위해서는 각 체약국은 프랑스공화국 정부에 신청하고 이 정부는 그 회의의 준비를 위하여 필요한 조치를 취하여야 한다.<br><br>본 협약은 1929년 10월 12일에 바르샤바에서 작성되고 1930년 1월 31일까지 서명을 위하여 개방해 둔다.<br><br>추가의정서<br>(제2조에 관하여)<br>체약국은 비준 또는 가입함에 있어서 국가 또는 그의 식민지, 보호령, 위임통지의 영역, 기타 주권, 종주권이나 권력하에 있는 영역이 직접 행하는 국제항공운송에 대하여서는, 본 협약 제2조 제1항을 적용하지 아니할 것을 선언할 권리를 유보한다. |

### ② 조항의 개요

각 체약국은 본 협약을 개선하는 것에 관하여 심의하기 위하여 본 협약이 효력을 발생한 후 빨라도 2년 후에 새로운 국제회의의 개최를 요청할 권리를 갖는다. 이를 위해서는 각 체약국은 프랑스공화국 정부에 신청하고 이 정부는 그 회의의 준비를 위하여 필요한 조치를 취하여야 한다. 체약국은 비준 또는 가입함에 있어서 국가 또는 그의 식민지, 보호령, 위임통지의 영역, 기타 주권, 종주권이나 권력하에 있는 영역이 직접 행하는 국제항공운송에 대하여서는, 본 협약 제2조 제1항을 적용하지 아니할 것을 선언할 권리를 유보한다. 본 협약의 제2조 제1항에는 본 협약은 운송이 제1조에 규정된 항공기에 의하여 유상 또는 무상으로 행하는 운송에 적용할 것, 당사자간의 약정에 따라 예정된 기항지를 운항할 것, 둘 이상의 운송인이 계속하여 행하는 항공운송에 도 적용할 것이라는 조건에 합치하는 한, 국가 또는 기타의 공법인에 의하여 행하는 운송에 적용한다.

# 제3절   IATA 항공화물운송장 표준운송약관

## 1. 항공화물운송장

### (1) 항공화물운송장의 의미

항공화물운송장(consignment note, air consignment note, airway bill: AWB)은 송화인과 운송인 사이에 운송계약이 체결되었다는 증거서류인 동시에 송화인으로부터 화물을 운송하기 위하여 수령하였다는 증거이다.

### (2) 항공화물운송장의 구분

항공회사가 발행하는 운송장을 항공회사용 항공화물운송장(master airway bill: MAWB)이라고 하고 운송주선인 또는 항공화물 대리점이 개별 송화인의 화물에 대하여 발행하는 항공화물운송장을 혼재업자용 항공화물운송장(house airway bill: HAWB)

## 2. IATA 항공화물운송장 표준운송약관

### (1) IATA 항공화물운송장 표준운송약관의 의미

국제항공운송협회(International Air Transport Association: IATA)가 제정한 항공화물운송장 표준운송약관(the general conditions of carriage)은 국제항공운송협회 회원인 항공회사가 실시하는 운송에 적용할 항공운송에 관한 조건, 항공화물운송장의 양식, 항공화물운송장의 발행방법, 항공회사와 고객의 권리 및 의무, 그리고 책임에 관한 사항 등을 규정한 약관이다.

### (2) IATA 항공화물운송장 표준운송약관의 시행

국제항공운송협회에서는 몬트리올 조약(Montreal Convention)의 발효에 따라 현재 사용중인 IATA AWB(Air Waybill) 이면약관을 개정하여 시행하고 있다. 몬트리올 조약은 1999년 5월 28일 ICAO 몬트리올 회의에서 채택하여 2003년 11월 4일에 발효한 국제항공운송조약이다. 우리나라에서는 2007년 12월 29일부터 발효되고 있다.

## 3. IATA 항공화물운송장 표준운송약관의 규정

### (1) IATA 항공화물운송장 표준운송약관의 전제조건

#### 1) IATA 항공화물운송장 표면약관 내용

##### ① 조항의 내용

| | |
|---|---|
| AIR WAYBILL - CONDITIONS OF CONTRACT<br>I. NOTICE APPEARING ON THE FACE OF THE AIR WAYBILL<br>It is agreed that the goods described herein are accepted in apparent good order and condition (except as noted) for carriage SUBJECT TO THE CONDITIONS OF CONTRACT ON THE REVERSE HEREOF. ALL GOODS MAY BE CARRIED BY ANY OTHER MEANS INCLUDING ROAD OR ANY OTHER CARRIER UNLESS SPECIFIC CONTRARY INSTRUCTIONS ARE GIVEN HEREON BY THE SHIPPER, AND SHIPPER AGREES THAT THE SHIPMENT MAY BE CARRIED VIA INTERMEDIATE STOPPING PLACES WHICH THE CARRIER DEEMS APPPROPRIATE. THE SHIPPER'S ATTENTION IS DRAWN TO THE NOTICE CONCERNING CARRIER'S LIMITATION OF LIABILITY. Shipper may increase such limitation of liability by declaring a higher value for carriage and paying supplemental charge if required. | 항공운송장 - 거래조건<br><br>I. 항공운송장 표면약관 내용<br><br>여기에 명시된 화물들은 이면약관의 거래조건에 따라 (특별히 언급되지 않는 한) 외관상 양호한 상태와 조건이어야 한다. 모든 화물은 송화인의 반대 지시가 명확하게 없는 한 모든 방법으로 운송 가능하며, 송화인은 운송인이 적합하다고 생각하는 경유지를 거쳐 선적 화물을 운송하는 것에 동의하게 된다. 송화인은 운송인의 책임한도에 주의를 기울이게 되고, 필요하다면 고가의 화물을 신고하고 추가운임을 지불함으로써 책임한도를 증가시킬 수도 있다. |

##### ② 조항의 개요

모든 화물은 송화인의 반대 지시가 명확하게 없는 한 모든 방법으로 운송 가능하며, 송화인은 운송인이 적합하다고 생각하는 경유지를 거쳐 선적 화물을 운송하는 것에 동의하게 된다.

#### 2) IATA 항공화물운송장 이면약관 거래조건

##### ① 조항의 내용

| | |
|---|---|
| II. CONDITIONS OF CONTRACT ON REVERSE SIDE OF THE AIR WAYBILL | II. 항공운송장 이면약관 거래조건 |

| NOTICE CONCERNING CARRIERS' LIMITATION OF LIABILITY | 운송인의 책임한도에 관한 공지사항 |
|---|---|
| If the carriage involves an ultimate destination or stop in a country other than the country of departure, the Warsaw Convention or the Montreal Convention may be applicable and in most cases limit the liability of the Carrier in respect of loss of, damage or delay to cargo. Depending on the applicable regime, and unless a higher value is declared, liability of the Carrier may be limited to 17 Special Drawing Rights per kilogram or 250 French gold francs per kilogram, converted into national currency under applicable law. Carrier will treat 250 French gold francs to be the conversion equivalent of 17 Special Drawing Rights unless a greater amount is specified in the Carrier's conditions of carriage. | 운송인의 책임한도에 관한 공지사항이라는 표제하에 운송의 최종목적지가 외국이거나 외국을 경유할 경우에는 바르샤바 협약이나 몬트리올 협약이 적용된다.<br><br>한편 운송인이 고가의 화물을 신고한 경우를 제외하고는 조약에 따라 모든 화물의 멸실, 손상, 지연에 대해 운송인의 책임한도는 킬로그램당 17 SDR(특별인출권) 또는 250 금프랑으로 제한되며, 적용가능한 법률에 따라 해당 국가의 환율로 환산된다. 운송인의 책임한도가 명확하게 명시되지 않는 한 250 금프랑은 17 SDR에 해당된다. |

② 조항의 개요

항공운송의 최종 목적지가 외국이거나 외국을 경유할 경우에는 바르샤바 협약이나 몬트리올 협약이 적용된다. 고가화물을 신고한 경우를 제외하고는 협약에 따라 모든 화물의 멸실 또는 손상 혹은 지연에 대한 운송인의 책임한도는 1 킬로그램(kg) 당 17 SDR(special drawing rights; 특별인출권) 또는 250 금프랑(French gold francs)으로 제한되며, 적용이 가능한 법률에 따라 해당 국가의 환율로 환산된다. 운송인의 책임한도가 명확하게 명시되지 않으면 250 금프랑은 17 SDR에 해당된다.

### (2) IATA 항공화물운송장 표준운송약관의 규정

### 1) 제1조 계약조건

① 조항의 내용

| CONDITIONS OF CONTRACT | 계약조건 |
|---|---|
| 1. In this contract and the Notices appearing hereon:<br>CARRIER includes the air carrier issuing this air waybill and all carriers that carry or undertake to carry the cargo or perform any other services related to such carriage.<br>SPECIAL DRAWING RIGHT(SDR) is a Special Drawing Right as defined by the International Monetary Fund.<br>WARSAW CONVENTION means whichever of the following instruments is applicable to | 1. 여기에 표시된 계약조건 및 공지사항에서<br><br>운송인은 항공운송장을 발행하는 항공운송인과 화물을 직접 운송하거나 운송과 관련된 여타의 서비스를 제공하는 모든 항공운송인을 포함한다.<br>특별인출권(SDR)은 국제통화기금에서 정의한 특별인출권이다.<br><br>바르샤바 협약은 1929년 10월 12일 바르샤바에서 조인된 국제항공운송에 있어서의 일부규칙 |

| | |
|---|---|
| the contract of carriage:<br>the Convention for the Unification of Certain Rules Relating to International Carriage by Air, signed at Warsaw, 12 October 1929;<br>that Convention as amended at The Hague on 28 September 1955;<br>that Convention as amended at The Hague 1955 and by Montreal Protocol No. 1, 2, or 4 (1975) as the case may be.<br>MONTREAL CONVENTION means the Convention for the Unification of Certain Rules for International Carriage by Air, done at Montreal on 28 May 1999. | 의 통일에 관한 협약이다;<br>본 협약은 1955년 9월 28일의 헤이그에서 개정 되어서<br><br>1955년 헤이그에서 개정된 헤이그 의정서와<br><br>1975년 몬트리올에서 개정된 몬트리올 의정서 1,2번 또는 4번 등을 포함한다.<br><br>몬트리올 협약은 1999년 5월 28일 몬트리올에 서 조인된 국제항공운송에 있어서의 일부 규칙 의 통일에 관한 협약을 의미한다. |

### ② 조항의 개요

운송인은 항공화물운송장을 발행하는 항공운송인과 화물을 운송하거나 운송할 것을 약속하 는 운송인 또는 운송과 관련된 그 밖의 서비스를 제공하는 운송인을 의미한다. 특별인출권 (SDR)은 국제통화기금의 특별인출권을 의미한다. 바르샤바 협약은 국제항공운송에 있어서의 일부 규칙의 통일에 관한 협약, 헤이그 의정서, 몬트리올 의정서 1번과 2번 또는 1975년의 4번 을 의미한다. 몬트리올 협약은 1999년 5월 28일 몬트리올에서 채택된 국제항공운송에 있어서의 일부규칙의 통일에 관한 협약을 의미한다.

### 2) 적용 협약 및 법률

### ① 조항의 내용

| | |
|---|---|
| 2./2.1 Carriage is subject to the rules relating to liability established by the Warsaw Convention or the Montreal Convention unless such carriage is not 'international carriage' as defined by the applicable Conventions.<br>2.2 To the extent not in conflict with the foregoing, carriage and other related services performed by each Carrier are subject to:<br>2.2.1 applicable laws and government regulations;<br>2.2.2 provisions contained in the air waybill, Carrier's conditions of carriage and related rules, regulations, and timetables (but not the times of departure and arrival stated therein) and applicable tariffs of such Carrier, which are made part hereof, and which may be inspected at any airports or other cargo sales offices from which it operates regular services. When carriage is to/from the USA, the shipper and the consignee are entitled, upon request, to | 2./2.1 본 운송이 바르샤바조약 또는 몬트리올 조약에서 정의한 '국제운송'에 해당될 경우 본 운송은 동조약에서 설정한 책임 규정이 적용된 다.<br><br>2.2. 전항에 위배되지 않는다면, 즉 '국제운송' 에 해당될 경우 각 운송인이 수행하는 운송 및 기타 서비스는 다음의 적용을 받는다.<br>2.2.1. 관련법률 및 정부 규정<br><br>2.2.2. 항공운송장의 약관, 운송조건, 관련 규칙, 규정 및 시간표(발착시간은 제외함)와 각 운송 인의 태리프의 적용을 받는다. 이것들은 본 약 관의 일부내용이 되기도 하며 동시에 정기노선 의 경우 공항당국 또는 기타 화물취급소로부터 점검을 받기도 한다. 미국으로 수입 또는 미국 에서 수출되는 경우에는 요청에 따라 송화인과 수화인은 운송약관 사본을 받을 수 있다. 운송 약관은 하기 내용을 포함하나 이에 한정되는 것은 아니다. |

receive a free copy of the Carrier's conditions of carriage. The Carrier's conditions of carriage include, but are not limited to:

2.2.2.1 limits on the Carrier's liability for loss, damage or delay of goods, including fragile or perishable goods;

2.2.2.2 claims restrictions, including time periods within which shippers or consignees must file a claim or bring an action against the Carrier for its acts or omissions, or those of its agents;

2.2.2.3 rights, if any, of the Carrier to change the terms of the contract;

2.2.2.4 rules about Carrier's right to refuse to carry;

2.2.2.5 rights of the Carrier and limitations concerning delay or failure to perform service, including schedule changes, substitution of alternate Carrier or aircraft and rerouting.

2.2.2.1. 부서지거나 상하기 쉬운 물품을 포함하여 물품의 멸실, 손상, 지연에 대한 운송인의 책임한도

2.2.2.2. 송화인 또는 수화인이 배상(클레임) 청구서를 제출하거나 운송인 또는 운송 대리인의 행위나 태만에 대해 운송인에게 소송을 제기할 수 있는 기간을 포함하는 배상 청구 제한

2.2.2.3. 계약조건을 변경할 수 있는 운송인의 권리

2.2.2.4. 운송을 거부할 수 있는 운송인의 권리에 대한 규정

2.2.2.5. 운송인의 권리 및 스케줄 변경, 대체 운송인, 대체 항공기 또는 재운송을 포함한 서비스 제공의 지연 또는 실패에 관한 한도

② 조항의 개요

항공운송이 바르샤바 협약 또는 몬트리올 협약에서 의미하고 있는 국제운송에 해당하는 경우 그 협약에서 규정하고 있는 책임규정을 준수하여야 한다. 항공운송약관은 파손되기 쉬운 물품 등의 멸실 또는 손상 혹은 지연에 대한 운송인의 책임한도, 송화인 또는 수화인의 손해배상 청구서의 제출, 배상청구 제한 등을 규정한 약관이다.

### 3) 경유지의 제한

① 조항의 내용

3. The agreed stopping places (which may be altered by Carrier in case of necessity) are those places, except the place of departure and place of destination, set forth on the face hereof or shown in Carrier's timetables as scheduled stopping places for the route. Carriage to be performed hereunder by several successive Carriers is regarded as a single operation.

3. 경유지(필요시 운송인 임의로 변경 가능함)란, 발항지 및 목적지를 제외하고 본운송장의 앞면에 기재된 장소 또는 시간표상에 경유지로 기재된 것들이다. 그리고 여러 운송인들이 참여하는 승계운송도 단일운송으로 간주한다.

② 조항의 개요

송화인과 항공운송인 사이에 합의된 경유지 또는 필요한 경우 운송인이 임의로 변경할 수 있는 경유지는 출발지 공항 및 목적지 공항을 제외하고 이 항공화물운송장에 기재된 장소 또는 는 운송인의 운항규정에 경유지로 기재된 곳으로 제한한다.

### 4) 바르샤바 협약 비적용 운송의 책임한도액

#### ① 조항의 내용

| | |
|---|---|
| 4. For carriage to which neither the Warsaw Convention nor the Montreal Convention applies, Carrier's liability limitation shall not be less than the per kilogram monetary limit set out in Carrier's tariffs or general conditions of carriage for cargo lost, damaged or delayed, provided that any such limitation of liability in an amount less than 17 SDR per kilogram will not apply for carriage to or from the United States. | 4. 바르샤바조약이나 몬트리올조약이 적용되지 않는 운송일 경우, 운송인의 책임한도는 kg당 화물의 멸실, 손상 또는 지연에 대한 운송인의 운임률 또는 운송약관에서 결정한 한도를 넘어서지 않아야 하며, 이 같은 책임한도가 kg당 17SDR보다 적을 때에는 미국 발착(發着) 운송에는 적용되지 않는다. |

#### ② 조항의 개요

바르샤바 협약이나 몬트리올 협약이 적용되지 않는 운송의 경우, 운송인의 책임한도는 멸실 또는 손상 혹은 지연된 화물에 대한 운송인의 운임규정 또는 운송약관에서 정한 1 킬로그램(kg)당 한도액보다 많아야 한다.

### 5) 운임 및 비용지급

#### ① 조항의 내용

| | |
|---|---|
| 5./5.1 Except when the Carrier has extended credit to the consignee without the written consent of the shipper, the shipper guarantees payment of all charges for the carriage due in accordance with Carrier's tariff, conditions of carriage and related regulations, applicable laws (including national laws implementing the Warsaw Convention and the Montreal Convention), government regulations, orders and requirements. | 5./5.1 운송인이 송화인의 서면동의 없이 수화인에게 신용(credit)을 공여한 경우를 제외하고는 태리프, 운송약관, 관계규정, 관련법률(바르샤바조약 또는 몬트리올조약을 수용한 국내법을 포함하여) 및 정부명령 등에 근거하여 정당하게 책정된 모든 운송관련 비용에 대해 송화인은 지불을 보증하여야 한다. |
| 5.2 When no part of the consignment is delivered, a claim with respect to such consignment will be considered even though transportation charges thereon are unpaid. | 5.2. 화물이 인도되지 않았을 경우, 비록 운임이 지불되지 않았더라도 동화물에 대한 손실은 보상되어야 한다. |

#### ② 조항의 개요

송화인은 운임규정, 운송약관, 관련 규정, 바르샤바 협약 또는 몬트리올 협약을 수용한 국내법을 포함한 관련 법률 및 정부 규정이나 명령 또는 요건 등에 근거하여 정당하게 책정된 모든 운송관련 비용을 지급하여야 한다.

## 6) 책임한도 증액

### ① 조항의 내용

| | |
|---|---|
| 6./6.1 For cargo accepted for carriage, the Warsaw Convention and the Montreal Convention permit shipper to increase the limitation of liability by declaring a higher value for carriage and paying a supplemental charge if required. | 6./6.1. 운송이 용인된 화물에 대해 송화인은 바르샤바조약과 몬트리올조약에 따라 필요한 경우 고가의 화물을 신고하고 추가운임을 지불함으로써 책임한도를 증가시킬 수 있다. |
| 6.2 In carriage to which neither the Warsaw Convention nor the Montreal Convention applies Carrier shall, in accordance with the procedures set forth in its general conditions of carriage and applicable tariffs, permit shipper to increase the limitation of liability by declaring a higher value for carriage and paying a supplemental charge if so required. | 6.2. 바르샤바조약이나 몬트리올조약이 적용되지 않는 운송에 대해서는 운송약관에서 정해진 절차와 적용 가능한 태리프에 따라 필요한 경우 운송인은 송화인이 고가의 화물을 신고하고 추가운임을 지불함으로써 책임한도를 증가시키는 것을 용인한다. |

### ② 조항의 개요

항공운송으로 운송할 수 있도록 승인받은 화물에 대하여 송화인은 바르샤바 협약과 몬트리올 협약에 따라 필요한 경우 고가의 화물로 신고하고 추가운임을 지급함으로써 운송인의 책임한도액을 증액시킬 수 있다. 바르샤바 협약이나 몬트리올 협약을 적용하지 않는 운송에서도 동일한 상황이 적용될 수 있다.

## 7) 손해의 중량 결정

### ① 조항의 내용

| | |
|---|---|
| 7./7.1 In cases of loss of, damage or delay to part of the cargo, the weight to be taken into account in determining Carrier's limit of liability shall be only the weight of the package or packages concerned. | 7./7.1. 화물의 일부가 멸실, 손상, 지연되었을 경우 운송인의 책임한도는 중량으로 결정되는데 당해 포장단위의 무게만으로 결정된다. |
| 7.2 Notwithstanding any other provisions, for 'foreign air transportation' as defined by the U.S. Transportation Code: | 7.2. 어떠한 다른 규정이 있다 하더라도 미항공법에 정의된 국제항공운송의 경우, |
| 7.2.1 in the case of loss of, damage or delay to a shipment, the weight to be used in determining Carrier's limit of liability shall be the weight which is used to determine the charge for carriage of such shipment; and | 7.2.1. 화물의 멸실, 손상, 지연되었을 경우 운송인의 책임한도는 중량으로 결정된다. 그 중량은 운임부과시 적용되는 중량이 된다. |
| 7.2.2 in the case of loss of, damage or delay to a part of a shipment, the shipment weight in 7.2.1 shall be prorated to the packages covered by the same air waybill whose value is affected by the loss, damage or delay. The | 7.2.2. 화물의 일부가 멸실, 손상, 지연되었을 경우 화물의 중량은 멸실, 손상, 지연으로 인한 가격이 표시된 항공운송장에 의해 보상되는 포장 비율로 결정된다. 포장된 물품 중 하나 이상 |

| weight applicable in the case of loss or damage to one or more articles in a package shall be the weight of the entire package. | 의 물품에 멸실 또는 손상이 있을 경우에 적용할 수 있는 중량은 전체 포장의 중량이 된다. |

#### ② 조항의 개요

화물의 일부가 멸실 또는 손상 혹은 지연되었을 경우 운송인의 책임한도는 손해가 발생된 포장단위의 중량으로 한다. 미국 항공법에서 규정한 항공운송의 경우에도 동일하다. 화물의 일부가 멸실 또는 손상 혹은 지연되었을 경우의 그 중량은 항공화물운송장에서 보상한다고 규정한 포장단위의 비율로 결정한다.

### 8) 면책적용

#### ① 조항의 내용

| 8. Any exclusion or limitation of liability applicable to Carrier shall apply to Carrier's agents, employees, and representatives and to any person whose aircraft or equipment is used by Carrier for carriage and such person's agents, employees and representatives. | 8. 운송인이 누리는 면책사항이나 책임한도 등은 운송인의 대리점, 직원, 지사원 또는 항공기나 장비의 소유인(임대차시) 및 그 대리점, 직원 등에게도 적용된다. |

#### ② 조항의 개요

항공운송을 담당하는 항공운송인의 면책사항이나 책임제한사항은 운송인의 대리점, 직원, 대표자 또는 항공회사에게 적용한다. 임대차를 할 경우에는 장비 소유자 및 그 대리점, 직원, 대표자에게 적용한다.

### 9) 운송인의 재량권

#### ① 조항의 내용

| 9. Carrier undertakes to complete the carriage with reasonable dispatch. Where permitted by applicable laws, tariffs and government regulations, Carrier may use alternative carriers, aircraft or modes of transport without notice but with due regard to the interests of the shipper. Carrier is authorised by the shipper to select the routing and all intermediate stopping places that it deems appropriate or to change or deviate from the routing shown on the face hereof. | 9. 운송인은 본 운송을 신속히 완수해야 할 의무를 진다. 관련법률, 태리프, 정부 규정이 용인되는 곳에서 운송인은 송화인에게 유리할 경우 통지없이 임의로 다른 항공기 또는 다른 운송수단으로 대체할 수 있다. 운송인 임의로 항로를 결정할 수 있고 운송장 앞면에 기재된 항로에 대한 변경 및 이로(離路)도 임의로 할 수 있다. |

② 조항의 개요

항공운송인은 신속한 운송을 위하여 운송과 관련한 법률, 운임규정, 정부 규정에서 허용되고 있는 한 운송인은 송화인에게 통지하지 않고 다른 운송인이나 항공기 또는 다른 운송방식으로 대체하여 운송할 수 있다. 운송인은 송화인으로부터 임의로 항로 및 중간 기착지를 선택하거나 또는 항공화물운송장에 기재된 항로를 변경하거나 이로를 할 수 있다.

### 10) 손해배상청구

① 조항의 내용

| |
|---|

10. Receipt by the person entitled to delivery of the cargo without complaint shall be prima facie evidence that the cargo has been delivered in good condition and in accordance with the contract of carriage.
10.1 In the case of loss of, damage or delay to cargo a written complaint must be made to Carrier by the person entitled to delivery. Such complaint must be made:
10.1.1 in the case of damage to the cargo, immediately after discovery of the damage and at the latest within 14 days from the date of receipt of the cargo;
10.1.2 in the case of delay, within 21 days from the date on which the cargo was placed at the disposal of the person entitled to delivery.
10.1.3 in the case of non-delivery of the cargo, within 120 days from the date of issue of the air waybill, or if an air waybill has not been issued, within 120 days from the date of receipt of the cargo for transportation by the Carrier.
10.2 Such complaint may be made to the Carrier whose air waybill was used, or to the first Carrier or to the last Carrier or to the Carrier, which performed the carriage during which the loss, damage or delay took place.
10.3 Unless a written complaint is made within the time limits specified in 10.1 no action may be brought against Carrier.
10.4 Any rights to damages against Carrier shall be extinguished unless an action is brought within two years from the date of arrival at the destination, or from the date on which the aircraft ought to have arrived, or from the date on which the carriage stopped.

10. 클레임을 제기하지 않고 화물을 수령했다면, 이는 화물이 양호한 상태로 운송약관에 따라 인도되었음을 의미한다.

10.1. 화물의 멸실, 손상, 지연이 있을 경우, 수화인은 운송인에게 다음과 같이 서면으로 클레임을 제기해야 한다.

10.1.1. 화물손상의 경우 발견 즉시, 늦어도 화물인수 후 14일 이내에.

10.1.2. 화물지연의 경우 화물이 수화인에게 인도된 뒤 21일 이내에.

10.1.3. 인도불능은 항공운송장 발행일로부터 120일 이내에, 항공운송장이 발행되지 않은 경우에는 운송인이 화물을 인도할 날로부터 120일 이내에.

10.2. 이 같은 클레임은 항공운송장 발행인, 최초운송인, 최후운송인, 그리고 손해발생 구간의 운송인중 누구에게든지 제기될 수 있다.

10.3. 10.1에서 명시한 기간 내에 서면으로 클레임을 제기하지 않는다면 운송인에 대해 어떠한 소송도 제기할 수 없다.
10.4. 항공기가 목적지에 도착한 날, 도착되기로 한 날, 운송이 중단된 날로부터 2년 이내에 클레임이 제기되지 않으면 운송인에 대한 손해배상 청구권은 소멸된다.

② 조항의 개요

수화인이 화물이 손상된 경우에는 발견 즉시, 늦어도 화물을 인수한 후 14일 이내, 화물이 지연되었다면 인수한 후 21일 이내, 화물이 도착되지 않았다면 항공화물운송장 발행일로부터 120일 이내, 항공화물운송장이 발행되지 않았으면 운송인이 화물을 인수한 날로부터 120일 이내에 서면으로 이의를 제기하여야 한다. 항공기의 목적지 공항에 도착일, 도착예정일, 운송 중 단일로부터 2년 이내에 소를 제기하지 않으면 운송인에 대한 손해배상청구권은 소멸한다.

### 11) 송화인의 의무

① 조항의 내용

| | |
|---|---|
| 11. Shipper shall comply with all applicable laws and government regulations of any country to or from which the cargo may be carried, including those relating to the packing, carriage or delivery of the cargo, and shall furnish such information and attach such documents to the air waybill as may be necessary to comply with such laws and regulations. Carrier is not liable to shipper and shipper shall indemnify Carrier for loss or expense due to shipper's failure to comply with this provision. | 11. 송화인은 화물의 포장, 운송, 인도와 관련된 제법규, 즉 발행지 및 도착지의 관련법률 및 규정을 준수해야 하며 필요한 경우 법규를 지킬 수 있도록 관련 서류를 항공운송장에 첨부할 수 있다. 송화인이 이러한 법규를 위반함으로 해서 발생한 손실이나 비용에 대해서 운송인은 책임을 지지 않으며, 송화인은 이러한 손실이나 비용에 대해 운송인에게 배상하여야 한다. |

② 조항의 개요

송화인은 화물의 포장이나 운송 그리고 인도와 관련된 출발지 및 도착지 국가의 관련 법률 및 정부 규정을 준수하여야 한다.

### 12) 약관조항의 변경금지

① 조항의 내용

| | |
|---|---|
| 12. No agent, employee or representative of Carrier has authority to alter, modify or waive any provisions of this contract. | 12. 운송인의 대리점, 직원, 지사원 등 어느 누구도 본 약관을 수정, 변경, 철회할 수 없다. |

② 조항의 개요

운송인의 대리점이나 직원 그리고 대표자는 항공화물운송장 운송약관의 조항을 수정하거나 변경 또는 삭제할 수 없다.

# 국제해상운송 관련 국제관습과 Hague Rules, Hamburg Rules, GENCON

## 제1절   정기선 운송과 국제규칙

### 1. 정기선과 정기선 운송계약

#### (1) 정기선

정기선은 일정한 기항지를 중심으로 일정한 항로를 주기적으로 운항하는 선박이다. 정기선 항로에서는 재래선(conventional ship), 즉 일반잡화를 운송할 목적으로 설계한 일반화물선 (general cargo ship)이 취항하고 있는 것이 대부분이다.

#### (2) 정기선 운송계약

정기선 운송계약(contract of affreightment in a general ship)은 개개의 화물을 계약의 목적 으로 하여 화주와 정기선 운송인이 개별적으로 체결하는 해상운송계약이다. 정기선 운송계약은 정기선을 활용하여 무역운송을 하려는 화주는 특정의 항구에서 출항하는 선박의 출항일정과 항로, 특히 중간기항지와 최종 기항지 등을 사전에 파악하여 해상운송계약을 체결하게 된다. 화주가 개별적으로 화물의 운송계약을 체결하기 때문에 개품운송계약이라고도 한다.

## 2. 국제해상운송과 관련 법규

### (1) 하터 법

미국은 1893년 2월 13일에 하터 법((Harter Act)을 제정하였다. 하터 법은 영국을 중심으로 하는 국가들이 선화증권에 기국법 약관(ship's nation clause)을 규정하여 선주의 면책약관을 자국법에 따라 인정하여 미국의 선주들이 불이익을 받게 되는 문제점을 개선하기 위하여 제정한 선박의 항해, 선화증권 및 재산의 운송에 관련하는 약간의 책임 및 권리에 관한 법률(An act relating to navigation of vessels bills of lading and to certain obligations, duties and rights in connection with the carriage of property)이다. 하터 법의 근본취지는 미국이 화주에게 불리한 해상운송계약상의 문제를 해결하고 해운을 발전시키는 것이었다. 이에 따라 해상운송업계에서 화주의 입장을 옹호하는 최초의 법규라는 점에서 의미가 크다.

### (2) 헤이그 규칙

19세기에 해상운송인은 해상운송계약을 체결할 때에 선화증권에 많은 면책약관을 기재하고 화물을 인수하였던 까닭에 무역업계, 은행업계, 보험업계 등이 선화증권의 면책약관에 대한 개정을 요구하게 되었다. 1896년에 국제법협회(Institute De Droit International)는 선주, 화주, 보험회사, 은행 등이 참여하여 해운분야의 법을 통일시키려는 목적으로 국제해법회(國際海法會, Committee Maritime International : CMI)를 창립하였다. 국제해법회는 1910년에 선박충돌조약 및 해난구조조약을 제정하고, 1921년 9월 네델란드 헤이그에서 헤이그규칙을 제정하였다. 헤이그 규칙은 국제조약이 아니기 때문에 구속력은 없다. 1922년에 개최된 브뤼셀 외교회의에서 조약안으로 승인하고 1924년에 참가한 국가들이 서명하여 국제조약으로 성립하였다. 헤이그 규칙의 정식 명칭은 선화증권에 관한 약간의 규칙의 통일을 위한 국제조약(International Convention for The Unification of Certain Rules of Law Relating to Bills of Lading)이다. 헤이그 규칙은 선화증권 조약 또는 선화증권 통일조약으로 통칭되기도 한다.

헤이그 규칙을 실시하기 위하여 각국이 제정한 법을 헤이그 규칙 입법(hague rules legislation)이라고 한다. 이와 관련하여 영국은 1924년에 해상물건운송법(The Carriage of Goods by Sea Act : COGSA)을, 미국은 1936년에 미국 해상물건운송법(U.S. Carriage of Goods by Sea) 등을 제정하였다.

### (3) 헤이그 비스비 규칙

1924년 헤이그 규칙이 제정되어 해상운송업계에서 사용하여 오는 과정 중에 시대의 변화에 따라 헤이그 규칙에 규정된 조항으로 해상운송인의 책임한도액을 결정하기에는 화폐의 가치가 하락하였다는 점, 해상운송업계에 컨테이너가 등장하여 해상운송방법의 변화가 있었다는 점 등을 반영하여 개정할 필요성이 제기되었다. 그래서 1963년 6월에 국제해법회에 의하여 헤이그 규칙의 개정안이 작성되고 1968년에 벨기에의 브뤼셀에서 개최된 해사법 외교회의에서 개정의 정서로서 채택되어 1977년 6월에 발효되었다. 헤이그 비스비 규칙의 정식명칭은 1924년 선화증권 통일조약을 개정하기 위한 의정서이다. 그래서 헤이그 비스비 규칙을 비스비 의정서(visby protocol)라고도 한다. 헤이그 비스비 규칙은 독립된 신조약이 아니고 헤이그 규칙의 개정을 위한 조약이다. 그래서 헤이그 비스비 규칙의 조항은 헤이그 규칙 제1조 제2항에 다음의 규정을 추가한다. 또는 헤이그 규칙 제1조 제3항은 삭제하고 다음의 규정으로 대신한다 등과 같이 규정하고 있다. 따라서 헤이그 규칙을 비스비 규칙에 의하여 수정된 것이기 때문에 헤이그 비스비 규칙이라고 하는 것이다.

### (4) 함브르크 규칙

국제연합무역개발회의(United Nations Conference on Trade and Development : UNCTAD)에서는 국제무역법위원회(United Nations Commission on International Trade Law: UNCITRAL)의 협력을 얻어 1978년 3월에 Hamburg에서 국제연합해상물건운송조약(United Nations Convention on Carriage of Goods by Sea: Hamburg Rules)를 제정하였다. 함브르크 규칙은 개발도상국들의 압도적 다수의 찬성으로 헤이그 규칙을 개정하여 해상운송인의 책임을 강화한 조약이다. 함브르크 규칙에서는 항해과실면책조항, 선박감항능력 면책조항, 화재면책조항, 면책사항 등을 폐지하여 해상운송인의 책임을 강화하였다.

### (5) 로테르담 규칙

로테르담 규칙은 2009년 9월 23일 로테르담에서 개최된 국제해상물건운송계약에 관한 UNCITRAL 조약(United Nations Convention on Contracts for the International Carriage of Goods Wholly or Partly by Sea: Rotterdam Rules)을 위한 조인식을 의미한다. 로테르담 규칙은 헤이그 규칙과 헤이그 비스비 규칙, 함브르크 규칙으로 분리되어 있는 국제해상운송법을 통일하기 위한 규칙이다. 로테르담 규칙에 대한 이견이 분분하기 때문에 국제해상운송 규칙으로 정착할 때까지는 상당한 기일이 소요될 것으로 예상된다.

## 3. 헤이그 규칙

### (1) 헤이그 규칙의 의의

헤이그 규칙은 선화증권에 관한 규칙 통일을 위한 국제협약(International Convention for The Unification of Certain Rules of Law Relating to Bills of Lading)으로 선화증권 규칙 또는 선화증권 통일규칙으로 통칭되기도 한다. 오늘날 해상운송업계에서 사용하고 있는 선화증권의 약관은 바로 헤이그 규칙을 근간으로 하여 제정한 것이다.

### (2) 헤이그 규칙의 규정

### 1) 용어의 정의

① 조항의 내용

| Article 1<br>In this convention the following words are employed with the meaning set out below:<br>(a) 'Carrier' includes the owner or the charterer who enters into a contract of carriage with a shipper;<br>(b) 'Contract of carriage' applies only to contracts of carriage covered by a bill of lading or any similar document of title, in so far as such document relates to the carriage of goods by sea, including any bill of lading or any similar document as aforesaid issued under or pursuant to a charter party from the moment at which such bill of lading or similar document of title regulates the relations between a carrier and a holder of the same;<br>(c) 'Goods' includes goods, wares, merchandises, and articles of every kind whatsoever except live animals and cargo which by the contract of carriage is stated as being carried on deck and is so carried;<br>(d) 'Ship' means any vessel used for the carriage of goods by sea;<br>(e) 'Carriage of goods' covers the period from the time when the goods are loaded on to the time they are discharged from the ship. | 제1조<br>본 협약에서 다음의 용어는 아래에 설명한 의미로 사용된다.<br>(a) '운송인'은 송화인과 운송계약을 체결하는 선주 또는 용선자를 포함한다.<br><br>(b) '운송계약'은 용선계약에 의하여 그리고 그 조건에 따라 발행된 선화증권 및 이와 유사한 권리증서를 포함한다. 단 이러한 선화증권 또는 이와 유사한 권리증서가 운송인과 선화증권을 소지한 사람간의 관계를 규정하는 순간부터 또 이러한 증서가 해상운송에 관계되는 운송계약인 경우에만 적용된다.<br><br><br><br>(c) '물품'은 살아 있는 동물과 운송계약에 의하여 갑판적재화물이라고 기재되고 또 그렇게 운송되는 화물을 제외한 모든 종류의 물품, 제품 및 상품을 포함한다.<br>(d) '선박'은 해상운송에 사용되는 일체의 선박을 의미한다.<br>(e) '물품운송'의 기간은 물품이 선박에 적재된 순간부터 선박으로부터 물품이 양륙되는 기간을 의미한다. |

② 조항의 개요

본 협약에서 사용되는 용어의 의미는 다음과 같다. 운송인은 송화인과 운송계약을 체결하는 선주 또는 용선자를 포함한다. 운송계약은 용선계약에 의하여 그리고 그 조건에 따라 발행된 선화증권 및 이와 유사한 권리증서를 포함한다. 단 이러한 선화증권 또는 이와 유사한 권리증서가 운송인과 선화증권을 소지한 사람간의 관계를 규정하는 순간부터 또 선화증권 또는 이와 유사한 권리증서는 해상운송에 관계되는 운송계약인 경우에만 적용된다. 물품은 살아 있는 동물과 운송계약에 의하여 갑판적재 화물이라고 기재되고 또 그렇게 운송되는 화물을 제외한 모든 종류의 물품, 제품 및 상품을 포함한다. 선박은 해상운송에 사용되는 일체의 선박이다. 그러므로 선박은 해상에서 운항할 수 있는 규모에 대해서는 명시한 것이 없지만 물품을 해상으로 운송할 수 있는 능력을 보유한 선박으로 본다. 물품운송의 기간은 물품이 선박에 적재된 순간부터 선박으로부터 물품이 양륙되는 기간을 의미한다. 선박으로 물품을 운송하는 기간은 물품이 선박에 적재완료한 대부터 양륙이 완료한 때로 본다.

### 2) 운송인의 권리와 의무에 관한 방향

① 조항의 내용

| Article 2 | 제2조 |
|---|---|
| Subject to the provisions of Article 6, under every contract of carriage of goods by sea the carrier, in relation to the loading, handling, stowage, carriage, custody, care and discharge of such goods shall be subject to the responsibilities and liabilities, and entitled to the rights and immunities hereinafter set forth. | 제6조의 규정의 경우를 제외하고 모든 해상운송계약에서 운송인은 화물의 선적, 취급, 선내작업, 운송, 보관, 관리 및 양륙에 관하여 본 협약에서 규정한 의무와 책임을 지며 또 권리와 면책권을 갖는다. |

② 조항의 개요

운송인의 자유계약 조항을 제외하고 모든 해상운송계약에서 운송인은 화물의 선적, 취급, 선내작업, 운송, 보관, 관리 및 양륙에 관하여 본 통일협약에서 규정한 의무와 책임을 지며 또 권리와 면책권을 갖는다.

### 3) 운송인의 의무

① 조항의 내용

| Article 3 | 제3조 |
|---|---|
| (1) The carrier shall be bound before and at the beginning of the voyage to exercise due | (1) 운송인은 발항전과 발항시에 상당한 주의를 갖고 다음 사항을 이행하여야 한다. |

diligence to
(a) Make the ship seaworthy;
(b) Properly man, equip, and supply the ship;

(c) Make the holds, refrigerating and cool chambers, and all other parts of the ship in which goods are carried, fit and safe for their reception, carriage and preservation.
(2) Subject to the provisions of Article 4, the carrier shall properly and carefully load, handle, stow, carry, keep, care for, and discharge the goods carried.
(3) After receiving the goods into his charge the carrier or the master or agent of the carrier shall, on demand of the shipper, issue to the shipper a bill of lading showing among other things
(a) the leading marks necessary for identification of the goods as the same are furnished in writing by the shipper before the loading of such goods starts, provided such marks are stamped or otherwise shown clearly upon the goods if uncovered, or on the cases or coverings in which such goods are contained, in such a manner as should ordinarily remain legible until the end of the voyage;
(b) either the number of packages or pieces, or the quantity, or weight, as the case may be, as furnished in writing by the shipper;
(c) the apparent order and condition of the goods. Provided that no carrier, master or agent of the carrier shall be bound to state or show in the bill of lading any marks, number, quantity, or weight which he has reasonable ground for suspecting not accurately to represent the goods actually received, or which he has no reasonable means of checking.
(4) Such a bill of lading shall be prima facie evidence of the receipt by the carrier of the goods as there in described in accordance with paragraph (3), (a) (b) and (c).
(5) The shipper shall be deemed to have guaranteed to the carrier the accuracy at the time of shipment of the marks, number, quantity and weight, as furnished by him, and the shipper shall indemnity the carrier against all loss, damages, and expenses arising or resulting from inaccuracies in such particulars. The right of the carrier to such indemnity shall in no way limit his responsibility and liability under the contract of carriage to any person other than the shipper.
(6) Unless notice of loss or damage and the

(a) 선박으로 하여금 감항능력을 갖추게 한다.
(b) 선박의 승조원 배치, 선박 의장 및 필수품 보급을 적절히 한다.
(c) 화물을 운송되어질 창내, 냉동실, 냉기실 및 화물운송에 필요한 선박의 그 외의 모든 부분을 화물의 수취, 운송 및 보존에 적합하고 안전하게 한다.
(2) 제4조의 규정의 적용을 받는 경우를 제외하고는 운송인은 화물을 적재, 취급, 선내작업, 운송, 보관, 관리 및 양륙하는 데 적절하고 신중히 하여야 한다.
(3) 운송인, 선장 또는 운송인의 대리인은 화물을 자기 책임하에 인수한 후 송화인이 요구하면 여타 사항 가운데 다음 사항을 표시한 선화증권을 송화인에게 교부하여야 한다.

(a) 화물의 선적개시 전에 송화인이 서면으로 통지한 것과 동일한 화물임을 증명하는 데 필요한 주요 하인. 단, 이러한 하인은 무포장일 때는 동화물 자체에, 그리고 포장화물일 때는 화물이 들어 있는 상자나 포장에 항해가 끝날 때까지 통상읽어볼 수 있도록 남아 있게 명확히 압인되거나 그 밖의 방법으로 표시되어야 한다.

(b) 송화인이 서면으로 통지한 내용과 같은 포장 및 개품의 수 또는 경우에 따라 수량이나 중량.
(c) 화물의 외관상태.
단, 운송인, 선장 또는 운송인의 대리인은 화물의 하인, 수량, 용적 또는 중량이 실제로 인수한 화물을 정확히 나타내지 못한다는 상당한 의문의 근거가 있거나 또는 이를 검사할 적절한 방법이 없는 경우에는 선화증권에 이를 기재하거나 표시할 의무가 없다.

(4) 이와 같은 선화증권은 전기 제3항의 (a)(b)(c)에 따라 기재된 대로 운송인이 화물을 인수하였다는 추상적인 증거가 된다.

(5) 송화인은 선적시 운송인에게 자기가 통지한 대로 하인, 숫자, 수량 및 중량의 정확성을 보증한 것으로 간주하며 또한 송화인은 이러한 사항의 부정확성의 결과로 야기되는 모든 손실, 손상 및 비용에 대해서 운송인에게 보상하여야 한다. 이러한 손해배상에 대한 운송인의 권리가 운송인이 송화인 이외의 모든 자에 대한 운송계약상의 의무와 책임에 대해서는 어떠한 방법으로도 제한하지 않는다.

(6) 운송계약에 의해서 화물을 인도받을 권리

general nature of such loss or damage be given in writing to the carrier or his agent at the port of discharge before or at the time of the removal of the goods into the custody of the person entitled to delivery thereof under the contract of carriage, or if the loss or damage be not apparent, within three days, such removal shall be prima facie evidence of the delivery by the carrier of the goods as described in the bill of lading.

The notice in writing need not be given if the state of the goods has, at the time of their receipt, been the subject of joint survey or inspection.

In any event the carrier and the ship shall be discharged from all liability in respect of loss or damage unless suit is brought within one year after delivery of the goods or the date when the goods should have been delivered. In the case of any actual or apprehended loss or damage the carrier and the receiver shall give all reasonable facilities to each other for inspecting and tallying the goods.

(7) After the goods are loaded the bill of lading to be issued by the carrier, master, or agent of the carrier, to the shipper shall, if the shipper so demands, be a 'shipped'bill of lading, provided that if the shipper shall have previously taken up any document of title to such goods, he shall surrender the same as against the issue of the 'shipped' bill of lading, but at the option of the carrier such document of title may be noted at the port of shipment by the carrier, master, or agent with the name or names of the ship or ships upon which the goods have been shipped and the date or dates of shipment, and when so noted, if it shows the particulars mentioned in paragraph (3) of Article 3, shall for the purpose of this article be deemed to constitute a 'shipped' bill of lading.

(8) Any clause, covenant, or agreement in a contract of carriage relieving the carrier or the ship from liability for loss or damage to or in connection with, goods arising from negligence, fault, or failure in the duties and obligations provided in this article, or lessening such liability otherwise than as provided in this convention, shall be null and void and of no effect. A benefit of insurance in favour of the carrier or similar clause shall be deemed to be a clause relieving the carrier from liability.

가 있는 자에게 화물이 이전보관되기 이전 또는 이전보관시에 양륙항에서 운송인 또는 그의 대리인에게 서면으로 멸실, 손상과 또 이러한 멸실 및 손상의 개략적인 설명에 대한 통지를 하지 않는 한, 또 만일 멸실이나 손상이 외관상 분명치 않는 경우에는 3일 내에 이러한 통지를 하지 않으면 이러한 화물의 이전은 선화증권에 기재된 대로 동화물을 운송인이 인도하였다는 추정적 근거가 된다.

화물의 인수 당시 동 화물의 상태에 관하여 공동조사나 검사의 대상이 되었을 경우에는 서면 통지는 필요하지 않다.

실제로 화물이 인도된 날로부터 또는 동 화물이 인도되었어야 할 날로부터 1년 내에 소송이 제기되지 않으면 운송인 및 선박은 어떠한 경우에 있어서도 멸실 및 손상에 대한 모든 책임으로부터 면제된다. 현실적으로 또는 추정적 멸실이나 손상이 발생한 경우에는 운송인과 수화인은 화물의 검사와 검수를 위해서 모든 합리적인 편의를 상호 제공하여야 한다.

(7) 화물이 선적된 후 운송인, 선장 또는 운송인의 대리인이 송화인에게 교부하는 선화증권은 송화인의 요구가 있는 경우에는 '선적'선화증권이어야 한다. 단, 송화인이 이 화물에 대한 다른 어떤 권리증서를 수령하였을 경우에는 '선적'선화증권의 교부와 상환하여 동 권리증서를 반환하여야 한다.

그러나 운송인의 재량에 따라 운송인, 선장 또는 운송인의 대리인은 동 권리증서에 화물이 선적된 선박명과 선적일자를 선적항에서 기재할 수 있으며, 이와 같이 기재된 권리증서가 제3조 (3)항에 규정된 사항을 표시할 경우 이러한 권리증서는 본조의 취지에 따라 '선적'선화증권의 요건을 구비한 것으로 간주한다.

(8) 본 협약에 규정되어 있는 의무를 태만, 과실 또는 불이행하여 발생된 화물의 멸실, 손상 또는 화물에 관련된 멸실, 손상에 대한 책임으로부터 운송인 또는 선박을 면제시키거나, 본 협약의 규정과 달리 이러한 책임을 경감시키는 운송계약상의 일체의 조항, 계약 또는 합의사항은 무효로 한다. 보험의 이익을 운송인에게 양도하는 조항 또는 이와 유사한 모든 조항은 운송인의 책임을 면제하는 조항으로 간주한다.

② 조항의 개요

운송인은 발항전과 발항할 때에 상당한 주의를 갖고 준비하여야 한다. 운송인의 면책조항의 규정을 적용받는 경우를 제외하고는 운송인은 화물을 적재, 취급, 선내작업, 운송, 보관, 관리 및 양륙하는 데에 적절하고 신중히 하여야 한다. 운송인 또는 선장 또는 운송인의 대리인은 화물을 인수한 후 송화인이 요구하면 화물의 운송과 관련한 사항을 표시한 선화증권을 송화인에게 교부하여야 한다. 선화증권은 규정에 따라 기재된 대로 운송인이 화물을 인수하였다는 추정적 근거가 된다. 송화인은 선적할 때에 운송인에게 통지한대로 화인, 숫자, 수량 및 중량의 정확성을 보증한 것으로 간주한다. 해상운송계약에 의해서 화물을 인도받을 권리가 있는 자에게 화물을 이전하여 보관되기 전에 또는 이전하여 보관할 때에 양륙항에서 운송인 또는 그 대리인에게 서면으로 모든 멸실이나 손상의 개략적인 상황에 대하여 대한 통지를 하여야 권리를 행사할 수 있다. 화물의 멸실이나 손상이 외관상 분명하지 않은 경우에는 3일 이내에 통지하여야 한다. 실제로 화물이 인도된 날로부터 동 화물의 인도되었어야 할 날로부터 1년 이내에 소송이 제기하여야 한다. 화물의 선적된 후 운송인 선장 또는 운송인의 대리인이 송화인에게 교부하는 선화증권은 송화인의 요구가 있는 경우에는 선적 선화증권이어야 한다.

선화증권 통일규칙에 규정되어 있는 의무를 태만, 과실 또는 불이행하여 발생된 화물의 멸실, 손상에 대해서는 책임이 있다.

### 4) 운송인의 면책

① 조항의 내용

| Article 4 | 제4조 |
|---|---|
| (1) Neither the carrier nor the ship shall be liable for loss or damage arising or resulting from unseaworthiness unless caused by want of due diligence on the part of the carrier to make the ship seaworthy, and to secure that the ship is properly manned, equipped, and supplied, and to make the holds, refrigerating, and cool chambers and all other parts of the ship in which goods are carried, fit and safe for their reception, carriage and preservation in accordance with provisions of paragraph (1) of Article 3. Whenever loss or damage has resulted from unseaworthiness the burden of proving the exercise of due diligence shall be on the carrier or other person claiming exemption under this article. (2) Neither the carrier nor the ship shall be responsible for loss or damage arising or | (1) 제3조 제1항의 규정에 따라 선박을 감항상 태로 하고 선박의 승조원 배치, 의장 및 필수보 급품들을 적절히 하고 선박의 창내, 냉동실, 냉 기실 및 물품운송에 사용되는 그 외의 모든 부 분을 화물의 인수, 운송, 보관에 적합하고 안전 하게 하는데 있어서, 운송인이 상당한 주의를 하지 않는 데에 그 원인이 있지 않는 한, 선박 의 불감항성의 결과로 발생되는 멸실 또는 손 상 등에 대한 책임은 운송인이나 선박이 공히 지지 않는다. 선박의 불감항성 때문에 멸실이 나 손상이 발생하는 경우에는 상당한 주의를 경주하였다는 입증책임은 본조의 균정에 따라 면책을 주장하는 운송인 또는 그 밖의 자에게 있다. (2) 운송인이나 선박은 다음 각호로 인한 멸실 또는 손상에 대하여 책임을 지지 않는다. |

resulting from:
(a) Act, neglect, or default of the master, mariner, pilot, or the servants of the carrier in the navigation or in the management of the ship.
(b) Fire, unless caused by the actual fault or privity of the carrier.
(c) Perils, dangers and accidents of the sea or other navigable waters.
(d) Act of God.
(e) Act of war.
(f) Act of public enemies.
(g) Arrest or restraint of princes, rules or people, or seizure under legal process.
(h) Quarantine restrictions.
(i) Act or omission of the shipper or owner of the goods, his agent or representative.
(j) strikes or lockouts or stoppage or restraint of labour from whatever cause, whether partial or general.
(k) Riots and civil commotions.
(l) Saving or attempting to save life or property at sea.
(m) Wastage in bulk or weight or any other loss or damage arising from inherent defect, quality or vice of the goods.
(n) Insufficiency of packing.
(o) Insufficiency or inadequacy of marks.
(p) Latent defects not discoverable by due diligence.
(q) Any other cause arising without the actual fault or privity of the carrier, or without the fault or neglect of the agents or servants of the carrier, but the burden of proof shall be on the person claiming the benefit of this exception to show that neither the actual fault or privity of the carrier nor the fault or neglect of the agents or servants of the carrier contributed to the loss or damage.
(3) The shipper shall not be responsible for loss or damage sustained by the carrier or the ship arising or resulting from any cause without the act, fault or neglect of the shipper, his agents or his servants.
(4) Any deviation in saving or attempting to save life or property at sea, or any reasonable deviation shall not be deemed to be an infringement or breach of this convention or of the contract of carriage, and the carrier shall not be liable for any loss or damage resulting therefrom.
(5) Neither the carrier nor the ship in any event be or become liable for any loss or damage to or in connection with goods in an

(a) 선박의 운항 또는 선박관리에 있어서 선장, 선원, 수로안내인 또는 운송인의 고용인의 행위와 태만 또는 과실에 의한 손실.
(b) 운송인의 사실상의 과실 또는 고의에 의한 경우를 제외한 화재로 인한 손실.
(c) 해상 또는 그 외의 가항수로에서의 재해, 위험 또는 사고로 인한 손실.
(d) 천재지변에 의한 손실.
(e) 전쟁행위에 의한 손실.
(f) 공적의 행위로 인한 손실.
(g) 군주, 통치자 또는 인민에 의한 구속, 억류 또는 재판상의 차압에 의한 손실.
(h) 검역상의 제한에 의한 손실
(i) 화물의 송화인, 소유권자 또는 이들의 대리인이나 지정인의 태만행위에 의한 손실.
(j) 원인 여하를 불문하고 부분적 또는 전면적 동맹파업, 직장폐쇄, 노동의 정지 또는 방해에 의한 손실.
(k) 폭동 및 내란에 의한 손실.
(l) 해상에서의 인명 및 재산의 구조 또는 구조의 기도에 의한 손실.
(m) 화물고유의 하자 및 화물의 품질 또는 결함에 의한 용적 또는 중량의 감손이나 그 밖의 일체의 멸실 또는 손상.
(n) 포장의 불충분에 의한 손실.
(o) 하인의 불충분 및 부적당에 의한 손실.
(p) 상당한 주의를 하여도 발견할 수 없는 하자에 의한 손실.
(q) 운송인의 사실상의 과실이나 고의에 의하지 않거나 또 운송인의 대리인이나 고용인의 과실이나 태만에 의하지 않은 그 밖의 모든 원인, 그러나 화물의 멸실이나 손상이 운송인의 사실상의 과실이나 고의 또는 운송인의 대리인이나 고용인의 과실이나, 태만에 의하여 발생하지 않았다는 입증책임은 이러한 면책의 혜택을 주장하는 자에게 있다.
(3) 송화인은 운송인이나 선박이 입은 멸실이나 손해에 대하여 송화인, 그의 대리인 및 그의 고용인의 행위, 과실 또는 태만에 그 원인이 있지 않는 한 책임을 지지 않는다.
(4) 해상에서 인명 또는 재산을 구조하거나 이러한 구조를 하기 위한 이로 또는 그 외의 합리적인 이로는 본 협약이나 운송계약의 위반이나 침해로 간주하지 않으며, 운송인은 이러한 결과로 발생된 일체의 멸실이나 손상에 대하여 책임을 지지 않는다.
(5) 운송인이나 선박은 어떠한 경우에도 화물의 멸실이나 손상 또는 화물에 관련된 멸실이나 손상에 대하여 송화인이 선적 전에 이러한

amount exceeding £100 per package or unit, or the equivalent of that sum in other currency unless the nature and value of such goods have been declared by the shipper before shipment and inserted in the bill of lading. This declaration if embodied in the bill of lading shall be prima facie evidence, but shall not be binding or conclusive of the carrier. By agreement between the carrier, master or agent of the carrier and the shipper another maximum amount than that mentioned in this paragraph may be fixed, provided that such maximum shall not be less than the figure above named.

Neither the carrier nor the ship shall be responsible in any event for loss or damage to, or in connection with, goods if the nature or value thereof has been knowingly misstated by the shipper in the bill of lading.

(6) Goods of an inflammable, explosive or dangerous nature to the shipment whereof the carrier, master or agent of the carrier has not consented with knowledge of their nature and character, may at any time before discharge be landed at any place or destroyed or rendered innocuous by the carrier without compensation and the shipper of such goods shall be liable for all damages and expenses directly or indirectly arising out of or resulting from such shipment. If any such goods shipped with such knowledge and consent shall become a danger to the ship or cargo, they may in like manner be landed at any place, or destroyed or rendered innocuous by the carrier without liability on the part of the carrier except to general average, if any.

화물의 성질과 가격을 고지하여 선화증권에 기재하지 않은 경우에는 포장당 또는 단위당 100파운드를 초과하거나 또 다른 통화로 100파운드 상당액을 초과하는 경우에는 책임을 지지 않는다.

이와 같이 화물의 성질과 가격이 선화증권에 구현되어 있을 경우 이러한 기재는 추정증거로 한다. 그러나 이러한 기재가 운송인을 구속하거나 결정적 증거가 되는 것은 아니다. 운송인, 선장 또는 운송인의 대리인과 송화인은 합의에 의하여 본 조항에 규정되어 있는 금액과 다른 최고금액을 정할 수도 있다. 단, 협정최고액은 위에 언급된 금액보다 적어서는 안된다.

송화인이 화물의 성질과 가격을 고의로 허위 통지하여 선화증권에 잘못 기재되는 경우에는 운송인이나 선박은 화물의 멸실이나 손상 또는 화물에 관련된 멸실이나 손상에 대하여 어떠한 경우도 책임을 지지 않는다.

(6) 인화성, 폭발성 또는 위험성이 있는 선적된 화물로서 운송인, 선장 또는 운송인의 대리인이 동 물품의 이러한 성질 및 특징을 알았다면 선적을 허용하지 않았을 화물에 대하여 운송인은 양륙전 언제 어디서도 손해보상의 책임 없이 양륙하거나 파괴 또는 무해화시킬 수 있다. 그리고 이러한 화물의 송화인은 이러한 화물선적으로 인하여 직접 또는 간접적으로 발생하는 모든 손해와 비용에 대해서 책임을 진다. 운송인이 이러한 화물의 성질을 알고 또 송화인에 선적된 경우에도 만일 이러한 화물이 선박 또는 적하에 위험하게 될 경우 위에 언급된 방법으로 운송인은 아무런 책임없이 어떤 장소에든지 양륙시키거나 파괴 또는 무해화시킬 수 있다. 단, 공동해손이 성립되는 경우에는 그러하지 아니하다.

## ② 조항의 개요

선화증권 통일규칙의 규정에 따라 선박을 감항상태로 유지하여야 한다. 선박의 불감항성 때문에 멸실이나 손상이 발생하는 경우에는 상당한 주의를 경주하였다는 입증책임은 본 조의 규정에 따라 면책을 주장하는 운송인 또는 그 밖의 자에게 있다. 운송인이나 선박은 선박의 운항 또는 선박관리에 있어서 선장, 선원, 수로안내인 또는 운송인의 고용인의 행위의 태만 또는 과실에 의한 손실 등과 상당한 주의를 하여도 발견할 수 없는 하자에 의한 손실 등으로 인한 멸실 또는 손상에 대하여 책임을 지지 않는다. 왜냐하면 해상운송인은 선박의 항해와 관련하여 발생하거나 또는 선박 자체의 취급과 관련하여 발생한 선장이나 선원(船員)의 항해과실(errors of navigation and management of ship)에 대해서는 면책이기 때문이다.

송화인은 운송인이나 선박이 입은 멸실이나 손해에 대하여 송화인, 그의 대리인 및 그의 고용인의 행위, 과실 또는 태만에 그 원인이 있지 않는 한 책임을 지지 않는다. 해상에서 인명 또는 재산을 구조하거나 이러한 구조를 하기 위한 이로 또는 그 외의 합리적인 이로는 본 협약이나 운송계약의 위반이나 침해로 간주하지 않으며, 운송인은 이러한 결과로 발생된 일체의 멸실이나 손상에 대하여 책임을 지지 않는다.

운송인이나 선박은 어떠한 경우에도 화물의 멸실이나 손상 또는 화물에 관련된 멸실이나 손상에 대하여 송화인이 선적 전에 이러한 화물의 성질과 가격을 고지하여 선화증권에 기재하지 않은 경우에는 포장당 또는 단위당 100파운드를 초과하거나 또 다른 통화로 100파운드 상당액을 초과하는 경우에는 책임을 지지 않는다. 이와 같이 화물의 성질과 가격이 선화증권에 구현되어 있을 경우 이러한 기재는 추정증거로 한다. 그러나 이러한 기재가 운송인을 구속하거나 결정적 증거가 되는 것은 아니다. 운송인, 선장 또는 운송인의 대리인과 송화인은 합의에 의하여 본 조항에 규정되어 있는 금액과 다른 최고금액을 정할 수도 있다. 단, 이러한 협정최고액은 위에 언급된 금액보다 적어서는 안된다.

인화성, 폭발성 또는 위험성이 있는 선적된 화물로서 운송인, 선장 또는 운송인의 대리인이 동 물품의 이러한 성질 및 특징을 알았다면 선적을 허용하지 않았을 화물에 대하여 운송인은 양륙전 언제 어디서도 손해보상의 책임 없이 양륙하거나 파괴 또는 무해화시킬 수 있다. 그리고 이러한 화물의 송화인은 이러한 화물선적으로 인하여 직접 또는 간접적으로 발생하는 모든 손해와 비용에 대해서 책임을 진다. 운송인이 이러한 화물의 성질을 알고 또 송화인에 선적된 경우에도 만일 이러한 화물이 선박 또는 적하에 위험하게 될 경우 위에 언급된 방법으로 운송인은 아무런 책임없이 어떤 장소에든지 양륙시키거나 파괴 또는 무해화시킬 수 있다.

### 5) 운송인의 의무증감 및 권리 포기

#### ① 조항의 내용

| Article 5 | 제5조 |
|---|---|
| A carrier shall be at liberty to surrender in whole or in part all or any of his rights and immunities or to increase any of his responsibilities and obligations under this convention provided such surrender or increase shall be embodied in the bill of lading issued to the shipper. | 운송인은 본 협약에 규정된 그의 권리와 면책의 전부 또는 일부를 포기하거나 그의 의무와 책임을 증가시킬 수 있는 자유를 갖는다. 단, 이러한 포기나 증가는 송화인에게 교부한 선화증권에 구현되어 있어야 한다. |
| The provisions of this convention shall not be applicable to charter parties, but if bills of lading are issued in the case of a ship under a charter party they shall comply with the | 본 협약의 규정은 용선계약에는 적용되지 않는다. 그러나 용선계약하에서도 선화증권이 발생되는 경우에는 이러한 선화증권은 본 협약의 |

terms of this convention. Nothing in these rules shall be held to prevent the insertion in a bill of lading of any lawful provision regarding general average.

규정에 따른다. 본 규칙의 어떠한 규정도 공동해손에 관한 합법적 조항을 선화증권에 삽입하는 것을 못하게 하지는 않는다.

### ② 조항의 개요

운송인은 그의 권리와 면책의 전부 또는 일부를 포기하거나 그의 의무와 책임을 증가시킬 수 있는 자유를 갖는다. 단 이러한 포기나 증가는 송화인에게 교부한 선화증권에 구현되어있어야 한다. 본 협약의 구정은 용선계약에는 적용되지 않는다. 그러나 용선계약하에서도 선화증권이 발행되는 경우에는 이러한 선화증권은 본 협약의 규정에 따른다. 본 규칙의 어떠한 규정도 공동해손에 관한 합법적 조항을 선화증권에 삽입하는 것을 못하게 하지는 않는다.

### 6) 운송인의 자유 협약 체결

#### ① 조항의 내용

| Article 6 | 제6조 |
|---|---|
| Notwithstanding the provisions of the preceding articles, a carrier, master or agent of the carrier and a shipper shall in regard to any particular goods be at liberty to enter into any agreement in any terms as to the responsibility and liability of the carrier for such goods, and as to the rights and immunities of the carrier in respect of such goods, or his obligation as to seaworthiness, so far as this stipulation is not contrary to public policy, or the care or diligence of his servants or agents or in regard to the loading, handling, stowage, carriage, custody, care and discharge of the goods carried by sea, provided that in this case no bill of lading has been or shall be issued and that the terms agreed shall be embodied in a receipt which shall be a non-negotiable document and shall be marked as such. | 전기 각 조의 규정에도 불구하고 운송인, 선장 또는 운송인의 대리인과 송화인은 어떠한 특정화물에 관하여도 동 화물에 대한 운송인의 의무와 책임 또한 동 화물의 운송인의 권리와 면책에 관하여 이러한 약정이 공공질서에 반하지 않는 한 감항성에 대한 운송인의 의무, 해상운송화물의 선적, 취급, 선내작업, 운송, 보관, 관리 및 양륙에 대한 운송인의 사용인 또는 대리인의 주의 등에 관하여 어떠한 조건으로도 자유로본 협약을 체결할 수 있다. 단, 이러한 경우 선화증권을 발행하지 않았거나 발행하지 않는 것을 조건으로 하여 약정된 비유통성 증서라고 명시된 화물수취증에 구현되어 있어야 한다. |
| Any agreement so entered into shall have full legal effect: Provided that this article shall not apply to ordinary commercial shipments made in the ordinary course of trade, but only to other shipments where the character or condition of the property to be carried or the circumstances, terms and conditions under which the carriage is to be preformed are such as reasonably to justify a special agreement. | 이와 같이 체결된 약정은 완전한 법적 효력을 갖는다. 단, 본 조항은 통상의 상거래에 의하여 선적되는 통상의 상업적 적하에 적용되는 것이 아니고 운송해야 할 재산의 특성과 상태 또는 운송이행에 따르는 사정과 조건에 대하여 특약할 만한 정당한 이유가 있는 그 밖의 적하에 한하여 적용된다. |

② 조항의 개요

운송인, 선장 또는 운송인의 대리인과 송화인은 어떠한 특정 화물에 관하여도 동 화물에 대한 운송인의 의무와 책임 또한 동 화물의 운송인의 권리와 면책에 관하여 감항성에 대한 운송인의 의무, 해상운송화물의 선적, 취급, 선내작업, 운송, 보관, 관리 및 양륙에 대한 운송인의 사용인 또는 대리인의 주의 등에 관하여 어떠한 조건으로도 본 협약을 체결할 수 있다. 본 조항은 통상의 상거래에 의하여 선적되는 통상의 상업적 적하에 적용되는 것이 아니고 운송해야 할 재산의 특성과 상태 또는 운송이행에 따르는 사정과 조건에 대하여 특약할 만한 정당한 이유가 있는 그 밖의 적하에 한하여 적용된다.

### 7) 운송인의 면책계약 제한

① 조항의 내용

| Article 7 | 제7조 |
|---|---|
| Nothing herein contained shall prevent a carrier or a shipper from entering into any agreement, stipulation, condition, reservation or exemption as to the responsibility and liability of the carrier or the ship for the loss or damage to, or in connection with, the custody and care and handling of goods prior to the loading on, and subsequent to, the discharge from the ship on which the goods are carried by sea. | 본 협약의 어떠한 규정도 해상운송화물의 선적 전과 양륙 후에 있어서 화물을 보관, 관리, 취급 할 때 또는 이에 관련하여 발생되는 멸실 또는 손상에 대한 운송인 또는 선박의 의무 및 책임에 관하여 운송인이나 송화인이 어떠한 협정, 계약, 조건, 유보 또는 면책을 체결하는 것을 못하게 하지는 않는다. |

② 조항의 개요

해상운송화물의 선적 전과 양륙 후에 화물을 보관, 관리, 취급할 때 또는 이에 관련하여 발생되는 멸실 또는 손상에 대한 운송인 또는 선박의 의무 및 책임에 관하여 운송인이나 송화인이 어떠한 협정, 계약, 조건, 유보 또는 면책을 체결하는 것을 못하게 하지는 않는다.

### 8) 선주의 책임 제한

① 조항의 내용

| Article 8 | 제8조 |
|---|---|
| The provisions of this convention shall not affect the rights and obligations of the carrier under any statute for the time being in force relating to the limitation of the liability of owners of seagoing vessels. | 본 협약의 제 규정은 항해선박선주의 책임을 제한하는 데 관계되는 헌행법상의 운송인의 권리와 의무에 영향을 미치지 않는다. |

② 조항의 개요

　선화증권 통일규칙의 규정에 따라 항해 선박선주의 책임을 제한하는 데에 관계되는 현행법 상의 운송인의 권리와 의무에 영향을 미치지 않는다. 즉 선화증권 통일규칙의 규정은 각국에서 적용하고 있는 현행법에서 규정한 운송인의 권리와 의무에 관한 사항을 우선적적으로 적용하 는 것을 원칙으로 한다.

### 9) 화폐의 기준

① 조항의 내용

| Article 9<br>The monetary units mentioned in this convention are to be taken to be gold value. Those contracting states in which the pound sterling is not a monetary unit reserve to themselves the right of translating the sums indicated in this convention in terms of pound sterling into terms of their own monetary system in round figures.<br>The national laws may reserve to the debtor the right of discharging his debt in national currency according to the rate of exchange prevailing on the day of the arrival of the ship at the port of discharge of the goods concerned. | 제9조<br>본 협약에서 언급되는 화폐단위는 금본위가액 으로 한다. 파운드 스털링이 화폐단위로 사용 되고 있지 않는 계약당사자 국가들은 본 협약 에 파운드 스털링으로 표시된 금액을 자국의 화폐제도에 따라 개수로 환산할 권한을 유보한 다.<br><br>채무자는 국내법에 의하여 관계된 화물을 실은 선박이 양륙항에 도착하는 당일의 환율시세에 의하여 자기의 채무를 자국통화로 변제할 권리 를 유보한다. |

② 조항의 개요

　선화증권 통일규칙에서 언급되는 화폐단위는 금본위 가액으로 한다. 파운드 스털링이 화폐 단위로 사용되지 않는 계약당사자 국가들을 본 협약에 파운드 스털링으로 표시된 금액을 자국 의 화폐제도에 따라 개수로 환산할 권한을 유보한다. 채무자는 국내법에 의하여 관계된 화물을 실은 선박이 양륙항에 도착하는 당일의 환율시세에 의하여 자기의 채무를 자국통화로 변제할 권리를 유보한다.

### 10) 선화증권 통일규칙의 적용범위

① 조항의 내용

| Article 10<br>The provision of this convention shall apply to all bills of lading issued in any of the contracting states. | 제10조<br>본 협약의 규정은 어느 계약당사국에서나 발 행되는 모든 선화증권에 적용된다. |

② 조항의 개요

선화증권 통일규칙의 규정은 해상운송계약의 당사자 중 어느 계약당사국에서나 발행되는 모든 선화증권에 적용된다.

## 11) 선화증권 통일규칙의 비준

① 조항의 내용

| Article 11 | 제11조 |
|---|---|
| After on interval of not more than two years from the day on which the convention is signed, the Belgian Government shall place itself in communication with the governments of the high contracting parties which have declared themselves prepared to ratify the convention with a view to deciding whether it shall be put into force. The ratifications shall be deposited at Brussels at a date to be fixed by agreement among the said governments. | 본 협약이 서명된 날로부터 2년의 기간이 경과하기 전에 벨기에 정부는 본 협약의 시행여부를 결정하기 위하여 협약비준의 준비를 선언한 체약 당사국 정부와 연락을 취하도록 한다. 협약비준서는 체약국 정부간에 합의로 정한 일자에 브르셀에 기탁되어져야 한다. |
| The first deposit of ratifications shall be recorded in a preces-verbal signed by the representatives of the powers which take part therein and by the Belgian Minister for Foreign Affairs. The subsequent deposit of ratifications shall be made by means of written notification, addressed to the Belgian Government and accompanied by the instrument of ratification. | 비준서의 제1회 기탁은 이에 참가한 국가의 대표들과 벨기에 외무부장관이 서명한 의사록에 기록되어진다. 그 이후의 비준서의 기탁은 벨기에 정부앞으로 비준서가 첨부된 서면통지로 이루어진다. |
| A duly certified copy of the proces-verbal relating to the first deposit of ratifications, of the notifications referred to in the previous paragraph, and also of the instruments of ratifi- cation accompanying them, shall be immediately sent by the Belgian Government through the diplomatic channel, to the powers who have signed this convention or who have acceded to it. In the cases contemplated in the preceding paragraph, the said Government shall inform them at the same time of the date on which it received the notification. | 비준서의 제1회 기탁에 관한 의사록, 전항에서 언급한 통지 및 이에 첨부된 비준서 등의 인증사본은 벨기에 정부가 외교통로를 통하여 본 협약에 서명하거나 승낙한 국가에 즉시 송부하도록 한다. 전항에서 언급된 방식(서면통지)으로 비주니 이루어 지는 경우에는 벨기에 정부가 그러한 통지를 접수하는 같은 일자에 이들 국가에 알리도록 한다. |

② 조항의 개요

본 협약이 서명된 날로부터 2년의 기간이 경과하기 전에 벨기에 정부는 본 협약의 시행여부를 결정하기 위하여 협약비준의 준비를 선언한 체약 당사국 정부와 연락을 취하도록 한다. 협약 비준서는 체약국 정부간에 합의로 정한 일자에 브르셀에 기탁되어져야 한다. 비준서의 제1회 기탁은 이에 참가한 국가의 대표들과 벨기에 외무부장관이 서명한 의사록에 기록되어진다.

## 12) 선화증권 통일규칙에의 가입

### ① 조항의 내용

| Article 12<br>Non-signatory states may accede to the present convention whether or not they have been represented at the international Conference at Brussels.<br>A state which desires to accede shall notify its intention in writing to the Belgian Government, forwarding to it the document of accession, which shall be deposited in the archives of the said Government.<br>The Belgian Government shall immediately forward to all the states which have signed or acceded to the convention a duly certified copy of the notification and of the act of accession, mentioning the date on which it received the notification. | 제12조<br>비서명 국가는 브르셀 국제협의회에 대표를 파견하였든 안하였든 관계없이 본 협약에 가입할 수 있다.<br><br>가입을 희망하는 국가는 이러한 의향을 벨기에 정부에 서면으로 통지하여야 하며, 벨기에 정부 문서록에 기탁될 가입동의문서를 동 정부에 발송하여야 한다.<br><br>벨기에 정부는 본 협약에 서명하거나 가입동의한 모든 국가에서 이러한 통지서 접수일자를 표시하여 가입동의서 및 통지서의 인증사본을 즉시 송부하도록 한다. |
|---|---|

### ② 조항의 개요

비서명 국가는 브르셀 국제협의회에 대표를 파견하든 하지 않았던 간에 선화증권 통일규칙에 가입할 수 있다. 가입을 희망하는 국가는 이러한 의향을 벨기에 정부에 서면으로 통지하여야 하며 벨기에 정부 문서록에 기탁될 가입동의문서를 동 정부에 발송하여야 한다. 벨기에 정부는 선화증권 통일규칙에 서명하거나 가입 동의한 모든 국가에서 이러한 통지서 접수일자를 표시하여 가입동의서 및 통지서의 인증 사본을 즉시 송부하도록 한다.

## 13) 자치령. 보호령 등의 개별 가입

### ① 조항의 내용

| Article 13<br>The high contracting parties may at the time of signature, ratification or accession, declare that their acceptance of the present convention does not include any or all of the self-governing dominions, or of the colonies, overseas possesions, protectorates or territories under their sovereignty or authority, and they may subsequently accede separately on behalf of any self-governing dominion, colony, overseas possession, protectorate or territory excluded in their declaration.<br>They may also denounce the convention separately in accordance with its provisions in | 제13조<br>체약당사국은 본 협약을 서명, 비준, 동의시에 본 협약의 승인이 자국의 주권이나 권력하에 있는 자치령, 식민지, 해외속령, 보호령, 또는 지배령의 전부 또는 그 일부에 대해서는 적용되지 않음을 선언할 수 있으며, 또 동선언에서 제외된 자치령, 식민지, 해외속령, 보호령 또는 지배령을 대신하여 개별적으로 가입 동의할 수 있다.<br><br>체약국은 동 규정에 따라 그들의 주권·권력하에 있는 자치령, 식민지, 해외속령, 보호령 또는 |
|---|---|

| | |
|---|---|
| respect of any self-governing dominion, or any colony, overseas possession, protectorate of territory under their sovereignty or authority. | 지배령에 대해서 개별적으로 협약을 폐기할 수 도 있다. |

② 조항의 개요

체약당사국은 본 협약을 서명, 비준, 동의시에 본 협약의 승인이 자국의 주권이나 권력하에 있는 자치령, 식민지, 해외속령, 보호령, 또는 지배령의 전부 또는 그 일부에 대해서는 적용되지 않음을 선언할 수 있다. 또 선화증권 통일규칙의 선언에서 제외된 자치령, 식민지, 해외속령, 보호령 또는 지배령을 대신하여 개별적으로 가입 동의할 수 있다. 체약국은 선화증권 통일규칙에 명시된 규정에 따라 그들의 주권이나 권력하에 있는 자치령, 식민지, 해외속령, 보호령 또는 지배령에 대해서 개별적으로 협약을 폐기할 수 있다. 결국 완전한 독립국가와 그들의 속령들을 별개의 국가로 인정하는 것으로 볼 수 있다.

### 14) 선화증권 통일규칙 효력의 발생

① 조항의 내용

| | |
|---|---|
| Article 14<br>The present convention shall take effect, in the case of the states which have taken part in the first deposit of ratifications, one year after the date of the protocol recording such deposit. As respects the states which ratify subsequently or which accede, and also in cases in which the convention is subsequently put into effect in accordance with Article 12, it shall take effect six months after the notifications specified in paragraph (2) of Article 11 and paragraph (2) of Article 12 have been received by the Belgian Government. | 제14조<br> 본 협약은 비준서의 제1회 기탁에 참가한 국가의 경우에는 동 기탁은 기록한 의정서일자로부터 1년 후에 효력을 발생한다. 추후에 본 협약을 비준하거나 동의한 국가에 관하여는 그리고 제12조에 따라 본 협약이 추후에 시행될 경우에는 벨전 정부가 제11조 (2)항 및 제12조 (2)항에 규정된 통지서를 접수한 날로부터 6개월 후에 효력이 발생한다. |

② 조항의 개요

선화증권 통일규칙은 비준서의 제1회 기탁에 참가한 국가는 동 기탁은 기록한 의정서 일자로부터 1년 후에 효력이 발생한다. 추후에 본 선화증권 통일규칙을 비준하거나 동의한 국가에 관하여, 가입을 희망하는 국가가 이러한 의향을 벨기에 정부에 서면으로 통지하여야 하며, 벨기에 정부 문서록에 기탁될 가입동의문서를 동 정부에 발송하여야 한다는 본 통일규칙의 가입규정에 따라 본 통일규칙이 추후에 시행되는 경우에는 벨기에 정부가 본 통일규칙 비준 및 가입규정에 따른 통지서를 접수한 날로부터 6개월 후에 효력이 발생한다.

### 15) 선화증권 통일규칙의 폐기

#### ① 조항의 내용

| Article 15 | 제15조 |
|---|---|
| In the event of one of the contracting states wishing to denounce the present convention, the denunciation shall be notified in writing to the Belgian Government, which shall immediately communicate a duly certified copy of the notification to all the other states informing them of the date on which it was received. | 체약국 중 어느 한 국가가 본 협약의 폐기를 원하는 경우에는 그러한 폐기의사를 서면으로 벨기에 정부에 통지하여야 하며, 벨기에 정부는 다른 모든 체약국에서 폐기통지서의 접수일자를 알리는 등 폐기통지의 인증본을 즉시 전달하여야 한다. |
| The denunciation shall only operate in respect of the state which made the notification, and on the expiry of one year after the notification has reached the Belgian Government. | 협약의 폐기는 그러한 의사를 통지한 국가에 대하여 통지서가 벨기에 정부에 도착된 후 1년을 경과한 때에 효력을 발생하게 된다. |

#### ② 조항의 개요

선화증권 통일규칙 체약국 중 어느 한 국가가 선화증권 통일규칙의 폐기를 원하는 경우에는 그러한 폐기의사를 서면으로 벨기에 정부에 통지하여야 하며, 벨기에 정부는 다른 모든 체약국에서 폐기통지서의 접수를 알리는 등 폐기통지의 인증본을 즉시 전달하여야 한다. 선화증권 통일규칙의 폐기는 그러한 의사를 통지한 국가에 대하여 통지서가 벨기에 정부에 도착된 후 1년을 경과한 때에 효력을 발생하게 된다.

### 16) 선화증권 통일규칙의 개정

#### ① 조항의 내용

| Article 16 | 제16조 |
|---|---|
| Any one of the contracting states shall have the right to call for a fresh conference with a view to considering possible amendments. | 체약국 중 어느 나라도 가능한 협약개정안의 심의를 하기 위하여 새로운 회의를 제기할 권리를 갖는다. |
| A state which would exercise this right should notify its intention to the other states through the Belgian Government, which would make arrangements for convening the conference. | 이러한 권리를 행사하려는 국가는 회의소집을 준비하게 될 벨기에 정부를 통하여 그러한 의사를 다른 체약국에게 통지하여야 한다. |
| Done at Brussels, in a single copy, August 25, 1924. | 1924년 8월 25일, 브르셀에서 1통을 작성하였음 |

#### ② 조항의 개요

선화증권 통일규칙 체약국 중 어느 국가라고 가능한 협정개정안의 심의를 위하여 새로운 회의를 제기할 권리를 갖는다. 이러한 권리를 행사하려는 국가는 회의 소집을 준지하게 될 벨기에 정부를 통하여 그러한 의사를 다른 체약국에게 통지하여야 한다.

### 17) 기타

#### ① 조항의 내용

| Protocol of the Signature | 서명의정서 |
|---|---|
| In proceeding to the signature of the international convention for the unification of certain rules relating to bills of lading, the undersigned plenipotentiaries have adopted the present protocol which will have the same validity as if the provisions thereof were inserted in the very text of the convention to which it refers. | 선화증권에 관한 몇 가지 규칙의 통일을 위한 국제협약을 서명함에 있어서 아래 서명한 전권위원은 본 의정서의 규정이 본 의정서가 관련되어 있는 본 협약의 원문에 삽입되어 있는 것과 동일한 효력을 갖는 본 의정서를 채택한다. |
| The high contracting parties may give effect to this convention either by giving it the force of law or by including in their national legislation in a form appropriate to that legislation, the rules adopted under this convention. | 체약당사국은 본 협약에 법률효력을 부여하거나 국내법에 본 협약이 채택한 규정을 적절한 형식으로 편입시킴으로써 본 협약의 효력을 발생시킬 수 있다. |
| They may reserve the right:<br>(1) to prescribe that in the cases referred to in paragraph 2 (c) to (p) of Article 4 the holder of a bill of lading shall be entitled to establish responsibility for loss or damage arising from the personal fault of the carrier or the fault of his servants which are not covered by paragraph (a). | 체약당사국은 다음과 같은 권리를 보유한다.<br>(1) 제4조 제2항 (c)에서 (p)까지의 규정에 따른 선화증권 소지인은 운송인 자신의 과실 또는 그의 대리인의 과실에 의하여 발생한 멸실이나 손실에 대한 책임에 대해서는 (a)에 의하여 보장받지 못한다. |
| (2) to apply Article 6 in so far as the national coasting trade is concerned to all classes of goods without taking account of the restriction set out in the last paragraph of that Article. | (2) 국내연안무역에서 6조를 적용하는 것은 그 조항의 마지막 문장에 명시한 제한없이 모든 화물에 관계된다. |
| Done at Brussels, in a single copy, August 25, 1924. | 1924년 8월 25일, 브르셀에서 1통을 작성하였음. |

#### ② 조항의 개요

선화증권 통일규칙을 서명함에 있어서 아래 서명한 전권위원은 본 의정서의 규정이 본 의정서가 관련되어 있는 본 협약의 원문에 삽입되어 있는 것과 동일한 효력을 갖는 본 의정서를 채택한다. 체약당사국은 본 협약에 법률효력을 부여하거나 국내법에 본 협약이 채택한 규정을 적절한 형식으로 편입시킴으로써 본 협약의 효력을 발생시킬 수 있다.

## 4. UN 해상화물운송 협약

### (1) 일반규정

### 1) 용어의 정의

### ① 조항의 내용

| United Nations Convention The Carriage of Goods by Sea, 1978 Preamble(Hamburg Rules 1978) | 1978년 UN 해상화물운송 협약(함브르크 규칙) |
| --- | --- |
| THE STATES PARTIES TO THIS CONVENTION, HAVING RECOGNIZED the desirability of determining by agreement certain rules relating to the carriage of goods by sea, HAVE DECIDED to conclude a convention for this purpose and have thereto agreed as follows: | UN 해상물화물운송 협약은 함브르크 규칙 또는 함브르크 협약이라고도 한다. 함브르크 규칙을 체결한 가입국은, 해상화물운송에 관한 약간의 규칙을 합의에 의하여 결정하는 것이 바람직하다고 인정하여, 이러한 목적을 위하여 하나의 협약을 체결하고, 이에 다음과 같이 합의하였다. |
| PART I-GENERAL PROVISIONS<br>Article 1-Definitions<br>In this Convention:<br>1. 'Carrier' means any person by whom or in whose name a contract of carriage of goods by sea has been concluded with a shipper. | 제1부 일반 규정<br>제1조 정의<br>본 협약에서,<br>1. '운송인'이란 스스로 또는 자기 명의로 000과 해상화물운송계약을 체결한 자를 의미한다. |
| 2. 'Actual carrier' means any person to whom the performance of the carriage of the goods, or of part of the carriage, has been entrusted by the carrier, and includes any other person to whom such performance has been entrusted. | 2. '실제운송인'이란 운송인으로부터 화물운송의 전부 또는 일부의 이행을 위탁받은 자를 말하며, 그러한 이행을 위탁받은 그 외의 자를 포함한다. |
| 3. 'Shipper' means any person by whom or in whose name or on whose behalf a contract of carriage of goods by sea has been concluded with a carrier, or any person by whom or in whose name or on whose behalf the goods are actually delivered to the carrier in relation to the contract of carriage by sea. | 3. '송화인'이란 스스로 또는 자기 명의로 또는 대리인으로 하여금 운송인과 해상화물운송계약을 체결한 자 및 스스로 또는 자기 명의로 또는 대리인으로 하여금 해상운송계약과 관련하여 화물을 운송인에게 실제로 인도하는 자를 의미한다. |
| 4. 'Consignee' means the person entitled to take delivery of the goods. | 4. '수화인'이란 화물을 인도받을 권리를 부여받은 자를 의미한다. |
| 5. 'Goods' includes live animals; where the goods are consolidated in a container, pallet or similar Article of transport or where they are packed, 'goods' includes such Article of transport or packaging if supplied by the shipper. | 5. '화물'이란 산 동물을 포함한다. 화물이 콘테이너, 팰리트 또는 이와 유사한 운송용구에 통합되어 있거나 또는 화물이 포장되어 있는 경우, 그러한 운송용구 또는 포장이 송화인으로부터 공급되었을 경우에 '화물'은 그와 같은 운송용구 또는 포장을 포함한다. |
| 6. 'Contract of carriage by sea' means any contract whereby the carrier undertakes against | 6. '해상운송계약'이란 운송인이 운임의 지급을 댓가로 하여 어느 항구에서 다른 항구까지 화 |

payment of freight to carry goods by sea from one port to another; however, a contract which involves carriage by sea and also carriage by some other means is deemed to be a contract of carriage by sea for the purposes of this Convention only in so far as it relates to the carriage by sea.

7. 'Bill of lading' means a document which evidences a contract of carriage by sea and the taking over or loading of the goods by the carrier, and by which the carrier undertakes to deliver the goods against surrender of the document. A provision in the document that the goods are to be delivered to the order of a named person, or to order, or to bearer, constitutes such an undertaking.

8. 'Writing' includes, inter alia, telegram and telex.

물을 해상으로 운송할 것을 약정하는 계약을 의미한다. 그러나 해상운송과 함께 약간의 다른 운송수단에 의한 운송도 포함하는 계약은 단지 해상운송과 관련되는 범위내에서만 본 협약의 목적상 해상운송계약으로 간주한다.

7. '선화증권'이란 해상운송계약 및 운송인에 의한 물품의 수령 또는 선적을 증명하는 증권으로서, 운송인이 그러한 증권과 상환으로 물품을 인도할 것을 약정하는 증권을 의미한다. 화물을 지명된 자의 지시인 또는 피배서인 또는 소지인에게 인도되어야 한다는 의미의 증권상의 규정은 그러한 약정에 해당한다.

8. '서명'이란 여러 가지 중에서, 특히 전보 및 텔렉스를 포함한다.

② 조항의 개요

운송인은 스스로 또는 자기 명의로 화주와 해상화물운송계약을 체결한 자이다. 운송주선인은 운송인으로부터 화물운송의 전부 또는 일부의 이행을 위탁받은 자 및 그 외의 자이다. 송화인은 본인이나 본인 명의 또는 대리인을 통하여 운송인과 해상화물운송계약을 체결하거나 해상운송계약과 관련하여 화물을 운송인에게 실제로 인도하는 자이다. 수화인은 화물을 인도받을 권리를 부여받은 자이다. 화물은 산동물을 포함한다. 해상운송계약은 운송인이 운임의 지급을 대가로 하여 어느 항구에서 다른 항구까지 화물을 해상으로 운송할 것을 약정하는 계약이다. 복합운송증권은 해상운송계약 및 운송인에 의한 화물의 수령 또는 선적을 증명하는 증권이다. 전신은 여러 가지 중에서, 특히 전보 및 텔렉스를 포함한다.

## 2) 적용범위

### ① 조항의 내용

| Article 2-Scope of application | 제2조 적용범위 |
|---|---|
| 1. The provisions of this Convention are applicable to all contracts of carriage by sea between two different States, if: | 1. 본 협약의 규정은 다음의 경우에 상이한 두 국가간의 모든 해상운송계약에 적용된다. |
| (a) The port of loading as provided for in the contract of carriage by sea is located in a Contracting State, or | (a) 해상운송계약에서 정한 선적항이 체약국내에 있을 경우, 또는 |
| (b) The port of discharge as provided for in the contract of carriage by sea is located in a Contracting State, or | (b) 해상운송계약에서 정한 양륙항이 체약국내에 있을 경우, 또는 |
| (c) One of the optional ports of discharge provided for in the contract of carriage by sea | (c) 해상운송계약에서 정한 양륙항이 선택권부 |

| | |
|---|---|
| is the actual port of discharge and such port is located in a Contracting State, or<br>(d) The bill of lading or other document evidencing the contract of carriage by sea is issued in a Contracting State, or<br>(e) The bill of lading or other document evidencing the contract of carriage by sea provides that the provisions of this Convention or the legislation of any State giving effect to them are to govern the contract.<br>2. The provisions of this Convention are applicable without regard to the nationality of the ship, the carrier, the actual carrier, the shipper, the consignee or any other interested person.<br>3. The provisions of this Convention are not applicable to charter-parties. However, where a bill of lading is issued pursuant to a charter-party, the provisions of the Convention apply to such a bill of lading if it governs the relation between the carrier and the holder of the bill of lading, not being the charterer.<br>4. If a contract provides for future carriage of goods in a series of shipments during an agreed period, the provisions of this Convention apply to each shipment. However, where a shipment is made under a charter-party, the provisions of paragraph 3 of this Article apply. | 항구 중의 하나가 실제의 양륙항이고, 또 그 항구가 체약국내에 있을 경우, 또는<br>(d) 선화증권 또는 기타의 해상운송계약을 증명하는 증권이 체약국내에서 발행 될 경우, 또는<br>(e) 선화증권 또는 기타의 해상운송계약을 증명하는 증권이 본 협약의 규정 또는 본 협약의 규정을 시행하고 있는 국가의 법을 당해 해상운송계약에 적용한다는 뜻을 규정하고 있을 경우.<br>2. 본 협약의 규정은 선박, 운송인, 실제운송인, 송화인, 수화인 및 기타의 모든 관계인에 적용된다.<br><br>3. 본 협약의 규정은 용선계약에는 적용되지 않는다. 그러나 선화증권이 용선계약에 따라서 발행된 경우에, 본 협약의 규정은 선화증권이 운송인과 용선자 이외의 선화증권소지인과의 관계를 규율하는 때에 적용된다.<br><br>4. 약정기간 중의 일련의 선적에 있어서 미래의 화물운송에 관한 계약조항이 규정되어 있을 때에 본 협약의 규정은 각 선적마다 적용된다. 그러나 선적이 용선계약에 의하여 이루어지는 경우에 이 조 제3항의 규정이 적용된다. |

② 조항의 개요

본 협약은 두 국가 사이의 모든 해상운송계약에 적용된다. 본 협약은 선박, 운송인, 실제운송인, 송화인, 수화인 및 기타의 모든 운송계약당사자의 용어에 관계없이 적용된다. 본 협약은 용선계약에는 적용되지 않는다. 해상운송계약과 관련한 화물의 선적에 있어서 미래의 화물운송에 관한 계약조항이 규정되어 있는 경우에는 본 협약의 규정은 각 선적마다 적용된다.

### 3) 협약의 해석

① 조항의 내용

| | |
|---|---|
| Article 3-Interpretation of the Convention<br>In the interpretation and application of the provisions of this Convention regard shall be had to its international character and to the need to promote uniformity. | 제3조 협약의 해석<br>본 협약의 규정의 해석 및 적용에 있어서는 본 협약의 국제적 성격 및 통일을 추진할 필요성에 유의하여야 한다. |

② 조항의 개요

본 협약의 해석과 적용에 있어서는 국제적 성격에 유의하여야 한다. 본 협약을 해석하는 기본 원칙은 국제적인 관례나 관습을 따르는 것이다.

### (2) 제2부 UN 해상화물운송 협약의 운송인 책임

### 1) 책임의 기간

### ① 조항의 내용

| | |
|---|---|
| PART II-LIABILITY OF THE CARRIER<br>Article 4-Period of responsibility<br>1. The responsibility of the carrier for the goods under this Convention covers the period during which the carrier is in charge of the goods at the port of loading, during the carriage and at the port of discharge.<br>2. For the purpose of paragraph 1 of thisArticle, the carrier is deemed to be in charge of the goods<br>(a) From the time he has taken over the goods from:<br>(i) The shipper, or a person acting on his behalf; or<br>(ii) An authority or other third party to whom, pursuant to law or regulations applicable at the port of loading, the goods must be handed over for shipment;<br>(b) Until the time he has delivered the goods:<br>(i) By handing over the goods to the consignee; or<br>(ii) In cases where the consignee does not receive the goods from the carrier, by placing them at the disposal of the consignee in accordance with the contract or with the law or with the usage of the particular trade, applicable at the port of discharge, or<br>(iii) By handing over the goods to an authority or other third party to whom, pursuant to law or regulations applicable at the port of discharge, the goods must be handed over.<br>3. In paragraphs 1 and 2 of this Article, reference to the carrier or to the consignee means, in addition to the carrier or the consignee, the servants or agents, respectively of the carrier or the consignee. | 제2부 운송인의 책임<br>제4조 책임의 기간<br>1. 본 협약에 의한 화물운송인의 책임은 화물이 선적항에서 운송 중 및 양륙항에서 운송인의 관리하에 있는 기간에 걸쳐 적용된다.<br><br>2. 이 조 제1항의 목적을 적용하기 위하여 다음의 기간에는 화물이 운송인의 관리하에 있는 것으로 본다.<br>(a) 운송인이 화물을,<br><br>(ⅰ)송화인 또는 송화인을 대신하여 행동을 하는 자, 또는<br>(ⅱ)선적항에서 적용되는 법령이나 규칙에 따라서 선적하기 위해 화물을 수령해야 할 당국 또는 기타 제3자로부터 수령한 때로부터<br>(b) 운송인이 화물을,<br>(ⅰ)수화인에게 화물을 교부함으로써,<br><br>(ⅱ)수화인이 운송인으로부터 화물을 수령하지 아니하는 경우에는 양륙항에서 적용되는 계약 또는 법률이나 당해 거래의 관습에 따라서 화물을 수화인의 임의처분상태로 넘김으로써, 또는<br><br>(ⅲ)양륙항에서 적용되는 법령이나 규칙에 따라서 화물을 교부하여야 할 당국 또는 기타 제3자에게 화물을 교부함에 의하여 인도할 때까지.<br>3. 이 조 제1항 및 제2항에서 말하는 운송인 또는 수화인이란 운송인 또는 수화인은 물론이고 운송인 또는 수화인의 사용인 또는 대리인까지 포함된다. |

② 조항의 개요

본 협약에 의한 화물운송인의 책임은 화물이 선적항에서 운송 중 및 양륙항에서 운송인이 관리하는 기간까지이다. 운송인이 화물을, 송화인 또는 송화인을 대신하여 행동을 하는 자, 또는 선적항에서 적용되는 법령이나 규칙에 따라서 선적하기 위하여 화물을 수령하여야 할 당국 또는 기타 제3자에게서 인수한 때부터 관리하는 것으로 한다.

### 2) 책임의 원칙

① 조항의 내용

| Article 5-Basis of liability | 제5조 책임의 원칙 |
|---|---|
| 1. The carrier is liable for loss resulting from loss of or damage to the goods, as well as from delay in delivery, if the occurrence which caused the loss, damage or delay took place while the goods were in his charge as defined in Article 4, unless the carrier proves that he, his servants or agents took all measures that could reasonably be required to avoid the occurrence and its consequences. | 1. 운송인은 화물의 멸실, 손상 또는 인도지연의 원인으로 된 사고가 제4조에 정의된 운송인의 관리하에 있는 동안에 일어난 때에는 화물의 멸실, 손상 또는 인도지연으로 인하여 생긴 손해에 대하여 책임을 진다. 다만, 운송인이 자신, 그 사용인 또는 대리인이 사고 및 그 결과를 배제하기 위하여 합리적으로 요구되는 모든 조치를 취하였다는 것을 운송인이 증명한 경우에는 그러하지 아니하다. |
| 2. Delay in delivery occurs when the goods have not been delivered at the port of discharge provided for in the contract of carriage by sea within the time expressly agreed upon or, in the absence of such agreement, within the time which it would be reasonable to require of a diligent carrier, having regard to the circumstances of the case. | 2. 인도지연은 화물이 해상운송계약에 규정되어진 양륙항에서 명시적으로 합의된 기간내에, 또 만일 그러한 합의가 없는 경우에는 당해 경우의 상황을 고려하여 성실한 운송인에게 요구되는 합리적인 기간내에 인도되지 아니한 때에 발생한다. |
| 3. The person entitled to make a claim for the loss of goods may treat the goods as lost if they have not been delivered as required by article 4 within 60 consecutive days following the expiry of the time for delivery according to paragraph 2 of this Article. | 3. 화물이제2조 제2항에 의한 인도기간의 만료일을 경과한 후 60일 이내에 제4조에 의하여 요구되는 대로 인도되지 아니한 경우에는 화물의 멸실에 대하여 배상청구를 할 권리가 있는 자는 화물을 멸실한 것으로 취급할 수 있다. |
| 4. (a) The carrier is liable (i) For loss or damage to the goods or delay in delivery caused by fire, if the claimant proves that the fire arose from fault or neglect on the part of the carrier, his servants or agents; (ii) For such loss, damage or delay in delivery which is proved by the claimant to have resulted from the fault or neglect of the carrier, his servants or agents, in taking all measures that could reasonably be required to put out the fire and avoid or mitigate its consequences. | 4. (a) 운송인은, (ⅰ)화재가 운송인, 그 사용인 또는 대리인측의 과실 또는 부주의로 인하여 일어났다는 것을 청구권자가 증명한 때에는 그 화재로 인하여 야기된 화물의 멸실이나 손상 또는 인도지연에 대하여, 그리고 (ⅱ)화재를 진화하고 화재로 인한 손실을 방지하거나 경감시키기 위하여 합리적으로 요구되는 모든 조치를 취함에 있어서, 운송인 또는 그 사용인이나 대리인의 과실 또는 부주의로 인하여 야기된 것이라고 청구권자가 증명하는 화물의 멸실, 손상 또는 인도지연에 대하여 책임을 진다. |
| (b) In case of fire on board the ship affecting the goods, if the claimant or the carrier so | (b) 화물에 영향을 미치는 선박상의 화재의 경우 청구권자 또는 운송인이 요망하는 경우에는 |

desires, a survey in accordance with shipment practices must be held into the cause and circumstances of the fire, and a copy of the surveyor's report shall be made available on demand to the carrier and the claimant.

5. With respect to live animals, the carrier is not liable for loss, damage or delay in delivery resulting from any special risks inherent in that kind of carriage. If the carrier proves that he has complied with any special instructions given to him by the shipper respecting the animals and that, in the circumstances of the case, the loss, damage or delay in delivery could be attributed to such risks, it is presumed that the loss, damage or delay in delivery was so caused, unless there is proof that all or a part of the loss, damage or delay in delivery resulted from fault or neglect on the part of the carrier, his servants or agents.

6. The carrier is not liable, except in general average, where loss, damage or delay in delivery resulted from measures to save life or from reasonable measures to save property at sea.

7. Where fault or neglect on the part of the carrier, his servants or agents combines with another cause to produce loss, damage or delay in delivery the carrier is liable only to the extent that the loss, damage or delay in delivery is attributable to such fault or neglect, provided that the carrier proves the amount of the loss, damage or delay in delivery not attributable thereto.

화재의 원인과 상황을 밝히기 위하여 해운관습에 따라 검사를 실시하여야 하며, 운송인과 청구권자의 요청이 있는 때에는 그 검사인의 보고서 사본을 이용할 수 있도록 하여야 한다.

5. 산동물에 관하여 운송인은 그러한 종류의 운송에 따른 고유의 특별한 위험으로 인하여 야기된 멸실, 손상 또는 인도지연에 대하여 책임을 지지 않는다. 운송인이 산동물에 관하여 송화인으로부터 받은 특별한 지시에 따랐다는 것 및 당해 경우의 상황에서 그 멸실, 손상 또는 인도지연은 그러한 위험의 탓으로 돌릴 수 있다는 것을 증명한 때에는, 그 멸실, 훼손 또는 인도지연의 전부 또는 일부가 운송인 또는 그 사용인이나 대리인 측의 과실 또는 부주의로 인하여 야기된 것이라는 증거가 없는 한, 그 멸실, 손상 또는 인도지연은 그러한 위험으로 인하여 야기된 것으로 추정한다.

6. 운송인은 공동해손의 경우를 제외하고, 인명을 구조하기 위한 조치 또는 해상에서의 재물을 구조하기 위한 합리적인 조치로 인하여 야기된 멸실, 손상 또는 인도지연에 대하여는 책임을 지지 않는다.

7. 운송인 또는 그 사용인이나 대리인측의 과실 또는 부주의가 다른 원인과 경합하여 멸실, 손상 또는 인도지연을 야기시킬 경우에 운송인은 그러한 과실 또는 부주의의 탓으로 돌릴 수 있는 멸실, 훼손 또는 인도지연의 범위내에서만 책임을 진다. 다만, 이 경우에 운송인은 그러한 과실 또는 부주의 탓으로 돌릴 수 없는 멸실, 손상 또는 인도지연에 의한 손해액을 증명하여야 한다.

② 조항의 개요

운송인은 화물을 관리하고 있는 동안에 발생한 화물의 멸실 또는 손상 혹은 인도의 지연 등과 같은 손해에 대하여 책임을 부담한다. 화물의 인도의 지연이라는 것은 성실한 운송인이 화물을 운송하여 수화인에게 인도하기에는 충분하다고 여겨지는 합리적인 기간 내에 인도하지 않는 경우이다. 화물이 해상운송계약에서 인도기간의 만료일을 경과한 후 60일 이내에 인도되지 않으면 화물을 멸실한 것으로 취급할 수 있다. 운송인은, 화재가 운송인, 그 사용인 또는 대리인의 과실 또는 부주의로 인하여 발생하였다면 책임을 부담한다. 운송인은 산동물 등과 같은 종류의 운송에 따른 고유의 특별한 위험으로 인하여 야기된 멸실 또는 손상 혹은 인도의 지연에 대하여 책임을 부담하지 않는다. 운송인은 공동해손의 경우를 제외하고, 인명을 구조하기 위한 조치 또는 해상에서의 재물을 구조하기 위한 합리적인 조치로 인하여 야기된 멸실 또는 손상 혹은 인도의 지연에 대해서는 책임을 부담하지 않는다.

## 3) 책임의 한도

### ① 조항의 내용

| | |
|---|---|
| Article 6-Limits of liability<br>1. (a) The liability of the carrier for loss resulting from loss of or damage to goods according to the provisions of Article 5 is limited to an amount equivalent to 835 units of account per package or other shipping unit or 2.5 units of account per kilogram of gross weight of the goods lost or damaged, whichever is the higher.<br>(b) The liability of the carrier for delay in delivery according to the provisions of Article 5 is limited to an amount equivalent to two and a half times the freight payable for the goods delayed, but no exceeding the total freight payable under the contract of carriage of goods by sea.<br>(c) In no case shall the aggregate liability of the carrier, under both subparagraphs (a) and (b) of this paragraph, exceed the limitation which would be established under subparagraph (a) of this paragraph for total loss of the goods with respect to which such liability was incurred.<br>2. For the purpose of calculating which amount is the higher in accordance with paragraph 1 (a) of this Article, the following rules apply:<br>(a) Where a container, pallet or similar Article of transport is used to consolidate goods, the package or other shipping units enumerated in the bill of lading, if issued, or otherwise in any other document evidencing the contract of carriage by sea, as packed in such Article of transport are deemed packages or shipping units. Except as aforesaid the goods in such Article of transport are deemed one shipping unit.<br>(b) In cases where the Article of transport itself has been lost or damaged, that Article of transport, if not owned or otherwise supplied by the carrier, is considered one separate shipping unit.<br>3. Unit of account means the unit of account mentioned in Article 26.<br>4. By agreement between the carrier and the shipper, limits of liability exceeding those provided for in paragraph 1 may be fixed. | 제6조 책임의 한도<br>1. (a) 제5조의 규정에 의한 화물의 멸실 또는 손상으로 인하여 야기된 손해에 대한 운송인의 책임은 1포장당 또는 1선적단위당 835계산단위, 또는 멸실 또는 손상된 화물의 총중량 1kg당 2.5계산 단위에 상당하는 금액 중 높은 금액으로 제한한다.<br><br>(b) 제5조의 규정에 의한 인도지연에 대한 운송인의 책임은 지연된 화물의 댓가로 지급되는 운임의 2배 반에 상당하는 금액으로 제한된다. 그러나 이는 해상화물운송계약에 따라서 지급되는 총운임을 초과하지 않는다.<br><br>(c) 어떠한 경우에도 이 항 (a) 및 (b)호에 의한 운송인 책임의 총액은 화물의 손상에 대한 책임이 발생된 경우 그 전손에 대하여 이 항 (a)호에 의하여 확정되는 한도액을 초과하지 못한다.<br><br>2. 이 조 제1항 (a)호에 의한 고액을 산정하기 위하여 다음의 원칙을 적용한다.<br><br>(a) 컨테이너, 팰리트 기타 이와 유사한 운송용구가 화물을 통합하기 위하여 사용되는 경우 이러한 운송용구에 적재된 것으로 선화증권이 발행되었거나, 또는 기타 해상운송계약을 증명하는 증권이 발행된 경우에는 그러한 선적단위로 본다. 앞의 이와 같은 경우를 제외하고는 이러한 운송용구 내의 화물을 하나의 선적단위로 본다.<br><br>(b) 운송용구 자체가 멸실 또는 손상된 경우 그 운송용구를 운송인이 소유하거나 또는 공급한 것이 아닌 때에는 이를 하나의 별개의 선적단위로 본다.<br><br>3. 계산단위는 제26조에서 언급된 계산단위를 의미한다.<br>4. 운송인과 송화인 간의 합의에 의하여 제1항에 규정된 책임한도를 초과하는 한도를 정할 수 있다. |

## ② 조항의 개요

화물의 멸실 또는 손상으로 인하여 야기된 손해에 대한 운송인의 책임은 1 포장 당 또는 1 선적단위당 835 계산단위, 또는 멸실 또는 손상된 화물의 총중량 1 킬로그램(kg) 당 2.5 계산 단위에 상당하는 금액 중 높은 금액으로 제한한다. 화물의 운송지연이 발생한 경우 인도의 지연에 대한 운송인의 책임은 지연된 화물의 대가로 지급되는 운임의 2 배 반에 상당하는 금액으로 제한된다. 운송용구 자체가 멸실 또는 손상된 경우 그 운송용구를 운송인이 소유하거나 또는 공급한 것이 아닌 때에는 이를 하나의 별개의 선적단위로 본다. 운송인과 송화인 간의 합의에 의하여 규정된 책임한도를 초과하는 한도를 정할 수 있다.

### 4) 계약 외적인 책임

#### ① 조항의 내용

| | |
|---|---|
| Article 7-Application to non-contractual claims<br>1. The defences and limits of liability provided for in this Convention apply in any action against the carrier in respect of loss or damage to the goods covered by the contract of carriage by sea, as well as of delay in delivery whether the action is founded in contract, in tort or otherwise.<br>2. If such action is brought against a servant or agent of the carrier, such servant or agent, if he proves that he acted within the scope of his employment, is entitled to avail himself of the defences and limits of liability which the carrier is entitled to invoke under this Convention.<br>3. Except as provided in Article 8, the aggregate of the amounts recoverable from the carrier and from any persons referred to in paragraph 2 of this Article shall not exceed the limits of liability provided for in this Convention. | 제7조 비계약적 청구에 대한 적용<br>1. 본 협약에서 정하는 책임에 관한 항변 및 한도는 소송이 계약에 의거한 것이거나 불법행위 및 기타에 의거한 것이거나 묻지 아니하고 해상운송계약이 적용되는 화물의 멸실 또는 손상은 물론이고, 인도지연에 관한 운송인에 대한 모든 소송에 적용된다.<br><br>2. 이러한 소송이 운송인의 사용인 또는 대리인에 대하여 제기된 경우에, 그러한 사용인 또는 대리인이 그 직무의 범위내에서 행동하였다는 것을 증명한 때에는, 그 사용인 또는 대리인은 본 협약하에 운송인이 원용할 수 있는 책임에 관한 항변 및 한도를 행사할 권리를 가지게 된다.<br>3. 제8조에 규정된 경우를 제외하고 운송인 및 이 조 제2항에 관련되어 있는 모든 자로부터 배상을 받아야 할 총액은 본 협약에 규정된 책임한도를 초과하지 못한다. |

#### ② 조항의 개요

운송인에게 제기된 소송은 계약, 불법행위 및 기타에 의한 것인가를 불문하고 해상운송계약이 적용되는 화물의 멸실 또는 손상은 물론이고, 인도의 지연에 관하여 본 협약에서 정하는 책임에 관한 항변 및 한도가 적용된다. 운송인의 사용인 또는 대리인에게 제기된 소송은 그들이 직무의 범위 내에서 행동하였다는 것을 증명한 경우, 본 협약에서 정하는 책임에 관한 항변 및 한도가 적용된다.

### 5) 책임한도의 권리상실

#### ① 조항의 내용

| | |
|---|---|
| Article 8-Loss of right to limit responsibility<br>1. The carrier is not entitled to the benefit of the limitation of liability provided for in Article 6 if it is proved that the loss, damage or delay in delivery resulted from an act or omission of the carrier done with the intent to cause such loss, damage or delay, or recklessly and with knowledge that such loss, damage or delay would probably result.<br>2. Notwithstanding the provisions of paragraph 2 of Article 7, a servant or agent of the carrier is not entitled to the benefit of the limitation of liability provided for in Article 6 if it is proved that the loss, damage or delay in delivery resulted from an act or omission of such servant or agent, done with the intent to cause such loss, damage or delay, or recklessly and with knowledge that such loss, damage or delay would probably result. | 제8조 책임한도의 권리상실<br>1. 운송인은 멸실, 손상 또는 인도지연이 그러한 멸실, 훼손 도는 인도지연을 일으킬 의도로써, 또한 그러한 멸실, 손상 또는 인도지연이 일어나리라는 것을 알면서도 무모하게 행한 운송인의 작위 또는 부작위로 인하여 야기된 것이 증명될 때에는 제6조에 규정된 책임제한의 이익에 대한 권리를 가지지 못한다.<br><br>2. 제7조 2항의 규정에도 불구하고 운송인의 사용인 도는 대리인은 멸실, 손상 또는 인도지연이 그러한 멸실, 손상 또는 인도지연을 일으킬 의도로써, 또한 그러한 멸실, 손상 또는 인도지연이 일어나리라는 것을 알면서도 무모하게 행한 그러한 사용인 또는 대리인의 작위 또는 부작위로 인하여 야기된 것이 증명된 때에는 제6조에 규정된 책임제한의 이익에 대한 권리를 가지지 못한다. |

#### ② 조항의 개요

운송인이나 운송인의 사용인 또는 대리인이 멸실 또는 손상 혹은 인도의 지연을 하였거나 그러한 손해가 발생할 것을 알면서 작위 또는 부작위를 하였음이 증명되면 책임을 부담한다.

### 6) 화물의 갑판적

#### ① 조항의 내용

| | |
|---|---|
| Article 9-Deck cargo<br>1. The carrier is entitled to carry the goods on deck only if such carriage is in accordance with an agreement with the shipper or with the usage of the particular trade or is required by statutory rules or regulations.<br>2. If the carrier and the shipper have agreed that the goods shall or may be carried on deck, the carrier must insert in the bill of lading or other document evidencing the contract of carriage by sea a statement to that effect. In the absence of such statement the carrier has the burden of proving that an agreement for carriage on deck has been entered into; however, the carrier is not entitled to invoke such an agreement against a third party, | 제9조 갑판적 화물<br>1. 운송인은 송화인과의 합의, 특정 상거래의 관습 또는 법령화된 규칙이나 규정에 따라 이루어지는 경우에 한하여 화물을 갑판적으로 운송할 권리를 가진다.<br><br>2. 운송인과 송화인이 화물을 갑판적으로 운송하여야 한다는 것 또는 갑판적으로 운송할 수 있다는 것을 합의한 경우에 운송인은 선화증권 또는 기타의 해상운송계약을 증명하는 증권에 그러한 의미의 내용을 기재하여야 한다. 그러한 내용이 기재되어 있지 않을 때에 운송인은 갑판적 운송에 관한 합의가 되어있다는 것을 증명할 책임이 있다. 그러나 운송인은 수화인을 포함하여 선의로 선화증권을 취득한 제3자 |

including a consignee, who has acquired the bill of lading in good faith.

3. Where the goods have been carried on deck contrary to the provisions of paragraph 1 of this Article or where the carrier may not under paragraph 2 of this Article invoke an agreement for carriage on deck, the carrier, notwithstanding the provisions of paragraph 1 of article 5, is liable for loss of or damage to the goods, as well as for delay in delivery, resulting solely from the carriage on deck, and the extent of his liability is to be determined in accordance with the provisions of Article 6 or Article 8 of this Convention, as the case may be.

4. Carriage of goods on deck contrary to express agreement for carriage under deck is deemed to be an act or omission of the carrier within the meaning of Article 8.

에 대하여는 그러한 합의를 원용할 권리가 없다.

3. 이 조 제1항의 규정에 위반하여 화물을 갑판적으로 운송한 경우, 또는 운송인이 이 조 제2항에 의한 갑판적운송에 관한 합의를 원용할 수 없는 경우에 운송인은 제5조 제1항의 규정에도 불구하고, 오로지 갑판적운송으로부터 야기되는 화물의 멸실, 손상 또는 인도지연에 대하여 책임을 지며, 이러한 경우 운송인의 책임범위는 본 협약 제6조 또는 제8조의 규정에 의하여 결정된다.

4. 창내적 운송에 관한 명시적 합의에 위반된 화물의 갑판적 운송은 제8조의 의미에 해당되는 작위 또는 무작위로 본다.

② 조항의 개요

운송인은 특정 상거래의 관습 또는 법령화된 규칙이나 규정에 따라 송화인과 화물을 갑판적으로 운송하여야 한다거나 운송할 수 있다는 것을 합의한 경우에는 선화증권 또는 기타의 해상운송계약을 증명하는 증권에 그러한 의미의 내용을 기재하고 운송할 수 있다.

### 7) 운송인과 실제운송인의 책임

① 조항의 내용

Article 10-Liability of the carrier and actual carrier

1. Where the performance of the carriage or part thereof has been entrusted to an actual carrier, whether or not in pursuance of a liberty under the contract of carriage by sea to do so, the carrier nevertheless remains responsible for the entire carriage according to the provisions of this Convention. The carrier is responsible, in relation to the carriage performed by the actual carrier, for the acts and omissions of the actual carrier and of his servants and agents acting within the scope of their employment.

2. All the provisions of this Convention governing the responsibility of the carrier also apply to the responsibility of the actual carrier for the carriage performed by him. The provisions of paragraphs 2 and 3 of Article 7

제10조 운송인과 실제운송인의 책임

1. 운송의 전부 또는 일부의 이행이 실제운송인에게 위탁된 때에는, 그것이 해상운송계약에 의한 자유조항에 의거하거나 또는 아니하거나 간에 운송인은 본 협약의 규정에 따라서 전운송에 대하여 책임을 진다. 운송인은 실제운송인에 의하여 이행된 운송과 관련하여 그들의 직무의 범위 내에서 행위를 하는 실제운송인 및 실제운송인의 사용인 또는 대리인의 작위 또는 부작위에 대하여 책임을 진다.

2. 운송인의 책임을 규율하는 본 협약의 모든 규정은 실제운송인이 이행한 운송에 대한 실제운송인의 책임에 관해서도 역시 적용한다. 제8조 제2항과 제3항 및 제8조 제2항의 규정은 실

and of paragraph 2 of Article 8 apply if an action is brought against a servant or agent of the actual carrier.

3. Any special agreement under which the carrier assumes obligations not imposed by this Convention or waives rights conferred by this Convention affects the actual carrier only if agreed to by him expressly and in writing. Whether or not the actual carrier has so agreed, the carrier nevertheless remains bound by the obligations or waivers resulting from such special agreement.

4. Where and to the extent that both the carrier and the actual carrier are liable, their liability is joint and several.

5. The aggregate of the amounts recoverable from the carrier, the actual carrier and their servants and agents shall not exceed the limits of liability provided for in this Convention.

6. Nothing in this Article shall prejudice any right of recourse as between the carrier and the actual carrier.

제운송인의 사용인 또는 대리인에 대하여 소송이 제기된 경우에 적용된다.

3. 운송인이 본 협약에 의하여 부과되지 아니하는 의무를 인수하거나, 또한 본 협약에 의하여 부여된 권리를 포기한다는 특약은 실제운송인이 명시적으로 또한 문서로 합의한 때에 한하여 실제운송인에 대하여도 그 효력이 미친다. 실제운송인이 그러한 합의를 하였거나 하지 아니하였거나를 묻지 아니하고 운송인은 그러한 특약으로부터 생기는 의무 또는 권리의 포기에 기속된다.

4. 운송인과 실제운송인이 함께 책임을 지는 경우 또한 그 한도에서 양자는 연대책임을 지게 된다.

5. 운송인, 실제운송인 및 그 사용인 및 그 사용인과 대리인으로부터 배상을 받을 수 있는 총액은 본 협약에 규정된 책임한도액을 초과하지 못한다.

6. 이 조의 어떠한 규정도 운송인과 실제운송인 간의 구상권을 침해하지 않는다.

## ② 조항의 개요

운송인은 실제운송인에 의하여 이행된 운송과 관련하여 그들의 직무의 범위 내에서 행위를 하는 실제운송인 및 실제운송인의 사용인 또는 대리인의 작위 또는 부작위에 대하여 책임을 진다. 본 협약은 실제운송인이 이행한 운송에 대한 책임에 대해서도 적용한다. 운송인이 본 협약에 명시되지 않은 의무를 인수하거나, 명시한 권리를 포기한다는 특약은 실제운송인이 문서로 합의한 경우에는 실제운송인에게도 적용된다.

## 8) 통운송

### ① 조항의 내용

Article 11-Through carriage
1. Notwithstanding the provisions of paragraph 1 of Article 10, where a contract of carriage by sea provides explicitly that a specified part of the carriage covered by the said contract is to be performed by a named person other than the carrier, the contract may also provide that the carrier is not liable for loss, damage or delay in delivery caused by an occurrence which takes place while the goods are in the charge of the actual carrier during such part of the carriage. Nevertheless, any stipulation limiting or excluding such liability is without effect if no judicial proceedings can be

제11조 통운송
1. 제10조 제1항의 규정에도 불구하고 해상운송계약에서 그 계약이 적용되는 운송의 특정 부분이 운송인 이외의 지명된 자에 의하여 이행된다는 것이 명시적으로 규정되어 있는 경우에는 화물이 그러한 운송부분에서 실제운송인의 관리하에 있는 동안에 일어난 사고에 의하여 야기된 멸실, 손상 또는 인도지연에 대하여 수송인이 책임을 지지 않는다는 것을 그 계약에 규정할 수 있다. 그럼에도 불구하고 제21조 제1항 또는 제2항에 의하여 합법적 관할권을 가지는 법원에서 실제운송인에 대한 소송을 제기 할 수 없는 경우에는, 그러한 책임을 제한하

| | |
|---|---|
| instituted against the actual carrier in a court competent under paragraph 1 or 2 of article 21. The burden of proving that any loss, damage or delay in delivery has been caused by such an occurrence rests upon the carrier. 2. The actual carrier is responsible in accordance with the provisions of paragraph 2 of Article 10 for loss, damage or delay in delivery caused by an occurrence which takes place while the goods are in his charge. | 거나 면제하는 조항은 효력이 없다. 멸실, 손상 또는 인도지연이 그러한 사고로 인하여 일어났 다는 것을 증명할 책임은 운송인이 진다. 2. 실제운송인은 제10조 제2항의 규정에 의하 여 화물이 자기의 관리하에 있는 동안에 발생 된 사고로 인하여 생긴 멸실, 손상 또는 인도지 연에 대하여 책임을 진다. |

### ② 조항의 개요

운송인은 해상운송계약이 적용되는 운송의 특정 부분, 즉 구간을 운송인 이외의 지명된 자가 이행하는 것으로 명시한 경우에는 그 부분, 즉 구간을 실제운송인이 관리하는 동안에 발생한 화물의 멸실 또는 손상 혹은 인도의 지연에 대하여 책임을 부담하지 않는다고 그 계약에 규정 할 수 있다. 운송인은 합법적 관할권을 가지는 법원에서 실제운송인에게 소송을 제기 할 수 없 는 경우에는, 그러한 운송인이 별도의 특약에 의하여 실제운송인의 책임을 제한하거나 면제하 는 조항을 약정한다고 하더라도 어떠한 효력도 없다.

### (3) 제3부 UN 해상화물운송 협약의 송화인 책임

### 1) 일반원칙

### ① 조항의 내용

| | |
|---|---|
| PART III-LIABILITY OF THE SHIPPER<br>Article 12-General rule<br>The shipper is not liable for loss sustained by the carrier or the actual carrier, or for damage sustained by the ship, unless such loss or damage was caused by the fault or neglect of the shipper, his servants or agents. Nor is any servant or agent of the shipper liable for such loss or damage unless the loss or damage was caused by fault or neglect on his part. | 제3부 송화인의 책임<br>제12조 일반원칙<br>송화인은 운송인 또는 실제운송인이 입은 손실 또는 선박이 입은 손상이 송화인 또는 그 사용 인이나 대리인의 과실 또는 부주의로 인하여 야기된 것이 아닌 한, 그러한 멸실 또는 손상에 대하여 책임을 지지 않는다. 송화인의 사용인 또는 대리인도 그러한 멸실 또는 손상이 그 사 용인 또는 대리인측의 과실 또는 부주의로 인 하여 야기된 것이 아닌 한, 그 멸실 또는 손상 에 대하여 책임을 지지 않는다. |

### ② 조항의 개요

송화인은 운송인 또는 실제운송인이 입은 손실 또는 선박이 입은 손상이 송화인 또는 그 사 용인이나 대리인의 과실 또는 부주의로 인하여 야기된 것으로 결정되면 책임을 부담한다.

## 2) 위험화물에 관한 특칙

### ① 조항의 내용

| | |
|---|---|
| Article 13-Special rules on dangerous goods<br>1. The shipper must mark or label in a suitable manner dangerous goods as dangerous.<br>2. Where the shipper hands over dangerous goods to the carrier or an actual carrier, as the case may be, the shipper must inform him of the dangerous character of the goods and, if necessary, of the precautions to be taken. If the shipper fails to do so and such carrier or actual carrier does not otherwise have knowledge of their dangerous character:<br>(a) The shipper is liable to the carrier and any actual carrier for the loss resulting from the shipment of such goods, and<br>(b) The goods may at any time be unloaded, destroyed or rendered innocuous, as the circumstances may require, without payment of compensation.<br>3. The provisions of paragraph 2 of this Article may not be invoked by any person if during the carriage he has taken the goods in his charge with knowledge of their dangerous character.<br>4. If, in cases where the provisions of paragraph 2, subparagraph (b), of this Article do not apply or may not be invoked, dangerous goods become an actual danger to life or property, they may be unloaded, destroyed or rendered innocuous, as the circumstances may require, without payment of compensation except where there is an obligation to contribute in general average or where the carrier is liable in accordance with the provisions of Article 5. | 제13조 위험물에 관한 특칙<br>1. 송화인은 위험물에 관하여는 적절한 방법으로 위험성을 표시하고 표지 또는 꼬리표를 달아야 한다.<br>2. 송화인이 운송인 또는 실제운송인에게 위험물을 교부할 대에는 송화인은 각 경우에 따라서 화물의 위험성 및 필요한 경우 취하여야 할 예방조치를 운송인 또는 실제운송인에게 통지하여야 한다. 송화인이 그러한 통지를 하지 않거나 운송인 또는 실제 운송인이 화물의 위험성을 달리 인식하지 못한 때에는 :<br>(a) 송화인은 그러한 화물의 선적으로부터 야기되는 손실에 대하여 운송인 및 실제운송인에게 책임을 지고, 또<br>(b) 그 화물은 필요한 상황에서는 배상금을 지급하지 아니하고 언제든지 이를 양화하고 파괴하거나 또 해가 없도록 할 수 있다.<br>3. 운송 중 화물의 위험성을 인식하고 그 화물을 자기의 관리하에 수령한 자는 이 조 제2항의 규정을 원용할 수 없다.<br><br>4. 이 조 제2항 (b)호의 규정이 적용되지 아니하거나, 또는 이를 원용할 수 없는 경우에 위험물이 인명 또는 재물에 실제의 위험을 주게 될 때에는, 그 위험물은 필요한 상황에서는 배상금을 지급하지 아니하고, 이를 양화하고 파괴하거나 또는 해가 없도록 할 수 있다. 다만, 공동해손분담금을 부담할 의무를 지는 경우 또는 운송인이 제 5조의 규정에 의하여 책임을 지는 경우에는 제외한다. |

### ② 조항의 개요

송화인이 운송인 또는 실제운송인에게 위험화물을 인도할 때에는 위험화물의 유형, 위험성 위험화물의 관리와 관련하여 필요한 경우 취하여야 할 예방조치도 통지하여야 한다. 운송인은 송화인이 해상운송계약을 체결하고 운송을 의뢰한 위험화물이 해상운송 중에 인명 또는 재물에 실제적으로 위험을 주는 상황이 발생하거나 발생할 가능성이 높게 될 때에는 배상금을 지급하지 아니하고, 해당 위험화물을 양륙하거나 파괴 또는 무해화 조치를 취할 수 있다. 다만 송화인이 공동해손에 의한 공동해손 분담금을 부담하게 되는 경우에는 제외한다.

## (4) 제4부 UN 해상화물운송 협약의 운송증권

### 1) 선화증권의 서명

#### ① 조항의 내용

| PART IV-TRANSPORT DOCUMENTS<br>Article 14-Issue of bill of lading<br>1. When the carrier or the actual carrier takes the goods in his charge, the carrier must, on demand of the shipper, issue to the shipper a bill of lading.<br>2. The bill of lading may be signed by a person having authority from the carrier. A bill of lading signed by the master of the ship carrying the goods is deemed to have been signed on behalf of the carrier.<br>3. The signature on the bill of lading may be in handwriting, printed in facsimile, perforated, stamped, in symbols, or made by any other mechanical or electronic means, if no inconsistent with the law of the country where the bill of lading is issued. | 제4부 운송증권<br>제14조 선화증권의 발행<br>1. 운송인 또는 실제운송인이 화물을 자기의 관리하에 인수한 때에는 운송인은 송화인의 요구에 따라 송화인에게 선화증권을 발행하여야 한다.<br>2. 선화증권은 운송인으로부터 권한을 받은 자가 서명할 수 있다. 화물을 운송하는 선박의 선장이 서명한 선화증권은 운송인을 대신하여 서명된 것으로 본다.<br>3. 선화증권이 발행되는 국가의 법률에 저촉되지 않는 한 선화증권상의 서명은 자필, 복사인쇄, 천공, 압인, 부호로 하거나 또는 기타의 기계적 또는 전자적 방법에 의하여 할 수 있다. |

#### ② 조항의 개요

운송인 또는 실제운송인이 화물을 본인이 관리할 수 있는 상태로 인수한 때에는 송화인의 요구에 따라 선화증권을 발행하여야 한다. 운송인으로부터 위임을 받은 선박의 선장도 선화증권의 발행과 관련하여 서명을 할 수 있다. 선화증권상의 서명은 자필, 복사인쇄, 천공, 압인, 부호로 하거나 또는 기타의 기계적 또는 전자적 방법에 의하여 할 수 있다.

### 2) 선화증권의 내용

#### ① 조항의 내용

| Article 15-Contents of bill of lading<br>1. The bill of lading must include, inter alia, the following particulars:<br>(a) The general nature of the goods, the leading marks necessary for identification of the goods, an express statement, if applicable, as to the dangerous character of the goods, the number of packages or pieces, and the weight of the goods or their quantity otherwise expressed, all such particulars as furnished by the shipper; | 제15조 선화증권의 내용<br>1. 선화증권에는 무엇보다도 다음의 사항이 포함되어야 한다.<br>(a) 송화인에 의해 제출된 화물의 일반적인 종류, 화물의 식별에 필요한 주요 화인, 해당되는 경우 화물의 위험성에 관한 명백한 표시, 포장 또는 그 밖의 표시로 된 수량 |

(b) the apparent condition of the goods;

(c) the name and principal place of business of the carrier;

(d) the name of the shipper;

(e) the consignee if named by the shipper;

(f) the port of loading under the contract of carriage by sea and the date on which the goods were taken over by the carrier at the port of loading;

(g) the port of discharge under the contract of carriage by sea;

(h) the number of originals of the bill of lading, if more than one;

(i) the place of issuance of the bill of lading;

(j) the signature of the carrier or a person acting on his behalf;

(k) the freight to the extent payable by the consignee or other indication that freight is payable by him;

(l) the statement referred to in paragraph 3 of Article 23;

(m) the statement, if applicable, that the goods shall or may be carried on deck;

(n) the date or the period of delivery of the goods at the port of discharge if expressly agreed upon between the parties; and

(o) any increased limit or limits of liability where agreed in accordance with paragraph 4 of Article 6.

2. After the goods have been loaded on board, if the shipper so demands, the carrier must issue to the shipper a 'shipped' bill of lading which, in addition to the particulars required under paragraph 1 of this Article, must state that the goods are on board a named ship or ships, and the date or dates of loading. If the carrier has previously issued to the shipper a bill of lading or other document of title with respect to any of such goods, on request of the carrier, the shipper must surrender such document in exchange for a 'shipped' bill of lading. The carrier may amend any previously issued document in order to meet the shipper's demand for a 'shipped' bill of lading if, as amended, such document includes all the information required to be contained in a 'shipped' bill of lading.

3. The absence in the bill of lading of one or more particulars referred to in this Article does not affect the legal character of the document as a bill of lading provided that it nevertheless meets the requirements set out in paragraph 7 of Article 1.

(b) 화물의 외관상태

(c) 운송인의 명칭 및 주된 영업소의 소재지

(d) 송화인의 명칭

(e) 송화인이 지명한 경우에는 수화인

(f) 해상운송 계약상의 선적항 및 운송인이 선적항에서 화물을 인수 받은 일자

(g) 해상운송계약상의 양륙항

(h) 2통 이상이 발행된 경우에는 산화증권의 원본의 수

(i) 선화증권의 발행지

(j) 운송인 또는 운송인을 대신하여 행하는 자의 서명

(k) 수화인이 지급할 범위의 운임 또는 운임은 수화인이 지급한다는 기타의 표시

(l) 제23조 제3항과 관련된 문언

(m) 해당되는 경우 화물을 갑판적으로 운송하여야 한다는, 또는 갑판적으로 운송되어질 수 잇다는 뜻의 문언

(o) 제6조 제4항에 따라서 합의된 경우에는 증가시킨 한도 혹은 책임의 한도

2. 화물이 선적된 후 송화인의 요구가 있을 때에 운송인은 송화인에게 이 조 제1항에 의하여 필요로 하는 사항에 추가하여 화물이 지정된 선박에 적재되었다는 사실 및 선적의 일자를 반드시 기재한 선적선화증권을 발행하여야 한다. 운송인이 이미 송화인에게 그 화물에 관하여 선화증권 또는 기타 권리증권을 발행한 경우에 송화인은 운송인의 요구에 의하여 선적선화증권과 상환으로 그러한 증권을 반환하여야 한다. 운송인은 이미 발행된 증권을 수정함으로써 선적선화증권에 기재할 것을 요구하는 모든 정보를 포함하고 있는 경우에는 선적선화증권에 대한 송화인의 청구에 응하기 위하여 이미 발행된 증권을 수정할 수 있다.

3. 선화증권에 이 조에서 정하는 사항의 하나 이상이 결여되어 있더라도 제1조 제7항의 규정에 의한 요건을 충족하는 한 선화증권으로서의 증권의 법률적 성질에 영향을 미치지 않는다.

② 조항의 개요

선화증권에는 송화인에 의하여 인도된 화물의 일반적인 종류, 화물의 식별에 필요한 주요 표지, 화물의 위험성에 관한 명백한 표시, 포장 또는 그 밖의 표시로 된 수량 등을 표시하여야 한다. 선화증권이 2통 이상 발행된 경우에는 선화증권의 원본의 수, 선화증권의 발행지, 운송인 또는 운송인을 대신하여 행하는 자의 서명 등이 있어야 한다. 운송인은 화물이 선적된 후 송화인의 요구가 있으면 화물이 지정된 선박에 적재되었다는 사실 및 선적의 일자를 반드시 기재한 선적 선화증권을 발행하여야 한다.

### 3) 선화증권의 유보 및 증거력

① 조항의 내용

| | |
|---|---|
| Article 16 - Bills of lading: reservations and evidentiary effect | 제16조 선화증권 : 유보 및 증거력 |
| 1. If the bill of lading contains particulars concerning the general nature, leading marks, number of packages or pieces, weight or quantity of the goods which the carrier or other person issuing the bill of lading on his behalf knows or has reasonable grounds to suspect do not accurately represent the goods actually taken over or, where a 'shipped' bill of lading is issued, loaded, or if he had no reasonable means of checking such particulars, the carrier or such other person must insert in the bill of lading a reservation specifying these inaccuracies, grounds of suspicion or the absence of reasonable means of checking. | 1. 선화증권에 기재된 화물의 일반적 성질, 주요화인, 포장 또는 제품의 수, 중량 또는 수량에 관한 사항이 실제로 인수한 화물 또는 선적선화증권이 발행되어 있는 경우에는 실제 선적된 화물을 정확하게 나타내고 잇지 않다는 것을 운송인 도는 운송인을 대신하여 선화증권을 발행하는 자가 알고 있거나, 그렇게 의심할만한 정당한 근거가 있을 경우, 또는 그러한 사항을 확인할 적당한 방법이 없는 경우에 운송인 또는 운송인을 대신하여 선화증권을 발행하는 자는 이러한 부정확성, 의심할만한 근거 또는 적정한 확인방법의 결여에 관하여 명시하는 유보조항을 선화증권에 삽입하여야 한다. |
| 2. If the carrier or other person issuing the bill of lading on his behalf fails to note on the bill of lading the apparent condition of the goods, he is deemed to have noted on the bill of lading that the goods were in apparent good condition. | 2. 운송인 또는 운송인을 대신하여 선화증권을 발행하는 자가 선화증권상에 화물의 외관상태를 표시하지 아니한 경우에는 화물이 외관상으로 양호한 상태에 있었다는 것을 선화증권에 표시한 것으로 본다. |
| 3. Except for particulars in respect of which and to the extent to which a reservation permitted under paragraph 1 of this Article has been entered: | 3. 이 조 제1항에 의하여 허용되는 유보사항 및 그 유보의 범위를 제외하고 : |
| (a) The bill of lading is prima facie evidence of the taking over or, where a 'shipped' bill of lading is issued, loading, by the carrier of the goods as described in the bill of lading; and | (a) 선화증권은 운송인이 선화증권에 기재된대로 화물을 인수하였다는 것 또는 선적선화증권이 발행된 경우에는 선적하였다는 사실에 대한 증권서류가 된다. 또한 |
| (b) Proof to the contrary by the carrier is not admissible if the bill of lading has been transferred to a third party, including a consignee, who in good faith has acted in reliance on the description of the goods | (b) 선화증권이 그 화물의 기재사항을 신뢰하고 행한 수인을 포함하여 제3자에게 양도되어 있는 경우에는 운송인에 의한 반증은 허용되지 않는다. |

therein.

4. A bill of lading which does not, as provided in paragraph 1, subparagraph (h) of Article 15, set forth the freight or otherwise indicate that freight is payable by the consignee or does not set forth demurrage incurred at the port of loading payable by the consignee, is prima facie evidence that no freight or such demurrage is payable by him. However, proof to the contrary by the carrier is not admissible when the bill of lading has been transferred to a third party, including a consignee, who in good faith has acted in reliance on the absence in the bill of lading of any such indication.

4. 제15조 제1항 (h) 호에 규정된 바에 따라서 운임을 기재하지 아니하거나 또는 기타의 방법으로 운임을 수화인이 지급한다는 것을 표시하지 아니하거나, 또는 수화인이 선적항에서 발생된 체선료를 지급한다는 것을 기재하지 아니한 선화증권은 수화인이 운임 또는 그러한 체선료를 지급하지 않는다는 추정적인 증거가 된다. 그러나 수화인을 포함하여 선화증권에 그러한 표시가 없는데 대하여 신뢰하고 행한 선의의 제3자에게 선화증권이 양도되어 있는 경우에는 운송인에 의한 반증은 허용되지 않는다.

② 조항의 개요

운송인 또는 운송인을 대신하여 선화증권을 발행하는 자가 실제로 인수한 화물의 내용에 의심이 가는 경우에는 그 부정확성, 의심근거의 확보사실, 확인방법의 부재 등을 명시하는 유보조항을 선화증권에 삽입하여야 한다. 선화증권은 운송인이 선화증권에 기재된 대로 화물을 인수하였다는 것 또는 선적 선화증권이 발행된 경우에는 선적하였다는 사실에 대한 증거서류이다. 선화증권에 운임을 기재하지 아니한 선화증권은 수화인이 운임 또는 그러한 체선료를 지급하지 않는다는 추정적인 증거가 된다.

### 4) 송화인의 보증

① 조항의 내용

Article 17-Guarantees by the shipper

1. The shipper is deemed to have guaranteed to the carrier the accuracy of particulars relating to the general nature of the goods, their marks, number, weight and quantity as furnished by him for insertion in the bill of lading. The shipper must indemnify the carrier against the loss resulting from inaccuracies in such particulars. The shipper remains liable even if the bill of lading has been transferred by him. The right of the carrier to such indemnity in no way limits his liability under the contract of carriage by sea to any person other than the shipper.

2. Any letter of guarantee or agreement by which the shipper undertakes to indemnify the carrier against loss resulting from the issuance of the bill of lading by the carrier, or by a person acting on his behalf, without entering

제17조 송화인에 의한 보증

1. 송화인이 선화증권에 기재한 것은 자기가 제출한 화물의 일반적 성질, 그 화인, 번호, 중량 및 수량에 관한 사항이 정확하다는 것을 운송인에게 보증한 것으로 본다. 송화인은 그러한 사항의 부정확으로 인하여 야기된 손실에 대하여 운송인에게 보상하여야 한다. 송화인은 선화증권을 양도한 경우에도 그 책임을 겨야 한다. 그러한 보상에 관한 운송인의 권리는 해상운송계약에 의하여 송화인 이외의 모든 자에 대한 운송인의 책임을 결코 제한하지 못한다.

2. 선화증권에 기재하기 위하여 송화인이 제공한 사항 또는 화물의 외관상태에 관하여 운송인 또는 운송인을 대신하여 행하는 자가 유보조항을 삽입하지 아니하고 선화증권을 발행함으로써 야기된 손실에 대하여 송화인이 운송인

a reservation relating to particulars furnished by the shipper for insertion in the bill of lading, or to the apparent condition of the goods, is void and of no effect as against any third party, including a consignee, to whom the bill of lading has been transferred.
3. Such letter of guarantee or agreement is valid as against the shipper unless the carrier or the person acting on his behalf, by omitting the reservation referred to in paragraph 2 of this Article, intends to defraud a third party, including a consignee, who acts in reliance on the description of the goods in the bill of lading. In the latter case, if the reservation omitted relates to particulars furnished by the shipper for insertion in the bill of lading, the carrier has no right of indemnity from the shipper pursuant to paragraph 1 of this Article.
4. In the case of intended fraud referred to in paragraph 3 of this article the carrier is liable, without the benefit of the limitation of liability provided for in this Convention, for the loss incurred by a third party, including a consignee, because he has acted in reliance on the description of the goods in the bill of lading.

에게 보상할 의무를 진다고 약정하는 어떠한 보증서 또는 합의서도 수화인을 포함한 선화증권의 양도를 받은 제3자에 대해서는 무효로 한다.

3. 운송인 또는 운송인을 대신하여 행하는 자가 이 조 제2항에 규정된 유보조항을 생략함으로써 수화인을 포함하여 선화증권상의 화물에 관한 기재사항을 신뢰하고 행하는 제3자를 기만할 것을 목적으로 한 경우를 제외하고, 그러한 보증서 또는 합의서는 송화인에 대해서는 효력이 있다. 후자의 경우 그 생략된 유보조항이 선화증권에 기재하기 위하여 송화인이 제공한 사항에 관한 것인 경우에 운송인은 이 조 제1항에 의하여 송화인으로부터 보상을 받을 권리를 가지지 못한다.

4. 이 조 제3항의 규정에 의한 기만하고자 하는 의도가 있는 경우에 운송인은 수화인을 포함하여 선화증권상의 화물에 관한 기재사항을 신뢰하고 행한 제3자가 입은 손실에 대하여 본 협약에 규정된 책임제한의 혜택도 없이 책임을 진다.

## ② 조항의 개요

송화인은 선화증권에 기재한 것은 본인이 제출한 화물의 일반적 성질, 화물에 관한 관리번호, 화물의 중량 및 수량 등에 관한 사항이 정확하다는 것을 운송인에게 보증한 것으로 간주한다. 송화인은 선화증권을 양도한 경우에도 그 책임을 부담하여야 한다. 운송인 또는 운송인을 대신하여 행하는 자가 선의로 유보조항을 생략한 보증서 또는 합의서는 송화인에 대해서는 효력이 있다.

## 5) 선화증권 이외의 증권

### ① 조항의 내용

| Article 18-Documents other than bills of lading  Where a carrier issues a document other than a bill of lading to evidence the receipt of the goods to be carried, such a document is prima facie evidence of the conclusion of the contract of carriage by sea and the taking over by the carrier of the goods as therein described. | 제18조 선화증권 이외의 증권  운송인이 운송화물의 인수를 증명하기 위하여 선화증권 이외의 증권을 발행한 경우에 그러한 증권은 해상운송계약의 성립과 운송인이 화물을 그 증권에 기재된대로 인수하였다는 추정증거가 된다. |
| --- | --- |

② 조항의 개요

운송인이 운송화물의 인수를 증명하기 위하여 선화증권 이외의 증권을 발행한 경우에 그러한 증권은 해상운송계약의 성립과 운송인이 화물을 그 증권에 기재된 대로 인수하였다는 추정적 증거가 된다.

## (5) 제5부 UN 해상화물운송 협약의 청구 및 소송

### 1) 멸실 또는 손상 혹은 지연의 통지

### ① 조항의 내용

| PART V-CLAIMS AND ACTIONS | 제5부 청구 및 소송 |
|---|---|
| Article 19-Notice of loss, damage or delay | 제19조 멸실, 손상 또는 지연의 통지 |
| 1. Unless notice of loss or damage, specifying the general nature of such loss or damage, is given in writing by the consignee to the carrier not later than the working day after the day when the goods were handed over to the consignee, such handing over is prima facie evidence of the delivery by the carrier of the goods as described in the document of transport or, if no such document has been issued, in good condition. | 1. 화물이 수화인에게 인도된 날의 바로 다음 거래일 중에 수화인이 운송인에게 문서로 멸실 또는 손상의 일반상황을 명기하여 통지를 하지 아니한 경우에는, 그러한 인도는 운송인이 화물을 운송증권에 기재된 대로, 또는 그러한 증권이 발행되지 아니한 때에는 양호한 상태로 인도하였다는 추정적인 증거가 된다. |
| 2. Where the loss or damage is not apparent, the provisions of paragraph 1 of this Article apply correspondingly if notice in writing is not given within 15 consecutive days after the day when the goods were handed over to the consignee. | 2. 멸실 또는 손상이 외관상으로 확인되지 아니한 경우로서 화물이 수화인에게 인도된 날로부터 연속되는 15일 이내에 문서로 통지가 되지 아니한 경우에는 이 조 제1항의 규정이 그대로 적용된다. |
| 3. If the state of the goods at the time they were handed over to the consignee has been the subject of a joint survey or inspection by the parties, notice in writing need not be given of loss or damage ascertained during such survey or inspection. | 3. 화물이 수화인에게 인도될 때에 그 화물의 상태가 양당사자들에 의한 공동의 조사 또는 검사의 대상이 된 경우에는, 그 조사 또는 검사 중에 확인된 멸실 또는 손상에 관하여는 문서에 의한 통지를 요하지 않는다. |
| 4. In the case of any actual or apprehended loss or damage the carrier and the consignee must give all reasonable facilities to each other for inspecting and tallying the goods. | 4. 멸실 또는 손상이 실제로 일어난 경우이거나 또는 일어났을 것이라는 의심이 있는 경우에 운송인 및 수화인은 화물의 검사 및 검수를 위해 상호간에 상당한 편의를 제공하여야 한다. |
| 5. No compensation shall be payable for loss resulting from delay in delivery unless a notice has been given in writing to the carrier within 60 consecutive days after the day when the goods were handed over to the consignee. | 5. 화물이 수화인에게 인도된 날로부터 연속되는 60일 이내에 운송인에게 문서에 의한 통지를 하지 아니한 경우에도 인도지연으로부터 야기된 손실에 대한 배상금을 지급하지 않는다. |
| 6. If the goods have been delivered by an actual carrier, any notice given under this Article to him shall have the same effect as if it had been given to the carrier, and any notice | 6. 화물을 실제운송인이 인도할 경우에는, 이 조에 의하여 실제운송인에게 행한 어떠한 통지도 운송인에게 행한 경우와 동일한 효력을 가지며, 또 운송인에게 행한 어떠한 통지도 실제 |

| | |
|---|---|
| given to the carrier shall have effect as if given to such actual carrier. | 운송인에게 행한 경우와 동일한 효력을 갖는다. |
| 7. Unless notice of loss or damage, specifying the general nature of the loss or damage, is given in writing by the carrier or actual carrier to the shipper not later than 90 consecutive days after the occurrence of such loss or damage or after the delivery of the goods in accordance with paragraph 2 of Article 4, whichever is later, the failure to give such notice is prima facie evidence that the carrier or the actual carrier has sustained no loss or damage due to the fault or neglect of the shipper, his servants or agents. | 7. 멸실 또는 손상이 발생한 날 또는 화물을 제4조 제2항에 따라 인도한 날 주 늦은 날로부터 연속되는 90일 이내에 운송인 또는 실제운송인이 송화인에게 문서로 멸실 또는 손상의 개황을 명기하여 통지를 하지 아니하였다면, 그러한 통지의 불이행은 운송인 또는 실제운송인이 송화인 또는 그 사용인이나 대리인의 과실 또는 부주의로 인하여 멸실 또는 손상을 입지 아니하였다는 추정증거가 된다. |
| 8. For the purpose of this Article, notice given to a person acting on the carrier's or the actual carriers' behalf, including the master or the officer in charge of the ship, or to a person acting on the shipper's behalf is deemed to have been given to the carrier, to the actual carrier or to the shipper, respectively. | 8. 이 조의 적용에 있어서 선장 및 선박의 관리를 하는 고급선원을 포함한 운송인 또는 실제운송인을 대신하여 행하는 자 또는 송화인을 대신하여 행하는 자에 대한 통지는 각각 운송인이나 실제운송인 또는 송화인에 대하여 한 것으로 본다. |

### ② 조항의 개요

수화인이 화물을 인도받은 날의 바로 다음 거래일 중에 수화인이 운송인에게 문서로 멸실 또는 손상 등에 대한 일반적인 상황을 명시하여 통지를 하여야 한다. 수화인이 화물을 인도받을 때 멸실 또는 손상 등이 외관상으로 확인되지 아니한 경우, 화물을 인도받은 날로부터 연속되는 15일 이내에 문서로 통지하여야 한다. 운송인은 수화인이 화물을 인도받은 날로부터 연속되는 60일 이내에 운송인에게 문서로 통지하여야 한다. 운송인 또는 실제운송인이 화물에 멸실 또는 손상이 발생한 날 또는 화물을 인도한 날 중에서 늦은 날로부터 연속되는 90일 이내에 송화인에게 문서로 멸실 또는 손상의 상태를 기재하여 통지하여야 한다.

### 2) 소송의 제한

### ① 조항의 내용

| | |
|---|---|
| Article 20-Limitation of actions | 제20조 소송의 제한 |
| 1. Any action relating to carriage of goods under this Convention is time-barred if judicial or arbitral proceedings have not been instituted within a period of two years. | 1. 법적절차 또는 중재절차가 2년내에 개시되지 아니한 때에는, 본 협약에 의한 화물운송에 관한 어떠한 소송도 무효로 된다. |
| 2. The limitation period commences on the day on which the carrier has delivered the goods or part thereof or, in cases where no goods have been delivered, on the last day on which the goods should have been delivered. | 2. 제한기간은 운송인이 화물의 전부 또는 일부를 인도한 날 또는 화물의 인도가 되지 않은 경우에는 화물을 인도하였어야 할 최종일에 개시한다. |
| 3. The day on which the limitation period | |

commences is not included in the period.
4. The person against whom a claim is made may at any time during the running of the limitation period extend that period by a declaration in writing to the claimant. This period may be further extended by another declaration or declarations.
5. An action for indemnity by a person held liable may be instituted even after the expiration of the limitation period provided for in the preceding paragraphs if instituted within the time allowed by the law of the State where proceedings are instituted. However, the time allowed shall not be less than 90 days commencing from the day when the person instituting such action for indemnity has settled the claim or has been served with process in the action against himself.

3. 제한기간이 개시되는 날은 그 기간에 포함되지 않는다.
4. 배상청구를 받은 자는 제한기간의 진행 중에는 언제라도 배상청구자에게 문서로 통고함으로써 그 기간을 연장할 수 있다. 이 기간은 그 후의 다른 통고에 의하여 다시 연장할 수 있다.

5. 책임을 부담하는 자에 의한 변상청구소송은 앞의 조항에 규정된 제한기간의 만료 후에라도 소송절차를 개시하는 국가의 법률에 의하여 허용된 기간 내에는 이를 제기할 수 있다. 그러나 그러한 허용기간은 그러한 구상청구소송을 제기하는 자의 청구를 해결한 날 또는 본인에 대한 소송에서 소장의 송달을 받은 날로부터 기산하여 90일 미만에는 허용되지 않는다.

② 조항의 개요

법적 또는 중재절차가 2년 내에 개시되지 않으면 본 협약에 의한 화물운송에 관한 소송도 무효로 된다. 제한기간은 운송인이 화물의 전부 또는 일부를 인도한 날 또는 화물의 인도가 되지 않은 경우에는 화물을 인도하였어야 할 최종일에 개시한다. 손해에 대하여 책임을 부담하는 자의 변상청구소송은 구상청구소송을 제기하는 자의 청구를 해결한 날 또는 본인의 소송에서 소장의 송달을 받은 날로부터 기산하여 90일 미만인 경우에는 허용되지 않는다.

### 3) 재판관할권

① 조항의 내용

| Article 21-Jurisdiction | 제21조 재판관할권 |
|---|---|
| 1. In judicial proceedings relating to carriage of goods under this Convention the plaintiff, at his option, may institute an action in a court which, according to the law of the State where the court is situated, is competent and within the jurisdiction of which is situated one of the following places: | 1. 본 협약에 의한 화물운송에 관한 소송절차에 있어서 원고는 자기의 선택에 의하여 법원소재국의 법률에 따라 정당한 재판관할권을 가지고 또 다음 장소의 하나가 그 관할권내에 소재하는 법원에 소송을 제기할 수 있다. |
| (a) The principal place of business or, in the absence thereof, the habitual residence of the defendant; or | (a) 주된 영업소의 소재지 또는 그런 곳이 없는 때에는 피고의 평소의 거주지, 또는 |
| (b) The place where the contract was made provided that the defendant has there a place of business, branch or agency through which the contract was made; or | (b) 계약체결장소, 다만, 이 경우에는 피고가 그 곳에 계약을 체결한 사무소, 지점 또는 대리점이 있는 곳이어야 한다. 또는 |
| (c) The port of loading or the port of discharge; or | (c) 선적항 또는 양륙항, 또는 |

(d) Any additional place designated for that purpose in the contract of carriage by sea.

2.(a) Notwithstanding the preceding provisions of this Article, an action may be instituted in the courts of any port or place in a Contracting State at which the carrying vessel or any other vessel of the same ownership may have been arrested in accordance with applicable rules of the law of that State and of international law. However, in such a case, at the petition of the defendant, the claimant must remove the action, at his choice, to one of the jurisdictions referred to in paragraph 1 of this Article for the determination of the claim, but before such removal the defendant must furnish security sufficient to ensure payment of any judgement that may subsequently be awarded to the claimant in the action.

(b) All questions relating to the sufficiency or otherwise of the security shall be determined by the court of the port or place of the arrest.

3. No judicial proceedings relating to carriage of goods under this Convention may be instituted in a place not specified in paragraph 1 or 2 of this Article. The provisions of this paragraph do not constitute an obstacle to the jurisdiction of the Contracting States for provisional or protective measures.

4. (a) Where an action has been instituted in a court competent under paragraph i or 2 of this Article or where judgement has been delivered by such a court, no new action may be started between the same parties on the same grounds unless the judgement of the court before which the first action instituted is not enforceable in the country in which the new proceedings are instituted.

(b) For the purpose of this Article the institution of measures with a view to obtaining enforcement of a judgement is not to be considered as the starting of a new action;

(c) For the purpose of this Article, the removal of an action to a different court within the same country, or to a court in another country, in accordance with paragraph 2 (a) of this Article, is not to be considered as the starting of a new action.

5. Notwithstanding the provisions of the preceding paragraphs, an agreement made by the parties, after a claim under the contract of carriage by sea has arisen, which designates the place where the claimant may institute an action, is effective.

(d) 해상운송계약에서 그 목적을 위하여 지정하고 있는 추가장소

2. (a) 이 조 전항의 규정에 불구하고 체약국의 법률 및 국제법의 적용 가능한 규칙에 따라서 운송선박 또는 이와 같은 소유권하에 있는 다른 선박이 압류되어 있는 체약국내의 어떠한 항구 또는 장소의 법원에서도 소송을 제할 수 있다. 그러나 이 경우에는 피고의 신청이 있으면, 청구권자는 자기의 선택에 따라 당해 청구의 결정을 위하여 이 조 제1항에 규정된 관할 법원 중의 한 곳으로 소송을 이송하여야 한다. 그러나 그러한 이송 이전에 피고는 당해 소송에서 후에 청구권자에게 선고 될지도 모르는 판결에 대한 지급을 보장하기 위한 충분한 담보를 제공하여야 한다.

(b) 담보의 충분성 또는 기타의 담보에 관한 문제는 압류가 된 항구 또는 장소의 법원이 이를 결정한다.

3. 본 협약에 의한 화물운송에 관한 소송절차는 이 조 제1항 및 제2항에 명시되어 있지 아니한 곳에서는 이를 제기할 수 없다. 이 항의 규정은 예비적 또는 보전적 조치를 위한 체약국의 재판관할권에 대한 장애로 해석되지 않는다.

4. (a) 소송이 이 조 제1항 및 제2항에 의하여 정당한 재판관할권을 가지는 법원에 제기되어 있거나 또는 그러한 법원이 판결을 선고한 경우에는 처음의 소송이 제기된 법원의 판결이 새로운 절차가 제기된 국가에서 집행할 수 없는 경우가 아닌 한 동일 당사자 사이에 동일한 근거로 새로운 소송을 개시할 수 없다.

(b) 본 조의 적용에 있어서 판결의 집행을 얻기 위한 수단의 제기는 새로운 소송의 개시로 인정하지 않는다.

(c) 이 조의 적용에 있어서 동일국가내의 다른 법원으로의 이송 또는 이 조 제2항 (a)호에 의한 타국의 법원으로의 이송은 새로운 소송의 개시로 인정하지 않는다.

5. 앞의 제항의 규정에 불구하고 해상운송계약에 의한 청구가 발생한 후에 청구권자가 소송을 제기할 수 있는 장소를 지정하는 당사자에 의하여 이루어진 합의는 유효하다.

② 조항의 개요

본 협약에 의한 화물운송에 관한 소송절차에서 원고는 본인의 선택으로 법원소재국의 법률에 따라 정당한 재판관할권을 가지거나 그 관할권내에 소재하는 법원에 소송을 제기할 수 있다. 본 협약 체약국의 법률 및 국제법의 적용 가능한 규칙에 따라서 운송선박 또는 이와 같은 소유권 아래에 있는 다른 선박이 압류되어 있는 체약국 내의 어떠한 항구 또는 장소의 법원에서도 소송을 제기할 수 있다. 피고의 신청이 있으면, 청구권자는 청구의 결정을 위하여 관할법원 중의 한 곳으로 소송을 이송하여야 한다. 화물운송에 관한 소송절차는 본 협약에서 명시한 장소에서 제기하여야 한다. 소송이 이 조의 제항에 의하여 제기되어 있는 경우, 또는 그러한 소송에서 판결이 선고된 경우에는 동일 당사자 사이에 동일한 사유에 의한 새로운 소송을 제기할 수 없다.

### 4) 중재

#### ① 조항의 내용

| Article 22-Arbitration | 제22조 중재 |
|---|---|
| 1. Subject to the provisions of this Article, parties may provide by agreement evidenced in writing that any dispute that may arise relating to carriage of goods under this Convention shall be referred to arbitration. | 1. 이 조의 규정에 따라서 당사자는 본 협약에 의한 화물운송에 관하여 야기되는 어떠한 분쟁도 중재에 맡겨야 한다는 것을 문서로 증명된 합의에 의해 규정할 수 있다. |
| 2. Where a charter-party contains a provision that disputes arising thereunder shall be referred to arbitration and a bill of lading issued pursuant to the charterparty does not contain a special annotation providing that such provision shall be binding upon the holder of the bill of lading, the carrier may not invoke such provision as against a holder having acquired the bill of lading in good faith. | 2. 용선계약서에 용선계약에 따라 발생하는 분쟁을 중재에 맡겨야 한다는 규정이 포함되어 있고, 이러한 용선계약에 따라 발행되는 선화증권에 그러한 규정이 선화증권 소지자를 구속한다는 특별한 주기사항이 포함되어 있지 아니한 경우에 운송인은 선의로 선화증권을 취득한 소지인에 대하여 그러한 규정을 원용할 수 없다. |
| 3. The arbitration proceedings shall, at the option of the claimant, be instituted at one of the following places: | 3. 중재절차는 신청인의 선택에 따라 다음 장소 중의 한 곳에서 이를 제기하여야 한다. |
| (a) A place in a State within whose territory is situated: | (a) 일국의 영토내에 소재하는 다음 장소 : |
| (i) The principal place of business of the defendant or, in the absence thereof, the habitual residence of the defendant; or | (ⅰ) 피신청인의 주된 영업소의 소재지 또는 그런 곳이 없는 때에는 피신청인의 평소의 거주지, 또는 |
| (ii) The place where the contract was made, provided that the defendant has there a place of business, branch or agency through which the contract was made; or | (ⅱ) 계약체결장소, 다만, 이 경우에는 피신청인이 그 곳에 계약을 체결한 사무소, 지점 또는 대리점이 있는 곳이어야 한다. 또는 |
| (iii) The port of loading or the port of discharge; or | (ⅲ) 선적항 또는 양륙항, 또는 |

| | |
|---|---|
| (b) Any place designated for that purpose in the arbitration clause or agreement. | (b) 중재조항 또는 중재협약에 의하여 그 목적을 위하여 지정된 장소 |
| 4. The arbitrator or arbitration tribunal shall apply the rules of this Convention. | 4. 중재인 또는 중재판정부는 본 협약의 규칙을 적용하여야 한다. |
| 5. The provisions of paragraph 3 and 4 of this Article are deemed to be part of every arbitration clause or agreement, and any term of such clause or agreement which is inconsistent therewith is null and void. | 5. 이 조 제3항 및 제4항의 규정은 모든 중재조항 또는 중재합의의 일부인 것으로 보여, 그러한 규정에 저촉되는 중재조항 또는 중재합의의 규정은 무효로 한다. |
| 6. Nothing in this Article affects the validity of an agreement relating to arbitration made by the parties after the claim under the contract of carriage by sea has arisen. | 6. 이 조의 어떠한 규정도 해상운송계약에 의한 청구가 발생된 후에 당사자에 의하여 이루어진 중재에 관한 합의의 효력에 영향을 미치지 않는다. |

② 조항의 개요

당사자는 본 협약에 의한 화물운송에 관한 모든 분쟁을 중재에 위탁할 수 있다는 것을 문서로 합의할 수 있다. 용선계약서에 용선계약에 따라 발생하는 분쟁을 중재에 맡겨야 한다는 규정이 포함되어 있고, 이러한 용선계약에 따라 발행되는 선화증권에 그러한 규정이 선화증권 소지자를 구속한다는 특별한 주기사항이 포함되어 있지 아니한 경우에 운송인은 선의로 선화증권을 취득한 소지인에 대하여 그러한 규정을 원용할 수 없다. 중재절차의 신청은 신청인이 일국의 영토내에 소재하는 경우에는 피신청인의 주된 영업소의 소재지 또는 그런 곳이 없는 때에는 피신청인의 평소의 거주지 또는 피신청인이 그 곳에 계약을 체결한 사무소, 지점 또는 대리점이 있는 계약체결장소, 또는 선적항이나 양륙항 등에서 신청하여야 한다. 이러한 것이 아니면 중재조항 또는 중재협약에 의하여 그 목적을 위하여 지정된 장소에서 신청하여야 한다. 중재인 또는 중재판정부는 본 협약의 규칙을 적용하여야 한다. 본 협약에 위배되는 중재조항 또는 중재합의의 규정은 무효이다. 본 협약은 해상운송계약에 의한 청구가 발생된 후에 당사자에 의하여 이루어진 중재에 관한 합의의 효력에 영향을 미치지 않는다.

## (6) 제6부 UN 해상화물운송 협약의 보칙

### 1) 계약조항

#### ① 조항의 내용

| | |
|---|---|
| PART VI-SUPPLEMENTARY PROVISIONS Article 23-Contractual stipulations | 제6부 보칙 제23조 계약조항 |
| 1. Any stipulation in a contract of carriage by sea, in a bill of lading, or in any other document evidencing the contract of carriage by sea is null and void to the extent that it | 1. 해상운송계약 중의 조항 또는 선화증권 또는 기타의 해상운송계약을 증명하는 즈우건에 포함된 조항은 본 협약의 규정을 직접 또는 간접으로 해하는 범위내에서 이를 무효로 한다. 이 |

derogates, directly or indirectly, from the provisions of this Convention. The nullity of such a stipulation does not affect the validity of the other provisions of the contract or document of which it forms a part. A clause assigning benefit of insurance of the goods in favour of the carrier, or any similar clause, is null and void.

2. Notwithstanding the provisions of paragraph 1 of thisArticle, a carrier may increase his responsibilities and obligations under this Convention.

3. Where a bill of lading or any other document evidencing the contract of carriage by sea is issued, it must contain a statement that the carriage is subject to the provisions of this Convention which nullify any stipulation derogating therefrom to the detriment of the shipper or the consignee.

4. Where the claimant in respect of the goods has incurred loss as a result of a stipulation which is null and void by virtue of the present Article, or as a result of the omission of the statement referred to in paragraph 3 of this Article, the carrier must pay compensation to the extent required in order to give the claimant compensation in accordance with the provisions of this Convention for any loss of or damage to the goods as well as for delay in delivery. The carrier must, in addition pay compensation for costs incurred by the claimant for the purpose of exercising his right, provided that costs incurred in the action where the foregoing provision is invoked are to be determined in accordance with the law of the State where proceedings are instituted.

러한 조항의 무효는 그것이 일부를 형성하고 있는 계약 또는 증권의 다른 규정의 효력에 영향을 미치지 않는다. 화물에 관한 보험의 이익을 운송인을 위하여 양도한다는 조항 또는 기타 이와 유사한 조항은 무효로 한다.

2. 이 조 제1항의 규저에도 불구하고 운송인은 본 협약상의 자기의 책임 및 의무를 증가시킬 수 있다.

3. 선화증권 또는 해상운송계약을 증명하는 기타의 증권이 발행되는 경우에는 당해 운송이 송화인 또는 수화인의 불이익으로 본 협약을 해하는 조항을 무효로 한다는 본 협약의 규정에 따른다는 뜻의 기재사항을 포함하여야 한다.

4. 화물에 관한 청구권자가 이 조에 의한 무효조항 때문에 또는 이 조 제3항에서 정하는 기재의 누락 때문에 손실을 입은 경우에 운송인은 청구권자에게 화물의 멸실, 손상 또는 인도지연에 대하여 본 협약의 규정에 따라 배상을 하기 위하여 요구되는 범위내에서 손해배상을 하여야 한다. 또한 운송인은 청구권자가 그 권리의 행사를 위하여 발생된 비용에 대하여도 배상을 하여야 한다. 그러나 위의 규정이 원용되는 소송에서 발생된 비용은 당해 소송이 제기된 구각의 법에 따라서 결정된다.

② 조항의 개요

운송인은 화주와 해상운송계약을 체결하고 발행하여 적용하는 선화증권의 조항 또는 해상운송계약을 증명하는 선화증권 또는 기타의 조건에 포함된 조항이 본 협약에 명시된 규정을 직접 또는 간접으로 규제하거나 제한하는 경우에는 무효로 한다. 운송인은 본 협약에 명시된 책임 및 의무를 확대시킬 수 있다. 운송인은 선화증권 또는 해상운송계약을 증명하는 기타의 증권을 발행하는 경우, 당해 운송이 송화인 또는 수화인의 불이익이 되도록 본 협약에 규정된 조항을 변경하는 조항은 무효로 한다는 내용을 기재하여야 한다. 운송인은 손해배상 청구권자가 화물에 관한 무효조항 때문에 또는 무효조항의 기재누락 때문에 손실을 입은 경우에 손해배상 청구권자에게 화물의 멸실 또는 손상 혹은 인도의 지연에 대하여 손해배상을 하여야 한다.

## 2) 공동해손

### ① 조항의 내용

| Article 24-General average | 제24조 공동해손 |
|---|---|
| 1. Nothing in this Convention shall prevent the application of provisions in the contract of carriage by sea or national law regarding the adjustment of general average. | 1. 본 협약의 어떠한 규정도 공동해손의 정산에 관한 해상운송계약 또는 국내법의 규정의 적용을 방해하지 않는다. |
| 2. With the exception of Article 20, the provisions of this Convention relating to the liability of the carrier for loss of or damage to the goods also determine whether the consignee may refuse contribution in general average and the liability of the carrier to indemnify the consignee in respect of any such contribution made or any salvage paid. | 2. 제20조의 규정이 적용되는 경우를 제외하고 화물의 멸실 또는 손상에 관한 운송인의 책임에 관한 본 협약의 제 규정은 수화인이 공동해손 분담금을 거절할 수 있는가의 여부를 결정하고, 부담한 그러한 공동해손 분담금 또는 지급한 구조비에 관하여 수화인에게 보상할 운송인의 책임을 결정한다. |

### ② 조항의 개요

본 협약은 공동해손의 정산에 관한 해상운송계약 또는 국내법의 규정의 적용을 인정한다. 화물의 멸실 또는 손상에 관한 운송인의 책임에 관한 본 협약은 수화인이 공동해손 분담금을 거절할 수 있는가의 여부를 결정하고, 공동해손 분담금을 부담한 그러한 자 또는 지급한 자에 관하여 수화인에게 보상할 운송인의 책임을 결정한다.

## 3) 기타 협약

### ① 조항의 내용

| Article 25-Other conventions | 제25조 기타 협약 |
|---|---|
| 1. This Convention does not modify the rights or duties of the carrier, the actual carrier and their servants and agents, provided for in international conventions or national law relating to the limitation of liability of owners of seagoing ships. | 1. 본 협약은 항해선박의 소유자의 책임제한에 관한 국제협약 또는 국내법에 규정된 운송인, 실제운송 및 운송인과 실제운송인의 사용인과 대리인의 권리 또는 의무를 변경하지 않는다. |
| 2. The provisions of Articles 21 and 22 of this Convention do not prevent the application of the mandatory provisions of any other multilateral convention already in force at the date of this Convention relating to matters dealt with in the said Articles, provided that the dispute arises exclusively between parties having their principal place of business in States members of such other convention. However, this paragraph does not affect the application of paragraph 4 of Article 22 of this | 2. 본 협약 제21조 및 제22조의 규정은 동 조에서 취급되는 문제와 관련하여 본 협약의 성립일에 이미 실시되고 있는 기타의 복합운송협약의 강행규정의 적용을 방해하지 않는다. 다만 이러한 분쟁은 오로지 그러한 다른 협약의 회원국에 주된 영업소를 가진 당사자 사이에 발생하는 경우이어야 한다. 그러나 이 항은 본 협약 제22조 제4항의 적용에 영향을 미치지 않는다. |

Convention.

3. No liability shall arise under the provisions of this Convention for damage caused by a nuclear incident if the operator of a nuclear installation is liable for such damage:

(a) Under either the Paris Convention of 29 July 1960 on Third Party Liability in the Field of Nuclear Energy as amended by the Additional Protocol of 28 January 1964 or the Vienna Convention of 21 May 1963 on Civil Liability for Nuclear Damage, or

(b) By virtue of national law governing the liability for such damage, provided that such law is in all respects as favourable to persons who may suffer damage as either the Paris or Vienna Conventions.

4. No liability that arise under the provisions of this Convention for any loss of or damage to or delay in delivery of luggage for which the carrier is responsible under any international convention or national law relating to the carriage of passengers and their luggage by sea.

5. Nothing contained in this Convention prevents a Contracting State from applying any other international convention which is already in force at the date of this Convention and which applies mandatorily to contracts of carriage of goods primarily by a mode of transport other than transport by sea. This provision also applies to any subsequent revision or amendment of such international convention.

---

3. 원자력 사고로 인하여 야기된 손해에 대하여 원자력시설의 운영자가 다음의 협약 또는 국내법에 의하여 책임을 지는 경우에는 본 협약의 규정에 의한 책임은 일체 발생되지 않는다.

(a) 1964년 1월 28일의 추가의정서에 의하여 개정된 원자력분야의 제3자 책임에 관한 1960년 7월 29일의 파리협약 또는 원자력손해에 대한 민사책임에 관한 1963년 5월 21일의 비엔나협약, 또는

(b) 그러한 손해에 대한 책임을 규율하는 국내법, 다만 그러한 국내법이 모든 점에서 파리협약 또는 비엔나 협약에서와 같이 손해를 입은 자에게 유리한 것이어야 한다.

4. 운송인의 해상여액 및 그 수화물의 운송에 관한 국제협약 또는 국내법에 의하여 책임을 지는 수화물의 멸실, 손상 또는 인도지연에 대하여는 본 협약의 규정에 의한 책임은 일체 발생되지 않는다.

5. 본 협약에 포함된 어떠한 규정도 체약국이 본 협약의 성립일에 이미 실시되고 있고 또 주로 해상운송 이외의 이루어지는 화물운송계약에 대하여 강제적으로 적용되는 모든 다른 국제협약을 적용하는 것을 방해하지 않는다. 이 규정은 그러한 국제협약의 다음에 있을 모든 수정 또는 개정에 관하여도 역시 이를 적용한다.

---

② 조항의 개요

　본 협약은 항해선박의 소유자의 책임제한에 관한 국제협약 또는 국내법에 규정된 운송인, 실제운송 및 운송인과 실제운송인의 사용인과 대리인의 권리 또는 의무를 변경하지 않는다. 이것과 관련하여 본 협약의 성립일에 이미 실시되고 있는 기타의 복합운송협약의 강행규정의 적용을 방해하지 않는다. 다만 이러한 분쟁은 오로지 그러한 다른 협약의 회원국에 주된 영업소를 가진 당사자 사이에 발생하는 경우이어야 한다. 본 협약을 체결한 국가에서 이미 동일한 법적 효력을 갖는 법이 제정되어 있거나 협약 또는 조약 등이 있다면 해당 법이나 협약 또는 조약 등에서 규정하고 있는 조항의 적용을 인정한다는 것이다. 본 협약은 원자력 사고로 인하여 야기된 손해에 대하여 적용할 수 없다. 원자력 사고로 인하여 야기된 손해에 대하여 원자력시설의 운영자가 다음의 협약 또는 국내법에 의하여 책임을 지는 경우에는 본 협약의 규정에 의한 책임은 없다.

## 4) 계산단위

## ① 조항의 내용

| Article 26-Unit of account | 제26조 계산단위 |
|---|---|

Article 26-Unit of account
l. The unit of account referred to in Article 6 of this Convention is the Special Drawing Right as defined by the International Monetary Fund. The amounts mentioned in Article 6 are to be converted into the national currency of a State according to the value of such currency at the date of judgement or the date agreed upon by the parties. The value of a national currency, in terms of the Special Drawing Right, of a Contracting State which is a member of the International Monetary Fund is to be calculated in accordance with the method of valuation applied by the International Monetary Fund in effect at the date in question for its operations and transactions. The value of a national currency in terms of the Special Drawing Right of a Contracting State which is not a member of the International Monetary Fund is to be calculated in a manner determined by that State.

2. Nevertheless, those States which are not members of the International Monetary Fund and whose law does not permit the application of the provisions of paragraph i of this Article may, at the time of signature, or at the time of ratification, acceptance, approval or accession or at any time thereafter, declare that the limits of liability provided for in this Convention to be applied in their territories shall be fixed as: 12,500 monetary units per package or other shipping unit or 37.5 monetary units per kilogram of gross weight of the goods.

3. The monetary unit referred to in paragraph 2 of this Article corresponds to sixty-five and a half milligrams of gold of millesimal fineness nine hundred. The conversion of the amounts referred to in paragraph 2 into the national currency is to be made according to the law of the State concerned.

4. The calculation mentioned in the last sentence of paragraph I and the conversion mentioned in paragraph 3 of this Article is to be made in such a manner as to express in the national currency of the Contracting State as far as possible the same real value for the amounts in Article 6 as is expressed there in

제26조 계산단위
1. 본 협약 제6조에 규정된 계산단위는 국제통화기금(IMF)에서 정의된 특별인출권으로 한다. 제6조에 의한 금액은 판결의 선고일 또는 당사자에 의해 합의된 날의 국내 통화가치에 따라서 그 국가의 국내통화로 이를 환산한다. 국제통화기금의 회원인 체약국의 특별인출권에 의한 국내통화가치는 그 운영과 거래에 관하여 당해 일자에 실시되고 있는 국제통화기금에 의해 적용되는 평가방법에 따라서 이를 산출한다. 국제통화기금의 회원이 아닌 체약국의 특별인출권에 의한 국내통화가치는 그 국가에 의해 결정되는 방법으로 이를 산출한다.

2. 그러나 국제통화기금의 회원이 아닌 국가로서 그 국가의 법률이 이 조 제1항의 규정의 적용을 허용하지 아니하는 국가는 서명시나 비준, 승낙, 승인 또는 가입시 또는 그 후 어느 때라도 자국의 영토내에서 본 협약에서 규정하는 책임하는 책임한도를 다음과 같이 결정한다는 것을 선언할 수 있다.
1포장당 또는 기타의 선적 단위당 12,500 화폐단위 또는 화물의 총중량의 1kg 당 37.5화폐단위.

3. 이 조 제2항에 규정된 화폐단위는 순도 1,000분의 900의 금 65.5mg에 상당한다. 제2항에 의한 금액의 국내통화로의 환산은 관련국가의 법률에 따라서 이루어진다.

4. 이 조 제1항 말미에 규정된 산출 및 이 조 제3항에 규정된 환산은 가능한 한 제6조에 계산단위로서 표시되어 있는 금액과 동일한 실질가치를 체약국의 국내통화로 표시할 수 있는 방법으로 이루어져야 한다. 체약국은 이 조 제1항에 의한 산출방법 또는 이 조 제3항에 규정

units of account. Contracting States must communicate to the depositary the manner of calculation pursuant to paragraph 1 of this Article, or the result of the conversion mentioned in paragraph 3 of this Article, as the case may be, at the time of signature or when depositing their instruments of ratification, acceptance, approval or accession, or when availing themselves of the option provided for in paragraph 2 of this Article and whenever there is a change in the manner of such calculation or in the result of such conversion.

된 환산의 결과에 관하여 각 경우에 따라서 서명시 또는 비준서, 승낙서, 승인서 또는 가입서를 기탁할 때, 또는 이 조 제2항에 규정된 선택권을 이용할 때 및 그러한 산출방법 또는 그러한 환산의 결과에 변경이 있을 때에는 수탁자에게 이를 통지하여야 한다.

② 조항의 개요

본 협약에서 규정하고 있는 계산단위는 국제통화기금(IMF)에서 규정하고 있는 특별인출권으로 한다. 국제통화기금의 회원인 체약국의 특별인출권에 의한 국내통화가치는 당해 일자에 국제통화기금이 적용하는 평가방법에 따라 산출한다. 국제통화기금의 비회원국은 1 포장 당 또는 기타의 선적단위 당 12,500 화폐단위 또는 화물의 총중량의 1 킬로그램(kg) 당 37.5 화폐단위로 한다. 화폐단위는 순도 1,000 분의 900 의 금 65.5 밀리그램(mg)에 상당한다. 환산 및 산출방법은 실질가치를 체약국의 국내통화로 표시할 수 있는 방법으로 이루어져야 한다. 체약국은 본 협약에 따른 산출방법 또는 환산의 결과에 관하여 각 경우에 따라서 서명시 또는 비준서, 승낙서, 승인서 또는 가입서를 기탁할 때, 또는 선택권을 이용할 때 및 그러한 산출방법 또는 그러한 환산의 결과에 변경이 있을 때에는 수탁자에게 이를 통지하여야 한다.

### (7) 제7부 UN 해상화물운송 협약의 최종조항

### 1) 수탁자

① 조항의 내용

| PART VII-FINAL CLAUSES<br>Article 27-Depositary<br>The Secretary-General of the United Nations is hereby designated as the depositary of this Convention. | 제7부 최종조항<br>제27조 수탁자<br>국제연합의 사무총장을 본 협약의 수탁자로 지정한다. |
| --- | --- |

② 조항의 개요

국제연합의 사무총장을 본 협약의 수탁자로 지정한다.

## 2) 서명, 비준, 승낙, 승인, 가입

### ① 조항의 내용

| | |
|---|---|
| Article 28-Signature, ratification, acceptance, approval, accession<br>1. This Convention is open for signature by all States until 30 April 1979 at the Headquarters of the United Nations, New York.<br>2. This Convention is subject to ratification, acceptance or approval by the signatory States.<br>3. After 30 April 1979, this Convention will be open for accession by all States which are not signatory States.<br>4. Instruments of ratification, acceptance, approval and accession are to be deposited with the Secretary-General of the United Nations. | 제28조 서명, 비준, 승낙, 승인, 가입<br>1. 본 협약은 1979년 4월 30일까지 모든 국가의 서명을 위하여 뉴욕에 있는 국제연합본부에 이를 개방한다.<br>2. 본 협약은 서명국에 의한 비준, 승낙 또는 승인이 있어야 한다.<br>3. 1979년 4월 30일 후에는 본 협약은 서명국이 아닌 모든 국가들의 가입을 위하여 이를 개방한다.<br>4. 비준, 승낙, 승인 및 가입의 문서는 국제연합 사무총장에게 기탁하여야 한다. |

### ② 조항의 개요

본 협약은 모든 국가의 서명을 위하여 뉴욕에 있는 국제연합본부에 이를 개방한다. 본 협약은 서명국에 의한 비준, 승낙 또는 승인이 있어야 한다. 비준, 승낙, 승인 및 가입에 관한 사항을 기재한 문서는 국제연합 사무총장에게 기탁하여야 한다.

## 3) 유보조항

### ① 조항의 내용

| | |
|---|---|
| Article 29-Reservations<br>No reservations may be made to this Convention. | 제29조 유보<br>본 협약에는 어떠한 유보조항도 첨부될 수 없다. |

### ② 조항의 개요

본 협약에는 어떠한 유보조항도 첨부될 수 없다.

## 4) 발효

### ① 조항의 내용

| | |
|---|---|
| Article 30-Entry into force<br>1. This Convention enters into force on the first day of the month following the expiration | 제30조 발효<br>1. 본 협약은 제20번째의 비준, 승낙, 승인 또는 가입의 문서의 기탁일로부터 1년이 경과된 다 |

| | |
|---|---|
| of one year from the date of deposit of the 20th instrument of ratification, acceptance, approval or accession. | 음 월의 초일에 효력이 발생한다. |
| 2. For each State which becomes a Contracting State to this Convention after the date of the deposit of the 20th instrument of ratification, acceptance, approval or accession, this Convention enters into force on the first day of the month following the expiration of one year after the deposit of the appropriate instrument on behalf of that State. | 2. 제20번째의 비준, 승낙, 승인 또는 가입의 문서를 기탁한날 이 후에 본 협약의 체약국이 된 국가에 대하여는 본 협약은 그 국가를 위하여 적절한 문서가 기탁된 후 1년이 경과된 다음 월의 초일에 효력이 발생한다. |
| 3. Each Contracting State shall apply the provisions of this Convention to contracts of carriage by sea concluded on or after the date of the entry into force of this Convention in respect of that State. | 3. 각 체약국은 자국에 관하여 본 협약의 발효일 이후에 체결되는 해상운송계약에 대하여 본 협약의 규정을 적용하여야 한다. |

② 조항의 개요

본 협약은 제20번째의 비준, 승낙, 승인 또는 가입의 문서의 기탁일로부터 1년이 경과된 다음 월의 초일에 효력이 발생한다. 본 협약의 발효일 이후부터 회원국에서 체결되는 해상운송계약에 대해서는 본 협약의 규정을 적용한다.

### 5) 기타 협약의 폐기

① 조항의 내용

| | |
|---|---|
| Article 31-Denunciation of other conventions | 제31조 기타 협약의 폐기 |
| 1. Upon becoming a Contracting State to this Convention, any State party to the International Convention for the Unification of Certain Rules relating to Bills of Lading signed at Brussels on 25 August 1924 (1924 Convention) must notify the Government of Belgium as the depositary of the 1924 Convention of its denunciation of the said Convention with a declaration that the denunciation is to take effect as from the date when this Convention enters into force in respect of that State. | 1. 1924년 8월 25일 브뤼셀에서 서명된 선화증권에 관한 약간의 규칙의 통일을 위한 국제협약(1924년 협약)의 당사국은 본 협약의 체약국이 됨과 동시에 1924년 협약의 수탁국인 벨기에 정부에 대하여 본 협약이 자국에 대하여 효력이 발생하는 날로부터 폐기의 효력이 발생한다는 것을 선언함으로써 1924년 협약의 폐기를 통고하여야 한다. |
| 2. Upon the entry into force of this Convention under paragraph 1 of article 30, the depositary of this Convention must notify the Government of Belgium as the depositary of the 1924 Convention of the date of such entry into force, and of the names of the Contracting States in respect of which the Convention has entered into force. | 2. 제30조 제1항에 의하여 본 협약이 발효된 때에는 본 협약의 수탁자는 1924년 협약의 수탁국인 벨기에 정부에 대하여 그 발효일 및 협약의 효력이 발생하게 된 체약국명을 통고하여야 한다. |
| 3. The provisions of paragraphs 1 and 2 of this Article apply correspondingly in respect of | 3. 이 조 제1항 및 제2항의 규정은 1924년 8월 25일 브뤼셀에서 서명된 선화증권에 관한 약간 |

States parties to the Protocol signed on 23 February 1968 to amend the International Convention for the Unification of Certain Rules relating to Bills of Lading signed at Brussels on 25 August 1924.

4. Notwithstanding Article 2 of this Convention, for the purposes of paragraph 1 of this Article, a Contracting State may, if it deems it desirable, defer the denunciation of the 1924 Convention and of the 1924 Convention as modified by the 1968 Protocol for a maximum period of five years from the entry into force of this Convention. It will then notify the Government of Belgium of its intention. During this transitory period, it must apply to the Contracting States this Convention to the exclusion of any other one.

의 규칙의 통일을 위한 국제협약을 개정하기 위하여 1968년 2월 23일에 서명된 의정서의 당사국에 대하여도 마찬가지로 적용된다.

4. 본 협약 제2조의 규정에도 불구하고, 이 조 제1항의 규정을 적용하는데 있어서 체약국은 그것이 바람직하다고 볼 때에는, 1924년 협약 및 1968년 의정서에 의하여 개정된 1924년 협약의 폐기를 협약의 효력이 발생하는 날로부터 5년을 개정된 1924년 협약의 폐기를 협약의 효력이 발생하는 날로부터 5년을 최장기간으로 하여 연기할 수 있다. 이 경우 그 체약국은 벨기에 정부를 그러한 뜻을 통고하여야 한다. 이 잠정기간에는 체약국에 대하여는 다른 모든 협약을 배제하고 본 협약을 적용하여야 한다.

## ② 조항의 개요

1924년 8월 25일 브뤼셀에서 서명된 선화증권에 관한 약간의 규칙의 통일을 위한 국제협약 (1924년 협약)의 당사국은 본 협약의 체약국이 됨과 동시에 본 협약의 수탁국인 벨기에 정부에 대하여 본 협약이 자국에 대하여 효력이 발생하는 날로부터 폐기의 효력이 발생한다는 것을 선언함으로써 본 협약의 폐기를 통고하여야 한다. 선화증권에 관한 약간의 규칙의 통일을 위한 국제협약을 개정하기 위하여 1968년 2월 23일에 서명된 의정서의 당사국에 대하여도 마찬가지로 적용된다. 1924년 협약 및 1968년 의정서에 의하여 개정된 1924년 협약의 폐기를 협약의 효력이 발생하는 날로부터 5년을 개정된 1924년 협약의 폐기를 협약의 효력이 발생하는 날로부터 5년을 최장기간으로 하여 연기할 수 있다.

### 6) 개정 및 수정

#### ① 조항의 내용

| Article 32-Revision and amendment | 제32조 개정 및 수정 |
|---|---|
| 1. At the request of not less than one-third of the Contracting States to this Convention, the depositary shall convene a conference of the Contracting States for revising or amending it. | 1. 본 협약의 체약국의 3분의 1이상의 요청이 있으면 수탁자는 협약을 개정하거나 수정하기 위하여 체약국의 회의를 소집하여야 한다. |
| 2. Any instrument of ratification, acceptance, approval or accession deposited after the entry into force of an amendment to this Convention, is deemed to apply to the Convention as amended. | 2. 본 협약의 개정에 효력이 발생한 후에 기탁된 비준, 승낙, 승인 또는 가입의 문서는 개정된 협약에 적용되는 것으로 본다. |

② 조항의 개요

본 협약을 체결할 체약국의 3분의 1 이상의 요청이 있으면 개정하거나 수정하기 위하여 체약국의 회의를 소집하여야 한다.

## 7) 책임한도액 및 계산단위 또는 화폐단위의 개정

### ① 조항의 내용

| | |
|---|---|
| Article 33-Revision of the limitation amounts and unit of account or monetary unit<br>1. Notwithstanding the provisions of Article 32, a conference only for the purpose of altering the amount specified in Article 6 and paragraph 2 of Article 26, or of substituting either or both of the units defined in paragraphs 1 and 3 of Article 26 by other units is to be convened by the depositary in accordance with paragraph 2 of this article. An alteration of the amounts shall be made only because of a significant change in their real value.<br>2. A revision conference is to be convened by the depositary when not less than one-fourth of the Contracting States so request.<br>3. Any decision by the conference must be taken by a two-thirds majority of the participating States. The amendment is communicated by the depositary to all the Contracting States for acceptance and to all the States signatories of the Convention for information.<br>4. Any amendment adopted enters into force on the first day of the month following one year after its acceptance by two-thirds of the Contracting States. Acceptance is to be effected by the deposit of a formal instrument to that effect, with the depositary.<br>5. After entry into force of an amendment a Contracting State which has accepted the amendment is entitled to apply the Convention as amended in its relations with Contracting States which have not within six months after the adoption of the amendment notified the depositary that they are not bound by the amendment.<br>6. Any instrument of ratification, acceptance, approval or accession deposited after the entry into force of an amendment to this Convention, is deemed to apply to the Convention as amended. | 제33조 책임한도액 및 계산단위 또는 화폐단위의 개정<br>1. 제32조의 규정에도 불구하고 수탁자는 이 조 제2항의 따라서 제6조 및 제26조 제2항에 규정된 금액을 변경하거나, 또는 제26조 제1항과 제3항에서 정의된 단위의 하나 또는 양자를 다른 단위로 대체하는 목적만으로 하는 회의를 소집한다. 금액의 변경은 그 실질가치의 중요한 변경을 이유로 하는 경우에만 할 수 있다.<br><br>2. 수탁자는 체약국의 4분의 1 이상이 요청하는 때에는 개정회의를 소집한다.<br><br>3. 회의의 모든 결정은 참가한 국가의 3분의 2의 다수결에 의하여 이루어진다. 수탁자는 개정사항을 모든 체약국에 대하여는 그 승낙을 위하여, 또한 모든 서명국에 대하여는 그 정보를 위하여 통지한다.<br><br>4. 채택된 모든 개정사항은 체약국의 3분의 2에 의한 승낙시로부터 1년이 지난 다음 월의 초일에 효력이 발생한다. 승낙은 그 취지의 공식문서를 수탁자에 기탁함으로써 이루어진다.<br><br>5. 개정의 효력이 발생한 후에 개정을 승낙한 체약국은 개정의 채용 후 6월 이내에 수탁자에 대하여 개정에 의하여 구속받지 않는다는 것을 통지하지 아니한 체약국과의 관계에서 개정된 협약을 적용할 권리가 있다.<br><br>6. 본 협약의 개정의 효력이 발생한 후에 기탁된 비준, 승낙, 승인 또는 가입의 문서는 개정된 협약에 대하여 적용되는 것으로 간주한다. |

② 조항의 개요

수탁자는 본 협약에 명시된 책임한도액 및 계산단위 또는 화폐단위 등을 적절한 절차를 거쳐 개정할 수 있다. 수탁자는 체약국의 4분의 1 이상이 요청하는 때에는 개정회의를 소집한다. 회의의 모든 결정은 참가한 국가의 3분의 2의 다수결에 의하여 이루어진다. 채택된 모든 개정사항은 체약국의 3분의 2가 승낙한 때로부터 1년이 지난 다음 월의 초일에 효력이 발생한다.

### 8) 협약문의 작성과 폐기

① 조항의 내용

| Article 34-Denunciation | 제34조 폐기 |
|---|---|
| 1. A Contracting State may denounce this Convention at any time by means of a notification in writing addressed to the depositary.<br>2. The denunciation takes effect on the first day of the month following the expiration of one year after the notification is received by the depositary. Where a longer period is specified in the notification, the denunciation takes effect upon the expiration of such longer period after the notification is received by the depositary.<br>**DONE** at Hamburg, this thirty-first day of March one thousand nine hundred and seventy-eight, in a single original, of which the Arabic, Chinese, English, French, Russian and Spanish texts are equally authentic.<br>In WITNESS WHEREOF the undersigned plenipotentiaries, being duly authorised by their respective Governments, have signed the present Convention. | 1. 체약국은 언제든지 수탁자에게 송부된 문서에 의한 통고에 의하여 본 협약을 폐기할 수 있다.<br><br>2. 폐기는 수탁자가 통고를 받은 후 1년이 경과된 다음 월의 초일에 효력이 발생한다. 통고에서 이 기간보다 장기간을 명시하고 있는 경우에는, 폐기는 수탁자가 통고를 받은 후 그러한 장기간이 경과된 때에 효력이 발생한다.<br><br>1978년 3월 31일 함부르크에서 동등한 정본인 아랍어, 중국어, 영어, 프랑스어, 러시아어 및 스페인어의 원문을 1통으로 작성하였다.<br><br>위의 증인으로 각자의 정부로부터 정당하게 권한을 부여받은 하기 전권위원이 본 협약에 서명하였다. |

② 조항의 개요

체약국은 수탁자에게 송부된 문서통지에 따라 본 협약을 폐기할 수 있다. 폐기는 수탁자가 통지를 받은 후 1년이 경과된 다음 월의 초일에 효력이 발생한다. 본 협약을 위하여 1978년 3월 31일 함브르크(Hamburg)에서 동등한 정본인 아랍어, 중국어, 영어, 프랑스어, 러시아어 및 스페인어로 된 원문을 각각 1통씩 작성하였다. 이를 위한 증인으로 각자의 정부로부터 정당하게 권한을 부여받은 하기 전권위원이 본 협약에 서명하였다. 일반적인 사항은 국제연합 해상물건운송 협약(A/CONF.89/13, annexⅡ)을 따른다. 본 협약에서 운송인의 의무는 과실이나 부주의의 추정자료가 된다.

# 제2절 부정기선 운송과 국제규칙

## 1. 부정기선과 용선운송계약

### (1) 부정기선

부정기선은 약 1만 톤 내지 2만 톤에 해당하는 비교적 소량의 살화물 또는 포대포장 곡물, 비료, 시멘트, 사탕, 소금, 목재 등을 운송대상으로 하고, 갑판 1층 또는 2층에 적양기를 설비하고 부정기운항을 하거나 편도공선회항(片道空船回航)을 하는 화물선이다. 그래서 부정기선은 특수한 설비를 갖추어 특수한 화물만을 운송대상으로 하는데 철광석전용선, 석탄전용선, 자동차전용선, 목재전용선, 곡물전용선 등이 있다. 겸용선도 부정기선에 해당되는데 광석 및 유류 겸용선(ore/oil carrier), 광석, 산화물(撒貨物) 및 유류 겸용선(ore/bulk/oil carrier : OBO 선박), 자동차 및 살화물 겸용선(car/bulker carrier) 등이 해당된다. 그리고 일반 유조선(oil tanker)으로 저급정제유 유조선(dirty tanker)과 고급정제유 유조선(clean tanker)이 있다. 또한 특수화물 유조선(special cargo tanker, extra cargo tanker), LPG 유조선, LNG 유조선, 화학약품 유조선(chemical tanker), 당밀(唐蜜) 유조선(molasses tanker) 등이 있다.

### (2) 용선운송계약

용선운송계약(contract of affreightment by charter party)은 용선자가 직접 화물의 특성에 맞는 선박을 용선하여 화물을 운송하기로 선박회사와 계약을 하는 것이다. 용선자가 선박을 용선하여 운송하려는 화물은 대부분 특수화물이기 때문에 화물의 특성에 맞는 전용선박, 즉 특수선박을 수배하여 운송계약을 체결하여야 한다. 용선자가 전용선박을 수배하는 것은 현실적으로는 매우 어렵다. 왜냐하면 특수한 장비 또는 기능을 발휘하는 설비를 장착한 선박은 그 수가 적기 때문에 용선하려는 수요는 많지만 그 수요를 충족시킬 수 있는 선박의 수가 부족하기 때문에 어느 항로에 취항하고 있는가 또는 특수선박을 확보할 수 있는가를 용선하려는 자가 직접 파악하는 것은 어렵다. 그래서 해상운송업계에서는 용선중개인을 통하여 용선운송계약을 체결하는 것이 대부분이다. 용선운송계약을 할 때에는 운송인과 용선자 사이에 용선운송계약서(charter party : C/P)를 작성하게 된다.

## 2. 발틱 국제해운동맹 용선계약서 약관의 규정

### (1) 발틱 국제해운동맹 용선계약서

발틱 국제해운동맹 용선계약서The Baltic and International Maritime Council Uniform General Charter(As Revised 1922, 1976 and 1994: GENCON)는 인쇄된 사항을 기입하거나 또는 문언을 정정하는 방식으로 작성한다. 발틱 국제해운동맹 용선계약서(GENCON)은 용선자와 선주가 용선운송계약을 체결한 경우, 용선운송의 당사자인 용선운송인과 용선인의 책임과 의무에 관한 사항을 규정한 것이다. 용선운송의 특성에 따라 국제적으로 여러 유형의 용선계약서가 존재하고 있다.

### (2) 발틱 국제해운동맹 용선계약서 약관의 규정

#### 1) 용선계약의 체결과 기본사항

#### ① 조항의 내용

| | |
|---|---|
| 1. It is agreed between the party mentioned in Box 3 as the Owners of the Vessel named in Box 5, of the GT/NT indicated in Box 6 and carrying about the number of metric tons of deadweight capacity all told on summer loadline stated in Box 7, now in position as stated in Box 8 and expected ready to load under this Charter Party about the date indicated in Box 9, and the party mentioned as the Charterers in Box 4 that: The said Vessel shall, as soon as her prior commitments have been completed, proceed to the loading port(s) or place(s) stated in Box 10 or so near thereto as she may safely get and lie always afloat, and there load a full and complete cargo (if shipment of deck cargo agreed same to be at the Charterers' risk and responsibility) as stated in Box 12, which the Charterers bind themselves to ship, and being so loaded the Vessel shall proceed to the discharging port(s) or place(s) stated in Box 11 as ordered on signing Bills of Lading, or so near thereto as she may safely get and lie always afloat, and there deliver the cargo. | 1. 본 계약서는 칸3에서 언급한 선박 소유자의 칸 5에서 명명한 선박이 칸 6에 GT/NT를 표시하고, 칸7에서 표기한 대로 하기 건현에 있어서 재화 중량톤과 거의 같은 톤수를 운송하고, 현재 칸 8에서 언급한 위치에 있으며, 칸9에서 가리키는 날짜에 선적준비가 가능하도록 하여 본 계약에 따라 칸 4에서 언급한 용선자 사이에 상호 합의되었다.<br><br>상기 선박은 이전의 계약이 완료되자 마자 칸 10에 명기된 선적항 혹은 장소로 향하거나 혹은 본선이 안전하게 떠 있을 수 있는 가까운 곳에서 칸 12에서 말한 만재 혹은 전체 화물을 싣는다. (만약 갑판 화물 적재를 동의하였을 경우 용선자에게 동일한 위험 부담과 책임이 있다.) 그리고 그 화물을 용선자 자신에 의해 묶어 고정되고, 선적되어서 서명된 선화증권에 따라 본선은 칸 11에 명기된 양륙항 혹은 장소로 향하거나 본선이 항상 안전하게 떠 있을 수 있는 가까운 곳에서 화물을 인도한다. |

② 조항의 개요

본 계약서에는 선박 소유자의 선박이 총톤수와 순톤수(GT/NT)를 표시하고, 여름철 건현에 있어서 재화 중량톤과 거의 같은 톤수를 운송하고, 계약한 날짜에 선적준비가 가능하도록 하는 계약이 용선자 사이에 체결되었음을 표시한다. 선박은 이전의 계약이 완료되면 다음 선적항 혹은 장소로 향하거나 혹은 본선이 안전하게 정박할 수 있는 가까운 곳에서 전체 화물을 싣는다. 만약 갑판 화물 적재를 동의하였을 경우 용선자에게 동일한 위험 부담과 책임이 있다. 그리고 용선자는 화물을 포장하고 선적하도록 명시한 선화증권에 따라 양륙항 혹은 장소로 향하거나 본선이 항상 안전하게 부상할 수 있는 가까운 곳에서 화물을 인도한다.

## 2) 선주의 책임

① 조항의 내용

| 2. Owners' Responsibility Clause The Owners are to be responsible for loss of or damage to the goods or for delay in delivery of the goods only in case the loss, damage or delay has been caused by personal want of due diligence on the part of the Owners or their Manager to make the Vessel in all respects seaworthy and to secure that she is properly manned, equipped and supplied, or by the personal act or default of the Owners or their Manager. And the Owners are not responsible for loss, damage or delay arising from any other cause whatsoever, even from the neglect or default of the Master or crew or some other person employed by the Owners on board or ashore for whose acts they would, but for this Clause, be responsible, or from unseaworthiness of the Vessel on loading or commencement of the voyage or at any time whatsoever. | 2. 선주의 책임 조항<br>선주는 물건의 멸실, 손상 또는 지연으로 인한 손실에 대해 책임이 있지만 그 멸실, 손상 혹은 지연의 원인이 선주 혹은 그 경영인 본인이 여러 방면에서 선박의 감항성을 고려하여 성실히 처리하지 않고 적당하게 선원을 배치, 장비를 설치하고 선용품을 제공하지 않았거나 혹은 선주 또는 그 경영인 본인의 행위로 혹은 그들의 직무태만으로 인한 경우에 대해서만 책임을 제한한다.<br>선주는 기타 다른 어떠한 원인으로 야기된 멸실, 손상 또는 지연에 대한 책임을 지지 않는다. 그것이 설사 선장, 선원 또는 선주가 고용한 선상 또는 연안의 다른 인원의 소홀 또는 직무태만 혹은 본선이 선적 중이거나 출항하거나 혹은 기타 어떠한 시간에 불감항성으로 인해 조성된 것이라 할지라도 책임을 지지 않는다. |
|---|---|

② 조항의 개요

선주는 화물의 멸실 또는 손상 혹은 지연으로 인한 손실에 대하여 책임을 부담한다. 그런데 선주는 화물의 멸실 또는 손상 혹은 지연의 원인이 선주 또는 그 사용인이 선박의 감항성을 고려하지 않고 선원을 배치하거나 장비를 설치하고, 필요한 선용품을 제공하지 않았거나, 선주 또는 그 사용인의 불성실 행위 또는 직무태만에 있는 경우에 한하여 책임을 부담한다. 용선운송계약에 의한 운송을 책임지고 있는 선주는 과실이 있는 경우에만 책임을 부담한다. 만약 용선운송계약이 선체용선운송계약인 경우에는 본 조항의 적용이 어렵게 된다.

### 3) 이로 조항

#### ① 조항의 내용

| 3. Deviation Clause | 3. 이로 조항 |
|---|---|
| The Vessel has liberty to call at any port or ports in any order, for any purpose, to sail without pilots, to tow and/or assist Vessels in all situations, and also to deviate for the purpose of saving life and/or property. | 본선은 어떤 목적으로, 어떤 순서로, 어떤 항구에 정박하고 도선사 없이 항해하고, 모든 상황에서 다른 선박을 견인 그리고/또는 구조하고. 또한 인명 그리고/또는 재산을 구할 목적으로 이로할 자유를 가지고 있다. |

#### ② 조항의 개요

본선은 어떠한 목적으로, 어떠한 순서로, 어떠한 항구에 정박하거나 도선사 없이 항행하거나, 다른 선박을 견인 또는 구조하거나, 인명이나 재산을 구조하기 위하여 이로를 할 수 있다.

### 4) 운임의 지급

#### ① 조항의 내용

| 4. Payment of Freight | 4. 운임의 지불 |
|---|---|
| (a) The freight at the rate stated in Box 13 shall be paid in cash calculated on the intaken quantity of cargo.<br>(b) Prepaid. If according to Box 13 freight is to be paid on shipment, it shall be deemed earned and non-returnable, Vessel and/or cargo lost or not lost. Neither the Owners nor their agents shall be required to sign or endorse bills of lading showing freight prepaid unless the freight due to the Owners has actually been paid.<br>(c) On delivery. If according to Box 13 freight, or part thereof, is payable at destination it shall not be deemed earned until the cargo is thus delivered. Notwithstanding the provisions under (a), if freight or part thereof is payable on delivery of the cargo the Charterers shall have the option of paying the freight on delivered weight/quantity provided such option is declared before breaking bulk and the weight/quantity can be ascertained by official weighing machine, joint draft survey or tally.<br>Cash for Vessel's ordinary disbursements at the port of loading to be advanced by the Charterers, if required, at highest current rate of exchange, subject to two (2) per cent to cover insurance and other expenses. | (a) 운임은 칸 13에 명기된 비율에 따라 취해진 화물의 수량에 근거하여 현금으로 지불되어야 한다.<br>(b) 선불, 만약 칸 13의 규정에 따라 선적시 운임이 지불되었다면 선박 그리고 혹은 화물의 멸실의 여부와 상관없이 그것은 취득한 것으로 간주되고, 환불되지 않는다. 운임이 선주에게 실제로 지불된 경우를 제외하고 선주뿐만 아니라 대리점 또한 운임이 선불로 지급되었음을 나타내는 선화증권에 서명하거나 비고란에 달도록 요구받지 않는다.<br>(c) 인도, 만약 칸13의 규정에 의해 운임 혹은 그것의 일부가 목적지항에서 지급 가능하다면 그것은 화물이 인도되기까지 취득한 것으로 간주되지 않는다.<br>조항 (a)에 의한다 하더라도 만약 운임 혹은 그것의 일부가 화물 인도시 지불가능하다면 용선자는 인도되는 화물의 중량/수량에 따라 운임을 지불할 선택권을 가진다. 그러나 이 선택권은 양륙되기 전 공식 중량측정 기계로 측정하고, 홀수감정원 혹은 검수원의 참여 하에 화물의 중량/수량을 명확히 하기 이전에 선택할 수 있다.<br>선박의 일반적인 선적항에서의 항비는 현금으로 용선자에 의해 선불로 지불되고, 만약 필요하다면 가장 높은 현 환율시세로 2%의 보험료와 기타 비용을 추가 지급한다. |

## ② 조항의 개요

용선자는 운임을 화물의 수량을 기준으로 현금으로 지급하여야 한다. 용선자가 화물을 선적할 때에 운임을 지급하였다면 선박이나 화물의 멸실 여부와 상관없이 환급되지 않는다. 용선자가 운임을 화물을 인도할 때에 지급하기로 하였다면 인도되는 화물의 중량이나 수량에 따라 운임의 전부를 지급하거나 일부를 지급할 수 있는 선택권을 가진다. 용선자는 선박이 선적항에 입항하여 발생하는 항비에 대하여 현금으로 선급하고, 필요한 경우에는 현재의 환율시세를 기준으로 2%의 보험료와 기타 비용을 추가로 지급한다.

### 5) 선적과 양륙

#### ① 조항의 내용

| 5. Loading/Discharging | 5. 선적/양륙 |
|---|---|
| (a) Costs/Risks | (a) 비용-위험 부담 |
| The cargo shall be brought into the holds, loaded, stowed and/or trimmed, tallied, lashed and/or secured and taken from the holds and discharged by the Charterers, free of any risk, liability and expense whatsoever to the Owners. The Charterers shall provide and lay all dunnage material as required for the proper stowage and protection of the cargo on board, the Owners allowing the use of all dunnage available on board. The Charterers shall be responsible for and pay the cost of removing their dunnage after discharge of the cargo under this Charter Party and time to count until dunnage has been removed. | 화물은 선창 안으로 운반되어 적재 보관 그리고/또는 고르게 분포하고 수량을 측정, 고정되고 또는 안전하게 보관되었다가 용선자에 의해 선창으로부터 양륙된다. 이 때 선주에게는 어떠한 위험 부담, 책임, 어떠한 비용의 발생과도 무관하며 책임이 없다. 용선자는 선상의 화물을 보호하고 적재하기 위한 목적으로 필요한 모든 짐깔개 도구를 공급하고 배치할 것이며, 선주는 선상에서 사용 가능한 모든 짐깔개의 사용을 허용해야 한다. 용선자는 본 용선 계약 아래에서 화물의 양륙 후에 그 짐깔개의 제거에 발생하는 비용 지불의 책임이 있다. 또한 짐깔개가 제거될 때까지 시간계산에 들어간다. |
| (b) Cargo Handling Gear | (b) 화물 취급 기어 |
| Unless the Vessel is gearless or unless it has been agreed between the parties that the Vessel's gear shall not be used and stated as such in Box 15, the Owners shall throughout the duration of Unless the Vessel is gearless or unless it has been agreed between the parties that the Vessel's gear shall not be used and stated as such in Box 15, the Owners shall throughout the duration of Unless caused by negligence of the stevedores, time lost by breakdown of the Vessel's cargo handling gear or motive power - pro rata the total number of cranes/winches required at that time for the Unless caused by negligence of the stevedores, time lost by breakdown of the Vessel's cargo handling gear or motive power - pro rata the total number of cranes/winches required at that time for the operate the Vessel's cargo handling gear, unless local regulations prohibit | 기어가 없는 선박이거나 혹은 칸15에서 명기한 대로 기어 사용을 하지 않을 것을 상호간 동의한 경우를 제외하고 선주는 선적, 양륙 작업 동안 선박의 화물 운반 기어의 사용을 충분한 동력으로 모든 화물운반 기어 조작을 무상으로 허용해야 한다. 모든 장비는 좋은 조작 상태에 있어야 한다. 하역인부의 태만으로 인한 경우를 제외하고 기어 혹은 동력의 고장으로 인해 지체된 시간은 - 본 계약 아래에 화물을 선적/양륙시 필요한 적양기중기/권양기중기 총 개수의 비율로-정박기간 또는 체선 시간으로 계산되지 않는다. 요구에 의해 그 지역 규칙에 선원의 본선 화물 운반 기어 조작을 금하고 있지 않으면, 최근의 경우 부두 노동자 비용은 용선자 부담이므로 선주는 무상으로 적양기중기/권양기중기 조작인을 제공해야 한다. 적양기중기/권양기중기 조작인은 용선자의 위험부담과 책 |

this, in which latter event shore labourers shall be for the account of the Charterers. Cranemen/winchmen shall be under the Charterers' risk and responsibility and as stevedores to be deemed as their servants but shall always work under the supervision of the Master.

(c) Stevedore Damage

The Charterers shall be responsible for damage (beyond ordinary wear and tear) to any part of the Vessel caused by Stevedores. Such damage shall be notified as soon as reasonably possible by the Master to the Charterers or their agents and to their Stevedores, failing which the Charterers shall not be held responsible. The Master shall endeavour to obtain the Stevedores' written acknowledge ment of liability. The Charterers are obliged to repair any stevedore damage prior to completion of the voyage, but must repair stevedore damage affecting the Vessel's seaworthiness or class before the Vessel sails from the port where such damage was caused or found. All additional expenses incurred shall be for the account of the Charterers and any time lost shall be for the accountof and shall be paid to the Owners by the Charterers at the demurrage rate.

임 하에 있으며, 그들이 고용한 하역 인부로서 간주되지만 항상 선장의 감독 아래에서 일해야 한다.

(c) 하역인부 손상

용선자는 하역 인부에 의한 본선의 어떤 부분의 손상(비정상적인 마모)에 대해서 책임이 있다. 그러한 손상은 최대한 신속하고 합리적으로 선장에 의해 용선자 혹은 그들의 대리인, 그리고 만약 용선자가 책임을 지지 않을 때면 그들의 하역인부들에게 알려져야 한다. 선장은 하역인부의 책임 승인을 서면으로 받아내도록 노력해야 한다.

용선자는 어떤 하역인부에 의한 손상을 본 항차가 완료되기 전에 수리할 의무가 있다. 그러나 선박의 감항성 혹은 선급에 영향을 주는 하역인부에 의한 손상은 그 손상이 야기되었거나 발견된 그 항구에서 출항하기 전에 반드시 수리해야 한다. 모든 추가 비용은 용선자 부담이고 지체된 시간은 선주 부담이며, 용선자는 선주에게 체선율에 따라 지급해야 한다.

② 조항의 개요

용선자는 화물을 선창으로 운반하여 적치하고, 수량을 측정하거나 고정시켜 보관하였다가 양륙한다. 선주는 용선자가 선박의 화물을 보호하고 적치하는 데에 필요한 모든 선구전동장치를 공급하고 배치하는 것을 허용하여야 한다. 하역인부의 태만으로 인한 경우를 제외하고 전동기의 고장으로 인하여 지체된 시간은 용선계약에서 화물을 선적하거나 양륙할 때에 필요한 적양기중기(積楊起重機)와 권양기중기(捲楊起重機, winch crane)의 총 개수의 비율로 계산하지만 정박기간이나 체선시간으로 계산하지는 않는다. 적양기중기나 권양기중기 운전사의 작업에 대해서는 용선자가 고용한 하역 인부로서 간주하여 위험부담과 책임을 부담하지만, 그들은 선장의 감독과 지시를 받으며 작업하여야 한다. 용선자는 하역인부가 본선의 어떤 부분을 손상시키면 책임을 부담하여야 한다. 용선자는 하역인부가 발생시킨 선박의 손상부분을 항해가 완료되기 전에 수리할 의무가 있다. 그러나 하역인부로 인한 선박의 손상이 감항성이나 선급에 영향을 주는 것이라면 손상이 야기된 항구나 발견된 항구에서 출항하기 전에 반드시 수리하여야 한다. 선박의 손상수리에 따른 추가 비용과 체선료는 용선자가 부담하여야 한다.

## 6) 정박 기간

### ① 조항의 내용

| | |
|---|---|
| 6. Laytime<br>(a) Separate laytime for loading and discharging<br>The cargo shall be loaded within the number of running days/hours as indicated in Box 16, weather permitting, Sundays and holidays excepted, unless used, in which event time used shall count. The cargo shall be discharged within the number of running days/hours as indicated in Box 16, weather permitting, Sundays and holidays excepted, unless used, in which event time used shall count.<br>(b) Total laytime for loading and discharging<br>The cargo shall be loaded and discharged within the number of total running days/hours as indicated in Box 16, weather permitting, Sundays and holidays excepted, unless used, in which event time used shall count.<br>(c) Commencement of laytime (loading and discharging)<br>Laytime for loading and discharging shall commence at 13.00 hours, if notice of readiness is given up to and including 12.00 hours, and at 06.00 hours next working day if notice given during office hours after 12.00 hours. Notice of readiness at loading port to be given to the Shippers named in Box 17 or if not named, to the Charterers or their agents named in Box 18. Notice of readiness at the discharging port to be given to the Receivers or, if not known, to the Charterers or their agents named in Box 19.<br>If the loading/discharging berth is not available on the Vessel's arrival at or off the port of loading/discharging, the Vessel shall be entitled to give notice of readiness within ordinary office hours on arrival there, whether in free pratique or not, whether customs cleared or not. Laytime or time on demurrage shall then count as if she were in berth and in all respects ready for loading/ discharging provided that the Master warrants that she is in fact ready in all respects. Time used in moving from the place of waiting to the loading/ discharging berth shall not count as laytime.<br>If, after inspection, the Vessel is found not to be ready in all respects to load/ discharge time | 6. 정박 기간<br>(a) 선적과 양륙의 정박 기간 분리시<br><br>화물은 날씨가 허락된다면 칸 16에 지시된 대로 연속 작업일/시간안에 선적되어야 하고, 일요일과 공휴일은 제외되지만 필요하다면 발생한 시간은 시간 계산에 들어간다. 화물은 날씨가 허락된다면 칸 16에 지시된 대로 연속 작업일/시간 안에 양륙되어야 하며 일요일과 공휴일은 제외되지만 필요하다면 발생한 시간은 시간 계산에 들어간다.<br><br>(b) 선적과 양륙을 위한 총 정박기간<br>화물은 칸 16에 지시한 대로 날씨가 허락된다면 총 작업일/시간 안에 선적되고 양륙되어야 하며, 일요일과 공휴일은 제외되지만 필요하다면 발생한 시간은 계산에 들어간다.<br><br>(c) 정박기간의 개시(선적과 양륙)<br><br>선적과 양륙을 위한 정박 기간은 만약 하역준비 완료 통지가 영업시간 12시안에 전달되었다면 13:00시에 시작되고, 만약 영업시간 12시 이후에 전달이 되었다면 다음 영업일 06:00시에 시작된다. 선적항에서의 하역준비 완료 통지는 칸 17에 명명한 송화인에게 전달되고, 만약 명명하지 않았다면 칸 18에 명명한 용선자 혹은 그들의 대리인에게 전달되어야 한다. 양륙항에서 하역준비 완료 통지는 수화인에게 전달되어야 하지만 만약 알려져 있지 않다면 칸 19에 명명한 용선자 혹은 그들의 대리인에게 전한다. 만약 선적/양륙 부두가 본선의 선적/양륙항의 접안/출항이 불가능하다면 하역준비완료 통지를 본선이 그곳에 도착하였을 때, 검역과 세관 통과 여부와 상관없이 영업시간에 전달할 권리를 가진다. 정박기간 또는 체선시간은 만약 본선이 부두에 있고 모든 방면에서 선적/양륙준비 상태에 있어 본선이 사실상 모든 방면에서 대기 상태에 있다는 선장의 서면 증명을 전달하는 그 때부터 계산에 들어간다.<br><br>대기 장소에서 선적/양륙 부두로의 이동에 사용된 시간은 정박기간으로 계산되지 않는다. |

| | |
|---|---|
| lost after the discovery thereof until the Vessel is again ready to load/discharge shall not count as laytime. Time used before commencement of laytime shall count.<br>Indicate alternative (a) or (b) as agreed, in Box 16. | 만약 검사 후 본선이 모든 방면에서 선적/양륙 준비가 되지 않았다고 판명 될 경우 그것의 발견 후부터 본선이 다시 선적/양륙 준비에 있기 까지의 지체된 시간은 정박기간에 들어가지 않는다. (a)또는 (b)의 동의한 선택을 칸 16에 표시한다. |

② 조항의 개요

화물은 기후가 적정한다면 연속 작업일이나 시간 내에 선적되어야 하고, 일요일과 공휴일은 제외되지만 필요한 경우에 작업이 이루어진 시간은 정박기간에 포함된다. 정박기간은 하역준비 완료 통지가 영업시간 12시 이내에 통지되었다면 13시에 시작되고, 만약 영업시간 12시 이후에 통지되었다면 다음 영업일 06시에 시작된다. 그러므로 영업시간의 확인이 필요하다. 선적항에서 하역준비완료 통지를 할 때에 통지를 받을 대상자가 지정되어 있었다면 해당 송화인에게, 지정되어 있지 않았다면 용선자 혹은 용선자의 대리인에게 통지하여야 한다. 화물을 선적하거나 양륙하기로 예정되어 있던 부두가 본선이 접안하거나 입항 또는 출항하기에 불가능한 상태에 있다면 하역준비완료 통지는 본선이 정박지에 도착하였을 때, 검역과 세관의 통관 여부와 상관없이 영업시간 내에 할 수 있다. 선박이 항구에 접안을 하지 못하고 정박하고 있는 정박지 대기 장소에서 선적 또는 양륙을 하기 위하여 부두로 이동하는 데에 사용된 시간은 정박기간에 포함되지 않는다.

**7) 체선료**

① 조항의 내용

| | |
|---|---|
| 7. Demurrage 122<br>Demurrage at the loading and discharging port is payable by the Charterers at the rate stated in Box 20 in the manner stated in Box 20 per day or pro rata for any part of a day. Demurrage shall fall due day by day and shall be payable upon receipt of the Owners' invoice. In the event the demurrage is not paid in accordance with the above, the Owners shall give the Charterers 96 running hours written notice to rectify the failure. If the demurrage is not paid at the expiration of this time limit and if the vessel is in or at the loading port, the Owners are entitled at any time to terminate the Charter Party and claim damages for any losses caused thereby. | 7. 체선료<br>선적/양륙 항에서의 체선료는 칸 20에 기록된 비율, 그리고 방식으로 하루 또는 하루에 대해 차지하는 부분의 비율로 용선자가 지불한다. 체선료는 하루의 단위로 계산되고 선주의 송장에 근거하여 지불한다. 체선료가 위와 같이 지불되지 않을 시 선주는 용선자에게 96시간의 연속시간을 주고, 그 미지급을 수정하여 서면으로 알린다. 만약 체선료가 이 한도 기간의 만기 날짜에 지불되지 않고, 또 만약 본선이 선적항에 있다면 선주는 용선 계약을 언제든지 중지시키고 그것으로 인해 발생한 어떤 손실에 대해 소송을 제기할 권한을 가진다. |

② 조항의 개요

선적항 또는 양륙항에서 발생한 체선료는 선주가 작성한 송장에 근거하여 1일의 단위로 또는 1일 중에서 차지하는 비율로 계산하여 지급한다. 체선료가 지급되지 않을 경우 선주는 용선자에게 96시간의 유예시간을 주고, 그 미지급금의 사실에 대하여 서면으로 통지한다. 만약 체선료가 이 한도 기간의 만기 날짜까지 지급되지 않고, 본선이 선적항에 정박한 상태로 있다면 선주는 용선계약을 언제든지 중지시키고 체선에 의하여 발생한 모든 손실을 구상하기 위하여 소송을 제기할 수 있다.

### 8) 유치권

#### ① 조항의 내용

| 8. Lien Clause | 8. 유치권 |
|---|---|
| The Owners shall have a lien on the cargo and on all sub-freights payable in respect of the cargo, for freight, deadfreight, demurrage, claims for damages and for all other amounts due under this Charter Party including costs of recovering same. | 선주는 화물, 운임, 부적운임, 체선료, 손실배상 및 상기 비용의 미지불금의 경비를 포함하여 본 용선계약에 따라 마땅히 지불해야 하는 어떠한 기타비용으로 인해 화물 및 모든 전대 운임에 대한 유치권을 행사할 수 있다. |

#### ② 조항의 개요

선주는 화물, 운임, 부적운임, 체선료, 손실배상 및 상기 비용의 미지급금 등을 포함하여 용선계약에 따라 지급하여야 하는 비용과 관련하여 화물 및 선급운임에 대하여 유치권을 행사할 수 있다.

### 9) 해약

| 9. Cancelling Clause | 9. 해약조항 |
|---|---|
| (a) Should the Vessel not be ready to load (whether in berth or not) on the cancelling date indicated in Box 21, the Charterers shall have the option of cancelling this Charter Party. | (a) 본선이 칸21에서 가리키는 날짜에 선적할 준비(부두에 있든지 없든지)에 있지 않았다면 용선자는 본 용선계약을 취소할 선택권을 가진다. |
| (b) Should the Owners anticipate that, despite the exercise of due diligence, the Vessel will not be ready to load by the cancelling date, they shall notify the Charterers thereof without delay stating the expected date of the Vessel's readiness to load and asking whether the Charterers will exercise their option of cancelling the Charter Party, or agree to a new cancelling date. | (b) 선주가 그것을 예상하였고 충분히 사전 노력함에도 불구하고 본선이 해약 날짜까지 선적 준비가 되지 못할 것 같으면 선주는 용선자에게 지체없이 선적준비 완료의 예상날짜를 알려주어야 하고, 또한 용선자가 본 용선계약의 해약 선택권을 실행할 것인지 혹은 새로운 해약 날짜를 동의할 것인지를 물어볼 수 있다. |

| | |
|---|---|
| Such option must be declared by the Charterers within 48 running hours after the receipt of the Owners' notice. If the Charterers do not exercise their option of cancelling, then this Charter Party shall be deemed to be amended such that the seventh day after the new readiness date stated in the Owners' notification to the Charterers shall be the new cancelling date.<br>The provisions of sub-clause (b) of this Clause shall operate only once, and in case of the Vessel's further delay, the Charterers shall have the option of cancelling the Charter Party as per sub-clause (a) of this Clause. | 그러한 선택은 선주의 서면 통지 후 48연속시간 안에 반드시 용선자에 의해 분명히 표명되어져야 한다. 만약 용선자가 해약 선택을 실행하지 않으면 본 용선계약은 선주가 용선자에게 전달한 새로운 해약날짜의 통지서에 쓰인 새로운 선적준비 날짜 후의 7일로 수정된 것으로 간주된다.<br><br>본 조항의 부속조항 (b)는 단지 한번만 실행되고 본선이 더 지연될 경우 용선자는 본 조항의 부속 조항(a)에 따라 본 계약을 해약할 선택권을 가진다. |

## ② 조항의 개요

본선이 지시하는 날짜에 부두에 정박하고 있는가의 여부를 불문하고 선적할 준비가 되어 있지 않았다면 용선자는 용선계약을 취소할 선택권을 가진다. 선주가 선적준비를 하지 못할 것 같으면 용선자에게 선적준비완료 예상 날짜를 통지해 주어야 한다. 그리고 용선자에게 용선계약을 해약할 것인가 아니면 새로운 날짜를 지정할 것인가를 문의할 수 있다. 용선자는 이러한 내용을 선주로부터 서면으로 통지받으면 48시간 내에 의사를 표시하여야 한다. 만약 용선자가 의사표시를 하지 않으면 용선계약은 통지서에 기록된 새로운 선적준비 날짜 후로부터 7일 연장된 것으로 간주한다.

## 10) 선화증권

### ① 조항의 내용

| | |
|---|---|
| 10. Bills of Lading<br>Bills of Lading shall be presented and signed by the Master as per the 'Congenbill' Bill of Lading form, Edition 1994, without prejudice to this Charter Party, or by the Owners' agents provided written authority has been given by Owners to the agents, a copy of which is to be furnished to the Charterers. The Charterers shall indemnify the Owners against all consequences or liabilities that may arise from the signing of billsof lading as presented to the extent that the terms or contents of such bills of lading impose or result in the imposition of more onerous liabilities upon the Owners than those assumed by the Owners under this Charter Party. | 10. 선화증권<br>선화증권은 1994년 수정된 선화증권 형식 발틱해운동맹용선계약서에 따라 본 용선계약에 선입견 없이 선장이 교부, 서명하거나 또는 선주의 대리인이 선주의 위임장의 권한에 의해 교부, 서명할 수 있으며, 그것의 복사본을 용선자에게 제공해야 한다. 용선자는 교부, 서명된 선화증권이 확장되어 그 선화증권의 조항과 내용이 본 용선계약 아래 가정되어 있는 선주의 책임보다 더욱 과중한 책임의 요구하는 조항이 성립되거나 영향을 끼침으로써 발생하는 모든 결과 혹은 책임에 대해 선주에게 보장해야 한다. |

② 조항의 개요

선화증권은 1994년 수정된 발틱 국제해운동맹 용선계약 선화증권 형식에 따라 용선계약에 관계없이 선주의 위임을 받아 선장 또는 선주의 대리인이 교부, 서명할 수 있는데 복사본을 용선자에게 제공하여야 한다. 용선자는 선화증권을 확대, 적용하여 선주의 책임보다 더욱 과중한 책임을 부과하게 되는 결과 또는 책임에 대하여 책임을 부담하여야 한다.

### 11) 쌍방과실충돌

① 조항의 내용

| | |
|---|---|
| 11. Both-to-Blame Collision Clause<br>If the Vessel comes into collision with another vessel as a result of the negligence of the other vessel and any act, neglect or default of the Master, Mariner, Pilot or the servants of the Owners in the navigation or in the management of the Vessel, the owners of the cargo carried hereunder will indemnify the Owners against all loss or liability to the other or non-carrying vessel or her owners in so far as such loss or liability represents loss of, or damage to, or any claim whatsoever of the owners of said cargo, paid or payable by the other or non-carrying vessel or her owners to the owners of said cargo and set-off, recouped or recovered by the other or non-carrying vessel or her owners as part of their claim against the carrying Vessel or the Owners.<br>The foregoing provisions shall also apply where the owners, operators or those in charge of any vessel or vessels or objects other than, or in addition to, the colliding vessels or objects are at fault in respect of a collision or contact. | 11. 쌍방과실 충돌 조항<br>만일 본 선박이 상대방 선박의 과실과 본 선박의 선장, 선원, 도선사 또는 기타 운송인의 사용인의 선박의 항해 및 관리상의 행위, 부주의 및 과실에 의해 타선박과 충돌하였을 경우에는 상대선, 즉 비적재선 또는 그의 소유자가 본 선화증권하에서 운송되는 화물의 소유자에게 그 충돌로 인한 당해 화물의 멸실, 손상에 대한 보상금으로서 또는 기타의 모든 손해배상청구에 대해서 지불하거나 또는 지불해야 할 금액에 대한 구상부분으로서 상해, 공제하고, 또는 회수한 금액에 대해서는 화물의 소유자는 운송인에게 보상하여야 한다. 위의 규정은 충돌선 또는 충돌물체가 충돌 또는 접촉에 관한 과실이 있는 경우 외에도 충돌물체나 충돌선 이외의 물체나 선박을 관리하는 자, 운영하는 자 또는 소유자가 충돌이나 접촉에 관하여 해태가 있었을 경우에도 적용된다. |

② 조항의 개요

상대방 선박의 과실과 본선의 선장, 선원, 도선사 또는 기타 운송인의 사용인의 선박의 항해 및 관리상의 행위, 부주의 및 과실에 의하여 충돌하였을 경우에는 상대방 선박의 소유자가 본 선화증권에 기재된 화주에게 그 충돌로 인한 당해 화물의 멸실 또는 손상에 대하여 보상한 금액 또는 기타의 모든 손해배상청구에 대해서 지급한 금액 또는 지급하여야 할 금액에서 화주가 구상한 부분을 상계 또는 공제하고 지급한 금액 등이 있다면 화주는 운송인에게 보상하여야 한다.

## 12) 공동해손과 뉴제이슨

### ① 조항의 내용

12. General Average and New Jason Clause
General Average shall be adjusted in London unless otherwise agreed in Box 22 according to York-Antwerp Rules 1994 and any subsequent modification thereof. Proprietors of cargo to pay the cargo's share in the general expenses even if same have been necessitated through neglect or default of the Owners' servants (see Clause 2).

If General Average is to be adjusted in accordance with the law and practice of the United States of America, the following Clause shall apply: 'In the event of accident, danger, damage or disaster before or after the commencement of the voyage, resulting from any cause whatsoever, whether due to negligence or not, for which, or for the consequence of which, the Owners are not responsible, by statute, contract or otherwise, the cargo shippers, consignees or the owners of the cargo shall contribute with the Owners in General Average to the payment of any sacrifices, losses or expenses of a General Average nature that may be made or incurred and shall pay salvage and special charges incurred in respect of the cargo. If a salving vessel is owned or operated by the Owners, salvage shall be paid for as fully as if the said salving vessel or vessels belonged to strangers. Such deposit as the Owners, or theiragents, may deem sufficient to cover the estimated contribution of the goods and any salvage and special charges thereon shall, if required, be made by the cargo, shippers, consignees or owners of the goods to the Owners before delivery.'

12. 공동해손과 뉴제이슨 조항
공동해손은 칸 22를 따로 동의하지 않으면, 요크-앤터워프 규칙 1994 그리고 그것의 수정본에 따라 런던에서 진행된다. 설사 해양사고가 선주의 고용인의 소홀 혹은 불이행으로 인한 것이라 하더라도 하주 역시 공동해손의 분담에 참가해야 한다(제2조를 참조).

만약 미국 법률과 관습에 따라 공동해손을 조정한다면 아래 조항을 마땅히 적용해야 한다. 과실로 인한 것이든, 아니든 그 원인여하를 불문하고 항해 개시 전 또는 개시 후에 사고, 위험, 또는 재해가 발생하였을 경우에, 이에 대하여 또는 그 결과에 대하여 법률, 계약 및 기타에 의하여 선주가 책임을 지지 않게 되어 있을 경우에는 화물, 송화인, 수화인, 또는 하주는 본 선주와 연대적으로 발생하게 될 공동해손의 성질을 갖는 일체의 희생, 멸실 또는 비용을 분담해야 하며, 또한 화물에 대하여 발생한 구조비 및 특별비용을 지급해야 한다. 비록 그 구조선이 선주의 소유이거나 또는 선주에 의하여 운송되고 있는 경우일지라도 상기 구조선이 제3자의 소유인 경우와 똑같이 구조비용은 전액 지급되어야 한다. 만일 필요하다면 화물, 송화인, 수화인 또는 하주는 선주가 혹은 그들의 대리인이 화물의 견적 부담금 및 그 화물에 관하여 발생한 모든 구조비 및 특별비용을 지급하기에 충분하다고 간주되는 공탁금을 인도 전에 선주에게 지급하여야 한다.

### ② 조항의 개요

공동해손은 요오크 앤트워프 규칙에 따라 런던에서 정산한다. 해상사고가 선주의 고용인의 해태 혹은 불이행으로 인한 것이라 하더라도 화주는 공동해손의 당사자가 된다. 미국 법률과 관습에 따르는 경우, 운송인의 과실여부를 불문하고 항해 개시 전 또는 개시 후에 멸실이나 훼손 또는 재해가 발생하고, 그에 대하여 법률이나 계약 또는 기타 방법에 의하여 선주가 면책되는 경우에는 송화인이나 수화인과 선주가 연대하여 공동해손을 분담하여야 한다.

### 13) 세금납부

#### ① 조항의 내용

| 13. Taxes and Dues Clause<br>(a) On Vessel -The Owners shall pay all dues, charges and taxes customarily levied on the Vessel, howsoever the amount thereof may be assessed.<br>(b) On cargo -The Charterers shall pay all dues, charges, duties and taxes customarily levied on the cargo, howsoever the amount thereof may be assessed.<br>(c) On freight -Unless otherwise agreed in Box 23, taxes levied on the freight shall be for the Charterers' account. | 13. 세금과 의무조항<br>(a) 선박- 선주는 관습적으로 본 선박과 관련된 모든 의무, 요금 그리고 세금을 액수와 상관없이 금액이 확정이 되면 지불해야 한다.<br><br>(b) 화물- 본 용선자는 관습적으로 본 화물과 관련된 모든 의무, 요금 그리고 세금을 액수와 상관없이 금액이 확정되면 지불해야 한다.<br><br>(c) 운임-칸 23에서 동의된 경우가 아니면 운임과 관련된 세금은 용선자가 부담한다. |
|---|---|

#### ② 조항의 개요

선주는 관습적으로 본 선박과 관련된 모든 의무, 요금 그리고 세금이 확정되면 지급하여야 한다. 용선자는 관습적으로 본 화물과 관련된 모든 의무, 요금 그리고 세금이 확정되면 지급하여야 한다.

### 14) 대리점

#### ① 조항의 내용

| 14. Agency<br>In every case the Owners shall appoint their own Agent both at the port of loading and the port of discharge. | 14. 대리점<br>모든 경우에 선주가 선적항과 양륙항 양쪽에 자신의 대리인을 지정한다. |
|---|---|

#### ② 조항의 개요

선주는 선적항과 양륙항 두 항구에 대리인을 지정하여야 한다.

### 15) 중개수수료

#### ① 조항의 내용

| 15. Brokerage<br>A brokerage commission at the rate stated in Box 24 on the freight, dead-freight and demurrage earned is due to the party mentioned in Box 24. | 15. 중개수수료<br>칸 24에 기재한 비율대로 수취한 운임, 부적운임 그리고 체선료에 대한 중개 수수료는 칸 24에 언급한 측에게 지불해야 할 의무가 있다. |
|---|---|

| In case of non-execution 1/3 of the brokerage on the estimated amount of freight to be paid by the party responsible for such non-execution to the Brokers as indemnity for the latter's expenses and work. In case of more voyages the amount of indemnity to be agreed. | 계약이 이행되지 않았을 때, 통신비와 관련된 업무를 보상하기 위해 계약 미이행의 책임이 있는 측은 반드시 중개인에게 대략적인 운임 총액 계산에 의한 중개수수료의 1/3을 지불해야 한다. |

## ② 조항의 개요

용선자는 운임이, 부적운임, 체선료, 중개수수료 등을 지급할 의무가 있다. 용선계약이 이행되지 않았을 경우에는 책임이 있는 측에서 통신비와 관련된 업무를 보상하여야 하는데 대략적인 용선료 총액에 대한 중개수수료의 1/3을 지급하여야 한다.

### 16) 동맹파업

#### ① 조항의 내용

| 16. General Strike Clause<br>(a) If there is a strike or lock-out affecting or preventing the actual loading of the cargo, or any part of it, when the Vessel is ready to proceed from her last port or at any time during the voyage to the port or ports of loading or after her arrival there, the Master or the Owners may ask the Charterers to declare, that they agree to reckon the laydays as if there were no strike or lock-out. Unless the Charterers have given such declaration in writing (by telegram, if necessary) within 24 hours, the Owners shall have the option of cancelling this Charter Party. If part cargo has already been loaded, the Owners must proceed with same, (freight payable on loaded quantity only) having liberty to complete with other cargo on the way for their own account.<br>(b) If there is a strike or lock-out affecting or preventing the actual discharging of the cargo on or after the Vessel's arrival at or off port of discharge and same has not been settled within 48 hours, the Charterers shall have the option of keeping the Vessel waiting until such strike or lock-out is at an end against paying half demurrage after expiration of the time provided for discharging until the strike or lock-out terminates and thereafter full demurrage shall be payable until the completion of discharging, or of ordering the Vessel to a safe port where she can safely discharge without risk of being detained by strike or lock-out. Such orders to be given | 16. 동맹파업조항<br>(a) 본선 마지막 항구에서 곧 출항 준비하거나 혹은 선적항으로 향해 항해중이거나 혹은 이미 항구에 도착했을 때, 만약 동맹파업이나 공장폐쇄로 인해 전체 혹은 부분 화물이 실제 선적되는 데에 방해 혹은 영향을 받는다면, 선장 혹은 선주는 용선자가 동맹파업이나 공장폐쇄가 없는 상황과 마찬가지로 선적/양륙 시간 계산을 공포할 것을 청구할 수 있다. 만약 용선자가 24시간 내에 서면으로(필요하다면 전보도 가능) 이것에 대해 성명을 발표하지 않으면, 선주는 본 계약을 해약할 권리를 가진다. 만약 화물의 일부가 이미 선적되었다면 선주는 반드시 운송(운임은 단지 선적수량에 따라 지불)해야 하고, 선주는 자신의 이익을 위해 도중에서 다른 화물을 보충할 수 있는 권리를 가진다.<br><br>(b) 본선이 이미 양륙항에서 곧 도착 혹은 도착하였거나 혹은 그 외항에 있을 때, 만약 동맹파업이나 공장폐쇄로 인해 화물의 양륙에 방해가 되고 또한 48시간 내에 해결하지 못하였을 때 용선자는 본선을 동맹파업이나 공장폐쇄가 끝날 때까지 기다리게 하여 규정된 양륙시간이 끝난 후 동맹파업이나 공장폐쇄가 끝날 때까지의 체선료의 절반을 지불한다. 그 이후로 양륙작업이 끝날 때까지 전 금액의 체선료를 지불하거나 그렇지 않으면 본선이 동맹파업이나 공장폐쇄의 위험이 없어서 안전하게 양륙할 수 있는 안전한 항구로 이동할 것을 명령할 수 있는 선택권을 갖는다. 이러한 지령은 선장 혹은 선주가 동맹파업이나 공장폐쇄를 용선자에게 |

| | |
|---|---|
| within 48 hours after the Master or the Owners have given notice to the Charterers of the strikeor lock-out affecting the discharge. On delivery of the cargo at such port, all conditions of this Charter Party and of the Bill of Lading shall apply and the Vessel shall receive the same freight as if she had discharged at the original port of destination, except that if the distance to the substituted port exceeds 100 nautical miles, the freight on the cargo delivered at the substituted port to be increased in proportion. | 통지한 후 48시간 안에 내야 한다. 이러한 변경 된 항구에서 화물 인도시, 본 용선계약과 선화 증권상의 모든 조건을 적용하여 본선은 원래 목적항에서의 양륙과 같이 동일한 운임을 수취 한다. 그러나 대체 항구까지의 거리가 100해리 를 넘었을 때 대체 항구에서 인도되는 화물의 운임은 비율에 따라 증가되어야 한다. |
| (c) Except for the obligations described above, neither the Charterers nor the Owners shall be responsible for the consequences of any strikes or lock-outs preventing or affecting the actual loading or discharging of the cargo. | (c) 상기 약관 이외에 파업이나 공장폐쇄로 화 물이 실제 선적, 양륙작업에 받은 방해 혹은 영 향은 용선자 뿐만 아니라 선주 역시 일률적으 로 책임을 지지 않는다. |

② 조항의 개요

본선이 용선계약에서 지정하고 있는 항구로 향하기 위한 전 항구에서 곧 출항할 준비를 하 거나 혹은 선적항으로 향하여 항해 중이거나 혹은 이미 항구에 도착했을 때, 동맹파업이나 공 장폐쇄로 인하여 화물의 전체 또는 부분이 선적하는 데에 방해나 영향을 받게 된다면, 선장 혹 은 선주는 용선자에게 동맹파업이나 공장폐쇄가 없는 상황에서 적양륙은 것과 동일하게 선적 시간이나 양륙시간을 계산해 달라고 요구할 수 있다. 본선이 양륙항에 도착할 예정이거나, 본 선이 양륙항에 도착하였거나, 본선이 외항에 정박하고 있을 때에, 동맹파업이나 공장폐쇄가 발 생하여 화물의 양륙에 방해가 되고, 그 사태가 48시간 내에 해결하지 못하여, 용선자가 본선을 동맹파업이나 공장폐쇄가 종료될 때까지 대기시키는 경우에는 용선운송계약에서 합의한 양륙 기간이 종료된 후부터 동맹파업이나 공장폐쇄가 끝날 때까지의 기간에 대하여 체선료의 절반 을 지급한다. 본선이 변경된 항구에서 화물을 인도할 때는 본 용선계약과 선화증권의 모든 조 건을 적용하여 본선이 원래의 목적항에서 이루어진 양륙과 동일하게 간주하여 동일한 운임을 수취한다.

### 17) 전쟁위험

① 조항의 내용

| | |
|---|---|
| 17. War Risks ('Voywar 1993') | 17. 전쟁위험 |
| (1) For the purpose of this Clause, the words: | (1) 본 조항에서 아래 용어의 의미 |
| (a) The 'Owners' shall include the shipowners, bareboat charterers, disponent owners, managers or other operators who are charged with the management of the Vessel, and the | (a) '선박 소유인'은 선주, 나용선의 선주, 정기 용선 계약의 선주, 선박관리를 책임지는 관리 인 혹은 경영인과 선장을 포함한다. ; 그리고(b) |

Master; and (b) 'War Risks' shall include any war (whether actual or threatened), act of war, civil war, hostilities, revolution, rebellion, civil commotion, warlike operations, the laying of mines (whether actual or reported), acts of piracy, acts of terrorists, acts of hostility or malicious damage, blockades (whether imposed against all Vessels or imposed selectively against Vessels of certain flags or ownership, or against certain cargoes or crews or otherwise howsoever), by any person, body, terrorist or political group, or the Government of any state whatsoever, which, in the reasonable judgement of the Master and/or the Owners, may be dangerous or are likely to be or to become dangerous to the Vessel, her cargo, crew or other persons on board the Vessel.

(2) If at any time before the Vessel commences loading, it appears that, in the reasonable judgement of the Master and/or the Owners, performance of the Contract of Carriage, or any part of it, may expose, or is likely to expose, the Vessel, her cargo, crew or other persons on board the Vessel to War Risks, the Owners may give notice to the Charterers cancelling this Contract of Carriage, or may refuse to perform such part of it as may expose, or may be likely to expose, the Vessel, her cargo, crew or other persons on board the Vessel to War Risks; provided always that if this Contract of Carriage provides that loading or discharging is to take place within a range of ports, and at the port or ports nominated by the Charterers the Vessel, her cargo, crew, or other persons onboard the Vessel may be exposed, or may be likely to be exposed, to War Risks, the Owners shall first require the Charterers to nominate any other safe port which lies within the range for loading or discharging, and may only cancel this Contract of Carriage if the Charterers shall not have nominated such safe port or ports within 48 hours of receipt of notice of such requirement.

(3) The Owners shall not be required to continue to load cargo for any voyage, or to sign Bills of Lading for any port or place, or to proceed or continue on any voyage, or on any part thereof, or to proceed through any canal or waterway, or to proceed to or remain at any port or place whatsoever, where it appears, either after the loading of the cargo commences, or at any stage of the voyage

'전쟁 위험'은 모든 전쟁(실재 존재하는 전쟁뿐만 아니라 전쟁 위협까지), 전쟁 행위, 내전, 적대 행위, 혁명, 반란, 내란, 군사행동, 지뢰 매설 (실제 지뢰 매설 뿐만 아니라 지뢰 매설의 소문까지), 해적 행위, 공포 행위, 적대 행위, 혹은 악의성 손상 혹은 선장뿐 아니라 선박소유인이 합리적으로 판단하여 선박, 선적화물, 선상의 선원, 혹은 기타 선상의 모든 인원에게 위험하거나 혹은 위험성이 있거나 혹은 거의 위험하다고 여겨지고 공포조직, 정치조직, 어떤 사람, 어떤 단체, 혹은 어떤 정부가 진행하는 봉쇄(모든 선박에 대한 것뿐 만 아니라 선택적인 국적의 선박에 대해 또는 소유선박 또는 특정 화물 또는 선원 또는 그 밖의 어떤 것에 대해)를 포함한다.

(2) 본선이 화물 선적시작하기 전의 어떤 시간에 만약 선장 그리고/또는 선박 소유인은 합리적인 판단하에 화물 운송계약을 이행 혹은 부분 이행하고 선박, 선적화물, 선원, 그리고 선상의 기타 인원이 전쟁위험에 직면하거나 거의 직면할 위험이 있을 때, 선박소유인은 본 용선운송계약의 취소를 용선자에게 통고하거나 본 계약 이행을 거절할 수 있다;

규정에 의하면, 만약 화물 운송계약 중에 일련의 항구 중 선적항 혹은 양륙항을 용선자가 지정하기로 약정했다면 선박, 선적화물, 선원 그리고 선상기타 인원이 전쟁 위험을 직면하거나 직면할뻔 했을 때, 선박 소유인은 먼저 용선자에게 일련의 선적항 혹은 양륙항 중에서 기타 안전한 어떤 항구의 지정해 줄 것을 요구해야 하며, 단지 용선자가 본 통지를 받고 48시간 내에 이러한 안전한 항구 조치를 취하지 않을 때에만 선박 소유인은 본 계약을 해약할 수 있다.

(3) 선장 그리고/또는 선박 소유인의 합리적인 판단하에 선박, 선적화물(혹은 그 중 부분화물), 선원 혹 선상의 기타 인원(어떤 한 명 혹은 몇 명이라 할지라도)이험하거나 거의 전쟁위험에 직면할 가능성이 있을 때 선박 소유인에게 어떤 항차를 위해서 계속 선적하거나 혹은 어떤 항구 또는 지점에서 선화증권을 서명하고 발송하기 위해 혹은 어떤 항차를 진행, 또는 그 나머지 부분 항차를 계속 진행, 혹은 운하나 수로

thereafter before the discharge of the cargo is completed, that, in the reasonable judgement of the Master and/or the Owners, the Vessel, her cargo (or any part thereof), crew or other persons on board the Vessel (or any one or more of them) may be, or are likely to be, exposed to War Risks. If it should so appear, the Owners may by notice request the Charterers to nominate a safe port for the discharge of the cargo or any part thereof, and if within 48 hours of the receipt of such notice, the Charterers shall not have nominated such a port, the Owners may discharge the cargo at any safe port of their choice (including the port of loading) in complete fulfilment of the Contract of Carriage. The Owners shall be entitled to recover from the Charterers the extra expenses of such discharge and, if the discharge takes place at any port other than the loading port, to receive the full freight as though the cargo had been carried to the discharging port and if the extra distance exceeds 100 miles, to additional freight which shall be the same percentage of the freight contracted for as the percentage which the extra distance represents to the distance of the normal and customary route, the Owners having a lien on the cargo for such expenses and freight.

(4) If at any stage of the voyage after the loading of the cargo commences, it appears that, in the reasonable judgement of the Master and/or the Owners, the Vessel, her cargo, crew or other persons on board the Vessel may be, or are likely to be, exposed to War Risks on any part of the route (including any canal or waterway) which is normally and customarily used in a voyage of the nature contracted for, and there is another longer route to the discharging port, the Owners shall give notice to the Charterers that this route will be taken. In this event the Owners shall be entitled, if the total extra distance exceeds 100 miles, to additional freight which shall be the same percentage of the freight contracted for as the percentage which the extra distance represents to the distance of the normal and customary route.

(5) The Vessel shall have liberty:-
(a) to comply with all orders, directions, recommendations or advice as to departure, arrival, routes, sailing in convoy, ports of call, stoppages, destinations, discharge of cargo, delivery or in any way whatsoever which are

통과 준비, 혹은 항해 준비 혹은 이러한 부류의 항구 또는 지점에서의 정박을 요구할 수 없다.

만약 그러한 경우가 발생한다면 선박 소유인은 먼저 용선자에게 화물의 양륙을 위한 안전한 어떤 항구의 지정해 줄 것을 요구해야 하며, 용선자가 본 통지를 받고 48시간 내에 이러한 안전한 항구 조치를 취하지 않을 경우에는 선박의 소유주는 용선운송계약의 완벽한 수행을 위하여 선적항을 포함한 그들이 안전한 항구로 선택한 곳에서 화물을 양륙할 수 있다.

선박의 소유주는 그러한 양륙에 따르는 추가비용을 용선자로부터 받을 수 있으며, 만약 양륙이 선적항이 아닌 어떠한 항구에서라도 이루어졌다면 원래의 양륙항까지 화물을 운송한 것과 동일하게 취급하여 전 운임을 수취할 수 있으며, 만약 액수 이외의 거리가 100해리를 넘었을 때 본 계약의 규정에 의하면 정상적 그리고 관습적 항로거리 규정의 백분율로 운임을 부가하여 수취할 수 있으며 선박소유인은 상기 비용과 운임의 미지불로 인한 화물에 대한 유치권을 실행할 수 있다.

(4) 화물의 선적개시 이후의 어떠한 항해단계에서든지, 용선계약상의 항로에 따라 정상적이며 관습적인 어떠한 항로에서 선장 그리고/또는 선박 소유인의 합리적인 판단하에 선박, 선재 화물, 선원 혹 선상의 기타 인원이 위험하거나 거의 전쟁위험에 직면할 가능성이 있을 때 다른 먼 거리에 양륙항이 있다면 선박의 소유주는 히 항로를 채택할 것을 통고하여야 한다. 이렇게 하여야 선박의 소유주는 총 추가하는 거리가 100마일을 초과하였다면, 추가운임은 본 계약의 규정에 의하면 정상적 이며 관습적인 항로거리에서 초과된 거리의 백분율에 따라 운임을 부가 수취할 수 있다

(5) 선박 관리
(a) 선박 기국 정부 혹은 선박 소유인이 그 법률 제재를 받는 기타 혹은 기타 요구를 제시하는 어떤 정부 혹은 그 권리에 근거하여 반드시 강제로 복종해야 하는 개인 혹은 단체가 발표하는 모든 명령, 지시, 건의, 혹은 권고에 따라

given by the Government of the Nation under whose flag the Vessel sails, or other Government to whose laws the Owners are subject, or any other Government which so requires, or any body or group acting with the power to compel compliance with their orders or directions;
(b) to comply with the orders, directions or recommendations of any war risks underwriters who have the authority to give the same under the terms of the war risks insurance;
(c) to comply with the terms of any resolution of the Security Council of the United Nations, any directives of the European Community, the effective orders of any other Supranational body which has the right to issue and give the same, and with national laws aimed at enforcing the same to which the Owners are subject, and to obey the orders and directions of those who are charged with their enforcement;
(d) to discharge at any other port any cargo or part thereof which may render the Vessel liable to confiscation as a contraband carrier;
(e) to call at any other port to change the crew or any part thereof or other persons on board the Vessel when there is reason to believe that they may be subject to internment, imprisonment or other sanctions;
(f) where cargo has not been loaded or has been discharged by the Owners under any provisions ofthis Clause, to load other cargo for the Owners' own benefit and carry it to any other port or ports whatsoever, whether backwards or forwards or in a contrary direction to the ordinary or customary route.
(6) If in compliance with any of the provisions of sub-clauses (2) to (5) of this Clause anything is done or not done, such shall not be deemed to be a deviation, but shall be considered as due fulfilment of the Contract of Carriage.

출항하고, 도착하고, 어떤 항로를 항해하고, 항행을 보호하고, 항구에 접안하고, 항해를 중단하고, 목적항에 도착하고, 양륙, 인도 혹은 기타 어떠한 행위를 한다.

(b) 전쟁 보험인이 명령, 지시 혹은 건의에 따라서 일정한 조건에 따라 전쟁 위험보험에 가입한다.

(c) 조령을 제정하고 공포할 권리가 있는 연합국 안전이사회가 결정한 조건, 유럽공동체의 모든 지시와 국제조직의 명령 및 선박 소유인을 제약하기 위한 국가의 법률을 실행하고 또한 그들이 결정한 명령과 지시에 복종해야 한다.

(d) 송화인의 밀수로 인해 몰수된 화물 또는 그것의 부분 화물을 다른 어떤 항구에 양륙한다.
(e) 선원 혹은 선상의 기타 인원본 법에 근거하여 구류 혹은 수감이 확인되었을 때 선원 혹은 기타 선상 인원을 교체하기 위하여 어떠한 다른 항구에 정박한다.

(f) 본 조항의 규정에 근거하여 화물이 선적되지 않았거나 혹은 이미 양륙된 후에 선박 소유인은 자신의 이익을 위해 다른 화물을 싣고 진행 방행이던 반진행 방향이던 혹은 원래의 혹은 관습적 항로와 상반되는 방향으로든 상관없이 어떠한 항구로 항해할 권리가 있다.

(6) 본 조항 제(2)조부터 제(5)조까지의 조항에 따라 어떤 행위를 하거나 하지 않거나 모두 조항을 위반하지 않았다고 보인다면 운송계약을 이행했다고 여긴다.

## ② 조항의 개요

전쟁위험은 실제로 국가와 국가 사이의 군사가 서로 정치적 목적으로 충돌하는 실제적인 전쟁과 전쟁위협도 포함한다. 선장이나 선주가 판단하여 선박, 적재화물, 선상의 선원에게 위험하거나 위험하다고 여겨지는 공포조직이나 어떤 정부가 진행하는 일반 선박, 특정 국가의 선박, 소유 선박, 특정 화물, 선원 등을 상대로 하는 제한이나 이외의 봉쇄 등을 포함한다.

선주나 선장이 용선운송계약에 의하여 본선에 화물의 선적을 시작하기 전에 전쟁위험에 직면하였다고 판단하는 경우에는 선주가 체결한 용선계약의 이행을 거절할 수 있다. 용선자가 선적항 혹은 양륙항을 지정하기로 약정하였는데 전쟁위험에 직면하게 되면 선주는 용선자에게 일련의 항구 중 선적항 혹은 양륙항을 대체할 항구를 지정하여 줄 것을 서면으로 통지하여야 한다. 용선자가 통지를 받고 48시간 내에 항구를 지정하지 않으면 선주는 용선자와의 용선계약을 해약할 수 있다.

선주나 선장이 판단하여 선박, 적재화물, 선원 등이 전쟁위험에 직면할 가능성이 있을 때 선주에게 어떤 항차를 위해서 계속 선적하거나 어떤 항구 또는 지점에서 선화증권을 발행하고 운송하거나 어떤 항해를 진행하기 위하여 항구 또는 지점에서 정박을 요구할 수 없다. 선주가 임의로 양륙을 한 경우 용선운송계약에서 약정한 양륙항에서 양륙이 이루어진 것처럼 운임을 수취할 수 있고 양륙작업으로 인하여 발생한 비용 등을 청구할 수가 있다. 선주 또는 선장이 선적을 개시한 후, 항해 중의 어떤 단계에서 선박, 적재화물, 선원 등이 전쟁위험에 직면할 수 있다고 판단한 때에, 양륙 항구까지 긴 항해거리가 남아 있으면 선주는 용선자에게 새로 선택할 항로를 통지하여야 한다. 선주는 법률, 기국 정부, 국제법률 단체 등의 명령, 지시, 건의, 권고 등에 따라 입항, 출항, 항행, 항구 접안, 항해 중단, 목적항 도착, 양륙, 인도, 기타의 행위를 한다.

### 18) 결빙

#### ① 조항의 내용

| | |
|---|---|
| 18. General Ice Clause | 18. 공동 결빙 조항 |
| (1) Port of loading | (1) 선적항 |
| (a) In the event of the loading port being inaccessible by reason of ice when the Vessel is ready to proceed from her last port or at any time during the voyage or on the Vessel's arrival or in case frost sets in after the Vessel's arrival, the Master for fear of being frozen in is at liberty to leave without cargo, and this Charter Party shall be null and void. | (a) 본선이 바로 앞 전 항구에서 곧 출항 준비를 하고 있거나 혹은 항해중의 어떤 시간에 있거나 혹은 선박이 선적항에 도착했거나 혹은 선박이 항구에 도착 한 후에 결빙의 발생으로 선적지점으로 접근이 불가능할 때 선장은 결빙을 걱정하여 화물을 선적하지 않고 떠날 자유를 가지고 있으며 본 계약은 무효가 된다. |
| (b) If during loading the Master, for fear of the Vessel being frozen in, deems it advisable to leave, he has liberty to do so with what cargo he has on board and to proceed toany other port or ports with option of completing cargo for the Owners' benefit for any port or ports including port of discharge. Any part cargo thus loaded under this Charter Party to be forwarded to destination at the Vessel's expense but against payment of freight, | (b) 만약 화물 선적 과정 중에 선장은 선박이 동결될 것을 걱정하여 급히 출항하는 것이 유리하다고 판단될 경우 이미 선적된 화물을 싣고 본 항구를 떠날 자유를 가지며 선주의 이익을 위해 기타 어떠한 항구로 가서 화물을 싣고 원래의 양륙항을 포함하여 기타 어떠한 항구로 항해할 수 있다. 본 계약에 근거하여 이미 선적한 어떠한 부분 화물은 용선자에게 액수외의 비용을 증가하지 않는 조건하에 선주는 목적항 |

352

provided that no extra expenses be thereby caused to the Charterers, freight being paid on quantity delivered (in proportion if lumpsum), all other conditions as per this Charter Party.
(c) In case of more than one loading port, and if one or more of the ports are closed by ice, the Master or the Owners to be at liberty either to load the part cargo at the open port and fill up elsewhere for their own account as under section (b) or to declare the Charter Party null and void unless the Charterers agree to load full cargo at the open port.
(2) Port of discharge
(a) Should ice prevent the Vessel from reaching port of discharge the Charterers shall have the option of keeping the Vessel waiting until the re- opening of navigation and paying demurrage or of ordering the Vessel to a safe and immediately accessible port where she can safely discharge without risk of detention by ice. Such orders to be given within 48 hours after the Master or the Owners have given notice to the Charterers of the impossibility of reaching port of destination.
(b) If during discharging the Master for fear of the Vessel being frozen in deems it advisable to leave, he has liberty to do so with what cargo he has on board and to proceed to the nearest accessible port where she can safely discharge.
(c) On delivery of the cargo at such port, all conditions of the Bill of Lading shall apply and the Vessel shall receive the same freight as if she had discharged at the original port of destination, except that if the distance of the substituted port exceeds 100 nautical miles, the freight on the cargo delivered at the substituted port to be increased in proportion.

까지 도착해야 선주는 운임을 수취할 수 있다. 운임은 인도하는 화물 수량에 따라 지불되어야 하고 용선운송 같은 운임은 비율에 따라 지불하고 기타 조건은 본 계약 규정에 따른다.
(c) 많은 선적항 중에서 한 곳 또는 몇 곳의 항구가 결빙으로 인하여 봉쇄되었을 때, 선장 혹은 선주는 통항 항구에서 부분 화물을 선적하거나 (b)항 규정에 따라 선주의 이익을 위하여 기타 항구에서 화물을 만재할 선택권을 가지며 용선자가 통항 항구에서 화물을 만재할 것을 동의하지 않을 경우 계약을 무효로 선포한다.
(2) 양륙항
(a) 만약 결빙으로 인해 본선이 양륙항으로 접안하지 못할 때, 용선자는 체선료 지불로 본선을 대기시켜 통항 회복을 기다리거나 혹은 선박을 안전하게 하역하고, 결빙으로 인한 체선의 위험이 없는 가까운 안전한 항구로의 항해를 지시할 수 있는 선택권을 가진다. 본 항은 반드시 선장 혹은 선주가 용선자에게 본선의 목적항 입항불가 통지 전달 후 48시간 내에 지시해야 한다.

(b) 만약 양륙기간에 선장은 본선이 동결될 것을 우려하여 본 항구에서 출항하는 것이 유리하다고 여겨졌을 때 그는 본선이 양륙하지 않은 화물과 함께 안전하게 양륙할 수 있는 가까운 입항 가능한 항구로의 이동을 자유롭게 결정할 수 있다.
(c) 모든 선화증권의 조항을 균등하게 이러한 항구에서 화물을 인도할 때 적용되며, 원래 정한 목적항에서의 양륙과 마찬가지로 선주는 동일한 운임을 수취할 권리를 가진다. 단, 만약 대체 항구까지의 거리가 100해리를 넘을 경우 대체 항구에서 지불되는 화물의 운임은 비율에 의해 증가 지불된다.

② 조항의 개요

선주가 선박이 전 항구에서 용선운송계약의 실행을 위하여 출항준비를 하고 있거나, 항해 중이거나, 선적을 위하여 항구에 도착하였지만 결빙이 발생하여 선적지점으로 접근이 불가능하다고 판단하여 화물을 선적하지 않고 출항하면 용선운송계약은 무효가 된다. 선주가 화물의 선적 중에 결빙을 우려하여 출항하는 것이 유리하다고 판단될 경우 이미 선적된 화물만 싣고 출항할 수 있다. 용선자는 결빙때문에 본선이 양륙항에 접안하지 못할 경우, 체선료를 지불하는 조건으로 본선을 대기시켜 해빙을 기다리거나 선박을 안전하게 정박시키거나 결빙이 없는 가까운 안전한 항구로 항해를 지시할 수 있는 선택권을 가진다.

## 19) 법과 중재

### ① 조항의 내용

| | |
|---|---|
| 19. Law and Arbitration<br>(a) This Charter Party shall be governed by and construed in accordance with English law and any dispute arising out of this Charter Party shall be referred to arbitration in London in accordance with the Arbitration Acts 1950 and 1979 or any statutory modification or re-enactment thereof for the time being in force. Unless the parties agree upon a sole arbitrator, one arbitrator shall be appointed by each party and the arbitrators so appointed shall appoint a third arbitrator, the decision of the three-man tribunal thus constituted or any two of them, shall be final. On the receipt by one party of the nomination in writing of the other party's arbitrator, that party shall appoint their arbitrator within fourteen days, failing which the decision of the single arbitrator appointed shall be final.<br>For disputes where the total amount claimed by either party does not exceed the amount stated in Box 25 the arbitration shall be conducted in accordance with the Small Claims Procedure of the London Maritime Arbitrators Association. | 19. 법과 중재<br>(a) 본 용선계약서는 영국법 조정과 영국법 해석에 따른다. 본 용선계약 아래 발생하는 어떠한 논쟁도 1950년과 1979년 중재법 혹은 그 후에 수정된 법 혹은 현재 런던에서 중재 회부되는 현재 효력있는 법률을 따른다. 당사 쌍방이 전임 중재인을 선임한 것이 아니라면 각 측에서 모두 한 명씩 중재인을 지명하고 이미 지명된 중재인은 다시 공동으로 제 세번째 중재인을 지명하여 세 명의 중재인으로 조성된 중재정 혹은 두명으로 구성된 중재정이 내리는 판결을 최종 판결로 인정한다. 또 한 측의 당사자는 상대측에서 이미 중재인 지명의 서면 통지를 받은 후 14일 안에 자신의 중재인을 지명해야 한다. 그렇지 않으면 이미 지명된 중재인이 전임 중재인으로 여겨져서 본 안을 판결하고, 그 판결을 최종으로 한다. 만약 당사 쌍방 논쟁의 표시 액수가 칸 25규정의 액수를 넘지 않을 경우 런던 해사중재위원회의 소액중재 과정에 따라 중재한다. |
| (b) This Charter Party shall be governed by and construed in accordance with Title 9 of the United States Code and the Maritime Law of the United States and should any dispute arise out of this Charter Party, the matter in dispute shall be referred to three persons at New York, one to be appointed by each of the parties hereto, and the third by the two so chosen; their decision or that of any two of them shall be final, and for purpose of enforcing any award, this agreement may be made a rule of the Court. The proceedings shall be conducted in accordance with the rules of the Society of Maritime Arbitrators, Inc..<br>For disputes where the total amount claimed by either party does not exceed the amount stated in Box 25 the arbitration shall be conducted in accordance with the Shortened Arbitration Procedure of the Society of Maritime Arbitrators, Inc.. | (b) 본 계약은 미국 법령 제9장과 미국 해사법의 규정이 제시하는 조정과 해석에 따르며 본 계약 아래 발생하는 어떠한 논쟁은 뉴욕의 3인 중재에 회부한다. 매 각측 당사자는 각자 모두 한 명의 중재인을 지명하고 다시 이 두 명의 중재인이 제 세번째 중재인을 지명하고 세 명 혹은 두 명의 중재인이 내린 판결이 최종이 된다. 본 협의에 근거하여 법원이 판결을 집행하도록 청구할 수 있다. 중재 과정은 해사 중재원 협회의 규칙을 존중하고 따른다.<br><br>만약 쌍방 논쟁의 표시 액수가 증서 란 25에 규정한 액수를 넘지 않을 경우 미국 해사중재원 협회의 소액중재 과정에 따라 중재한다. |
| (c) Any dispute arising out of this Charter Party shall be referred to arbitration at the place indicated in Box 25, subject to the | (c) 본 계약 아래 발생한 어떠한 논쟁도 칸 25에 기재한 지점에 따라 중재를 회부하고 본 지점의 중재과정에 따라 중재한다. 칸 25에 기록 |

procedures applicable there. The laws of the place indicated in Box 25 shall govern this Charter Party.

(d) If Box 25 in Part 1 is not filled in, sub-clause (a) of this Clause shall apply.

 (a), (b) and (c) are alternatives; indicate alternative agreed in Box 25.

 Where no figure is supplied in Box 25 in Part 1, this provision only shall be void but the other provisions of this Clause shall have full force and remain in effect.

한 중재지의 법률은 본 계약을 제한한다.

(d) 만약 제1부의 칸 25에 어떤 사항이 기재되지 않았다면, 본 항의 부속 항 (a)의 내용을 적용한다. 이상 (a), (b) 그리고(c)항은 선택 가능하며,

동의된 내용을 칸 25에 기록한다. 제1부의 칸 25에 숫자가 기입되지 않았다면 이 조항은 단지 무효이고 본 조항의 다른 항이 사실상 효력을 발생하게 된다.

② 조항의 개요

본 용선계약서는 영국법의 조정과 영국법의 해석에 따른다. 본 용선계약과 관련하여 발생하는 분쟁은 현시점에 런던에서 적용하는 중재 법률을 따른다. 당사자 쌍방이 전임 중재인을 선임한 것이 아니라면 각 측에서 모두 1명씩 중재인을 지명하고 이미 지명된 중재인은 다시 공동으로 세번째 중재인을 지명하여 3명 또는 2명이 내린 판결을 최종 판결로 한다. 만약 당사 쌍방 논쟁의 액수가 소액인 경우에는 런던 해사중재위원회의 소액중재를 따른다.

본 계약은 미국 법령과 미국 해사법의 규정이 제시하는 조정과 해석에 따른다. 본 계약과 관련하여 발생하는 모든 논쟁은 뉴욕의 3인 중재에 회부한다. 당사자는 각자 모두 한 명의 중재인을 지명하고 다시 이 두 명의 중재인이 세번째 중재인을 지명하고 3명 혹은 2명의 중재인이 내린 판결을 최종 판결로 한다. 만약 당사 쌍방 논쟁의 액수가 소액인 경우에는 미국 해사중재원협회의 소액중재 과정에 따라 중재한다.

# 제 9 장

# 국제복합운송 관련 국제관습과 MT 협약 및
# UNCTAD/ICC 복합운송증권 규칙

## 제 1 절  국제복합운송과 컨테이너 화물운송

### 1. 국제복합운송

#### (1) 국제복합운송

국제복합운송(international combined transport)은 국제복합운송인이 화물을 이종의 운송수단이나 단일의 운송수단으로 운송하는 것을 약정하는 국제복합운송계약을 체결하고 화물을 인수한 이후에 특정 국가의 지정된 지점에서 다른 국가의 지정된 지점까지 두 가지 이상의 운송수단을 이용하여 운반하고 수화인에게 인도하는 화물운송을 의미한다.

#### (2) 국제복합운송과 관련 국제협약

국제복합운송계약에  적용하는  법규로는  UN  국제물건복합운송협약(United  Nations Convention on International Multimodal Trans port of Goods, 1980), UNCTAD(UN무역개발회의)/ICC(국제상업회의소) 복합운송증권규칙(Rules for Multimodal Transport Documents 1992)이 대표적이다. 복합운송증권(Multimodal Transport Document : MTD)은 선박, 철도열차, 항공기, 화물차 등으로 운송을 하기 위하여 복합운송인이 화물을 수령하였다는 것을 증명하는 권리증권인 동시에 유가증권이다. 복합운송증권은 해양 선화증권을 변형한 것이다.

## (3) 국제복합운송증권의 유형

### 1) 헤이그 규칙 복합운송증권

헤이그 규칙 복합운송증권은 헤이그 규칙을 근거로 하여 업계에서 사용하는 양식이다. 운송에서 화물에 손해가 발생한 경우 손해발생구간에 적용하는 국제규칙에 따라, 손해발생구간이 확인되지 않으면 모든 사안을 헤이그 규칙에 따라 처리한다.

### 2) 국제상업회의소 복합운송통일규칙 복합운송증권

국제상업회의소 복합운송통일규칙 복합운송증권은 국제상업회의소가 1975년에 제정한 복합운송통일규칙에 의거하여 발행된 증권이다. 국제상업회의소 복합운송통일규칙 복합운송증권을 사용할 때에는 국제상업회의소 발행 298호 복합운송통일규칙을 준수하여 발행된 유통성 또는 비유통성 복합운송증권(negotiable or non-negotiable combined transport document issued subject to uniform rules for a combined transport document, ICC publication No.298)이라는 표시를 하여야 한다.

### 3) 국제운송주선인협회 복합운송 선화증권

국제운송주선인협회 복합운송 선화증권(FIATA Combined Transport Document Bills of Lading)은 국제운송주선인협회의 회원들이 제정한 양식이다. 제운송주선인의 책임에 관한 사항은 국제운송주선인연맹 복합운송선화증권 표준약관(Standard Conditions gove rning the FIATA Multimodal Transport Bill of Lading 1992)에 규정되어 있다.

### 4) UNCTAD/ICC 복합운송증권 규칙 복합운송증권

UNCTAD/ICC 복합운송증권 규칙 복합운송증권은 UNCTAD/ICC 복합운송증권 규칙이 1992년부터 시행되면서 제정한 양식이다. UNCTAD/ICC 복합운송증권 규칙에서 복합운송증권은 유통성 형식으로 발행하거나 특정 수화인이 지정된 비유통성 형식으로 복합운송인이 발행하는 증권이다. 복합운송증권에 송화인이 계량, 계수하고 송화인이 컨테이너에 적입하였다는 명시가 있다면 복합운송인이 그러한 물품을 인수하였다는 사실의 증거가 된다. UNCTAD/ICC 복합운송증권 규칙 복합운송증권을 국제복합운송계약을 체결하고 사용할 때는 UNCTAD/ICC 복합운송증권 규칙을 준수하여 발행된 유통성 또는 비유통성 복합운송증권(negotiable or non-negotiable multimodal transport document subject to UNCTAD/ICC rules for multimodal transport document)이라는 표시를 하여야 한다.

## 2. 컨테이너 화물운송

### (1) 컨테이너 화물운송

컨테이너 화물운송은 컨테이너를 활용한 화물의 운송이다. 컨테이너는 화물의 단위화를 목적으로 견고하고 편리하게 취급할 수 있도록 제작한 운송용기이다. 그래서 컨테이너는 물품의 특성에 따라 운송하기에 필요한 장치 및 용적을 갖추어 용도별로 다양르게 제작되고 있다. 더욱이 컨테이너는 경제성, 견고성, 안전성, 야적성(野積性), 신속성이라는 특수성 때문에 복합운송체제에 적합한 운송용기로 인정받아 그 수요가 점점 증가하고 있는 실정이다. 특히 컨테이너는 반복하여 사용할 수 있기 때문에 오늘날 복합운송에서 필수적인 운송용기로서의 역할을 다하고 있다.

### (2) 컨테이너 화물운송의 대상화물

컨테이너로 운송할 수 있는 화물은 전자제품, 피복류, 시계, 의약품 등과 같은 최적화물(prime containerized cargo), 철제류, 피혁제품, 철판 등과 같은 적합화물(suitable containerizedable cargo), 선철, 고철 등과 같은 한계화물(marginal containerized cargo), 성질, 용적, 중량 등이 그 특성상 그리고 법령이나 규제에 따라 컨테이너에 적입할 수 없는 부적합화물(unsuitable containerized cargo 등으로 구분할 수 있다.

### (3) 컨테이너 화물운송의 운임

컨테이너 화물운송의 운임은 기본운임, 할증료, 부가요금 등으로 구성된다. 컨테이너 화물운송의 기본운임은 중량톤(weight ton: W/T)과 용적톤(measurement ton: M/T) 중에서 높은 쪽을 계산톤(revenue ton: R/T)으로 하여 계산톤에 기본운임률을 곱하여 산정한다. 컨테이너 화물운송의 할증료로는 통화할증료, 유류할증료 등이 있다.

### (4) 컨테이너 화물운송의 운임 유형

컨테이너 화물운송의 운임 유형으로는 극동지역의 운임, 미국 내륙지점의 운임, 북미의 컨테이너 적치장 인도요금, 철도화물 집화소 인도요금 등으로 구분할 수 있다. 이외에도 지역적으로 각 실정에 맞는 운임 유형이 존재한다.

## (5) 컨테이너 화물운송 관련 국제협약

### 1) 컨테이너 통관협약[1]

컨테이너 통관협약(Customs Convention on Container 1956 : CCC 협약)은 1956년 유럽경제위원회가 채택하였고 우리나라는 1984년 10월에 가입하였다. 컨테이너 통관협약은 체약국 상호간에 수입화물을 운송하기 위하여 체약국에 일시 수입된 컨테이너를 3개월 이내에 재수출하는 경우에 수입세를 면제하고 국제보세운송에서 체약국 정부의 세관에서 봉인하는 것을 존중하는 것을 주요 내용으로 한다.

### 2) 국제도로운송증권에 의해 담보되는 화물의 국제운송에 관한 통관협약

국제도로운송증권에 의해 담보되는 화물의 국제운송에 관한 통관협약(Customs Convention on the International Transport of Good under Cover of Carnets; Transport International Routiere: TIR 협약)은 1959에 유럽경제위원회가 채택하였고 1981년에 발효되었다. 우리나라는 1981년 10월에 가입하였다. 본 협약은 컨테이너 내에 적입된 화물이 특정국가를 경유하여 목적지까지 운송하는 경우 관세법상의 특례 인정, 체약국이 도로로 운송하는 컨테이너 화물에 대하여 경유지 세관에서 수출세나 수입세의 납부 면제, 공탁 면제, 경1유지 세관의 세관검사 면제 등을 주요 내용으로 한다.

### 3) 국제 통과화물에 관한 통관협약

국제 통과화물에 관한 통관협약(Customs Convention on the International Transit of Goods : ITI 협약)은 관세협력이사회가 1971년에 채택하였다. 국제 통과화물에 관한 통관협약은 각종의 운송수단인 육상운송, 항공운송, 해상운송 등을 모두 대상으로 하고 있다.

### ④ 국제 컨테이너 안전협약

국제 컨테이너 안전협약(International Convention for Safe Container : CSC 협약)은 1972년 UN과 국제해사기구가 채택하고 1977년 9월에 발효되었으며 우리나라는 1979년 12월에 가입하였다. 국제 컨테이너 안전협약은 컨테이너 화물운송 종사자들의 인명안전을 확보하기 위한 컨테이너의 기준을 협정하는 것이 목적이다. 컨테이너 관리 및 화물의 적출입에 관여하는 종사자들의 인명안전 확보 등을 위해 컨테이너에 안전승인판(safety approval plate)을 부착하도록 규정하고 있다.

---

1) 송선욱, 국제운송론, 두남, 2009, pp.403-405 참조; 옥선종, 김웅진, 추창엽, 국제복합운송론, 두남, 1997, pp.560-563 참조; 전순환, 국제운송물류론, 한올출판사, 2007, pp.173-175 참조.

# 제2절   UN 국제물건복합운송 협약

## 1. UN 국제물건복합운송 협약의 의의와 운용

### (1) UN 국제물건복합운송 협약의 의의

UN 국제복합운송조약(United Nations Convention on International Multimodal Transport of Goods, Geneva, 24 May 1980)은 복합운송에서 운송인의 책임과 계약에 관한 사항을 객관적으로 규율하기 위하여 국제연합에서 결정한 협약이다. UN 국제물건복합운송 협약은 복합운송에 관한 협약(Multimodal Transport : MT 협약)이라고도 한다. UN 국제물건복합운송 협약은 국제복합운송업계에서는 자국을 경유하는 운송경로에서 운송수단과 운송인들을 규율하는 법과 규칙들이 자국에 유리하게 제정되어 있는 문제를 해결하기 위하여 제정한 것이다.

### (2) UN 국제물건복합운송 협약의 운용

#### 1) 각국의 국내법과 국제협약 인정

UN 국제물건복합운송 협약은 운송운영의 관리 및 규제를 함에 있어서 각국의 국내법과 국제협약을 적용하는 데에 영향을 주지 않는다. 그리고 복합운송 운영자와 그 운영을 국가적 차원에서 관리하고 규제하여야 할 각국의 권리를 인정한다.

#### 2) 국제물건복합운송의 발전 추구

UN 국제물건복합운송 협약은 국제물건복합운송의 발전을 위하여 운송에 관한 신기술의 도입, 국내운송인과 운영인의 복합서비스에의 참여, 국제물건복합운송에 소요되는 비용의 효율화, 각국 노동력의 활용, 개발도상국들의 복합운송발전 지원, 복합운송 이용자와 제공자의 동등한 수익 제고, 통과국의 통관절차 간소화 등을 추구한다.

#### 3) 국제물건복합운송 당사국 및 당사자의 공동이익 모색

UN 국제물건복합운송 협약은 선진국과 개발도상국의 이익을 추구하는 방향으로 운용된다. 국제물건복합운송을 위하여 신기술을 도입하는 경우 복합운송인, 화주, 화주단체 및 해당 국가의 국가기관 사이에 협의를 한다.

## 2. UN 국제물건복합운송 협약의 규정

### (1) 제1부 UN 국제물건복합운송 협약의 용어 정의와 적용범위

### 1) 용어의 정의

#### ① 조항의 내용

| | |
|---|---|
| Part I-General Provisions<br>Article 1-Definitions<br>For the purposes of this Convention:<br>1. 'International multimodal transport' means the carriage of goods by at least two different modes of transport on the basis of a multimodal transport contract from a place in one country at which the goods are taken in charge by the multimodal transport operator to a place designated for delivery situated in a different country. The operations of pick-up and delivery of goods carried out in the performance of a unimodal transport contract, as defined in such contract, shall not be considered as international multimodal transport.<br>2. 'Multimodal transport operator' means any person who on his own behalf or through another person acting on his behalf concludes a multimodal transport contract and who acts as a principal, not as an agent or on behalf of the consignor or of the carriers participating in the multimodal transport operations, and who assumes responsibility for the performance of the contract.<br>3. 'Multimodal transport contract' means a contract whereby a multimodal transport operator undertakes, against payment of freight, to perform or to procure the performance of international multimodal transport.<br>4. 'Multimodal transport document' means a document which evidences a multimodal transport contract, the taking in charge of the goods by the multimodal transport operator, and an undertaking by him to deliver the goods in accordance with the terms of that contract.<br>5. 'Consignor' means any person by whom or in whose name or on whose behalf a | 제1부 총칙<br>제1조 정의<br>본 협약을 적용하는데 있어:<br>1. '국제복합운송'이란 복합운송인이 화물을 자기의 관리하에 인수한 한 국가의 지점(장소)에서 다른 국가에 위치하고 있는 지정된 인도지점까지 복합운송계약에 의하여 적어도 두 가지 종류 이상의 상이한 운송수단에 의한 화물운송을 의미한다. 어느 단일 운송수단에 의한 운송계약의 이행으로 그러한 계약에 정의된 바대로 행한 집화와 인도는 국제복합운송으로 간주하지 않는다.<br><br>2. '복합운송인'이란 스스로 또는 자신을 대리하여 행하는 타인을 통하여 복합운송계약을 체결하고, 송화인이나 복합운송운영에 참여하는 운송인의 대리인으로서 또는 그러한 운송인을 대신하여서가 아니라 주체로서 행동하고, 또한 계약의 이행에 관한 책임을 지는 자를 의미한다.<br><br>3. '복합운송계약'이란 복합운송인이 운임의 지급을 댓가로 국제복합운송을 실행하거나 또는 그 실행을 확보할 것을 약정하는 계약을 의미한다.<br><br>4. '복합운송증권'이란 복합운송계약과 복합운송인이 자기의 관리하에 화물을 인수하였다는 것 및 그 계약의 조건에 따라서 운송인이 화물을 인도할 의무를 부담하는 것을 증명하는 증권을 의미한다.<br><br>5. '송화인'이란 스스로 또는 자기명의로 또는 |

| | |
|---|---|
| multimodal transport contract has been concluded with the multimodal transport operator, or any person by whom or in whose name or on whose behalf the goods are actually delivered to the multimodal transport operator in relation to the multimodal transport contract. | 대리인에 의하여 복합운송인과 복합운송계약을 체결한 자, 또는 스스로 또는 자기명의로 또는 대리인에 의하여 복합운송계약과 관련하여 화물을 복합운송인에게 실제로 인도하는 자를 의미한다. |
| 6. 'Consignee' means the person entitled to take delivery of the goods. | 6. '수화인'이란 화물을 인도받을 권리를 가진 자를 의미한다. |
| 7. 'Goods' includes any container, pallet or similar article of transport or packaging, if supplied by the consignor. | 7. '화물'이란 만일 송화인에 의해 공급된 것인 경우에는 컨테이너, 팰리트 또는 유사한 운송용구나 포장용구를 포함한다. |
| 8. 'International convention' means an international agreement concluded among States in written form and governed by international law. | 8. '국제협약'이란 국가들간에 문서형식으로 체결되고 국제법의 적용을 받는 국제적 합의를 의미한다. |
| 9. 'Mandatory national law' means any statutory law concerning carriage of goods the provisions of which cannot be departed from by contractual stipulation to the detriment of the consignor. | 9. '강행국내법'이란 화물운송에 관한 법률로서 계약조항으로 그 규정을 송화인에게 불이익이 되게 변경할 수 없는 성문법을 의미한다. |
| 10. 'Writing' means, inter alia, telegram or telex. | 10. '문서'란 특히 전보 및 텔렉스를 포함한다. |

② 조항의 개요

본 협약의 규정에서 사용하는 국제복합운송, 복합운송인, 복합운송계약, 복합운송증권, 송화인, 수화인, 화물, 국제협약, 강행 국내법, 문서 등에 대한 의미를 규정하고 있다. 특히 화물은 만일 송화인에 의해 공급된 것인 경우에는 컨테이너, 화물받침대 또는 유사한 운송용구나 포장용구를 포함하는 것으로 규정하고 있다.

## 2) 적용범위

① 조항의 내용

| | |
|---|---|
| Article 2-Scope of application<br>The provisions of this Convention shall apply to all contracts of multimodal transport between places in two States, if:<br>(a) The place for the taking in charge of the goods by the multimodal transport operator as provided for in the multimodal transport contract is located in a Contracting State, or<br>(b) The place for delivery of the goods by the multimodal transport operator as provided for in the multimodal transport contract is located in a Contracting State. | 제2조 적용범위<br>본 협약의 규정은 다음과 같은 경우의 두 국가 간의 모든 복합운송계약에 적용한다.<br><br>(a) 복합운송인이 복합운송계약에 규정된대로 화물을 자기의 관리하에 인수한 곳이 체약국에 있을 때, 또는<br><br>(b) 복합운송인이 복합운송계약에 규정된대로 화물을 인도한 곳이 체약국에 있을 때. |

② 조항의 개요

본 협약의 규정은 복합운송인이 복합운송계약에 따라 운송물을 인수한 장소가 체약국에 있거나, 운송물을 인도한 장소가 체약국에 있을 때 두 국가 사이의 복합운송계약에 적용하는 것을 원칙으로 한다.

### 3) 강행적 적용

① 조항의 내용

| Article 3-Mandatory application<br>1. When a multimodal transport contract has been concluded which according to article 2 shall be governed by this Convention, the provisions of this Convention shall be mandatorily applicable to such contract.<br>2. Nothing in this Convention shall affect the right of the consignor to choose between multimodal transport and segmented transport. | 제3조 강행적 적용<br>1. 제2조에 의거 본 협약에 의해 규율되는 복합운송계약이 체결된 때에는 본 협약의 규정은 그러한 계약에 강행적으로 적용된다.<br><br>2. 본 협약의 여하한 규정도 송화인이 복합운송과 구간별 운송 중에서 선택할 수 있는 권리에 영향을 미치지 않는다. |
| --- | --- |

② 조항의 개요

본 협약을 원용하는 복합운송계약이 당사자 사이에 체결된 경우에는 강행적으로 적용되지만 어떠한 규정도 송화인이 복합운송과 구간별 운송 중에서 선택할 수 있는 권리에 영향을 미치지 않는다.

### 4) 복합운송의 규율과 규제

① 조항의 내용

| Article 4-Regulation and control of multimodal transport<br>1. This Convention shall not affect, or be incompatible with, the application of any international convention or national law relating to the regulation and control of transport operations.<br>2. This Convention shall not affect the right of each State to regulate and control at the national level multimodal transport operations and multimodal transport operators, including the right to take measures relating to consultations, especially before the introduction of new technologies and services, between multimodal transport operators, shippers, shippers' organizations and | 제4조 복합운송의 규율과 규제<br><br>1. 본 협약은 운송운영의 규율과 규제에 관한 국내법이나 국제협약의 적용에 영향을 미치거나 그것과 저촉되지 않는다.<br><br>2. 본 협약은 특히 새로운 기수로가 서어비스를 도입하기 이전의 복합운송인, 화주, 화주기구(단체) 및 유관국가기관간의 서어비스조건에 관한협의, 복합운송인의 면허, 운송에의 참여 및 국가경제적 상업적 이해에 대한 그 밖의 모든 조치에 관한 권리를 포함하여 각국이 국가적인 차원에서 복합운송업과 복합운송인에 대하여 규율하고 규제할 수 있는 권리에 영향을 |
| --- | --- |

| | |
|---|---|
| appropriate national authorities on terms and conditions of service; licensing of multimodal transport operators; participation in transport; and all other steps in the national economic and commercial interest. | 미치지 않는다. |
| 3. The multimodal transport operator shall comply with the applicable law of the country in which he operates and with the provisions of this Convention. | 3. 복합운송인은 자기가 영업을 하고 있는 나라에서 적용되는 법률 및 본 협약의 규정을 준수하여야 한다. |

② 조항의 개요

본 협약은 복합운송과 관련한 규율과 규제에 관한 국내법이나 국제협약을 인정한다. 본 협약은 복합운송에 신기술을 도입하기 위한 조치, 국가 경제적 이해와 관련한 모든 조치 등에 관한 권리를 포함하여 각국이 국가적인 차원에서 복합운송업과 복합운송인에 대하여 규율하고 규제할 수 있는 권리에 영향을 미치지 않는다. 복합운송인은 본인이 영업을 하고 있는 나라에서 복합운송을 적용하는 법률 및 본 협약의 규정을 준수하여야 한다.

### (2) 제2부 UN 국제물건복합운송 협약의 증서

#### 1) 복합운송증권의 발급

##### ① 조항의 내용

| Part II-Documentation<br>Article 5-Issue of multimodal transport document | 제2부 증서<br>제5조 복합운송증권의 발급 |
|---|---|
| 1. When the goods are taken in charge by the multimodal transport operator, he shall issue a multimodal transport document which, at the option of the consignor, shall be in either negotiable or non-negotiable form. | 1. 복합운송인은 화물을 자기의 관리하에 인수한 때에는 송화인의 선택에 따라 유통성증권의 형태 또는 비유통성증권 형태의 복합운송증권을 발급하여야 한다. |
| 2. The multimodal transport document shall be signed by the multimodal transport operator or by a person having authority from him. | 2. 복합운송증권은 복합운송인 또는 그로부터 권리를 부여받은 자가 서명하여야 한다. |
| 3. The signature on the multimodal transport document may be in handwriting, printed in facsimile, perforated, stamped, in symbols, or made by any other mechanical or electronic means, if no inconsistent with the law of the country where the multimodal transport document is issued. | 3. 복합운송증권이 발행되는 국가의 법에 위반되지 않는 한, 복합운송증권의 서명은 자필, 복사, 인쇄, 천공, 압인, 부호 기타의 기계적 또는 전자적 방법으로 할 수 있다. |
| 4. If the consignor so agrees, a non-negotiable multimodal transport document may be issued by making use of any mechanical or other means preserving a record of the particulars | 4. 송화인이 합의할 경우에는 제8조에 규정된 복합운송증권에 포함되어야 할 명세들의 기록을 보존하는 기계적 또는 기타의 방법을 사용하여 비유통성 복합운송증권을 발급할 수 있 |

| | |
|---|---|
| stated in article 8 to be contained in the multimodal transport document. In such a case the multimodal transport operator, after having taken the goods in charge, shall deliver to the consignor a readable document containing all the particulars so recorded, and such document shall for the purposes of the provisions of this Convention be deemed to be a multimodal transport document. | 다. 그러한 경우 복합운송인은 화물을 자신의 관리하에 인수한 후 기록되어 있는 모든 명세를 포함하고 있는 판독이 가능한 증권을 송화인에게 인도하여야 하며, 그러한 증권은 협약의 적용에 있어 복합운송증권으로 간주된다. |

## ② 조항의 개요

복합운송인은 운송물을 본인이 관리할 수 있는 상태로 인수한 때에는 송화인의 선택에 따라 유통성증권의 형태 또는 비유통성증권 형태의 복합운송증권을 발급하여야 한다. 복합운송증권이 발행되는 국가의 법에 위반되지 않는 한, 복합운송증권의 서명은 자필, 복사, 인쇄, 천공, 압인, 부호 기타의 기계적 또는 전자적 방법으로 할 수 있다.

### 2) 유통성 복합운송증권

#### ① 조항의 내용

| | |
|---|---|
| Article 6-Negotiable multimodal transport document<br>1. Where a multimodal transport document is issued in negotiable form:<br>(a) It shall be made out to order or to bearer;<br>(b) If made out to order it shall be transferable by endorsement;<br>(c) If made out to bearer it shall be transferable without endorsement; (d) If issued in a set of more than one original it shall indicate the number of originals in the set;<br>(e) If any copies are issued each copy shall be marked 'non-negotiable copy'<br>2. Delivery of the goods may be demanded from the multimodal transport operator or a person acting on his behalf only against surrender of the negotiable multimodal transport document duly endorsed where necessary.<br>3. The multimodal transport operator shall be discharged from his obligation to deliver the goods if, where a negotiable multimodal transport document has been issued in a set of more than one original, he or a person acting on his behalf has in good faith delivered the goods against surrender of one of such originals. | 제6조 유통성 복합운송증권<br>1. 복합운송증권이 유통성증권 형태로 발급되었을 경우<br>(a) 지시식 또는 소지인식으로 작성되어야 하며,<br>(b) 지시식으로 작성된 경우에 복합운송증권은 배서에 의하여 양도할 수 있어야 하며,<br>(c) 소지인식으로 작성된 경우에 복합운송증권은 배서에 의하지 않고 양도할 수 있어야 하며,<br>(d) 2통 이상의 원본이 1조로 발급된 경우는 조를 이루는 원본의 통수를 표시하여야 하고,<br>(e) 사본을 발급할 때는 매 사본마다 '비유통성 사본'이라고 표시하여야 한다.<br>2. 화물의 인도는 필요한 경우 정당하게 배서된 유통성 복합운송증권과의 상환으로만 복합운송인 또는 그를 대신하여 행하는 자에게 청구할 수 있다.<br><br>3. 유통성 복합운송증권이 2통 이상의 원본을 1조로하여 발급된 경우에 복합운송인 또는 그를 대신하여 행하는 사람이 선의로 그러한 원본 중 1통과 상환으로 화물을 인도한 때에는, 복합운송인은 화물을 인도할 의무가 면제된다. |

② 조항의 개요

복합운송증권이 유통증권 형태로 발급되었을 경우 지시식 또는 소지인식으로 작성되어야 한다. 소지인식으로 작성된 경우에 복합운송증권은 배서에 의하지 않고 양도할 수 있어야 한다. 또한 소지인식으로 작성된 경우에 복합운송증권은 배서에 의하지 않고 양도할 수 있어야 G나다. 2통 이상의 원본이 1조로 발급된 경우에는 조를 이루고 있는 원본의 통수를 표시하여야 하고, 사본을 발급할 때는 비유통성사본이라고 표시하여야 한다. 유통성 복합운송증권이 2통 이상의 원본을 1조로 하여 발급된 경우에 복합운송인이나 복합운송인의 대리인이 선의로 그러한 원본 중 1통과 상환으로 운송물을 인도하면 책임은 종료한다.

### 3) 비유통성 복합운송증권의 발급 형식

① 조항의 내용

| Article 7-Non-negotiable multimodal transport 1. Where a multimodal transport document is issued in non-negotiable form it shall indicate a named consignee. 2. The multimodal transport operator shall be discharged from his obligation to deliver the goods if he makes delivery thereof to the consignee named in such non-negotiable multimodal transport document or to such other person as he may be duly instructed, as a rule, in writing. | 제7조 비유통성 복합운송증권 1. 복합운송증권이 비유통성증권의 형태로 발급될 경우에는 지명된 수화인을 증권에 표시하여야 한다. 2. 복합운송인은 그러한 비유통성 복합운송증권상에 표시되어 있는 수화인 또는 그가 일반적으로 서면에 의해 정당하게 지시를 받은 그 밖의 자에게 화물을 인도한 경우에는 화물을 인도할 의무가 면제된다. |
|---|---|

② 조항의 개요

복합운송증권이 비유통성증권의 형태로 발급될 경우에는 지명된 수화인을 증권에 표시하여야 하고 수화인 또는 서면으로 정당하게 지시를 받은 자에게 운송물을 인도하면 책임은 종료한다.복합운송인은 그러한 비유통성 복합운송증권상에 표시되어 있는 수화인 또는 그가 일반적으로 서면에 의해 정당하게 지시를 받은 그 밖의 자에게 화물을 인도한 경우에는 화물을 인도할 의무가 없다.

### 4) 복합운송증권의 내용

① 조항의 내용

| Article 8-Contents of the multimodal transport document 1. The multimodal transport document shall | 제8조 복합운송증권의 내용 1. 복합운송증권에는 다음과 같은 사항이 포함 |
|---|---|

contain the following particulars:

(a) The general nature of the goods, the leading marks necessary for identification of the goods, an express statement, if applicable, as to the dangerous character of the goods, the number of packages or pieces, and the gross weight of the goods or their quantity otherwise expressed, all such particulars as furnished by the consignor;

(b) The apparent condition of the goods;

(c) The name and principal place of business of the multimodal transport operator;

(d) The name of the consignor;

(e) The consignee, if named by the consignor;

(f) The place and date of taking in charge of the goods by the multimodal transport operator;

(g) The place of delivery of the goods;

(h) The date or the period of delivery of the goods at the place of delivery, if expressly agreed upon between the parties;

(i) A statement indicating whether the multimodal transport document is negotiable or non-negotiable;

(j) The place and date of issue of the multimodal transport document;

(k) The signature of the multimodal transport operator or of a person having authority from him;

(l) The freight for each mode of transport, if expressly agreed between the parties, or the freight including its currency, to the extent payable by the consignee or other indication that freight is payable by him;

(m) The intended journey route, modes of transport and places of transhipment, if known at the time of issuance of the multimodal transport document;

(n) The statement referred to in paragraph 3 of article 28;

(o) Any other particulars which the parties may agree to insert in the multimodal transport document, if not inconsistent with the law of the country where the multimodal transport document is issued.

2. The absence from the multimodal transport document of one or more of the particulars referred to in paragraph 1 of this article shall not affect the legal character of the document as a multimodal transport document provided that it nevertheless meets the requirements set out in paragraph 4 of article 1.

되어야 한다.

(a) 화물의 일반적인 성질, 화물의 식별에 필요한 주요 화인, 해당되는 경우 화물의 위험성에 관한 명시 문언, 포장 및 개품의 수, 화물의 총중량 또는 기타의 방법으로 표시된 수량, 기타 송화인이 제출한 모든 사항들

(b) 화물의 외관상태

(c) 복합운송인의 명칭 및 주된 영업소의 소재지

(d) 송화인의 명칭

(e) 송화인이 지명한 경우는 수화인

(f) 복합운송인이 화물을 자기 관리하에 인수한 장소 및 일자

(g) 화물의 인도장소

(h) 당사자 사이에 명시적으로 합의된 경우에는 인도지에서의 화물의 인도기일 또는 기간

(i) 복합운송증권이 유통성인지 비유통성인지를 나타내는 표시

(j) 복합운송증권이 발행된 장소 및 일자

(k) 복합운송인 또는 그로부터 수권한 자의 서명

(l) 당사자 사이에 명시적으로 합의된 경우 각 운송수단별 운임 또는 수화인이 지급할 범위의 운임과 운임으로 지급할 통화 및 운임을 수화인이 지급할 것임을 나타내는 기타의 표시

(m) 예정된 운송경로, 운송수단 및 복합운송증권의 발급시에 알려진 경우에는 환적지

(n) 제28조제3항에 규정된 내용의 기재

(o) 당사자 사이에 복합운송증권에 기재하기로 합의된 기타의 사항으로서 복합운송증권이 발급된 나라의 법률에 위반되지 아니하는 것.

2. 복합운송증권이 이 조 제1항에 규정된 사항 중에서 하나 이상이 결여되어 있더라도 제1조 제4항에 규정된 요건을 충족하는 한 복합운송증권으로서의 증권의 법률적 성질에는 영향을 미치지 않는다.

② 조항의 개요

복합운송증권에는 운송물에 관련한 사항, 복합물건운송계약 당사자의 명칭, 운송물의 인수 및 인도 장소, 운송물의 인수기일 및 인도기일 또는 기간, 복합운송증권의 유통성 여부, 발행 장소 및 일자, 복합운송인 또는 그로부터 수권한 자의 서명, 각 운송수단별 운임, 예정된 운송 경로, 운송수단 및 환적지, 법률 준수 등을 기재하여야 한다.

### 5) 복합운송증권에서의 유보

① 조항의 내용

| | |
|---|---|
| Article 9-Reservations in the multimodal transport document<br>1. If the multimodal transport document contains particulars concerning the general nature, leading marks, number of packages or pieces, weight or quantity of the goods which the multimodal transport operator or a person acting on his behalf knows, or has reasonable grounds to suspect, do not accurately represent the goods actually taken in charge, or if he has no reasonable means of checking such particulars, the multimodal transport operator or a person acting on his behalf shall insert in the multimodal transport document a reservation specifying these inaccuracies, grounds of suspicion or the absence of reasonable means of checking.<br>2. If the multimodal transport operator or a person acting on his behalf fails to note on the multimodal transport document the apparent condition of the goods, he is deemed to have noted on the multimodal transport document that the goods were in apparent good condition. | 제9조 복합운송증권상의 유보<br>1. 복합운송증권에 기재된 화물의 일반적 성질, 주요화인, 포장 또는 개품의 수, 중량 또 수량에 관한 사항이 실제로 자기의 관리하에 인수한 물건을 정확하게 표시하고 있지 아니하는 것을 복합운송인 또는 복합운송인을 대신하여 행하는 자가 알고 있거나, 그렇게 의심할만한 정당한 이유가 있을 때, 또는 그러한 사항을 확인할 적당한 방법이 없을 때에는 복합운송인 또는 복합운송인을 대신하여 행하는 사람은 그러한 부정확성, 의심할 이유 또는 적당한 확인 방법의 결여에 관한 유보사항을 복합운송증권에 기재하여야 한다.<br><br>2. 운송인 또는 운송인을 대신하여 행하는 사람이 복합운송증권에 화물의 외관상태를 기재하지 아니한 때에는 화물이 외관상 양호한 상태에 있었다는 것을 복합운송증권에 기재한 것으로 본다. |

② 조항의 개요

운송인 또는 운송인의 대리인이 복합운송증권에 기재된 운송물의 일반적 성질, 주요화인, 포장 또는 개품의 수, 중량 또 수량에 관한 사항 등이 부정확하다는 것을 알고 있거나, 의심이 가지만 적당한 확인방법이 없을 때에는 부정확성, 의심하는 이유 또는 확인방법의 결여 등에 관한 유보사항을 복합운송증권에 기재하여야 한다. 운송인 또는 운송인의 대리인이 복합운송증권에 운송물의 외관 상태를 기재하지 아니한 때에는 운송물이 양호한 상태에 있었다고 기재한 것으로 간주한다.

## 6) 복합운송증권의 증거력

### ① 조항의 내용

| | |
|---|---|
| Article 10-Evidentiary effect of the multimodal transport document<br>Except for particulars in respect of which and to the extent to which a reservation permitted under article 9 has been entered:<br>(a) The multimodal transport document shall be prima facie evidence of the taking in charge by the multimodal transport operator of the goods as described therein; and<br>(b) Proof to the contrary by the multimodal transport operator shall not be admissible if the multimodal transport document is issued in negotiable form and has been transferred to a third party, including a consignee, who has acted in good faith in reliance on the description of the goods therein. | 제10조 복합운송증권의 증거력<br>제9조에 의하여 허용되는 유보사항 및 그 유보의 범위를 제외하고,<br>(a) 복합운송증권은 복합운송인이 동 증권에 기재된 대로 화물을 자기의 관리하에 인수하였다는 것에 대한 추정증거가 된다.<br>(b) 복합운송증권이 유통증권의 형태로 발행되어 수화인을 포함하여, 그 화물의 기재를 신뢰한 선의의 제3자에게 양도되었을 때에는 복합운송인에 의한 반증은 허용되지 않는다. |

### ② 조항의 개요

복합운송증권은 허용되는 유보사항 및 그 유보의 범위를 제외하고, 복합운송인이 동 증권에 기재된 대로 운송물을 본인이 관리할 수 있는 상태로 인수하였다는 것에 대한 추정증거가 된다. 복합운송증권이 유통증권의 형태로 발행되어 수화인을 포함하여, 그 운송물의 기재를 신뢰한 선의의 제3자에게 양도되었을 때에는 복합운송인에 의한 반증은 허용되지 않는다.

## 7) 고의에 의한 부실기재나 기재누락에 대한 책임

### ① 조항의 내용

| | |
|---|---|
| Article 11-Liability for intentional misstatements or omissions<br>When the multimodal transport operator, with intent to defraud, gives in the multimodal transport document false information concerning the goods or omits any information required to be included under paragraph 1 (a) or (b) of article 8 or under article 9, he shall be liable, without the benefit of the limitation of liability provided for in this Convention, for any loss, damage or expenses incurred by a third party, including a consignee, who acted in reliance on the description of the goods in the multimodal transport document issued. | 제11조 고의에 의한 부실기재나 기재누락에 대한 책임<br>복합운송인이 사기를 하기 위하여 복합운송증권상에 화물에 관한 허위정보를 표시하거나, 제8조 제1항 (a) 또는 (b) 또는 제9조에 의하여 요구되는 정보를 누락시킨 경우에, 복합운송인은 수화인을 포함하여 발급된 복합운송증권상의 화물명세를 신뢰하고 행위를 한 제3자가 입은 손실, 손해 또는 비용에 대하여, 본 협약에 규정된 책임제한의 혜택없이 배상할 책임을 져야 한다. |

② 조항의 개요

복합운송인이 사기를 하기 위하여 복합운송증권에 운송물에 관한 허위정보를 표시하거나, 정보를 누락시킨 경우에, 복합운송인은 수화인과 복합운송증권을 신뢰하고 행위를 한 제3자가 입은 손실, 손해 또는 비용에 대하여, 본 협약에 규정된 책임제한의 규정과 관계없이 배상하여야 한다.

### 8) 송화인에 의한 보증

① 조항의 내용

| | |
|---|---|
| Article 12-Guarantee by the consignor<br>1. The consignor shall be deemed to have guaranteed to the multimodal transport operator the accuracy, at the time the goods were taken in charge by the multimodal transport operator, of particulars relating to the general nature of the goods, their marks, number, weight and quantity and, if applicable, to the dangerous character of the goods, as furnished by him for insertion in the multimodal transport document. | 제12조 송화인에 의한 보증<br>1. 송화인은 복합운송인이 화물을 자기의 관리 하에 인수할 때에 복합운송증권의 기재를 위하여 자기가 제공한 화물의 일반적 성질, 그 확인, 갯수, 중량 및 수량, 그리고 해당되는 경우에 화물의 위험성에 관한 사항이 정확하다는 것을 복합운송인에게 보증한 것으로 본다. |
| 2. The consignor shall indemnify the multimodal transport operator against loss resulting from inaccuracies in or inadequacies of the particulars referred to in paragraph 1 of this article. The consignor shall remain liable even if the multimodal transport document has been transferred to him. The right of the multimodal transport operator to such indemnity shall in no way limit his liability under the multimodal transport contract to any person other than the consignor. | 2. 송화인은 이 조 제1항에 관한 사항이 부정확 또는 부적절로 인하여 발생된 손실에 대하여 복합운송인에게 보상하여야 한다. 송화인은 복합운송증권을 양도한 경우에도 그 책임을 면하지 못한다. 그러한 보상에 관한 복합운송인의 권리는 복합운송계약에 의한 송화인 이외의 모든 사람에 대한 복합운송인의 책임을 결코 제한하지 않는다. |

② 조항의 개요

송화인은 복합운송인이 운송물을 인수할 때에 복합운송증권의 기재를 위하여 제공한 운송물의 일반적 성질, 그 확인, 개수, 중량 및 수량, 그리고 해당되는 경우에 운송물의 위험성에 관한 사항이 정확하다는 것을 복합운송인에게 보증한 것으로 본다. 송화인은 복합운송증권의 기재사실의 부정확 또는 부적절로 인하여 발생된 손실에 대하여 복합운송인에게 보상하여야 한다. 송화인은 복합운송증권을 양도한 경우에도 그 책임을 면하지 못한다. 그러한 보상에 관한 복합운송인의 권리는 복합운송계약에 의한 송화인 이외의 모든 사람에 대한 복합운송인의 책임을 제한하지 않는다.

## 9) 기타 서류

### ① 조항의 내용

| Article 13-Other documents<br>The issue of the multimodal transport document does not preclude the issue, if necessary, of other documents relating to transport or other services involved in international multimodal transport, in accordance with applicable international conventions or national law. However, the issue of such other documents shall not affect the legal character of the multimodal transport document. | 제13조 기타 서류<br>복합운송증권의 발급은 적용되는 국제조약 또는 국내법에 따라 필요한 경우 운송 또는 국제복합운송에 관련된 기타 서어비스에 대한 다른 증권의 발급을 배제하지 않는다. 그러나 이와 같은 다른 증권의 발행은 복합운송증권의 법률적 성질에 영향을 미치지 않는다. |
|---|---|

### ② 조항의 개요

국제조약 또는 국내법에 따라 복합운송증권을 발급한 경우에는 국제복합운송에 관련된 증권을 발행할 수 있는데 복합운송증권의 법률적 성질에 영향을 미치지 않는다.

## (3) 제3부 UN 국제물건복합운송 협약의 복합운송인 책임

### 1) 책임의 기간

### ① 조항의 내용

| Part III-Liability of the Multimodal Transport Operator<br>Article 14-Period of responsibility<br>1. The responsibility of the multimodal transport operator for the goods under this Convention covers the period from the time he takes the goods in his charge to the time of their delivery.<br>2. For the purpose of this article, the multimodal transport operator is deemed to be in charge of the goods:<br>(a) From the time he has taken over the goods from:<br>(i) The consignor or a person acting on his behalf; or<br>(ii) An authority or other third party to whom, pursuant to law or regulations applicable at the place of taking in charge, the goods must be handed over for transport;<br>(b) Until the time he has delivered the goods:<br>  (i) By handing over the goods to the | 제3부 복합운송인의 책임<br>제14조 책임의 기간<br>1. 본 협약에 의한 화물에 대한 복합운송인의 책임은 화물을 복합운송인의 관리하에 인수한 때로부터 화물을 인도할 때까지의 기간에 미친다.<br>2. 이 조를 적용하는데 있어서 다음의 기간에는 화물이 복합운송인의 관리하에 있는 것으로 본다.<br>(a) 복합운송인이 화물을,<br>(i) 송화인 또는 송화인에 갈음하여 행위를 하는 사람, 또는<br>(ii) 인수지에서 적용되는 법령에 따라 운송하기 위하여 화물을 교부하여야 할 당국 또는 기타의 제3자로부터 인수한 때로부터,<br>(b) 복합운송인이 화물을,<br>(i) 수화인에게 화물을 교부함으로써, |
|---|---|

371

consignee; or

    (ii) In cases where the consignee does not receive the goods from the multimodal transport operator, by placing them at the disposal of the consignee in accordance with the multimodal transport contract or with the law or with the usage of the particular trade applicable at the place of delivery; or

    (iii) By handing over the goods to an authority or other third party to whom, pursuant to law or regulations applicable at the place of delivery, the goods must be handed over.

3. In paragraphs 1 and 2 of this article, reference to the multimodal transport operator shall include his servants or agents or any other person of whose services he makes use for the performance of the multimodal transport contract, and reference to the consignor or consignee shall include their servants or agents.

(ii) 수화인이 복합운송인으로부터 화물을 수령하지 아니하는 경우에는 복합운송계약 또는 법률이나 인도지에서 적용되는 특정거래의 관습에 따라서 화물을 수화인의 임의처분 상태로 급부함으로써, 또는

(iii) 인도지에서 적용되는 법령에 따라서 화물을 교부하여야 할 당국 또는 기타의 제3자 에게 화물을 교부함으로써 인도할 때까지,

3. 이 조 제1항 및 제2항에서 복합운송인이란 복합운송계약의 이행을 위하여 복합운송인이 고용하는 사용인이나 대리인 및 기타 그의 업무수행에 필요한 자를 포함하며, 송화인 또는 수화인이란 송화인 또는 수화인의 사용인 또는 대리인을 포함한다.

② 조항의 개요

본 협약에 의한 복합운송인의 책임은 운송물을 복합운송인이 관리할 수 있는 상태로 인수한 때로부터 운송물을 인도할 때까지이다. 운송인이 운송하기 위하여 운송물을 교부하여야 할 당국 또는 기타의 제3자로부터 인수한 때부터 관리하는 것으로 한다. 운송인이 운송물을 수화인에게 화물을 교부함으로써 인도할 때까지 관리하는 것으로 한다.

### 2) 복합운송인의 그 사용인, 대리인 및 그 밖의 사람에 관한 책임

① 조항의 내용

| | |
|---|---|
| Article 15-The liability of the multimodal transport operator for his servants, agents and other persons<br><br>Subject to article 21, the multimodal transport operator shall be liable for the acts and omissions of his servants or agents, when any such servant or agent is acting within the scope of his employment, or of any other person of whose services he makes use for the performance of the multimodal transport contract, when such person is acting in the performance of the contract, as if such acts and omissions were his own. | 제15조 복합운송인의 그 사용인, 대리인 및 그 밖의 사람에 관한 책임<br><br>제21조의 적용을 전제로 하여 복합운송인은 그 직무의 범위내에서 행위를 하고 있는 복합운송인의 사용인이나 대리인 또는 복합운송계약의 이행을 위하여 복합운송인이 고용하는 그 밖의 사람의 작위 또는 부작위에 대하여 복합운송인 자신의 작위 또는 부작위인 것처럼 책임을 진다. |

② 조항의 개요

복합운송인은 그 직무의 범위 내에서 행위를 하고 있는 복합운송인의 사용인이나 대리인 또는 복합운송계약의 이행을 위하여 복합운송인이 고용하는 그 밖의 사람의 작위 또는 부작위에 대하여 책임을 진다.

### 3) 책임의 원칙

① 조항의 내용

| | |
|---|---|
| Article 16-Basis of liability<br>1. The multimodal transport operator shall be liable for loss resulting from loss or damage to the goods, as well as from delay in delivery, if the occurrence which caused the loss, damage or delay in delivery took place while the goods were in his charge as defined in article 14, unless the multimodal transport operator proves that he, his servants or agents or any other person referred to in article 15 took all measures that could reasonably be required to avoid the occurrence and its consequences. | 제16조 책임의 원칙<br>1. 복합운송인은 화물의 멸실, 손상 또는 인도지연에 의한 사고가 제14조에 정의된 운송인의 관리하에 있는 동안에 발생한 때에는 그 멸실, 손상 또는 인도지연으로 인하여 발생한 손실에 대하여 책임을 진다. 그러나 복합운송인이 자신 또는 제15조에 규정된 그 t용인이나 대리인 또는 그 밖의 사람이 사고 및 그 결과를 방지하기 위하여 합리적으로 요구되는 모든 조치를 취하였다는 것을 증명한 때에는 그러하지 아니하다. |
| 2. Delay in delivery occurs when the goods have not been delivered within the time expressly agreed upon or, in the absence of such agreement, within the time which it would be reasonable to require of a diligent multimodal transport operator, having regard to the circumstances of the case. | 2. 인도지연은 화물이 명시적으로 합의된 기한 내에, 또 그러한 합의가 없는 경우에는 당해 상황을 고려하여 성실한 복합운송인에게 요구되는 합리적인 기한내에 인도되지 아니한 때에 발생한다. |
| 3. If the goods have not been delivered within 90 consecutive days following the date of delivery determined according to paragraph 2 of this article, the claimant may treat the goods as lost. | 3. 화물이 이 조 제2항에 의한 인도기간을 경과한 후 연속되는 90일내에 인도되지 아니한 경우에 배상청구인은 화물이 멸실된 것으로 취급할 수 있다. |

② 조항의 개요

복합운송인은 운송물을 관리할 수 있는 상태에 운송물의 멸실 또는 손상 혹은 인도의 지연으로 인하여 발생한 손실에 대하여 책임을 진다. 인도의 지연이라는 것은 운송물이 명시적으로 합의된 기한 내에, 또 명시적으로 그러한 합의가 없으면 당해 상황을 고려하여 성실한 복합운송인에게 요구되는 합리적인 기한 내에 인도되지 아니한 것이다. 운송물이 인도기간을 경과한 후 연속되는 90일 이내에 인도되지 아니한 경우에 배상청구인은 운송물이 멸실된 것으로 취급할 수 있다.

### 4) 원인의 동시발생

#### ① 조항의 내용

| Article 17-Concurrent causes | 제17조 원인의 동시발생 |
|---|---|
| Where fault or neglect on the part of the multimodal transport operator, his servants or agents or any other person referred to in article 15 combines with another cause to produce loss, damage or delay in delivery, the multimodal transport operator shall be liable only to the extent that the loss, damage or delay in delivery is attributable to such fault or neglect, provided that the multimodal transport operator proves the part of the loss, damage or delay in delivery not attributable thereto. | 복합운송인 또는 제15조에 규정된 그 사용인이나 대리인 또는 그 밖의 사람에 의한 과실 또는 부주의가 다른 원인과 결합하여 멸실, 손상 또는 인도지연을 발생시킨 경우에 복합운송인은 그러한 과실 또는 부주의로 돌릴 수 있는 멸실, 손상 또는 인도지연의 범위내에서만 책임을 진다. 다만 이러한 경우 복합운송인은 그러한 과실 또는 부주의로 돌릴 수 없는 멸실, 손상 또는 인도지연의 부분을 증명하여야 한다. |

#### ② 조항의 개요

복합운송인 또는 그 사용인이나 대리인 또는 그 밖의 사람에 의한 과실 또는 부주의가 다른 원인과 결합하여 멸실 또는 손상 혹은 인도의 지연을 발생시킨 경우에 과실 또는 부주의에 의한 멸실 또는 손상 혹은 인도의 지연에 대해서만 책임을 진다.

### 5) 책임의 한도

#### ① 조항의 내용

| Article 18-Limitation of liability | 제18조 책임의 한도 |
|---|---|
| 1. When the multimodal transport operator is liable for loss resulting from loss of or damage to the goods according to article 16, his liability shall be limited to an amount not exceeding 920 units of account per package of other shipping unit or 2.75 units of account per kilogram of gross weight of the goods lost or damaged, whichever is the higher. | 1. 복합운송인이 제16조의 규정에 의하여 화물의 멸실 또는 손상으로 인한 손해에 대하여 책임을 지는 경우, 그 책임은 1 포장당 또는 기타의 적재단위당 920계산단위를 초과하지 아니하는 금액과 멸실 또는 손상된 화물의 총중량 1 킬로그램당 2.75계산단위 중 많은 금액으로 제한된다. |
| 2. For the purpose of calculating which amount is the higher in accordance with paragraph 1 of this article, the following rules apply: | 2. 이 조 제1항에 의한 고액을 산정하는데 있어서는 다음의 원칙을 적용한다. |
| (a) Where a container, pallet or similar article of transport is used to consolidate goods, the packages or other shipping units enumerated in the multimodal transport document as packed in such article of transport are deemed packages or shipping units. Except as aforesaid, the goods in such article of transport | (a) 콘테이너, 팰리트 기타 이와 유사한 운송용구가 화물을 집적하기 위하여 사용되는 경우, 이러한 운송용구에 포장된 것으로 복합운송증권에 표시되어 있는 포장물 또는 적재단위를 포장물 또는 적재단위로 본다. 이와 같은 상기의 경우를 제외하고는 이러한 운송용구내의 화 |

are deemed one shipping unit.

(b) In cases where the article of transport itself has been lost or damaged, that article of transport, if no owned or otherwise supplied by the multimodal transport operator, is considered one separate shipping unit.

3. Notwithstanding the provisions of paragraphs 1 and 2 of this article, if the international multimodal transport does not, according to the contract, include carriage of goods by sea or by inland waterways, the liability of the multimodal transport operator shall be limited to an amount not exceeding 8.33 units of account per kilogram of gross weight of the goods lost or damaged.

4. The liability of the multimodal transport operator for loss resulting from delay in delivery according to the provisions of article 16 shall be limited to an amount equivalent to two and a half times the freight payable for the goods delayed, but not exceeding the total freight payable under the multimodal transport contract.

5. The aggregate liability of the multimodal transport operator, under paragraphs 1 and 4 or paragraphs 3 and 4 of this article, shall not exceed the limit of liability for total loss of the goods as determined by paragraph 1 or 3 of this article.

6. By agreement between the multimodal transport operator and the consignor, limits of liability exceeding those provided for in paragraphs 1, 3 and 4 of this article may be fixed in the multimodal transport document.

7. 'Unit of account' means the unit of account mentioned in article 31.

---

물을 적재단위로 본다.

(b) 운송용구 자체가 멸실 또는 손상된 경우, 그 운송용구를 복합운송인이 소유하거나 공급한 것이 아닌 때에는 이를 하나의 별개의 적재단위로 간주한다.

3. 이 조 제1항 및 제2항의 규정에 불구하고 만일 국제복합운송이 계약에 의하여 내수 또는 해상운송을 포함하지 않을 경우에 복합운송인의 책임은 멸실 또는 손상된 화물의 총중량 kg당 8.33계산단위를 초과하지 않은 금액으로 제한된다.

4. 제16조의 규정에 의한 인도지연으로 야기된 손해에 대한 복합운송인의 책임은 인도지연된 화물에 대하여 지급되는 운임의 2.5배에 상당하는 금액으로 제한된다. 그러나 복합운송계약 하에서 지급되는 운임총액을 초과할 수는 없다.

5. 이 조 제1항과 제4항 또는 제3항과 제4항에 의한 복합운송인의 책임총액은 이 조 제1항 또는 제3항에 의해 결정되는 화물의 전손에 대한 책임의 한도를 초과하지 못한다.

6. 복합운송인과 송화인 간의 합의에 의해 이 조 제1항, 제3항 및 제4항에 규정된 한도를 초과하는 책임한도를 복합운송증권에 규정할 수 있다.

7. 계산단위는 제31조에 규정된 계산단위를 의미한다.

---

② 조항의 개요

복합운송인이 복합운송을 하는 중에 발생한 운송물의 멸실 또는 손상 등과 같은 손해에 대하여 책임을 부담하는 경우, 1 포장 당 또는 기타의 적재단위 당 920 계산단위를 초과하지 아니하는 금액과 멸실 또는 손상된 운송물의 총중량 1 킬로그램(㎏) 당 2.75 계산단위 중 많은 금액으로 제한된다. 국제복합운송이 계약에 의하여 내수 또는 해상운송을 포함하지 않을 경우에 복합운송인의 책임은 멸실 또는 손상된 운송물의 총중량 1 킬로그램(㎏) 당 33 계산단위를 초과하지 않은 금액으로 제한된다. 인도의 지연으로 야기된 손해에 대한 복합운송인의 책임은 인도의 지연이 된 운송물에 대하여 지급되는 운임의 5 배에 상당하는 금액으로 제한된다. 그러나 복합운송계약에 의하여 지급되는 운임총액을 초과할 수는 없다.

## 6) 국지적 손해

### ① 조항의 내용

| | |
|---|---|
| Article 19-Localised damage<br>When the loss of or damage to the goods occurred during one particular of the multimodal transport, in respect of which an applicable international convention or mandatory national law provides a higher limit of liability than the limit that would follow from application of paragraphs 1 to 3 of article 18, then the limit of the multimodal transport operator's liability for such loss or damage shall be determined by reference to the provisions of such convention or mandatory national law. | 제19조 국지적 손해<br>화물의 멸실 또는 손상이 복합운송의 어느 한 특정구간에서 발생하고, 그 구간에 적용되는 국제협약 또는 강행적인 국내법이 제18조 제1항부터 제3항까지에 적용되는 경우의 한도보다 높은 한도를 규정하고 있는 경우에는 그러한 멸실 또는 손상에 대한 복합운송인의 책임한도는 그러한 협약 또는 강행적 국내법의 규정에 따라서 결정된다. |

### ② 조항의 개요

운송물의 멸실 또는 손상이 복합운송의 어느 한 특정구간에서 발생하고, 그 구간에 적용되는 국제협약 또는 강행적인 국내법이 높은 한도를 규정하고 있는 경우에는 그러한 손해에 대한 복합운송인의 책임한도는 그러한 협약 또는 강행적 국내법의 규정에 따라서 결정된다.

## 7) 계약 외적인 책임

| | |
|---|---|
| Article 20-Non-contractual liability<br>1. The defences and limits of liability provided for in this Convention shall apply in any action against the multimodal transport operator in respect of loss resulting from loss of or damage to the goods, as well as from delay in delivery, whether the action be founded in contract, in tort or otherwise.<br>2. If an action in respect of loss resulting from loss of or damage to the goods or from delay in delivery is brought against the servant or agent of the multimodal transport operator, if such servant or agent proves that he acted within the scope of his employment, or against any other person of whose services he makes use for the performance of the multimodal transport contract, if such other person proves that he acted within the performance of the contract, the servant or agent of such other person shall be entitled to avail himself of the defences and limits of liability which the multimodal transport operator is entitled to | 제20조 계약외적인 책임<br>1. 본 협약에서 정하는 책임에 관한 항변 및 한도는 소송이 계약에 근거를 둔 것이든, 불법행위 또는 기타에 근거를 둔 것이든 간에 화물의 멸실, 손상 또는 인도지연으로 야기된 손해에 대하여 복합운송인에 대한 모든 소송에 적용된다.<br><br>2. 화물의 멸실, 손상 또는 인도지연으로부터 야기된 손해에 관한 소송이 복합운송인의 사용인 또는 대리인에 대하여 제기된 경우, 그러한 사용인 또는 대리인이 그 직무의 범위 내에서 행위를 하였다는 것을 증명하였거나, 또는 그러한 소송이 복합운송계약의 이행을 위하여 복합운송인이 고용한 그 밖의 사람에 대하여 제기된 경우에, 만일 그러한 사람이 그가 계약이행의 범위 내에서 행하였음을 입증한 때에는 그 사용인이나 대리인 또는 그 밖의 사람은 본 협약에 의해서 복합운송인이 원용할 수 있는 책임에 관한 항변 및 한도를 이용할 권리가 있다. |

| | |
|---|---|
| invoke under this Convention.<br>3. Except as provided in article 21, the aggregate of the amounts recoverable from the multimodal transport operator and from a servant or agent or any other person of whose services he makes use for the performance of the multimodal transport contract shall not exceed the limits of liability provided for in this Convention. | 3. 제21조에 규정된 경우를 제외하고 복합운송인 및 그 사용인이나 대리인 또는 복합운송계약의 이행을 위하여 복합운송인이 고용한 그 밖의 사람으로부터 배상받을 수 있는 총액은 본 협약에 규정된 책임의 한도를 초과하지 못한다. |

② 조항의 개요

운송물을 복합운송하는 과정 중에 발생한 손해와 관련하여 복합운송인에게 제기된 모든 소송은 계약에 근거를 둔 것이든, 불법행위 또는 기타에 근거를 둔 것이든 간에 운송물의 멸실 또는 손상 혹은 인도의 지연으로 야기된 손해에 대해서는 본 협약에서 규정하고 있는 책임에 관한 항변조항과 책임한도조항을 적용한다. 복합운송인 및 그 사용인이나 대리인 또는 복합운송계약의 이행을 위하여 복합운송인이 고용한 그 밖의 사람으로부터 배상받을 수 있는 총액은 본 협약에 규정된 책임의 한도를 초과하지 못한다.

### 8) 책임제한의 권리상실

① 조항의 내용

| | |
|---|---|
| Article 21-Loss of the right to limit liability<br>1. The multimodal transport operator is not entitled to the benefit of the limitation of liability provided for in this Convention if it is proved that the loss, damage or delay in delivery resulted from an act or omission of the multimodal transport operator done with the intent to cause such loss, damage or delay or recklessly and with knowledge that such loss, damage or delay would probably result.<br>2. Notwithstanding paragraph 2 of article 20, a servant or agent of the multimodal transport operator or other person of whose services he makes use for the performance of the multimodal transport contract is not entitled to the benefit of the limitation of liability provided for in this Convention if it is proved that the loss, damage or delay in delivery resulted from an act or omission of such servant, agent or other person, done with the intent to cause such loss, damage or delay or recklessly and with knowledge that such loss, damage or delay would probably result. | 제21조 책임제한의 권리상실<br>1. 멸실, 손상 또는 인도지연이 그러한 멸실, 손상 또는 인도지연을 야기시키기 위하여, 또는 무모하게 그리고 그러한 멸실, 손상 또는 인도지연이 일어날 것을 알면서 행한 복합운송인의 작위 또는 부작위로 인하여 야기된 것이 증명된 경우에 복합운송인은 이 조약에 규정된 책임제한의 이익에 대한 권리를 갖지 못한다.<br><br>2. 제20조 제2항의 규정에도 불구하고 멸실, 손상 또는 인도지연이 그러한 멸실, 손상 또는 지연을 야기시키기 위하여, 또는 무모하게 그리고 그러한 멸실, 손상 또는 인도지연이 일어날 것을 알면서 행한 복합운송인의 사용인이나 대리인 또는 복합운송계약의 이행을 위하여 복합운송인이 고용한 그 밖의 사람의 작위 또는 부작위로 인하여 야기된 것이 증명된 때에 그러한 사용인이나 대리인 또는 그 밖의 사람은 본 협약에 규정된 책임제한의 이익에 대한 권리를 갖지 못한다. |

② 조항의 개요

복합운송인, 복합운송인의 사용인이나 대리인, 복합운송인이 고용한 그 밖의 자가 멸실 또는 손상 혹은 인도의 지연을 발생시킨 것이 증명된 경우에는 모든 책임을 부담한다. 또한 그러한 손해가 발생할 것을 알면서도 작위 또는 부작위 등으로 손해가 야기된 것이 증명된 경우에는 모든 책임을 부담한다.

### (4) 제4부 UN 국제물건복합운송 협약의 송화인 책임

### 1) 일반원칙

① 조항의 내용

| Part IV-Liability of the Consignor<br>Article 22-General rule<br>The consignor shall be liable for loss sustained by the multimodal transport operator if such loss is caused by the fault or neglect of the consignor, or his servants or agents when such servants or agents are acting within the scope of their employment. Any servant or agent of the consignor shall be liable for such loss if the loss is caused by fault or neglect on his part. | 제4부 송화인의 책임<br>제22조 일반원칙<br>송화인은 송화인 자신 또는 그 사용인이나 대리인이 그 직무의 범위 내에서 행하고 있을 때의 과실이나 부주의로 인하여 복합운송인이 입은 손실에 대하여 책임을 져야 한다. 송화인의 사용인 또는 대리인도 그러한 손실이 그 사용인 또는 대리인에 의한 과실 또는 부주의에 의한 것일 경우 그러한 손실에 대하여 책임을 져야 한다. |

② 조항의 개요

송화인은 송화인 본인 또는 사용인이나 대리인이 과실이나 부주의로 인하여 복합운송인에게 끼친 손실에 대하여 책임을 부담하여야 한다. .

### 2) 위험화물에 관한 특별규칙

① 조항의 내용

| Article 23-Special rules on dangerous goods<br>1. The consignor shall mark or label in a suitable manner dangerous goods as dangerous.<br>2. Where the consignor hands over dangerous goods to the multimodal transport operator or any person acting on his behalf, the consignor shall inform him of the dangerous character of the goods and, if necessary, the precautions to be taken. If the consignor fails to do so and | 제23조 위험물에 관한 특별규칙<br>1. 송화인은 위험물에 관하여 적절한 방법으로 위험하다는 표시를 하거나 꼬리표를 달아야 한다.<br>2. 송화인이 복합운송인 또는 복합운송인에 대신하여 행하는 사람에게 위험물을 인도하는 경우에 송화인은 화물의 위험성 및 필요한 경우에 취하여야 할 예방조치를 복합운송인에게 통지하여야 한다. 송화인이 그러한 통지를 행하지 못하고 복합운송인이 화물의 위험성에 관하 |

the multimodal transport operator does not otherwise have knowledge of their dangerous character:

(a) The consignor shall be liable to the multimodal transport operator for all loss resulting from the shipment of such goods; and

(b) The goods may at any time be unloaded, destroyed or rendered innocuous, as the circumstances may require, without payment of compensation.

3. The provisions of paragraph 2 of this article may not be invoked by any person if during the multimodal transport he has taken the goods in his charge with knowledge of their dangerous character.

4. If, in cases where the provisions of paragraph 2 (b) of this article do not apply or may not be invoked, dangerous goods become an actual danger to life or property, they may be unloaded, destroyed or rendered innocuous, as the circumstances may require, without payment of compensation except where there is an obligation to contribute in general average or where the multimodal transport operator is liable in accordance with the provisions of article 16.

여 인지하고 있지 아니한 경우에는:

(a) 송화인은 그러한 화물의 적재로 인하여 발생하는 모든 손실에 대하여 복합운송인에게 책임을 지고, 그리고

(b) 그러한 화물은 필요한 상황에서는 배상금을 지급하지 아니하고, 언제든지 이를 양화시키거나 파괴시키거나 무해하게 처분할 수 있다.

3. 복합운송 중 화물의 위험성을 알고 그 화물을 자기의 관리하에 수령한 사람은 이 조 제2항의 규정을 원용할 수 없다.

4. 이 조 제2항 (b)의 규정에 적용되지 아니하고 또 이를 원용할 수 없는 경우로서 위험물이 인명 또는 재물에 실제의 위험을 주게 될 때에는 그 위험물은 필요한 상황에서는 공동해손분담금을 부담할 의무를 지는 경우, 또는 복합운송인이 제16조의 규정에 의하여 책임을 지는 경우를 제외하고는 배상금을 지급하지 아니하고, 이를 양화하거나 파괴시키거나 무해하게 처분할 수 있다.

② 조항의 개요

송화인은 위험물에 관하여 적절한 방법으로 위험하다는 표시를 하거나 꼬리표를 달아야 한다. 송화인이 복합운송인 또는 복합운송인에 대신하여 행하는 사람에게 위험물을 인도하는 경우에 송화인은 화물의 위험성 및 예방조치를 통지하여야 한다. 송화인이 통지를 행하지 못하고 복합운송인이 화물의 위험성을 인식하지 못한 경우에는 송화인은 위험물의 적재로 인하여 발생하는 손실에 대하여 복합운송인에게 책임을 지고 그러한 화물은 필요한 상황에서는 배상금을 지급하지 아니하고, 언제든지 이를 양화시키거나 파괴시키거나 무해하게 처분할 수 있다.

### (5) 제5부 UN 국제물건복합운송 협약의 청구 및 소송

### 1) 멸실 또는 손상 혹은 지연의 통지

① 조항의 내용

| | |
|---|---|
| Part V-Claims and Actions | 제5부 청구 및 소송 |
| Article 24-Notice of loss, damage or delay | 제24조 멸실, 손상 또는 지연의 통지 |
| 1. Unless notice of loss or damage, specifying | 1. 화물이 수화인에게 교부된 날의 다음 영업일 |

the general nature of such loss or damage, is given in writing by the consignee to the multimodal transport operator not later than the working day after the day when the goods were handed over to the consignee, such handing over is prima facie evidence of the delivery by the multimodal transport operator of the goods as described in the multimodal transport document.

2. Where the loss or damage is not apparent, the provisions of paragraph 1 of this article apply correspondingly if notice in writing is not given within six consecutive days after the day when the goods were handed over to the consignee.

3. If the state of the goods at the time they were handed over to the consignee has been the subject of a joint survey or inspection by the parties or their authorized representatives at the place of delivery, notice in writing need not be given of loss or damage ascertained during such survey or inspection.

4. In the case of any actual or apprehended loss or damage the multimodal transport operator and the consignee shall give all reasonable facilities to each other for inspecting and tallying the goods.

5. No compensation shall be payable for loss resulting from delay in delivery unless notice has been given in writing to the multimodal transport operator within 60 consecutive days after the day when the goods were delivered by handing over to the consignee or when the consignee has been notified that the goods have been delivered in accordance with paragraph 2 (b) (ii) or (iii) of article 14.

6. Unless notice of loss or damage, specifying the general nature of the loss or damage, is given in writing by the multimodal transport operator to the consignor not later than 90 consecutive days after the occurrence of such loss or damage or after the delivery of the goods in accordance with paragraph 2 (b) of article 14, whichever is later, the failure to give such notice is prima facie evidence that the multimodal transport operator has sustained no loss or damage due to the fault or neglect of the consignor, his servants or agents.

7. If any of the notice periods provided for in paragraphs 2,5 and 6 of this article terminates on a day which is not a working day at the place of delivery, such period shall be extended until the next working day.

까지 수화인이 복합운송인에 대하여 멸실 또는 손상의 개황을 명기한 문서에 의한 통지를 하지 아니한 때에는, 그러한 교부는 복합운송인이 화물을 복합운송증권에 기재된대로 인도하였다는 추정적인 증거가 된다.

2. 멸실 또는 손상이 외관상으로 확인될 수 없는 경우로서 화물이 수화인에게 교부된 날로부터 연속된 6일 이내에 문서에 의한 통지가 되지 아니한 때에는, 이 조 제1항의 규정이 그대로 적용된다.

3. 화물이 수화인에게 교부될 때에 그 상태가 양당사자 또는 인도지에서 권한이 부여된 대리인들에 의한 공동의 조사 또는 검사의 대상이 된 때에는, 그 조사 또는 검사 중에 확인된 멸실 또는 손상에 관하여 문서에 의한 통지를 요하지 않는다.

4. 멸실 또는 손상이 실제로 발생하였거나 또는 발생할 것이라는 우려가 있을 경우에 복합운송인 및 수화인은 화물의 검사 및 검수를 위하여 서로 모든 응분의 편의를 제공하여야 한다.

5. 화물이 수화인에게 교부됨으로써 인도된 날 혹은 제14조 제2항 (b) (ii) 혹은 (iii)에 의거 인도되었음을 수화인이 통지받은 날로부터 연속된 60일 이내에 복합운송인에 대하여 문서에 의한 통지를 하지 아니한 때에는 인도지연으로 인하여 야기된 손실에 대한 배상금은 지급되지 않는다.

6. 멸실 또는 손상이 야기된 날 또는 화물을 제14조 제2항 (b)에 의거 인도한 날 중 더 늦은 날로부터 연속된 90일 이내에 복합운송인이 송화인에 대하여 문서에 의하여 멸실 또는 손상의 개황을 명기하여 통지를 하지 아니하였다면, 그러한 통지의 불이행은 복합운송인이 송화인 또는 그의 사용인 및 대리인 과실 또는 부주의로 인하여 멸실 또는 손상을 입지 아니하였다는 추정적인 증거가 된다.

7. 이 조 제2항과 제5항 및 제6항에 규정된 통지기간이 인도지의 영업일이 아닌 날에 종료되는 때에는 그러한 기간은 다음 영업일까지 연장된다.

| | |
|---|---|
| 8. For the purpose of this article, notice given to a person acting on the multimodal transport operator's behalf, including any person of whose services he makes use at the place of delivery, or to a person acting on the consignor's behalf, shall be deemed to have been given to the multimodal transport operator, or to the consignor, respectively. | 8. 이 조를 적용하는데 있어 인도지에서 복합운송인이 고용한 사람을 포함하여 복합운송인을 대신하여 행하는 사람 또는 송화인을 대신하여 행하는 사람에게 한 통지는 각각 복합운송인 또는 송화인에게 한 통지로 본다. |

② 조항의 개요

복합운송인이 운송물을 수화인에게 교부한 날의 다음 영업일까지 멸실 또는 손상에 대하여 문서로 통지하지 아니한 때에는 복합운송증권에 기재된 대로 인도하였다는 추정적인 증거가 된다. 수화인이 운송물을 교부받은 날 멸실 또는 손상이 외관상으로 확인될 수 없는 경우, 그 날로부터 연속된 6일 이내에 문서로 통지하여야 한다. 수화인이 운송물을 인도받은 날 또는 수화인이 인도받았다고 통지받은 날로부터 연속된 60일 이내에 문서로 통지하여야 한다. 복합운송인이 멸실 또는 손상이 야기된 날 또는 운송물을 인도한 날 중 더 늦은 날로부터 연속된 90일 이내에 문서로 통지하여야 한다. 복합운송인이 고용한 사람이나 복합운송인을 대신하여 행하는 사람에게 인도장소에서 통지한 것은 각각 복합운송인 또는 송화인에게 통지한 것으로 간주한다.

**2) 소송제기의 제한**

① 조항의 내용

| | |
|---|---|
| Article 25-Limitation of actions<br>1. Any action relating to international multimodal transport under this Convention shall be time-barred if judicial or arbitral proceedings have not been instituted within a period of two years. However, if notification in writing, stating the nature and main particulars of the claim, has not been given within six months after the day when the goods were delivered or, where the goods have not been delivered, after the day on which they should have been delivered, the action shall be time-barred at the expiry of this period.<br>2. The limitation period commences on the day after the day on which the multimodal transport operator has delivered the goods or part thereof or, where the goods have not been delivered, on the day after the last day on which the goods should have been delivered. | 제25조 제도의 제한<br>1. 법적 절차 또는 중재절차가 2년 이내에 제기되지 않으면 본 협약에 의한 국제복합운송에 관한 어떠한 소송도 시효가 소멸한다. 그러나 배상청구의 종류와 주요사항을 명기한 서면에 의한 통지가 화물이 인도된 날로부터 또는 화물이 인도되지 않았을 때는 인도되었어야 했을 날로부터 6개월내에 이루어지지 아니한 때에는 소송은 그 기간 만료시에 시효가 소멸된다.<br><br>2. 제한기간은 복합운송인이 화물의 전부 또는 일부를 인도한 날의 익일 또는 화물이 인도되지 않았을 때는 화물이 인도되었어야 했을 마지막 날의 익일로부터 시작된다. |

| | |
|---|---|
| 3. The person against whom a claim is made may at any time during the running of the limitation period extend that period by a declaration in writing to the claimant. This period may be further extended by another declaration or declarations. | 3. 배상청구를 받은 자는 제한기간의 진행 중에 언제라도 배상청구자에 대한 서면통고로서 그 기간을 연장할 수 있다. 이 기간은 그 후의 별도의 통고나 통고들에 의하여 다시 연장될 수 있다. |
| 4. Provided that the provisions of another applicable international convention are not to the contrary, a recourse action for indemnity by a person held liable under this Convention may be instituted even after the expiration of the limitation period provided for in the preceding paragraphs if instituted within the time allowed by the law of the State where proceedings are instituted; however, the time allowed shall not be less than 90 days commencing from the day when the person instituting such action for indemnity has settled the claim or has been served with process in the action against himself. | 4. 적용되는 다른 국제협약의 규정에 저촉되지 아니하는 한, 본 협약에서 책임을 지게 된 사람에 의한 구상청구소송은 앞의 제 항에 규정된 제한기간의 경과 후에도 소송절차를 개시하는 국가의 법률에 의하여 허용된 기간내에는 이를 제기할 수 있다. 그러나 그 허용기간은 그러한 구상청구소송을 제기하는 자가 자기에 대한 청구를 해결한 날 또는 자기에 대한 소송에서 소장의 송달을 받은 날로부터 기산하여 90일 미만이 아니어야 한다. |

### ② 조항의 개요

법적 절차 또는 중재절차는 2년 이내에 제기하여야 한다. 소송은 6개월 내에 이루어져야 한다. 배상청구를 받은 자는 제한기간의 진행 중에 언제라도 배상청구자에게 서면으로 통고를 하여 제한기간을 연장할 수 있다. 필요한 경우 연장기간은 그 후의 별도의 통지에 의하여 다시 연장될 수 있다. 본 협약에서 책임을 부담하는 자가 제기하는 구상청구소송은 본인의 청구를 해결한 날 또는 본인의 소송에서 소장의 송달을 받은 날로부터 기산하여 90일 미만인 경우에는 할 수 없다.

### 3) 재판관할권

### ① 조항의 내용

| | |
|---|---|
| Article 26-Jurisdiction<br>1. In judicial proceedings relating to international multimodal transport under this Convention, the plaintiff, at his option, may institute an action in a court which, according to the law of the State where the court is situated, is competent and within the jurisdiction of which is situated one of the following places: | 제26조 재판관할권<br>1. 본 협약에 의한 국제복합운송에 관한 법적 절차에서 원고는 자기의 선택에 의하여, 그 법원이 소재한 국가의 법률에 의하여 정당한 재판관할권을 가지고 또 다음 장소 중의 하나가 소재하는 그 관할권내의 법원에 소송을 제기할 수 있다. |
| (a) The principal place of business or, in the absence thereof, the habitual residence of the defendant; or | (a) 피고의 주된 영업소의 소재지 또는 그것이 없는 때에는 피고의 일상 거주지 ; |
| (b) The place where the multimodal transport | (b) 복합운송계약이 체결된 장소; 다만 이 경우 |

contract was made, provided that the defendant has there a place of business, branch or agency through which the contract was made; or

(c) The place of taking the goods in charge for international multimodal transport or the place of delivery; or

(d) Any other place designated for that purpose in the multimodal transport contract and evidenced in the multimodal transport document.

2. No judicial proceedings relating to international multimodal transport under this Convention may be instituted in a place not specified in paragraph 1 of this article. The provisions of this article do not constitute an obstacle to the jurisdiction of the Contracting States for provisional or protective measures.

3. Notwithstanding the preceding provisions of this article, an agreement made by the parties after a claim has arisen, which designates the place where the plaintiff may institute an action, shall be effective.

4. (a) Where an action has been instituted in accordance with the provisions of this article or where judgement in such an action has been delivered, no new action shall be instituted between the same parties on the same grounds unless the judgement in the first action is not enforceable in the country in which the new proceedings are instituted;

(b) For the purposes of this article neither the institution of measures to obtain enforcement of a judgement nor the removal of an action to a different court within the same country shall be considered as the starting of a new action

에는 피고가 그 곳에 계약을 체결한 사무소, 지점 또는 대리점을 가진 곳이어야 한다.

(c) 국제복합운송을 위하여 화물을 인수한 장소 또는 인도지;

(d) 복합운송계약상에 그 목적을 위하여 지정하고 있거나 복합운송증권상에서 증명하고 있는 기타의 장소.

2. 본 협약에 의한 복합운송에 관한 법적 절차는 이 조 제1항에 특정되어 있지 아니한 장소에서는 이를 제기할 수 없다. 이 조의 규정은 예비적 조치 또는 보전적 조치를 위한 체약국의 재판관할권에 대한 장애로 해석되지 않는다.

3. 이 조의 앞의 제 항의 규정에도 불구하고 청구가 발생한 후에 원고가 소송을 제기할 수 있는 장소를 지정하는 당사자 사이에 이루어진 합의는 효력이 있다.

4. (a) 소송이 이 조의 제항에 의하여 제기되어 있는 경우, 또는 그러한 소송에서 판결이 선고된 경우에는 처음의 소송에서의 판결이 새로운 절차가 제기된 국가에서 집행할 수 없는 것이 아닌 한 동일 당사자 사이에 동일한 사유에 의한 새로운 소송을 제기할 수 없다.

(b) 이 조를 적용하는 데 있어 판결의 집행을 얻기 위한 수단의 제기 또는 동일 국가내의 다른 법원으로의 소송의 이송은 새로운 소송의 개시로 간주되지 않는다.

## ② 조항의 개요

본 협약에 의한 국제복합운송에 관한 법적 절차에서 원고는 자기의 선택에 의하여, 그 법원이 재판관할권을 가지고 피고의 주된 영업소의 소재지 또는 그것이 없는 때에는 피고의 일상 거주지, 복합운송계약이 체결된 장소, 계약을 체결한 사무소, 지점 또는 대리점, 국제복합운송을 위하여 운송물을 인수한 장소 또는 인도지, 복합운송계약에 그 목적을 위하여 지정하고 있거나 복합운송증권에서 증명하고 있는 기타의 장소 중의 하나가 소재하는 그 관할권내의 법원에 소송을 제기할 수 있다. 소송이 본 협약의 규칙을 근거로 하여 제기되거나 소송에서 판결이 선고된 경우에는 동일 당사자 사이에 동일한 사유에 의한 새로운 소송을 제기할 수 없다.

## 4) 중재

### ① 조항의 내용

| | |
|---|---|
| Article 27-Arbitration<br>1. Subject to the provisions of this article, parties may provide by agreement evidenced in writing that any dispute that may arise relating to international multimodal transport under this Convention shall be referred to arbitration.<br>2. The arbitration proceedings shall, at the option of the claimant, be instituted at one of the following places:<br>(a) A place in a State within whose territory is situated:<br>(i) The principal place of business of the defendant or, in the absence thereof, the habitual residence of the defendant; or<br>(ii) The place where the multimodal transport contract was made, provided that the defendant has there a place of business, branch or agency through which the contract was made; or<br>(iii) The place of taking the goods in charge for international multimodal transport or the place of delivery; or<br>(b) Any other place designated for that purpose in the arbitration clause or agreement.<br>3. The arbitrator or arbitration tribunal shall apply the provisions of this Convention.<br>4. The provisions of paragraphs 2 and 3 of this article shall be deemed to be part of every arbitration clause or agreement and any term of such clause or agreement which is inconsistent therewith shall be null and void.<br>5. Nothing in this article shall affect the validity of an agreement on arbitration made by the parties after the claim relating to the international multimodal transport has arisen. | 제27조 중재<br>1. 이 조의 규정에 따라서 당사자는 본 협약에 의한 복합운송에 관하여 야기되는 어떠한 분쟁도 중재에 위탁하여야 한다는 것을 문서에 의하여 증명되는 합의로 규정할 수 있다.<br><br>2. 중재절차는 신청인의 선택에 의하여 다음의 각호에 게기하는 장소 중의 하나에서 이를 제기하여야 한다.<br>(a) 일국의 영토내에 소재하는 다음 장소;<br><br>(i) 피신청인의 주된 영업소의 소재지 또는 그것이 없는 때에는 피신청인의 일상의 거주지 ; 또는<br>(ii) 복합운송계약이 체결된 장소 ; 다만 이 경우에는 피신청인이 그곳에 계약을 체결한 사무소, 지점 또는 대리점을 가진 경우에 한한다 ; 또는<br>(iii) 국제복합운송을 위하여 화물을 인수한 장소 또는 인도지 ; 또는<br><br><br>(b) 중재조항 또는 중재계약에 의하여 그 목적을 위하여 지정된 그 밖의 장소.<br>3. 중재인 또는 중재판정부는 본 협약의 규정을 적용하여야 한다.<br>4. 이 조 제2항 및 제3항의 규정은 모든 중재조항 또는 합의의 일부인 것으로 간주되며, 그러한 규정에 저촉되는 중재조항 또는 중재합의규정은 무효로 한다.<br>5. 이 조의 어떠한 규정도 복합운송과 관련된 청구가 발생한 후에 당사자에 의하여 이루어진 중재에 관한 합의의 효력에 영향을 미치지 않는다. |

### ② 조항의 개요

당사자는 본 협약에 의한 복합운송과 관련한 분쟁을 중재에 위탁한다는 것을 문서로 합의할 수 있다. 중재절차의 신청장소는 피신청인의 주된 영업소의 소재지, 피신청인의 일상의 거주지, 신청인이 피신청인의 일상의 거주지에서 계약을 체결한 사무소, 지점 또는 대리점을 가진 경우에 복합운송계약이 체결된 장소, 국제복합운송을 위하여 운송물을 인수한 장소 또는 인도지, 중재조항 또는 중재계약에 의하여 그 목적을 위하여 지정된 그 밖의 장소 등이다.

## (7) 제6부 UN 국제물건복합운송 협약의 보칙

### 1) 계약조항

#### ① 조항의 내용

| | |
|---|---|
| Part VI-Supplementary Provisions<br>Article 28-Contractual stipulations<br>1. Any stipulation in a multimodal transport contract or multimodal transport document shall be null and void to the extent that it derogates, directly or indirectly, from the provisions of this Convention. The nullity of such a stipulation shall not affect the validity of other provisions of the contract or document of which it forms a part. A clause assigning benefit of insurance of the goods in favour of the multimodal transport operator or any similar clause shall be null and void.<br>2. Notwithstanding the provisions of paragraph 1 of this article, the multimodal transport operator may, with the agreement of the consignor, increase his responsibilities and obligations under this Convention.<br>3. The multimodal transport document shall contain a statement that the international multimodal transport is subject to the provisions of this Convention which nullify any stipulation derogating therefrom to the detriment of the consignor or the consignee.<br>4. Where the claimant in respect of the goods has incurred loss as a result of a stipulation which is null and void by virtue of the present article, or as a result of the omission of the statement referred to in paragraph 3 of this article, the multimodal transport operator must pay compensation to the extent required in order to give the claimant compensation in accordance with the provisions of this Convention for any loss of or damage to the goods as well as for delay in delivery. The multimodal transport operator must, in addition, pay compensation for costs incurred by the claimant for the purpose of exercising his right, provided that costs incurred in the action where the foregoing provision is invoked are to be determined in accordance with the law of the State where proceedings are instituted. | 제6부 보칙<br>제28조 계약조항<br>1. 복합운송계약 또는 복합운송증권에 있는 조항 중 본 협약의 규정을 직접 또는 간접으로 해하는 범위내에서 이를 무효로 한다. 이러한 조항의 무효는 그것이 일부를 이루고 있는 계약 또는 증권의 다른 규정의 효력에 영향을 미치지 않는다. 화물에 관한 보험의 이익을 복합운송인을 위하여 양도한다는 조항 또는 기타 이와 유사한 조항은 무효로 한다.<br><br>2. 이 조 제1항의 규정에도 불구하고 복합운송인은 송화인의 동의를 얻어 본 협약하에서의 자기의 책임 및 의무를 증가시킬 수 있다.<br><br>3. 복합운송증권에는 당해 복합운송이 송화인 또는 수화인에 불이익이 되게 본 협약을 해하는 조항은 무효로 한다는 협약의 규정을 적용받는다는 뜻의 기재사항을 포함하여야 한다.<br><br>4. 화물에 관한 배상청구자가 이 조에 의한 무효조항으로 인하여 또는 이 조 제3항에 의한 기재사항이 결여되어 손실을 입은 경우에 복합운송인은 배상청구자에게 화물의 멸실 또는 손상 또한 인도지연에 대하여 본 협약의 규정에 의거 배상을 하기 위하여 요구되는 범위내에서 손해배상을 하여야 한다. 또한 복합운송인은 배상청구권자가 그 권리를 행사하기 위하여 지출한 비용에 대하여도 배상을 하여야 한다. 다만, 앞의 규정이 원용되는 소송에서 발생된 비용은 소송이 제기된 국가의 법에 따라서 결정된다. |

② 조항의 개요

복합운송계약 또는 복합운송증권에 있는 조항이 본 협약의 규정에 반하는 경우에는 무효이다. 운송물에 관한 보험이익을 복합운송인에게 양도한다는 조항 및 유사한 조항은 무효이다. 복합운송인은 송화인의 동의를 얻어 본 협약에서 규정하고 있는 책임 및 의무를 확대시킬 수 있다. 본 협약에 명시된 규정과는 다르게 복합운송계약을 체결하고 발행한 복합운송증권에 하인 또는 수화인에 불이익이 되게 하는 조항을 특약으로 명시하는 행위는 무효로 한다. 화물에 관한 배상청구자가 이 조에 의한 무효조항으로 인하여 또는 기재사항이 결여되어 손실을 입은 경우에 복합운송인은 배상청구자에게 화물의 멸실 또는 손상 또한 인도지연에 대하여 본 협약의 규정에 의거 배상을 하기 위하여 요구되는 범위내에서 손해배상을 하여야 한다. 또한 복합운송인은 배상청구권자가 그 권리를 행사하기 위하여 지출한 비용에 대하여도 배상을 하여야 한다. 복합운송인은 운송물에 관한 배상청구자가 무효조항 또는 복합운송증권에 기재사항이 누락되어 손실을 입은 경우에 손해배상을 하여야 한다.

### 2) 공동해손

① 조항의 내용

| Article 29-General average<br>1. Nothing in this Convention shall prevent the application of provisions in the multimodal transport contract or national law regarding the adjustment of general average, if and to the extent applicable.<br>2. With the exception of article 25, the provisions of this Convention relating to the liability of the multimodal transport operator for loss of or damage to the goods shall also determine whether the consignee may refuse contribution in general average and the liability of the multimodal transport operator to indemnify the consignee in respect of any such contribution made or any salvage paid. | 제29조 공동해손<br>1. 본 협약의 어떠한 규정도 공동해손의 정산에 관한 복합운송계약 또는 국내법의 규정이 있는 경우 또한 적용가능한 범위내에서, 그 적용을 방해하지 않는다.<br><br>2. 제25조의 규정이 적용되는 경우를 제외하고 화물의 멸실 또는 손상에 관한 복합운송인의 책임에 관한 본 협약의 제규정은 수화인이 공동해손 분담금을 거절할 수 있는가의 여부를 결정하고, 또 부담한 그러한 공담금 또는 지급한 구조료에 관하여 수화인에게 보상할 복합운송인의 책임을 결정한다. |

② 조항의 개요

본 협약은 공동해손의 정산에 관한 복합운송계약 또는 국내법의 규정이 있는 경우 또한 적용이 가능한 범위 내에서 인정하여야 한다. 본 협약에서는 운송물의 멸실 또는 손상에 관하여 화인이 공동해손 분담금을 거절할 수 있는가의 여부와 부담한 그러한 공동해손 분담금 또는 지급한 구조료에 관하여 수화인에게 보상할 복합운송인의 책임을 결정한다.

## 3) 다른 협약

### ① 조항의 내용

Article 30-Other Conventions

1. This Convention does not modify the rights or duties provided for in the Brussels International Convention for the unification of certain rules relating to the limitation of the liability of owners of sea-going vessels of 25 August 1924; in the Brussels International Convention relating to the limitation of the liability of owners of sea-going ships of 10 October 1957; in the London Convention on limitation of liability for maritime claims of 19 November 1976; and in the Geneva Convention relating to the limitation of the liability of owners of inland navigation vessels (CLN) of 1 March 1973, including amendments to these Conventions, or national law relating to the limitation of liability of owners of sea-going ships and inland navigation vessels.

2. The provisions of articles 26 and 27 of this Convention do not prevent the application of the mandatory provisions of any other international convention relating to matters dealt with in the said articles, provided that the dispute arises exclusively between parties having their principal place of business in States parties to such other convention. However, this paragraph does not affect the application of paragraph 3 of article 27 of this Convention.

3. No liability shall arise under the provisions of this Convention for damage caused by nuclear incident if the operator of a nuclear installation is liable for such damage:

(a) Under either the Paris Convention of 29 July 1960 on Third Party Liability in the Field of Nuclear Energy as amended by the Additional Protocol of 28 January 1964 or the Vienna Convention of 21 May 1963 on Civil Liability for Nuclear Damage, or amendments thereto; or

(b) By virtue of national law governing the liability for such damage, provided that such law is in all respects as favourable to persons who may suffer damage as either the Paris or Vienna Conventions.

4. Carriage of goods such as carriage of goods in accordance with the Geneva Convention of 19 May 1956 on the Contract for the

제30조 다른 협약

1. 본 협약은 1924년 8월 25일자 해상항행선박 소유자의 책임제한에 관한 약간의 규칙통일을 위한 브뤼셀 국제협약, 1957년 10월 10일자 해상항행선박 소유자의 책임제한에 관한브뤼셀 국제협약, 1976년 11월 19일자 해사채권의 책임제한에 관한 런던협약 및 1973년 3월 1일자 내항선박 소유자의 책임제한에 관한 제네바 협약 및 이들 제협약의 개정 혹은 내항선박과 해상항행선박 소유자의 책임제한에 관한 국내법에 규정되어 있는 제반권리와 의무를 변경하지 않는다.

2. 본 협약의 제26조 및 제27조의 규정은 동조에서 취급된 사항들과 관련한 다른 국제협약의 강행적 규정들의 적용을 방해하지 않는다. 다만, 분쟁이 전적으로 그러한 다른 협약 당사국 내에 주된 영업소를 가지고 있는 당사자들간에 발생된 경우에 한한다. 그러나 이 항은 본 협약 제27조 제3항의 적용에 대해서는 영향을 미치지 않는다.

3. 원자력시설의 운영자가 원자력사고로 야기된 손해에 대하여 다음 법규에 의하여 책임을 지는 경우에는, 본 협약에 의한 책임은 발생하지 않는다.

(a) 1964년 1월 28일의 추가의정서에 의하여 개정된 원자력에너지 분야의 제3자에 대한 책임에 관한 1960년 7월 29일 파리협약 또는 원자력손해에 대한 민사책임에 관한 1963년 5월 21일의 비엔나협약 혹은 그 개정 ; 또는

(b) 그러한 손해에 대한 책임을 규율하는 국내법 ; 다만, 그러한 국내법이 모든 점에서 파리협약 또는 비엔나협약에서처럼 손해를 입은 자에게 유리한 경우에 한한다.

4. 국제도로화물운송계약에 관한 1956년 5월 19일자의 제네바 협약의 제2조 또는 철도화물운송에 관한 1970년 2월 7일 베른협약 제2조에

387

International Carriage of Goods by Road in article 2, or the Berne Convention of 7 February 1970 concerning the Carriage of Goods by Rail, article 2, shall not for States Parties to Conventions governing such carriage be considered as international multimodal transport within the meaning of article 1, paragraph 1, of this Convention, in so far as such States are bound to apply the provisions of such Conventions to such carriage of goods.

의거한 화물운송과 같은 화물운송은 그러한 운송을 규제하는 협약당사국들에 대해, 그러한 당사국들이 동 화물운송에 대한 해당 협약규정의 적용을 받을 의무를 갖는 한 본 협약 제1조 제1항에서 의미하는 국제복합운송으로 간주하지 않는다.

② 조항의 개요

본 협약은 다른 국제협약을 인정한다. 분쟁이 다른 협약 당사국내에 주된 영업소를 가지고 있는 당사자들 사이에 발생된 경우에 본 협약의 적용을 제한한다. 본 협약은 원자력사고로 야기된 손해에 적용할 수 없다. 원자력 손해는 방사능이나 방사성물질을 응용한 무기 또는 장치의 사용으로 인하여 발생한 멸실, 손상 등이다.

**4) 계산단위 또는 통화단위 및 환산**

① 조항의 내용

Article 31-Unit of account of monetary unit and conversion
1. The unit of account referred to in article 18 of this Convention is the Special Drawing Right as defined by the International Monetary Fund. The amounts referred to in article 18 shall be converted into the national currency of a State according to the value of such currency on the date of the judgement or award or the date agreed upon by the parties. The value of a national currency, in terms of the Special Drawing Right, of a Contracting State which is a member of the International Monetary Fund, shall be calculated in accordance with the method of valuation applied by the International Monetary Fund, in effect on the date in question, for its operations and transactions. The value of a national currency in terms of the Special Drawing right of a Contracting State which is not a member of the International Monetary Fund shall be calculated in a manner determined by that State.
2. Nevertheless, a State which is not a member of the International Monetary Fund and whose law does not permit the application of the provisions of paragraph 1 of this article may,

제31조 계산단위 또는 통화단위 및 환산

1. 본 협약 제18조에 규정된 계산단위는 국제통화기금(IMF)에서 정의하는 특별인출권(SDR)으로 한다. 제18조에 규정된 금액은 판결이나 중재판정의 날 또는 당사자 사이에 합의한 날의 국내통화가치에 따라서 그 국가의 국내통화로 이를 환산한다. 국제통화기금의 가맹국인 체약국의 국내통화가 특별인출권에 대해 갖는 가치는 그 운영과 거래에 관하여 해당 일자에 실시되고 있는 국제통화기금이 적용되는 평가방법에 의해서 이를 산출한다. 국제통화기금의 가맹국이 아닌 체약국의 국내통화가 특별인출권에 대해 갖는 가치는 그 국가에서 결정하는 방법에 의해서 이를 산출한다.

2. 전항의 규정에도 불구하고 국제통화기금의 회원국이 아닌 국가로서, 그 법률상 이 조 제1항의 규정이 적용이 허용되지 아니하는 국가는 서명이나 비준, 승낙, 승인, 가입시 또는 그 후

at the time of signature, ratification, acceptance, approval or accession, or at any time thereafter, declare that the limits of liability provided for in this Convention to be applied in its territory shall be fixed as follows: with regard to the limits provided for in paragraph 1 of article 18, to 13,750 monetary units per package or other shipping unit or 41.25 monetary units per kilogram of gross weight of the goods, and with regard to the limit provided for in paragraph 3 of article 18, to 124 monetary units.

3. The monetary unit referred to in paragraph 2 of this article corresponds to sixty-five and a half milligrams of gold of millesimal fineness nine hundred. The conversion of the amount referred to in paragraph 2 of this article into national currency shall be made according to the law of the State concerned.

4. The calculation mentioned in the last sentence of paragraph 1 of this article and the conversion referred to in paragraph 3 of this article shall be made in such a manner as to express in the national currency of the Contracting State as far as possible the same real value for the amounts in article 18 as is expressed there in units of account.

5. Contracting States shall communicate to the depositary the manner of calculation pursuant to the last sentence of paragraph 1 of this article, or the result of the conversion pursuant to paragraph 3 of this article, as the case may be, at the time of signature or when depositing their instruments of ratification, acceptance, approval or accession, or when availing themselves of the option provided for in paragraph 2 of this article and whenever there is a change in the manner of such calculation or in the result of such conversion.

어느 때라도 자국의 영토내에서 본 협약에 규정된 책임한도를 다음과 같이 결정한다는 것을 선언할 수 있다. 즉 제18조 제1항에 규정되어 있는 한도에 대해서는 포장 또는 선적단위당 13,750화폐단위 또는 화물총중량의 킬로그램당 41.25화폐단위 그리고 제18조 제3항에 규정된 한도에 대해서는 124화폐단위로 한다.

3. 이 조 제2항에 규정된 화폐단위는 순도 1,000분의 900의 금 65.5mg에 상당한다. 제2항의 규정에 의한 금액의 국내통화로의 환산은 관련국의 법률에 따라서 이루어진다.

4. 이 조 제1항 말미에 규정된 산출 및 이 조 제3항에 규정된 환산은 가능한 한 제18조에 규정된 계산단위로서 표시되어 있는 금액과 동일한 실질가치를 체약국의 국내통화로 표시할 수 있는 방법으로 이루어져야 한다.

5. 체약국은 이 조 제1항 말미의 규정에 의한 산출방법 또는 이 조 제3항에 규정된 환산의 결과에 관하여, 각 경우에 따라서 서명시 또는 비준서, 승낙서, 승인서 또는 가입서를 기탁할 때 또는 이 조 제2항에 규정된 선택권을 행사할 때 및 그러한 산출방법 또는 그러한 환산의 결과에 변경이 있을 때에는 수탁자에게 이를 통지하여야 한다.

② 조항의 개요

본 협약에서 규정된 계산단위는 국제통화기금(IMF)에서 정의하는 특별인출권(SDR)으로 한다. 국제통화기금의 회원국이 아닌 국가는 1 포장 당 또는 1 선적단위 당 13,750 화폐단위 또는 화물총중량의 1 킬로그램(kg) 당 41.25 화폐단위, 인도의 지연은 124 화폐단위로 한다. 화폐단위는 순도 1,000 분의 900 의 금 65.5 밀리그램(mg)에 상당한다. 환산 및 산출방법 또는 환산의 결과에 관하여, 서명 또는 비준서, 승낙서, 승인서 또는 가입서를 기탁할 때, 선택권을 행사할 때 및 환산의 결과에 변경이 있을 때에는 수탁자에게 이를 통지하여야 한다.

### (8) 제7부 UN 국제물건복합운송 협약의 통관문제

※ 보세운송

① 조항의 내용

| Part VII-Customs Matters<br>Article 32-Customs transit<br>1. Contracting States shall authorize the use of the procedure of customs transit for international multimodal transport.<br>2. Subject to provisions of national law or regulations and intergovernmental agreements, the customs transit of goods in international multimodal transport shall be in accordance with the rules and principles contained in articles I to VI of the annex to this Convention.<br>3. When introducing laws or regulations in respect of customs transit procedures relating to multimodal transport of goods, Contracting States should take into consideration articles I to VI of the annex to this Convention. | 제7부 통관문제<br>제32조 보세운송<br>1. 체약국은 국제복합운송을 위한 보세운송절차의 이용을 승인하여야 한다.<br>2, 국내법이나 규칙 및 국가간의 협정에 따라서 국제복합운송에 있어서의 화물의 보세운송은 본 협약 제Ⅰ조부터 제Ⅵ조까지에 포함되어 있는 규칙과 원칙에 따라야 한다.<br>3. 화물의 복합운송과 관련된 보세운송절차에 관한 법이나 규칙을 도입할 경우에 체약국은 본 협약 부속서 제Ⅰ조부터 제Ⅵ조까지를 고려하여야 한다. |

② 조항의 개요

본 협약 체약국은 국제복합운송을 위한 보세운송을 승인하여야 한다. 국내법이나 규칙 및 국가 사이의 협정에 따라 이루어지는 복합운송에 있어서의 화물의 보세운송은 본 협약의 규칙과 원칙에 따라야 한다. 화물의 복합운송과 관련된 보세운송절차에 관한 법이나 규칙을 도입할 경우에 체약국은 본 협약 부속서를 고려하여야 한다.

### (9) 제8부 UN 국제물건복합운송 협약의 최종조항

1) 수탁자

① 조항의 내용

| Part VIII-Final Clauses<br>Article 33-Depository<br>The Secretary-General of the United Nations is hereby designated as the depositary of this Convention. | 제8부 최종조항<br>제33조 수탁자<br>UN 사무총장을 본 협약의 수탁자로 임명한다. |

② 조항의 개요

UN 사무총장을 본 협약의 수탁자로 임명한다.

## 2) 서명, 비준, 승낙, 승인 및 가입

① 조항의 내용

| Article 34-Signature, ratification, acceptance, approval and accession<br>1. All States are entitled to become Parties to this Convention by:<br>(a) Signature not subject to ratification, acceptance or approval; or<br>(b) Signature subject to and followed by ratification, acceptance or approval; or<br>(c) Accession.<br>2. This Convention shall be open for signature as from 1 September 1980 until and including 31 August 1981 at the Headquarters of the United Nations in New York.<br>3. After 31 August 1981, this Convention shall be open for accession by all States which are not signatory States.<br>4. Instruments of ratification, acceptance, approval and accession are to be deposited with the depositary.<br>5. Organizations for regional economic integration, constituted by sovereign States members of UNCTAD, and which have competence to negotiate, conclude and apply international agreements in specific fields covered by this Convention, shall be similarly entitled to become Parties to this Convention in accordance with the provisions of paragraphs 1 to 4 of this article, thereby assuming in relation to other Parties to this Convention the rights and duties under this Convention in the specific fields referred to above. | 제34조 서명, 비준, 승낙, 승인 및 가입<br><br>1. 모든 국가는 다음의 방법에 의해 본 협약의 당사국이 될 수 있다.<br>(a) 비준, 승낙, 승인을 조건으로 하지 않은 서명 ; 또는<br>(b) 비준, 승낙 또는 승인을 조건으로 서명한 후 비준하고 승낙하고 승인함 ; 또는<br>(c) 가입.<br>2. 본 협약은 서명을 위해 1980년 9월 1일부터 1981년 8월 31일까지 뉴욕UN 본부에 개방된다.<br><br>3. 1981년 8월 31일 이후 본 협약은 비서명국들의 가입을 위해 개방된다.<br><br>4. 비준, 승낙, 승인 및 가입문서는 수탁자인 UN 사무총장에게 기탁되어야 한다.<br><br>5. UNCTAD회원인 주권국가로 구성된 지역적 경제통합기구로서, 본 협약에 의하여 포함되는 특정분야의 국제협약들에 대해 협상하고 체결하고 적용할 권한이 있는 기구는 이 조 제1항부터 제4항까지의 규정에 따라 동일하게 본 협약의 당사자가 될 수 있으며, 그에 의해서 본 협약 당사국과의 관계에 관하여는 전기한 특정분야내에서 본 협약에 의한 제권리와 의무를 갖는다. |

② 조항의 개요

모든 국가는 본 협약을 비준, 승낙, 승인을 조건으로 하지 않은 서명 또는 비준, 승낙 또는 승인을 조건으로 본 협약의 당사국이 될 수 있다. 본 협약은 비서명국들의 가입을 위해 개방된다. UNCTAD는 UNCTAD회원인 주권국가로 구성된 지역적 경제통합기구로서, 본 협약에 의하여 포함되는 특정분야의 국제협약들에 대해 협상하고 체결하고 적용할 권한이 있다.

### 3) 유보조항

#### ① 조항의 내용

| Article 35-Reservations<br>No reservation may be made to this Convention. | 제35조 유보<br>본 협약에 대한 유보는 불허된다. |
| --- | --- |

#### ② 조항의 개요

본 협약에 유보조항은 명시할 수 없다.

### 4) 발효

#### ① 조항의 내용

| Article 36-Entry into force<br>1. This Convention shall enter into force 12 months after the Governments of 30 States have either signed it not subject to ratification, acceptance or approval or have deposited instruments of ratification, acceptance, approval or accession with the depositary.<br>2. For each State which ratifies, accepts, approves or accedes to this Convention after the requirements for entry into force given in paragraph 1 of this article have been met, the Convention shall enter into force 12 months after the deposit by such State of the appropriate instrument. | 제36조 발효<br>1. 본 협약은 30개국의 정부가 비준, 승낙 혹은 승인을 조건으로 하지 않고 서명을 했거나 비준, 승낙, 승인 또는 가입문서를 수탁자에게 기탁한 12개월 후에 효력이 발생된다.<br><br>2. 이 조 제1항의 발효요건이 충족되어 난 후 본 협약에 비준, 승낙, 승인 혹은 가입한 각국에 대해서는 그러한 국가에 의해 적절한 문서가 기탁된 때로부터 12개월 후에 본 협약의 효력이 발생된다. |
| --- | --- |

#### ② 조항의 개요

본 협약은 비준, 승낙, 승인 또는 가입문서를 수탁자에게 기탁하는 것을 조건으로 효력이 발생된다.

### 5) 적용일자

#### ① 조항의 내용

| Article 37-Date of application<br>Each Contracting State shall apply the provisions of this Convention to multimodal transport contracts concluded on or after the date of entry into force of this Convention in respect of that State. | 제37조 적용일자<br>각 체약국은 본 협약이 발효된 이후에 체결된 복합운송계약에 대해 본 협약의 규정을 적용해야 한다. |
| --- | --- |

② 조항의 개요

본 조약에 가입한 체약국에서는 복합운송계약을 체결하고 이행을 할 때에 본 조약을 적용하여야 한다. 그러므로 본 조약의 적용일자는 본 조약을 국제물건복합운송계약을 체결할 때에 적용하기로 하고 가입한 일자가 된다.

### 6) 기존 협약에서의 제권리와 의무

① 조항의 내용

| | |
|---|---|
| Article 38-Rights and obligations under existing conventions<br>If, according to articles 26 or 27, judicial or arbitral proceedings are brought in a Contracting State in a case relating to international multimodal transport subject to this Convention which takes place between two States of which only one is a Contracting State, and if both these States are at the time of entry into force of this Convention equally bound by another international convention, the court or arbitral tribunal may, in accordance with the obligations under such convention, give effect to the provisions thereof. | 제38조 기존협약하에서의 제권리와 의무<br>만일 본 협약에 다른 국제복합운송과 연관되어 양국가 중 한 국가만이 체약국인 경우에 제26조 및 제27조에 의거한 법적 절차나 중재절차가 한 체약국내에서 제기되었을 경우, 그리고 양국가가 본 협약 발효 당시 똑같이 다른 국제조약에 구속받을 경우 법원이나 중재판정부는 그러한 협약하에서의 의무에 따라 그 협약의 규정을 적용할 수 있다. |

② 조항의 개요

본 협약에 다른 국제복합운송과 연관되어 있는 두 국가 중 한 국가만이 체약국인 경우에 법적 절차나 중재절차가 한 체약국 내에서 제기되었을 경우, 그리고 두 국가가 본 협약이 발효되었을 때와 동일하게 다른 국제조약에 구속받을 경우, 법원이나 중재를 의뢰받은 중재판정부는 다른 국제조약에서 규정하고 있는 의무조항을 존중하여 그 조약의 규정을 적용하여야 한다.

### 7) 개정

① 조항의 내용

| | |
|---|---|
| Article 39-Revision and amendments<br>1. At the request of not less than one third of the Contracting States, the Secretary-General of the United Nations shall, after the entry into force of this Convention, convene a conference of the Contracting States for revising or amending it. The Secretary-General of the United Nations shall circulate to all Contracting States the texts of any | 제39조 개정<br>1. 본 협약 발효 후 수탁자인 유엔 사무총장은 본 협약 체약국 3분의 1이상의 요청에 의해 협약개정을 위한 체약국회의를 소집하여야 한다. 유엔 사무총장은 적어도 회의개시 3개월 이전에 개정제인의 본문을 모든 체약국에 회람하여야 한다. |

proposals for amendments at least three months before the opening date of the conference.

2. Any decision by the revision conference, including amendments, shall be taken by a two thirds majority of the States present and voting. Amendments adopted by the conference shall be communicated by the depositary to all the contracting States for acceptance and to all the States signatories of the Convention for information.

3. Subject to paragraph 4 below, any amendment adopted by the conference shall enter into force only for those Contracting States which have accepted it, on the first day of the month following one year after its acceptance by two thirds of the Contracting States. For any State accepting an amendment after it has been accepted by two thirds of the Contracting States, the amendment shall enter into force on the first day of the month following one year after its acceptance by that State.

4. Any amendment adopted by the conference altering the amounts specified in article 18 and paragraph 2 of article 31 or substituting either or both the units defined in paragraphs 1 and 3 of article 31 by other units shall enter into force on the first day of the month following one year after its acceptance by two thirds of the Contracting States. Contracting States which have accepted the altered amounts or the substituted units shall apply them in their relationship with all Contracting States.

5. Acceptance of amendments shall be effected by the deposit of a formal instrument to that effect with the depositary.

6. Any instrument of ratification, acceptance, approval or accession deposited after the entry into force of any amendment adopted by the conference shall be deemed to apply to the Convention as amended.

2. 개정을 포함한 개정회의의 결정은 참가투표국 3원의 2의 다수결에 의하여 결정된다. 수탁자는 전체약국에 대해서는 승낙을 위해, 협약의 전서명국에 대해서는 정보목적으로, 회의에서 채택된 개정사항들을 통보하여야 한다.

3. 다음의 제4항을 적용하는 것을 전제로 하여 회의에서 채택된 개정사항은 체약국 3분의 2에 의한 승낙 후 1년이 경과한 익월의 초에 그 개정을 승낙한 체약국에 대해서만 효력이 발생된다. 체약국 3분의 2가 개정을 승낙한 후에 동개정을 승낙한 국가에 대해서는 그 국가가 동개정을 승낙한 후 1년이 경과한 익월의 초일에 발효한다.

4. 제18조와 제31조 제2항에 정해진 금액의 변경 또는 제31조 제1항과 제3항에 정의된 단위들은 일방 혹은 쌍방을 다른 단위로 대체하는 회의에서 채택된 개정은 그 개정을 체약국 3분의 2가 승낙한 후 1년이 경과한 익월의 초일에 발효한다. 변경된 금액이나 대체된 단위들을 승낙한 체약국은 전 체약국들과의 관계에 그들을 적용하여야 한다.

5. 개정의 승낙은 그 취지에 대한 공식문서를 수탁자에게 기탁함으로써 효력이 발생된다.

6. 호의에 의해 채택된 개정이 효력을 발생한 후에 기탁된 비준서, 승낙서, 승인서 또는 가입서는 개정된 협약에 적용되는 것으로 본다.

② 조항의 개요

본 협약 발효 후 수탁자인 유엔 사무총장은 본 협약 체약국 3분의 1이상의 요청에 의해 협약개정을 위한 체약국회의를 소집하여야 한다. 유엔 사무총장은 적어도 회의개시 3개월 이전에 개정제인의 본문을 모든 체약국에 회람하여야 한다.조약에 대한 개정은 규정에 정한 방법에 따른다.

수탁자는 전체약국에 대해서는 승낙을 위해, 협약의 전서명국에 대해서는 정보목적으로, 회의에서 채택된 개정사항들을 통보하여야 한다. 회의에서 채택된 개정사항은 체약국 3분의 2에 의한 승낙 후 1년이 경과한 익월의 초에 그 개정을 승낙한 체약국에 대해서만 효력이 발생된다. 체약국 3분의 2가 개정을 승낙한 후에 동 개정을 승낙한 국가에 대해서는 그 국가가 동 개정을 승낙한 후 1년이 경과한 익월의 초일에 발효한다.

### 8) 조약문의 작성과 폐기

#### ① 조항의 내용

| Article 40-Denunciation | 제40조 폐기 |
|---|---|
| 1. Each Contracting State may denounce this Convention at any time after the expiration o a period of two years from the date on which this Convention has entered into force by means of a notification in writing addressed to the depositary. | 1. 각 체약국은 본 협약이 효력을 발생한 날로부터 2년의 기간이 경과한 후에는 수탁자를 수신인으로 한 서면의 통지방법에 의해서 언제라도 본 협약을 폐기할 수 있다. |
| 2. Such denunciation shall take effect on the first day of the month following the expiration of one year after the notification is received by the depositary. Where a longer period is specified in the notification, the denunciation shall take effect upon the expiration of such longer period after the notification is received by the depositary. | 2. 그러한 폐기는 수탁자가 그 통지를 접수한 날로부터 일년이 경과한 후의 익월의 초일에 효력을 발생한다. 통지상에 그보다 장기간이 표기되어 있을 시는 수탁자가 통지를 접수한 날로부터 그러한 기간이 경과함으로서 폐기의 효력이 발생한다. |
| In witness whereof the undersigned, being duly authorized thereto, have affixed their signatures hereunder on the dates indicated. | 이상의 증거로서 서명자는 정당하게 위임을 받고 기재일자에 서명하였다. |
| Done at Geneva, this twenty-fourth day of May, one thousand nine hundred and eighty, in one original in the Arabic, Chinese, English, French, Russian and Spanish languages, all texts being equally authentic. | 1980년 5월 24일 제네바에서 아랍어, 중국어, 영어, 불어, 러시아어 및 스페인어로 된 동일한 내용의 정본 1통을 작성하였다. |

#### ② 조항의 개요

본 협약에 가입한 체약국에서는 본 협약이 효력을 발생한 날로부터 2년의 기간이 경과한 후에는 수탁자를 수신인으로 한 서면의 통지방법에 의하여 언제라도 본 협약을 폐기할 수 있다. 그러한 폐기는 수탁자가 그 통지를 접수한 날로부터 일년이 경과한 후의 익월의 초일에 효력을 발생한다. 통지상에 그보다 장기간이 표기되어 있을 시는 수탁자가 통지를 접수한 날로부터 그러한 기간이 경과함으로서 폐기의 효력이 발생한다. 이상의 증거로서 서명자는 정당하게 위임을 받고 기재일자에 서명하였다. 본 조약은 1980년 5월 24일 제네바에서 아랍어, 중국어, 영어, 불어, 러시아어 및 스페인어로 된 원문을 각 1통씩 작성하였다.

# 제3절  UNCTAD/ICC 복합운송증권 규칙

## 1. UNCTAD/ICC 복합운송증권 규칙의 의의

UNCTAD/ICC 복합운송증권 규칙(UNCTAD/ICC Rules for Multimodal Transport Documents(1992)은 UN 국제물건복합운송 협약(United Nations Convention on International Multimodal Transport of Goods 1980: MT 협약)이 발효되지 않자 국제연합 무역개발위원회(UNCTAD) 사무국과 국제상업회의소(ICC)가 합동하여 해상운송업계에서 활용되고 있는 헤이그 규칙, 헤이그 비스비 규칙, 국제운송주선인협회(FIATA)의 복합운송 선화증권(FBL) 등과 UN 국제물건복합운송 협약을 기초로 하여 국제적으로 사용할 수 있는 국제복합운송증권의 활성화를 고려하여 제정한 규칙이다. 그래서 UNCTAD/ICC 복합운송증권 규칙이 1992년부터 시행되면서 UNCTAD/ICC 복합운송증권 규칙 복합운송증권 양식이 제정되었다.

## 2. UNCTAD/ICC 복합운송증권 규칙의 지위와 규정

### (1) UNCTAD/ICC 복합운송증권 규칙의 지위

UNCTAD/ICC 복합운송증권 규칙은 국제복합운송에서 사용할 수 있는 지침이다. 그렇지만 국제복합운송계약을 체결하려는 당사자가 속하는 국가에 국제복합운송에 적용할 수 있는 국제협약이 존재하거나 각국에서 국내법으로 국제복합운송에 관한 사항을 규제하는 경우에는 본 규칙보다 우선하여 적용한다. UNCTA D/ICC 복합운송증권 규칙은 국제상업회의소(ICC)의 Incoterms® 2010, 국제표준은행관행(ISBP), 전자신용장 통일규칙[eUCP(2002)], 신용장 통일규칙(UCP 600) 등에 명시된 규정과 연계하여 국제무역거래에서 사용하고 있다. 그 중 대표적인 것이 UNCTAD/ICC 복합운송증권 규칙의 복합운송증권이다. UUNCTAD/ICC 복합운송증권 규칙의 복합운송증권을 국제복합운송계약을 체결하고 사용할 때는 UNCTAD/ICC 복합운송증권 규칙을 준수하여 발행된 유통성 또는 비유통성 복합운송증권(negotiable or non-negotiable multimodal transport document subject to UNCTAD/ICC rules for multimodal transport document)이라는 표시를 하여야 한다.

## (2) UNCTAD/ICC 복합운송증권 규칙의 규정

### 1) UNCTAD/ICC 복합운송계약 규칙의 적용범위

#### ① 조항의 내용

| UNCTAD/ICC Rules for Multimodal Transport Documents | 복합운송증권에 관한 UNCTAD/ICC 규칙 |
|---|---|
| 1. Applicability<br>1.1. These Rules apply when they are incorporated, however this is made, in writing, orally or otherwise, into a contract of carriage by reference to the 'UNCTAD/ICC Rules for multimodal transport documents', irrespective of whether there is a unimodal or a multimodal transport contract involving one or several modes of transport or whether a document has been issued or not.<br>1.2. Whenever such a reference is made, the parties agree that these Rules shall supersede any additional terms of the multimodal transport contract which are in conflict with these Rules, except insofar as they increase the responsibility or obligations of the multimodal transport operator. | 1. 적용범위<br>1.1. 본 규칙은 서면이나 구두 또는 기타의 방법으로 '복합운송계약에 관한 UNCTAD/ICC규칙'을 명시함으로써 운송계약에 합당한 경우 적용된다. 이 경우 단일 또는 복수의 운송수단을 사용하는 단일운송계약 또는 복합운송계약인지 여부 및 증권이 발행되었는지의 여부와 상관없다.<br><br>1.2. 그러한 언급이 있을 경우, 계약당사자는 그 계약이 복합운송인의 의무와 책임을 가중시키는 경우를 제외하고, 본 규칙은 본 규칙과 저촉되는 복합운송계약의 어떠한 추가조항에 대하여도 우선한다는 것에 동의한다. |

#### ② 조항의 개요

본 규칙은 서면이나 구두 또는 기타의 방법으로 UNCTAD/ICC 복합운송계약 규칙을 준수한다고 명시하는 운송계약에 적용된다. 본 규칙은 운송계약이 복합운송인의 의무와 책임을 가중시키는 것 이외에는 본 규칙에 위반되는 복합운송계약의 추가조항이 있더라도 우선한다.

### 2) UNCTAD/ICC 복합운송계약 규칙의 용어 정의

#### ① 조항의 내용

| 2. Definitions | 2. 용어 정의 |
|---|---|
| 2.1. Multimodal transport contract (multimodal transport contract) means a single contract for the carriage of goods by at least two different modes of transport. | 2.1. 복합운송계약은 적어도 두 가지 이상의 다른 운송수단에 의하여 물품을 운송하기 위한 단일계약을 의미한다. |
| 2.2. Multimodal transport operator (MTO) means any person who concludes a multimodal transport contract and assumes responsibility for the performance thereof as a carrier. | 2.2. 복합운송인(MTO)은 복합운송계약을 체결하고 운송인으로서 그 계약 이행의 책임을 맡은 자를 의미한다. |
| 2.3. Carrier means the person who actually | 2.3. 운송인은 복합운송인과 동일인인지 여부와 |

performs or undertakes to perform the carriage, or part thereof, whether he is identical with the multimodal transport operator or not.

2.4. Consignor means the person who concludes the multimodal transport contract with the multimodal transport operator.

2.5. Consignee means the person entitled to receive the goods from the multimodal transport operator.

2.6. Multimodal transport document (MT document) means a document evidencing a multimodal transport contract and which can be replaced by electronic data interchange messages insofar as permitted by applicable law and be,

(a) issued in a negotiable form or,

(b) issued in a non-negotiable form indicating a named consignee.

2.7. Taken in charge means that the goods have been handed over to and accepted for carriage by the MTO.

2.8. Delivery means

(a) the handing over of the goods to the consignee, or

(b) the placing of the goods at the disposal of the consignee in accordance with the multimodal transport contract or with the law or usage of the particular trade applicable at the place of delivery, or

(c) the handing over of the goods to an authority or other third party to whom, pursuant to the law or regulations applicable at the place of delivery, the goods must be handed over.

2.9. Special Drawing Right (SDR) means the unit of account as defined by the International Monetary Fund.

2.10. Goods means any property including live animals as well as containers, pallets or similar articles of transport or packaging not supplied by the MTO, irrespective of whether such property is to be or is carried on or under deck.

상관없이, 실제로 운송의 전부 또는 일부를 이행하거나 또는 그 이행을 약속하는 자를 의미한다.

2.4. 송화인은 복합운송인과 복합운송계약을 체결하는 자를 의미한다.

2.5. 수화인은 복합운송인으로부터 물품을 수령할 수 있는 권리를 가진 자를 의미한다.

2.6. 복합운송증권(MT Document)은 다음의 형식으로 발행된 복합운송계약을 증명하는 증권을 의미하며, 이를 관련법규가 허용하는 경우 전자자료교환 메시지로써 갈음할 수 있다.

(a) 유통가능 한 형식으로 발행되는 것, 또는

(b) 특정 수화인이 지정된 유통 불가능한 형식으로 발행되는 것

2.7. 인수한이라는 것은 물품이 운송을 위하여 복합운송인에게 인도되고 또한 복합운송인이 이를 수령하였다는 것을 의미한다.

2.8. 인도는 다음의 행위를 의미한다.

(a) 물품을 수화인에게 넘겨주는 것, 또는

(b) 복합운송계약에 따라 또는 인도장소에서 적용될 수 있는 특정거래에 관한 법이나 관습에 따라 물품을 수화인에 처분할 수 있는 상태로 두는 것 : 또는

(c) 물품을 그 인도장소에서 적용될 수 있는 법규에 의하여 넘겨주어야 할 당국 또는 기타의 제3자에게 인도하는 것.

2.9. 특별인출권(SDR)은 국제통화기금에 의하여 정의된 통화단위이다.

2.10. 물품은 갑판위 또는 아래에 적재되는 것을 불문하고 산동물과 컨테이너, 화물받침대 또는 복합운송인이 제공하지 않은 유사한 운송 및 포장기기 등을 포함한 모든 것들을 의미한다.

② 조항의 개요

본 규칙에서 사용하고 있는 용어인 복합운송계약, 복합운송인, 운송인, 송화인, 수화인, 복합운송증권, 인수, 인도 등과 같은 용어에 대한 의미를 명시하고 있다. 본 규칙에서 복합운송증권(MT Document)은 복합운송계약을 증명하는 증권을 의미하며, 이를 관련 법규가 허용하는 경우 전자자료교환 메시지로써 갈음할 수 있도록 명시하고 있다.

### 3) UNCTAD/ICC 복합운송계약 규칙의 복합운송증권 정보 증거효과

#### ① 조항의 내용

| | |
|---|---|
| 3. Evidentiary effect of the information contained in the multimodal transport document<br>The information in the MT document shall be prima facie evidence of the taking in charge by the MTO of the goods as described by such information unless a contrary indication, such as 'shipper's weight, load and count', 'shipper-packed container' or similar expressions, has been made in the printed text or superimposed on the document. Proof to the contrary shall not be admissible when the MT document has been transferred, or the equivalent electronic data interchange message has been transmitted to and acknowledged by the consignee who in good faith has relied and acted thereon. | 3. 복합운송증권에 기재된 정보의 증거효과<br><br>복합운송증권상의 정보는 '송화인의 계량', '적재', '계수', '송화인이 포장한 컨테이너' 또는 이와 유사한 표현과 같은 반대의 표시가 별도로 증권에 인쇄되어 있거나 또는 부가문언으로 되어 있는 경우를 제외하고는, 복합운송인이 그러한 정보에 의하여 표시된 물품을 인수하였다는 사실에 대한 추정증거가 되어야 한다. 이에 대한 반증은, 복합운송증권이 양도되었거나 또는 복합운송증권에 상응하는 전자자료교환 메시지가 선의로 이를 신뢰하고 그것에 따라 행위를 하는 수화인에게 전달되고 또한 이를 수화인이 확인했을 경우에는 허용되지 않는다. |

#### ② 조항의 개요

복합운송증권에 기재된 정보는 송화인이 계량, 적재, 계수, 송화인이 포장한 컨테이너 또는 이와 반대의 표시가 증권에 인쇄되어 있거나 부가문언으로 되어 있는 경우를 제외하고는, 복합운송인이 그러한 물품을 인수하였다는 추정적 증거가 된다. 이에 대한 반증은, 복합운송증권이 양도되었거나 복합운송증권에 상응하는 전자자료교환 메시지가 수화인에게 전달되고 또한 이를 수화인이 확인하였다면 허용되지 않는다.

### 4) UNCTAD/ICC 복합운송계약 규칙의 복합운송인 책임

#### ① 조항의 내용

| | |
|---|---|
| 4. Responsibilities of the multimodal transport operator<br>4.1. Period of responsibility<br>The responsibility of the MTO for the goods under these Rules covers the period from the time the MTO has taken the goods in his charge to the time of their delivery.<br>4.2. The liability of the MTO for his servants, agents and other persons<br>The multimodal transport operator shall be responsible for the acts and omissions of his servants or agents, when any such servant or agent is acting within the scope of his | 4. 복합운송인의 책임<br><br>4.1. 책임기간<br>본 규칙하에서 물품에 관한 복합운송인의 책임은 복합운송인이 물품을 인수한 시점에서 이를 인도하는 시점까지의 기간에 걸쳐 인정된다.<br>4.2. 복합운송인의 사용인, 대리인 및 기타 피용자의 행위에 대한 복합운송인의 책임<br>복합운송인은, 자기의 사용인 또는 대리인이 그 직무의 범위 내에서 행위를 하는 경우, 그러한 사용인 또는 대리인의 작위 또는 부작위, 또 |

employment, or of any other person of whose services he makes use for the performance of the contract, as if such acts and omissions were his own.

4.3. Delivery of the goods to the consignee
The MTO undertakes to perform or to procure the performance of all acts necessary to ensure delivery of the goods:
(a) when the MT document has been issued in a negotiable form 'to bearer', to the person surrendering one original of the document, or
(b) when the MT document has been issued in a negotiable form 'to order', to the person surrendering one original of the document duly endorsed, or
(c) when the MT document has been issued in a negotiable form to a named person, to that person upon proof of his identity and surrender of one original document; if such document has been transferred 'to order' or in blank the provisions of (b) above apply, or
(d) when the MT document has been issued in a non-negotiable form, to the person named as consignee in the document upon proof of his identity, or
(e) when no document has been issued, to a person as instructed by the consignor or by a person who has acquired the consignor's or the consignee's rights under the multimodal transport contract to give such instructions.

는 계약의 이행을 위하여 그 업무를 이용하는 자의 작위 또는 부작위에 대하여, 복합운송인은 마치 그러한 작위 또는 부작위가 자신의 작위 또는 부작위인 것과 마찬가지로 책임을 진다.

4.3. 수화인에 대한 물품의 인도
복합운송인은 다음과 같이 물품의 인도를 보장하기 위하여 필요한 모든 조치를 이행하거나 그 이행을 주선할 의무가 있다.
(a) 복합운송증권이 유통가능한 형식으로 '소지인식으로' 발행된 경우에는, 1통의 증권원본을 제시하는 자에게 인도, 또는
(b) 복합운송증권이 유통가능한 형식으로 '지시인식으로' 발행된 경우에는, 정당하게 배서된 1통의 증권원본을 제시하는 자에게 인도, 또는
(c) 복합운송증권이 유통가능한 형식으로 특정인 앞으로 발행된 경우에는, 자신의 신분을 증명하고 1통의 증권원본을 제시하는 그 특정인에게 인도(증권이 지시인으로, 또는 백지배서로 양도된 때에는 위 (b)의 규정이 적용된다), 또는
(d) 복합운송증권이 유통 불가능한 형식으로 발행된 경우에는, 자신의 신분을 증명하는 증권에 수화인으로 지정되어 잇는 특정인에게 인도, 또는
(e) 아무런 증권도 발행되지 아니한 경우에는, 송화인이 지시하는 자 또는 복합운송계약상 그러한 지시를 할 수 있는 송화인이나 수화인의 권리를 취득한 자가 지시하는 자에게 인도

## ② 조항의 개요

복합운송인의 책임은 물품을 인수한 시점에서 이를 인도하는 시점까지이다. 복합운송인은, 자기의 사용인 또는 대리인이 그 직무의 범위 내에서 행위를 하는 경우, 그러한 사용인 또는 대리인의 작위 또는 부작위, 또는 계약의 이행을 위하여 그 업무를 이용하는 자의 작위 또는 부작위에 대하여, 복합운송인은 책임을 부담한다. 복합운송인은 복합운송증권이 유통가능한 소지인식으로 발행된 경우에는, 1통의 증권 원본을 제시하는 자, 유통가능한 형식으로 특정인 앞으로 발행된 경우에는, 자신의 신분을 증명하고 1통의 증권 원본을 제시하는 그 특정인, 유통불가능한 형식으로 발행된 경우에는, 자신의 신분을 증명하는 증권에 수화인으로 지정되어 있는 특정인, 어떠한 증권도 발행되지 아니한 경우에는, 송화인이 지시하는 자 또는 복합운송계약상 그러한 지시를 할 수 있는 송화인이나 수화인의 권리를 취득한 자가 지시하는 자에게 물품의 인도를 보장하기 위하여 필요한 모든 조치를 이행하거나 그 이행을 주선할 의무가 있다.

## 5) UNCTAD/ICC 복합운송계약 규칙의 복합운송인 면책

## ① 조항의 내용

| | |
|---|---|
| 5. Liability of the multimodal transport operator | 5. 복합운송인의 책임 |
| 5.1. Basis of Liability | 5.1. 책임의 기초 |
| Subject to the defences set forth in Rule 5.4 and Rule 6, the MTO shall be liable for loss of or damage to the goods, as well as for delay in delivery, if the occurrence which caused the loss, damage or delay in delivery took place while the goods were in his charge as defined in Rule 4.1., unless the MTO proves that no fault or neglect of his own, his servants or agents or any other person referred to in Rule 4 has caused or contributed to the loss, damage or delay in delivery. However, the MTO shall not be liable for loss following from delay in delivery unless the consignor has made a declaration of interest in timely delivery which has been accepted by the MTO. | 규칙 5.4. 및 규칙 6에 규정되어 있는 항변에 의거 복합운송인은 물품의 멸실이나 손상뿐 아니라 인도지연에 대항 그러한 멸실, 손상 및 지연이 규칙 4.1.에 정의되고 있는 것과 같이 물품이 자기의 관리하에 관리하는 기간중 발생한 경우에는, 복합운송인이 자기자신 또는 그 사용인, 또는 기타 규칙 4에 언급된 자의 과실 또는 태만으로 그러한 멸실, 손상 및 지연이 발생한 것이 아님을 증명하지 않는 한, 그 멸실, 손상 및 지연에 대하여 책임을 진다. 그러나, 복합운송인은 송화인이 물품의 적기 인도에 대한 관심을 밝혔으나 복합운송인이 이를 수락한 경우가 아니면, 인도 지연으로 인한 손해에 대해서 책임을 지지 않는다. |
| 5.2. Delay in delivery | 5.2. 인도지연 |
| Delay in delivery occurs when the goods have not been delivered within the time expressly agreed upon or, in the absence of such agreement, within the time which it would be reasonable to require of a diligent MTO, having regard to the circumstances of the case. | 인도지연은 물품이 명시적으로 합의된 시일 내에 인도되지 않거나 도는 그러한 합의가 없는 경우에는 관련 상황을 고려하여 성실한 복합운송인에 대하여 기대할 수 있는 합리적인 시일 내에 인도되지 않은 경우에 발생한다. |
| 5.3. Conversion of delay into final loss | 5.3. 지연의 경우 전손취급문제 |
| If the goods have not been delivered within ninety consecutive days following the date of delivery determined according to Rule 5.2., the claimant may, in the absence of evidence to the contrary, treat the goods as lost. | 만일 물품이 규칙 5.2.에 의하여 정해진 인도기일로부터 90일 내에 인도되지 않은 경우에는, 청구권자는 반증이 없는 한 그 물품을 멸실된 것으로 취급할 수 있다. |
| 5.4. Defences for carriage by sea or inland waterways | 5.3. 해상운송 또는 내수운송의 경우의 항변 |
| Notwithstanding the provisions of Rule 5.1. the MTO shall not be responsible for loss, damage or delay in delivery with respect to goods carried by sea or inland waterways when such loss, damage or delay during such carriage has been caused by: | 규칙5.1.의 규정에도 불구하고, 복합운송인은 해상 또는 내수로로 운송된 물품에 관하여는 그 멸실, 손상 또는 인도지연이 그러한 운송 중에 다음의 사유로 인하여 발생한 경우에는 물품의 멸실, 손상 또는 지연에 대하여 책임 지지 않는다. |
| act, neglect, or default of the master, mariner, pilot or the servants of the carrier in the navigation or in the management of the ship, fire, unless caused by the actual fault or privity of the carrier, | 선장, 선원, 도선사 또는 운송인의 사용인의 항해 또는 선박의 관리에 관한 행위, 태만 또는 과실, 운송인의 고의 또는 과실로 인하여 발생한 것이 아닌 화재, |
| however, always provided that whenever loss or damage has resulted from unseaworthiness of the ship, the MTO can prove that due diligence has been exercised to make the ship | 그러한 멸실 도는 손실에 선박의 감항능력 불비로 인하여 발생한 경우에는 복합운송인은 항해 개시시에 선박의 감항능력을 확보하기 위하 |

| | |
|---|---|
| seaworthy at the commencement of the voyage.<br>5.5. Assessment of compensation<br>5.5.1. Assessment of compensation for loss of or damage to the goods shall be made by reference to the value of such goods at the place and time they are delivered to the consignee or at the place and time when, in accordance with the multimodal transport contract, they should have been so delivered.<br>5.5.2. The value of the goods shall be determined according to the current commodity exchange price or, if there is no such price, according to the current market price or, if there is no commodity exchange price or current market price, by reference to the normal value of goods of the same kind and quality. | 여 상당한 주의를 다하였음을 증명할 수 있어야 한다.<br><br>5.5. 배상액의 산정<br>5.5.1. 물품의 멸실이나 손상에 대한 배상액은 물품이 수화인에게 인도되는 장소와 시간 또는 물품을 복합 운송계약에 따라 인도하여야 할 장소와 시간의 물품의 가액에 의하여 산정하여야 한다.<br><br>5.5.2. 물품의 가액은 상품거래소의 시가 또는 그러한 가격이 없는 겨우 시장가격, 또는 상품거래소 가격이나 시장가격이 모두 없는 경우 동종·동질의 물품의 정상가격에 따라 결정한다. |

② 조항의 개요

　복합운송인은 물품의 멸실 또는 손상 혹은 인도의 지연 등과 같은 손해가 본인이 관리하는 기간이 아니거나, 그 사용인 혹은 대리하는 자의 과실 또는 태만으로 그러한 손해가 발생한 것이 아님을 입증하면 면책이다. 인도의 지연은 성실한 복합운송인에 대하여 기대할 수 있는 합리적인 시일 내에 인도되지 않은 경우를 의미한다. 물품이 정해진 인도 기일로부터 90일 이내에 인도되지 않은 경우에는, 멸실된 것으로 취급할 수 있다. 복합운송에서 물품의 멸실 또는 손상에 대한 배상액은 물품이 수화인에게 인도되는 장소와 시간 또는 물품을 복합 운송계약에 따라 인도하여야 할 장소와 시간의 물품의 가액에 의하여 산정한다. 물품의 가액은 상품거래소의 시가 또는 상품거래소의 시가가 없는 경우 시장가격으로 한다.

### 6) UNCTAD/ICC 복합운송계약 규칙의 복합운송인 책임한도

① 조항의 내용

| | |
|---|---|
| 6. Limitation of liability of the multimodal transport operator<br>6.1. Unless the nature and value of the goods have been declared by the consignor before the goods have been taken in charge by the MTO and inserted in the MT document, the MTO shall in no event be or become liable for any loss of or damage to the goods in an amount exceeding the equivalent of 666.67 SDR per package or unit or 2 SDR per kilogramme of gross weight of the goods lost or damaged, whichever is the higher. | 6. 복합운송인의 책임한도<br><br>6.1. 복합운송인이 물품을 인수하기 전에 송화인이 물품의 종류와 가액을 통고하고 또한 이를 복합운송증권에 기재한 경우를 제외하고, 복합운송인은 어떠한 경우에도 매 포장당 또는 매단위당 666.67 SDR 또는 멸실 또는 손상된 물품의 총중량에 대한 매 킬로그램당 2 SDR의 둘 중에서 많은 쪽의 금액을 초과하지 않는 범위 내에서만 책임을 진다. |

6.2. Where a container, pallet or similar article of transport is loaded with more than one package or unit, the packages or other shipping units enumerated in the MT document as packed in such article of transport are deemed packages or shipping units. Except as aforesaid, such article of transport shall be considered the package or unit.

6.2. 컨테이너, 팔레트 또는 이와 유사한 운송용구가 한 개 이상의 묶음 또는 단위의 물품과 함께 적재된 경우에는, 그러한 운송용구에 포장된 것으로 복합운송증권에 기재된 묶음 기타의 적재단위의 개수를 책임한도액의 산정에 관한 묶음 또는 단위로 본다. 앞에서 언급한 경우를 제외하고 그러한 운송용구도 별도의 묶음 또는 단위로 취급한다.

6.3. Notwithstanding the above-mentioned provisions, if the multimodal transport does not, according to the contract, include carriage of goods by sea or by inland waterways, the liability of the MTO shall be limited to an amount not exceeding 8.33 SDR per kilogramme of gross weight of the goods lost or damaged.

6.3. 위에서 언급한 규정에도 불구하고, 계약에 따라 복합운송이 해상 또는 내수로의 운송을 포함하지 않는 경우 복합운송인의 책임은 멸실 또는 손상된 물품의 총 중량에 대한 매 밀로그램당 8.33 SDR을 초과하지 않는 금액으로 제한한다.

6.4. When the loss of or damage to the goods occurred during one particular stage of the multimodal transport, in respect of which an applicable international convention or mandatory national law would have provided another limit of liability if a separate contract of carriage had been made for that particular stage of transport, then the limit of the MTO's liability for such loss or damage shall be determined by reference to the provisions of such convention or mandatory national law.

6.4. 물품의 멸실 또는 손상이 복합운송 중의 어느 한 특정구간에서 발생한 경우, 그 운송구간에 관하여 국제협약이나 국내의 강행법에서 그 구간에 대하여만 별도로 운송계약을 체결하였다면 적용할 수 있는 다른 책임의 한도를 규정하고 잇는 경우에는, 물품의 멸실 또는 손상에 대한 복합운송인의 책임의 한도는 그러한 국제협약 또는 국내의 강행법의 규정에 의하여 결정한다.

6.5. If the MTO is liable in respect of loss following from delay in delivery, or consequential loss or damage other than loss of or damage to the goods, the liability of the MTO shall be limited to an amount not exceeding the equivalent of the freight under the multimodal transport contract for the multimodal transport.

6.5. 복합운송인의 인도지연에 따라 손실 또는 물품의 멸실이나 손상 이외의 간접적인 손실도는 손해에 대하여 책임이 있는 경우 복합운송인의 책임은 복합운송을 위한 복합운송계약에 의한 운임을 초과하지 않는 금액으로 제한한다.

6.6. The aggregate liability of the MTO shall not exceed the limits of liability for total loss of the goods.

6.6. 복합운송인의 책임의 총액은 물품의 전손의 경우에 대한 책임의 한도를 초과하지 않는다.

② 조항의 개요

복합운송인은 어떠한 경우에도 1 포장 당 또는 1 단위 당 666.67 SDR 또는 멸실 또는 손상된 물품의 총중량에 대한 1 킬로그램(kg) 당 2 SDR의 둘 중에서 많은 쪽의 금액을 초과하지 않는 범위 내에서만 책임을 부담한다. 복합운송계약에 따라 복합운송이 해상 또는 내수로의 운송을 포함하지 않는 경우 복합운송인의 책임은 멸실 또는 손상된 물품의 총 중량에 대한 1 킬로그램(kg) 당 8.33 SDR을 초과하지 않는 금액으로 제한한다. 복합운송인이 책임을 부담하는 총액은 물품의 전손의 경우에 대한 책임의 한도를 초과하지 않는다.

### 7) UNCTAD/ICC 복합운송계약 규칙의 복합운송인 책임제한권 상실

#### ① 조항의 내용

| 7. Loss of the right of the multimodal transport operator to limit liability<br>The MTO is not entitled to the benefit of the limitation of liability if it is proved that the loss, damage or delay in delivery resulted from a personal act or omission of the MTO done with the intent to cause such loss, damage or delay, or recklessly and with knowledge that such loss, damage or delay would probably result. | 7. 복합운송인의 책임제한권의 상실<br><br>복합운송인은 멸실, 손상 또는 인도지연이 그 멸실, 손상 또는 지연을 일으킬 의도를 가지고, 또는 무모하게 또한 그러한 멸실, 손상 또는 지연이 발생할 것이라는 것을 알면서 행한 복합운송인의 개인적인 작위 또는 부작위로 일어났다는 것이 증명된 경우에는, 복합운송인은 책임제한의 이익을 주장하지 못한다. |

#### ② 조항의 개요

복합운송인은 멸실, 손상 또는 인도지연이 그 멸실, 손상 또는 지연을 일으킬 의도를 가지거나 무모하게 행동하거나 또한 그러한 멸실, 손상, 지연이 발생할 것을 알면서 행동한 복합운송인의 개인적인 작위 또는 부작위로 일어났다는 것이 증명된 경우에는, 복합운송인은 책임을 부담한다.

### 8) UNCTAD/ICC 복합운송계약 규칙의 송화인 책임

#### ① 조항의 내용

| 8. Liability of the consignor<br>8.1. The consignor shall be deemed to have guaranteed to the MTO the accuracy, at the time the goods were taken in charge by the MTO, of all particulars relating to the general nature of the goods, their marks, number, weight, volume and quantity and, if applicable, to the dangerous character of the goods, as furnished by him or on his behalf for insertion in the MT document.<br>8.2. The consignor shall indemnify the MTO against any loss resulting from inaccuracies in or inadequacies of the particulars referred to above.<br>8.3. The consignor shall remain liable even if the MT document has been transferred by him.<br>8.4. The right of the MTO to such indemnity shall in no way limit his liability under the multimodal transport contract to any person other than the consignor. | 8. 송화인의 책임<br>8.1. 송화인은 복합운송인이 물품을 인수할 때에 직접 또는 송화인을 대신하여 제출한 혹은 복합운송증권에 삽입하기 위하여 제공한 물품의 일반적인 종류, 기호, 개수, 중량, 용적과 수량 및 적용가능한 경우 물품의 위험성에 관한 모든 명세는 복합운송인에게 그 정확성을 담보한 것으로 간주한다.<br><br>8.2. 송화인이 제출한 위(제1항)의 명세와 관련하여 그것이 부정확하거나 또한 부적절함으로써 발생한 모든 손실에 대하여 복합운송인에게 배상하여야 한다.<br>8.3. 송화인은 복합운송증권을 양도한 후에도 그 책임을 면하지 못한다.<br>8.4. 복합운송인이 비록 송화인으로부터 그러한 배상을 받을 권리가 있다고 하더라도 복합운송계약에 따라 송화인 이외에 제3자에게 지는 책임이 제한되는 것은 아니다. |

② 조항의 개요

송화인은 복합운송인이 물품을 인수할 때에 제시한 모든 명세는 복합운송인에게 정확하게 고지한 것으로 간주한다. 송화인은 고지한 물품의 명세가 부정확하거나 부적절하여 발생한 물품의 모든 손실에 대하여 복합운송인에게 배상하여야 한다. 송화인은 수화인에게 복합운송증권을 양도한 후에도 물품의 명세와 관련한 책임을 부담하여야 한다. 복합운송인이 송화인으로부터 복합운송증권에 근거하여 배상을 받을 권리가 있다고 하더라도 복합운송계약에 따라 송화인 이외에 제3자에 대하여 부담하여야 하는 책임원칙은 그대로 적용한다.

### 9) UNCTAD/ICC 복합운송계약 규칙의 물품의 멸실 및 손상 통지

① 조항의 내용

| | |
|---|---|
| 9. Notice of loss of or damage to the goods<br>9.1. Unless notice of loss of or damage to the goods, specifying the general nature of such loss or damage, is given in writing by the consignee to the MTO when the goods are handed over to the consignee, such handing over is prima facie evidence of the delivery by the MTO of the goods as described in the MT document.<br>9.2. Where the loss or damage is not apparent, the same prima facie effect shall apply if notice in writing is not given within 6 consecutive days after the day when the goods were handed over the consignee. | 9. 물품의 멸실 및 손상의 통지<br>9.1. 수화인이 물품의 인도를 받을 때에 물품의 멸실 또는 손상에 대하여 그 내용을 명시하여 복합운송인에게 서면으로 통지하지 않는 한, 그 물품의 인도는 복합운송인이 물품을 복합운송증권에 기재된 대로 인도하였다는 사실에 대한 증거가 된다.<br><br>9.2. 멸실이나 손상이 외관상 명백히 드러나지 아니한 경우에는 물품이 수화인에게 인도된 날로부터 6일 이내에 서면에 의한 통지가 없으면 동일한 추정증거력이 인정된다. |

② 조항의 개요

복합운송인이 수화인에게 복합운송증권에 따라 물품을 인도할 때에 발견된 물품의 멸실 또는 손상 등에 대하여 수화인이 인수한 날로부터 6일 이내에 복합운송인에게 서면으로 통지하지 않으면 안전하게 인도하였다는 증거가 된다.

### 10) UNCTAD/ICC 복합운송계약 규칙의 제척기간

① 조항의 내용

| | |
|---|---|
| 10. Time-bar<br>The MTO shall, unless otherwise expressly agreed, be discharged of all liability under these Rules unless suit is brought within 9 months after the delivery of the goods, or the date when the goods should have been | 10. 제척기간<br>복합운송인은 별도의 명시적인 합의가 없는 한, 물품의 인도일 또는 물품을 인도하여야 할 날, 또는 규칙 5.3.에 따라 물품 인도의 불이행에 대하여 수화인이 전손으로 취급할 권리가 있는 날로부터 9개월 내에 소송을 제기하지 않 |

| delivered, or the date when in accordance with Rule 5.3, failure to deliver the goods would give the consignee the right to treat the goods as lost. | 으면, 본 규칙에 따른 모든 책임으로부터 면제 된다. |
|---|---|

### ② 조항의 개요

복합운송인은 별도의 명시적인 합의가 없는 한, 물품의 인도일 또는 물품을 인도하여야 할 날, 또는 물품 인도의 불이행에 대하여 수화인이 전손으로 취급할 권리가 있는 날로부터 9개월 내에 소송을 제기하지 않으면, 본 규칙에 따른 모든 책임으로부터 면제 된다.

### 11) UNCTAD/ICC 복합운송계약 규칙의 불법행위에 대한 적용

#### ① 조항의 내용

| 11. Applicability of the rules to actions in tort These Rules apply to all claims against the MTO relating to the performance of the multimodal transport contract, whether the claim be founded in contract or in tort. | 11. 불법행위에 대한 본 규칙의 적용 본 규칙은 복합운송인의 복합운송계약의 이행에 관하여 복합운송인에 대한 모든 청구에 대하여 그것이 계약을 근거로 한 것인지 또는 불법행위를 근거로 한 것인지에 상관없이 적용된다. |
|---|---|

### ② 조항의 개요

본 규칙은 복합운송인의 복합운송계약의 이행과 관련한 모든 청구에 대하여 그것이 계약을 근거로 한 것인지 또는 불법행위를 근거로 한 것인지의 여부와는 관계없이 적용된다.

### 12) UNCTAD/ICC 복합운송계약 규칙의 복합운송인의 사용인 등에 대한 적용

#### ① 조항의 내용

| 12. Applicability of the rules to the multimodal transport operator's servants, agents and other persons employed by him These Rules apply whenever claims relating to the performance of the multimodal transport contract are made against any servant, agent or other person whose services the MTO has used in order to perform the multimodal transport contract, whether such claims are founded in contract or in tort, and the aggregate liability of the MTO of such servants, agents or other persons shall not exceed the limits in Rule 6. | 12. 복합운송인의 사용인, 대리인 및 기타의 MTO의 피용인에 대한 본 규칙의 적용 본 규칙은 복합운송계약의 이행에 관한 청구가 복합운송인이 복합운송계약을 이행하기 위하여 그 업무를 이용하는 모든 사용인, 대리인 또는 기타의 피용자에 대하여 제기되는 경우, 그것이 계약을 근거로 한 것인지 또는 불법 행위를 근거로 한 것인지에 상관없이 적용되며, 그러한 사용인, 대리인 또는 피용자에 대한 복합운송인의 책임 총액은 규칙 6에 규정된 한도를 초과하지 못한다. |
|---|---|

② 조항의 개요

본 규칙은 복합운송계약의 이행에 관한 청구가 복합운송인이 복합운송계약을 이행하기 위하여 그 업무를 이용하는 모든 사용인, 대리인 또는 기타의 피용자에 대하여 제기되는 경우, 그것이 계약을 근거로 한 것인지 또는 불법 행위를 근거로 한 것인지의 여부에 관계없이 적용되며, 그러한 사용인, 대리인 또는 피용자에 대한 복합운송인의 책임 총액은 규정된 한도를 초과하지 못한다.

### 13) UNCTAD/ICC 복합운송계약 규칙의 강행법규

① 조항의 내용

| 13. Mandatory law<br>These Rules shall only take effect to the extent that they are not contrary to the mandatory provisions of international conventions or national law applicable to the multimodal transport contract. | 13. 강행법규<br>본 규칙은 단일운송계약에 적용될 수 있는 국제협약이나 국내법의 강행규정에 저촉되지 아니한 범위 내에서만 그 효력이 있다. |
| --- | --- |

② 조항의 개요

본 규칙은 단일운송계약에 적용될 수 있는 국제협약이나 국내법의 강행규정에 저촉되지 아니한 범위 내에서만 그 효력이 있다.

# 제4편

# 무역보험 관련 국제관습과 협약

# 제 10 장

# 영국 해상보험법

## 제 1 절  해상보험과 해상보험계약

### 1. 해상보험

#### (1) 해상보험의 의미

해상보험은 해상사업에 관련된 사고로 인하여 야기된 손해를 보상할 것을 목적으로 하는 손해보험의 일종이다. 해상보험은 적하보험과 선박보험을 통칭하는 개념이다. 적하보험에서는 운송수단으로 물품을 운송하는 중에 발생하는 물품의 손해를 보상하는 보험이다. 선박보험은 운송수단인 선박 그 자체와 관련된 손해를 보상하는 보험이다.

#### (2) 해상보험의 발원

#### 1) 서민조합의 출현[1)]

로마제정 시대에 서민조합(collegia tenuiorum)이라는 서민계층을 위한 공제조합 형태의 제도가 있었다. 조합원은 일정한 입회금을 납입하고 매월 일정액의 회비를 납부하였는데 가입자가 사망한 경우에는 장례비가 그 유족들에게 지급되었다.

---

1) 廣海孝一, 「保險論」, 中央經濟社, 1985, p.39.

### 2) 길드와 보험

길드(guild)라고 하는 것은 중세기에서 근세기 초기에 유럽에 있었던 제도이다. 중세 전기의 길드는 민족 이동기를 통하여 씨족사회 체제가 정비되지 않았을 때 시작되었다. 길드는 여러 가지 방법을 통하여 개인들이 상호부조 정신으로 결성한 사적 결합조직이다. 이때의 길드는 사적인 재판 내지 복수도 행하는 사회적, 종교적 성격을 겸비하고 있었다. 그런데 국가질서가 점차 회복되고 기독교 교회와 결탁한 직권적 교화정책이 시행되면서 쇠퇴하였다.

11세기에 이르러 서유럽의 상업활동이 활발해지자 옛 봉건도시 영주들의 보호와 동시에 착취를 당하던 성안의 시민과는 별개로 주로 성 근처의 대상인들이 주축이 되어 길드를 형성함에 따라 길드법이라는 관습이 탄생되었다. 상인 길드는 그 경제력과 정치적 영향력을 배경으로 옛 영주지배하의 소시민과 수공업자들을 통합하여 발전시킨 것이다. 상공업자들은 이 과정 중에 영주와의 반목과 갈등을 반복하면서 영향력을 계속 증대시키게 되었다. 이와 같이 상공업자가 중심이 된 초기의 길드는 도시의 자치에 큰 공헌을 하였다. 주도권은 주로 부유한 상공업자가 갖고 있었다. 이후 길드는 도시의 자치권을 행사하는 과정 중에 동종 직업별로 조직하는 경향을 보이게 된다.

12~13세기에 이르러서는 수공업자의 길드조직이 강화되었는데 초기에는 적극적이며 개방적이었다. 그러나 도시경제의 발전이 한계점에 이르자 가입 및 활동을 억제시키는 등 회원 수를 제한하고 규제를 강화하였다. 길드에서는 조합원에게 행사권한을 주었으며 조합원이 사망, 질병, 화재, 도난 등과 같은 위험을 당하면 그에 대한 급부를 제공하였다. 이것은 오늘날의 보험 기능과 같은 것이다.

### 3) 모험대차

#### ① 모험대차의 의미와 기능

모험대차(冒險貸借; bottomry; respondentia)는 그리스·로마시대에 지중해 지방에서 행해지던 금전 소비대차의 일종이다. 모험대차는 선박 또는 적하를 담보로 하는 대차이다. 금전을 빌린 선주 또는 화주가 항해가 무사히 종료되면 차용한 원금에 이자를 붙여 상환하는 것이다. 그러나 선박이 항해 도중에 해난이나 해적 등과 같은 해상사고로 인하여 전손이 된 때에는 원리금을 상환하지 않아도 되는 조건이었다. 따라서 모험대차는 융자와 위험부담이라고 하는 두 가지 기능, 즉 은행과 보험회사의 기능을 겸한 것이었다. 모험대차에서의 이자는 일반금리보다 고율로서 1항해당 22%에서 33 1/3%까지였다고 한다. 이 모험대차의 이율과 일반금리의 차액이 말하자면 해상보험료에 상당하는 것이다.[2]

② 모험대차의 발전과 해상보험제도의 출현

모험대차는 지중해상업의 발전에 따라 13세기 초까지는 번창하였다. 그런데 1230년경 이자징수를 죄악시하는 교회법에 의하여 로마법왕 그레고리우스 9세(Gregorius IX)가 이자금지령을 포고하면서 일체의 이자징수가 금지되자 모험대차도 금지되었다.

초기의 모험대차는 대부업자가 항해 전에 선박 또는 화물의 매수인이 되고 모험대차의 차용자인 항해업자가 매도인이 되어 매수인이 매도인에게 대금을 지급한 후 항해가 무사히 종료하면 매매계약은 해제되고 대금인 차입금을 반제하는 방식이었다. 그런데 항해 도중에 해난, 해적, 전쟁 등으로 인하여 항해가 완료되지 않은 때는 매매계약이 해제되지 않았다. 이런 경우 매도인은 대금을 반제할 필요가 없게 된다. 즉 선급을 한 자금을 회수할 수 없게 되는 상황에 이르게 된 것이다.

이러한 이유로 자본가들은 융자를 한 후 해상위험이 발생하게 되었을 경우의 손해보상 방법을 강구하게 되었다. 그리고 무역과 교통의 발달과 더불어 무역업자나 항해업자도 해상대차에 의한 위험보장과 연결된 융자인 경우에도 해상위험을 보장해야 하는 사정이 발생되었다. 이와 같은 문제를 해결하는 과정에서 해상보험제도가 출현하게 되었던 것이다.

## 2. 해상보험계약

### (1) 해상보험계약의 시초

14세기에 이탈리아 북부, 지중해 연안의 상업도시인 베네치아, 피사, 제노아 등에서 상인들이 보험회사가 되어 영리보험계약을 시작한 것이 해상보험계약의 시작이다.

해상보험은 이탈리아, 스페인, 프랑스, 포르투칼 등과 같이 대서양 연안에 위치한 여러 도시와 무역경로를 따라 한자동맹 도시까지 파급되었다. 선주나 무역업자들은 감항성이 부족한 선박으로 무역상품을 운송해야 했던 시기였기 때문에 자본유지나 수익의 확보를 위하여 해상위험에 따른 손해가능성을 전가시킬 수 있는 방안이 필요하였다. 상업자본주의 시대에 이르러 상인들이 해상위험을 비용으로 계산하여 위험을 전가시키는 해상보험의 합리성을 인정한 이후, 해상보험은 이탈리아의 여러 도시에서 발전하였다. 그러나 보험사업이 독립된 사업으로 인정받아 영업을 할 정도의 경제적 배경이나 기반은 확립되어 있지 못했다. 사회적으로 해상보험이 통용되기 까지는 장기간이 소요되었다.

---

2) 中村統太郎, 損害保險の知識, 日本經濟新聞社, 1981, p.21.

### (2) 해상보험계약의 발달

해상보험계약은 보험자와 해상운송으로 화물을 운송하려는 자가 화물을 부보하는 적하보험계약과 보험자와 선박회사가 선박을 부보하는 선박보험으로 구분할 수 있다. 이러한 해상보험계약이 발달한 역사는 매우 오래 되었는데 해상보험계약의 형태로 인정되는 최고의 자료에는 다음과 같은 것들이 있다.3)

첫째, 기록형식은 소비대차계약으로 되어 있지만 실질적으로는 해상보험계약 형태인 증서가 있다. 제노아의 공증기록에 의한 1347년 10월 23일부의 선박보험계약에 관한 증서와 1348년 1월 15일자의 적하보험계약에 관한 증서가 있다.4) 선박보험계약에 관한 증서와 적하보험계약에 관한 증서는 무상의 소비대차를 가장하고 있다. 소비대차는 그리스·로마시대에 지중해 지방에서 행해지던  모험대차(冒險貸借; bottomry respondentia)를 근간으로 한다. 모험대차는 선박 또는 적하를 담보로 하는 대차이다. 금전을 빌린 선주 또는 화주가 항해가 무사히 종료되면 차용한 원금에 이자를 붙여 상환하는 것이다. 그러나 선박이 항해 도중에 해상사고로 인하여 전손이 된 때에는 원리금을 상환하지 않아도 되는 조건이었다.

둘째, 기록형식은 매매계약으로 되어 있지만 실제로는 해상보험계약으로 되어 있는 증서인 1370년 7월 12일부의 제노아 공식증서가 있다.5) 제노아 공식증서는 매매를 가장하고 있다. 즉 보험자가 피보험자로부터 화물을 매입하고 그 대금은 6개월 이내에 지급할 것을 약속하지만 화물이 목적지에 무사히 도착하여 양륙된 때는 계약은 무효가 되어 대금을 지급할 필요가 없도록 하는 형식을 가지고 있다.

셋째, 기록형식에 있어서 실질적인 면이나 형식적인 면에서 해상보험계약으로 되어 있는 증서가 있다. 1350년 이탈리아 팔레모(palermo)에서 3월 15일부로 발행된 적하해상보험증권, 이탈리아 피사에서 1384년 7월 11일부로 발행된 해상보험증권 등이 있다. 팔레모 증권이나 피사 증권은 오늘날의 보험계약의 형식을 취하고 있다는 점에서 중요한 사료가 되고 있다. 즉 보험자가 피보험자에 대하여 해상사고로 인하여 생길 손해를 보상할 것을 약속하고 그 대가로서 보험료를 수취했다고 하는 형식을 취하고 있다.

이후 근대에 이르러 1779년에 로이즈 조합에서 해상보험계약을 체결하고, 보험자가 보험계약자에게 로이즈 보험증권 (Lloyd's Ship & Goods Policy: Lloyd's S.G. Policy)을 교부하였는데 보험약관을 시대의 상황에 맞게 개정하여 오늘날까지 해상보험업계에서 활용하고 있다.

---

3) 加藤有作, 「海上保險新講」, 春秋社, 1962, pp.21~22.
4) 木村榮一, 「ロイス保險生成史」, 海文堂, 1980, pp.119~123 참조.
5) 전게서, pp.127~132 참조.

# 제 2 절  영국 해상보험법

## 1. 영국 해상보험법의 제정 배경

### (1) 바르셀로나 법령

해상보험에 관한 거래상의 관습과 법령은 스페인의 바르셀로나에서 발달하였다. 1435년 바르셀로나의 법령은 당시의 해상보험거래의 관습을 성문화시킨 세계 최초의 체계적인 해상보험법전이었다. 이후 바르셀로나에서 생성된 해상보험거래에 관한 관습과 법령은 이탈리아의 여러 도시로 파급되었다.

### (2) 로이즈 보험증권

1779년에 로이즈 조합은 해상보험 거래를 할 때 보험회사에 의하여 이용되던 보험증권을 로이즈의 정식적인 보험증권으로 결정하였다. 이것이 로이즈 보험증권 (Lloyd's Ship & Goods Policy: Lloyd's S.G. Policy)인데 유럽의 법령을 기초로 하여 여러 지중해 약관의 실질적인 내용을 계승시킨 증권이다.

### (3) 함부르크보험 및 해손법

영국에서는 도박보험의 악폐를 우려하여 법적조치를 취하여 해상보험 계약의 대상을 선박 및 적하의 직접손해로 제한하였기 때문에 보험사업은 18세기 이후에 발전하였다.[6] 해상보험에서 선박 또는 적하에 대한 다양한 이해관계를 부보의 대상으로 인정한 것은 함부르크보험 및 해손법(Hamburgische Assekura nz und Havereyordnung)이 제정된 1731년의 일이었다.

### (4) 영국 해상보험법

1779년에 로이즈 조합에서 2,000개 이상의 판례를 참조하여 로이즈 보험증권 (Lloyd's Ship & Goods Policy: Lloyd's S.G. Policy)을 제정하였다. 그런데 영국은 판례에 의존하여 왔기 때문에 성문화된 해상보험법전이 없었다. 그래서 1906년에 94개 조항의 영국 해상보험법을 제정하게 된 것이다.

---

6) 勝呂弘, 「海上保險」(改訂新版), 春秋社, 1955, pp.49~50.

## 2. 영국 해상보험법의 규정

### (1) 용어의 정의

#### 1) 해상보험

##### ① 조항의 내용

| Marine Insurance Act 1906 | 1906년 해상보험법 |
| --- | --- |
| 1. Marine insurance defined<br>A contract of marine insurance is a contract whereby the insurer undertakes to indemnify the assured, in manner and to the extent thereby agreed, against marine losses, that is to say, the losses incident to marine adventure. | 제1조 해상보험의 정의<br>해상보험계약이란 보험자가 그 계약에 의하여 합의한 방법과 범위 내에서 해상손해, 즉 해상사업에 수반되는 손해에 대하여 피보험자에게 손해보상을 약속하는 계약이다. |

##### ② 조항의 개요

해상보험계약은 보험자가 그 계약에 의하여 합의한 방법과 범위 내에서 해상사업에 수반되는 손해에 대하여 피보험자에게 손해보상을 약속하는 계약이다.

#### 2) 해륙혼합위험

##### ① 조항의 내용

| 2. Mixed sea and land risks<br>(1) A contract of marine insurance may, by its express terms, or by usage of trade, extended so as to protect the assured against losses on inland waters or on any land risk which may by incidental to any sea voyage.<br>(2) Where a ship in course of building, or the launch of a ship, or any adventure analogous to a marine adventure, is covered by a policy in the form of a marine policy, the provisions of this Act, in so far as applicable, shall apply thereto, by except as by this section provided, nothing is this Act shall alter or affect any of law applicable to any contract of insurance other than a contract of marine insurance as by this Act defined. | 제2조 해륙혼합위험<br>(1) 해상보험계약은 명시적인 조건이나 무역관행에 의하여 피보험자를 보호하기 위해 해상항해에 수반될 수 있는 내수 또는 일체의 육상위험의 손해까지 확장될 수 있다.<br>(2) 건조 중의 선박, 또는 선박의 진수, 또는 해상사업과 유사한 일체의 사업이 해상보험증권양식의 보험증권에 의해서 부담되는 경우 적용가능한 한 본 법의 규정들이 적용되어야 한다. 그러나 본조에서 규정하는 경우를 제외하고, 본 법의 어떤 규정도 본 법에서 정의하고 있는 해상보험계약 이외의 일체의 보험계약에 적용되는 법률의 일체의 원칙을 변경하거나 영향을 미치는 것은 아니다. |

② 조항의 개요

해상보험계약은 명시적인 조건이나 무역관행에 의하여 피보험자를 보호하기 위해 해상항해에 수반될 수 있는 내수 또는 일체의 육상위험의 손해까지 확장될 수 있다.

### 3) 해상사업과 해상위험의 정의

① 조항의 내용

| 3. Marine adventure and maritime perils defined<br>(1) Subject to the provisions of this Act, every lawful marine adventure may be the subject of a contract of marine insurance.<br>(2) In particular there is a marine insurance.<br>(a) Any ship goods or other moveables are exposed to maritime perils.  Such property is in this Act referred to as 'insurable property';<br>(b) The earning or acquisition of any freight, passage money, commission, prof or other pecuniary benefit, or the security for any advances, loan, or disbursements, is endangered by the exposure of insurable property to maritime perils;<br>(c) Any liability to a third party may be incurred by the owner of, or other person interested in or responsible for, insurable property, by reason of maritime perils.<br>'Maritime perils' means the perils consequent on, or incidental to, the navigation the seam that is to say, perils of the seas, fire, war, perils, pirates, rovers, thieves, captures, seizures, restraints, and detainment's of princes and peoples, jettisons, barratry, and any other perils, either of the like kind or which may be designated by the policy. | 제3조 해상사업과 해상위험의 정의<br>(1) 본 법의 규정을 전제로 하여, 모든 적법한 해상사업은 해상보험계약의 목적이 될 수 있다.<br>(2) 특히 다음의 경우에 해상사업이 있다.<br>(a) 일체의 선박, 화물 또는 동산이 해상위험에 노출되는 경우. 그러한 재산을 본 법에서는 '피보험재산'이라고 한다.<br>(b) 일체의 화물운임, 여객운임, 수수료, 이윤 또는 기타 금전적 이익의 수입이나 취득, 또는 일체의 전도금이나 대출금 또는 선비를 위한 담보가 피보험재산이 해상위험에 노출됨으로써 위험에 직면한 경우.<br>(c) 피보험재산의 소유자 또는 피보험재산에 기타 이해관계가 있거나 책임이 있는 자가 해상위험 때문에 제3자에 대해 배상책임을 부담하는 경우.<br>'해상위험'은 바다의 항해에 기인하거나 부수하는 위험을 의미하며, 즉 바다의 위험, 화재, 전쟁위험, 해적, 강도, 절도, 포획, 나포, 군주와 국민의 억류 및 억지, 투하, 선원의 악행, 및 이와 동종의 또는 보험증권에 기재되는 일체의 기타 위험을 의미한다. |

② 조항의 개요

모든 적법한 해상사업은 해상보험계약의 목적이 될 수 있다. 일체의 선박, 화물 또는 동산이 해상위험에 노출되는 경우, 일체의 화물운임, 여객운임, 수수료, 이윤 또는 기타 금전적 이익의 수입이나 취득, 또는 일체의 전도금이나 대출금 또는 선비를 위한 담보가 피보험재산이 해상위험에 노출됨으로써 위험에 직면한 경우, 피보험재산의 소유자 또는 피보험재산에 기타 이해관계가 있거나 책임이 있는 자가 해상위험 때문에 제3자에 대해 배상책임을 부담하는 경우. 해상보험계약의 목적이 될 수 있다. 해상위험은 바다의 항해에 기인하거나 부수하는 위험이다.

## (2) 피보험이익

### 1) 도박 또는 사행계약의 무효

#### ① 조항의 내용

| Insurable Interest | 피보험이익 |
|---|---|
| 4. Avoidance of wagering or gaming contracts<br>(1) Every contract of marine insurance by way of gaming or wagering is void.<br>(2) A contract of marine insurance is deemed to be a gaming or wagering contractor.<br>(a) Where the assured has not an insurable interest as defined by this Act, an the contract is entered into with no expectation of acquiring such an interest or.<br>(b) Where the policy is made interest or no interest, or without further of interest than the policy itself or without benefit of salvage to the insurer or subject to any other like term: Provided that, where there is no possibility of salvage, a policy may be effected without benefit of salvage to the insurer. | 제4조 도박 또는 사행계약의 무효<br>(1) 사행 또는 도박을 목적으로 하는 모든 해상보험계약은 무효이다.<br>(2) 해상보험계약은 다음의 경우 사행 또는 도박계약으로 간주된다.<br>(a) 피보험자가 본 법에서 정의하고 있는 피보험이익을 갖지 않고, 또한 그와 같은 이익을 취득할 기대가능성 없이 계약이 체결되는 경우, 또는<br>(b) 보험증권이 '이익의 유무 불문'또는 '보험증권 자체 이외에 이익의 추가 증명 없음', 또는 '보험자에게 구조물의 권리 없음', 또는 이와 유사한 기타 일체의 용어에 따라 작성되는 경우 단, 구조의 가능성이 없는 경우 보험자에게 구조물의 권리없이 보험계약이 체결될 수 있다. |

#### ② 조항의 내용

사행 또는 도박을 목적으로 하는 모든 해상보험계약은 무효이다.

### 2) 피보험이익의 정의

#### ① 조항의 내용

| 5. Insurable interest defined | 제5조 피보험이익의 정의 |
|---|---|
| (1) Subject to the provisions of this Act, every person has an insurable interest is interested in a marine adventure.<br>(2) In particular a person is interested in a marine adventure where he stands in a legal or equitable relation to the adventure or to any insurable property at risk therein, in consequence of which he may benefit by the safety or due arrival of in surable property, or may be prejudiced by its loss, or by damage there to, or by the detention thereof, or may incur liability in respect thereof. | (1) 본 법의 규정이 있는 경우를 제외하고, 해상사업에 이해관계가 있는 자는 모두 피보험이익을 갖는다.<br>(2) 특히 해상사업에 대하여 또는 해상사업에서 위험에 노출된 일체의 피보험재산에 대하여 어떤 자가 보통법 또는 형평법상 관계에 있는 경우, 그 결과로 인하여 피보험재산의 안전이나 예정시기의 도착으로 이익을 얻거나, 피보험재산의 멸실이나 손상 또는 억류로 손해를 입거나, 또는 피보험재산에 관하여 배상책임을 발생시키는 자는 해상사업에 이해관계가 있다. |

② 조항의 개요

해상사업에 이해관계가 있는 자는 모두 피보험이익을 갖는다. 해상사업에 대하여 또는 해상사업에서 위험에 노출된 일체의 피보험재산에 대하여 어떤 자가 보통법 또는 형평법상 관계에 있는 경우 또는 피보험재산에 관하여 배상책임을 발생시키는 자는 해상사업에 이해관계가 있다.

### 3) 이익이 귀속되어야 할 시기

① 조항의 내용

| | |
|---|---|
| 6. When interest must attach<br>(1) The assured must be interested in the subject- matter in insured at the time of the loss thought need not be interested when the insurance is effected: Provided that where the subject-matter is insured 'lost or not lost' the assured may recover although he may not have acquired his interest until after the loss, unless at the time of effecting the contract of insurance the assured was aware of the loss, and insurer was not.<br>(2) Where the assured has no interest at the time of the loss, he cannot acquire interest by any act or election after he is aware of the loss. | 제6조 이익이 귀속되어야 할 시기<br>(1) 피보험자는 보험계약이 체결될 때 보험의 목적에 이해관계를 가질 필요는 없지만, 손해발생시에는 반드시 보험의 목적에 이해관계를 가져야 한다. 단, 보험의 목적이 '멸실 여부를 불문함'이란 조건으로 부보하는 경우에는, 보험계약의 체결시 피보험자가 손해발생사실을 알고 있었고 보험자는 그 사실을 알지 못하였을 경우가 아닌 한, 피보험자는 손해발생 후까지 자기의 이익을 취득할 수 없을지라도 보험금을 받을 수 있다.<br>(2) 피보험자가 손해발생시 이익을 가지고 있지 않는 경우, 피보험자는 손해발생을 알고 난 후에는 어떠한 행위 또는 선임에 의해서도 이익을 취득할 수 없다. |

② 조항의 개요

피보험자는 보험계약이 체결될 때 보험의 목적에 이해관계를 가질 필요는 없지만, 손해발생시에는 반드시 보험의 목적에 이해관계를 가져야 한다.

### 4) 소멸이익 또는 불확정이익

① 조항의 내용

| | |
|---|---|
| 7. Defeasible or contingent interest<br>(1) A defeasible interest is insurable, as also is a contingent interest.<br>(2) In particular, where the buyer of goods has insured them, he has an insurable interest, notwithstanding thqat he might, at his election, have rejected the goods, have treated them as at the seller's risk, by reason of the latter's delay in making delivery or otherwise. | 제7조 소멸이익 또는 불확정이익<br>(1) 불확정이익이 보험가능한 바와 같이, 소멸이익도 보험가능하다.<br>(2) 특히 화물의 매수인이 화물을 보험에 가입하는 경우에는, 매도인의 화물인도의 지연 또는 기타 이유로 매수인이 자기의 선택권에 따라 화물인수를 거절하거나 또는 매도인의 위험에 속하는 것으로서 화물을 처리할 수 있음에도 불구하고, 매수인은 피보험이익을 갖는다. |

② 조항의 개요

불확정이익이 보험부보가 가능한 바와 같이, 소멸이익도 보험부보가 가능하다.

### 5) 일부의 이익

① 조항의 내용

| 8. Partial interest<br>A partial interest of any nature is insurable. | 제8조 일부의 이익<br>모든 종류의 일부 이익은 보험에 가입될 수 있다. |
| --- | --- |

② 조항의 개요

모든 종류의 일부 이익은 보험에 가입될 수 있다.

### 6) 재보험

| 9. Re - insurance<br>(1) The insurer under a contract of marine insurance has an insurable interest in he risk, and may re-insure in respect of it.<br>(2) Unless the policy otherwise provides, the original assured has no right or interest in respect of such re-insurance. | 제9조 재보험<br>(1) 해상보험계약의 보험자는 자기의 위험에 대한 피보험이익을 가지며, 그 이익에 관하여 재보험에 가입할 수 있다.<br>(2) 보험증권에 별도로 규정하지 않는 한, 원보험의 피보험자는 그러한 재보험에 관하여 어떤 권리 또는 이익을 갖지 않는다. |
| --- | --- |

② 조항의 내용

해상보험계약의 보험자는 자기의 위험에 대한 피보험이익을 가지며, 그 이익에 관하여 재보험에 가입할 수 있다.

### 7) 모험대차

① 조항의 내용

| 10. Bottomry<br>The lender of money on bottomry or respondentia has an insurable interest in respect of the loan. | 제10조 모험대차<br>선박모험대차 또는 적화모험대차의 대금업자는 그 대출금에 관하여 피보험이익을 갖는다. |
| --- | --- |

② 조항의 개요

선박모험대차 또는 적화모험대차의 대금업자는 그 대출금에 관하여 피보험이익을 갖는다.

### 8) 선장과 선원의 급료

#### ① 조항의 내용

| 11. Master's and seamen' wages<br>The master or any member of the crew of a ship has an insurable interest in respect his wages. | 제11조 선장과 선원의 급료<br>선박의 선장 또는 모든 선원은 자기의 급료에 관하여 피보험이익을 갖는다. |
| --- | --- |

#### ② 조항의 개요

선박의 선장 또는 모든 선원은 자기의 급료에 관하여 피보험이익을 갖는다. 급료도 보험부보의 대상이 된다.

### 9) 선불운임

#### ① 조항의 내용

| 12. Advance freight<br>In the case of advance freight, the person advancing the freight has an insurable interest, in so far as such freight is not repayable in case of loss. | 제12조 선불운임<br>선불운임의 경우에 운임을 선불한 자는 손해발생시 그러한 운임이 상환될 수 없는 한도 내에서 피보험이익을 갖는다. |
| --- | --- |

#### ② 조항의 개요

선불운임의 경우에 운임을 선불한 자는 손해발생시 그러한 운임이 상환될 수 없는 한도 내에서 피보험이익을 갖는다.

### 10) 보험의 비용

#### ① 조항의 내용

| 13. Charges of insurance<br>The assured has an insurable interest in the charges of any insurance which he may effect. | 제13조 보험의 비용<br>피보험자는 자기가 체결하는 모든 보험의 비용에 대한 피보험이익을 갖는다. |
| --- | --- |

#### ② 조항의 개요

피보험자는 자기가 체결하는 모든 보험의 비용에 대한 피보험이익을 갖는다. 보험의 비용도 보험부보의 대상이 된다.

### 11) 이익액

#### ① 조항의 내용

| | |
|---|---|
| 14. Quantum of interest<br>(1) Where the subject-matter insured is mortgaged, the mortgagor has an insurable interest in the full value thereof, and the mortgagee has an insurable interest in respect of any sum due or to become due under the mortgage.<br>(2) A mortgagee, consignee, or other person having an interest in the subject-matter insured may insure on behalf and for the benefit of other persons interested as well as for his own benefit.<br>(3) The owner of insurable property has an insurable interest in respect of the full value thereof notwithstanding that some third person may have agreed, or be liable to indemnify him is case of loss. | 제14조 이익액<br>(1) 보험의 목적이 저당되어 있는 경우, 저당권 설정자는 보험의 목적의 전체 가액에 관하여 피보험이익을 가지며, 저당권자는 저당권에 의해 지불되는 일체의 금액 또는 지불하게 되어 있는 일체의 금액에 관하여 피보험이익을 갖는다.<br>(2) 저당권자, 수화인 또는 보험의 목적에 대한 이익을 갖고 있는 기타의 자는 자기 자신을 위해서는 물론 이해관계가 있는 타인을 위해서 그리고 그러한 타인을 대리하여 보험에 가입할 수 있다.<br>(3) 피보험재산의 소유자는, 누군가 제3자가 손해발생시 자기에게 손해보상을 약정하거나 또는 손해보상할 책임이 있는 경우에도 불구하고, 피보험재산의 전체 가액에 관하여 피보험이익을 갖는다. |

#### ② 조항의 개요

보험의 목적이 저당되어 있는 경우, 저당권 설정자는 보험의 목적의 전체 가액에 관하여 피보험이익을 가지며, 저당권자는 저당권에 의해 지불되는 일체의 금액 또는 지불하게 되어 있는 일체의 금액에 관하여 피보험이익을 갖는다. 저당권자, 수화인 또는 보험의 목적에 대한 이익을 갖고 있는 기타의 자는 자기 자신을 위해서는 물론 이해관계가 있는 타인을 위해서 그리고 그러한 타인을 대리하여 보험에 가입할 수 있다.

### 12) 이익의 양도

#### ① 조항의 내용

| | |
|---|---|
| 15. Assignment of interest<br>Where the assured assigns or otherwise parts with his interest in the subject matter insured, he does not thereby transfer to the assignee his rights under the contract insurance, unless there be an express or implied agreement with the assignee to that effect. But the provisions of this section do not affect a transmission of interest operation of law. | 제15조 이익의 양도<br>피보험자가 보험의 목적에 대한 자기의 이익을 양도하거나 또는 기타의 방법으로 분할처분하는 경우, 피보험자는 이에 의해 보험계약상 자기의 권리를 이전하지 않는다. 단, 그러한 취지의 양수인과의 명시적 또는 묵시적 합의가 있는 경우에는 보험계약상 피보험자의 권리가 양수인에게 이전된다. 그러나 본조의 규정은 법률의 효력에 의한 이익의 이전에는 영향을 미치지 않는다. |

② 조항의 개요

피보험자가 보험의 목적에 대한 자기의 이익을 양도하거나 또는 기타의 방법으로 분할처분하는 경우, 피보험자는 이에 의해 보험계약상 자기의 권리를 이전하지 않는다. 단, 그러한 취지의 양수인과의 명시적 또는 묵시적 합의가 있는 경우에는 보험계약상 피보험자의 권리가 양수인에게 이전된다. 그러나 이익의 양도와 관련하여 명시하고 있더라도 법률의 효력에 의한 이익의 이전에는 영향을 미치지 않는다.

### (3) 보험가액

### ※ 보험가액의 평가기준

### ① 조항의 내용

| INSURABLE VALUE | 보험가액 |
|---|---|
| 16. Measure of insurable value<br>Subject to any express provision or valuation in the policy, the insurable value of the subject-matter insured must be ascertained as follows:<br>(1) In insurance on ship, the insurable value is the value, at the commencement of risk, of the ship, including her outfit, provision and stores for the officers and crew, money advanced for seamen's wages, and other disbursements(if any) incurred make the ship fit for the voyage or adventure contemplated by the policy, plus the charges of insurance upon the whole: the insurable value, in the case of a steamship includes also the machinery, boilers, and coals and engine stores if owned by the assured, and in the case of a ship engaged in a special trade, the ordinary fittinl requisite for that trade:<br>(2) In insurance on freight, whether paid in advance or otherwise, the insurable value is the gross amount of the freight at the risk of the assured plus the charges of insurance<br>(3) In insurance on goods or merchandise, the insurable value is the prime cost of property insured, plus the expenses of and incidental to shipping and the charges insurance upon the whole.<br>(4) In insurance on any other subject-matter, the insurable vale is the amount at risk of the assured when the policy attaches, plus the charges of insurance. | 제16조 보험가액의 평가기준<br>보험증권상 명시규정 또는 평가액이 있는 경우를 제외하고, 보험의 목적의 보험가액은 다음과 같이 확정하여야 한다.<br><br>(1) 선박에 관한 보험에서 보험가액은 선박의 의장구, 고급선원과 보통선원을 위한 식료품과 소모품, 해원의 급료에 대한 선불금 및 보험증권에 의해 예정된 항해 또는 해상사업에 대해 선박을 적합하도록 만들기 위해 지출한 기타 선비(지출한 경우)를 포함하여 선박의 위험개시시의 가액에 그 전체에 관한 보험비용을 가산한 금액이다. 기선의 경우에 보험가액은 또한 기계와 보일러 및 피보험자의 소유인 경우의 석탄과 엔진소모품을 포함하며, 특수무역에 종사하는 선박의 경우에는 그러한 무역에 필수적인 통상적인 설비를 포함한다.<br><br>(2) 운임에 관한 보험에서는, 선불운임이든 아니든 불문하고, 보험가액은 피보험자의 위험에 속하는 운임의 총액에 보험비용을 가산한 금액이다.<br><br>(3) 화물 또는 상품에 관한 보험에서 보험가액은 피보험재산의 원가에 선적비용과 선적의 부수비용 및 그 전체에 대한 보험비용을 가산한 금액이다.<br><br>(4) 일체의 기타 보험의 목적에 관한 보험에서 보험가액은 보험계약이 시작되는 때에 피보험자의 위험에 속하는 금액에 보험비용을 가산한 금액이다. |

② 조항의 개요

선박에 관한 보험에서 보험가액은 선박의 의장구, 고급선원과 보통선원을 위한 식료품과 소모품, 해원의 급료에 대한 선불금 및 보험증권에 의해 예정된 항해 또는 해상사업에 대해 선박을 적합하도록 만들기 위해 지출한 기타 선비(지출한 경우)를 포함하여 선박의 위험개시시의 가액에 그 전체에 관한 보험비용을 가산한 금액이다. 운임에 관한 보험에서는, 선불운임이든 아니든 불문하고, 보험가액은 피보험자의 위험에 속하는 운임의 총액에 보험비용을 가산한 금액이다. 화물 또는 상품에 관한 보험에서 보험가액은 피보험재산의 원가에 선적비용과 선적의 부수비용 및 그 전체에 대한 보험비용을 가산한 금액이다.

## (4) 고지와 표시

### 1) 최대선의의 보험

① 조항의 내용

| Disclosure and representations | 고지와 표시 |
|---|---|
| 17. Insurance is uberrimae fide<br>A contract of marine insurance is a contract based upon the utmost good faith, and the utmost good faith be not observed by either party, the contract may be avoided the other party. | 제17조 최대선의의 보험<br>해상보험계약은 최대선의를 기초로 한 계약이며, 따라서 당사자 일방이 최대선의를 지키지 않으면 타방은 그 계약을 취소할 수 있다. |

② 조항의 개요

해상보험계약은 최대선의를 기초로 한 계약이다.

### 2) 피보험자의 고지

① 조항의 내용

| 18. Disclosure by assured<br>(1) Subject to the provisions of this section, the assured must disclose to the insurer, before the contract is concluded, every material circumstance which is know to the assured, and the assured is deemed to know every circumstance which, in the ordinary course of business, ought to be known by him. If the assured fails to make such disclosure, the insurer may avoid the contract. | 제18조 피보험자의 고지<br>(1) 본조의 규정에 따라서, 피보험자는 자기가 알고 있는 모든 중요사항을 계약이 성립되기 전에 보험자에게 고지하여야 하며, 피보험자는 통상의 업무상 마땅히 알아야 하는 모든 사항을 알고 있는 것으로 간주한다. 피보험자가 그러한 고지를 하지 않은 경우에는 보험자는 계약을 취소할 수 있다. |

(2) Every circumstance is material which would influence the judgment of a prudent insurer in fixing the premium, or determining whether he will take the risk.
(3) In the absence of inquiry the following circumstance need not be disclosed namely:
(a) Any circumstance which diminishes the risk:
(b) Any circumstance which is known or presumed to be known to the insurer. The insurer is presumed to know matters of common notoriety or knowledge, and matter which an insurer in the ordinary course of his business, as such, ought to know.
(c) Any circumstance as to which information is waived by the insurer;
(d) Any circumstance which it is superfluous to disclose by reason of any express or implied warranty.
(4) Whether any particular circumstance, which is not disclosed, be material or not is, in each case, a question of fact.
(5) The term 'circumstance' includes any communication made to, or information received by, the assured.

(2) 보험료를 결정하거나 또는 위험의 인수여부를 결정하는데 있어서 신중한 보험자의 판단에 영향을 미치는 모든 사항은 중요사항이다.
(3) 다음의 사항은 질문이 없는 경우에 고지할 필요가 없다. 즉,
(a) 위험을 감소시키는 일체의 사항
(b) 보험자가 알고 있거나 또는 알고 있는 것으로 추정되는 일체의 상황. 보험자는 일반적으로 소문난 상황이나 상식에 속하는 상황 및 보험자가 자기의 통상의 업무상 마땅히 알아야 하는 상황들을 알고 있는 것으로 추정된다.
(c) 보험자가 그에 관한 정보를 포기한 일체의 사항
(d) 어떠한 명시 또는 묵시담보 때문에 고지할 필요없는 일체의 사항
(4) 고지되지 않은 어떠한 특정 사항이 중요한 것인지 또는 아닌지의 여부는 각각의 경우에 있어서 사실문제이다.
(5) '사항'이란 말은 피보험자에게 행한 일체의 통신 또는 피보험자가 접수한 정보를 포함한다.

② 조항의 개요

피보험자는 자기가 알고 있는 모든 중요사항을 계약이 성립되기 전에 보험자에게 고지하여야 하며, 피보험자는 통상의 업무상 마땅히 알아야 하는 모든 사항을 알고 있는 것으로 간주한다. 피보험자가 그러한 고지를 하지 않은 경우에는 보험자는 계약을 취소할 수 있다. 고지할 사항과 불고지할 사항은 별도로 명시한다.

### 3) 보험계약을 체결하는 대리인의 고지

① 조항의 내용

19. Disclosure by agent effecting insurance
Subject to the provisions of the preceding section as to circumstance which need not be dis- closed, where an insurance is effected for the assured by an agent, the agent must disclose to the insurer-
(a) Every material circumstance which is known to himself, and an agent to ins is deemed to know every circumstance which in the ordinary course of business ought to be known by, or to have been communicated to, him; and.

제19조 보험계약을 체결하는 대리인의 고지
보험계약이 피보험자를 위하여 대리인에 의해 체결되는 경우 고지되어야 할 필요가 없는 사항에 관한 전조의 규정을 제외하고, 대리인은 보험자에게 다음의 사항을 고지하여야 한다.
(a) 대리인 자신이 알고 있는 모든 중요사항, 그리고 보험계약을 체결하는 대리인은 통상의 업무상 마땅히 알고 있어야 하는 모든 사항과 대리인에게 마땅히 통지되었을 모든 사항을 알고 있는 것으로 간주한다. 그리고

| (b) Every material circumstance which the assured is bound to disclose, unless come to his knowledge too late to communicate it to the agent. | (b) 피보험자가 고지할 의무가 있는 모든 중요 사항, 다만 피보험자가 너무 늦게 알게 되어 대리인에게 통지하지 못한 경우에는 그러하지 아니하다. |
|---|---|

② 조항의 개요

대리인 자신이 알고 있는 모든 중요사항, 그리고 보험계약을 체결하는 대리인은 통상의 업무상 마땅히 알고 있어야 하는 모든 사항 등을 고지하여야 한다.

### 4) 계약의 협의 중 표시

① 조항의 내용

| 20. Representations pending negotiation of contract<br>(1) Every material representation made by the assured or his agent to the insurer during the negotiations for the contract, and before the contract is concluded, must be true. If it be untrue the insurer may avoid the contract.<br>(2) A representation is material which would influence the judgment of a prudent insurer in fixing the premium, or determining whether he will take the risk.<br>(3) A representation may be either a representation as to a matter of fact, or as to matter of expectation or belief.<br>(4) A representation as to a matter of fact is true, if it be substantially correct that is to say, if the difference between what is represented and what is actually correct would not be considered material by a prudent insurer.<br>(5) A representation as to a matter of expectation or belief is true if it be made good faith.<br>(6) A representation may be withdrawn or corrected before the contract is concluded.<br>(7) Whether a particular representation be material or not is, in each case, a question of fact. | 제20조 계약의 협의중 표시<br>(1) 계약의 협의 중 및 계약이 성립되기 전에 피보험자 또는 그 대리인이 보험자에게 행한 모든 중요한 표시는 진실이어야 한다. 그것이 진실이 아닌 경우 보험자는 그 계약을 취소할 수 있다.<br>(2) 위험의 인수여부를 결정하고 보험료를 결정하는데 있어서 신중한 보험자의 판단에 영향을 미치는 표시는 중요한 것이다.<br>(3) 표시는 사실문제에 관한 표시일 수 있고, 또는 기대나 신념의 문제에 관한 표시일 수도 있다.<br>(4) 사실문제에 관한 표시는, 그것이 실질적으로 정확한 경우, 즉 표시된 것과 실제적으로 정확한 것과의 차이를 신중한 보험자가 중요한 것으로 간주하지 않는 경우, 진실한 표시이다.<br>(5) 기대 또는 신념의 문제에 관한 표시는 그것이 선의로 행하여진 경우 진실한 표시이다.<br>(6) 표시는 계약이 성립되기 전에 철회되거나 수정될 수 있다.<br>(7) 특정의 표시가 중요한 것인가 아닌가의 여부는 각각의 경우에 있어서 사실문제이다. |
|---|---|

② 조항의 개요

계약의 협의 중 및 계약이 성립되기 전에 피보험자 또는 그 대리인이 보험자에게 행한 모든 중요한 표시는 진실이어야 한다. 그것이 진실이 아닌 경우 보험자는 그 계약을 취소할 수 있다. 표시는 계약이 성립되기 전에 철회되거나 수정될 수 있다.

### 5) 보험계약의 성립 간주 시기

| 21. When contract is deemed to be concluded A contract of marine insurance is deemed to be concluded when the proposal of the assured is accepted by the insurer, whether the policy be then issued or not; and the purpose of showing when the proposal was accepted, reference may be made to the slip or covering note or other customary memorandum of the contract. | 제21조 보험계약의 성립 간주 시기 해상보험계약은, 보험증권의 발행여부에 관계없이, 피보험자의 청약이 보험자에 의해 승낙된 때 성립한 것으로 간주한다. 그리고 청약이 승낙된 때를 증명하기 위해서 슬립이나 보험인수증서 또는 기타 관례적인 계약서를 참조할 수 있다. |
| --- | --- |

② 조항의 개요

해상보험계약은, 보험증권의 발행여부에 관계없이, 피보험자의 청약이 보험자에 의해 승낙된 때 성립한 것으로 간주한다.

### (5) 보험증권

### 1) 보험계약은 보험증권에 구현

① 조항의 내용

| The policy | 보험증권 |
| --- | --- |
| 22. Contract must be embodied in policy Subject to the provisions of any statute, a contract of marine insurance is inadmissible in evidence unless it is embodied in a marine policy in accordance wit this Act. The policy may be executed and issued either at the time when the contract is concluded, or afterwards. | 제22조 보험계약은 보험증권에 구현 어떠한 제정법의 규정이 있는 경우를 제외하고, 해상보험계약은 본법에 따라 해상보험증권에 구현되지 않는 한 증거로서 인정되지 않는다. 보험증권은 계약이 성립된 때 또는 그 후에 작성되고 발행될 수 있다. |

② 조항의 개요

해상보험계약은 해상보험증권에 구현되어야 인정된다. 보험증권은 계약이 성립된 때 또는 그 후에 작성되고 발행될 수 있다.

### 2) 보험증권의 필수 기재사항

① 조항의 내용

| 23. What policy must specify A marine policy must specify | 제23조 보험증권 필수 기재사항 해상보험증권 필수기재사항 |
| --- | --- |

| (1) The name of the assured, or of some person who effects the insurance on his behalf:<br>(2) - (5) [Repealed] | (1) 피보험자의 성명, 또는 피보험자를 위하여 보험계약을 체결하는 자의 성명.<br>(2)-(5) 폐지 |
| --- | --- |

**② 조항의 개요**

피보험자의 성명, 또는 피보험자를 위하여 보험계약을 체결하는 자의 성명은 필수 기재사항이다.

### 3) 보험자의 서명

**① 조항의 개요**

| 24. Signature of insurer<br>(1) A marine policy must be signed by or on behalf of the insurer, provided that in the case of a corporation the corporate seal may be sufficient, but nothing in this section shall be construed as requiring the subscription of a corporation to be under seal.<br>(2) Where a policy is subscribed by or on behalf of two or more insurers, each subscription, unless the contrary be expressed, constitutes a distinct contract wit the assured. | 제24조 보험자의 서명<br>(1) 해상보험증권은 반드시 보험자에 의해 서명되거나 또는 보험자를 대리하여 서명되어야 한다. 단, 법인의 경우 법인의 인장으로 충분하다. 그러나 본조의 규정은 법인의 서명이 인장으로 날인되는 것을 요구하는 것으로 해석해서는 안된다.<br>(2) 하나의 보험증권이 2인 이상의 보험자에 의 또는 2인 이상의 보험자를 대리하여 서명되는 경우에는, 반대의 표시가 없는 한, 각각의 서명은 피보험자와 별도의 계약을 구성한다. |
| --- | --- |

**② 조항의 개요**

해상보험증권은 반드시 보험자에 의해 서명되거나 또는 보험자를 대리하여 서명되어야 한다. 법인의 경우 법인의 인장으로 충분하다.

### 4) 항해보험증권과 기간보험증권

**① 조항의 내용**

| 25. Voyage and time policies<br>(1) Where the contract is to insure the subject-matter 'at and from,' or from on e place to another or other, the policy is called a 'voyage policy', 'and where the contract is to insure the subject-matter for a definite period of time the policy in called a 'time policy' A contract for both voyage and time may be included in the same policy.<br>(2) [Repealed]. | 제25조 항해보험증권과 기간보험증권<br>(1) 보험계약이 보험의 목적을 '에서 및 부터' 또는 어느 장소로부터 다른 1개 장소나 수개의 장소까지 보험인수하는 경우, 그 보험증권을 '항해보험증권'이라고 부르며, 보험계약이 보험의 목적을 일정 기간에 대하여 보험인수하는 경우, 그 보험증권을 '기간보험증권'이라고 부른다. 항해와 기간의 양자를 위한 계약이 동일한 보험증권에 포함될 수 있다.<br>(2) 폐지 |
| --- | --- |

② 조항의 개요

어느 장소로부터 다른 1개 장소나 수개의 장소까지 보험인수하는 경우의 보험증권을 항해보험증권이라고 한다. 보험계약이 보험의 목적을 일정 기간에 대하여 보험인수하는 경우의 보험증권을 기간보험증권이라고 한다.

### 5) 보험의 목적의 명시

#### ① 조항의 내용

| | |
|---|---|
| 26. Designation of subject-matter<br>(1) The subject-matter insured must be designated in a marine policy with reasonable certainty.<br>(2) The nature and extent of the interest of the assured in the subject-matter insur need not be specified in the policy.<br>(3) Where the policy designates the subject-matter insured in general terms, its shall be construed to apply to the interest intended by the assured to be covered.<br>(4) In the application of this section regard shall be had to any usage regulating the designation of the subject-matter insured. | 제26조 보험의 목적의 명시<br>(1) 보험의 목적은 반드시 해상보험증권에 상당히 명확하게 명시되어야 한다.<br><br>(2) 보험의 목적에 대한 피보험자의 이익의 성질과 범위는 보험증권에 명기할 필요가 없다.<br><br>(3) 보험증권에 보험의 목적을 총괄적 문언으로 명시하는 경우, 그것은 피보험자가 보험보장을 받을 것으로 의도한 이익에 적용되는 것으로 해석하여야 한다.<br>(4) 본조의 적용에 있어서 보험의 목적의 명시를 규정하는 일체의 관행을 고려하여야 한다. |

② 조항의 개요

보험의 목적은 해상보험증권에 명확하게 명시되어야 한다. 보험증권에 보험의 목적을 총괄적 문언으로 명시하는 경우, 피보험자가 보험보장을 받을 것으로 의도한 이익에 적용된다.

### 6) 기평가보험증권

#### ① 조항의 내용

| | |
|---|---|
| 27. Valued policy<br>(1) A policy may be either valued or unvalued.<br><br>(2) A valued policy is a policy which specifies the agreed value of the subject-matter insured.<br>(3) Subject to the provisions of this Act, and in the absence of fraud, the value fixed by the policy is, as between the insurer and assured, conclusive of the insurable value of the subject intended to be insured, whether the loss be total or partial.<br>(4) Unless the policy otherwise provides, the value fixed by the policy is not conclusive for | 제27조 기평가보험증권<br>(1) 보험증권은 기평가보험증권 또는 미평가보험증권일 수 있다.<br>(2) 기평가보험증권은 보험의 목적의 협정보험가액을 기재한 보험증권이다.<br>(3) 본법의 규정이 있는 경우를 제외하고, 그리고 사기가 없는 경우에, 보험증권에 의해 정해진 가액은 보험자와 피보험자 사이에서는 손해가 전손이든 분손이든 관계없이 보험에 가입하려고 의도한 보험의 목적의 보험가액으로서 결정적이다.<br>(4) 보험증권이 별도로 규정하지 않는 한, 보험증권에 정해진 가액은 추정전손의 존재여부를 |

| | |
|---|---|
| the purpose of determining whether there has been a constructive total loss. | 결정하는 목적을 위하여는 결정적인 것은 아니다. |

### ② 조항의 개요

기평가보험증권은 보험의 목적의 협정보험가액을 기재한 보험증권이다.

## 7) 미평가보험증권

### ① 조항의 내용

| | |
|---|---|
| 28. Unvalued policy<br>An unvalued policy is a policy which does not specify the value of the subject-matter insured, but subject to the limit of the sum insured, leaves the insurable value to subsequently ascertained, in the manner herein-before specified. | 제28조 미평가보험증권<br>미평가보험증권은 보험의 목적의 가액을 기재하지 않고, 보험금액의 한도에 따라서 앞에서 명시된 방법으로 보험가액이 추후 확정되도록 하는 보험증권이다. |

### ② 조항의 개요

미평가보험증권은 보험의 목적의 가액을 기재하지 않고, 보험금액의 한도에 따라서 앞에서 명시된 방법으로 보험가액이 추후 확정되도록 하는 보험증권이다

## 8) 선박 또는 제선박의 부동보험증권

### ① 조항의 내용

| | |
|---|---|
| 29. Floating policy by ship or ships<br>(1) A floating policy is a policy which describes the insurance in general terms, a leaves the name of the ship or ships and other particulars to be defined by subsequent declaration.<br>(2) The subsequent declaration or declarations may be made by indorsement on the policy, or in other customary manner.<br>(3) Unless the policy otherwise provides, the declarations must be made in the order of dispatch or shipment. They must, in the case of goods, comprise all consignments within the terms of the policy, and the value of the goods or other property must be honestly stated, but an omission or erroneous declaration may be rectified even after loss or arrival, provided the omission or declaration was made in good faith.<br>(4) Unless the policy otherwise provides, | 제29조 선박 또는 제선박의 부동보험증권<br>(1) 부동보험증권은 총괄적 문언으로 보험계약을 기술하고, 선박이나 제선박의 명칭과 기타의 자세한 사항은 추후 확정통지에 의해 한정되도록 하는 보험증권이다.<br>(2) 추후의 확정통지는 보험증권상의 배서에 의해 또는 기타 관습적인 방법으로 할 수 있다.<br>(3) 보험증권이 별도로 규정하지 않는 한, 확정통지는 반드시 발송 또는 선적의 순서에 따라하여야 한다. 화물의 경우 확정통지는 반드시 보험증권의 조건에 해당되는 모든 적송품을 포함하여야 하고, 화물이나 기타 재산의 가액은 반드시 정직하게 신고되어야 한다. 확정통지가 생략된 사항 또는 잘못된 확정통지는, 그것이 선의로 이루어진 경우에 한하여, 심지어 손해발생 후 또는 도착 후에도 수정될 수 있다.<br>(4) 보험증권이 별도로 규정하지 않는 한, 손해 |

| where a declaration of value is not made until after notice of loss or arrival, the policy must be treated as an unvalued policy as regards the subject-matter of that declaration. | 의 통지 후 또는 도착의 통지 후까지 가액에 대한 확정통지가 이루어지지 않는 경우에, 그 보험증권은 확정통지의 대상인 보험의 목적에 관하여 미평가보험증권으로 처리되어야 한다. |

② 조항의 개요

부동보험증권은 총괄적 문언으로 보험계약을 기술하고, 선박이나 제선박의 명칭과 기타의 자세한 사항은 추후 확정통지에 의해 한정되도록 하는 보험증권이다 추후의 확정통지는 보험증권상의 배서에 의해 또는 기타 관습적인 방법으로 할 수 있다.

### 9) 보험증권의 용어의 해석

① 조항의 내용

| 30. Construction of terms in policy<br>(1) A policy may be in the form in the First Schedule to this Act.<br>(2) Subject to the provisions of this Act, and unless the context of the policy otherwise requires, the terms and expressions mentioned in the first Schedule to the Act shall be construed as having the scope and meaning in that schedule assigned to them. | 제30조 보험증권의 용어의 해석<br>(1) 보험증권은 본법의 제1부칙에 있는 양식이 사용될 수 있다.<br>(2) 본법의 규정이 있는 경우를 제외하고, 그리고 보험증권의 문맥상 별도의 해석을 필요로 하지 않는 한, 본법의 제1부칙에서 언급된 용어와 어귀는 그 부칙에 정하고 있는 범위와 의미를 갖는 것으로 해석하여야 한다. |

② 조항의 개요

보험증권의 문맥상 별도의 해석을 필요로 하지 않는 한, 부칙에서 언급된 용어와 어귀는 그 부칙에 정하고 있는 범위와 의미를 갖는 것으로 해석한다.

### 10) 추후 협정되는 보험료

① 조항의 내용

| 31. Premium to be arranged<br>(1) Where an insurance is effected at a premium to be arranged, and no arrangement made, a reasonable premium is payable.<br>(2) Where an insurance is effected on the terms that an additional premium is to be arranged in a given event, and that event happens but no arrangement is made, then reasonable additional premium is payable. | 제31조 추후 협정되는 보험료<br>(1) 추후 협정되는 보험료의 조건으로 보험계약이 체결되고, 보험료에 대한 협정이 이루어지지 않는 경우에는, 합리적인 보험료가 지불되어야 한다.<br>(2) 일정한 경우에 추가보험료가 협정된다는 조건으로 보험계약이 체결되고, 그러한 경우가 발생하지만 추가보험료가 협정되지 않는 경우에는, 합리적인 추가보험료가 지불되어야 한다. |

② 조항의 개요

추후 협정되는 보험료의 조건으로 보험계약이 체결되었는데 추후에 보험계약 당사자 간에 보험료에 대한 협정이 이루어지지 않는 경우에는, 통상적인 보험계약을 간주하는 합리적인 보험료가 지불되어야 한다. 일정한 경우에 추가보험료가 협정된다는 조건으로 보험계약이 체결되고, 그러한 경우가 발생하지만 추가보험료가 협정되지 않는 경우에는, 합리적인 추가보험료가 지불되어야 한다.

### (6) 중복보험

① 조항의 내용

| Double Insurance | 중복보험 |
|---|---|
| 32. Double insurance<br>(1) Where two or more policies are effected by or on behalf of the assured on the s adventure and interest or any part thereof, and the sums insured exceed the indemni allowed by this Act, the assured is said to be over-insured by double insurance.<br>(2) Where the assured is over-insured by double insurance-<br>(a) The assured, unless the policy otherwise provides, may claim payment from insurers in such order as he may think fit, provided that he is not entitled t receive any sum in excess of the indemnity allowed by this Act;<br><br>(b) Where the policy under which the assured claims is a valued policy, the assured must give credit as against the valuation for any sum received by him under any other policy whithout regard to the actual value of the subject-matte insured;<br>(c) Where the policy under which the assured claims is an unvalued policy he give credit, as against the full insurable value, for any sum received by him under any other policy;<br>(d) Where the assured receives any sum in excess of the indemnity allowed by this Act, he is deemed to hold such sum in trust for the insurers, according to the right of contribution among themselves. | 제32조 중복보험<br>(1) 동일한 해상사업과 이익 또는 그 일부에 관하여 둘 이상의 보험계약이 피보험자에 의해서 또는 피보험자를 대리하여 체결되고, 보험금액이 본법에서 허용된 손해보상액을 초과하는 경우, 피보험자는 중복보험에 의해 초과보험되었다는 의미이다.<br>(2) 피보험자가 중복보험에 의해 초과보험되는 경우-<br>(a) 피보험자는, 보험증권이 별도로 규정하지 않는 한, 자기가 적절하다고 생각하는 순서에 따라 보험자들에게 보험금을 청구할 수 있다. 단, 피보험자는 본법에 의해 허용되는 손해보상액을 초과하는 일체의 금액을 수취할 수 있는 권리는 없다.<br>(b) 피보험자가 보험금을 청구하는 보험증권이 기평가보험증권인 경우, 피보험자는 보험의 목적의 실제 가액에 관계없이 여타 보험증권에 의해 그가 수취한 일체의 금액을 평가액에서 공제하여야 한다.<br>(c) 피보험자가 보험금을 청구하는 보험증권이 미평가보험증권인 경우, 피보험자는 여타 보험증권에 의해 그가 수취한 일체의 금액을 전체의 보험가액에서 공제하여야 한다.<br>(d) 피보험자가 본법에 의해 허용된 손해보상액을 초과하는 금액을 수취한 경우, 보험자들 상호간에 분담금에 대한 그들의 권리에 따라, 피보험자는 보험자들을 위해 수탁된 그러한 금액을 보유한 것으로 간주한다. |

② 조항의 개요

동일한 해상사업과 이익 또는 그 일부에 관하여 둘 이상의 보험계약이 피보험자에 의해서 또는 피보험자를 대리하여 체결되고, 보험금액이 본법에서 허용된 손해보상액을 초과하는 경우, 피보험자는 중복보험에 의해 초과보험이 된 것이다. 피보험자가 보험금을 청구하는 보험증권이 미평가보험증권인 경우, 피보험자는 여타 보험증권에 의해 그가 수취한 일체의 금액을 전체의 보험가액에서 공제하여야 한다.

### (7) 담보 기타

### 1) 담보의 성질

① 조항의 내용

| Warranties, etc. | 담보 기타 |
|---|---|
| 33. Nature of warranty<br>(1) A warranty, in the following sections relation to warranties, means a promissor warranty, that is to say, a warranty by which the assured undertakes that some particular thing shall or shall not be done, or that some condition shall be fulfilled, or whereby he affirms or negatives the existence of a particular state o facts.<br>(2) A warranty may be express or implied.<br>(3) A warranty, as above defined, is a condition which must be exactly complied wit whether it be material to the risk or not. If it be not so complied with, then, subject to any express provision in the policy, the insurer is discharged from liability as from the date of the breach of warranty, but without prejudice to any liability incurred by him before that date. | 제33조 담보의 성질<br>(1) 담보에 관한 다음의 제조항에서의 담보는 약속담보를 의미하고, 즉 그것에 의해 피보험자가 어떤 특정한 사항이 행하여지거나 행하여지지 않을 것 또는 어떤 조건이 충족될 것을 약속하는 담보, 또는 그것에 의해 피보험자가 특정한 사실상태의 존재를 긍정하거나 부정하는 담보를 의미한다.<br><br>(2) 담보는 명시담보 또는 묵시담보일 수 있다.<br>(3) 위에서 정의한 담보는, 그것이 위험에 대하여 중요한 것이든 아니든 관계없이, 정확하게 충족되어야 한다. 만약 그것이 정확히 충족되지 않으면, 보험증권에 명시적인 규정이 있는 경우를 제외하고, 보험자는 담보위반일로부터 면책이다. 그러나 담보위반일 이전에 보험자에게 발생한 책임에는 영향을 미치지 않는다. |

② 조항의 개요

담보는 약속담보를 의미하고, 즉 그것에 의해 피보험자가 어떤 특정한 사항이 행하여지거나 행하여지지 않을 것 또는 어떤 조건이 충족될 것을 약속하는 담보, 또는 그것에 의해 피보험자가 특정한 사실상태의 존재를 긍정하거나 부정하는 담보를 의미한다. 담보는 명시담보일 수도 있고, 또는 묵시담보일 수도 있다. 담보는 그것이 위험에 대하여 중요한 것이든 아니든 관계없이 정확하게 충족되어야 한다.

## 2) 담보위반의 허용

### ① 조항의 내용

| | |
|---|---|
| 34. When breach of warranty excused<br>(1) Non-compliance with a warranty is excused when by reason of a change of circumstances, the warranty ceases to be applicable to the circum- stances of the contract, or when compliance with the warranty is rendered unlawful by any subseque law.<br>(2) Where a warranty is broken, the assured cannot avail himself of the defence that the breach has been remedied, and the warranty complied with, before loss.<br>(3) A breach of warranty may be waived by the insurer. | 제34조 담보위반의 허용<br>(1) 담보의 불충족이 허용되는 경우는 상황의 변경에 의해 담보가 계약상황에 적용될 수 없게 된 경우, 또는 담보의 충족이 그 이후의 어떠한 법률에 의해 위법이 되는 경우이다.<br><br>(2) 담보의 위반이 있는 경우, 피보험자는 손해 발생 이전에 그 위반이 교정되고 따라서 담보가 충족되었다는 항변을 이용할 수 없다.<br><br>(3) 담보의 위반은 보험자가 그 권리를 포기할 수 있다. |

### ② 조항의 개요

담보의 불충족이 허용되는 경우는 상황의 변경에 의해 담보가 계약상황에 적용될 수 없게 된 경우, 또는 담보의 충족이 그 이후의 어떠한 법률에 의해 위법이 되는 경우이다.

## 3) 명시담보

### ① 조항의 내용

| | |
|---|---|
| 35. Express warranties<br>(1) An express warranty may be in any form of words form which the intention to warrant is to be inferred.<br>(2) An express warranty must be included in, or written upon, the policy, or must be contained in some document incorporated by reference into the policy.<br>(3) An express warranty does not exclude an implied warranty, unless it be inconsistent therewith. | 제35조 명시담보<br>(1) 명시담보는 담보하려는 의사가 추정될 수 있는 것이면 어떠한 형태의 어구도 가능하다.<br><br>(2) 명시담보는 반드시 보험증권에 포함되거나 또는 기재되거나, 또는 보험증권 내의 언급에 의해 보험증권의 일부인 서류에 포함되어 있어야 한다.<br>(3) 명시담보는, 그것이 묵시담보와 상반되지 않는 한, 묵시담보를 배제하지 않는다. |

### ② 조항의 개요

명시담보는 반드시 보험증권에 포함되거나 또는 기재되거나, 또는 보험증권 내의 언급에 의해 보험증권의 일부인 서류에 포함되어 있어야 한다. 명시담보는 담보하려는 의사가 추정될 수 있는 것이면 어떠한 형태의 어구도 가능하다.

## 4) 중립담보

### ① 조항의 내용

| 36. Warranty of neutrality<br>(1) Where insurable property, whether ship or goods, us expressly warranted neutral there is an implied condition that the property shall have a neutral character at commencement of the risk, and that, so far as the assured can control the matter, neutral character shall be preserved during the risk.<br>(2) Where a ship is expressly warranted 'neutral' there is also an implied condition that, so far as the assured can control the matter she shall be properly documented that is to say, that she shall carry the necessary papers to establish her neutral and that she shall not falsify or suppress her papers, or use simulated papers. If loss occurs through breach of this condition, the insurer may avoid the contract. | 제36조 중립담보<br>(1) 피보험재산이 선박이든 화물이든 중립적일 것을 명시담보로 한 경우에는, 그 재산은 위험의 개시시에 중립적 성질을 가지고 있어야 하고, 또한 피보험자가 사정을 지배할 수 있는 한, 그 재산의 중립적 성질은 위험기간 중 보존되어야 한다는 묵시조건이 있다.<br>(2) 선박이 '중립적'일 것을 명시담보로 한 경우에는, 피보험자가 사정을 지배할 수 있는 한, 선박은 또한 그에 관한 적절한 서류를 갖추어야 한다는 묵시조건이 있다. 즉 선박은 그 중립성을 입증하는데 필요한 서류를 비치하여야 하고, 또 선박의 서류를 위조하거나 은익해서는 안되며 허위서류를 사용해서는 안된다는 묵시조건이 있다. 만약 이 조건의 위반으로 인하여 손해가 발생한 경우, 보험자는 계약을 취소할 수 있다. |

### ② 조항의 개요

피보험재산이 선박이든 화물이든 중립적일 것을 명시담보로 한 경우에는, 그 재산은 위험의 개시시에 중립적 성질을 가지고 있어야 하고, 또한 피보험자가 사정을 지배할 수 있는 한, 그 재산의 중립적 성질은 위험기간 중 보존되어야 한다는 묵시조건이 있다. 선박이 '중립적'일 것을 명시담보로 한 경우에는, 피보험자가 사정을 지배할 수 있는 한, 선박은 또한 그에 관한 적절한 서류를 갖추어야 한다는 묵시조건이 있다.

## 5) 국적에 관한 묵시담보의 부존재

### ① 조항의 내용

| 37. No implied warranty of nationality<br>There is no implied warranty as to the nationality of a ship, or that her nationality shall not be changed during the risk. | 제37조 국적에 관한 묵시담보는 없다<br>선박의 국적에 관한 묵시담보는 없으며, 또한 선박의 국적이 위험기간중 변경되어서는 안된다는 묵시담보도 없다. |

### ② 조항의 개요

선박의 국적에 관한 묵시담보는 없으며, 또한 선박의 국적이 위험기간 중 변경되어서는 안된다는 묵시담보도 없다.

### 6) 안전담보

#### ① 조항의 내용

| 38. Warranty of goods safety<br>Where the subject-matter insured is warranted 'well' or 'in good safety' on a particular day, it is sufficient if it be safe at any time during that day. | 제38조 안전담보<br>보험의 목적이 특정일에 '무사히' 또는 '상당히 안전한 상태로' 있을 것을 담보로 하는 경우, 해당일의 어떠한 시간이든 안전하면 그것으로 충분하다. |
| --- | --- |

#### ② 조항의 개요

보험의 목적이 특정일에 상당히 안전한 상태로 있을 것을 담보로 하는 경우, 해당일의 어떠한 시간이든 안전하면 그것으로 충분하다.

### 7) 선박의 감항성담보

#### ① 조항의 내용

| 39. Warranty of seaworthiness of ship<br>(1) In a voyage policy there is an implied warranty that at the commencement of the voyage the shop shall be seaworthy for the purpose of the particular adventure insured.<br>(2) Where the policy attaches while the ship is in port, there is also an implied warranty that she shall, at the commencement if the risk, be reasonably fit to encounter the ordinary perils of the port.<br>(3) Where the policy relates to a voyage which is performed in different stages, during which the ship requires different kinds of or further preparation or equipment there is an implied warranty that at the commencement of each stage the ship is seaworthy in respect of such preparation or equipment for the purposes of that stage<br>(4) A ship is deemed to be seaworthy when she is reasonably fit in all respects to encounter the ordinary perils of the seas of the adventure insured.<br>(5) In a time policy there is no implied warranty that the ship shall be seaworthy any stage of the adventure, but where, with the privity of the assured, the ship is sent to sea in an unseaworthy thy state, the insurer is not liable for any loss attributable to unseaworthiness. | 제39조 선박의 감항성담보<br>(1) 항해보험증권에서는 항해의 개시시에 선박은 보험에 가입된 특정한 해상사업의 목적을 위하여 감항이어야 한다는 묵시담보가 있다.<br>(2) 선박이 항구에 있는 동안에 보험계약이 개시되는 경우에는, 또한 선박이 위험개시시에 그 항구의 통상적인 위험에 대응하는데 있어서 합리적으로 적합하여야 한다는 묵시담보가 있다.<br>(3) 상이한 여러 단계로 수행되는 항해에 보험계약이 관련되어 있고, 그 제단계마다 선박이 상이한 종류의 준비나 장비 또는 추가적인 준비나 장비를 필요로 하는 경우에는, 각 단계의 개시시에 선박은 그 단계의 목적을 위하여 그와 같은 준비나 장비에 관하여 감항이어야 한다는 묵시담보가 있다.<br>(4) 선박이 피보험해상사업의 통상적인 바다의 위험에 대응하는데 있어서 모든 점에서 합리적으로 적합한 때에는, 선박은 감항인 것으로 간주된다.<br>(5) 기간보험증권에서는 선박이 어떠한 단계의 해상사업에서도 감항이어야 한다는 묵시담보는 없다. 그러나 피보험자가 은밀히 알고 있으면서도 선박이 불감항상태로 취항한 경우에는, 보험자는 불감항에 기인하는 어떠한 손해에 대해서도 보상책임이 없다. |
| --- | --- |

② 조항의 개요

항해보험증권에서는 항해의 개시시에 선박은 보험에 가입된 특정한 해상사업의 목적을 위하여 감항이어야 한다는 묵시담보가 있다. 선박이 피보험해상사업의 통상적인 바다의 위험에 대응하는데 있어서 모든 점에서 합리적으로 적합한 때에는, 선박은 감항인 것으로 간주된다.

### 8) 화물의 감항 묵시담보 부존재

① 조항의 내용

| | |
|---|---|
| 40. No implied warranty that goods are seaworthy<br>(1) In a policy on goods or other moveables there is no implied warranty that the goods or moveables are seaworthy.<br>(2) In a voyage policy on goods or other moveables there is an implied warranyt that at the commencement of the voyage the ship is not onlt seaworthy as a ship, but also that she is reasonably fit to carry the goods or other moveables to the destination contemplated by the policy. | 제40조 화물의 감항 묵시담보 부존재<br>(1) 화물이나 기타 동산에 관한 보험계약에서는, 화물이나 동산이 감항이라는 묵시담보는 없다<br>(2) 화물이나 기타 동산에 관한 항해보험계약에서는 선박이 항해의 개시시에 선박으로서 감항일 뿐 아니라 보험증권에서 예정된 목적지까지 화물이나 기타 동산을 운송하는데 합리적으로 적합하다는 묵시담보가 있다. |

② 조항의 개요

화물이나 기타 동산에 관한 보험계약에서는, 화물이나 동산이 감항이라는 묵시담보는 없다. 화물이나 기타 동산에 관한 항해보험계약에서는 선박이 항해의 개시시에 선박으로서 감항일 뿐 아니라 예정된 목적지까지 화물이나 기타 동산을 운송하는데 적합하다는 묵시담보가 있다.

### 9) 적법담보

① 조항의 내용

| | |
|---|---|
| 41. Warranty of legality<br>There is an implied warranty that the adventure insured is a lawful one, and that, far as the assured con control the matter, the adventure shall be carried out in a lawful manner. | 제41조 적법담보<br>피보험해상사업은 적법한 사업이어야 하고, 피보험자가 사정을 지배할 수 있는 한 그 해상사업은 적법한 방법으로 수행되어야 한다는 묵시담보가 있다. |

② 조항의 개요

피보험해상사업은 적법한 사업이어야 하고, 피보험자가 사정을 지배할 수 있는 한 그 해상사업은 적법한 방법으로 수행되어야 한다는 묵시담보가 있다.

## (8) 항해

### 1) 위험개시에 관한 묵시조건

#### ① 조항의 내용

| The Voyage | 항해 |
|---|---|
| 42. Implied condition as to commencement of risk<br>(1) Where the subject-matter is insured by a voyage policy 'at and from' or 'from' particular place, it is not necessary that the ship should be at that place when the contract is concluded, but there is an implied condition that the adventure shall be commenced within a reasonable time, and that if the adventure be not so commenced t insurer may avoid the contract.<br>(2) The implied condition may be negatived by showing that the delay was caused by circumstances known to the insurer before the contract was concluded, or by showing that he waived the condition. | 제42조 위험개시에 관한 묵시조건<br>(1) 보험의 목적이 특정 장소 '에서 및 부터' 또는 특정 장소 '로부터' 항해보험증권에 의해 보험에 가입되는 경우, 계약체결시에 선박이 그 장소에 있어야 할 필요는 없지만, 항해가 합리적인 기간내에 개시되어야 하고, 만약 항해가 그렇게 개시되지 않으면 보험자는 계약을 취소할 수 있다는 묵시조건이 있다.<br>(2) 그 묵시조건은 계약이 체결되기 전에 보험자가 알고 있는 상황에 의해 지연이 발생하였다는 것을 증명함으로써, 또는 보험자가 그 조건에 대한 권리를 포기하였다는 것을 증명함으로써 무효화될 수 있다. |

#### ② 조항의 개요

항해보험증권에 의해 보험에 가입되는 경우, 계약체결시에 선박이 그 장소에 있어야 할 필요는 없지만, 항해가 합리적인 기간 내에 개시되어야 하고, 만약 항해가 그렇게 개시되지 않으면 보험자는 계약을 취소할 수 있다는 묵시조건이 있다.

### 2) 출항항의 변경

#### ① 조항의 내용

| 43. Alteration of port of departure<br>Where the place of departure is specified by the policy, and the ship instead of sailing from that place sails form any other place, the risk does not attach. | 제43조 출항항의 변경<br>출항장소가 보험증권에 명기되어 있는 경우, 선박이 그 장소에서 출항하는 대신에 어떠한 다른 장소에서 출항하는 때에는, 위험은 개시하지 않는다. |
|---|---|

#### ② 조항의 개요

선박이 보험증권에 명기된 장소와 다른 장소에서 출항하는 때에는 위험은 개시하지 않는다.

### 3) 다른 목적항을 향한 항해

#### ① 조항의 내용

| 44. Sailing for different destination<br>Where the destination is specified in the policy, and the ship, instead of sailing that desti- nation, sails for any other destination, the risk does not attach. | 제44조 다른 목적항을 향한 항해<br>목적항이 보험증권에 정하여진 경우, 선박이 그 목적항을 향하여 항해하지 않고 다른 다른 목적항을 향하여 항해한 때에는, 위험은 개시하지 않는다. |
| --- | --- |

#### ② 조항의 개요

선박이 보험증권에 명기된 목적항과 다른 항구로 항해하는 때에는 위험은 개시하지 않는다.

### 4) 항해의 변경

#### ① 조항의 내용

| 45. Change of voyage<br>(1) Where, after the commencement of the risk. the destination of the ship is voluntarily changed form the destination contemplated by the policy, there is said be a change of voyage.<br>(2) Unless the policy otherwise provides, where there is a change of voyage, the insurer is discharged from liability as from the time of change, that is to say, as from the time when the determination to change it is manifested; and it is immaterial that the ship may not in fact have left the course of voyage contemplated by the policy when the loss occurs. | 제45조 항해의 변경<br>(1) 위험의 개시후 선박의 목적지가 보험증권에 의해 예정된 목적지로 부터 임의로 변경되는 경우에, 항해의 변경이라고 의미한다.<br><br>(2) 보험증권에 별도로 규정하지 않는 한, 항해의 변경이 있는 경우에는, 보험자는 변경시 부터, 즉 항해를 변경할 결의가 명백한 때 부터 책임이 해제된다. 그리고 손해발생시 선박이 보험증권에 의해 예정된 항로를 실제 떠나지 않았다는 사실은 중요하지 아니하다. |
| --- | --- |

#### ② 조항의 개요

항해의 변경이 있는 경우에는, 보험자는 변경시 부터 면책이다.

### 5) 이로

#### ① 조항의 내용

| 46. Deviation<br>(1) Where a ship, without lawful excuse, deviates from the voyage contemplated by t policy, the insurer is discharged from liability | 제46조 이로<br>(1) 선박이 적법한 이유없이 보험증권에 의해 예정된 항해에서 이탈하는 경우, 보험자는 이로시 부터 책임이 해제되고, 선박이 손해발생 |
| --- | --- |

as from the time of deviation, and is immaterial that the ship may have regained her route before any loss occurs.
(2) There is a deviation from the voyage contemplated by the policy-
(a) Where the coures of the voyage is specifically designated by the policy, a that course is departed from; or
(b) Where the course of the voyage is not specifically designated by the policy but the usual and customary course is departed from.
(3) The intention to deviate is immaterial; there must be a deviation in fact to discharge the insurer from his liability under the contract.

전에 선박의 항로에 복귀하였다는 사실은 중요하지 아니하다.
(2) 다음의 경우에 보험증권에 의해 예정된 항해로 부터 이로가 있다.
(a) 항로가 보험증권에서 특별히 지정되어 있는 경우에는, 그 항로를 떠났을 때, 또는
(b) 항로가 보험증권에 의해 특별히 지정되어 있지 않는 경우에는, 통상적이고 관습적인 항로를 떠났을 때.
(3) 이로할 의사는 중요하지 아니하다. 즉 보험자가 계약상 책임을 면하기 위해서는 반드시 실제 이로가 있어야 한다.

② 조항의 개요

선박이 적법한 이유없이 보험증권에 의해 예정된 항해에서 이탈하는 경우, 보험자는 이로시부터 면책이다. 보험자가 계약상 책임을 면하기 위해서는 반드시 실제 이로가 있어야 한다.

### 6) 수개의 양륙항

① 조항의 내용

47. Several ports of discharge
(1) Where several ports of discharge are specified by the policy, the ship may proc to all or any of them, but, in the absence of any usage or sufficient cause to the contrary, she must proceed to them. or such of them as she goes to, in the order designated by the policy, If she does not there is a deviation.

(2) Where the policy is to 'ports of discharge', within a given area, which are not named, the ship must, in the absence of any usage or sufficient cause to the contra proceed to them, or such of them as she goes to, in their geographical order. If sh does not there is a deviation.

제47조 수개의 양륙항
(1) 보험증권에 수개의 양륙항이 명기되어 있는 경우, 선박은 그들 항구의 전부 또는 일부로 항행할 수 있다. 그러나 어떠한 관습이나 반대의 충분한 이유가 없는 한, 반드시 보험증권에 지정된 순서에 따라 그들 항구 또는 선박이 흔히 항행하는 것과 같은 항구로 항행하여야 한다. 만약 선박이 그와 같이 항행하지 않으면, 이로가 있다.
(2) 보험증권이 특정 항구가 명기되지 않고 일정 지역내의 '제양륙항'까지로 기재되어 있는 경우에는, 어떠한 관습이나 반대의 충분한 이유가 없는 한, 선박은 반드시 지리적 순서에 따라 그들 항구 또는 흔히 항행하는 것과 같은 항구로 항행하여야 한다. 만약 선박이 그와 같이 항행하지 않으면, 이로가 있다.

② 조항의 개요

보험증권에 수개의 양륙항이 명기되어 있는 경우, 선박은 그들 항구의 전부 또는 일부로 항행할 수 있다. 그러나 어떠한 관습이나 반대의 충분한 이유가 없는 한, 반드시 보험증권에 지정된 순서에 따라 그들 항구 또는 선박이 흔히 항행하는 것과 같은 항구로 항행하여야 한다.

440

## 7) 항해의 지연

### ① 조항의 내용

| 48. Delay in Voyage<br>In the case of a voyage policy, the adventure insured must be prosecuted throughout its course with reasonable dispatch, and, if without lawful excuse it is not so prosecuted, the insurer is discharged from liability as from the time when the delay became unreasonable. | 제48조 항해의 지연<br>항해보험증권의 경우에서, 보험가입된 해상사업은 반드시 전과정을 통해 상당히 신속하게 수행되어야 하고, 만약 적법한 이유없이 그와 같이 수행되지 않으면, 그 지연이 부당하게 되었던 때 부터 보험자는 책임이 해제된다. |

### ② 조항의 개요

보험에 가입된 해상사업이 적법한 이유없이 전과정을 통해 상당히 신속하게 수행되지 않으면 그 지연이 부당하게 되었던 때부터 보험자는 면책이다.

## 8) 이로 또는 지연의 허용

### ① 조항의 내용

| 49. Excuses for Deviation or Delay<br>(1) Deviation or delay in prosecuting the voyage contemplated by the policy is excused-<br><br>(a) Where authorized by any special term in the policy; or<br>(b) Where caused by circumstances beyond the control or the master and his employer; or<br>(c) Where reasonably necessary in order to comply with an express or implied warranty; or<br>(d) Where reasonably necessary for the safety of the ship or subject- matter insured; or<br>(e) for the purpose of saving human life, or aiding a ship in distress where human life may be in danger; or<br>(f) Where reasonably necessary for the purpose of obtaining medical or surgical aid for any person on board the ship; or<br>(g) Where caused by the barratrous conduct of the master or crew, if barratry one of the perils insured against.<br>(2) When the cause excusing the deviation or delay ceases to operate, the ship must resume her course, and prosecute her voyage, with reasonable dispatch. | 제49조 이로 또는 지연의 허용<br>(1) 보험증권에 예정된 항해를 수행하는데 있어서 다음의 경우에는 이로 또는 지연이 허용된다.<br>(a) 보험증권의 어떠한 특별한 문언에 의해 인정되는 경우, 또는<br>(b) 선장과 그의 고용주의 지배할 수 없는 상황에 기인하는 경우, 또는<br>(c) 명시담보 또는 묵시담보를 충족하기 위해 합리적으로 필요한 경우, 또는<br><br>(d) 선박 또는 보험의 목적의 안전을 위해 합리적으로 필요한 경우, 또는<br>(e) 인명을 구조하거나 또는 인명이 위험한 경우의 조난선을 구조하기 위해서, 또는<br><br>(f) 선박에 승선한 자에 대해 내과 또는 외과의 치료를 받기 위해서 합리적으로 필요한 경우, 또는<br>(g) 선원의 악행이 피보험위험의 하나인 경우에 선장이나 선원의 악행에 기인하는 경우.<br>(2) 이로 또는 지연을 허용하는 사유의 효과가 중단되는 때에는, 선박은 반드시 상당히 신속하게 본래의 항로로 복귀하여 항해를 수행하여야 한다. |

② 조항의 개요

보험증권의 어떠한 특별한 문언에 의해 인정되는 경우, 또는 선장과 그의 고용주의 지배할 수 없는 상황에 기인하는 경우 등에는 이로 도는 지연이 허용된다.

### (9) 보험증권의 양도

#### 1) 보험증권 양도 시기와 방법

① 조항의 내용

| Assignment of Policy | 보험증권의 양도 |
|---|---|
| 50. When and how policy is assignable<br>(1) A marine policy is assignable unless it contains terms expressly prohi- biting assignment. It may be assigned either before or after loss.<br>(2) Where a marine policy has been assigned so as to pass the beneficial interest such policy, the assignee of the policy is entitled to sue thereon in his own name;<br>and the defendant is entitled to make any defence arising out of the contract which would have been entitled to make of the action had been brought in the name of the person by or on behalf of whom the policy was effected.<br>(3) A marine policy may be assigned by endorsement thereon or in other customary manner. | 제50조 보험증권 양도가능 시기와 방법<br>(1) 해상보험증권에 양도를 명시적으로 금지하는 문언을 포함하고 있지 않는 한, 해상보험증권은 양도할 수 있다. 해상보험증권은 손해발생의 이전이든 이후이든 양도될 수 있다.<br>(2) 해상보험증권이 그러한 보험증권상의 수익권의 이익을 이전할 목적으로 양도된 경우에, 보험증권의 양수인은 자기 자신의 이름으로 그 소송을 제기할 수 있는 권리가 있고, 자기의 이름으로 보험계약을 체결한 자 또는 타인을 위해 보험계약이 체결되는 경우 그 타인의 이름으로 소송이 제기되었을 경우에 피고가 그 계약에 기인한 항변할 수 있는 권리가 있다.<br><br>(3) 해상보험증권은 그 보험증권상의 배서 또는 기타 관습적인 방법에 의해 양도될 수 있다. |

② 조항의 개요

해상보험증권에 양도를 명시적으로 금지하는 문언을 포함하고 있지 않는 한, 해상보험증권은 양도할 수 있다. 해상보험증권은 손해발생의 이전이든 이후이든 양도될 수 있다.

#### 2) 이익없는 피보험자의 양도여부

① 조항의 내용

| | |
|---|---|
| 51. Assured who has no interest cannot assign<br>Where the assured has parted with or lost his interest in the subject-matter insure and has not, before or at the time of so doing, expressly or impliedly agreed to assign the | 제51조 이익없는 피보험자의 양도여부<br>피보험자가 보험의 목적에 대한 자기의 이익을 포기하거나 상실한 경우, 그리고 그렇게 하기 전에 또는 그렇게 할 당시에, 보험증권을 양도하기로 명시적으로 또는 묵시적으로 합의하지 |

| | |
|---|---|
| policy, any subsequent assignment of the policy is inoperative: Provided that nothing in this section affects the assignment of a policy after loss. | 않은 경우에는, 그 이후의 어떠한 보험증권의 양도는 효력이 없다. 단, 본조의 규정은 손해발생 후의 보험증권의 양도에는 영향을 미치지 않는다. |

### ② 조항의 개요

피보험자가 보험의 목적에 대한 자기의 이익을 포기하거나 상실한 경우, 그리고 그렇게 하기 전에 또는 그렇게 할 당시에, 보험증권을 양도하기로 명시적으로 또는 묵시적으로 합의하지 않은 경우에는, 그 이후의 어떠한 보험증권의 양도는 효력이 없다.

## (9) 보험료

### 1) 보험료의 지불시기

#### ① 조항의 내용

| The Premium<br>52. When premium payable<br>Unless otherwise agreed, the duty of the assured or his agent to pay the premium, a duty of the insurer to issue the policy to the assured or his agent, are concurrent conditions, and the insurer is not bound to issue the policy until payment or tender of the premium. | 보험료<br>제52조 보험료의 지불시기<br>별도로 약정하지 않는 한, 피보험자 또는 그 대리인의 보험료의 지불의무와 피보험자 또는 그 대리인에 대한 보험자의 보험증권의 발급의무는 동시조건이며, 따라서 보험자는 보험료의 지불 또는 보험료의 변제를 제공할 때까지는 보험증권을 발급할 의무가 없다. |
|---|---|

#### ② 조항의 개요

피보험자 또는 그 대리인의 보험료의 지불의무와 피보험자 또는 그 대리인에 대한 보험자의 보험증권의 발급의무는 동시조건이다.

### 2) 보험중개인을 통해 체결된 보험계약

#### ① 조항의 내용

| 53. policy effected through broker<br>(1) Unless otherwise agreed, where a marine policy is effected on behalf of the assured by a broker, the broker is directly responsible to the insurer for the premium, and the insurer is directly responsible to the assured for the amount which may be payable in respect of losses, or in respect of returnable premium.<br>(2) Unless otherwise agreed, the broker has, as | 제53조 보험중개인을 통해 체결된 보험계약<br>(1) 별도로 약정하지 않는 한, 해상보험증권이 피보험자를 대리하여 보험중개인에 의해 체결되는 경우, 보험중개인은 보험료에 대해 보험자에게 직접적으로 책임이 있고, 보험자는 손해에 대한 보험금 또는 환급보험료에 관해 지급하여야 할 금액에 대해 피보험자에게 직접적인 책임이 있다.<br>(2) 별도로 약정하지 않는 한, 보험중개인은 피 |
|---|---|

| | |
|---|---|
| against the assured, a lien upon the policy for the amount of the premium and his charges in respect of effecting the policy; and, where he has dealt with the person who employs him as a principal, he also a lien on the policy in respect of any balance on any insurance account which be due to him from such person, unless when the debt was incurred he had reason to believe that such person was only an agent. | 보험자를 상대로 보험료의 금액과 보험계약의 체결과 관련한 보험중개인의 비용에 대하여 보험증권에 관한 유치권을 갖는다. 그리고 본인이 개인적으로 보험중개인 고용한 자와 거래를 하는 경우, 보험중개인은 고용한 자가 자신에게 지불할 보험계정상의 균형성을 위하여 보험증권에 관한 유치권을 갖는다. 보험중개인이 그러한 자가 단지 대리인이라는것을 믿을만한 이유가 있으면 그러하지 아니하다. |

### ② 조항의 개요

해상보험증권이 피보험자를 대리하여 보험중개인에 의해 체결되는 경우, 보험중개인은 보험료에 대해 보험자에게 직접적으로 책임이 있고, 보험자는 손해에 대한 보험금 또는 환급보험료에 관해 지급하여야 할 금액에 대해 피보험자에게 직접적인 책임이 있다.

### 3) 보험증권상 보험료 영수의 효과

### ① 조항의 내용

| | |
|---|---|
| 54. Effect of receipt on policy<br>Where a marine policy effected on behalf of the assured by a broker acknowledges the receipt of the premium, such acknowledge ment is, in the absence of fraud, conclusive as between the insurer and the assured, but not as between the insurer and broker. | 제54조 보험증권상 보험료 영수의 효과<br>피보험자를 대리하여 보험중개인에 의해 체결된 해상보험계약이 보험료의 영수사실을 인정하고 있는 경우에는, 그러한 사실인정은 사기가 없는 한 보험자와 피보험자 사이에는 결정인 것이지만, 보험자와 보험중개인 사이에는 결정적인 것이 아니다. |

### ② 조항의 개요

보험중개인에 의해 체결된 해상보험계약이 보험료의 영수사실을 인정하고 있는 경우에는, 보험자와 보험중개인 사이에는 결정적인 것이 아니다.

### (11) 손해와 위부

### 1) 보상손해와 면책손해

### ① 조항의 내용

| | |
|---|---|
| Loss And Abandonment | 손해와 위부 |
| 55. Included and excluded losses<br>(1) Subject to the provisions of this Act, and | 제55조 보상손해와 면책손해<br>(1) 본법에 규정이 있는 경우를 제외하고 그리 |

| | |
|---|---|
| unless the policy otherwise provides the insurer is liable for any loss proximately caused by a peril insured against, b subject as aforesaid, he is not liable for any loss which is not proximately caused a peril insured against.<br>(2) In particular<br>(a) The insurer is not liable for any loss attributable to the wilful misconduct of the assured, but, unless the policy otherwise provides, he is liable for an loss proximately caused by a peril insured against, even though the loss would not have happened but for the misconduct or negligence of the master or crew;<br>(b) Unless the policy otherwise provides, the insurer on ship or goods is not liable for any loss proximately caused by delay, although the delay be caused a peril insured against;<br>(c) Unless the policy otherwise provides, the insurer is not liable for ordinary wear and tear, ordinary leakage and breakage, inherent vic or nature of the subject-matter insured, or for any loss proximately caused by rats or vermin, or for any injury to machinery not proximately caused by maritime perils. | 고 보험증권에 별도로 규정하지 않는 한, 보험자는 피보험위험에 근인하여 발생하는 모든 손해에 대하여 책임이 있다. 그러나 전술한 경우를 제외하고, 보험자는 피보험위험에 근인하여 발생하지 않는 모든 손해에 대하여는 책임이 없다.<br>(2) 특히,<br>(a) 보험자는 피보험자의 고의 불법행위에 기인하는 모든 손해에 대하여 책임이 없다. 그러나 보험증권에 별도로 규정하지 않는 한, 선장이나 선원의 불법행위 또는 과실이 없었다면 손해가 발생하지 않았을 경우에도, 보험자는 피보험위험에 근인하는 모든 손해에 대하여는 책임이 있다.<br>(b) 보험증권에 별도로 규정하지 않는 한, 선박이나 화물에 관한 보험자는 지연이 피보험위험에 기인한 경우에도 지연에 근인한 모든 손해에 대하여 책임이 없다.<br>(c) 보험증권에 별도로 규정하지 않는 한, 보험자는 통상의 자연소모, 통상의 누손과 파손, 보험의 목적의 고유의 하자나 성질에 대해, 또는 쥐 또는 충에 근인하는 모든 손해에 대해, 또는 해상위험에 근인하지 않는 기계장치의 손상에 대해 책임이 없다. |

## ② 조항의 개요

보험자는 피보험위험에 근인하여 발생하는 모든 손해에 대하여 책임이 있다. 그러나 보험자는 피보험위험에 근인하여 발생하지 않는 모든 손해에 대하여는 책임이 없다. 선박이나 화물에 관한 보험자는 지연이 피보험위험에 기인한 경우에도 지연에 근인한 모든 손해에 대하여 책임이 없다.

### 2) 분손과 전손

#### ① 조항의 내용

| | |
|---|---|
| 56. Partial and total loss<br>(1) A loss may be either total or partial. Any loss other than a total loss, as hereinafter defined, is a partial loss.<br>(2) A total loss may be either an actual total loss, or a constructive total loss.<br>(3) Unless a different intention appears from the terms of the policy, an insurance against total loss includes a constructive, as well as an actual, total loss.<br>(4) Where the assured brings an action for a | 제56조 분손과 전손<br>(1) 손해는 전손이거나 또는 분손인 경우도 있다. 다음에 정의하고 있는 전손을 제외한 일체의 손해는 분손이다.<br>(2) 전손은 현실전손이거나 또는 추정전손인 경우도 있다.<br>(3) 보험증권의 문언에서 다른 의도가 나타나 있지 않는 한, 전손에 대한 보험은 현실전손은 물론 추정전손을 포함한다.<br>(4) 피보험자가 전손에 대한 소송을 제기한 경 |

| | |
|---|---|
| total loss and the evidence proves only partial loss, he may, unless the policy otherwise provides, recover for a partial loss.<br>(5) Where goods reach their destination in specie, but by reason of obliteration of marks, or otherwise, they are incapable of identification, the loss, if any, is partial, and not total. | 우에 오직 분손에 대해서만 증거가 입증되는 때에는, 피보험자는 보험증권에 별도의 규정이 없는한 분손에 대한 보험금을 받을 수 있다.<br>(5) 화물이 같은 종류의 것으로 목적지에 도착하지만, 화물표지가 지워지거나 또는 기타의 이유로 같은 화물이라는 증명이 불가능한 경우에는, 만일 손해가 있다면 그 손해는 분손이며 전손은 아니다. |

② 조항의 개요

손해는 전손이거나 또는 분손인 경우도 있다. 다음에 정의하고 있는 전손을 제외한 일체의 손해는 분손이다. 전손은 현실전손이거나 또는 추정전손인 경우도 있다.

### 2) 현실전손

① 조항의 내용

| | |
|---|---|
| 57. Actual total loss<br>(1) Where the subject-matter insured is destroyed, or so damaged as to cease to be thing of the kind insured, or where the assured is irretrievably deprived thereof, there is an actual total loss.<br>(2) In the case of an actual total loss no notice of abandonment need be given. | 제57조 현실전손<br>(1) 보험의 목적이 파괴되거나 또는 보험에 가입된 종류의 물건으로서 존재할 수 없을 정도로 손상을 입은 경우, 또는 피보험자가 회복할 수 없도록 보험의 목적의 점유를 박탈당하는 경우에, 현실전손이 있다.<br>(2) 현실전손의 경우에는 위부의 통지가 필요 없다. |

② 조항의 개요

보험의 목적이 파괴되거나 또는 보험에 가입된 종류의 물건으로서 존재할 수 없을 정도로 손상을 입은 경우, 또는 피보험자가 회복할 수 없도록 보험의 목적의 점유를 박탈당하는 경우는 현실전손이다.

### 3) 선박 행방불명

① 조항의 내용

| | |
|---|---|
| 58. Missing ship<br>Where the ship concerned in the adventure is missing, and after the lapse of a reasonable time no news of her has been received, an actual total loss may be presumed. | 제58조 선박 행방불명<br>해상사업에 종사하는 선박이 행방불명되고, 상당한 기간이 경과한 후에도 그 선박에 대한 소식을 수취하지 못하는 경우에는, 현실전손으로 추정할 수 있다. |

② 조항의 개요

해상사업에 종사하는 선박이 행방불명되고, 상당한 기간이 경과한 후에도 그 선박에 대한 소식을 수취하지 못하는 경우에는, 현실전손으로 추정할 수 있다.

### 4) 환적 등의 효과

① 조항의 내용

| 59. Effect of transshipment, etc.<br>where, by a peril insured against, the voyage is interrupted at an intermediate port or place, under such circumstances as, apart from any special stipulation in the contract of affreightment, to justify the master in landing and reshipping the good or other moveables, or in transshipping them, and sending them on to their destination the liability of the insurer continues, notwithstanding the landing or transshipment. | 제59조 환적 등의 효과<br>항해가 피보험위험으로 인하여 중간항구 또는 중간지점에서 중단되는 경우, 해상화물운송계약서의 어떠한 특별한 약정과 관계없이, 선장이 화물이나 기타 동산을 양륙하여 재선적하거나 또는 화물이나 기타 동산을 환적하여 그 목적지까지 운송하는 것이 정당화되는 상황하에서는, 보험자의 책임은 그 양륙이나 환적에도 불구하고 계속된다. |

② 조항의 개요

선장이 화물이나 기타 동산을 양륙하여 재선적하거나 또는 화물이나 기타 동산을 환적하여 그 목적지까지 운송하는 것이 정당화되는 상황하에서는 보험자의 책임은 그 양륙이나 환적에도 불구하고 계속된다.

### 5) 추정전손의 정의

① 조항의 내용

| 60. Constructive total loss defined<br>(1) Subject to any express provision in the policy, there is a constructive total where the subject-matter insured is reasonably abandoned on account of its actual total loss appearing to be unavoidable, or because it could not be preserved from actual total loss without an expenditure which would exceed its value when the expenditure had been incurred.<br>(2) In particular, there is a constructive total loss-<br>( i ) Where the assured is deprived of the possession of his ship or goods by a peril insured against, and<br>(a) it is unlikely that he can recover the ship or goods, as the case may be, | 제60조 추정전손의 정의<br>(1) 보험증권에 명시규정이 있는 경우를 제외하고, 보험의 목적의 현실전손이 불가피한 것으로 생각되기 때문에, 또는 비용이 지출되었을 때에는 보험의 목적의 가액을 초과할 비용의 지출없이는 현실전손으로 부터 보험의 목적이 보존될 수 없기 때문에, 보험의 목적이 합리적으로 포기된 경우에, 추정전손이 있다.<br><br>(2) 특히, 다음의 경우에는 추정전손이 있다.<br><br>(i) 피보험자가 피보험위험으로 인하여 자기의 선박 또는 화물의 점유를 박탈당하고,<br>(a) 피보험자가 경우에 따라서 선박 또는 화물을 회복할 수 있는 가능성이 없는 경우, 또는 |

| (b) the cost of recovering the ship or goods, as the case may be, would exceed their value when recovered; or<br>( ii ) In the case of damage to a ship, where she is so damaged by a peril insurer against that the cost of repairing the damage would exceed the value of the she when repaired. In estimating the cost of repairs, no deduction is to made respect of general average contributions to those repairs payable by other interests, but account is to be taken of the expense of future salvage operation and of any future general average contributions to which the ship would be lia if repaired; or<br>( iii ) In the case of damage to goods, where the cost of repairing the damage a forwarding the goods to their destination would exceed their value on arrival. | (b) 경우에 따라 선박 또는 화물을 회복하는 비용이 회복되었을 때의 그들 가액을 초과할 경우, 또는<br>(ii) 선박의 손상의 경우에는, 선박이 피보험위험으로 인하여 손상을 입은 결과로 손상의 수리비용이 수리되었을 때의 선박의 가액을 초과할 경우. 수리비를 견적함에 있어서, 그러한 수리비에 대하여 다른 이해관계자가 지불할 공동해손분담금이 수리비에서 공제되지 않아야 한다. 그러나 장래의 구조작업의 비용과 선박이 수리된다면 선박이 책임을 부담하게 될 일체의 장래의 공동해손분담금은 수리비에 가산되어야 한다. 또는<br>(iii) 화물의 손상의 경우에는, 그 손상을 수리하는 비용과 그 화물을 목적지까지 계속운송하는 비용이 도착시 화물의 가액을 초과할 경우. |

## ② 조항의 개요

보험의 목적의 현실전손이 불가피한 것으로 생각되기 때문에, 또는 비용이 지출되었을 때에 보험의 목적의 가액을 초과하는 경우는 추정전손이다.

### 6) 추정전손의 효과

#### ① 조항의 내용

| 61. Effect of constructive total loss<br>Where there is a constructive total loss assured may either treat the loss as a partial loss, or abandon the subject-matter insured to the insurer and treat the loss as if it were an actual total loss. | 제61조 추정전손의 효과<br>추정전손이 존재하는 경우에, 피보험자는 그 손해를 분손으로 처리할 수도 있고, 보험의 목적을 보험자에게 위부하고 그 손해를 현실전손의 경우에 준하여 처리할 수도 있다. |

## ② 조항의 개요

추정전손이 존재하는 경우에, 피보험자는 그 손해를 분손으로 처리할 수도 있고, 보험의 목적을 보험자에게 위부하고 그 손해를 현실전손의 경우에 준하여 처리할 수도 있다.

### 7) 위부의 통지

#### ① 조항의 내용

| 62. Notice of abandonment<br>(1) Subject to the provisions of this section, where the assured elects to abandon subject- | 제62조 위부의 통지<br>(1) 본조의 규정이 있는 경우를 제외하고, 피보험자가 보험의 목적을 보험자에게 위부할 것을 |

matter insured to the insurer, he must give notice of abandonment. If he fa to do so the loss can only be treated as a partial loss.

(2) Notice of abandonment may be giben in writing, or by word of mouth, or partly i writing and partly by word of mouth, and may be given in any terms which indicate t intention of the assured to abandon his insured interest in the subject-matter insured unconditionally to the insurer.

(3) Nothice of abandonment must be given with reasonable diligence after the receipt reliable information of the loss, but where the information is of a doubtful character the assured is entitled to a reasonable time to make inquiry.

(4) Where notice of abandonment is properly given, the rights of the assured are no prejudiced by the fact that the insurer refuses to accept the abandonment.

(5) The acceptance of an abandonment may be either express or implied from the cond of the insurer. The mere silence of the insurer after notice is not acceptance.

(6) Where notice of abandonment is accepted the abandonment is irrevocable. The acceptance of the notice conclusively admits liability for the loss and the sufficiency of the notice.

(7) Notice of abandonment is unnecessary where, at the time when the assured receiv informaiton of the loss, there would be no possibility of benefit to the insurer if notice where given to him.

(8) Notice of abandonment may be waived by the insurer.

(9) Where an insurer has re-insured his risk, no notice of abandonment need by give by him.

---

선택하는 경우에, 피보험자는 위부의 통지를 하여야 한다. 만약 피보험자가 위부의 통지를 하지 못하면, 그 손해는 오로지 분손으로만 처리될 수 있다.

(2) 위부의 통지는 서면으로 하거나, 구두로도 할 수 있고, 또는 일부는 서면으로 일부는 구두로 할 수 있으며, 보험의 목적에 대한 피보험자의 보험이익을 보험자에게 무조건 위부한다는 피보험자의 의사를 나타내는 것이면 어떠한 용어로도 할 수 있다.

(3) 위부의 통지는 손해에 관한 신뢰할 수 있는 정보를 수취한 후에 상당한 주의로서 이를 통지하여야 한다. 그러나 그 정보가 의심스러운 성질을 가지고 있는 경우에는, 조사할 수 있는 상당한 기간이 피보험자에게 주어진다.

(4) 위부의 통지가 정당하게 행하여지는 경우에는, 피보험자의 권리는 보험자가 위부의 승낙을 거부한다는 사실에 의해 피해를 입지 않는다.

(5) 위부의 승낙은 보험자의 행위에 의해 명시적 또는 묵시적으로 할 수 있다. 위부의 통지 후 보험자의 단순한 침묵은 승낙이 아니다.

(6) 위부의 통지가 승낙되는 경우에는, 위부는 철회할 수 없다. 통지의 승낙은 손해에 대한 책임과 충분한 요건을 갖춘 통지임을 결정적으로 인정하는 것이다.

(7) 피보험자가 손해의 정보를 받은 시기에는 위부통지가 보험자에게 행하였다고 할지라도 보험자에게 이득의 가능성이 없었을 경우에는, 위부의 통지는 불필요하다.

(8) 위부의 통지는 보험자가 그 권리를 포기할 수 있다.

(9) 보험자가 자기의 위험을 재보험한 경우에는, 보험자는 위부의 통지를 할 필요가 없다.

---

② 조항의 개요

위부의 통지는 서면으로 하거나, 구두로도 할 수 있고, 또는 일부는 서면으로 일부는 구두로 할 수 있으며, 보험의 목적에 대한 피보험자의 보험이익을 보험자에게 무조건 위부한다는 피보험자의 의사를 나타내는 것이면 어떠한 용어로도 할 수 있다. 위부의 통지가 정당하게 행하여지는 경우에는, 피보험자의 권리는 보험자가 위부의 승낙을 거부한다는 사실에 의해 피해를 입지 않는다. 위부의 승낙은 보험자의 행위에 의해 명시적 또는 묵시적으로 할 수 있다. 위부의 통지 후 보험자의 단순한 침묵은 승낙이 아니다.

## 8) 위부의 효과

### ① 조항의 내용

| | |
|---|---|
| 63. Effect of abandonment<br>(1) Where there is a valid abandonment the insurer is entitled to take over the interest of the assured in whatever may remain of the subject-matter insured, and a proprietary rights incidental thereto.<br>(2) Upon the abandonment of a ship, the insurer thereof is entitled to any freight course of being earned, and which is earned by her subsequent to the casualty causi the loss, less the expenses of earning it incurred after the casualty; and, where t ship is carrying the owner's goods, the insurer is entitled to a reasonable remuneration for the carriage of them subsequent to the casualty causing the loss. | 제63조 위부의 효과<br>(1) 유효한 위부가 있는 경우에는, 보험자는 보험의 목적에 남아 있을 수 있는 것은 무엇이든 그것에 대한 피보험자의 이익과 그에 부수되는 소유권에 속하는 모든 권리를 양도받을 수 있는 권리가 있다.<br>(2) 선박의 위부시에, 그 선박의 보험자는 선박이 취득중에 있는 운임과 손해를 초래한 재난 이후에 취득되는 운임에서 그 재난 이후에 운임을 취득하기 위해 지출된 비용을 공제한 운임을 취득할 권리가 있다. 그리고 그 선박이 선주의 화물을 운송하고 있는 경우에는, 보험자는 손해를 초래한 재난 이후의 그 화물의 운송에 대해 합리적인 보수를 받을 권리가 있다. |

### ② 조항의 개요

유효한 위부가 있는 경우에는, 보험자는 보험의 목적에 관련된 것에 대한 피보험자의 이익과 그에 부수되는 소유권에 속하는 모든 권리를 양도받을 수 있는 권리가 있다.

## (12) 분손(구조료와 공동해손 및 단독비용 포함)

## 1) 단독해손손해

### ① 조항의 내용

| | |
|---|---|
| Partial losses (Including Salvage and General Average and Particular Charges)<br>64. Particular average loss<br>(1) A particular average loss is a partial loss of the subjest-matter insured, caus by a peril insured against, and which is not a general average loss.<br>(2) Expenses incurred by or on behalf of the assured for the safety or preservation the subject-matter insured, other htan general average and salvage charges, are cal particular charges. Particular charges are not included in particular average. | 분손(구조료와 공동해손 및 단독비용 포함)<br><br>제64조 단독해손손해<br>(1) 단독해손손해는 피보험위험으로 인하여 발생한 보험의 목적의 분손이며, 공동해손손해가 아닌 분손이다.<br><br>(2) 보험의 목적의 안전이나 보존을 위해 피보험자에 의하여 또는 피보험자를 대리하여 지출한 비용으로서 공동해손과 구조비용이 아닌 비용은 단독비용이라고 부른다. 단독비용은 단독해손에 포함되지 않는다. |

② 조항의 개요

단독해손손해는 피보험위험으로 인하여 발생한 보험의 목적의 분손이며, 공동해손손해가 아닌 분손이다

## 2) 구조비용

### ① 조항의 내용

| 65. Salvage charges | 제65조 구조비용 |
|---|---|
| (1) Subject to any express provision in the policy, salvage charges incurred in preventing a loss by perils insured against may be recovered as a loss by those perils. <br> (2) ''Salvage charges' means the charges recoverable under maritime law by a salvor independently of contract. They do not include the expenses of services in the natu of salvage rendered by the assured or his agents, or any person employed for hie b them, for the purpose of averting a peril insured against. Such expenses, where properly incurred, may be recovered as particular charges or as a general average loss, according to the circumstances under which they were incurred. | (1) 보험증권에 명시적인 규정이 있는 경우를 제외하고, 피보험위험에 의한 손해를 방지하기 위해 지출한 구조비용은 그러한 위험에 의한 손해로서 보상될 수 있다. <br> (2) '구조비용'은 계약과 관계없이 해법상 구조자가 보상받을 수 있는 비용을 의미한다. 구조비용에는 피보험위험을 피하기 위하여 피보험자나 그 대리인 또는 보수를 받고 그들에 의해 고용된 자가 행하는 구조의 성격을 띤 서비스의 비용을 포함하지 않는다. 그와 같은 비용은, 정당하게 지출된 경우에, 지출되는 상황에 따라서 단독비용 또는 공동해손손해로서 보상될 수 있다. |

### ② 조항의 개요

보험증권에 명시적인 규정이 있는 경우를 제외하고, 피보험위험에 의한 손해를 방지하기 위해 지출한 구조비용은 그러한 위험에 의한 손해로서 보상될 수 있다.

## 3) 공동해손 손해

### ① 조항의 내용

| 66. General average loss | 제66조 공동해손 손해 |
|---|---|
| (1) A general average loss is loss caused by or directly consequential on a gener average act. It includes a general average expenditure as well as a general average sacrifice. <br> (2) There is a general average act where any extraordinary sacrifice or expenditure voluntarily and reasonable made or incurred in time of peril for the purpose of preserving the property imperilled in the common adventure. <br> (3) Where there is a general average loss, the party on whom it falls is entitled, subject to the conditions imposed by maritime law, to a | (1) 공동해손 손해는 공동해손 행위로 인한 손해 또는 공동해손 행위의 직접적인 결과로서 발생하는 손해이다. 공동해손 손해는 공동해손 비용은 물론 공동해손 희생을 포함한다. <br> (2) 공동의 해상사업에 있어서 위험에 직면한 재산을 보존할 목적으로 위험의 작용시에 어떠한 이례적인 희생 또는 비용이 임의로 그리고 합리적으로 초래되거나 지출되는 경우에, 공동해손행위가 있다. <br> (3) 공동해손 손해가 존재하는 경우에, 그 손해를 입은 당사자는 해법에 의해 부과되는 조건에 따라 다른 이해관계자들에 대하여 비례적인 |

| | |
|---|---|
| rateable contribution fromother parties interested, and such contribution is called a general average contribution. | 분담금을 청구할 수 있는 권리가 있으며, 그러한 분담금을 공동해손분담금이라고 한다. |
| (4) Subject to any express provision in the policy, where the assured has incurred general average expenditure, he may recover from the insurer in respect of the proportion of the loss which falls upon him; and, in the case of a general average sacrifice, he may recover from the insurer in respect of the whole loss without have enforced his right of contribution from the other parties liable to contribute. | (4) 보험증권에 어떠한 명시적인 규정이 있는 경우를 제외하고, 피보험자가 공동해손비용을 지출한 경우에, 피보험자는 그에게 귀속되는 그 손해의 부담부분을 보험자로부터 보상받을 수 있다. 그리고 공동해손희생의 경우에, 피보험자는 분담의무가 있는 다른 당사자들에 대하여 그의 분담청구권을 행사하지 않고, 손해의 전액을 보험자로부터 보상받을 수 있다. |
| (5) Subject to any express provision in the policy, where the assured has paid, or liable to pay, a general average contribution in respect of the subject insured, he may recover therefor from the insurer. | (5) 보험증권에 어떠한 명시적인 규정이 있는 경우를 제외하고, 피보험자가 보험의 목적에 관하여 공동해손분담금을 지불하였거나 지불할 책임이 있는 경우에, 피보험자는 그러한 분담금을 보험자로부터 보상받을 수 있다. |
| (6) In the absence of express stipulation, the insurer is not liable for any general average loss or contribution where the loss was not incurred for the purpose of avoiding, or in connection with the avoidance of , a peril insured against. | (6) 명시적인 약정이 없는 한, 피보험위험을 피할 목적으로 또는 피보험위험을 피하는 것과 관련하여 손해가 발생하지 않은 경우에는, 보험자는 어떠한 공동해손손해 또는 공동해손분담금에 대해 보상책임이 없다. |
| (7) Where ship, freight, and cargo, or any two of those interests, are owned by the same assured, the liability of the insurer in respect of general average losses or contributions is to be determined as if those subjects were owned by different persons. | (7) 선박과 운임 및 적화 또는 이들 이익 중 어떠한 두 가지가 동일한 피보험자에 의해 소유되는 경우에, 공동해손손해나 공동해손분담금에 관한 보험자의 책임은 그러한 이익들이 상이한 자에 의해 소유되고 있는 경우에 준하여 결정되어야 한다. |

### ② 조항의 개요

공동해손 손해는 공동해손 행위로 인한 손해 또는 공동해손 행위의 직접적인 결과로서 발생하는 손해이다. 공동해손 손해는 공동해손비용은 물론 공동해손 희생을 포함한다. 공동해손 손해가 존재하는 경우에, 그 손해를 입은 당사자는 해법에 의해 부과되는 조건에 따라 다른 이해관계자들에 대하여 비례적인 분담금을 청구할 수 있는 권리가 있다.

## (13) 손해보상의 한도

### 1) 손해에 대한 보험자의 책임의 범위

### ① 조항의 내용

| Measure Of Indemnity | 손해보상의 한도 |
|---|---|
| 67. Extent of liability of insurer for loss (1) The sum which the assured can recover in | 제67조 손해에 대한 보험자의 책임의 범위 (1) 피보험자가 보험가입되어 있는 보험증권상 |

| respect of a loss on a policy by which is insured, in the case of an unvalued policy to the full extent of the insurable value, or, in the case of a valued policy to the full extent of the value fixed by policy is called the measure of indemnity.<br>(2) Where there is a loss recoverable under the policy, the insurer, or each insure if there be more than one, is liable for such proportion of the measure of indemnity as the amount of his subscription bears to the value fixed by the policy in the case of a valued policy, or to the insurable value in the case of an unvalued policy. | 의 손해에 관하여, 미평가보험증권의 경우에는 보험가액의 전액까지, 또는 기평가보험증권의 경우에는 보험증권에 확정되어 있는 가액의 전액까지, 피보험자가 보상받을 수 있는 금액을 손해보상의 한도라고 한다.<br>(2) 보험증권에 의해 보상받을 수 있는 손해가 있는 경우에, 보험자는, 또는 둘 이상의 보험자가 있는 경우 각각의 보험자는 손해보상한도 중에서, 기평가보험증권의 경우 보험증권에 확정되어 있는 가액에 대한, 또는 미평가보험증권의 경우 보험가액에 대한, 그의 인수금액의 비율에 해당되는 부분을 보상할 책임이 있다. |

### ② 조항의 개요

손해에 관하여, 미평가보험증권의 경우에는 보험가액의 전액까지, 또는 기평가보험증권의 경우에는 보험증권에 확정되어 있는 가액의 전액까지, 피보험자가 보상받을 수 있는 금액을 손해보상의 한도라고 한다. 보험증권에 의해 보상받을 수 있는 손해가 있는 경우에, 보험자는, 또는 둘 이상의 보험자가 있는 경우 각각의 보험자는 손해보상한도 중에서, 기평가보험증권의 경우 보험증권에 확정되어 있는 가액에 대한, 또는 미평가보험증권의 경우 보험가액에 대한, 그의 인수금액의 비율에 해당되는 부분을 보상할 책임이 있다.

### 2) 전손

### ① 조항의 내용

| 68. Total loss<br>Subject to the provisions of this Act and to any express provision in the policy, where there is a total loss of the subject-matter insured, -<br>(1) If the policy be a valued policy, the measure of indemnity is the sum fixed by policy:<br>(2) If the policy be an unvalued policy, the measure of indemnity is the insurable value of the subject-matter insured. | 제68조 전손<br>본법의 규정이 있는 경우와 보험증권에 어떠한 명시적인 규정이 있는 경우를 제외하고, 보험의 목적의 전손이 있는 경우에는,<br>(1) 만약 보험증권이 기평가보험증권이면, 손해보상의 한도는 보험증권에 확정되어 있는 금액이다.<br>(2) 만약 보험증권이 미평가보험증권이면, 손해보상의 한도는 보험의 목적의 보험가액이다. |

### ② 조항의 개요

보험증권이 기평가보험증권이면, 손해보상의 한도는 보험증권에 확정되어 있는 금액이다. 보험증권이 미평가보험증권이면, 손해보상의 한도는 보험의 목적의 보험가액이다.

## 3) 선박의 분손

### ① 조항의 내용

| 69. Partial loss of ship | 제69조 선박의 분손 |
|---|---|
| Where a ship is damaged, but is not totally lost, the measure of indemnity, subject any express provision in the policy, is as follows; (1) Where the ship has been repaired, the assured is entitled to the reasonable cost of the repairs, less the customary deductions, but not exceeding the sum insured in respect of any one casualty: (2) Where the ship has been only partially repaired, the assured is entitled to the reasonable cost of such repairs, computed as above, and also to be indemnified for reasonable depreciation, if any, arising from the unrepaired damage, provided that aggregate amount shall not exceed the cost of repairing the whole damage, computed above: (3) Where the ship has not been repaired, and has not been sold in her damaged stat during the risk, the assured is entitled to be indemnified for the reasonable depreciation arising from the unrepaired damage, but not exceeding the reasonable cost of repairing such damage, computed as above. | 선박이 손상되지만 전손이 아닌 경우에, 손해보상의 한도는 보험증권에 어떠한 명시적인 규정이 있는 경우를 제외하고 다음과 같다. (1) 선박이 수리된 경우에, 피보험자는 관습상의 공제액을 차감한 합리적인 수리비를 보상받을 수 있는 권리가 있다. 그러나 매 1회의 사고에 대하여 보험금액을 초과하지 않는다.<br><br>(2) 선박이 오직 일부분만이 수리된 경우에, 피보험자는 상기와 같이 계산된 일부분의 수리에 대한 합리적인 수리비를 보상받을 수 있는 권리가 있으며, 미수리된 손상으로 부터 발생하는 합리적인 감가액에 대해, 어떠한 감가액이 있는 경우, 손해보상을 받을 수 있는 권리가 있다. 단, 그 총액은 상기와 같이 계산된 전체 손상의 수리비를 초과하지 않는다.<br>(3) 선박이 수리되지 않고 위험기간중에 손상상태로 매각되지 않은 경우에, 피보험자는 미수리손상으로부터 발생하는 합리적인 감가액에 대해 손해보상을 받을 수 있는 권리가 있다. 그러나 상기와 같이 계산된 그러한 손상의 합리적인 수리비를 초과하지 않는다. |

### ② 조항의 개요

선박이 수리된 경우에, 피보험자는 관습상의 공제액을 차감한 합리적인 수리비를 보상받을 수 있는 권리가 있다. 그러나 매 1회의 사고에 대하여 보험금액을 초과하지 않는다.

## 4) 운임의 분손

### ① 조항의 내용

| 70. Partial loss of freight | 제70조 운임의 분손 |
|---|---|
| Subject to any express provision in the policy, where there is a partial loss of freight, the measure of indemnity is such proportion of the sum fixed by the policy the case of a valued policy, or of the insurable value in the case of an unvalued policy, as the proportion of freight lost by the assured bears to the whole freight the risk of the assured under the policy. | 보험증권에 어떠한 명시적인 규정이 있는 경우를 제외하고, 운임의 분손이 있는 경우에, 손해보상의 한도는, 보험증권상 피보험자의 위험에 속하는 전체의 운임에 대한 피보험자가 상실한 운임의 비율을, 기평가보험증권의 경우에는 보험증권에 확정되어 있는 금액에 곱한 금액이며, 미평가보험증권의 경우에는 보험가액에 곱한 금액이다. |

② 조항의 개요

운임의 분손이 발생한 경우에 손해보상의 한도는 기평가보험증권의 경우에는 보험증권에 확정되어 있는 금액에 보험증권상 피보험자의 위험에 속하는 전체의 운임에 대한 피보험자가 상실한 운임의 비율을 곱한 금액으로 한다. 그리고 미평가보험증권의 경우에는 보험증권상 피보험자의 위험에 속하는 전체의 운임에 대한 피보험자가 상실한 운임의 비율을 보험가액에 곱한 금액으로 한다.

### 5) 화물, 상품 등의 분손

① 조항의 내용

| | |
|---|---|
| 71. Partial loss of goods, merchandise, &c. Where there is a partial loss of goods, merchandise or other moveables, the measure indemnity, subject to any express provision in the policy, is as follows:<br>(1) Where part of the goods, merchandise or other moveables insured by a value policy is totally lost, the measure of indemnity is such proportion of the sum fixed by the policy as the insurable value of the part lost bears to the insurable value of the whole, ascer- tained as in the case of an unvalued policy.<br>(2) Where part of the goods, merchandise, or other moveables insured by an unvalued policy is totally lost, the measure of indemnity is the insurable value of the part lost, ascertained as in case of total loss:<br>(3) Where the whole or any part of the goods or merchandise insured has been delive damaged at its destination, the measure of indemnity is such proportion of the sum fixed by the policy in the case of a valued policy, or of the insurable value in the case of an unvalued policy, as the difference between the gross sound and damaged valued at the place of arrival bears to the gross sound value:<br>(4) 'Gross value' means the wholesale price, or, if there be no such price, the estimated value, with, in either case, freight, landing charges, and duty paid beforehand; provided that, in the case of goods or merchandise customarily sold in bond, the bonded price is deemed to be the gross value. 'Gross proceeds' means the actual price obtained at a sale where all charges on sale are paid by the sellers. | 제71조 화물, 상품 등의 분손<br>화물이나 상품 또는 기타 동산의 분손이 있는 경우에, 손해보상의 한도는 보험증권에 어떠한 명시적인 규정이 있는 경우를 제외하고 다음과 같다.<br>(1) 기평가보험증권에 의해 보험가입된 화물이나 상품 또는 기타 동산의 일부가 전손되는 경우에, 손해보상의 한도는 미평가보험증권의 경우에서와 같이 확정된 전체의 보험가액에 대한 멸실된 일부의 보험가액의 비율을 보험증권에 확정되어 있는 금액에 곱한 금액이다.<br>(2) 미평가보험증권에 의해 보험가입된 화물이나 상품 또는 기타 동산의 일부가 전손되는 경우에, 손해보상의 한도는 전손의 경우에서와 같이 확정된 멸실된 일부의 보험가액이다.<br>(3) 보험가입된 화물이나 상품의 전부 또는 어느 일부가 손상되어 목적지에서 인도되는 경우에, 손해보상의 한도는 총정상가액에 대한 도착장소에서의 총정상가액과 총손상가액과의 차액의 비율을, 기평가보험증권의 경우 보험증권에 확정하고 있는 금액에 곱한 금액이며, 미평가보험증권의 경우 보험가액에 곱한 금액이다.<br>(4) '총가액'이란 도매가격을 의미하고, 그러한 가격이 없는 경우에는 견적가액을 의미하며, 어느 경우에서든 운임과 양륙비용 및 기지불한 세금을 포함한다. 단, 관습상 보세화물로 매각되는 화물이나 상품의 경우에는 보세가격이 총가액으로 간주된다. '총수익금'이란 매도인이 모든 매각비용을 지불한 경우의 매각으로 취득한 실제 가격을 의미한다. |

② 조항의 개요

화물 등의 분손이 있는 경우에 손해보상의 한도는 기평가보험증권에 서는 확정된 전체의 보험가액에 대한 멸실된 일부의 보험가액의 비율을 보험증권에 확정되어 있는 금액에 곱한 금액이다. 미평가보험증권에서는 전손의 경우에서와 같이 확정된 멸실된 일부의 보험가액이다.

### 6) 평가액의 할당

① 조항의 내용

| | |
|---|---|
| 72. Apportionment of valuation<br>(1) Where different species of property are insured under a single valuation, the valuation must be apportioned over the different species in proportion to their respective insurable values, as in the case of an unvalued policy. The insured value of any part of a species is such proportion of the total insured value of the same the insurable value of the part bears to the insurable value of the whole ascertain in both cases as provided by this Act.<br>(2) Where a valuation has to be apportioned, and particulars of the prime cost of each separate species, quality, or description of goods cannot be ascertained, the divis of the valuation may be made over the net arrived sound values of the different species, qualities, or descriptions of goods. | 제72조 평가액의 할당<br>(1) 서로 다른 종류의 재산이 단일 평가액에 의해 보험가입되는 경우에, 미평가보험증권의 경우에서와 같이 각각의 보험가액의 비율에 따라 상이한 종류의 재산에 대해 그 평가액이 할당되어야 한다. 일부분인 한 종류의 협정보험가액은, 본법에서 규정한 바에 따라 모두 확정된 전체의 재산의 보험가액에 대한 그 일부분의 보험가액의 비율을, 전체 재산의 총협정보험가액에 곱한 금액이다.<br><br>(2) 평가액을 할당하여야 하고, 각각 별개의 화물의 종류나 품질 또는 품목의 원가의 명세가 확정될 수 없는 경우에, 화물의 상이한 종류나 품질 또는 품목의 정미도착정상가액에 대하여 평가액을 분할할 수 있다. |

② 조항의 개요

서로 다른 종류의 재산이 단일 평가액에 의해 보험가입되는 경우, 각각의 보험가액의 비율에 따라 상이한 종류의 재산에 대해 그 평가액이 할당되어야 한다.

### 7) 공동해손분담금과 구조비용

① 조항의 내용

| | |
|---|---|
| 73. General average contributions and salvage charges<br>(1) Subject to any express provision in the policy, where the assured has paid, or liable for, any general average contribution, the measure of indemnity is the full amount of such contribution, if the subject-matter liable to contribution is insure for its full | 제73조 공동해손분담금과 구조비용<br><br>(1) 보험증권에 어떠한 명시적인 규정이 있는 경우를 제외하고, 피보험자가 어떠한 공동해손분담금을 지급하였거나 지급책임이 있는 경우에, 만약 분담책임이 있는 보험의 목적이 분담가액의 전액에 대해 보험가입되어 있으면, 손 |

contributory value, or if only part of it be insured, the indemnity payable by the insurer must be reduced in proportion to the under insurance, and which there has been a particular average loss which constitutes a deduction from the contributory value, and for which the insurer is liable, that amount must be deduct from the insured value in order to ascertain what the insurer is liable to contribution.
(2) Where the insurer is liable for salvage charges the extent of his liability must be deter- mined on the like principle.

해보상의 한도는 그러한 분담금의 전액이다. 그러나 그 일부만이 보험에 가입되어 있는 경우에, 보험자가 지급할 손해보상은 일부보험의 비율에 따라 감액되어야 한다. 그리고 보험자에게 보상책임이 있는 손해로서 분담가액에서 공제되는 단독해손손해가 있는 경우, 보험자가 분담책임이 있는 금액을 확정하기 위해서는 보험가액에서 공제되어야 한다.

(2) 보험자가 구조비용에 대해 책임이 있는 경우에, 보험자의 책임의 범위는 전항과 유사한 원칙에 의해 결정되어야 한다.

② 조항의 개요

보험증권에 어떠한 명시적인 규정이 있는 경우를 제외하고, 피보험자가 어떠한 공동해손분담금을 지급하였거나 지급책임이 있는 경우에, 만약 분담책임이 있는 보험의 목적이 분담가액의 전액에 대해 보험에 부보되어 있으면, 손해보상의 한도는 그러한 분담금의 전액이다.

### 8) 제3자에 대한 배상책임

① 조항의 내용

| | |
|---|---|
| 74. Liabilities to third parties<br>Where the assured has effected an insurance in express terms against any liability a third party, the measure of indemnity, subject to any express provision in the policy is the amount paid or payable by him to such third party in respect of such liability. | 제74조 제3자에 대한 배상책임<br>피보험자가 제3자에 대한 어떠한 배상책임을 명시적인 조건으로 보험계약을 체결한 경우에, 손해보상의 한도는, 보험증권에 어떠한 명시적인 규정이 있는 경우를 제외하고, 그와 같은 배상책임에 관하여 피보험자가 그러한 제3자에게 지불하였거나 지불해야 할 금액이다. |

② 조항의 개요

피보험자가 제3자에 대한 어떠한 배상책임을 명시적인 조건으로 보험계약을 체결한 경우에, 손해보상의 한도는 배상책임에 관하여 피보험자가 그러한 제3자에게 지불하였거나 지불해야 할 금액이다.

### 9) 손해보상의 한도에 관한 일반 규정

① 조항의 내용

| | |
|---|---|
| 75. General provisions as to measure of indemnity<br>(1) Where there has been a loss in respect of | 제75조 손해보상의 한도에 관한 일반 규정<br>(1) 본법의 앞의 제규정에서 명시적으로 규정 |

any subject-matter not expressly provided for in the foregoing provisions of this Act, the measure of indemnity shall be ascertained, as ncarly as may be, in accordance with those provisions in so far as applicable to the particular case.

(2) Nothing in the provisions of this Act relating to the measure of indemnity shall affect the rules relating to double insurance, or prohibit the insurer from disprove interest wholly or in part, or from showing that at the time of the loss the whole any part of the subject-matter insured was not at risk under the policy.

되지 않은 보험의 목적에 관한 손해가 있는 경우에, 손해보상의 한도는 특별한 경우에 적용할 수 있는 한, 그러한 규정들에 따라 가능한 한 비슷하게 확정되어야 한다.

(2) 손해보상한도에 관한 본법의 제규정상의 어떤 것도 중복보험에 관한 제규칙에 영향을 미치지 아니하고, 구러한 규정의 어떤 것도 피보험이익의 전부 또는 일부를 보험자가 부인하는 것을 금지하는 것도 아니며, 손해발생시에 보험의 목적의 전부 또는 일부가 보험증권하의 위험에 처해 있지 않았다는 것을 보험자가 입증하는 것을 금지하는 것도 아니다.

② 조항의 개요

명시적으로 규정되지 않은 보험의 목적에 관한 손해가 있는 경우에, 손해보상의 한도는 특별한 경우에 적용할 수 있는 한, 그러한 규정들에 따라 가능한 한 비슷하게 확정되어야 한다.

### 10) 단독해손담보

① 조항의 내용

76. Particular average warranties
(1) Where the subject-matter insured is warranted free from particular average, the assured cannot recover for a loss of part, other than a loss incurred by a general average sacrifice, unless the contract contained in the policy be apportionable-bu if the contract be appor- tionable, the assured may recover for a total loss of any apportionable part.
(2) Where the subject-matter insured is warranted free from particular average, eit wholly or under a certain percentage, the insurer is nevertheless liable for salvag charges, and for particular charges and other expenses properly incurred pursuant the provisions of the suing and labouring clause in order to avert a loss insured against.
(3) Unless the policy otherwise provides, where the subject-matter insured is warranted free from particular average under a specified percentage, a general averf loss cannot be added to a particular average loss to make up the specified percentage.
(4) For the purpose of ascertaining whether the specified percentage has been reach regard shall be had only to the acutal loss suffered by

제76조 단독해손담보
(1) 보험의 목적이 단독해손의 면책을 담보로 하는 경우에는, 피보험자는 공동해손희생에 의해 발생한 손해가 아닌 일부의 손해에 대해 보상받을 수 없다. 단, 보험증권에 포함된 계약이 가분될 수 있는 경우에는 그러하지 아니하다. 그러나 계약이 가분될 수 있는 경우에는, 피보험자는 일체의 가분되는 일부의 전손에 대해 보상받을 수 있다.
(2) 보험의 목적이 전부 또는 일정 비율 미만의 단독해손의 면책을 담보로 하는 경우에는, 보험자는 그럼에도 불구하고 구조비용 및 피보험손해를 피하기 위하여 손해방지약관의 규정에 따라 정당하게 지출한 단독비용과 기타 비용에 대해 보상책임이 있다.

(3) 보험증권에 별도로 규정하지 않는 한, 보험의 목적이 일정 비율 미만의 단독해손의 면책을 담보로 하는 경우에는, 그 일정 비율을 충족시키기 위해서 공동해손손해가 단독해손손해에 가산될 수 없다.

(4) 일정 비율이 충족되었는지의 여부를 확정하기 위해서는, 오직 보험의 목적이 입은 실제

| the subject-matter insured. Particulalr charges and the expenses of and incidental to ascertaining and proving loss must be excluded. | 손해만을 고려하여야 한다. 단독비용과 손해를 확정하고 입증하는 비용 및 그에 부수하는 비용은 반드시 제외하여야 한다. |
|---|---|

② 조항의 개요

보험의 목적이 단독해손의 면책을 담보로 하는 경우에는, 피보험자는 공동해손희생에 의해 발생한 손해가 아닌 일부의 손해에 대해 보상받을 수 없다. 보험의 목적이 전부 또는 일정 비율 미만의 단독해손의 면책을 담보로 하는 경우에는, 보험자는 그럼에도 불구하고 구조비용 및 피보험손해를 피하기 위하여 손해방지약관의 규정에 따라 정당하게 지출한 단독비용과 기타 비용에 대해 보상책임이 있다.

### 11) 연속손해

#### ① 조항의 내용

| 77. Successive losses<br>(1) Unless the policy otherwise provides, and subject to the provisions of this Act. the insurer is liable for successive losses, even though the total amount of such losses may exceed the sum insured.<br>(2) Where, under the same policy, a partial loss, which has not been repaired of otherwise made good, is followed by a total loss, the assured can only recover in respect of the total loss; Provided that nothing in this section shall affect the liability of the insurer under the suing and labouring clause. | 제77조 연속손해<br>(1) 보험증권에 별도로 규정하지 않는 한, 그리고 본법에 규정이 있는 경우를 제외하고, 비록 연속손해의 합계금액이 보험금액을 초과하는 경우에도, 보험자는 그러한 연속손해에 대하여 보상책임이 있다.<br>(2) 동일한 보험증권에서 분손이 발생하고, 이것이 수리되지 않거나 기타의 방법으로 원상복구되지 않은 상태에서 전손이 발생하는 경우에, 피보험자는 오로지 전손에 대해서만 보상받을 수 있다. 단, 본조의 규정은 손해방지약관에 의한 보험자의 책임에는 영향을 미치지 않는다. |
|---|---|

#### ② 조항의 개요

연속손해의 합계금액이 보험금액을 초과하는 경우에도, 보험자는 그러한 연속손해에 대하여 보상책임이 있다.

### 12) 손해방지약관

#### ① 조항의 내용

| 78. Suing and labouring clause<br>(1) Where the policy contains a suing and labouring clause, the engagement thereby | 제78조 손해방지약관<br>(1) 보험증권에 손해방지약관을 포함하고 있는 경우에, 그 약관에 의해 체결된 약정은 보험계 |
|---|---|

| | |
|---|---|
| entered into is deemed to be supplementary to the contract of insurance, and the assured may recover from the insurer any expenses properly incurred pursuant to the clause, notwith- standing that the insurer may have paid for a total loss, or that subject-matter may have been warranted free from particular average, either wholly under a certain percentage. | 약을 보충하는 것으로 간주된다. 따라서 보험자가 전손에 대한 보험금을 지급하였거나, 보험의 목적이 단독해손의 전부 또는 일정 비율 미만의 면책을 담보로 하고 있는 경우에도 불구하고, 피보험자는 그 약관에 따라 정당하게 지출한 일체의 비용을 보험자로 부터 보상받을 수 있다. |
| (2) General average losses and contributions and salvage charges, as defined by this Act, are not recoverable under the suing and labouring clause. | (2) 본법에서 규정하고 있는 공동해손손해와 분담금 및 구조비용은 손해방지약관에 의해 보상될 수 없다. |
| (3) Expenses incurred for the purpose of averting or diminishing any loss not cover by the policy are not recoverable under the suing and labouring clause. | (3) 보험증권에 부담하지 않는 어떠한 손해를 피하거나 경감할 목적으로 지출한 비용은 손해방지약관에 의해 보상될 수 없다. |
| (4) It is the duty of the assured and his agents, in all cases, to take such measure as may be reasonable for the purpose of averting or minishing a loss. | (4) 손해를 피하거나 최소화하기 위해 합리적인 조치를 취하는 것은 모든 경우에 있어서 피보험자와 그의 대리인의 의무이다. |

② 조항의 개요

보험자가 전손에 대한 보험금을 지급하였거나, 보험의 목적이 단독해손의 전부 또는 일정 비율 미만의 면책을 담보로 하고 있는 경우에도 불구하고, 피보험자는 그 약관에 따라 정당하게 지출한 일체의 비용을 보험자로 부터 보상받을 수 있다.

### (14) 보험금의 지급에 관한 보험자의 권리

### 1) 대위권

① 조항의 내용

| Rights Of Insurer On Payment | 보험금의 지급에 관한 보험자의 권리 |
|---|---|
| 79. Right of subrogation (1) Where the insurer pays for a total loss, either of the whole, or in the case of goods of any apportionable opart, of the subject-matter insured, he thereupon become entitled to take over the interest of the assured in whatever may remain of the subject-matter so paid for, and he is thereby subrogated to all the rights and remedies of the assured in and in respect of that subject-matter as from the time the causing the loss. (2) Subject to the foregoing provisions, where | 제79조 대위권 (1) 보험자가 보험의 목적의 전부의 전손 또는 화물의 경우에 가분할 수 있는 일부분의 전손에 대해 보험금을 지급한 경우에, 그 결과 보험자는 전손보험금이 지급된 보험의 목적의 잔존물에 대한 피보험자의 이익을 승계할 수 있는 권리를 갖게 된다. 그리고 전손보험금의 지급에 의해 보험자는 손해를 야기한 재난의 발생시부터 보험의 목적에 대한, 그리고 보험의 목적과 관련한 피보험자의 모든 권리와 구제수단을 대위한다. (2) 전항의 규정을 제외하고, 보험자가 분손에 |

| | |
|---|---|
| the insurer pays for a partial loss, acquires no title to the subject-matter insured, or such part of it as may remain, the is thereupon subrogated to all rights and remedies of the assured in and in respect of the subject-matter insured as from the time of the casualty causing the loss, in far as the assured has been indemnified, according to this Act, by such payment for the loss. | 대해 보험금을 지급한 경우에는, 보험의 목적 또는 보험의 목적의 잔존부분에 대한 어떠한 소유권도 취득하지 못한다. 그러나 분손보험금을 지급한 결과로서 보험자는, 피보험자가 손해에 대한 분손보험금의 지급에 의해 본법에 따라 손해보상을 받은 한도 내에서, 손해를 야기한 재난의 발생시부터 보험의 목적에 대한, 그리고 보험의 목적과 관련한 피보험자의 모든 권리와 구제수단을 대위한다. |

## ② 조항의 개요

보험자가 보험의 목적의 전부의 전손 또는 화물의 경우에 가분할 수 있는 일부분의 전손에 대해 보험금을 지급한 경우에, 그 결과 보험자는 전손보험금이 지급된 보험의 목적의 잔존물에 대한 피보험자의 이익을 승계할 수 있는 권리를 갖게 된다.

### 제80조 분담의 권리(Right of contribution)

## ① 조항의 내용

| | |
|---|---|
| 80. Right of contribution<br>(1) Where the assured is over-insured bvy double insurance, each insurer is bound, a between himself and the other insurers, to contribute rateably to the loss in proportion to the amount form which he is liable under his contract.<br>(2) If any insurer pays more than his proportion of the loss, he is entitled to maintain an action for contribution against the other insurers, and is entitled to like remedies as a surety who has paid mort than his proportion of the debt. | 제80조 분담의 권리<br>(1) 피보험자가 중복보험에 의해 초과보험이 되는 경우에, 각각의 보험자는 자기 자신과 다른 보험자들 사이에서는 자기의 계약에 의해 책임이 있는 금액의 비율에 따라 비례적으로 손해를 분담할 의무가 있다.<br>(2) 어떠한 보험자가 손해에 대한 자기의 분담부분을 초과하여 지급하는 경우에, 그 보험자는 다른 보험자를 상대로 분담금에 대한 소송을 제기할 권리가 있으며, 부채에 대한 자기의 분담부분을 초과하여 지불한 보증인과 동일한 구제수단을 강구할 권리가 있다. |

## ② 조항의 개요

피보험자가 중복보험에 의해 초과보험이 되는 경우에, 각각의 보험자는 자기의 계약에 의해 책임이 있는 금액의 비율에 따라 비례적으로 손해를 분담할 의무가 있다.

### 2) 일부보험의 효과

## ① 조항의 내용

| | |
|---|---|
| 81. Effect of under insurance<br>Where the assured is insured for an amount less than the insurable value or, in the case of | 제81조 일부보험의 효과<br>피보험자가 보험가액 보다 적은 금액에 대해서 또는 기평가보험증권의 경우에는 보험평가액 |

| a valued policy, for an amount less than the policy valuation, he is deemed be his own insurer in respect of the uninsured balance. | 보다 적은 금액에 대해서 보험에 가입되었을 경우에는, 피보험자는 보험에 가입되지 않은 차액에 대해서는 자기 보험자로 간주된다. |
|---|---|

② 조항의 개요

보험평가액 보다 적은 금액에 대해서 보험에 가입되었을 경우에는, 피보험자는 보험에 가입되지 않은 차액에 대해서는 자기 보험자로 간주된다.

## (15) 보험료의 환급

### 1) 환급의 강제

① 조항의 내용

| Return Of Premium | 보험료의 환급 |
|---|---|
| 82. Enforcement of return<br>Where the premium or a proportionate part thereof is, by this Act, declared to be returnable,-<br>(1) If already paid, it may be recovered by the assured from the insurer; and<br>(2) If unpaid, it may be retained by the assured or his agent. | 제82조 환급의 강제<br>보험료 또는 그 보험료의 비례부분이 본법에 의하여 환급되어야 한다고 규정되어 있는 경우에는,<br>(1) 보험료가 이미 지급되었을 때에는 피보험자는 보험자로부터 이를 회수할 수 있으며, 또<br>(2) 보험료가 미지급일 때에는 피보험자 및 그 대리인은 이를 유보할 수 있다. |

② 조항의 개요

보험료가 이미 지급되었을 때에는 피보험자는 보험자로부터 이를 회수할 수 있으며, 보험료가 미지급일 때에는 피보험자 및 그 대리인은 이를 유보할 수 있다.

### 2) 합의에 의한 환급

① 조항의 내용

| 83. Return by agreement<br>Where the policy contains a stipulation for the return of the premium, or a proportionate part thereof, on the happening of a certain event, and that event happens, the premium, or, as the case may be, the proportionate part thereof, is thereupon returnable to the assured. | 83. 합의에 의한 환급<br>보험증권에 일정한 사유가 발생할 때에 보험료 또는 그 비례부분을 환급한다는 취지의 약관이 삽입되어 있는 경우에는, 그 사유가 발생하였을 때에는 보험료 또는 그 비례부분은 피보험자에 환급되어야 한다. |
|---|---|

② 조항의 개요

보험증권에 일정한 사유가 발생할 때에 보험료 또는 그 비례부분을 환급한다는 취지의 약관이 삽입되어 있는 경우에는, 그 사유가 발생하였을 때에는 보험료 또는 그 비례부분은 피보험자에 환급되어야 한다.

### 3) 약인의 결여에 의한 환급

① 조항의 내용

84. Return for failure of consideration
(1) Where the consideration for the payment of the premium totally fails, and there has been no fraud or illegality on the part of the assured or his agents, the premium is thereupon returnable to the assured.
(2) Where the consideration for the payment of the premium is apportionable and the is a total failure of any apportionable part of the consideration, a proportionate part of the premium is, under the like conditions, thereupon returnable to the assured.
(3) In particular
(a) Where the policy is void, or is avoided by the insurer as from the commencement of the risk, the premium is returnable, provided that there has been no fraud or illegality on the part of the assured; but if the risk is not apportionable, and has once attached, the premium is not returnable;
(b) Where the subject-matter insured, or part thereof, has never been imperil the premium, or, as the case may be, a proportionate part thereof, is returnable. Provided that there the subject-matter has been insured 'lost or not lost' and has arrived in safety at the time when the contract is concluded, the premium is returnable unless, at such time, the insurer knew of the safe arrival.
(c) Where the assured has no insurable interest throughout the currency of the risk, the premium is returnable, provided that this rule does not apply to a policy effected by way of gaming or wagering;
(d) Where the assured has a defeasible interest which is terminated during the currency of the risk, the premium is not returnable;
(e) Where the assured has over-insured under an unvalued policy, a proportional part of the several premiums is returnable;
(f) Subject to the foregoing provisions, where

84. 약인의 결여에 의한 환급
(1) 보험료의 지급에 대한 약인이 전부 소멸된 경우에 피보험자 및 그 대리인측에 사기 또는 위법이 없었을 때에는, 보험료는 피보험자에게 환급되어야 한다.

(2) 보험료의 지급에 대한 약인이 분할가능한 경우에 약인의 분할가능한 부분이 전부 소멸된 때에는, 보험료의 비례부분은 전항과 동일한 조건으로 피보험자에게 환급되어야 한다.

(3) 특히
(a) 보험계약이 무효이든지 또는 보험자에 의하여 보험개시의 시부터 취소되는 경우에는, 피보험자측에 사기 또는 위법이 없었을 때에 한하여 보험료는 환급되어야 한다. 그러나 위험이 분할불가능하고 그 위험이 일단 개시된 경우에는, 보험료는 환급되지 않는다.

(b) 보험의 목적 또는 그 일부가 전혀 위험에 직면하지 아니한 경우에는, 보험료 또는 그 비례부분은 환급되어야 한다. 다만 보험의 목적이 '멸실여부를 불문함'이란 조건으로 부보된 경우에 보험의 목적이 계약성립시에 안전하게 도착한 때에는, 계약성립시에 보험자가 그 안전한 도착을 알고 있었을 경우를 제외하고 보험료는 환급되지 않는다.
(c) 피보험자가 보험기간을 통하여 피보험이익을 갖지 아니한 경우에는, 보험료는 환급되어야 한다. 다만 이 규칙은 사행 또는 도박의 방법으로 체결한 보험계약에는 적용되지 않는다.

(d) 피보험자가 소멸할 수 있는 이익을 가진 경우에 그 이익이 보험기간중에 소멸한 때에는, 보험료는 환급되지 않는다.
(e) 피보험자가 미평가보험증권에 의하여 초과 보험되었을 경우에는, 보험료의 비례부분은 환급되어야 한다.
(f) 전항에 별도의 규정이 있는 경우를 제외하

| | |
|---|---|
| the assured has over insured by double insurance, a proportionate part of the several premiums is returnable;<br>Provided that, if the policies are effected at different times, and any earlier pol has at any time borne the entire risk, or if a claim has been paid on the policy in respect of the full sum insured thereby, no premium is returnable in respect of the policy, and when the double insurance is effected knowingly by the assured no premium is returnable. | 고, 피보험자가 중복보험에 의하여 초과보험되었을 경우에는, 각 보험료의 비례부분은 환급되어야 한다.;<br>다만 둘 이상의 보험계약이 상이한 시기에 체결된 경우에, 먼저 체결한 보험계약이 임의의 시기에 전위험을 담보하였거나 또는 그 보험계약에 의하여 부보된 보험금액의 전액에 대한 보험금이 지급되었을 때에는, 그 보험계약에 관한 보험료는 환급되지 않는다. 그리고 피보험자가 중복보험인 것을 알면서 계약을 체결한 경우에는 보험료는 환급되지 않는다. |

### ② 조항의 개요

보험료의 지급에 대한 약인이 전부 소멸된 경우에 피보험자 및 그 대리인측에 사기 또는 위법이 없었을 때에는, 보험료는 피보험자에게 환급되어야 한다. 보험계약이 무효이든지 또는 보험자에 의하여 보험개시의 시부터 취소되는 경우에는, 피보험자 측에 사기 또는 위법이 없었을 때에 한하여 보험료는 환급되어야 한다.

### (16) 상호보험

#### ① 조항의 내용

| Mutual Insurance | 상호보험 |
|---|---|
| 85. Modification of Act in case of mutual insurance<br>(1) Where two or more persons mutually agree to insure each other against marine losses there is said to be a mutual insurance.<br>(2) The provisions of this Act relating to the premium do not apply to mutual insurance, but a guarantee, or such other arrangement as may be agreed upon, may be substituted for the premium.<br>(3) The provisions of this Act, in so far as they may be modified by the agreement the parties, may in the case of mutual insurance be modified by the terms of the policies issued by the association, or by the rules and regulations of the association.<br>(4) Subject to the exceptions mentioned in this section, the provisions of this act apply to a mutual insurance. | 85. 상호보험에 있어서의 본법의 수정<br>(1) 2인 이상이 해상손해에 대하여 상호간에 보험하기로 합의한 경우에 이를 상호보험이라고 의미한다.<br>(2) 본법의 보험료에 관한 규정은 상호보험에는 적용되지 않는다. 그러나 보증이나 또는 합의될 기타의 약정으로써 보험료에 대치할 수 있다.<br>(3) 본법의 규정 중에 당사자의 합의에 의하여 수정될 수 있는 것에 한하여, 상호보험에 있어서 조합이 발행한 보험증권의 제조건이나 또는 조합의 규칙 및 규정에 의하여 이를 수정할 수 있다.<br>(4) 본조에서 정한 예외규정을 제외하고, 본법의 제규정은 상호보험에 적용된다. |

464

② 조항의 개요

2인 이상이 해상손해에 대하여 상호간에 보험하기로 합의한 경우에 이를 상호보험이라고 의미한다. 본법의 보험료에 관한 규정은 상호보험에는 적용되지 않는다. 당사자의 합의에 의하여 수정될 수 있는 것에 한하여, 상호보험에 있어서 조합이 발행한 보험증권의 제조건이나 또는 조합의 규칙 및 규정에 의하여 이를 수정할 수 있다.

### (17) 보칙(Supplemental)

#### 1) 피보험자에 의한 추인

① 조항의 내용

| Supplemental | 보칙 |
|---|---|
| 86. Ratification by assured<br>Where a contract of marine insurance is in good faith effected by one person on be of another, the person on whose behalf it is effected may ratify the contract even after he is aware of a loss. | 86. 피보험자에 의한 추인<br>해상보험계약이 본인 아닌 대리인에 의하여 선의로 체결된 경우에는, 그 계약이 체결된 본인은 손해의 발생을 알고 난 후일지라도 그 계약을 추인할 수 있다. |

② 조항의 개요

해상보험계약이 본인 아닌 대리인에 의하여 선의로 체결된 경우에는, 그 계약이 체결된 본인은 손해의 발생을 알고 난 후일지라도 그 계약을 추인할 수 있다.

#### 2) 합의 또는 관습에 의하여 변경된 묵시조건

① 조항의 내용

| 87. Implied obligations varied by agreement or usage<br>(1) Where any right, duty, or liability would arise under a contract of marine insurance by implication of law, it may be negatived or varied by express agreement or by usage, if the usage be such as to bind both parties to the contract.<br>(2) The provisions of this section extend to any right, duty, or liability declared this Act which may be lawfully modified by agreement. | 87. 합의 또는 관습에 의하여 변경된 묵시조건<br>(1) 해상보험계약에 따라 법의 묵시적인 내용에 의하여 어떠한 권리, 의무 또는 책임이 발생하는 경우에는, 명시적인 합의나 또는 관습이 보험계약의 양당사자를 다같이 구속하는 경우의 그 관습에 의하여 이를 부정하거나 또는 변경할 수 있다.<br>(2) 본조의 규정은 합의에 의하여 합법적으로 수정될 수 있는 본법이 정하는 여하한 권리, 의무 또는 책임에도 적용된다. |

② 조항의 개요

해상보험계약에 따라 법의 묵시적인 내용에 의하여 어떠한 권리, 의무 또는 책임이 발생하는 경우에는, 명시적인 합의나 또는 관습이 보험계약의 양당사자를 다같이 구속하는 경우의 그 관습에 의하여 이를 부정하거나 또는 변경할 수 있다.

### 3) 상당한 기간, 사실의 문제

① 조항의 내용

| 88. Reasonable tim etc, a question of fact<br>Where by this Act any reference is made to reasonable time, reasonable premium, or reasonable diligence, the question what is reasonable is a question of fact. | 88. 상당한 기간, 사실의 문제<br>본법에 있어서 상당한 기간, 상당한 보험료 또는 상당한 주의라는 용어를 사용하고 있는 경우에는, 무엇이 상당한 것인가의 문제는 사실의 문제이다. |
| --- | --- |

② 조항의 개요

상당한 기간, 상당한 보험료 또는 상당한 주의라는 용어를 사용하고 있는 경우에는, 무엇이 상당한 것인가의 문제는 사실의 문제이다.

### 4) 증거로서의 보험각서

① 조항의 내용

| 89. Slip as evidence<br>Where there is a duly stamped policy, reference may be made, as heretofore, to the slip or covering note, in any legal proceeding. | 89. 증거로서의 보험각서<br>정당히 인지를 첨부한 보험증권이 있는 경우에는, 일체의 소송에서 보험각서 또는 보험인수증을 종래와 같이 증거로 인용할 수 있다. |
| --- | --- |

② 조항의 개요

정당히 인지를 첨부한 보험증권이 있는 경우에는, 일체의 소송에서 보험각서 또는 보험인수증을 종래와 같이 증거로 인용할 수 있다.

### 5) 용어의 해석

| 90. Interpretation of terms<br>In this Act, unless the context or subject-matter otherwise requires,-'Action' includes counter- claim and set off; 'Freight' includes the profit derivable by a shipowner from the employment of his ship to carry his own goods or moveables, as w as freight | 90. 용어의 해석<br>본 법에서는 문맥상 또는 취지상 별도의 해석을 요하지 않는 한, '소송'이란 반소 및 상계소를 포함한다. '운임'이란 제3자가 지급하는 운임은 물론 선주가 자신의 선박을 사용하여 자신의 화물이나 동산을 운송함으로써 수득하는 |
| --- | --- |

466

| | |
|---|---|
| payable by a third party, but does not include passage money: 'Moveables' means any moveable tangible property, other than the ship, and includes money, valuable securities, and other documents: 'Policy' means a marine policy. | 이윤도 포함하지만 여객운임은 포함하지 않는다. '동산'이란 선박 이외의 모든 이동가능한 유체재산을 의미하며, 또 화폐, 유가증권 및 기타의 증서를 포함한다. '보험증권'이란 해상보험증권을 의미한다. |

## ② 조항의 개요

소송은 반소 및 상계소를 포함한다. 운임은 제3자가 지급하는 운임은 물론 선주가 자신의 선박을 사용하여 자신의 화물이나 동산을 운송하여 획득하는 이윤을 포함한다. 동산은 선박 이외의 모든 이동 가능한 유체재산인데 화폐, 유가증권 및 기타의 증서를 포함한다.

### 6) 유보

#### ① 조항의 내용

| | |
|---|---|
| 91. Savings<br>(1) Nothing in this Act, or in any repeal effected thereby, shall affect<br>(a) the provisions of the Stamp Act 1891, or any enactment for the time being force relating to the revenue;<br>(b) the provisions of Companies Act 1862, or any enactment amending or substituted for the same;<br>(c) the provisions of any statute not expressly repealed by this Act.<br>(2) The rules of the common law including the law merchant, save in so far as they are inconsistent with the express provisions of this Act, shall continue to apply to contracts of marine insurance | 91. 유보<br>(1) 본법에 의하여 또는 제규정은 다음의 규정에 하등의 영향을 미치지 않는다. -<br>(a) 1891년 인지세법(Stamp Act) 또는 세입에 관한 현행제정법의 제규정,<br>(b) 1862년 회사법(Companies Act) 및 동법의 개정법 또는 동법을 대신하는 제정법의 제규정,<br>(c) 본법에 의하여 명시적으로 폐지되지 아니한 제정법의 제규정.<br>(2) 상사법을 포함하는 보통법상의 제규칙은 본법의 명시적인 규정과 저촉되는 것을 제외하고 계속하여 해상보험계약에 적용된다. |

## ② 조항의 개요

본법은 1891년 인지세법 또는 세입에 관한 현행제정법의 제규정, 1862년 회사법 및 동법의 개정법 또는 동법을 대신하는 제정법의 제규정에 영향을 미치지 않는다.

### 7) 폐기, 발효

#### ① 조항의 내용

| | |
|---|---|
| 92. Repeals<br>The enactments mentioned in the second schedule to this Act are hereby replaced to the | 92. 폐기<br>본조는 1927년 법률개정법에 의하여 폐기되었음. |

| | |
|---|---|
| extent specified in the schedule.<br>93. Commencement<br>This Act Shall Come into operation on the first day of January one thousand nine hundred and seven. | 93. 발효<br>본조는 1927년 법률개정법에 의하여 폐기되었음. |

## ② 조항의 개요

제92조 폐기와 제93조 폐기는 1927년 법률개정법에 의하여 폐기되었다.

## 8) 약칭

| | |
|---|---|
| 94. Short Title<br>This Act may be cited as 'the Marin Insurance Act. 1906' | 94. 약칭<br>본법은 '1906년 해상보험법'으로서 이를 인용할 수 있다. |

## ② 조항의 개요

본법은 '1906년 해상보험법'으로서 이를 인용할 수 있다.

## (18) 부칙(SCHEDULES)

### 1) 제1부칙 보험증권의 양식

### ① 조항의 내용

| SCHEDULES | 부칙 |
|---|---|
| FIRST SCHEDULES<br>Form of Policy<br>Be it known that (a) as well (b) in own name as for and in the name and names of all and every other person or persons to whom the same doth, may, or shall appertain, in all doth make assurance and cause (c) and them, and every of them, to be insured lost or not lost, at and from (d)<br>Upon any kind of goods and merchandises, and also upon the body, tackle, apparel, ordnance, munition, artillery, boat, and other furniture, of and in the good ship or vessel called the (e)<br>whereof is master under God, for this present voyage, (f) or whosoever else shall go for master in the said ship, or by whatsoever other name or names the said ship, or the master | 제1부칙<br>보험증권의 양식<br>(a)는 자기 (b) 자신의 이름으로 또한 보험의 목적의 일부 또는 전부가 귀속되거나 귀속될 수 있는, 또는 귀속하게 될 기타 모든 사람 또는 사람들을 위하여 그리고 그들의 이름으로 보험계약을 체결하고, 그 자신 (c) 와 그들 모두가 (d)에서 및 부터 멸실여부를 불문하고 보험에 가입된 것으로 인정한다.<br>(e)라고 부르는 감항성이 있는 선박에 적재된 모든 종류의 화물과 상품에 관하여, 그리고 그러한 선박의 선체, 태클(권양기), 의장구, 병기, 군수품, 대포, 보우트 및 기타 의장에 관하여,<br><br>본 항해는 하나님의 가호아래 그 선박의 선장이 운항할 것이며, (f) 또는 누구든지 선박 또는 그 선장은 어떠한 이름이나 이름들로 지명되거 |

thereof, is or shall be named or called;
beginning the adventure upon the said goods and merchandised from the loading thereof aboard the said ship, (g) upon the said ship, &c. (h) and so shall continue and endure, during her abode there, upon the said ship, &c. And further, until the said ship, with all her ordnance, tackle, apparel, &c., and goods and merchandises whatsoever shall be arrived at (i) upon the said ship, &c. until she hath moored at anchor twenty-four hours in good safety, and upon the goods and merchandises, until the same be there discharged and safety landed. And it shall be lawful for the said ship, &c., in this voyage, to proceed and sail to and touch and stay at any ports or places whatsoever without prejudice to this insurance. The said ship, &c., goods and merchandises, &c., for so much as concerns the assured by agreement between the assured and assurers in this policy, are and shall be valued at
Touching the adventures and perils which we the assurers are contented to bear and do take upon us in this voyage: they are of the seas, men of war, fire, enemies, pirates, rovers, thieves, jettisons, letters of mart and countermart, surprisals, takings at sea, arrests, restraints, and detainments of all kings, princes, and people, of what nation, condition, or quality soever, barratry of the master and mariners, and of all other perils, losses, and misfortunes, that have or shall come to the hurt, detriment, or damage of the said goods and merchandises, and ship, &c., or any part thereof.
And in case of any loss or misfortune it shall be lawful to the assured, their factors, servants and assigns, to sue, labour, and travel for, in and about the defence, safeguards, and recovery of the said goods and merchandises, and ship, &c., or any part thereof, without prejudice to this insurance; to the charges whereof we, the assurers, will contribute each one according to the rate and quantity of his sum herein assured.
And it is specially declared and agreed that no acts of the insurer or insured in recovering, saving, or preserving the property insured shall be considered as a waiver, or acceptance of abandonment. And it is agreed by us, the insurers, that this writing or policy of assurance shall be of as much force and effect as the surest writing or policy of assurance heretofore made in Lombard Street, or in the

나 호칭될 것이다.
상기 화물과 상품에 관한 위험은 상기 선박에 화물이 적재되는 때부터 개시하고, 상기 선박 등에 관한 위험도 상술한 (g)와 같이 개시되며, 상기 선박 등에 관한 (h)는 그곳에서 선박의 정박 중에 계속된다. 그리고 상기 선박 등에 관하여는 선박의 모든 병기, 태클, 의장구 등과 무엇이든 화물 및 상품을 적재한 상기 선박이 상기 장소 (i) 에 도착할 때까지, 선박이 안전한 상태로 닻을 내리고 정박한 후 24시간 경과할 때까지 계속된다. 그리고 화물과 상품에 관하여는 동화물과 상품이 그곳에서 양화되고 안전하게 양륙될 때까지 계속된다. 그리고 본항해에 있어서 상기 선박 등이 항행하고 어떠한 항구나 장소로 출항하며, 그곳에서 기항하고 정박하는 것은 적법한 것이고, 무엇이든 이 보험에는 영향을 미치지 않는다.
상기 선박 기타, 화물과 상품 등은 이 보험증권에서 피보험자와 보험자와의 합의에 의해 피보험자에게 관련되는 한, 또한 평가되어야 한다.

우리들 보험자가 이 항해에서 부담하고 책임을 지기로 약속한 해상사업과 위험은 다음과 같다. 즉 바다의 위험, 군함, 화재, 외적, 해적, 강도, 도적, 투하, 포획면허장과 보복포획면허장, 습격, 해상탈취, 어떠한 국가나 상황이나 성질에 관계없이 모든 국왕과 여왕 및 국민의 압류와 억지 및 억류, 선장이나 선원의 악행, 상기 화물과 상품 및 선박 기타 또는 그 일부의 파손이나 훼손 또는 손상을 가져 왔거나 가져오게 될 모든 기타 위험과 손해 및 불행이다.

그리고 어떠한 손해나 불행이 발생한 경우에, 상기 화물과 상품 및 선박 기타, 또는 그 일부의 방비와 보호 및 회복에 있어서, 그리고 그것에 대하여 피보험자, 그 대리인, 사용인 및 양도인이 손해방지를 하거나 여행하는 것은 적법한 것이며, 이 보험의 효력에는 영향을 미치지 않는다. 그에 따른 비용은 우리들 보험자가 이 보험증권에서 인수한 비율과 금액에 따라 각각 분담한다.
피보험재산을 회복하거나 구조하거나 또는 보존하는 보험자 또는 피보험자의 행위는 권리포기 또는 위부의 승낙으로 간주하지 않는다는 것을 특별히 선언하고 합의한다. 그리고 이 문서나 보험증권은 롬바르드가, 왕립거래소, 또는 런던의 어느 곳에서 지금까지 작성된 가장 확실한 문서나 보험증권과 동일한 효력을 갖는 것으로 우리들 보험자는 동의한다. 그리고 우리들 보험자는 ---의 비율로 피보험자가 이 보

Royal Exchange, or elsewhere in London. And so we, the assurers, are contented, and do hereby promise and bind ourselves, each one for his own part, our heirs, executors, and goods to the assured, their executors, administrators, and assigns, for the true performance of the premises, confessing ourselves paid the consideration due unto us for this assurance by the assured, at and after the rate of

In witness whereof we, the assurers, have subscribed our names and sums assured in London.

N.B- Corn, fish, salt, fruit, flour, and seed are warranted free from average, unless general, or the ship be stranded-sugar, tobacco, hemp, flax, hides and skins are warranted free from average, under five pounds per cent. and all other goods, also the ship and freight, are warranted free from average, under three pounds per cent. unless general, or the ship be stranded.

---

험에 대해 우리에게 지불해야 할 약인을 지불하였음을 자인하면서, 약속의 진정한 이행을 위해 피보험자와 그들의 유언집행인과 관리인 및 양수인에 대하여 만족스럽게 이 보험증권에 의해 약속하고, 또한 우리들 자신, 자기 자신의 부담부분에 대해 각자와 우리의 상속인과 유언집행인 및 화물에 책임을 부담한다.

이에 대한 증거로서, 우리들 보험자는 런던에서 우리들의 이름과 보험인수한 금액에 서명하였다.

유의사항 -- 곡물, 어류, 소금, 과일, 밀가루 및 종자는 공동해손 또는 선박이 좌초되지 않는 한, 해손의 면책을 담보로 하고, 설탕, 연초, 대마, 아마, 크고 적은 짐승의 피혁은 5% 미만의 해손의 면책을 담보로 하며, 모든 기타 화물과 또한 선박과 운임은 공동해손 또는 선박이 좌초되지 않는 한, 3% 미만의 해손의 면책을 담보로 한다.

② 조항의 개요

제1부칙 보험증권의 양식에서는 영국 해상보험법에 의한 보험증권의 작성내용에 대하여 명시하고 있다.

## 2) 제1부칙 보험증권의 해석을 위한 규칙

① 조항의 내용

RULES FOR CONSTRUCTION OF POLICY
The following are the rules referred to by this Act for the construction of a policy in the above or other like form, where the context does not otherwise require:

1.Lost or not lost
Where the subject-matter is insured 'lost or not lost', and the loss has occurred before the contract is concluded, the risk attaches unless, at such time the assured was aware of the loss, and the insurer was not.
2. From
Where the subject-matter si insured 'from' a particular place, the risk does not attach until the ship starts on the voyage insured.
3. At and from
(a) Where a ship is insured 'at and from' a

---

보험증권의 해석을 위한 규칙
보험증권의 문맥이 별도의 해석을 필요로 하지 않는 경우에는, 전술한 양식이나 기타 유사한 양식의 보험증권의 해석을 위해 본법에 의해 적용되는 규칙은 다음과 같다.

제1조 멸실 여부를 부문함
보험의 목적이 '멸실 여부를 불문함'의 조건으로 보험에 가입되고, 계약이 성립되기 전에 손해가 발생한 경우에는, 계약의 성립시에 피보험자가 손해발생을 알고 있었고 보험자가 알고 있지 못한 경우를 제외하고, 위험이 개시한다.
제2조 부터
보험의 목적이 특정 장소 '로부터' 보험에 가입되는 경우에는, 선박이 피보험항해를 출항할 때에 위험이 개시한다.
제3조 에서 및 부터
(a) 선박이 특정 장소 '에서 및 부터' 보험에 가

particular place, and she is at that place in good safety when the contract is concluded, the risk attaches immediately.

(b) If she be not at that place when the contract is concluded, the risk attaches as soon as she arrives there in good safety, and, unless the policy otherwise provides, it is immaterial that she is covered by another policy for a specified time after arrival.

(c) Where chartered freight is insured 'at and from' a particular place. and the ship is at that place in good safety when the contract is concluded the risk attaches immediately. If she be not there when the contract is concluded, the risk attaches as soon as arrives there in good safety.

(d) Where freight, other than chartered freight, is payable without special conditions and is insured 'at and from' a particular place, the risk attaches pro rate as the goods or merchandise are shipped: provided that if there be cargo in readiness which belongs to the shipowner, or which some other person has contracted with him to ship, the risk attaches as soon as the ship is ready to receive such cargo.

4. From the loading thereof

Where goods or other moveables are insured 'from the loading thereof,' the risk dose not attach until such goods or moveables are actually on board, and the insurer is not liable for them while in transit from the shore to the ship.

5. Safely landed

Where the risk on goods or other moveables continues until they are 'safety landed,' they must be landed in the customary manner and within a reasonable time after arrival at the port of discharge, and if they are not so landed the risk ceases.

6. Touch and stay

In the absence of any further licence or usage, the liberty to touch and stay 'at any port or place whatsoever' does not authorise the ship to depart from the course of her voyage from the port of departure to the port of destination.

7. Perils of the sea

The term 'perils of the seas' refers only to fortuitous accidents or casualties of the seas. It does not include the ordinary action of the winds and waves.

8. Pirates

The term 'pirates' includes passengers who mutiny and rioters who attack the ship from

입되고, 계약이 성립할 때 안전하게 그 장소에 있는 경우에는, 위험은 즉시 개시한다.

(b) 계약이 성립할 때 선박이 그 장소에 없는 경우에는, 위험은 선박이 안전하게 그 곳에 도착하는 순간에 개시한다. 그리고 보험증권에 별도로 규정하지 않는 한, 선박이 도착 후 일정기간동안 다른 보험증권에 의해 부담되고 있다는 것은 중요하지 아니하다.

(c) 용선료가 특정 장소 '에서 및 부터' 보험에 가입되어 있고, 계약이 성립할 때 선박이 안전하게 그 장소에 있는 경우에는, 위험은 즉시 개시한다. 계약이 성립할 때 선박이 그 곳에 없는 경우에는, 위험은 선박이 안전하게 그 곳에 도착하는 순간에 개시한다.

(d) 용선료 이외의 운임이 특별한 조건없이 지불되고, 특정 장소 '에서 및 부터' 보험에 가입되어 있는 경우에는, 위험은 화물이나 상품이 선적되는 비율에 따라 개시한다. 단, 선주에게 속하는 적화 또는 기타의 어떤 자가 선적하기로 선주와 계약한 적화가 그 곳에서 선적준비되어 있는 경우에는, 위험은 선박이 그러한 적화를 수취할 준비가 완료되면 지체없이 개시한다.

제4조 적재시부터

화물이나 기타 동산이 '그것의 적재시부터' 보험에 가입되는 경우에는, 위험은 그러한 화물이나 동산이 실제 선적된 때에 개시하고, 보험자는 육지로 부터 선박까지 운송되는 동안에 그러한 화물이나 동산에 대해 책임이 없다.

제5조 안전한 양륙

화물이나 기타 동산의 위험이 '안전히 양륙되는' 때까지 계속되는 경우에는, 그들 화물이나 동산은 반드시 관습적인 방법으로, 그리고 양화항에 도착 후 상당한 기간 내에 양륙하여야 한다. 그리고 만약 화물이나 동산이 그와 같이 양륙되지 않으면, 위험은 종료한다.

제6조 기항 및 정박

어떠한 추가적인 허가나 관습이 없는 경우에는, '어떠한 항구나 장소이든 어느 곳에서든' 기항하거나 정박하는 자유는, 출항항으로 부터 목적항까지의 선박의 항해의 항로에서 선박이 이탈하는 것을 인정하는 것은 아니다.

제7조 바다의 위험

'바다의 위험'이란 말은 오직 바다의 우연한 사고나 재난만을 의미한다. 그것은 풍파의 통상적인 작용은 포함하지 않는다.

제8조 해적

'해적'이란 말은 폭동을 일으키는 승객과 육지로부터 선박을 공격하는 폭도를 포함한다.

the shore.

9. Thieves

The term 'thieves' does not cover clandestine theft or a theft committed by any one of the ship's company, whether crew or passengers.

10. Restraint of princes

The term 'arrests, &c.', of king, princes, and people' refers to a political or executive acts, and dose not include a loss caused by riot or by ordinary judicial process.

11. Barratry

The term 'barratry' includes every wrongful act wilfully committed by the master or crew to the prejudice of the owner, or, as the case may be, the charterer.

12. All other perils

The term 'all other perils' includes only perils similar in kind to the perils specifically mentioned in the policy.

13. Average unless general

The term 'average unless general' means a partial loss of subject-matter insured other than general average loss, and dose not include 'particular charges'.

14. Stranded

Where the ship has stranded the insurer is liable for the excepted losses, although the loss is not attributable to the stranding, provided that when the stranding takes place the risk has attached and, if the policy be on goods, that the damaged goods are on board.

15. Ship

The term 'ship' includes the hull, materials and outfit, stores and provisions for the officers and crew, and, in the case of vessels engaged in a special trade, the ordinary fitting requisite for the trade, and also, in the case of a steamship, the machinery, boilers, and coals and engine stores, if owned by the assured.

16. Freight

The term 'freight' includes the profit derivable by a shipowner from the employment of his ship to carry his own goods or moveables, as well as freight payable by a third party, but does not include passage money.

17. Goods

The term 'goods' means goods in the nature of merchandise, and dose not include personal effects or provisions and stores for use on board.

In the absence of any usage to the contrary, deck cargo and living animals must be insured specifically, and not under the general denomination of goods.

---

제9조 도적

'도적'이란 말은 은밀한 절도 또는 선원이든 승객이든 불문하고 승선자에 의한 절도는 포함하지 않는다.

제10조 군주의 억지

'국왕과 여왕 및 국민의 억류 등'이라는 말은 정치적이나 행정적 행위를 의미하며, 소요로 인한 손해 또는 통상적인 재판과정으로 인한 손해는 포함하지 않는다.

제11조 선장이나 선원의 악행

'선장이나 선원의 악행'이란 말은 소유자 또는 경우에 따라서는 용선자에게 손해를 입히는 선장이나 선원에 의해 고의로 행해지는 모든 부정행위를 포함한다.

제12조 모든 기타 위험

'모든 기타 위험'이란 말은 오로지 보험증권에서 특별히 기재된 위험과 동종의 위험만을 포함한다.

제13조 공동해손이 아닌 해손

'공동해손이 아닌 해손'이란 말은 공동해손손해가 아닌 분손을 의미하고, '단독비용'을 포함하지 않는다.

제14조 좌초

선박이 좌초한 경우에는, 비록 손해가 그 좌초에 기인한 것이 아닐지라도, 보험자는 제외된 손해에 대해서도 보상책임이 있다. 단, 위험이 개시한 후에 좌초가 발생하는 때, 그리고 보험증권이 화물에 관한 경우에는 손상된 화물이 선상에 있을 것을 조건으로 한다.

제15조 선박

'선박'이란 말은 선체, 자재와 의장구, 고급선원과 보통선원을 위한 소모품과 식료품을 포함하고, 특수무역에 종사하는 선박의 경우에는 그 무역에 필요한 통상적인 의장을 포함하며, 또한 기선의 경우에는 기계와 보일러 및 피보험자가 소유한 경우의 석탄과 엔진소모품을 포함한다.

제16조 운임

'운임'이란 말은 제3자에 의해 지불되는 운임은 물론, 선주가 자신의 화물이나 동산을 운송하기 위해 자기의 선박을 사용함으로써 파생되는 수익을 포함한다. 그러나 운임에는 승객운임은 포함하지 않는다.

제17조 화물

'화물'이란 말은 상품의 성질의 화물을 의미하고, 개인의 소지품이나 선상에서 사용하기 위한 식료품과 소모품은 포함하지 않는다.

반대의 관습이 없는 한, 갑판적 적화와 살아있는 동물은 특정하여 보험에 가입되어야 하고, 화물의 포괄적 명칭으로 보험에 가입되어서는 안된다.

| [Note: by virtue of the Public Order Act 1986 the words 'rioters' in rule 8 and 'riot' in rule 10 shall be construed in accordance with section I of that Act.]<br>Second Schedule - [This Schedule was repealed by the Statute Law Revision 1927] | 주의: 1986년 공중법에 따라 제8조에 명시된 해적의 용어와 제10조에 명시된 폭동의 용어는 본 법 제1부칙에 따라 번역한다.<br>제2부칙-이 부칙은 1927년 성문법 개정시에 폐지되었다. |
|---|---|

② 조항의 개요

제1부칙 보험증권의 해석을 위한 규칙에서는 보험증권의 내용 및 보험증권 약관에서 명시하고 있는 용어에 대한 의미를 각 조항으로 구분하여 규정하고 있다.

보험의 목적이 멸실 여부를 불문함의 조건으로 보험에 가입되고, 계약이 성립되기 전에 손해가 발생한 경우에는, 계약의 성립시에 피보험자가 손해발생을 알고 있었고 보험자가 알고 있지 못한 경우를 제외하고, 위험이 개시한다. 보험의 목적이 특정 장소로부터 보험에 가입되는 경우에는, 선박이 피보험항해를 출항할 때에 위험이 개시한다. 선박이 특정 장소 에서 및 부터 보험에 가입되고, 계약이 성립할 때 안전하게 그 장소에 있는 경우에는, 위험은 즉시 개시한다. 계약이 성립할 때 선박이 그 장소에 없는 경우에는, 위험은 선박이 안전하게 그 곳에 도착하는 순간에 개시한다. 화물이나 기타 동산이 그것의 적재시부터 보험에 가입되는 경우에는, 위험은 그러한 화물이나 동산이 실제 선적된 때에 개시하고, 보험자는 육지로 부터 선박까지 운송되는 동안에 그러한 화물이나 동산에 대해 책임이 없다. 화물이나 기타 동산의 위험이 안전히 양륙되는 때까지 계속되는 경우에는, 그들 화물이나 동산은 반드시 관습적인 방법으로, 그리고 양화항에 도착 후 상당한 기간 내에 양륙하여야 한다. 그리고 만약 화물이나 동산이 그와 같이 양륙되지 않으면, 위험은 종료한다.

바다의 위험은 오직 바다의 우연한 사고나 재난만을 의미한다. 그것은 풍파의 통상적인 작용은 포함하지 않는다. 해적은 폭동을 일으키는 승객과 육지로부터 선박을 공격하는 폭도를 포함한다. 도적은 은밀한 절도 또는 선원이든 승객이든 불문하고 승선자에 의한 절도는 포함하지 않는다. 국왕과 여왕 및 국민의 억류 등이라는 용어는 정치적이나 행정적 행위이다. 선장이나 선원의 악행은 소유자 또는 경우에 따라서는 용선자에게 손해를 입히는 선장이나 선원에 의해 고의로 행해지는 모든 부정행위를 포함한다. 선박은 선체, 자재와 의장구, 고급선원과 보통선원을 위한 소모품과 식료품을 포함하고, 특수무역에 종사하는 선박의 경우에는 그 무역에 필요한 통상적인 의장을 포함한다. 운임은 제3자에 의해 지불되는 운임은 물론, 선주가 자신의 화물이나 동산을 운송하기 위해 자기의 선박을 사용함으로써 파생되는 수익을 포함한다. 그러나 운임에는 승객운임은 포함하지 않는다. 화물은 상품 성질의 화물을 의미한다.

# 제 11 장

# 협회적하약관과 협회기간약관(선박)

## 제 1 절   협회적하약관

### 1. 협회적하약관의 담보위험

#### (1) 담보위험의 의미

담보위험은 보험자가 그 위험으로 인하여 생긴 손해에 대하여 보상책임을 부담하는 위험이다. 담보위험은 그 위험의 원인 및 결과가 되는 위험을 면책하지 않는 한, 보험자가 그 위험으로 인하여 생길 손해를 보상한다. 담보위험은 그로 인하여 생긴 손해를 보험자가 보상할 책임이 있다고 하는 점에서 보험사고라고도 한다. 보험자는 담보위험으로 발생한 손해에 대해서는 보상을 하지만 부담보위험으로 발생한 손해에 대해서는 보상을 하지 않게 된다.

#### (2) 해상보험약관의 담보위험

#### 1) 로이즈 보험증권의 담보위험

로이즈 보험증권의 담보위험약관(peril clause)에 명시되어 있는 보험자의 담보위험은 해상고유의 위험, 화재, 강도, 투하, 선원의 악행 등의 위험과 동종의 위험 6가지 종류로 한정되어 있다. 해상고유의 위험은 해상의 우발적인 사고나 재해를 의미하며 바람, 파도 등의 통상적인 작용은 포함하지 않는다. 즉 바다의 작용을 원인으로 하는 우발적 사고로는 침몰, 좌초, 충돌, 악천후 등과 같은 위험을 들 수 있다.

### 2) 구협회적하약관의 담보위험

#### ① 책임기준

구협회적하약관의 대표적인 약관은 전위험담보(A/R) 약관, 분손담보(WA) 약관, 단독해손부담보(FPA) 약관 등이다. A/R 약관은 포괄책임주의를 위험부담 방식으로 채택하고 있다. WA 약관에서는 면책비율에 달하지 않은 소손해에 대해서 보상하지 않고, FPA 약관에서는 일정한 단독해손에 대해서 보상하지 않는다.

#### ② WA 약관이나 FPA 약관의 보상기준

WA 약관이나 FPA 약관에서 보상을 하는 것은 다음과 같다. 첫째, 본선이나 부선의 침몰, 좌초, 충돌, 화재로 인하여 발생한 단독해손이다. 둘째, 선적, 환적, 양륙작업중 추락으로 인하여 발생한 포장단위당 전손이다. 셋째, 피난항에서의 양륙으로 인한 손해이다. 그런데 WA 약관에서는 위의 세 종류 이외의 단독해손을 보상하지만 FPA 약관에서는 보상하지 않는다.

〈표 11-1〉 전위험담보(A/R) 약관, WA 약관, FPA 약관의 담보위험 비교

| 구 분<br>보상하는 손해 | A/R | WA | FPA |
|---|---|---|---|
| 1. 화물의 전손(현실전손 및 추정전손) | ○ | ○ | ○ |
| 2. 공동해손 | ○ | ○ | ○ |
| 3. 비용손해(구조비용, 특별비용 등) | ○ | ○ | ○ |
| 4. 본선·부선의 침몰, 좌초, 충돌, 화재로 인하여 발생한 단독해손 | ○ | ○ | ○ |
| 5. 선적·환적·양륙작업중 추락으로 인하여 발생한 포장단위당 전손 | ○ | ○ | ○ |
| 6. 피난항에서의 양륙으로 인한 손해 | ○ | ○ | ○ |
| 7. 상기 4~6 이외의 단독해손 | ○ | ○ | × |
| 8. 악천후에 의한 해수손해 | ○ | ○ | × |
| 9. 아래 면책사항 이외의 모든 외부적, 우발적에 의한 손해 | ○ | × | × |

※ ○는 보상하는 손해, ×는 보상하지 않는 손해

### 3) 협회적하약관 2009의 담보위험

#### ① 협회적하약관 2009(C)의 담보위험

ICC 2009(A)[Institute Cargo Clause(A): 협회적하약관 2009(C); ICC 2009(A)]에서 보험자는 약관에 의하여 면책되는 위험인 일반면책사항, 운송선박의 불감항성, 전쟁 및 파업에 따른 위험을 제외하고 모든 위험으로부터 발생한 손해를 보험자가 보상하는 조건이다.

② 협회적하약관 2009(B)의 담보위험

ICC 2009(B)[Institute Cargo Clause(B): 협회적하약관 2009(B); ICC 2009(B)]에서 보험자가 담보하는 위험은, 첫째 화재 또는 폭발, 본선 또는 부선의 좌초, 교사 등과 같은 위험과 손해 사이에 상당인과관계가 요구되는 위험, 둘째 공동해손의 희생, 투하 또는 갑판유실 등과 같은 단순한 인과관계만을 요구하는 위험, 셋째 본선 또는 부선에 선적 또는 양륙작업 중 바다 또는 갑판에 추락한 포장단위당 전손 등과 같은 인과관계가 필요 없는 위험이다.

③ 협회적하약관 2009(C)의 담보위험

ICC 2009(C)[Institute Cargo Clause(C): 협회적하약관 2009(C); ICC 2009(C)]에서 보험자가 담보하는 위험은, 첫째 ICC 2009(C)에서 담보하는 위험과 손해 사이에 상당인과관계가 요구되는 위험 중 지진, 화산의 분화 또는 낙뢰 등을 제외한 위험, 둘째 ICC 2009(C)에서 담보하는 단순한 인과관계만을 요구하는 위험중 공동해손의 희생과 투하위험 등이다.

④ ICC 2009(A), (B), (C)의 담보위험 비교

〈표 12-2〉의 ICC 2009(A), (B), (C)에서 담보위험의 종류를 기준으로 비교하여 보면 ICC 2009(A)의 담보위험의 종류가 가장 많다.

〈표 11-2〉 ICC 2009(A), (B), (C)의 담보위험 비교

| 담 보 위 험 | A | B | C |
|---|---|---|---|
| 다음과 같은 사유에 상당 인과관계가 있는 멸실이나 손상 | | | |
| 1. 화재·폭발 | ○ | ○ | ○ |
| 2. 선박·부선의 좌초·교사·침몰·전복 | ○ | ○ | ○ |
| 3. 육상운송용구의 전복·탈선 | ○ | ○ | ○ |
| 4. 선박·부선·운송용구의 타물과의 충돌·접촉 | ○ | ○ | ○ |
| 5. 피난항에서의 화물의 양화 | ○ | ○ | ○ |
| 6. 지진·분화·낙뢰 | ○ | ○ | × |
| 다음과 같은 사유로 인한 멸실이나 손상 | | | |
| 7. 공동해손의 희생 | ○ | ○ | ○ |
| 8. 투하 | ○ | ○ | ○ |
| 9. 갑판유실 | ○ | ○ | × |
| 10. 운송용구·컨테이너·보관장소에 해수·호수·하천수의 침수 | ○ | ○ | × |
| 11. 적재·양화 중의 수몰·낙하에 의한 짐꾸림 1개당의 전손 | ○ | ○ | × |
| 12. 상기 이외의 일체의 위험 | ○ | × | × |
| 공동해손 | ○ | ○ | ○ |
| 쌍방과실충돌 | ○ | ○ | ○ |

※ ○는 보상하는 손해, ×는 보상하지 않는 손해

## 2. 협회적하약관의 면책위험

### (1) 면책위험의 의미

면책위험은 보험자가 그 위험으로 인하여 생긴 손해에 대하여 보상책임을 부담하지 않는 위험이다. 위험이 보험계약자나 피보험자의 고의 또는 중대한 과실로 발생한 경우, 위험의 규모가 큰 전쟁, 파업 등과 같은 경우, 화물의 고유의 하자 또는 성질로 발생한 경우, 이미 다른 보험에 부보한 경우 등에서는 면책으로 한다.

### (2) 해상보험약관의 면책위험

#### 1) 로이즈 보험증권의 면책위험

로이즈 보험증권에서 면책위험을 규정하고 있는 약관은 이탤릭서체약관인 포획·나포 부담보약관, 항해중단 부담보약관, 동맹파업·소요·폭동 부담보약관 등이다.

#### 2) 구협회적하약관의 면책위험

구협회적하약관에서 면책을 규정하고 있는 것은 제12조의 포획·나포 부담보약관과 제13조의 동맹파업·소요·폭동 부담보약관 등이다. 제12조는 전쟁위험과 연관된 약관이고 제13조는 동맹파업위험과 연관된 약관이다.

#### 3) 협회적하약관 2009의 면책위험

① 일반면책위험

ICC 2009(A), (B), (C)에서 명시한 보험자의 일반면책위험은 다음과 같다. 피보험자의 고의적인 불법행위, 보험목적물의 통상의 누손, 중량 또는 용적의 통상적인 멸실, 또는 통상적인 소모 또는 마모 등, 보험목적물의 포장이나 준비의 불충분 또는 부적절,. 보험목적물의 고유의 하자나 성질, 지연에 근인하여 발생한 경우, 선박의 소유권, 관리자, 용선자 또는 운항자의 도산이나 금전상의 채무불이행, 어떤 자 또는 어떤 자들의 불법행위에 의한 보험목적물 또는 그 일부의 의도적인 손상이나 파괴, 원자핵분열 및/또는 원자핵융합 또는 기타 유사한 반응 또는 방사능이나 방사성 물질을 이용한 일체의 무기의 사용 등으로 인하여 발생한 멸실, 손상 또는 비용 등은 면책이다.

### ② 불감항·부적합위험

ICC 2009(A), (B), (C)에서는 선박의 불감항과 화물의 부적합위험을 면책으로 규정하고 있다. 선박은 통상적인 항해과정에서 발생하는 위험을 견딜 수 있는 감항성(seaworthiness)과 선박이 화물의 운송에 사용되는 경우에는 화물운송을 위한 적합성(fitness)을 갖추어야 한다.

### ③ 전쟁위험

ICC 2009(A), (B), (C)에서는 전쟁위험 면책약관에서 전쟁위험을 면책위험으로 명시하고 있다. ICC 2009(A)에서는 제6조 전쟁위험 면책약관에 명시된 위험을 제외하고 멸실 또는 손상을 발생시킨 모든 위험을 담보한다고 명시하고 있다. 그러므로 보험계약자가 적하보험계약을 체결할 때에 적하보험에서 전쟁위험을 담보하려면 협회전쟁약관(적하) 2009[Institute War Clauses(Cargo) : IWC(Cargo) 2009]에 부보해야 전쟁위험으로 야기된 손해를 보전할 수 있다.

### ④ 동맹파업위험

ICC 2009(A), (B), (C)에서는 동맹파업위험면책약관에서 동맹파업위험을 면책위험으로 명시하고 있다. ICC 2009(A)에서는 제7조 동맹파업위험 면책약관에 명시된 위험을 제외하고 멸실 또는 손상을 발생시킨 모든 위험을 담보한다고 명시하고 있다. 만약 보험계약자가 적하보험계약을 체결할 때에 적하보험에서 동맹파업위험을 담보하려면 추가로 협회동맹파업약관(적하)[Inst itute Strikes Clauses(Cargo) : ISC(Cargo) 2009]에 부보하여야 동맹파업위험으로 야기된 손해를 보전할 수 있다.

〈표 11-3〉 ICC 2009(A), (B), (C)의 면책위험 비교

| 면 책 위 험 | (A) | (B) | (C) |
|---|---|---|---|
| 1. 피보험자의 고의적인 불법행위 | ○ | ○ | ○ |
| 2. 통상의 누손, 중량 또는 용적의 통상의 감소, 자연소모 | ○ | ○ | ○ |
| 3. 포장 또는 포장준비의 불완전·부적합 | ○ | ○ | ○ |
| 4. 물품 고유의 하자 또는 성질 | ○ | ○ | ○ |
| 5. 지연 | ○ | ○ | ○ |
| 6. 선박소유자·관리자·용선자 또는 운항자의 파산, 지급불능 또는 채무불이행 | ○ | ○ | ○ |
| 7. 어떠한 자 또는 자들의 불법행위 | × | ○ | ○ |
| 8. 원자핵무기 및 방사성 물질 | ○ | ○ | ○ |
| 피보험자 등이 인지한 선박의 불감항·부적합용 | ○ | ○ | ○ |
| 전쟁위험 | ○ | ○ | ○ |
| 동맹파업위험 | ○ | ○ | ○ |

※ ○는 면책되는 위험, ×는 면책되지 않는 위험

## 3. 협회적하약관 2009의 규정

### (1) 협회적하약관 2009의 제정

협회적하약관(ICC) 2009은 협회적하약관(ICC) 1982를 개정한 것이다. 협회적하약관 (ICC) 2009 중에서 ICC 2009(A), ICC 2009(B), ICC 2009(C)는 기본약관으로 각각 19개의 조항을 명시하고 있다. ICC 2009(A), (B), (C)는 제1조 위험약관, 제4조 일반면책약관 및 제6조 전쟁면책약관을 제외하고는 그 내용이 서로 동일하다. 즉 제6조 전쟁면책약관을 보면 ICC 2009(A)에는 해적행위 제외(piracy except)라는 용어가 있으나 ICC 2009(B)와 ICC 2009(C)에는 이 용어가 없다.

### (2) ICC 2009(A), ICC 2009(B), ICC 2009(C)의 비교

#### 1) ICC 2009(A)

ICC 2009(A)는 전위험담보(A/R) 약관에 상응하는 것으로 보험자의 일반면책사항, 운송선박의 불감항성, 전쟁 및 파업에 따른 위험을 제외한 모든 위험으로부터 발생한 손해를 보험자가 보상하는 조건이다. 담보범위가 가장 광범위하며 그 대신 보험료가 가장 비싸다.

#### 2) ICC 2009(B)

ICC 2009(B)는 분손담보(WA) 약관에 상응하는 것으로 ICC 2009(C)의 담보위험에 지진, 화산의 분화, 낙뢰와 상당한 인과관계가 있는 보험목적물의 멸실 및 손상, 갑판유실로 인한 보험목적물의 멸실 및 손상, 본선과 기타 운송용구에의 해수, 호수, 강물의 침수로 인한 보험목적물의 멸실 및 손상, 선적 또는 양화작업 중의 포장단위당 전손 등과 같은 위험이 추가된다.

#### 3) ICC 2009(C)

ICC 2009(C)는 단독해손부담보(FPA) 약관에 상응하는 것으로 단독해손은 보상하지 않는다는 취지를 규정하고 있다. ICC 2009(C)는 화재 또는 폭발, 분선 또는 부선의 좌초, 침몰, 전복, 육상 운송용구의 전복 또는 탈선, 본선, 부선 또는 운송용구와 물 이외의 다른 물체와의 충돌 또는 접촉, 피난항에서의 화물의 하역, 공동해손희망손해, 화물의 투하 등과 같은 손해를 보상하는 조건이다. ICC 2009(C)의 면책위험은 일반면책위험과 선박 등의 불감항성에 따른 위험, 전쟁위험, 공동파업위험이 포함된다.

### (3) 협회적하약관 2009의 규정

#### 1) 제1조 담보위험약관

##### ① ICC 2009(A)의 담보위험약관

㉠ 조항의 내용

| Risk covered | 담보위험 |
|---|---|
| 1. This insurance covers all risks of loss of or damage to the subject-matter insured except as excluded by the provisions of Clauses 4, 5, 6 and 7 below. | 1. 이 보험은 다음의 제4조, 제5조, 제6조 및 제7조의 규정에 의하여 배제된 위험을 제외하고 보험목적물의 멸실 또는 손상에 관한 모든 위험을 담보한다. |

㉡ 조항의 개요

ICC 2009(A)의 담보위험약관(risk covered clause)은 일반면책약관, 불감항·부적합면책약관, 전쟁위험면책약관, 동맹파업면책약관에서 규정된 사유를 제외하고 보험목적물에 발생한 모든 위험을 담보한다는 내용이다.

##### ② ICC 2009(B)의 담보위험약관

㉠ 조항의 내용

| Risk covered | 담보위험 |
|---|---|
| 1. This insurance covers, except as excluded by the provisions of Clauses 4, 5, 6 and 7 below, | 1. 이 보험은 다음의 제4조, 제5조, 제6조 및 제7조의 규정에 의하여 배제된 위험을 제외하고 다음의 위험을 담보한다. |
| 1.1 loss of or damage to the subject－matter insured reasonably attributable to | 1.1 다음의 사유에 합리적으로 기인하는 보험목적물의 멸실 또는 손상 |
| 1.1.1 fire or explosion | 1.1.1 화재 또는 폭발 |
| 1.1.2 vessel or craft being stranded grounded sunk or capsized | 1.1.2 본선 또는 부선의 좌초, 교사, 침몰 또는 전복 |
| 1.1.3 overturning or derailment of land conveyance | 1.1.3 육상운송용구의 전복 또는 탈선 |
| 1.1.4 collision or contact of vessel craft or conveyance with any external object other than water | 1.1.4 본선, 부선 또는 운송용구와 물 이외의 타물과의 충돌 또는 접촉 |
| 1.1.5 discharge of cargo at a port of dis tress, | 1.1.5 피난항에서의 하역 |
| 1.1.6 earthquake volcanic eruption or lighting | 1.1.6 지진, 화산의 분화 또는 낙뢰 |
| 1.2 loss of or damage to the subjectmatter insured caused by | 1.2 다음의 사유에 기인하는 보험목적물의 멸실 또는 손상 |
| 1.2.1 general average sacrifice | 1.2.1 공동해손희생 |
| 1.2.2 jettison or washing overboard | 1.2.2 투하 또는 갑판유실 |
| 1.2.3 entry of sea lake or river water into vessel craft hold conveyance container or place of storage, | 1.2.3 본선, 부선, 선창, 운송용구, 컨테이너, 또는 보관장소에 해수, 호수 또는 하천수의 침수 |
| 1.3 total loss of any package lost overboard or | 1.3 본선으로의 선적 또는 하역작업 중에 바 |

| dropped whilst loading on to, or unloading from, vessel. | 다로의 낙하 또는 갑판상에 추락한 포장단위 전손 |
|---|---|

ⓛ 조항의 개요

ICC 2009(B)의 담보위험약관(risk covered clause)에서는 일반면책약관, 불감항·부적합면책약관, 전쟁위험면책약관, 동맹파업면책약관에서 배제된 위험을 제외하고 담보위험약관에서 정한 사유에 합리적으로 기인하는 보험목적물의 멸실 또는 손상에 관한 위험을 담보하는 것을 조건으로 한다. ICC 2009(B)에서는 담보위험을, 첫째 상당인과관계에 의하여 발생된 보험목적의 멸실 또는 손상, 둘째 담보위험을 근인으로 하여 발생된 보험목적의 멸실 또는 손상, 추락손, 셋째 보험목적물의 멸실 또는 손상을 제공하는 위험 등으로 규정하고 있다.

③ ICC 2009(C)의 담보위험약관

㉠ 조항의 내용

| Risk covered<br>1. This insurance covers, except as excluded by the provisions of Clauses 4,5,6 and 7 below.<br>1.1 loss of or damage to the subject-matter Insured reasonably attributable to<br>1.1.1 fire or explosion<br>1.1.2 vessel or craft being stranded gro- unded sunk or capsized<br>1.1.3 overturning or derailment of land conveyance<br>1.1.4 collision or contact of vessel craft or conveyance with any external object other than water<br>1.1.5 discharge of cargo at a port of dis- tress,<br>1.2 loss of or damage to the subject-matter insured caused by<br>1.2.1 general average sacrifice<br>1.2.2 jettison | 담보위험<br>1. 이 보험은 다음의 제4조, 제5조, 제6조 및 제7조의 규정에 의하여 배제된 위험을 제외하고 다음의 위험을 담보한다.<br>1.1 다음의 사유에 합리적으로 기인하는 보험의 목적의 멸실 또는 손상<br>1.1.1 화재 또는 폭발<br>1.1.2 본선 또는 부선의 좌초, 교사, 침몰 또는 전복<br>1.1.3 육상운송용구의 전복 또는 탈선<br>1.1.4 본선, 부선 또는 운송용구와 물 이외의 타물과의 충돌 또는 접촉<br>1.1.5 피난항에서의 하역<br>1.2 다음의 사유에 기인하는 보험목적물의 멸실 또는 손상<br>1.2.1 공동해손희생<br>1.2.2 투하 |
|---|---|

ⓛ 조항의 개요

ICC 2009(C)의 담보위험약관(risk covered clause)에서는 일반면책약관, 불감항·부적합면책약관, 전쟁위험면책약관, 동맹파업면책약관에서 배제된 위험을 제외하고 담보위험약관에서 정한 사유에 합리적으로 기인하는 보험목적물의 멸실 또는 손상에 관한 위험을 담보한다. ICC 2009(C)에서는 담보위험을 첫째 상당인과관계에 의하여 발생된 보험목적의 멸실 또는 손상, 둘째 담보위험을 근인으로 하여 발생된 보험목적의 멸실 또는 손상 등으로 규정하고 있다.

## 2) 제2조 공동해손약관

### ① 조항의 내용

| | |
|---|---|
| 2. This insurance covers general average and salvage charges, adjusted or determined according to the contract of carriage and/or the governing law and practice, incurred to avoid or in connection with the avoidance of loss from any cause except those excluded in Clauses 4, 5, 6 and 7 below. | 2. 이 보험은 하기 제4조, 제5조, 제6조 및 제7조에서 제외한 원인 이외의 원인에 의한 손실을 피하기 위하여 또는 피하는 것과 관련하여 발생한 공동해손 및 구조비를 담보한다. 공동해손 및 구조비의 정산 및 결정은 해상운송계약 및/또는 준거법 및 관례에 따른다. |

### ② 조항의 개요

ICC 2009(A), (B), (C)의 공동해손약관(general average provisions)은 동일한 내용인데 공동해손이 발생한 경우 공동해손행위에 따르는 손해보상에 관한 상황을 규정하고 있다. 즉 일반면책약관, 불감항·부적합면책약관, 전쟁위험면책약관, 동맹파업면책약관 또는 이 보험의 기타 약관에서의 사유를 제외하고 적하와 선박의 공동위험을 회피하거나 그와 관련하여 발생한 보험목적물의 멸실 또는 손상에 대해서는 해상운송계약을 비롯하여 강행적인 법률이나 관습에 따라 정산한다. 이와 관련하여 결정된 공동해손과 구조비를 보상한다.

## 3) 제3조 쌍방과실충돌약관

### ① 조항의 내용

| | |
|---|---|
| 3. This insurance indemnifies the Assured, in respect of any risk insured herein, against liability incurred under any Both to Blame Collision Clause in the contract of carriage. In the event of any claim by carriers under the said Clause, the Assured agree to notify the insurers who shall have the right, at their own cost and expense, to defend the Assured against such claim. | 3. 이 보험은, 피보험자가 이 보험의 일체의 담보위험에 관하여, 운송계약상의 쌍방과실충돌약관하에 의해 부담하는 책임액을 보상한다. 상기 약관에 의거 운송인으로부터 청구를 받았을 경우, 피보험자는 그 취지를 보험자에게 통지할 것을 약속한다. 보험자는 자기의 비용으로 운송인의 청구에 대하여 피보험자를 보호할 권리를 갖는다. |

### ② 조항의 개요

ICC 2009(A), (B), (C)의 쌍방과실충돌약관(both to blame collision provisions)은 동일한 내용인데 쌍방과실충돌에 따른 피보험자의 부담액 가운데 이 보험증권에 따라 보상받을 수 있는 사항에 관하여 규정하고 있다. 즉 선박의 쌍방과실충돌로 적하에 손해가 발생한 경우 피보험자는 보험자에게 구상을 하고 보험자가 선박회사에 대하여 구상권을 행사하도록 하는 것이다.

## 4) 제4조 일반면책약관

### ① ICC 2009(A)의 일반면책약관

#### ㉠ 조항의 내용

| EXCLUSIONS | 면책위험 |
|---|---|
| 4. In no case shall this insurance cover | 4. 어떠한 경우에도 이 보험은 다음의 손해를 담보하지 않는다. |
| 4.1 loss damage or expense attributable to wilful misconduct of the Assured | 4.1 피보험자의 고의의 불법행위에 기인하는 멸실, 손상 또는 비용 |
| 4.2 ordinary leakage, ordinary loss in weight or volume, or ordinary wear and tear of the subject-matter insured | 4.2 보험목적물의 통상적인 누손, 통상적인 중량손 또는 용적손 또는 자연소모 |
| 4.3 loss damage or expense caused by insufficiency or unsuitability of packing or preparation of the subject-matter insured to withst and the ordinary incidents of the insured transit where such packing or preparation is carried out by the Assured or their employees or prior to the attachment of this insurance(for the purpose of these Clauses 'packing' shall be deemed to include stowage in a container and 'employees' shall not include independent contractors) | 4.3 이 보험의 대상이 되는 운송에서 통상 발생하는 사고에 견딜 수 있도록 보험목적물의 포장 또는 준비를 완전하고 적절하게 하지 않음으로 인하여 발생한 멸실, 손상 또는 비용. 다만 그러한 포장 또는 준비가 피보험자 또는 사용인에 의해 실행되거나 이 보험의 개시 전에 실행되는 경우에 한한다(이 약관에 있어서 '포장'에는 컨테이너에 적부하는 것을 포함하고, '사용인'에는 독립계약자를 포함하지 아니한다) |
| 4.4 loss damage or expense caused by inherent vice or nature of the subject-matter insured | 4.4 보험목적물의 고유의 하자 또는 성질로 인하여 발생한 멸실, 손상 또는 비용 |
| 4.5 loss damage or expense caused by delay, even though the delay be caused by a risk insured against (except expenses payable under Clause 2 above). | 4.5 지연이 피보험위험으로 인하여 발생된 경우에도, 지연으로 인하여 발생한 멸실, 손상 또는 비용(상기 제2조에 의해 지급하는 비용은 제외한다) |
| 4.6 loss damage or expense caused by insolvency or financial default of the owners managers charterers or operators of the vessel where, at the time of loading of the subject-matter insured on board the vessel, the Assured are aware, or in the ordinary course of business should be aware, that such insolvency or financial default could prevent the normal prosecution of the voyage. This exclusion shall not apply where the contract of insurance has been assigned to the party claiming hereunder who has bought or agreed to buy the subject-matter insured in good faith under a binding contract. | 4.6 본선의 소유자, 관리자, 용선자 또는 운항자의 파산 또는 재정상의 궁핍으로 인한 멸실, 손상 또는 비용. 다만 보험목적물을 본선에 적재할 때 피보험자가 그러한 파산 또는 재정상의 궁핍이 그 항해의 정상적인 수행을 방해할 수 있다는 사실을 알고 있었거나 또는 통상의 업무상 당연히 알고 있었을 경우에 한한다. 이 면책규정은, 구속력 있는 계약에 따라, 선의로 보험목적물을 구입한 자 또는 구입하는 것에 동의한 자에, 보험 계약이 양도되어, 그 자가 이 보험에 의하여 보험금을 청구하는 경우에는 적용되지 아니한다. |
| 4.7 loss damage or expense directly or indirectly caused by or arising from the use of any weapon or device employing atomic or nuclear fission and/or fusion or other like reaction or radioactive force or matter. | 4.7 원자력 또는 핵의 분열 및/또는 융합 또는 기타 이와 유사한 반응 또는 방사능이나 방사성물질을 응용한 무기 또는 장치의 사용으로 인하여 직접 또는 간접적으로 발생한 멸실, 손상 또는 비용. |

ⓛ 조항의 개요

ICC 2009(A)의 일반면책약관(general exclusion provisions)은 보험자가 어떠한 경우에도 책임을 부담하지 않는 손해를 규정하고 있다. ICC 2009(A)의 일반면책약관에서는 ICC 2009(A)의 담보위험약관에서 책임지지 않는다고 명시한 일반면책위험의 유형을 일곱 가지로 구분하여 규정하고 있다.

② ICC 2009(B)와 ICC 2009(C)의 일반면책약관

㉠ 약관의 내용

| |
|---|
| 4. In no case shall this insurance cover |
| 4.1 loss damage or expense attributable to willful misconduct of the Assured |
| 4.2 ordinary leakage, ordinary loss in weight or volume, or ordinary wear and tear of the subject-matter insured |
| 4.3 loss damage or expense caused by insufficiency or unsuitability of packing or preparation of the subject-matter insured (for the purpose of these Clauses 4.3 'packing' shall be deemed to include stowage in a container and 'employees' shall not include independent contractors) |
| 4.4 loss damage or expense caused by inherent vice or nature of the subject-matter insured |
| 4.5 loss damage or expense caused by delay, even though the delay be caused by a risk insured against (except expenses payable under Clause 2 above) |
| 4.6 loss damage or expense caused by insolvency or financial default of the owners managers charterers or operators of the vessel where, at the time of loading of the subject-matter insured on board the vessel, the Assured are aware, or in the ordinary course of business should be aware, that such insolvency or financial default could prevent the normal prosecution of the voyage This exclusion shall not apply where the contract of insurance has been assigned to the party claiming hereunder who has bought or agreed to buy the subject-matter insured in good faith under a binding contract |
| 4.7 deliberate damage to or deliberate destruction of the subject-matter insured or any part thereof by the wrongful act of any person or persons |
| 4.8 loss damage or expense directly or |

| |
|---|
| 4. 어떠한 경우에도 이 보험은 다음의 손해를 담보하지 않는다. |
| 4.1 피보험자의 고의의 불법행위에 기인하는 멸실, 손상 또는 비용 |
| 4.2 보험목적물의 통상적인 누손, 통상적인 중량손 또는 용적손, 또는 자연소모 |
| 4.3 보험목적물의 포장 또는 준비의 불완전 또는 부적절에 기인하여 발생한 멸실, 손상 또는 비용(본 조 제4조 제3항에서 '포장'이란 컨테이너에 적부하는 것을 포함하고, '사용인'에는 독립계약자를 포함하지 아니한다) |
| 4.4 보험목적물의 고유의 하자 또는 성질에 기인하여 발생한 멸실, 손상 또는 비용 |
| 4.5 지연이 피보험위험에 기인하여 발생한 경우라도, 그 지연에 근인하여 발생한 멸실, 손상 또는 비용 (다만 위의 제2조에 따라 지급되는 비용은 제외한다) |
| 4.6 본선의 소유자, 관리자, 용선자 또는 운항자의 파산 또는 재정상의 궁핍으로 인한 멸실, 손상 또는 비용. 다만 보험목적물을 본선에 적재할 때 피보험자가 그러한 파산 또는 재정상의 궁핍이 그 항해의 정상적인 수행을 방해할 수 있다는 사실을 알고 있었거나 또는 통상의 업무상 당연히 알고 있었을 경우에 한한다. 이 면책규정은, 구속력 있는 계약에 따라, 선의로 보험목적물을 구입한 자 또는 구입하는 것에 동의한 자에, 보험계약이 양도되어, 그 자가 이 보험에 의해 보험금을 청구하는 경우에는 적용되지 않는다. |
| 4.7 보험목적물 또는 그 일부에 대한 어떠한 자 또는 자들의 불법행위에 의한 고의적인 손상 또는 고의적인 파괴 |
| 4.8 원자력 또는 핵의 분열 및/또는 융합 또는 |

| indirectly caused by or arising from the use of any weapon of war employing atomic or nuclear fission and/or fusion or other like reaction or radioactive force or matter. | 기타 이와 유사한 반응 또는 방사능이나 방사성물질을 응용한 무기 또는 장치의 사용으로 인하여 직접 또는 간접적으로 발생한 멸실·손상 또는 비용. |

© 약관의 설명

ICC 2009(B)와 ICC 2009(C)의 일반면책약관(general exclusion clause)에서는 ICC 2009(B)와 ICC 2009(C)의 담보위험약관에서 책임지지 않는다고 명시한 일반면책위험의 유형을 여덟가지로 구분하여 규정하고 있다. ICC 2009(B)와 ICC 2009(C)의 일반면책약관에 명시한 규정과 ICC 2009(A)의 일반면책약관에 명시한 규정에는 차이가 있다. 그리고 ICC 2009(B)와 ICC 2009(C)의 일반면책약관에 규정한 내용도 서로 다르다. ICC 2009(B)의 일반면책약관에서는 보험목적물 또는 그 일부에 대한 어떠한 자 또는 어떠한 자들의 불법행위에 의한 고의적인 손상 또는 고의적인 파괴를 면책으로 한다는 규정이 있지만 ICC 2009(C)의 일반면책약관에는 그 내용이 없다.

### 5) 제5조 불감항·부적합면책약관

① 조항의 내용

| 5. 5.1 In no case shall this insurance cover loss damage or expense arising from | 5 5.1 어떠한 경우에도 이 보험은 다음 사유로부터 생긴 멸실, 손상 또는 비용을 담보하지 않는다. |
| 5.1.1 unseaworthiness of vessel or craft or unfitness of vessel or craft for the safe carriage of the subject-matter insured, where the Assured are privy to such unseaworthiness or unfitness, at the time the subject-matter insured is loaded therein | 5.1.1 선박 또는 부선의 불감항, 또는 보험의 목적의 안전운송을 위한 선박 또는 부선의 부적합. 다만 보험목적물을 적재할 때에 피보험자가 그와 같은 불감항 또는 부적합을 알고 있을 경우에 한한다. |
| 5.1.2 unfitness of container or conveyance for the safe carriage of the subject-matter insured, where loading therein or thereon is carried out prior to attachment of this insurance or by the Assured or their employees and they are privy to such unfitness at the time of loading. | 5.1.2 보험목적물의 안전운송을 위한 컨테이너 또는 운송용구의 부적합. 다만 그 적재가 이 보험의 개시 전에 실행되는 경우 또는 피보험자 또는 그 사용인에 의해 실행되고 또한 그들이 적재할 때에 그러한 부적합을 알고 있을 경우에 한한다. |
| 5.2 Exclusion 5.1.1 above shall not apply where the contract of insurance has been assigned to the party claiming here under who has bought or agreed to buy the subject-matter insured in good faith under a binding contract. | 5.2 상기 5.1.1 면책규정은, 구속력 있는 계약 하에서, 선의로 보험목적물을 구입한 자 또는 구매하는 것에 동의한 자에, 이 보험계약이 양도되어, 그 자가 이 보험에 의해 보험금을 청구하는 경우에는 적용되지 아니한다. |
| 5.3 The Insurers waive any breach of the implied warranties of seaworthiness of the ship and fitness of the ship to carry the subject-matter insured to destination. | 5.3 보험자는 선박의 감항 및 보험목적물을 목적지로 운송하기 위한 선박의 적합에 대한 묵시담보의 위반에 대하여 보험자의 권리를 포기한다. |

② 조항의 개요

ICC 2009(A), (B), (C)의 불감항·부적합면책약관(unseaworthi ness and unfitness exclusion clause)은 동일한 내용이다. 보험목적물을 적재할 때에 선박 또는 부선의 불감항, 또는 보험목적물의 안전운송을 위한 선박 또는 부선의 부적합한 사실, 적재가 이 보험의 개시 전에 실행되는 경우 또는 피보험자 또는 그 사용인에 의해 실행되고 또한 그들이 적재를 할 때에 보험목적물의 안전운송을 위한 컨테이너 또는 운송용구의 부적합한 사실을 피보험자가 인지하고 있었다면 보험자가 책임을 부담하지 않는다는 내용을 구체적으로 규정하고 있다. 또한 구속력 있는 계약하에서, 선의로 보험목적물을 구입한 자 또는 구매하는 것에 동의한 자에, 이 보험계약이 양도되어, 그 자가 이 보험에 의해 보험금을 청구하는 경우에는 적용되지 아니한다는 내용을 명시하고 있다.

### 6) 제6조 전쟁위험면책약관

① ICC 2009(A)의 전쟁위험면책약관

㉠ 조항의 내용

| | |
|---|---|
| 6. In no case shall this insurance cover loss damage or expense caused by | 6. 어떠한 경우에도 이 보험은 다음의 위험에 기인하여 발생한 멸실, 손상 또는 비용을 담보하지 않는다. |
| 6.1 war, civil war, revolution, rebellion, insurrection, or civil strife arising therefrom, or any hostile act by or against a belligerent power | 6.1 전쟁, 내란, 혁명, 반역, 반란, 또는 이　로 인하여 발생하는 국내투쟁, 또는 교전　국에 의하거나 또는 교전국에 대하여 가　해진 일체의 적대행위 |
| 6.2 capture seizure arrest restraint or detainment (piracy excepted), and the consequences thereof or any attempt threat | 6.2 포획, 나포, 강류, 억지 또는 억류 (해적 위험은 제외함), 또는 이러한 행위의 결　과 또는 이러한 행위의 기도 |
| 6.3 derelict mines torpedoes bombs or other derelict weapons of war. | 6.3 유기된 기뢰, 어뢰, 폭탄, 또는 기타의 유기된 전쟁병기. |

㉡ 조항의 개요

ICC 2009(A)의 전쟁위험면책약관(war exclusion clause)에서는 보험자가 어떠한 경우에도 책임을 부담하지 않는 전쟁위험에 의한 손해를 규정하고 있다. ICC 2009(A)의 전쟁위험면책약관에서는 보험자가 전쟁위험에 대하여 면책되는 사유를 피보험자가 명확하게 이해하기 쉽도록 규정하고 있다. ICC 2009(A)의 전쟁위험면책약관에서 전쟁이라는 개념을 규정함으로써 과거에 군사적 행동의 결과 또는 적대행위로 표현하여 그 개념이 모호하였던 점을 명확하게 함으로써 약관의 해석에 혼란이 없도록 하였다. 그리고 ICC 2009(A)의 전쟁위험면책약관에서는 포획, 나포, 강류, 억지 또는 억류 등과 같은 위험 중에서 해적위험은 제외하고 있다.

### ② ICC 2009(B)와 ICC 2009(C)의 전쟁위험면책약관

#### ㉠ 조항의 내용

| | |
|---|---|
| 6. In no case shall this insurance cover loss damage or expense caused by | 6. 어떠한 경우에도 이 보험은 다음의 위험에 기인하여 발생한 멸실, 손상 또는 비용을 담보하지 않는다. |
| 6.1 war civil war revolution rebellion insurrection, or civil strife arising there from, or any hostile act by or against a belligerent power | 6.1 전쟁, 내란, 혁명, 반역, 반란, 또는 이로 인하여 발생하는 국내투쟁, 또는 교전국에 의하거나 또는 교전국에 대하여 가해진 일체의 적대행위 |
| 6.2 capture seizure arrest restraint or detainment, and the consequences thereof or any attempt thereat | 6.2 포획, 나포, 강류, 억지 또는 억류, 또는 이러한 행위의 결과 또는 이러한 행위의 기도 |
| 6.3 derelict mines torpedoes bombs or other derelict weapons of war. | 6.3 유기된 기뢰, 어뢰, 폭탄, 또는 기타의 유기된 전쟁병기. |

#### ㉡ 조항의 개요

ICC 2009(B), (C)의 전쟁위험면책약관(war exclusion clause)에서는 보험자가 어떠한 경우에도 전쟁위험에 기인하여 발생한 멸실, 손상 또는 비용을 보상하지 않는다고 규정하고 있다. 그리고 전쟁과 관련한 유형을 제시하고 있다. 즉 전쟁, 내란, 혁명, 반역, 반란, 또는 이로 인하여 발생하는 국내투쟁, 또는 교전국에 의하거나 또는 교전국에 대하여 가해진 일체의 적대행위 등과 같은 사항이다. 그런데 ICC 2009(B), (C)의 전쟁위험면책약관에서는 ICC 2009(A)의 전쟁위험면책약관에서 규정하였던 해적위험이라는 용어를 완전히 삭제되었다.

### 7) 제7조 동맹파업위험면책약관

#### ① 조항의 내용

| | |
|---|---|
| 7. In no case shall this insurance cover loss damage or expense | 7. 어떠한 경우에도 이 보험은 다음의 멸실, 손상 또는 비용을 담보하지 않는다. |
| 7.1 caused by strikers, locked-out workmen, or persons taking part in labour disturbances, riots or civil commotions | 7.1 동맹파업자, 직장폐쇄를 당한 노동자 또는 노동분쟁, 소요 또는 폭동에 가담한 자에 의하여 발생한 것 |
| 7.2 resulting from strikes, lock-outs, labour disturbances, riots or civil commotions | 7.2 동맹파업, 직장폐쇄, 노동분쟁, 소요 또는 폭동의 결과로 생긴 것 |
| 7.3 caused by any act of terrorism being an act of any person acting on behalf of, or in connection with, any organisation which carries out activities directed towards the overthrowing or influencing, by force or violence, of any government whether or not legally constituted | 7.3 일체의 테러행위, 즉 합법적 또는 불법적으로 설립된 일체의 정부를, 무력 또는 폭력으로, 전복 또는 영향력을 미치기 위하여 행동하는 조직을 대신하여 또는 그 조직과 연대하여 행동하는 자의 행위에 의한 것 |
| 7.4 caused by any person acting from a political, ideological or religious motive. | 7.4 정치적, 사상적 또는 종교적 동기에 의하여 행동하는 자에 의하여 발생한 것 |

② 조항의 개요

ICC 2009(A), (B), (C)의 동맹파업위험 면책약관(strikes exclusion clause)은 동일한 내용인데 손해가 면책위험을 근인으로 하여 발생한 경우에 면책된다는 내용을 규정하고 있다.

### 8) 제8조 운송약관

① 조항의 내용

| Transit | 운 송 |
|---|---|
| 8. 8.1 Subject to Clause 11 below, this insurance attaches from the time the subject-matter insured is first moved in the warehouse or at the place of storage(at the place named in the contract of insurance) for the purpose of the immediate loading into or onto the carrying vehicle or other conveyance for the commencement of transit, continues during the ordinary course of transit and terminates either | 8. 8.1 하기 약관 제11조를 조건으로 하여, 이 보험은 운송개시를 위해 운송 차량 또는 기타 운송용구에 보험목적물을 곧바로 적재할 목적으로(이 보험계약에 명시된 장소의) 창고 또는 보관장소에서 보험목적물이 최초로 움직인 때에 개시되고, 통상의 운송과정 중에 계속되며, |
| 8.1.1 on completion of unloading from the carrying vehicle or other conveyance in or at the final warehouse or place of storage at the destination named in the contract of insurance, | 8.1.1 보험계약에 기재된 목적지의 최종창고 또는 보관장소에서, 운송 차량 또는 기타 운송용구로부터 양륙이 완료된 때 |
| 8.1.2 on completion of unloading from the carrying vehicle or other conveyance in or at any other warehouse or place of storage, whether prior to or at the destination named in contract of insurance, which the Assured or their employees elect to use either for storage other than in the ordinary course of transit or for allocation or distribution, or | 8.1.2 보험계약에 기재된 목적지로 가는 도중이든 목적지든 불문하고, 피보험자 또는 그 사용인이 통상의 운송과정상의 보관 이외의 보관을 위해, 또는 할당 또는 분배를 위하여 사용하고자 선택한 기타의 창고 또는 보관장소에서, 운송 차량 또는 기타 운송용구로부터 양륙이 완료된 때, 또는 |
| 8.1.3 when the Assured or their employees elect to use any carrying vehicle or other conveyance or any container for storage other than in the ordinary course of transit or | 8.1.3 피보험자 또는 그 사용인이 통상의 운송과정이 아닌 보관을 목적으로, 운송차량 또는 기타 운송용구 또는 컨테이너를 사용하고자 선택한 때, 또는 |
| 8.1.4 on the expiry of 60 days after completion of discharge overside of the subject-matter insured from the oversea vessel at the final port of discharge, whichever shall first occur. | 8.1.4 최종 양륙항에서 외항선으로부터 보험의 목적의 양륙을 완료 한 후 60일이 경과한 때 중 어느 것이든 먼저 발생한 때에 종료된다. |
| 8.2 If, after discharge overside from the oversea vessel at the final port of discharge, but prior to termination of this insurance, the subject-matter insured is to be forwarded to a destination other than that to which it is insured, this insurance, whilst remaining subject to termination as provided in Clauses 8.1.1 to 8.1.4, shall not extend beyond the time the subject-matter insured is first moved for the purpose of the | 8.2 최종양륙항에서 외항선으로부터 양륙후, 그러나 이 보험이 종료되기 전에 보험목적물이 부보된 목적지 이외의 장소로 계속 운송되는 경우, 이 보험은 약관 8.1.1.에서 8.1.4에 규정된 보험종료규정에 따라 계속되나, 보험의 목적이 그러한 목적지로 운송개시를 위해 최초로 움직인 때에 종료된다. |

commencement of transit to such other destination.
8.3 This insurance shall remain in force (subject to termination as provided for in Clauses 8.1.1 to 8.1.4 above and to the provisions of Clause 9 below) during delay beyond the control of the Assured, any deviation, forced discharge, reshipment or transshipment and during any variation of the adventure arising from the exercise of a liberty granted to carriers under the contract of carriage.

8.3 이 보험은 피보험자가 좌우할 수 없는 지연·일체의 이로·부득이한 양륙·재선적·환적 및 운송계약상 운송인에게 부여된 자유재량권의 행사로부터 생기는 위험의 변경기간 중 (상기 약관 8.1.1에서 8.1.4까지에 규정된 보험종료규정 및 하기 제9조의 규정에 따라)유효하게 계속된다.

### ② 조항의 개요

#### ㉠ 보험의 시기

ICC 2009(A), (B), (C)의 운송약관(transit clause)은 동일한 내용인데 보험기간의 시기(始期)와 종기(終期)에 대하여 규정한 약관이다. 보험은 운송개시를 위하여 운송 차량 또는 기타 운송용구에 보험목적물을 곧바로 적재할 목적으로 이 보험계약에 명시된 장소의 창고 또는 보관장소에서 보험목적물이 최초로 움직인 때에 개시되고, 통상의 운송과정 중에 계속된다. 통상적인 운송방법이라는 것은 목적지까지 최단거리의 관습적인 운송방법을 의미한다.

#### ㉡ 보험의 종기(終期)

적하를 양륙한 후 해상보험증권에 기재된 목적지의 수화인, 또는 기타의 최종 창고나 보관장소에서 운송 차량 또는 기타 운송용구로부터 양륙이 완료된 때에 보험기간은 종료된다. 보험계약에 기재된 목적지로 가는 도중이든 목적지든 불문하고, 피보험자 또는 그 사용인이 통상의 운송과정상의 보관 이외의 보관을 위하여, 또는 할당 또는 분배를 위하여 사용하고자 선택한 기타의 창고 또는 보관장소에서, 운송차량 또는 기타 운송용구로부터 양륙이 완료된 때에 보험기간은 종료된다. 최종 양륙항에서 외항선으로부터 보험목적물의 양륙을 완료 한 후 60일이 경과한 때에도 보험기간은 종료된다. 결국 보험기간은 하역 후 최종 목적지에서의 인도, 중간지점에서의 인도, 보관목적의 운송수단 선택, 하역 후 60일 경과 중에서 어느 것이든 먼저 발생한 때에 종료된다.

#### ㉢ 위험의 변경

최종 양륙항에서 외항선으로부터의 하역 후, 이 보험기간의 종료 전에 보험에 부보된 화물이 목적지 이외의 장소로 운송되는 경우에는 보험기간이 종료된다. 비록 부보된 보험목적의 하역 후 60일이 경과하지 않았다고 하더라도 목적지가 변경되면 위험변경이 되기 때문에 새로운 목적지로 운송이 개시될 때 보험기간은 종료된다.

### 9) 제9조 운송계약종료약관

#### ① 조항의 내용

| | |
|---|---|
| 9. If owing to circumstances beyond the control of the Assured either the contract of carriage is terminated at a port or place other than the destination named therein or the transit is otherwise terminated before unloading of the subject-matter insured as provided for in Clause 8 above, then this insurance shall also terminate unless prompt notice is given to the Insurers and continuation of cover is requested when this insurance shall remain in force, subject to an additional premium if required by the Insurers, either<br>9.1 until the subject-matter insured is sold and delivered at such port or place, or, unless otherwise specially agreed, until the expiry of 60 days after arrival of the subject-matter insured at such port or place, whichever shall first occur,<br>or<br>9.2 if the subject-matter insured is forwarded within the said period of 60 days (or any agreed extension thereof) to the destination named in the contract of insurance or to any other destination, until terminated in accordance with the provisions of Clause 8 above. | 9. 피보험자가 좌우할 수 없는 사정에 의하여 운송계약이 그 계약서에 기재된 목적지 이외의 항구 또는 지역에서 종료되거나 또는 기타의 사정으로 제8조에 규정된 보험목적물의 양륙 이전에 운송이 종료될 경우에는 이 보험도 또한 종료된다. 다만 (피보험자가) 지체없이 그 취지를 보험자에게 통지하고 담보의 계속을 요청할 경우에 보험자의 청구가 있으면 추가보험료를 지급하는 조건으로, 이 보험은<br><br>9.1 보험목적물이 상기 항구 또는 지역에서 매각된 후 인도될 때 또는 별도의 합의가 없는 한, 그러한 항구 또는 지역에 보험의 목적의 도착 후 60일이 경과될 때 중 어느 한 쪽이 먼저 생길 때까지<br>또는<br>9.2 만약 보험목적물이 상기 60일의 기간(또는 합의하에 60일의 기간을 연장한 기간) 내에 보험계약에 기재된 목적지 또는 기타의 목적지로 계속 운반될 경우에는 상기 제8조의 규정에 따라 보험이 종료될 때까지 유효하게 존속된다. |

#### ② 조항의 개요

ICC 2009(A), (B), (C)의 운송계약종료약관(termination of con tract of carriage clause)은 동일한 내용인데 운송업자의 과실이 없이 항해가 중단하여 중간항에서 피보험화물을 하역하는 경우에 발생하는 운송계약종료와 관련하여 파생하는 손해에 대한 사항을 규정하고 있다. 피보험자가 통제할 수 없는 사정에 의하여 운송계약이 그 계약서에 기재된 목적지 이외의 항구 또는 장소에서 종료되거나 또는 화물의 하역 후 60일이 경과하면 담보가 종료된다. 다만 보험자에게 담보의 계속을 요망하는 취지를 지체없이 통고하고 보험자에게 추가보험료를 지급하는 것을 조건으로 담보가 유효하게 계속된다. 그리고 피보험자가 피보험화물을 중간항구나 장소에서 매각하기로 결정하면 화물이 중간항구에서 매입자에게 인도되거나, 그러한 항구 또는 장소에서 피보험화물이 도착한 후 60일이 경과하면 어느 것이든 먼저 발생한 때 보험기간은 종료된다. 그런데 피보험자가 보험증권에 기재된 목적지 또는 기타의 어떠한 목적지로 계속 운송되기를 바란다면 보험자와 합의를 해야 한다.

### 10) 제10조 항해변경약관

#### ① 조항의 내용

| | |
|---|---|
| 10.10.1 Where, after attachment of this insurance, the destination is changed by the Assured, this must be notified promptly to insurers for rates and terms to be agreed. Should a loss occur prior to such agreement being obtained cover may be provided but only if cover would have been available at a reasonable commercial market rate on reasonable market terms. | 10. 10.1 이 보험의 개시 후 목적지가 피보험자에 의하여 변경된 경우에는 지체없이 그 취지를 보험자에게 통지하고, 보험요율과 보험조건을 협정해야 한다. 그러한 협정전에 손해가 발생한 경우에는 영리보험시장에서 타당하다고 생각되는 보험조건 및 보험요율에 의한 담보를 받을 수 있는 때에 한하여 담보한다. |
| 10.2 Where the subject-matter insured commences the transit contemplated by this insurance (in accordance with Clause 8.1), but, without the knowledge of the Assured or their employees the ship sails for another destination, this insurance will nevertheless be deemed to have attached at commencement of such transit. | 10.2 보험목적물이 이 보험(약관 제8.1조에 따라)에서 예상된 운송을 개시하였지만, 피보험자 또는 그들의 사용인이 알지 못하고 선박이 다른 목적지로 향하는 경우에도 이 보험은 그러한 운송의 개시시에 개시한 것으로 간주된다 |

#### ② 조항의 개요

ICC 2009(A), (B), (C)의 항해변경약관(change of voyage clause)은 동일한 내용인데 보험의 개시 후 목적지가 피보험자에 의하여 변경된 경우에는 지체없이 그 취지를 보험자에게 통지하고, 보험요율과 보험조건을 협정해야 한다. 그러한 협정 전에 손해가 발생한 경우에는 영리보험시장에서 타당하다고 생각되는 보험조건 및 보험요율에 의한 담보를 받을 수 있는 때에 한하여 담보한다.

### 11) 제11조 피보험이익약관

#### ① 조항의 내용

| | |
|---|---|
| Claim | 보험금청구 |
| 11. 11.1 In order to recover under this insurance the Assured must have an insurable interest in the subject-matter insured at the time of the loss. | 11. 11.1 이 보험에서 보상을 받기 위해서는 피보험자가 손해가 발생하였을 때에 보험의 목적에 대한 피보험이익을 갖고 있어야 한다. |
| 11.2 Subject to Clause 11.1 above, the Assured shall be entitled to recover for insured loss occurring during the period covered by this insurance, notwithstanding that the loss occurred before the contract of insurance was concluded, unless the Assured were aware of the loss and the insurers were not. | 11.2 상기 11.1의 규정을 조건으로 하여, 피보험손해가 보험계약체결 이전에 발생한 경우에도 피보험자가 그 손해의 발생사실을 알고 보험자가 몰랐을 경우를 제외하고는 피보험자는 이 보험의 담보기간 중에 생긴 피보험손해에 대하여 보상을 받을 권리가 있다. |

② 조항의 개요

ICC 2009(A), (B), (C)의 피보험이익약관(insurable interest clause)은 동일한 내용인데 보험사고가 발생하면 피보험자는 피보험목적물에 대하여 피보험이익을 가지고 있다는 것을 증명해야 하는데, 이를 입증하지 못하면 보험금청구를 하지 못한다는 사항을 규정하고 있다.

### 12) 제12조 계반비용약관

① 조항의 내용

| | |
|---|---|
| 12. Where, as a result of the operation of a risk covered by this insurance, the insured transit is terminated at a port or place other than that to which the subject-matter insured is covered under this insurance, the insurers will reimburse the Assured for any extra charges properly and reasonably incurred in unloading storing and forwarding the subject-matter insured to the destination to which it is insured. | 12. 이 보험은 담보위험이 발생한 결과, 피보험 운송이 이 보험에서 담보되는 보험목적물의 목적지 이외의 항구 또는 지역에서 종료될 경우에 보험자는 보험목적물을 양륙·보관하고, 부보된 목적지로 계속 운반함에 따라 적절하고 합리적으로 발생한 추가비용을 피보험자에게 보상한다. |
| This Clause 12, which does not apply to general average or salvage charges, shall be subject to the exclusions contained in Clauses 4, 5, 6 and 7 above, and shall not include charges arising from the fault negligence insolvency or financial default of the Assured or their employees. | 이 제12조는 공동해손 또는 구조비에는 적용되지 아니하고, 상기 제4조, 제5조, 제6조 및 제7조에 규정된 면책약관의 적용을 받으며, 또한 피보험자 또는 그 사용인의 과실·태만·지급불능·재정상의 궁핍으로부터 생긴 비용을 포함하지 않는다. |

② 조항의 개요

ICC 2009(A), (B), (C)의 계반비용약관(forwarding charges clause)은 동일한 내용인데 계반비용약관은 공동해손 또는 구조비에는 적용되지 아니하고 일반면책약관, 불감항·부적합 면책약관, 전쟁위험면책약관, 동맹파업위험면책약관 등의 적용을 받는다. 보험목적물의 운송 중에 보험에서 담보되는 위험이 발생하여 이 보험에서 부보되는 보험목적물의 목적지 이외의 항구 또는 장소에서 운송이 종료되는 경우가 있다. 이 때 보험목적물의 이해관계자는 보험목적물을 양륙하여 보관하거나 운송수단을 수배하여 최종목적지까지 운송하려고 한다. 따라서 피보험자가 보험목적물을 보험증권에 기재된 목적지까지 운송하기 위하여 합리적으로 지출하였다면 보험자는 그 추가비용을 보상한다. 계반비용은 보험약관에서 담보하고 있는 위험에 근인하여 발생된 보험사고로 항해가 중간항에서 종료되는 경우에 발생하는 계반비용만을 보상하는 것이다. 공동해손손해와 구조비는 공동해손정산에 의하여 보상을 받게 된다. 계반비용으로는 양륙비, 통신비, 입회비, 검정료, 공매비용 등이 포함된다.

## 13) 제13조 추정전손약관

### ① 조항의 내용

| | |
|---|---|
| 13. No claim for Constructive Total Loss shall be recoverable hereunder unless the subject-matter insured is reasonably abandoned either on account of its actual total loss appearing to be unavoidable or because the cost of recovering, reconditioning and forwarding the subject-matter insured to the destination to which it is insured would exceed its value on arrival. | 13 추정전손에 대한 보험금 청구는 보험의 목적의 현실전손이 불가피하다고 생각될 때, 또는 보험목적물을 회복시켜 거기에 손질을 하고 그것을 담보목적지까지 계속 운반하는데 소요되는 비용이 그 목적지에 도착했을 때의 보험목적물의 가액을 초과할 것 같기 때문에 보험목적물이 정당하게 포기되지 않는 한, 이 보험증권에서는 보상되지 않는다. |

### ② 조항의 개요

ICC 2009(A), (B), (C)의 추정전손약관(constructive total loss clause)은 동일한 내용인데 추정전손이 발생하여 위부를 청구하는 경우에 이에 합당한 보상을 한다는 내용을 규정하고 있다. 추정전손이 발생한 경우 피보험자가 소유권을 포기한다는 위부의사를 통지하고 보험자가 승인하면 위부가 성립한다.

## 14) 제14조 증액약관

### ① 조항의 내용

| | |
|---|---|
| 14.14.1 If any increased Value insurance is effected by the Assured on the subject-matter insured under this insurance the agreed value of the subject-matter insured shall be deemed to be increased to the total amount insured under this insurance and all Increased Value insurances covering the loss, and liability under this insurance shall be in such proportion as the sum insured under this insurance bears to such total amount insured.<br>In the event of claim the Assured shall provide the Insurers with evidence of the amounts insured under all other insurances.<br>14.2 Where this insurance is on Increased Value the following clause shall apply:<br>The agreed value of the subject matter insured shall be deemed to be equal to the total amount insured under the primary insurance and all Increased Value insurances covering the loss and effected on the subject-matter insured by the Assured, and liability under this insurance shall be in | 14. 14.1 이 보험의 보험목적물에 대하여 피보험자가 증액보험을 부보한 경우에는 이 보험목적물의 협정보험가액은 이 보험 및 이와 동일한 손해를 담보하는 모든 증액보험의 총보험금액으로 증가된 것으로 간주되며, 이 보험에서의 보상책임은 총보험금액에 대한 이 보험의 보험금액의 비율로 부담할 것이다.<br><br>보험금을 청구할 때에 피보험자는 모든 타보험의 보험금액을 증명할 수 있는 서류를 보험자에게 제출해야 한다.<br><br>14.2 이 보험이 증액보험일 경우에는 다음 약관을 적용한다.<br>이 보험목적물의 협정보험가액은 원보험 및 피보험자에 의하여 그 보험목적물에 대해 부보되어 동일한 손해를 담보하는 모든 증액보험의 총보험금액과 동액으로 간주되며, 이 보험에서의 보상책임은 총보험금액에 대한 이 보험의 보험금액의 비율로서 부담하게 된다. |

| | |
|---|---|
| such proportion as the sum insured under this insurance bears to such total amount insured.<br>In the event of claim the Assured shall provide the Insurers with evidence of the amounts insured under all other insurances. | 보험금을 청구할 때에는 피보험자는 모든 타 보험의 보험금액을 증명할 수 있는 서류를 보험자에게 제출해야 한다. |

② 조항의 개요

ICC 2009(A), (B), (C)의 증액약관(increased value clause)은 동일한 내용인데 동일한 보험목적물에 대하여 두 개의 상이한 보험금액으로 보험증권이 발행되는 경우를 규제하기 위한 약관이다. 보험목적물에 대하여 피보험자가 별도의 증액보험에 부보한 경우에는, 그 보험목적물의 협정보험가액은 이 보험 및 이와 동일한 손해를 담보하는 모든 증액보험의 총보험금액으로 증가된 것으로 간주한다. 증액보험에서의 보상책임은 증액보험의 보험금액이 총보험금액에서 차지하는 비율로 부담하게 된다. 증액보험인 경우에는 보험목적물의 협정가액은 원보험 및 피보험자가 그 적하에 대하여 부보한 동일한 손해를 담보하는 모든 증액보험의 총보험금액과 동액인 것으로 간주한다. 증액보험에서의 보상책임은 증액보험의 보험금액이 총보험금액에서 차지하는 비율로 부담하게 된다.

### 15) 제15조 보험이익 불공여약관

① 조항의 내용

| | |
|---|---|
| 15. This insurance<br>15.1 covers the Assured which includes the person claiming indemnity either as the person by or on whose behalf the contract of insurance was effected or as an assignee,<br>15.2 shall not extend to or otherwise benefit the carrier or other bailee. | 15. 이 보험은<br>15.1 이 보험계약을 체결하거나 또는 자기를 위해 체결된 자로서, 또는 양수인으로서 보험금을 청구하는 자를 포함하는 피보험자를 대상으로 한다.<br>15.2 확장 또는 기타 방법에 의해 운송인 또는 기타 수탁자에게 유리하게 이용되어서는 안 된다. |

② 조항의 개요

ICC 2009(A), (B), (C)의 보험이익 불공여약관(benefit of insurance clause)은 동일한 내용인데 보험계약자가 적하의 운송 중에 발생한 손해에 대하여 해상운송계약서에 보험계약에 따라 보상받는 손해에 대해 운송회사가 보상하지 않는다는 약관을 삽입하면 보험자가 피보험자에게 보상한 후에 대위권을 행사하지 못하고, 운송인 또는 기타의 수탁자가 보험으로 이익을 받게 되는 문제를 해결하기 위해 규정한 것이 보험이익 불공여약관이다. 보험이익 불공여약관은 자기를 위하여 체결한 자 또는 양수인으로서 보험금을 청구하는 자를 대상으로 적용한다.

### 16) 제16조 피보험자 의무약관

#### ① 조항의 내용

| | |
|---|---|
| 16. It is the duty of the Assured and their employees and agents in respect of loss recoverable hereunder<br>16.1 to take such measures as may be reasonable for the purpose of averting or minimising such loss, and<br>16.2 to ensure that all rights against carriers, bailees or other third parties are properly preserved and exercised, and the Insurers will, in addition to any loss recoverable hereunder, reimburse the Assured for any charges properly and reasonably incurred in pursuance of these duties. | 16. 이 보험에서 보상하는 손해에 관하여 다음 사항을 이행하는 것은 피보험자, 그 사용인 및 대리인의 의무이다.<br>16.1 손해를 방지하거나 경감시키기 위해 합리적인 조치를 강구하는 것, 그리고<br>16.2 운송인, 수탁자 기타 제3자에 대한 일체의 권리가 적절히 보존되고 행사되도록 확보해 놓는 것. 그리고 보험자는 이 보험에서 보상하는 손해에 더하여 상기 의무를 수행함에 있어 적절하고 합리적으로 발생한 비용을 피보험자에게 보상한다. |

#### ② 조항의 개요

ICC 2009(A), (B), (C)의 피보험자 의무약관(duty of assured clause)은 손해가 발생한 경우에 피보험자가 취해야 할 행동에 관하여 규정한 약관이다. 피보험자와 그 사용인 및 대리인은 해상사고가 발생한 경우에 손해의 방지 또는 경감을 위하여 합리적인 조치를 취해야 한다. 보험자는 이 보험에서 보상하는 손해에 추가하여 이러한 의무를 수행하는 데 적절히 합리적으로 발생된 일체의 비용을 피보험자에게 보상한다.

### 17) 제17조 포기유보약관

#### ① 조항의 내용

| | |
|---|---|
| 17. Measures taken by the Assured or the Insurers with the object of saving, protecting or recovering the subject-matter insured shall not be considered as a waiver or acceptance of abandonment or otherwise prejudice the right of either party | 17. 보험목적물을 구조, 보호 또는 회복하기 위한 피보험자 또는 보험자의 조치는 위부의 포기 또는 승인으로 간주되지 아니하며, 또한 각 당사자의 권리를 침해하지도 아니한다. |

#### ② 조항의 개요

ICC 2009(A), (B), (C)의 포기유보약관(waiver clause)은 손해의 경감과 관련한 약관이다. 포기라는 단어에 의하여 오해가 발생할 수 있는데, 실제는 포기하지 않는 것으로 판단하라는 의미의 약관이다. 즉 해상사고가 발생하였을 때 피보험자 또는 보험자가 보험목적물을 구조하거나, 보호하거나 또는 회복하기 위하여 취하는 조치가 위부를 포기하거나 승인하였기 때문에 취하는 행위가 아니라는 것이다.

### 18) 제18조 신속조치약관

① 조항의 내용

| | |
|---|---|
| 18. It is a condition of this insurance that the Assured shall act with reasonable despatch in all circumstances within their control. | 18. 피보험자는 자기가 조치할 수 있는 모든 여건하에서 상당히 신속하게 행동하는 것이 이 보험의 조건이다 |

② 조항의 개요

ICC 2009(A), (B), (C)의 신속조치약관(reasonable despatch clause)은 지연의 회피와 관련한 약관이다. 보험계약이 체결된 이후에 보험사고가 발생하였다면 보험계약자 또는 피보험자는 보험사고가 발생한 여건 속에서 신속하게 조치를 취해야 한다는 것이다.

### 19) 제19조 영국법 및 관습약관

① 약관의 내용

| | |
|---|---|
| English law and practice. <br> 19. This insurance is subject to English law and practice. | 영국법 및 관습 <br> 19. 이 보험은 영국의 법률 및 관습에 준거하는 것으로 한다. |

② 조항의 개요

ICC 2009(A), (B), (C)의 영국법 및 관습약관(English law and practice clause)은 동일한 내용인데 보험증권의 해석에 있어서 영국법 및 관습을 준거해야 한다는 약관이다. 이에 따라 우리나라에서 발행되는 영문해상보험증권은 보험계약에 따르는 제반조치를 제외하고는 영국의 법률 및 관례에 따른다.

- 유의사항

| | |
|---|---|
| NOTE — Where a continuation of cover is requested under Clause 9, or a change of destination is notified under Clause 10, there is an obligation to give prompt notice to the Insurers and the right to such cover is dependent upon compliance with this obligation. | 유의사항—약관 제9조에 의해 담보의 계속이 요청되거나, 또는 약관 제10조에 의해 항해의 변경이 통지되는 경우, 지체없이 그 취지를 보험자에게 통지할 의무가 있으며, 계속담보를 받을 수 있는 권리는 이 의무의 이행여부에 달려 있다. |

ICC 2009(A), (B), (C)의 유의사항에서는 피보험자가 유의해야 할 사항을 동일한 내용으로 규정하고 있다. 보험계약자는 운송계약종료약관에 의하여 담보의 계속이 요청되거나, 항해변경해의 변경이 되는 경우,  보험자에게 통지를 하여야 계속 담보를 받을 권리가 있다.

# 제 2 절 협회기간약관(선박)

## 1. 협회기간약관(선박)과 선박보험

### (1) 협회기간약관(선박)의 의의

선박보험(hull insurance)은 선박소유자의 소유선박에 대한 피보험이익을 대상으로 한 보험이다. 선박의 운항과 관련한 위험을 부보하는 경우에는 협회기간약관(선박) 1995 [Institute Time Clause(Hulls): ITC(Hulls) 1995]을 기본으로 하여 각종 특별약관을 첨부한다. 협회기간약관(선박)은 런던보험자협회(The Institute of London Underwriter: ILU)가 제정였으며 27개의 약관으로 구성되어 있다. 협회기간약관(선박)은 선박에서 발생되는 대부분의 위험을 담보하기 때문에 선박보험의 전위험담보(All Risks: A/R) 조건이라고 하기도 한다. 협회기간약관(선박)은 1983년에 제5차 개정이 있었으나 1989년에 구조에 관한 국제협약이 성립되어 1995년에 발효되었다.

### (2) 협회기간약관(선박)과 선박보험

무역의 발전과 함께 해운업계에서도 선박의 발달에 힘입어 괄목할만한 성장을 거듭하고 있다. 국제해운업계에서는 국제해운 관계 법규와 선박운항 관리와 관련된 국제법규에 변화가 있었다. 이것은 선박 건조기술의 발전, 선박 장치설비에 신기술을 적용한 감항성의 강화, 선박 항해기술의 발전 등과 같은 변화를 반영한 결과이다. 또한 해운업계에서는 선박의 운항과 관련하여 발생하는 사고 등을 사전에 방지하거나 사후에 처리하는 위험관리방법을 모색하여 왔는데 그 방법 중의 하나가 선박보험이다.

선박보험은 선박을 이용하여 해상사업을 영위하는 자가 외부의 우연한 사고의 결과로 인하여 입게 되는 손해를 담보하는 손해보험의 일종이다. 선박보험에서 중심을 이루고 있는 보험약관이 협회기간약관(선박)이다. 협회기간약관(선박)에서는 선체의 물적 손해 또는 선체사고로 인하여 발생하는 비용손해와 다른 선박과 충돌하였을 때 발생하는 상대방에 대한 법적 배상책임 및 운임과 불가동손실을 담보하고 있다. 그러므로 이외의 손해 등을 협회기간약관(선박)에 부보하려는 경우에는 특별약관을 첨부하여야 한다.

## 2. 협회기간약관(선박)의 규정

### (1) 협회기간약관(선박)과 특별약관

#### 1) 협회기간약관(선박) 전손·구조료·손해방지비용 포함 담보약관

TLO SC/SL(total loss only salvage charge and sue and labour: 전손·구조비·손해방지비용 포함 담보약관: TLO SC/SL)은 선체보험조건 중 보상범위가 가장 좁은 조건으로 국내 연안을 운항하는 예인선이나 여객선에 대해 주로 많이 적용된다. TLO SC/SL 약관에서는 'ITC(Hulls) total loss only including salvage charge and sue and labour[(협회기간약관(선박) 전손·구조료·손해방지비용]' 약관을 사용하며 추정전손을 포함한 전손, 구조비, 손해방지비용만을 제한하여 담보하는 조건이다. TLO SC/SL 약관에서는 충돌손해 배상책임을 담보하는 조항이 포함되어 있지 않기 때문에 충돌손해 배상책임을 추가로 담보할 때는 충돌책임 및 자매선약관을 첨부하여 사용하여야 한다. TLO SC/SL 약관에서는 선박에 따라 일정액의 소손해 공제금액을 설정하기도 하며 선급이 없는 선박, 선령이 20년 초과된 노후선박에 대해서는 이 조건으로만 인수하고 있다.

#### 2) 협회기간약관(선박) 제한적 분손담보약관

제한적 분손담보조건(Free Particular Loss unless etc: FPL unless etc.)은 국내의 선박들이 선박보험에 부보하는 경우에 대부분 사용하는 약관이다. FPL unless etc 약관은 국제적으로 사용하고 있는 약관이 아니고 국내의 선박보험업계에서만 존재하는 보험약관이라는 특성이 있다. FPL unless etc. 약관은 TLO SC/SL 약관보다 확장된 위험을 담보하고 있다. FPL unless etc. 약관에서는 ITC(Hulls) FPL unless etc. 약관을 사용하며 ITC(Hulls) FPL unless etc.에서 unless etc.의 의미는 침몰(sinking), 좌초(stranded), 화재(burnt), 폭발(explosion), 충돌(collision), 즉 SSBC 및 물 이외의 얼음을 포함한 다른 물체와의 접촉으로 인하여 발생된 손해가 아니라는 의미이다. 따라서 ITC(Hulls) FPL unless etc.에서는 SSBC 등과 같은 위험이 아닌 다른 위험으로 인하여 선박에 발생된 분손은 보험자가 보상해 주지 않는다. 그렇지만 ITC(Hulls) FPL unless etc.에서는 SSBC 등과 같은 위험을 근인으로 하여 선박에 발생된 손해에 대해서는 전손은 물론이고 분손 및 공동해손 손해까지도 보상한다는 의미이다. 그래서 ITC(Hulls) FPL unless etc.을 제한적 분손담보조건이라고 한다.

### 3) 협회기간약관(선박) 제한적 분손담보 3/4 충돌손해 배상책임담보약관

제한적 분손담보 3/4 충돌손해 배상책임담보약관[FPL unless etc. 3/4 RDC(Running Down Clause)] 약관에서는 ITC(Hulls) FPL unless etc. 3/4 RDC을 사용하기 때문에 협회기간약관(선박) 제8조에 규정하고 있는 3/4 충돌손해 배상책임담보약관(3/4 Running Down clause: RDC)을 적용한다. FPL unless etc. 3/4 RDC조건에서 보험요율을 산정할 때에는 이를 표기하고 있다. 그러나 해상보험증권에 규정된 명세서에는 별도로 명시할 필요가 없다.

보험계약자가 보험계약을 체결할 때에 FPL unless etc. 3/4 RDC조건에 대하여 담보를 원하지 않을 경우에는 보험요율의 견적을 의뢰하면서 명세서에 'excluding RDC' 혹은 'ITC(Hulls, but excluding collision liability)'라는 문구를 반드시 포함시켜야 한다. 보험계약자가 4/4 RDC로 부보하고자 할 때에는 명세서에 'ITC(Hulls, but clauses 8 amended to including four-fourths(4/4) of collision liabilities)'라는 문구를 반드시 포함시켜야 한다.

### (2) 협회기간약관(선박)의 내용

### 1) 항해약관

### ① 조항의 내용

| | |
|---|---|
| This insurance is subject to English law and practice<br>1. NAVIGATION<br>1.1 The Vessel is covered subject to the provisions of this insurance at all times and has leave to sail or navigate with or without pilots, to go on trial trips and to assist and tow vessels or craft in distress, but it is warranted that the Vessel shall not be towed, except as is customary or to the first safe port or place when in need of assistance, or undertake towage or salvage services under a contract previ- ously arranged by the Assured and/or Owners and/or Managers and/or Charterers This Clause 1.1. shall not exclude customary towage in connection with loading and discharging.<br>1.2 This insurance shall not be prejudiced by reason of the Assured entering into any contract with pilots or for customary towage which limits or exempts the liability of the pilots and/or tugs and/or towboats and/or their owners when the Assured or their agents accept or are compelled to accept such | 이 보험은 영국의 법률과 관습을 준수한다.<br><br>제1조 항해<br>1.1 선박은 보험기간중 이 보험의 규정에 따라 담보되며, 도선사의 승선여부에 관계없 이 항해하거나, 시운전 항해를 하거나 조난을 당한 선박 또는 부선을 구조하거나, 예항하여도 무방하다. 다만 예항되는 것이 관습이거나 또는 구조의 필요상 최초의 안전항 또는 장소까지 예항되는 경우를 제외하고는 이 선박은 예항되지 말 것이며, 피보험자, 소유자, 관리자 또는 용선자가 사전 결정한 계약에 따른 예항이나 구조작업을 맡지 않을 것을 이에 확약한다. 이 약관 1.1은 적재 및 양륙작업에 관련된 관습적인 예항을 배제하는 것은 아니다.<br><br>1.2 피보험자 또는 그 중개인이 그 지방의 법 또는 관습에 따라 도선사, 예인선 및/또는 그 소유자의 책임을 제한하거나 또는 면제하는 도선사와의 또는 통상적인 예인에 대한 계약을 수락하거나 또는 강요되어진 경우 이에 따른 계약체결을 이유로 이 보험은 침해받지 않는다. |

contracts in accordance with established local law or practice.

1.3 The practice of engaging helicopters for the transportation of personnel supplies and equipment to and/or from the Vessel shall not prejudice this insurance.

1.4 In the event of the Vessel being employed in trading operations which entail cargo loading or discharging at sea from or into another vessel(not being a harbour or inshore craft) no claim shall be recoverable under this insurance for loss or damage to the Vessel or liability to any other vessel arising from such loading or discharging operations, including whilst approaching, lying alongside and leaving, unless previous notice that the Vessel is to be employed in such operations has been given to the Underwriters and any amended terms of cover and any additional premium required by them have been agreed.

1.5 In the event of the Vessel sailing(with or without cargo) with an intention of being (a)broken up, or (b) sold for breaking up, any claim for loss of or damage to the Vessel occurring subsequent to such sailing shall be limited to the market value of the Vessel as scrap at the time when the loss or damage is sustained, unless previous notice has been given to the Underwriters and any amendments to the terms of cover, insured value and premium required by them have been agreed. Nothing in this Clause 1.3 shall affect claims under Cla- uses 8 and/or 11.

1.3 선박으로 또는 선박으로부터 인원, 공급품 또는 장비의 운송을 위하여 헬리콥터를 사용하는 관행에 의하여 이 보험은 침해받지 않는다.

1.4 선박이 해상에서 다른 선박(항내 및 해안용 부선은 제외)에 또는 다른 선박으로부터 화물을 적재 또는 양륙하는 운송작업에 사용되는 경우에는 양 선박이 접근중, 접현중(接舷中) 또는 이현중(離舷中)을 포함하여 적재 및 양륙작업으로 인하여 이 선박에 발생한 멸실 또는 손상 또는 다른 선박에 대한 배상책임은 이 보험에서 보상하지 않는다. 다만 선박이 위에 말한 작업에 사용되는 경우 보험자에게 사전 통지를 하고 보험자가 요구하는 변경된 담보조건과 추가보험료에 대하여 합의하였을 때는 그러하지 아니하다.

1.5 선박이 적하의 적재유무에 불구하고 선박이 (a) 해체될 또는 (b) 해체를 위해 매각될 의도로 항해하는 경우 그러한 항해에 따라 선박에 발생하는 멸실 또는 손상에 대한 일체의 보상은 멸실 또는 손상을 입은 시점에서의 해체선박으로서의 시장가격에 한정된다. 다만 보험자에게 사전 통지를 하고 보험자가 요구하는 담보조건, 보험금액 및 보험료에 대한 변경이 합의된 경우에는 그러하지 아니하다. 이 약관 1.3은 약관 8 및/또는 약관 11의 보상에 어떠한 영향도 미치지 않는다.

② 조항의 개요

항해약관은 선박의 항해와 관련하여 발생할 수 있는 보험자의 책임에 관한 사항을 규정한 약관이다. 선박이 보험기간 중 도선사의 승선 여부에 관계없이 항해하는 것을 인정한다. 그리고 선박이 시운전 항해를 하거나, 조난 중의 선박을 구조하거나, 부선을 구조하거나, 예항(曳航)을 하여도 어떠한 문제를 제기하지 않고 인정한다. 예항은 다른 선박을 끄로 항행하는 것을 의미한다. 피보험자 또는 그 중개인이 그 지방의 법 또는 관습에 따라 도선사, 예인선을 비롯하여 그 소유자의 책임을 제한 또는 면제하는 도선사와의 또는 통상적인 예인에 대한 계약을 수락하거나 강요되어진 경우의 운송은 허용한다. 선박으로 또는 선박으로부터 인원, 공급품 또는 장비의 운송을 위하여 헬리콥터에 의한 인원, 용품의 운송은 인정한다. 선박이 접현하여 화물을 적재하거나 양륙작업을 하는 중에 발생한 피보험선박의 멸실이나 손상 또는 상대 선박에 대한 일체의 배상책임은 보상하지 않는다.

### 2) 계속약관

#### ① 조항의 내용

| 2. CONTINUATION | 제2조 계속 |
|---|---|
| Should the Vessel at the expiration of this insurance be at sea or in distress or missing, she shall, provided previous notice be given to the Underwriters, be held covered until arrival at the next port in good safety, or if in port and in distress until the Vessel is made safe, at a pro rata monthly premium. | 이 보험의 만기시에 선박이 항해중이거나 조난되었거나, 또는 행방불명되었을 때는 이 보험의 종료 이전에 보험자에게 통지를 한 경우에 한하여 월할보험료를 지급하면 선박이 다음 항구에 도착할 때까지 또는 항구에서 조난중일 경우에는 선박이 안전할 때까지 계속 담보된다. |

#### ② 조항의 개요

계속약관은 선박의 보험기간과 관련한 사항을 규정한 약관이다. 선박의 보험기간은 12개월을 단위로 보험에 부보하게 된다. 피보험선박이 보험기간이 만료하는 시점에 항해중이거나, 조난되었거나 행방불명되었을 때는 보험자에게 보험종료 이전에 보험자에게 통지를 한 경우에 한하여 월할보험료를 지급하면 선박이 다음 항구에 도착할 때까지 또는 항구에서 조난중일 경우에는 선박이 안전할 때까지 계속 담보된다.

### 3) 담보위반약관

#### ① 조항의 내용

| 3. BREACH OF WARRANTY | 제3조 담보위반 |
|---|---|
| Held covered in case of any breach of warranty as to cargo, trade, locality, towage, salvage services or date of sailing, provided notice be given to the Underwriters immediately after receipt of advices and any amended terms of cover and any additional premium required by them be agreed. | 적하, 거래, 항행구역, 예항, 구조작업 또는 출항일자에 관한 담보위반이 생겼을 경우에는 그 사실을 인지한 후 보험자에게 즉시 통보하고 보험자가 요구하는 담보조건의 변경과 추가보험료에 대한 합의가 이루어지는 경우에는 담보가 계속된다. |

#### ② 조항의 개요

담보위반약관은 담보위반이 발생하면 보험계약 당사자간의 합의 또는 배서에 의해서 보험계약은 계속 유지하거나, 해지하게 된다는 내용을 규정한 약관이다. 적하, 거래, 항행구역, 예항, 구조작업 또는 출항일자 등에 관련하여 담보위반이 생겼을 경우에는 그 사실을 인지한 후 보험자에게 즉시 통보하여야 한다. 그리고 보험계약자 또는 피보험자는 보험자가 요구하는 담보조건의 변경에 응하여 추가보험료를 납부하는 데에 대한 대한 합의가 이루어지는 경우에는 담보가 계속된다.

### 4) 선급약관

#### ① 조항의 내용

| | |
|---|---|
| 4.CLASSIFICATION<br>4.1 It is the duty of the Assured, Owners and Managers at the inception of and through-out the period of this insurance to ensure that<br>4.1.1 the Vessel is classed with a Classification Society agreed by the Underwriters and that class within the Society is maintained<br>4.1.2 any recommendations, requriements or restrictions imposed by the Vessel's Classification Society which relate to the Vessel's seaworthiness or to her maintenance in a seaworthy condition are complied with by the dates required by that Society.<br>4.2 In the event of any breach of the duties set out in Clause 4.1 above, unless Underwriters agree to the contrary in writing, they will be discharged from liability under this insurance as from the date the breach, provided that if the Vessel is at sea at such date the underwriters discharge from liability is deferred until arrival at her next port.<br>4.3 Any incident, condition or damage in respect of which the Vessel's Classification Society might make recommendations as to repairs or other action to be taken by the Assured Owners or Managers must be promptly reported to the Classification Society<br>4.4 Should the Underwriters wish to approach the Classification Society directly for information and/or documents, the Assured will provide the necessary authorization. | 제4조 선급<br>4.1 이 보험의 개시시점에 또는 보험기간 전기간을 통하여 다음 사항을 확약하는 것은 피보험자, 선주 또는 선박관리자의 의무이다.<br>4.1.1 선박은 보험자가 동의하는 선급협회에 입급(入級)되어야 하고 이 선급을 유지해야 한다.<br><br>4.1.2 선박의 감항성 또는 선박의 감항성 상태 유지에 관련하여 선급협회에 의하여 부여된 어떠한 권고사항, 요구사항 또는 제한사항은 선급협회가 지정하는 날까지 충족되어야 한다.<br><br>4.2 약관 4.1에서 규정한 의무를 불이행하는 경우, 보험자는 서면으로 동의하지 않는한, 불이행일로부터 이 보험에 의한 책임으로부터 면책이다. 다만 선박이 그러한 불이행 날짜에 공해상에 있을 경우 보험자의 면책시점은 선박이 다음 항구에 도착할 때까지 연기된다.<br><br>4.3 선박의 선급협회가 피보험자, 선주 또는 선박관리자가 취할 수리 또는 다른 행위에 관한 권고 사항을 부여할 수 있는 어떠한 사고, 조건 또는 손상은 선급협회에 신속히 통보되어야 한다.<br><br>4.4 만약 보험자가 자료 또는 정보를 위하여 직접 선급협회에 접촉하기를 원하는 경우, 계약자는 필요한 권한을 위임해야 한다. |

#### ② 조항의 개요

선급약관은 피보험자, 선박의 성능이나 기능을 보유하는 선급에 대한 선주 또는 선박관리자의 의무를 규정한 약관이다. 보험의 개시시점에 또는 보험기간 전기간을 통하여 선박은 보험자가 동의하는 선급협회에서 등급을 받아야 하고 이 선급을 유지해야 한다. 피보험자, 선주, 선박관리자 등이 의무를 이행하지 않으면 보험자가 면책이다. 선급협회가 피보험자, 선주 또는 선박관리자가 취할 수리 또는 다른 행위에 관한 권고를 할 수 있는 사고가 선박에 발생하는 경우에는 선급협회에 신속히 통보를 해야 한다. 보험자가 자료 또는 정보를 위하여 직접 선급협회와 접촉을 원하는 경우에는 보험계약자는 보험에 관한 권한을 보험자에게 위임하여야 한다.

## 5) 보험기간종료약관

### ① 조항의 내용

| | |
|---|---|
| 5.TERMINATION<br>This Clause 5 shall prevail notwithstanding any provision whether written typed or printed in this insurance inconsistent therewith.<br>Unless the Underwriters agree to the contrary in writing, this insurance shall terminate automatically at the time of<br>5.1 change of the Classification Society of the Vessel, or change, suspension, on, discontinuance, withdrawal or expiry other Class therein, or any of the Classification Society's periodic surveys becoming ov erdue unless an extension of time for such survey be agreed by the Classification Society, provided that if the Vessel is at sea such at automatic termination shall be deferred until arrival at her next port. However where such change, suspension , discontinuance or withdrawal of her Class or where a periodic surveys becoming overdue has resulted from loss or damage covered by Clause 6 of this insurance or which would be covered by an insurance of the Vessel subject to current Institute War and Strikes Clauses Hulls-Time such automatic termination shall only operate should the Vessel sail from her next port without the prior ap roval of the Classification Society or in the case of a periodic surveys becoming overdue without the Classification Society having agreed an extension of time for such survey.<br>5.2 any change, voluntary or otherwise, in the ownership or flag, transfer to new management, or charter on a bareboat basis, or requisition for title or use of the Vessel, provided that, lf the Vessel has cargo on board and has already sailed from her loading port or is at sea in ballast, such automatic termination shall if required be deferred,<br>whilst the Vessel continues her planned voyage, until arrival at final port of discharge if with cargo or at port of destination in ballast. However, in the event of requisition for title or use without the prior execution of a written agreement by the Assured, such automatic termination shall occur fifteen days after such requisition whether the Vessels at sea or in port.<br>A pro rata daily net return of premium shall | 제5조 종료<br>이 약관 5는 이 보험에 있어 기재가 되었건, 타자로 터이핑되었건, 인쇄되었건간에 이 약관에 저촉되는 어떠한 규정보다 우선한다.<br>보험자가 서면으로 별도로 동의하지 않는 한, 다음 시점에서 이 보험은 자동 종료된다.<br><br>5.1 선박의 선급협회의 변경 또는 선박이 보유한 선급의 변경, 일시정지, 중지, 탈급 또는 만기, 또는 선급협회의 정기적 검사에 대한 기한연장을 선급협회가 동의하지 않는 한, 정기적 검사를 기한 내에 받지 않은 경우, 다만 그 시점에서 선박이 항해중이면 위의 자동종료는 선박이 다음 항구에 도착할 때까지 연기된다. 그러나 선박이 보유한 선급의 변경, 일시정지, 중지 또는 탈 급이 이 보험의 약관 6에 의하여 담보되거나 현행 협회전쟁 및 동맹파업약관의 선박기간보험으로 담보될 수 있는 멸실, 손상에 기인한 경우에 위의 자동종료는 선급협회의 사전승인 없이 다음 항구에서 항해를 하는 경우 또는 그러한 정기적 검사에 대한 기한의 연장을 선급협회가 동의함이 없이 정기적 검사를 기한내 받지 않는 경우에 효력을 발생한다.<br><br><br><br>5.2 자의(自意)의 여부과는 관계없이 소유권 또는 국적의 변경, 새로운 관리자에게 이전, 나용선 조건부의 용선 또는 선박의 소유권의 귀속 또는 사용을 목적으로 한 징발(徵發), 다만 선박이 화물을 적재하여 이미 선적항에서 출항하였을 경우 또는 공선으로 항해중인 경우에 요청이 있다면 위의 자동종료는 선박이 예정된 항해를 계속하는 동안,<br>화물을 적재한 경우에는 최종 양륙항에 도착할 때까지, 공선의 경우는 목적항에 도착할 때까지 연기된다. 그러나 피보험자의 사전 서면동의없이 소유권의 귀속 또는 사용을 목적으로 징발되었을 때에는 선박이 항해중이거나 항구에 정박하고 있건간에 징발한 때로부터 15일 후에 자동종료된다.<br><br>이 경우 일할(日割)로 계산한 순보험료를 환급 |

| | |
|---|---|
| be made provided that a total loss of the Vessel, where by insured perils or otherwise, has not occured during the period covered by this insurence or any extension thereof.. | 한다. 다만 담보위험에 의한 것이든 아니든 간에 이 보험 또는 이보험의 연장 기간 중에 선박이 전손되지 않을 것을 전제로 한다. |

② 조항의 개요

보험기간종료약관은 이 약관에 저촉되는 여하한 규정보다 최우선으로 적용한다는 약관이다. 담보의 자동종료 사유가 발생한 경우 피보험자는 이 사실을 보험자에게 통지하여 보험자의 서면동의를 받지 않으면 그 시점부터 계약은 자동 종료된다. 선박의 소유권 변경과 관련한 자동종료 사유는 선주(船主)의 변경, 선적(船籍)의 변경, 새로운 관리자에게 이전, 나용선 계약, 선박소유권의 귀속 또는 사용을 목적으로 한 징발 등이다.

### 6) 담보위험약관

① 조항의 내용

| 6. PERILS | 제6조 담보위험 |
|---|---|
| 6.1. This insurance covers loss of or damage to the subject-matter insured caused by | 6.1 이 보험은 다음의 위험으로 인한 보험목적의 멸실 또는 손상을 담보한다. |
| 6.1.1 perils of the seas rivers lakes or other navigable waters | 6.1.1 해상, 강, 호수 또는 기타 항해 가능한 수면에서의 고유위험 |
| 6.1.2 fire, explosion | 6.1.2 화재, 폭발 |
| 6.1.3 violent theft by persons from outside the Vessel | 6.1.3 선박 외부로부터 침입한 자에 의한 폭력을 수반한 도난 |
| 6.1.4 jettison | 6.1.4 투하 |
| 6.1.5 piracy | 6.1.5 해적행위 |
| 6.1.6 contact with land conveyance, dock or harbour equipment or installation | 6.1.6 육상운송용구, 도크 또는 항만 시설이나 장비와의 접촉 |
| 6.1.7 earthquake volcanic eruption or lighting. | 6.1.7 지진 화산의 분화 또는 낙뢰. |
| 6.1.8 accidents in loading discharging or shifting cargo or fuel | 6.1.8 적하 또는 연료의 선적, 양륙 또는 이동 중의 사고 |
| 6.2. This insurance covers loss of or damage to the subject-matter insured caused by | 6.2 이 보험은 다음의 위험으로 인한 보험목적의 멸실 또는 손상을 담보한다. |
| 6.2.1 bursting of boilers breakage of shafts or any latent defect the machinery or hull | 6.2.1 기관(汽罐)의 파열, 자축의 파손, 또는 기관(機關)이나 선체의 잠재적 하자 |
| 6.2.2 negligence of Master Officers Crew or Pilots | 6.2.2 선장, 고급선원, 보통선원, 또는 도선사의 과실 |
| 6.2.3 negligence of repairers or charterers provided such repairers or charterers are not an Assured hereunder | 6.2.3 수리자, 또는 용선자의 과실, 다만 수리자 또는 용선자가 이 계약의 피보험자인 경우는 제외 |
| 6.2.4 barratry of Master Officers or Crew, | 6.2.4 선장, 고급선원, 보통선원의 악행. |
| 6.2.5 contact with aircraft, helicopters or similar objects, or objects falling there from provided such loss or damage has not re sulted from want of due diligence by the Assured, Owners or Managers or Super intendents or | 6.2.5 항공기, 헬리콥터 또는 이와 유사한 물체. 또는 그로부터 추락하는 물체와의 접촉, 다만 피보험자, 선주 또는 선박관리자가 상당한 주의를 결여하고 있었던 결과로 위의 멸실 또는 손상이 생긴 경우에는 그러하지 아니하다. |

any of their Onshore Managements.
6.3 Master Officers Crew or Pilots not to be considered Owners within the meaning of this Clause 6 should they hold shares in the Vessel.

6.3 선장, 고급선원, 보통선원, 또는 도선사는 이 선박에 지분이 있어도 이 약관 6의 해석상 선주로 간주하지 않는다.

② 조항의 개요

담보위험약관은 담보위험에 관한 사항을 규정하고 있다. ITC(Hulls)에서 보상하는 손해는 전손, 단독해손, 공동해손분담금, 충돌손해배상금의 3/4, 손해방지비용 등이다. ITC(Hulls)에서 보상하지 아니하는 손해는 충돌손해배상금의 1/4, 전손 및 추정전손을 제외한 1사고당 소손해 공제액, 피보험선박의 자연소모, 피보험자의 고의적 나태로 인한 손해 등이다. 담보약관에 담보하기로 규정된 위험으로 인한 보험목적물의 멸실 또는 손상을 담보한다. 보험자는 피보험자와 선박소유자 등이 상당한 주의의무를 이행하였는데도 불구하고 보험목적물에 멸실 또는 손상이 발생하면 담보한다.

### 7) 오염위험약관

① 조항의 내용

7. POLLUTION HAZARD
This insurance covers loss of or damage to the Vessel caused by any governmental authority acting under the powers vested in it to prevent or mitigate a pollution hazard, or damage to the environment or threat there of, resulting directly from damage to the Vessel for which the Underwriters are liable under this insurance, provided such act of governmental authority has not resulted from want of due diligence by the Assured, the Owners, or Managers of the Vessel or any of them to prevent or mitigate such hazard or threat master, Officers, Crew or Pilots not to be considered Owners within the meaning of this Clause 7 should they hold shares in the Vessel.

제7조 오염위험
이 보험은 이 보험에서 보험자가 책임지는 선박손상의 직접적인 결과로 발생한 오염의 위험, 또는 환경에 대한 손상 또는 위험을 방지하거나 완화하기 위하여 권한을 위임받은 정부당국이 취한 행위로 인한 선박의 멸실 또는 손상을 담보한다. 다만 피보험자, 선주 및 선박관리자가 오염의 위험이나 위협을 방지 또는 완화하는데 상당한 주의를 결여하고 있었던 결과로 정부당국의 그러한 행위가 발생한 경우에는 담보하지 않는다. 선장, 고급선원, 보통선원, 또는 도선사가 선박에 지분이 있어도 이 약관 7에서 의미하는 선주로 간주하지 않는다.

② 조항의 개요

오염위험약관은 선박손상의 직접적인 결과로 발생한 오염의 위험, 또는 환경에 대한 손상 또는 위협을 방지하거나 완화하기 위하여 권한을 위임받은 정부당국의 행위로 인한 선박의 멸실 또는 손상을 보상한다는 약관이다. 피보험자, 선주 및 선박관리자가 오염의 위험이나 위협을 방지 또는 완화하는데 주의를 결여하여 정부당국의 행위가 발생한 경우에는 담보하지 않는다.

## 8) 3/4 충돌손해 배상책임약관

### ① 조항의 내용

8. 3/4THE COLLISION LIABILITY

8.1 The Underwriters agree to indemnify the Assured for three-fourths of any sum or sums paid by the Assured to any other person or persons by reason of the Assu- red becoming legally liable by way of damages for

8.1.1 loss of or damage to any other Vessel or property on any other Vessel

8.1.2 delay to or loss of use of any such other Vessel or property thereon

8.1.3 general average of salvage of or salvage under contract of any such other Vessel or property thereon, where such payment by the Assured is in consequence of the Vessel here by insured coming into collision with any other Vessel.

8.2 The indemnity provided by this Clause 8 shall be in addition to the indemnity provided by the other terms and conditions of this insurance and shall be subject to the following provisions:

8.2.1 Where the insured Vessel is in collision with another Vessel and both Vessels are to blame then, unless the liability of one or both Vessels becomes limited by law, the indemnity under this Clauses shall be calculated on the principle of crossliabilities as if the respective Owners had been compelled to pay to each other such proportion of each other's damages as may have been properly allowed in ascertaining the balance or sum payable by or to the Assured in consequence of the collision.

8.2.2 in no case shall the underwriters total liability under Clauses 8.1 and 8.2 exceed their proportionate part of three-fourths of the insured value of the Vessel hereby insured in respect of any one collision.

8.3 The Underwriters will also pay three fourths of the legal costs incurred by the Assured or which the Assured may be complied to pay in contesting liability or taking proceedings to limit liability, with the prior written consent of the Underwriters.

EXCLUSIONS

8.4 Provided always that this Clauses 8 shall in no case extend to any sum which the Assured shall pay for or in respect of

8.4.1 removal or disposal of obstructions,

---

제8조 3/4 충돌손해 배상책임

8.1 보험자는 피보험선박이 다른 선박과 충돌하여 그 결과 피보험자가 다음의 손해에 대하여 법적 배상책임을 지고 손해배상금조로 타인에게 지급한 금액 중 3/4을 피보험자에게 보상하여 줄 것을 보증한다.

8.1.1 다른 선박과 다른 선박에 적재된 재산의 멸실 또는 손상

8.1.2 다른 선박과 다른 선박에 적재된 재산 사용의 지연 및 사용이익의 상실

8.1.3 다른 선박과 다른 선박에 적재된 재산에 관한 공동해손, 임의구조 또는 계약구조.

8.2 이 약관 8에 규정된 보상은 이 보험의 다른 제 조건에 의하여 규정된 보상에 추가되며, 다음의 규정에 준한다.

8.2.1 피보험선박이 다른 선박과 충돌하여 쌍방의 선박에 과실이 있는 경우, 일방 또는 쌍방 선박의 배상책임본 법률에 의하여 제한된 경우를 제외하고, 이 약관 8에 의한 보상액은 이 충돌결과 피보험자가 지급해야 할 또는 수취해야 할 상쇄차액이나 금액을 확정하는 데에 적정하게 승인된 쌍방의 손해비율에 따른 손해배상액을 해당 선주가 상대방에게 각각 지급해야 하는 것으로 간주하여, 교차책임의 원칙에 따라 산출한다.

8.2.2 약관 8.1 및 8.2하에서 보험자의 총 배상책임액은 어떠한 경우에도 매 충돌사고당 피보험 선박보험금액의 3/4에서 보험자의 비례부담분을 초과하지 않는다.

8.3 또한 보험자의 사전 서면동의를 얻어 피보험자가 배상책임에 관하여 다투거나 배상책임 제 한을 위한 법적 조치를 취하는 경우, 보험자는 또한 피보험자가 지급한 또는 지급해야 할 법적 비용의 3/4을 지급한다.

면책위험

8.4 다만, 약관 8에서는 다음에 정한 사항에 대하여 피보험자가 지급해야 할 일체의 금액은 어떠한 경우에도 보상하지 않는다.

8.4.1 장애물, 난파물, 적하, 그 밖의 일체의 물

wrecks, cargoes or any other thing what-soever

8.4.2 any real or personal property or thing whatsoever except other Vessels or property on other Vessels

8.4.3 the cargo or other property on, or the engagements of, the insured Vessel

8.4.4 loss of life, personal injury or illness

8.4.5 pollution or contamination of any real or personal property or thing whatsoever (except other Vessels with which the insured Vessel is in collision or property on such other Vessels) or damage to the environment, or threat thereof, save that this exclusion shall not extend to any sum which the Assured shall pay for or in respect of salvage remuneration in which the skill and efforts of the salvors in preventing or minimising damage to the environment as is referred to in Article 13 paragraph 1 (b) of the International Convention on Salvage, 1989 have been taken into account.

체에 대한 제거 또는 처분

8.4.2 다른 선박 또는 다른 선박에 적재되어 있는 재산 이외의 부동산 또는 동산, 그 밖의 일체의 물체

8.4.3 피보험선박에 적재된 적하 또는 그 밖의 재물 및 피보험선박의 계약상의 채무

8.4.4 사망, 신체상에 또는 질병

8.4.5 부동산, 동산, 그 밖의 일체의 물체에 대한 오염 또는 오탁 또는 그 위협(피보험선박과 충돌한 다른 선박 또는 그 선박에 적재된 재물은 제외한다). 다만 1989년 국제구조협약 제13조 1(b)항에서 규정된 바와 같이 환경에 대한 손상을 방지하거나 또는 경감하기 위하여 구조자가 행한 기술이나 노력이 고려되어지는 구조행위에 대한 보상에 대하여 피보험자가 지급해야 할 금액에 대하여는 이 면책약관을 적용하지 않는다.

② 조항의 개요

3/4 충돌손해 배상책임약관은 선박의 충돌에 따른 배상책임에 관한 사항을 규정한 약관이다. ITC(Hulls)에 의하면 기본적으로 충돌배상 책임액의 3/4을 한도로 선체보험과는 별도로 추가 보상하게 되어 있다. 충돌은 두 선박 사이의 현실적인 접촉 또는 실제적인 충격을 의미한다. 정박하고 있는 선박의 닻과의 접촉도 충돌로 간주하여 보상한다. 피보험선박 A 선박이 B 선박과 충돌하고 그 직접적인 결과로서 B 선박이 다시 C 선박과 충돌한 경우 C 선박에 대해서도 보상한다. 피보험선박이 피예인중 예인선이 타선과 충돌하여 그 선박이 침몰한 경우 법률상 1척의 선박으로 간주하여 보상한다. 피보험선박인 A 선박의 과실로 다른 B 선박과 C 선박이 충돌하거나 B 선박이 좌초된 경우 보상하지 않는다.

3/4 충돌손해 배상책임약관에서 충돌손해 배상책임 손해청구에 대한 보험자의 최고 보상한도는 협정보험가액의 3/4이다. 따라서 피보험선박이 다른 선박과 충돌하여 그 결과 피보험자가 법적으로 배상책임을 지고 손해배상금으로 다른 선박의 선주에게 지급한 금액 중 3/4만을 보상한다. 3/4 충돌손해 배상책임약관에서 보험자의 사전 서면동의를 얻어 피보험자가 배상책임에 관하여 다루거나 배상책임제한을 위한 법적 조치를 취하는 경우, 보험자는 또한 피보험자가 지급한 또는 지급해야 할 법적 비용의 3/4을 지급한다. 1989년 국제구조협약 제13조 1(b)항에서 규정된 바와 같이 환경에 대한 손상을 방지하거나 또는 경감하기 위하여 구조자가 행한 기술이나 노력이 고려되어지는 구조행위에 대한 보상에 대하여 피보험자가 지급해야 할 금액에 대하여는 이 면책약관을 적용하지 않는다.

### 9) 자매선약관

#### ① 조항의 내용

| | |
|---|---|
| 9. SISTERSHIP<br>Should the Vessel here by insured come into collision with or receive salvage services from another Vessel belonging wholly or in part to the same Owners or under the same management, the Assured shall have the same rights under this insurance as they would have were the other Vessel entirely the properly of Owners not interested in the Vessel hereby insured; but in such cases the liability forth collision or the amount payable for the services rendered shall be referred to a sole arbitrator to be agreed upon between the Insurers and the Assured. | 제9조 자매선<br>선박이 전부 또는 일부가 동일 선주에 소유되거나 동일 관리하에 있는 다른 선박과 충돌하거나, 또는 그러한 다른 선박으로부터 구조를 받았을 경우, 피보험자는 다른 선박이 피보험선박에 전혀 이해관계가 없는 선주의 재산이었다면 피보험자가 당연히 보유할 수 있는 권리와 동일한 권리를 보험에서 보유하는 것으로 한다. 그러나 이 경우에도 충돌에 대한 책임 또는 구조작업에 대해 지급해야 할 금액은 보험자와 피보험자가 합의하여 선정한 1명의 중재인의 재정(裁定)에 따라야 한다. |

#### ② 조항의 개요

자매선약관은 선박이 전부 또는 일부가 동일 선주에 소유되거나 동일 관리 하에 있는 다른 선박, 즉 자매선 선박 사이에 과 충돌하거나, 또는 그러한 다른 선박으로부터 구조를 받았을 경우, 피보험자는 다른 선박이 피보험선박에 전혀 이해관계가 없는 선주의 재산이었다면 피보험자가 당연히 보유할 수 있는 권리와 동일한 권리를 보험에서 인정한다는 사항을 규정한 약관이다.

### 10) 공동해손 및 구조약관

#### ① 조항의 내용

| | |
|---|---|
| 10. GENERAL AVERAGE AND SALVAGE<br>10.1 This insurance covers the Vessel's proportion of salvage, salvage charges and/or general average, reduced in respect of any under-insurance, but incase of general average sacrifice of the Vessel the Assured may recover in respect of the whole loss without first enforcing their right of contribution from other parties.<br>10.2 Adjustment to be according to the law and practice obtaining at the place where the adventure ends, as if the contract of affreightment contained no special terms upon the adventure ends, as if the contract of affreightment contained no special terms upon the subject; but where the contract of affreightment so provides the adjustment shall | 제10조 공동해손 및 구조<br>10.1 이 보험은 구조, 구조비 및 공동해손의 선박 분담분을 보상하며 일부 보험에 관하여는 감 액된 비율로 보상합니다. 그러나 선박의 공동해손희생손해의 경우에는 다른 당사자에 대해 공동해손분담 청구권을 행사하기 전에 손해 전액을 보상한다.<br><br>10.2 정산은 해상화물 운송계약에 그 정산에 관해 하등의 특약이 규제되어 있지 않은 경우에 준하여, 해상 운송사업이 종료되는 지역에서 행해지는 법률 및 관례에 따라 행해지는 것으로 한다. 그러나 해상화물운송계약에 요오크 앤트워프규칙에 따른다고 규제되어 있을 경우에는, 그 정산은 동 규칙에 의거해야 |

be according to the York-Antwerp Rules.

10.3 When the Vessel shall in ballast, not under charter, the provisions to the York- Antwerp Rules, 2004(excluding Rules XI(d), XX and X XI) shall be applicable, and the voyage for this purpose shall be deemed to continue from the port or place of departure until the arrival of the Vessel at the first port or place there after other than a port or place of refuge or a port or place of call for bunkering only. If at any such intermediate port or place there is an abandonment it of the adventure originally contemplated the voyage shall there upon be deemed to be terminated.

10.4 No claim under this Clause 11 shall in any case be allowed where the loss was not incurred to avoid or in connection with the avoidance of a peril insured against

10.5 No claim under this Clause 10 shall in any case be allowed for or in respect of

10.5.1 special compensation payable to a salvor under Article 14 of the International Convention on Salvage, 1989 or under any other provision in any statute, rule, law or contract which is similar in substance

10.5.2 expenses or liabilities in respect of damage to the environment, or the threat of such damage, or as a consequence of the escape or release of pollutant substances from the Vessel, or the threat of such escape or release.

10.6 The Clause 10.5 shall not however exclude any sum which the Assured shall pay to salvors for or in respect of salvage remuneration in which the skill and efforts of the salvors in preventing or minimising damage to the environment as is referred to in Article 13 paragraph 1(b) of the International Convention on Salvage, 1989 have been taken into account.

한다.

10.3 선박이 용선되지 않고 공선으로 출항하는 경우에는 2004년 요오크 앤트워프 규칙의 각 규정(제11조 d항, 제20조 및 제21조 제외)을 적용하는 것으로 하며, 이 목적을 위해서 항해라고 하는 것을 출항항 및 해역으로부터 피난항 및 해역 또는 연료보급을 유일한 목적으로 하는 기항시의 항구 및 해역을 제외한 출항 후 최초로 기항하는 항구 또는 해역에 도착할 때까지 계속되는 것으로 간주한다. 만약 최초에 기도한 해상운송사업을 위의 중간항 또는 해역에서 중지한다면 항해는 그때부터 중지된 것으로 간주한다.

10.4 담보위험을 피하기 위하여 또는 담보위험을 피하는 것과 관련하여 발생한 손실이 아닌 경우에는 이 약관 11에서 어떠한 보상청구도 허용하지 않는다.

10.5 이 약관 10에서는 다음사항에 대하여 어떠한 보상청구도 허용하지 않는다.

10.5.1 1989년 국제구조협약의 제14조 또는 실질적으로 이와 유사한 법령, 규칙, 법규 또는 계약에서의 그 밖의 규정에 의하여 구조자에게 지급되어야 할 특별보상

10.5.2 환경에 의한 손해, 그러한 손해의 위협 또는 선박으로부터의 오염물질의 누출 또는 방출 또는 그러한 누출 또는 방출의 위협으로부터 발생하는 비용 또는 배상책임

10.6 1989년 국제구조협약 제13조 1 (b)항에서 규정된 바와 같이 환경에 대한 손해를 방지하거나 또는 경감하기 위하여 구조가가 행한 기술과 노력이 고려되어지는 구조행위에대한 보상에 대하여 피보험자가 구조자에게 지급해야 할 금액에 대하여는 이 약관 10.5를 적용하지 않는다.

## ② 조항의 개요

공동해손 및 구조약관은 공동해손 및 구조에 관한 사항을 규정하고 있다. 공동해손 및 구조약관의 내용은 분담비율, 공동해손규칙(YAR)의 적용, 공선운송, 위험회피비용 등에 관한 것이다. 구조, 구조비, 공동해손이 발생하였을 때 전부보험인 경우에는 피보험선박의 분담금을 보상하고, 일부보험인 경우에는 감액된 비율만큼 보상한다. 공동해손 희생손해에 대하여는 전부를 보상하고 공동해손의 정산 후 다른 당사자에게 분담청구권의 행사한다. 운송계약서에 명시규정이 없는 경우에는 공동해손규칙(YAR)이나 항해종료 장소의 법과 관습에 따라 정산한다.

선박이 화물을 적재하지 않고 공선상태로 출항하는 경우에는 공동의 항해단체가 구성되지 않아 공동해손으로 인정받을 수가 없으나 이 약관에 의하여 공동해손규칙(YAR)을 적용하고 보상한다. 담보위험을 회피하거나 방지하기 위하여 지출된 비용을 보상한다. 오염손해와 관련한 구조비용은 면책이다.

### 11) 피보험자 의무약관

#### ① 조항의 내용

| | |
|---|---|
| 11 DUTY OF ASSURED(SUE AND LABOUR)<br><br>11.1 In case of any loss or misfortune it is the duty of the Assured and their servants and agents to take such measures as may be reasonable for the purpose of averting or minimizing a loss which would be recoverable under this insurance. | 제11조 피보험자의무<br><br>11.1 손실 또는 재난이 발생한 경우에 이 보험에서 보상될 손실을 방지하거나 경감하기 위하여 합리적인 조치를 취하는 것은 피보험자, 그 사용인 및 대리인의 의무이다. |
| 11.2 Subject to the provisions below and Clause 12 the Underwriters will contribute to charges properly and reasonably incurred by the Assured their servant or agents for such measures General average, salvage charges (except as provided for in Clause 11.5), special compensation and expenses as referred to in Clauses 10.5 and collision defence or attack cost a not recoverable under this Clause 11. | 11.2 아래의 규정 및 약관 12에 따라, 피보험자는 피보험자, 그 사용인 또는 대리인이 그러한 조치를 취하기 위하여 적절하고도 합리적으로 지급한 비용을 보상한다. 공동해손, 구조비(약관11.5에 규정된 경우는 제외)와 특별보상과 약관 10.5에서 규정한 비용, 충돌배상을 방어 또는 청구하는 비용은 이 약관 11에서는 보상하지 않는다. |
| 11.3 Measures taken by the Assured or the Underwriter with the object of saving, protecting or recovering the subject-matter insured shall not be considered as a waiver or acceptance of abandonment or otherwise prejudice the rights of either party. | 11.3 보험목적을 구조, 보호 또는 회복시키기 위하여 피보험자 또는 보험자가 취한 조치는 위부의 포기나 승낙으로 간주되지 아니하며 또한 어느 일방의 권리를 침해하지도 않는다. |
| 11.4 When expense are incurred pursuant to this Cause 11 the liability under this insurance shall not exceed the proportion of such expenses that the amount insured hereunder bears to the Value of the Vessel as stated herein, or to the sound value the Vessel at the time of the occurrence giving rise to the expenditure if the sound value exceeds that value. Where the Underwriters have admitted a claim for total loss and property insured by this insurance is saved, the forgetting provisions shall not apply unless the expenses of suing and labouring exceed the value of such property save and then shall apply only to the amount of the expenses which is in excess of such value. | 11.4 약관 11에 의하여 비용을 지급했을 경우 이 보험에 의한 책임액은 그 비용 중에서 이 보험에 기재된 선박가액에 대한 보험금액의 비율을 초과할 수 없다. 또한 선박의 정상가액이 이 보험에 기재된 등 선박의 가액을 초과하였을 경우에는 비용지급을 필요로 하는 사고가 발생하였을 때에 선박의 정상가액에 대한 보험금액의 비율을 초과할 수 없다. 보험자가 전손금의 청구를 승인했을 경우 이 보험에 부보된 재산이 구조되었을 때에는 위의 여러 규정은 손해방지비용이 구조된 위 재산의 가액을 초과하지 않은 한 적용되지 아니하며, 또한 초과했을 경우에는 구조된 재산의 가액을 초과하는 비용액에 대해서만 적용된다. |
| 11.5 When a claim for total loss of the Vessel is admitted under this insurance and expenses | 11.5 이 보험에서 선박 전손금의 청구가 승인되었을 경우 그리고 선박, 기타의 재산을 구조하 |

have been reasonably incurred in saving or attempting to save the Vessel and other property and there are no proceeds, or the expenses exceed the proceeds,
then this insurance shall bear its pro rata share of such proportion of the expenses, or of the expenses in excess of the proceeds, as the case may be, as may reasonably be regarded as having been incurred in res- pect of the Vessel, excluding all special compensation and expenses referred to in Clause 10.5; but if the Vessel be insured for less than its sound value at the time of the occurrence giving rise to the expenditure, the amount recoverable under this clause shall be reduced in proportion to the under-insurance.
11.6 The sum recoverable under this Clause 11 shall be in addition to the loss otherwise recoverable under this insurance but shall in no circumstances exceed the amount insured under this insurance in respect of the Vessel.

기 위하여 또는 구조할 것을 기도하기 위하여 합리적으로 비용을 지급했으나 잔존가가 없거나 비용이 잔존가를 초과할 때에는
이 보험은 그 비용 중 또는 잔존가를 초과하는 비용 중 선박에 관하여 지급되었다고 합리적으로 인정받는 비율의 비례부분을 부담한다. 단 특별비용과 약관 10.5에서 규정한 비용은 제외한다. 그러나 선박이 비용지급을 필요로 하는 사고가 발생하였을 때의 정상가액보다 낮은 가액으로 부보되었을 경우에는 이 약관에 의하여 보험자로부터 회수할수 있는 금액은 일부보험의 비율에 따라 감액된다.

11.6 이 약관 11에서 보상될 금액은 이 보험에 의하여 보상될 다른 손해에 추가되지만 어떠한 경우에도 이 선박보험의 보험금액을 초과하지 않는다.

## ② 조항의 개요

피보험자 의무약관은 보험사고가 발생하였을 경우 피보험자가 지켜야 할 의무를 규정한 약관이다. 피보험선박에 보험사고가 발생하면 손해를 피하거나 경감하기 위한 합리적인 조치를 취할 의무가 피보험자에게 있다. 피보험자가 손해방지의무를 이행하기 위하여 적절하고도 합리적으로 비용이 지출되었다면 보상한다. 피보험자나 보험계약자의의 손해방지 또는 손해 제거를 위한 조치는 위부의 포기 또는 승낙으로 간주되지 않고, 양 당사자의 권리에 피해를 주지도 않는다.

일부보험인 경우에는 협정보험가액 또는 선박의 정상가액에 대한 보험금액의 비율로 손해방지비용을 비례보상한다. 전손을 보험자가 인정한 경우 피보험재산이 구조된 때에는 손해방지비용이 구조된 재산의 가액을 초과하지 않는 한 보상하지 아니하고, 초과한 경우에는 초과비용에 대해서만 비례보상원칙을 적용한다. 선박 전손금의 청구를 보험자가 승인한 경우, 그리고 선박, 기타의 재산을 구조하기 위하여, 또는 구조할 것을 기도하기 위하여 합리적으로 비용을 지급했으나 잔존가가 없거나 비용이 잔존가를 초과할 때에는 이 보험은 그 비용 중 또는 잔존가를 초과하는 비용 중 선박에 관하여 지급되었다고 합리적으로 인정받는 비율의 비례부분을 부담한다. 피보험자, 그 사용인 또는 대리인이 손해를 방지 또는 경감시키기 위하여 적절하고도 합리적으로 지급한 비용은 보상될 금액은 이 보험에 의하여 보상될 다른 손해에 추가되지만 이 선박보험의 보험금액을 초과하지 않는다.

## 12) 공제액약관

### ① 조항의 내용

12. DEDUCTIBLE

12.1 No claim arising from a peril insured against shall be payable under this insurance unless the aggregate of all such claims arising out of each separate accident or occurrence(including claims under Clauses 8, 11 and 13) exceeds ⋯ in which case this sum shall be deducted. Nevertheless the expense of sighting the bottom after stranding, if reasonably incurred specially forth at purpose, shall be paid even if no damage be found. This Clause 12.1 shall not apply to a claim for total or constructive total loss of the Vessel or, in the event of such a claim, to any associated. claim under Clause 13 arising from the same accident or occurrence.

12.2 Claim for damage by heavy weather occurring during a single sea passage between two successive ports shall be treated as being due to one accident. In the case of such heavy weather extending over a period not wholly covered by this insurance the deductible to be applied to the claim recoverable hereunder shall be the proportion of the above deductible that the number of days of such heavy weather falling within the period of this insurance bears to the number of days of heavy weather during the single sea passage. The expression 'heavy weather' in this Clause 12.2 shall be deemed to include contact with floating ice.

12.3 Excluding any interest comprised therein, recoveries against any claim which is subject to the above deductible shall be credited to the Underwriters in full to the extent of the sum by which the aggregate of the claim unreduced by any recoveries exceeds the above deductible.

12.4 Interest comprised in recoveries shall be apportioned between the Assured and the Underwriters, taking into account the sums paid by the underwriters and the dates when such payments were made, notwithstanding that by the addition of interest the underwriters may receive a larger sum than they have paid.

제12조 공제액

12.1 이 보험에서 담보위험으로 인하여 발생한 손해는 독립된 1사고로 인하여 발생한 손해액의 합계(약관 8, 11 및 13에 따른 보상청구 포함)가 ⋯을 초과하지 아니하면 보상하지 아니하며, 초과하는 경우에는 이 금액을 공제하여 보상한다. 다만 좌초 후의 선저 검사비용은 특히 그 목적을 위하여 합리적으로 지급된 것이라면 손상이 발견되지 않았을 경우에도 이를 보상한다. 이 약관 12.1은 선박의 전손이나 추정전손 보상의 경우에는 적용하지 아니하며 이 경우 동 사고로 인하여 발생된 약관 13에 관련된 보상청구에도 적용하지 않는다.

12.2 두 개의 계속적인 항구간에서도 편도항해 중 일어난 악천후로 인한 손해는 1회의 사고로 취급한다. 악천후가 이 보험의 담보기간 이상으로 계속되는 경우, 이 보험의 보상금액에 적용되는 공제액은 전항의 공제액에 대하여 보험기간 중의 악천후 일수의 위의 편도항해 중의 전 악천후 일수에 대한 비율로 한다. 이 약관 12.2에서 악천후라는 용어는 부빙(浮氷; 떠돌아다니는 얼음)과의 접촉을 포함한다.

12.3 위의 공제액이 적용된 손해의 회수금은 이자를 제외하고 회수금을 고려하지 않은 보험금 의 합계와 위의 공제액과의 차액의 범위 내에서 전액 보험자에게 귀속한다.

12.4 회수금에 포함된 이자는 보험자가 지급한 보험금과 지급일자를 감안하여 피보험자와 보험자가 서로 분배한다. 이 경우 보험자 는 이자를 합산함으로써 지급한 보험금을 초과하여 회수할 수 있다.

## ② 조항의 개요

공제액약관은 보험공제율에 관한 사항을 규정한 약관이다. 공제액은 보험계약을 체결할 때 보험사고가 발생하면 보험자가 지급할 보험금에서 보험증권에 명시된 일정 금액을 차감할 것을 피보험자와 합의한 금액이다. 공제액은 담보위험으로 인하여 발생한 손해는 독립된 1사고로 인하여 발생한 손해액의 합계액을 초과하지 아니하면 보상하지 아니하며, 초과하는 경우에는 이 금액을 공제하여 보상한다. 두 개의 연속적인 항구간의 편도항해 중에 일자가 다른 악천후로 인하여 선체가 파손되었다면 1사고로 간주하고 수리비의 합계에서 1회의 공제액만을 적용한다. 보험자는 공제액을 공제하고 보험금을 지급하면 대위권을 행사하여 지급한 한도 내에서 보상액을 회수한다. 회수금에 포함되는 이자는 사고일로부터 보험금이 지급될 때까지의 이자는 피보험자에게, 보험금을 지급한 일자로부터 대위권 행사로 보상금을 회수하는 기간까지의 이자는 보험금과 보상금을 고려하여 보험자에게 귀속된다.

## 13) 사고통보 및 입찰약관

### ① 조항의 내용

13. NOTICE OF CLAIM AND TENDERS
13.1 in the event of accident where by loss or damage may result in a claim under this insurance, notice must be given to the Underwriters promptly after the on which the Assured, Owners or Managers becomes or should have become aware of the loss or damage and prior to survey so that a surveyor may be appointed if the Underwriters so desire.
If notice is not given to the Underwriters within twelve months of that date, unless Underwriters agree to the contrary in writing, Underwriters will be automatically discharged from liability for any claim under this insurance in respect of or arising out of such accident or the loss or damage.
13.2 The Underwriters shall be entitled to decide the port to which the Vessel shall proceed for docking or repair(the actual additional expense of the voyage arising from compliance with the Underwriters' requirements being refunded to the Assured) and shall have a right of veto concerning a place of repair or a repairing firm.
13.3 The Underwriters may also take tenders or may require further tenders to be taken for the repair of the Vessel. Where such a tender has been taken and a tender is accepted with

제13조 사고통보 및 입찰
13.1 사고가 발생되어 그로 인하여 이 보험에 의한 보상청구를 할 수 있는 멸실 혹은 손상이 생겼을 경우에는 피보험자, 소유자 또는 관리자가 그러한 멸실 혹은 손상이 생긴 사실을 인지하거나 혹은 인지했어야 할 날 이후 신속하게 보험자에게 사고통보를 해야 하며 보험자가 원한다면 보험자를 대리하는 검정인을 선임할 수 있도록 하기 위하여 이재조사에 앞서 사고통보를 해야 한다.
만약 보험자에게 이러한 사고통보를 12개월 이내에 하지 않는 경우, 보험자는 서면으로 동의하지 않는 한, 사고 또는 멸실 혹은 손상에 관련하거나 또는 그로 인하여 발생하는 이 보험에 의한 어떠한 보상청구에 대하여 책임이 자동적으로 면제된다.

13.2 보험자는 선박이 입거 또는 수리를 하기 위하여 항행해야 할 항구를 결정할 권리가 있고 (보험자의 요구에 부응함으로써 생기는 항해의 추가실비는 피보험자에게 환급함), 수리장소 혹은 수리회사에 관하여 거부권이 있다.

13.3 또한 보험자는 선박의 수리에 대하여 수개의 입찰에 붙일 수 있으며, 또는 또 다른 수개의 입찰에 붙일 것을 요구할 수 있다. 이러한 입찰이 붙여지고 입찰이 보험자의 승인을

the approval of the Underwriters, an allowance shall be made at the rate of 30% per annum on the insured value for time lost between the despatch of the invitations to tender required by Underwriters and the acceptance of a tender to the extent that such time is lost solely as the result of tenders having been taken and provided that the tender is accepted without delay after receipt of the Underwriters' approval.

Due credit shall be given against the allowance as above for any amounts recovered in respect of fuel and stores and wages and maintenance of the Master Officers and Crew or any member there of, inclu ding amounts allowed in general average, and for any amounts recovered from third parties in respect of damages for detention and/or loss of profit and/or running expens es, for the period covered by the tender allowance or any part thereof.

Where a part of the cost of the repair of damage other than a fixed deductible is not recoverable from the Underwriters the allowance shall be reduced by a similar proportion.

13.4 In the event of failure by the Assured the conditions of this Clause 13.2 and 13.3 a deduction of 15% shall be made from the amount of the ascertained claim.

---

얻어 낙찰되었을 경우에는 보험자가 요구한 입찰안내장의 발송시가와 낙찰시기와의 사이에 소요된 시간에 대하여 그 기간이 전적으로 수개의 입찰에 붙여진 결과, 소요된 한도까지 또한 입찰 이 보험자의 승인을 얻은 후 지체 없이 낙찰된 것을 전체조건으로 하여 보험금액의 연 30%의 비율로 배상한다.

입찰로 인한 시간의 소요에 대하여 보험자가 배상하는 기간 혹은 그 일부에 관하여 공동해손으로서 인정된 금액을 포함하여 연료, 소모품, 선장, 고급선원, 보통선원 및 이들의 일부의 급료와 유지비조로 회수한 금액과 휴항 및/또는 이윤의 상실 및/또는 경상비 지출에 대하여 손해배상금으로 제3자로부터 회수한 금액이 있으면 이를 전항의 배상금액에서 공제한다.

소정의 공제금액 이외의 손상수리비의 일부가 보험자로부터 보상되지 않을 경우에는 동일한 비율에 따라 배상금액에서 공제한다.

13.4 이 약관 13.2.와 13.3의 조건을 불이행하였을 경우에는 확정된 보상금액에서 15%의 금액을 공제한다.

---

② 조항의 개요

사고통보 및 입찰약관은 보험사고가 발생한 경우 피보험자가 일방적으로 수리장소나 수리회사를 결정하게 되면 부당하게 수리비가 지출되어 보험자가 불이익을 받을 수도 있기 때문에 피보험자의 의무와 보험자의 권리에 관한 사항을 규정한 약관이다. 선박사고가 발생하면 피보험자는 보험자에게 신속하게 통보하여야 한다.

보험자는 보험사고가 발생한 피보험선박이 입거 또는 수리를 위하여 입항하는 항구를 결정할 권리와 피보험자가 선택한 수리장소 및 수리회사에 대하여 거부할 권한이 있다. 보험자의 요구에 부응함으로써 생기는 항해의 추가에 따르는 실비는 피보험자에게 환급한다. 보험자는 선박의 수리비를 합리적으로 산출하기 위하여 수개의 입찰에 부칠 수 있고 피보험자에게 다른 입찰을 요구할 수도 있다. 보험자가 보상하는 기간 동안 공동해손으로 인정된 금액을 포함한 연료, 소모품, 선장 등의 급료와 부양비조로 회수한 금액과 휴항, 이윤의 상실, 또는 경상비 지출에 대하여 회수한 금액이 있으면 이를 연간 30%의 비율에서 공제하고 보상한다.

### 14) 신·구 교환차익 불공제약관

#### ① 조항의 내용

| 14. NEW FOR OLD<br>Claims payable without deduction new for old. | 제14조 신·구 교환차익 불공제<br>보상청구액은 신·구 교환차익의 공제없이 지급<br>된다. |
| --- | --- |

#### ② 조항의 개요

신·구 교환차익 불공제약관은 단독해손과 공동해손을 불문하고 보험자의 보상액은 선박을 수선할 때 낡은 부품을 새로운 부품으로 교환할 때 발생하는 가격차액의 공제없이 보상한다.

### 15) 선저처리약관

#### ① 조항의 내용

| 15. BOTTOM TREATMENT<br>In no case shall a claim be allowed in respect of scraping grit blasting and/or other surface preparation or painting of the Vessel's bottom except that<br>15.1 grit blasting and/or other surface preparation of new bottom plates ashore and supplying and applying new any 'shop' primer thereto,<br>15.2 grit blasting and/or other surface preparation of: the butts or area of plating immediately adjacent to any renewed or refitted plating damage during the course of welding and/or repairs, areas of plating damaged during the course of fairing, either in place or ashore,<br>15.3 supplying and applying the first coat of primer/anti-corrosive to those particular areas mentioned in 15.1 and 15.2 above, shall be allowed as part of the reasonable cost of repairs in respect of bottom plating damaged by an insured peril | 제15조 선저처리<br>어떠한 경우에도 선저의 부착물 청소, 모래분사작업 및 기타 표면처리 또는 도장과 관련된 보상청구는 허용되지 않는다.<br>다만,<br>15.1 해안에서 신조 선저 외판의 모래분사작업 및 기타 표면처리와 수리소에서의 그 부분에 대한 준비도장(準備塗裝),<br><br>15.2 용접 및 수리 중에 손상되어 신환(新換) 또는 재의장(再艤裝)된 외판에 바로 근접한 외판 부분의 모래 분사작업 및 기타 표면처리, 현장 또는 해안에서 철판의 곡직(曲直) 작업 중에 손상된 외판부분의 모래분사작업 및 기타 표면처리,<br><br>15.3 위 약관 15.1과 15.2에 언급된 특정부분의 최초의 기초도장/방청도장 등은 피보험위험으로 손상된 선저외판과 관련된 합리적인 수리비의 일부로 인정한다. |
| --- | --- |

#### ② 조항의 개요

선저처리약관은 선저부분의 청소 또는 수리와 관련한 약관이다. 현장 또는 해안에서 새로 건조되는 선저 외판의 모래분사작업 비용 및 기타 철판작업에 부수하여 모래분출기를 사용하여 철판의 부착물을 제거하는 선저의 부식긁기 비용이나 철판의 방부도료 또는 초도처리공정으로서의 세척도금비용 등의 초벌도장비용을 보상한다.

## 16) 급여 및 유지비약관

### ① 조항의 내용

| 16. WAGES AND MAINTENANCE | 제16조 급여 및 유지비 |
|---|---|
| No claim shall be allowed, other than in general average, for wages and maintenance of the Master, Officers and Crew, or any member thereof, except when incurred solely for the necessary removal of the Vessel from one port to another for the repair of damage covered by the Underwriters, or for trial trips for such repairs, and then only for such wages and maintenance as are incurred whilst the Vessel is under way. | 선장, 고급선원, 보통선원 또는 기타 해원의 급료와 유지비는 어떠한 경우에도 공동해손 이외에는 인정되지 않는다. 다만, 선박을 보험자가 보상하는 손상수리를 위하여 어떤 항구에서 다른 항구로 이동하는 것이 필요하여 오직 이를 위하여 또는 그러한 수리후의 시운전만을 위하여 선박이 그 항해 중에 지급한 급료와 유지비는 인정한다. |

### ② 조항의 개요

급여 및 유지비약관은 선원의 급여에 관한 약관이다. 선원의 급여 및 유지비 등은 공동해손 이외에는 보험자가 보상하지 않는다. 다만, 선박을 보험자가 보상하는 손상수리를 위하여 어떤 항구에서 다른 항구로 이동하는 것이 필요하여 오직 이를 위하여 또는 그러한 수리후의 시운전만을 위하여 선박이 그 항해 중에 지급한 급료와 유지비는 인정한다.

## 17) 대리점수수료약관

### ① 조항의 내용

| 17 AGENCY COMMISSION | 제17조 대리점수수료 |
|---|---|
| In no case shall any sum be allowed under this insurance either by way of remuneration of the Assured for time and trouble taken to obtain and supply information or documents or in respect of the commission or charges of any manager, agent, managing or agency company or the like, appointed by or on behalf of the Assured to perform such services. | 이 보험에서는 어떠한 경우에도 피보험자가 정보 또는 서류를 입수하여 제공하는 데 기울인 시간과 노력에 대한 대가는 보상하지 아니하며 그러한 업무를 수행하기 위하여 피보험자가 지정하였거나 피보험자를 대신하는 관리인, 대리인, 관리회사, 대리점, 또는 유사한 회사 등의 수수료 또는 비용에 관해도 일체 보상하지 않는다. |

### ② 조항의 개요

대리점수수료약관은 대리점에 지급하는 수수료에 대한 사항을 규정한 약관이다. 보험에서는 어떠한 경우에도 피보험자가 정보 또는 서류를 입수하여 제공하는 데 기울인 시간과 노력에 대한 대가는 보상하지 아니하며 그러한 업무를 수행하기 위하여 피보험자가 지정하였거나 피보험자를 대신하는 관리인, 대리인, 관리회사, 대리점, 또는 유사한 회사 등의 수수료 또는 비용에 관해도 일체 보상하지 않는다.

## 18) 미수리손상약관

### ① 조항의 내용

| 18. UNREPAIRED DAMAGE<br>18.1 The measure of indemnity in respect of claims for repaired damage shall be the reasonable depreciation in the market value of the Vessel at the time this insurance terminates arising from such unrepaired damage, but not exceeding the reasonable cost of repairs.<br>18.2 In no case shall the Underwriters be liable for unrepaired damage in the event of subsequent total loss (whether or not covered under this insurance)sustained during the period covered by this insurance or any extension thereof.<br>18.3 The Underwriters shall not be liable in respect of unrepaired damage for more than the insured value at the time this insurance terminates. | 제18조 미수리손상<br>18.1 미수리 손상에 대한 보상청구와 관련된 보상액의 산정은 그러한 미수리손상으로 인하여 이 보험이 종료하는 시점에서 선박시장가액의 합리적인 감가액으로 하되, 합리적인 수리비를 초과할 수 없다.<br><br>18.2 이 보험의 담보기간 중에 또는 담보연장기간 중에 전손된 경우에는(이 보험에서 담보되건 안 되건간에) 미수리 손상에 대해서 어떠한 경우에도 책임을 지지 않는다.<br><br>18.3 보험자는 미수리손상에 대하여 이 보험이 종료하는 시점에서의 보험가액 이상을 책임지지 않는다. |

### ② 조항의 개요

미수리손상약관은 선박의 미수선부분에 대한 보상내용을 규정한 약관이다. 보험자는 미수리손상에 대하여 보험종료시점의 선박 정상가액에서 손상상태의 가액을 공제한 잔액은 책임지지만 합리적인 수리비를 초과할 수 없다. 분손이 발생하고 수리를 하기 전에 전손이 발생하였다면 보험자는 전손에 대해서 보상한다. 수리비의 합계가 보험금액을 초과하여도 보험자는 보상한다. 선박의 미수리상태인 경우 보험자의 책임은 보험계약이 종료하는 시점에서의 보험가액을 한도로 한다.

## 19) 추정전손약관

### ① 조항의 내용

| 19. CONSTRUCTIVE TOTAL LOSS<br>19.1 In ascertaining whether the Vessel is a constructive total loss, the insured value shall be taken as the repaired value and nothing in respect of the damaged or break-up value of the Vessel or wreck shall be taken into account.<br>19.2 No claim for constructive total loss based upon the cost of recovery and/or repair of the Vessel shall be recoverable hereunder unless such cost would exceed the insured value in making this deter- mination, only the cost | 제19조 추정전손<br>19.1 선박이 추정 전손인가 아닌가의 여부를 판단함에 있어서는, 보험가액을 수리완료 후의 가액으로 간주하고, 선박 또는 난파선의 손상가액 또는 해체가액은 이를 고려하지 않는다.<br><br>19.2 선박의 회복 및 수리비용을 기초로 한 추정전손의 청구는 그 비용이 보험금액을 초과하지 않으면 보상되지 않는다. 추정전손의 결정에 있어서는 1회의 사고 또는 동일사고로 인한 연속된 손상에 관련된 비용만을 고려한다. |

relating to a single accident or sequenceof damages arising from the same accident shall be taken into account.

## ② 조항의 개요

추정전손약관은 추정전손과 관련한 보상의 내용을 규정한 약관이다. 선박이 담보위험으로 인하여 손상을 입었을 경우 그 손상을 수리하는 비용이 수리했을 때의 선박가액을 초과하리라고 예상된 경우 추정전손이 성립된다. 선박을 수리하는 경우에는 선박수리 후의 가액을 협정보험가액으로 한다.

### 20) 운임포기약관

#### ① 조항의 내용

| 20. FREIGHT WAIVER<br>In the event of total or constructive total loss no claim to be made by the Insurers for freight whether notice of abandonment has been given or not. | 제20조 운임포기<br>전손 또는 추정전손의 경우에는 위부 통보 여부를 불문하고 보험자는 운임을 청구하지 않는다. |
|---|---|

#### ② 조항의 개요

운임포기약관은 추정전손에 따른 운임의 관계를 규정한 약관이다. 전손 또는 추정전손의 경우에는 위부 통보 여부를 불문하고 보험자는 운임을 청구하지 않는다. 보험자가 운임에 대한 대위권 행사를 금지시키고 선주에게 권리가 있음을 규정하고 있다.

### 21) 제21조 양도약관

#### ① 조항의 내용

| 21. ASSIGNMENT<br>No assignment of or interest in this insurance or in any moneys which may be or become payable thereunder is to be binding or recognised by the Underwriters unless a dated notice of such assignment or interest signed by the Assured, and by the assignor in the case of subsequent assignment, is endorsed on the Policy and the Policy with such endorsement is produced before payment of any claim or return of premium thereunder | 제21조 양도<br>이 보험의 양도 또는 이 보험의 권리취득이나 이 보험에 의하여 지급될 수 있는 또는 지급될 모든 금전에 관한 권리취득은 보험자를 구속하는 것도 아니며, 보험자가 이를 승인하는 것도 아니다. 다만 양도의 경우에는 피보험자가, 재양도의 경우에는 양도인이 서명한 위의 양도나 권리취득일자가 표시된 통보가 이 보험증권에 배서되고, 또한 그 배서가 있는 보험증권이 해당 보험증권에 의한 보험금 또는 환급보험료의 지급 전에 제출된 경우에는 그러하지 아니하다. |
|---|---|

② 조항의 개요

양도약관은 보험증권의 양도가 있을 경우 통지에 의하여 보험금 및 환급보험료의 수취인을 확정하기 위한 약관이다. 보험자가 보험증권, 보험금 청구 또는 환급보험료의 양도나 권리취득을 승인하는 경우는 보험자에 대한 확정일부 통지가 있어야 한다.

### 22) 선비담보약관

① 조항의 내용

| 22. DISBURSEMENTS WARRANTY | 제22조 선비담보 |
| --- | --- |

22. DISBURSEMENTS WARRANTY
22.1.1 Additional insurances as follows are permitted:
22.1.1. Disbursement Managers' Commissions, Profits or Excess Increased Value of Hull and Machinery: A sum not exceeding 25% of the value stated herein.
22.1.2 Freight, Chartered Freight or Anticipated Freight: insured time. A sum not exceeding 25% of the value as stated herein less any sum insured, however described, under 21.1.1.
22.1.3 Freight or Hire, under contract of voyage: A sum not exceeding the gross freight or hire for the current cargo passage and next succeeding cargo passage(such insurance to include, if required, a preliminary and an intermediate ballast passage) plus the charges of insurance. In the case of a voyage charter where payment is made on a time basis, the sum permitted for insurance shall be calculated on the estimated duration of the voyage, subject to the limitation of two cargo passages as laid down herein. Any sum insured under 21.1.2 to be taken into account and only the excess there of may be insured, which excess shall be reduced as the freight or hire is advanced or earned by the gross amount so advanced or earned.
22.1.4 Anticipated Freight if the Vessel sails in ballast and not under Charter: A sum not exceeding the anticipated gross freight on next cargo passage, such sum to be reasonably estimated basis of the current rate of freight at time of insurance plus the charges of insurance. Any sum insured under 21.1.2 to be taken into account and only the excess thereof may be insured.
22.1.5 Time Charter Hire or Charter Hire for Series of Voyage: A sum not exceeding 50% of the gross hire which is to be earned under the charter in a period not exceeding 18 month. Any sum insured under 21.1.2 to be taken into

제22조 선비담보
22.1 다음과 같은 추가보험을 인정한다.

22.1.1 선비, 관리자의 수수료, 이윤 또는 선체 및 기관의 초과액 혹은 증가액: 그 보험금액은 이 보험증권에 기재된 가액의 25%를 초과할 수 없다.
22.1.2 기간보험으로 부보된 운임, 용선료 혹은 희망운임: 보험금액은 명칭의 여하를 불문하고 약관 21.1.1에 의하여 보험증권에 기재된 가액의 25%를 초과할 수 없다.
22.1.3 항해운송계약에 의한 운임 혹은 용선료: 그 보험금액은 화물을 적재한 당해 구간항해 및 이어서 계속되는 다음의 화물을 적재한 구간항해(이러한 보험에는 필요시에 준비를 위한 중간의 공선의 구간항해를 포함)에 대한 총운임혹은 총 용선료에 보험의 비용을 가산한 액수를 초과할 수 없다. 기간을 기준으로 용선료가 지급되는 항해용선의 경우 부보금액으로서 인정되는 금액은 위에서 규제한 화물을 적재한 2개의 구간항해의 제한에 따라 항해의 견적기간에 기초를 두고 산출해야 한다. 약관 21.1.2에 의하여 부보된 금액이 있을 경우에는 이를 고려하여 그 초과액만을 부보할 수 있다. 이 초과액은 운임 혹은 용선료가 선급되거나 또는 취득됨에 따라 선급 또는 취득된 총액만큼 감액된다.
22.1.4 선박이 공선으로 또한 용선되지 않고 출항하는 경우의 희망운임: 그 보험금액 은 화물을 적재한 다음의 구간항해에 있어서의 희망운임 총액을 초과할 수 없다. 이 보험금액은 보험계약을 체결할 때의 운임시가를 기초로 하여 합리적으로 추정된 금액에 보험비용을 가산한 것으로 한다. 이 약관 21.1.2에 의하여 부보된 금액이 있을 경우에는 이를 고려하여 그 초과액만을 부보할 수 있다.
22.1.5 기간용선료 혹은 연속 수개 항해에 대한 용선료: 그 보험금액은 18개월을 초과하지 않은 기간 내의 용선계약상 취득할 예정의 용선료 총액의 50%를 초과할 수 없다. 이 약관

account and only the excess there of may be insured, which excess shall be reduced as the hire is advanced or earned under the charter by 50% of the gross amount so advanced or earned but the sum insured need not be reduced while the total of the sums insured under 21.1.2 and 21.1.5 does not exceed 50% of the gross hire sum to be earned under the charter. An insurance under this Section may begin on the signing of the charter.

22.1.6 Premium: A sum not exceeding the actual premiums of all interests insured for a period not exceeding 12 months (excluding premiums insured under the foregoing sections but including, if required, the premium or estimated calls on any Club or War etc. Risk insurance) reducing prorata monthly.

22.1.7 Returns of Premium: A sum not exceeding the actual returns which are allowable under any insurance but which would not be recoverable thereunder in thc event of a total loss of the Vessel whether by insured perils or otherwise.

22.1.8 Insurance irrespective of amount against: Any risks excluded by Clauses 23, 24, 25 and 26 below.

22.2 Warranted that no insurance on any interests enumerated in the forgoing 21.1.1 to 21.1.7 in excess of the amount this permitted therein and no other insurance which includes total loss of the Vessel P.P.I., F.I.A., or subject to any other like term, is or shall be effected to operate during the currency of this insurance by or the account of the Assured, Owners, Managers or Mortgagees. Provided always that a breach of this warranty shall not afford the Under writers any defence to a claim by a Mort gagee who has accepted this insurance without knowledge of such breach.

21.1.2에 의하여 부보된 금액이 있을 경우에는 이를 고려하여 그 초과액만을 부보할 수 있다. 그 초과액은 용선료가 용선계약상 선급되거나 또는 취득되거나에 따라 선급 또는 취득된 총액의 50%만큼 감액되어 가지만, 그 보험금액은 약관 21.1.2 및 21.1.5에 의하여 부보된 금액의 합계액이 용선계약상 추후 취득될 용선료 총액의 50%를 초과하지 않은 동안은 감액할 필요가 없다. 이 호에 의한 보험은 용선계약에 서명한 때부터 개시할 수 있다.

22.1.6 보험료: 그 보험금액은 12개월을 초과하지 않은 기간에 대하여 부보된 모든 이익의 실제 보험료를 초과하지 않아야 한다(위의 각 호에 의하여 부보된 보험료는 공제하나 필요 시에는 선주상호보험조합의 보험 혹은 전쟁 등의 위험보험의 보험료 혹은 추정보험료를 포함한다). 이 보험금액은 월할(月割)로 감액되는 것으로 한다.

22.1.7 환급보험료: 그 보험금액은 모든 보험에서 환급이 인정될 수 있으나 선박이 피보험위험 또는 기타위험으로 전손이 발생될 경우에는 회수할 수 없게 될 실질적인 환급보험료를 초과할 수 없다.

22.1.8 보험금액의 제한이 없는 보험: 아래의 약관 23, 24, 25 및 26에서 면책된 위험

22.2 위의 약관 21.1.1 내지 21.1.7에서 열거한 모든 이익의 보험으로서 위의 각 호에서 인정된 금액을 초과하는 보험과 '선박의 전손'에 포함한 '보험증권 자체가 피보험이익의 존재를 증명함' '모든 피보험 이익을 승인함' 또는 이와 같은 종류의 문언 조건으로 부보하는 기타의 보험이 피보험자, 소유자, 관리자 또는 저당권자에 의하여 혹은 이들을 위하여 이 보험의 보험기간 중에 효력이 있게끔 부보되어 있지 않을 것과 장래에도 부보되지 않을 것을 담보한다. 다만 이 담보의 위반은 그 위반 사실을 알지 못하고 이 보험을 수취한 저당권자에 의한 보험금 청구에 대하여 보험자에게 항변권을 부여하는 것은 아니다.

## ② 조항의 개요

선비담보약관은 피보험자가 보험에 부보할 때 선박가액의 일부만을 분손담보조건으로 부보하고 나머지 가액을 선비, 증액보험의 전손담보조건으로 부보하여 보험료를 절감하는 방법을 선택하였는데도 불구하고 전손사고가 발생하였을 때 선박가액 전액을 보상받게 되는 불합리성을 방지하고 중복보험이나 도박보험을 예방하기 위한 약관이다. 선비담보에서 추가보험을 정한다. 선비, 관리자의 수당, 이윤, 선체 및 기관의 초과액 또는 증가액의 추가보험을 인정한다. 금액은 협정보험가액의 25%를 초과하지 않는다.

　기간보험에 부보된 운임, 용선료 또는 희망운임의 추가보험을 인정한다. 협정보험가액의 25% 범위 내에서 위의 보험금액을 차감한 금액을 초과하지 않는다. 항해운임계약에 의한 운임 또는 용선료에 대한 추가보험을 인정한다. 선박이 공하로 용선되지 않고 출항하는 경우 예상운임의 추가보험을 인정한다. 보험금액은 화물을 적재한 다음의 구간항해에 있어서의 희망운임 총액을 초과할 수 없다. 기간용선료 또는 일련의 항해에 대한 용선료에 대한 추가보험을 인정한다. 보험료에 대한 추가보험을 인정한다. 12개월을 초과하지 않는 기간보험에 대하여 실제보험료를 한도로 한다. 환급보험료에 대한 추가보험료를 인정한다. 보험금액의 제한이 없는 보험 등에 대한 추가보험을 인정한다. 선비담보약관에서는 피보험이익이 존재하지 않는 사항을 규정하여 명예보험으로 보험계약이 체결될 수 있도록 허용하고 있다.

## 23) 휴항 및 해약환급약관

### ① 조항의 내용

| | |
|---|---|
| 23. RETURNS FOR LAY-UP AND CANCELLATION | 제23조 회항 및 해약환급 |
| 23.1 To return as follows: | 23.1 아래와 같이 보험료를 환급한다. |
| 23.1.1 Pro rata monthly net for each uncommenced month if this insurance be cancelled by agreement. | 23.1.1 합의에 의하여 이 보험을 해지하는 경우에는 각 미경과월에 대한 월할(月割) 순보험료 |
| 23.1.2 For each period of 30 consecutive the Vessel may be laid up in a port or in a lay-up area provided such port or lay-up area is approved by the Underwriters (with special liberties as hereinafter allowed) | 23.1.2 선박이(다음에 인정하는 특별자유 재량권의 행사를 조건부로) 보험자가 승인하는 항구 또는 휴항구역에서 휴항하는 경우에는 30일 연속의 매기간에 대해서 |
| (a)............ per cent net not under repair <br> (b)............... per cent net under repair. <br> If the Vessel is under repair during part only period for which a return is claimable, the rerurn shall be calculated pro rata to the umber of days under (a) and (b) respectively. | (a) 수리중이 아닌 경우 순(純)……% <br> (b) 수리중인 경우 순(純) …………% <br> 만약 보험료의 환급청구를 할 수 있는 기간의 일부만이 수리중이라면 환급보험료는 위의 (a) 및 (b)에 각기 해당하는 일수의 비율에 따라 산출된다. |
| 23.1.3 The Vessel shall not be considered to be under repair when work is undertaken in respect of ordinary wear and tear of the Vessel and/or following recommendations in the Vessel's Classification Society survey, but any repairs following loss or damage to the Vessel or involving structural alterations ,whether covered by this insurance or otherwise shall be considered as under repair. | 23.1.3 이 선박은 통상의 자연마모 또는 선박의 선급검사에 따른 권고사항을 이행하기 위하여 수리를 행한 경우 수리중인 경우로 간주하지 않습니다. 그러나 이 보험에서 담보되건 안되건간에 선박의 멸실 또는 손상에 따른 또는 선박의 구조변경을 수반하는 여하한 수리는 수리중인 경우로 간주한다. |
| 23.1.4 If the Vessel is under repair during part only of a period for which a return is claimable, the return shall be calculated pro rata to the number of days under (a) and (b) respectively. | 23.1.4 만약 보험료의 환급청구를 할 수 있는 기간의 일부만이 수리중이라면 환급보험료는 위의 (a) 및 (b)에 각기 해당하는 일수의 비율에 따라 산출된다. |
| 23.2 PROVIDED ALWAYS THAT | 23.2 다만, 아래의 조항을 조건으로 한다. |
| 23.2.1 a total loss of the Vessel, whether by | 23.2.1 담보위험 또는 기타위험에 의하여 이 보 |

insured perils or otherwise, has not occur ed during the period covered by this insurance or any extension there of

23.2.2 in no case shall a return be allowed when the Vessel is lying in exposed or unprotected waters, or in a port or lay-up not approved by the Underwriters.

23.2.3 loading or discharging operations or the presence of cargo on board shall not debar returns but no return shall be allowed for the period during which the Vessel is being used for the storage of cargo or for lightening purposes

23.2.4 in the event of any amendment of the annual rate, the above rates of return shall be adjusted accordingly

23.2.5 in the event of any return recoverable under this Clause 23 being based on 30 consecutive days which fall on successive insurances effected for the same Assured, this insurance shall only be liable for an amount calculate pro rata of the period rates 23.1.2 (a) and/or (b) above for the number of days which come within the period of this insurance and to which a return is actually applicable. Such overlapping period shall run, at the option of the Assured, either from the first day on which the Vessel is laid up or the first day of a period of 30 consecutive days as provided under 23.1.2 (a) or (b), or 23.2.2 above.

---

험의 보험기간 또는 그 연장된 기간 중 에 선박이 전손되지 않아야 한다.

23.2.2 어떠한 경우에도 선박이 풍랑에 노정되어 있거나, 방파설비가 없는 해역 또는 보험자가 승인하지 않은 휴항구역에 정박했을 경우는 보험료의 환급은 인정되지 않는다.

23.2.3 적재 또는 양륙작업 또는 선내의 화물의 존재는 보험료의 환급을 방해하는 것은 아니다. 그러나 선박이 화물의 보관에 사용되거나 양륙작업 목적에 사용되는 기간에 대해서는 보험료의 환급이 인정된다.

23.2.4 연간보험요율에 변경이 있을 경우 위의 환급보험요율은 그에 따라 조정된다.

23.2.5 약관 23에 의한 보험료의 환급이 동일 피보험자를 위하여 체결되고 연속된 보험계약에 걸쳐진 30일 연속일수에 해당하는 경우에는 이 보험계약에서 담보되는 기간으로서 환급이 실제 적용되는 기간에 대한 위의 23.1.2 (a) 및/또는 (b)의 해당일자 비율에 따라 산출되는 금액에 한하여 이 보험계약에서 부담한다. 연속된 위의 보험계약의 기간은 피보험자의 재량에 따라 선박이 휴항한 최초의 일자부터 기산하거나, 또는 약관 23.1.2 (a), (b) 또는 23.2.2에서 규제한 바에 따라 30일 연속기간의 최초의 일자부터 기산한다.

---

② 조항의 개요

휴항 및 해약환급금약관은 휴항을 하거나 보험계약을 해약하였을 경우에 보험료의 처리에 관한 사항을 규정한 약관이다. 보험자와 피보험자가 합의에 의하여 계약을 해지할 경우 미경과한 달에 대해서는 월할 순보험료를 환급한다. 휴항으로 인한 환급은 휴항항구 또는 지역을 보험자가 승인하였을 때는 30일 연속의 매기간에 대하여 수선중이 아닌 경우와 수선중인 경우로 구분하여 휴항하는 일수의 비율에 따라 환급한다. 선박이 풍랑에 노출되어 있거나 방어설비가 없는 해역 또는 보험자가 승인하지 않은 휴항지역에 있을 때는 보험료를 환급하지 않는다. 선박이 화물의 저장용 또는 부선용으로 사용되는 기간은 휴항기간을 산정할 때 이를 제외한다. 보험료의 환급이 동일 피보험자를 위하여 체결되고 연속된 보험계약에 걸쳐진 30일 연속일수에 해당하는 경우에는 이 보험계약에서 담보되는 기간으로서 환급이 실제 적용되는 기간에 대한 본 약관에서 규정한 해당일자 비율에 따라 산출되는 금액에 한하여 이 보험계약에서 부담한다.

### 24) 전쟁위험면책약관

#### ① 조항의 내용

| 24 WAR EXCLUSION<br>In no case shall this insurance cover loss damage liability or expense caused by<br>24.1 war civil war revolution rebellion insurrection, or civil strife arising there from, or any hostile act by or against a belligerent power<br>24.2 capture seizure arrest restraint or detainment(barratry and piracy excepted), and the consequences thereof or any attempt thereat<br>24.3 derelict mines torpedoes bombs or other derelict weapons of war. | 제24조 전쟁위험면책<br>이 보험은 다음에 기인한 멸실, 손상, 배상책임 또는 비용은 담보하지 않는다.<br>24.1 전쟁, 내란, 혁명, 모반, 반란 또는 이로 인하여 발생하는 국내투쟁 또는 교전국에 의하거나 교전국에 대한 적대행위<br>24.2 포획, 나포, 강류, 억지 또는 억류(악행 및 해적행위 제외) 및 이러한 행위의 결과 또는 이러한 행위를 하려고 기도한 결과<br>24.3 유기된 기뢰, 어뢰, 폭탄 또는 기타의 유기된 전쟁무기. |
| --- | --- |

#### ② 조항의 개요

전쟁위험면책약관은 면책되는 전쟁위험을 규정한 약관이다. 이 보험은 전쟁, 내란 등 또는 이로 인하여 발생하는 행위 및 이러한 행위의 결과 또는 이러한 행위를 하려고 기도한 결과로 발생한 보험목적물의 멸실, 손상, 배상책임 또는 비용은 보상하지 않는다. 전쟁위험면책약관은 최우선약관으로 선박보험약관의 타약관 조항보다 우선적으로 적용된다.

### 25) 동맹파업위험면책약관

#### ① 조항의 내용

| 25 STRIKES EXCLUSION<br>In no case shall this insurance cover loss damage liability or expense caused by<br>25.1 strikers, locked-out workmen, or persons taking part in labour disturbances, riots or civil commotions<br>25.2 any terrorist or any person acting from a political, ideological or religious motive | 25. 동맹파업위험면책<br>이 보험은 다음에 기인한 멸실, 손상, 배상책임 또는 비용은 담보하지 않는다.<br>25.1 동맹파업자, 직장폐쇄노동자, 또는 노동쟁의 폭동소요에 가담한 자.<br>25.2 정치적, 사상적 또는 종교적 동기에 의하여 행동하는 모든 폭력주의자 또는 자 |
| --- | --- |

#### ② 조항의 개요

ITC(Hulls)의 동맹파업위험면책약관(strikes exclusion clause)은 면책되는 동맹파업위험을 규정한 약관이다. 손해가 동맹파업자, 직장폐쇄노동자, 또는 노동쟁의 폭동소요에 가담한 자에 의하여 발생하였다면 그 보험목적물의 멸실, 손상, 배상책임 또는 비용은 담보하지 않는다.

### 26) 악의행위면책약관

#### ① 조항의 내용

| 26. MALICIOUS ACTS EXCLUSION<br>In no case shall this insurance cover loss damage liability or expense arising from<br>26.1 the detonation of an explosive<br>26.2 any weapon of war and caused by any person acting maliciously or from a political ideological or religious motive | 제26조 악의행위면책<br>이 보험은 다음에 의한 멸실, 손상, 배상책임, 또는 비용은 담보하지 않는다.<br>26.1 폭발물의 폭발.<br>26.2 여하한 전쟁무기 그리고 악의적으로 행동하는 자에 의하거나, 혹은 정치적 사상적 또는 종교적 동기로부터 발생된 것. |
| --- | --- |

#### ② 조항의 개요

악의행위면책약관은 악의행위로 면책되는 위험을 규정한 약관이다. 손해가 폭발물의 폭발에 의하여 발생하거나 악의적으로 행동하는 자에 의하여 발생된 손해와 정치적, 사상적 또는 종교적 동기로부터 발생된 손해도 보상하지 않는다.

### 27) 방사능오염면책약관

#### ① 조항의 내용

| 27. RADIOACTIVE CONTAMINATION EXCLUSION<br>In no case shall this insurance cover loss damage liability or expense directly or indirectly caused by or contributed to by or arising from fusion<br><br>27.1 ionizing radioactions from or contamination by radioactivity from any nuclear fuel or from any nuclear waste or from the combustion of nuclear fuel<br>27.2 the radioactive, toxic, explosive or other hazardous or contaminating properties of any nuclear installation, reactor or other nuclear assembly or nuclear component thereof<br>27.3 any weapon of war employing atomic or nuclear fission and/or fusion or other like reaction or radioactive force or matter. | 제27조 방사능오염면책<br><br>원자 또는 핵의 분열과 결합, 혹은 이와 유사한 반응 또는 방사성의 힘, 또는 물질을 사용하는 어떠한 전쟁무기로 인하여 발생되는 멸실, 손상, 배상책임 및 비용은 어떠한 경우에도 담보하지 않는다.<br>27.1 어떠한 핵연료 및 핵 폐기물 또는 핵연료의 연소로부터 결과되어 방사능에 의한 오염 또는 그 결과로 전리하는 방사물건<br>27.2 방사능, 독물, 폭발물 또는 여하한 핵설치물, 반응기 또는 핵 폭발물의 조립 또는 핵성분의 기타위험 또는 오염된 물질<br><br>27.3 원자 및 핵분열과 결합 또는 이와 유사한 반응 및 방사능의 힘 또는 물질을 사용하는 여하한 병기. |
| --- | --- |

#### ② 조항의 개요

방사능오염면책약관은 면책되는 방사능오염면책에 관한 내용을 규정한 약관이다. 방사능, 독물, 폭발물 또는 여하한 핵설치물, 반응기 또는 핵 폭발물의 조립 또는 핵성분의 기타위험 또는 오염된 물질로 인하여 발생되는 멸실, 손상, 배상책임 및 비용은 담보하지 않는다.

• 유의사항

① 조항의 내용

| NOTE — It is necessary for the Assured when they become aware of an event which is 'held covered' under this insurance to give prompt notice to the Underwriters and the right to such cover is dependent upon compliance with this obligation. | 유의사항 — 피보험자가 이 보험에 따라 '계속 담보를 받는' 사유의 발생을 알았을 때에는 그 취지를 지체없이 보험자에게 통고해야 하며, 또 계속 담보를 받을 권리는 이러한 의무를 이행하였을 경우에 한한다. |

② 조항의 개요

유의사항에서는 피보험자가 유의해야 할 내용을 규정하고 있다. 계속담보를 받는 사유가 발생하였을 때는 그 취지를 지체없이 보험자에게 통보해야 한다.

# 제12장

# 공동해손 규칙

## 제1절 공동해손과 공동해손 행위

### 1. 공동해손의 의의와 행위

#### (1) 공동해손의 의의

공동해손(general average: G/A)은 공동이익단체에 속하는 적하와 선박을 공동의 위험으로부터 구조할 목적으로 공동의 안전을 위하여 고의적이고 합리적으로 이례적인 공동해손 행위를 취하는 과정 중에 발생하는 공동의 손해이다. 즉 공동해손은 공동해손 행위로 인한 손해 또는 공동해손 행위의 간접적인 결과로서 발생하는 손해이기 때문에 화주와 선주가 공동으로 부담해야 할 책임이 있다. 공동해손은 공동해손 희생손해와 공동해손 비용으로 구분한다. 공동해손 희생손해는 공동해손 행위의 결과로 나타나는 물적 손해이다. 공동해손 비용손해는 공동의 위험을 회피하기 위하여 지출된 비용이다.

#### (2) 공동해손 행위

공동해손 행위는 공동의 해상사업에서 위험에 직면한 재산을 보존할 목적으로 위험이 발생한 시기에 임의적이며 합리적인 정도의 이례적인 희생을 하거나 비용을 지출하는 행위이다. 요오크-앤티워프규칙(The York-Antwerp Rules 2004; YAR)에서 공동해손 행위는 공동의 항해사업에 관련된 재산을 위험으로부터 보존할 목적으로 공동의 안전을 위하여 고의적이고 합리적으로 이례적인 희생을 하거나 비용을 지출한 경우에 한하여 성립한다고 규정하고 있다.

## 2. 공동해손 행위의 요건

### (1) 위험요건

#### 1) 위험의 공동성

위험의 공동성이란 항해단체의 구성요소 전체에게 영향을 주는 위험을 의미하는 것이다. 위험이 항해단체 구성요소 중 일방의 이익만을 저해하고 다른 항해단체 요소에는 아무 영향을 주지 않거나 위험이 예상되지 않는다면 공동의 위험으로 인정되지 않는다. 적하와 선박 등과 같이 복수의 재화가 있는 경우 해상사업단체가 성립하여 위험이 발생하면 위험의 공동성이 성립한다. 해상사업단체의 구성시기는 정기선인가 또는 부정기선인가에 따라 다르지만 선박의 선창 내에 적하의 적치가 완료된 순간이라고 할 수 있고 해상사업단체의 종기는 선박이 계약된 장소에서 정당한 절차에 의거하여 최종목적항에 도착하여 적재하고 있는 적재적하 전체를 완전하게 양륙한 순간이라고 할 수 있다. 그러므로 공선항해로써 선박이외에 재화가 없는 경우에는 공동해손의 요건이 성립되지 않는다.

#### 2) 위험의 현실성

위험의 현실성이란 항해단체를 저해할지도 모를 위험이 실제로 존재해야 하는 것을 의미한다. 위험이 재난을 가져올 때까지 기다리는 것이 아니고 위험을 발견하고 대비책을 강구하였다면 현실적인 위험으로 인정받는 것이다. 공동해손에서 선박과 적하는 현실적인 위험에 직면하여야 한다. 좌초한 선박은 해상운송을 함에 있어서 침수나 침몰의 위험이 현재는 없더라도 풍랑을 만나게 되면 위험이 현실화될 수 있기 때문에 위험은 현실적이라고 할 수 있다. 그리고 장기운송을 하는 경우 현재는 연료가 충분할지 모르지만 장기간의 항해 중에 연료가 소진되는 경우에는 위험에 조우할 수 있는 것과 같은 이치이다. 그러므로 태풍을 피하기 위한 피난항 비용 등이 공동해손으로 인정되는 것이다.

#### 3) 위험의 중대성

위험의 중대성이란 해상에서 발생한 위험의 대체와 손해의 대체에 대한 가치가 공동해손으로 인정받을 수 있는 정도를 의미한다. 항해단체의 재산을 위협하는 위험은 통상적인 위험이 아니라 특수하고도 이례적인 위험이어야 한다.

### (2) 처분요건

#### 1) 처분의 임의성

공동해손 행위에 의한 처분은 행위주체자의 행위이어야 하며 행위의 결과에 대하여 예견을 한 행위이어야 한다. 공동해손 행위가 공동해손으로 성립되기 위해서는 공동해손 행위가 우연이 아닌 의도적, 고의적이어야 한다. 선장이 선박의 포획이나 나포 또는 적하의 유손, 선박의 침몰을 방지하기 위하여 적하를 투하하는 행위가 이에 해당한다.

#### 2) 처분의 이례성

공동해손 행위가 공동해손으로 성립되기 위해서는 공동해손 행위가 재산손해나 비용지출에 있어 일상적인 것이 아닌 이례적인 것이어야 한다. 즉 공동해손 행위의 직접적인 결과나 간접적인 영향으로 인하여 이례적으로 발생되어야 하는 것이다. 정박지에서 작업을 하던 중에 급류에 휩쓸려 투묘(投錨)하였지만 닻줄이 절단되었다면 그것은 공동해손이 아니다. 선박이 항해중에 심한 안개가 끼어 항해중에 나타나는 선박과의 충돌을 피하기 위하여 갑자기 투묘를 하였는데 닻줄이 끊어졌다면 이것은 이례적인 상황이기 때문에 공동해손이 된다. 즉 선박의 용구를 본래의 목적으로 사용하는 경우에는 공동해손이 되는 것이 아니고 이례적인 사용이 되어야 공동해손이 되는 것이다.

#### 3) 처분의 합리성

공동해손 행위가 공동해손으로 성립되기 위해서는 공동해손 행위에 의한 처분이 적정해야 한다. 공동해손 행위는 합리적인 재량권을 선장이 행해야 하는 것이기 때문에 선박이나 적하의 불합리한 희생이나 불합리한 과도한 경비지출은 공동해손으로 인정받지 못한다. 공동해손비용의 지출이 합리적인 것인가는 선장의 주관적인 기준으로 결정되는 것이 대부분이다. 따라서 공동해손 희생 또는 공동해손 비용이 발생하였을 때에 합리적인 것인가에 대한 기준은 양식있는 선장이라면 누구라고 그와 같은 행위를 취하였을 것이라고 인정되는 수준을 의미하는 것이다.

### (3) 잔존요건

공동해손 행위가 이루어진 경우에는 선박과 적하 중에 잔존물이 존재해야 한다. 공동해손 행위가 이루어진 이후에 공동해손 행위의 반대급부로 손해를 면한 선박이나 적하의 잔존물이 존재하지 않는다면 전손이 되기 때문에 공동해손 요건을 구비하지 못하게 되어 공동해손으로 인정받지 못한다.

# 제2절   공동해손 손해와 공동해손 규칙

## 1. 공동해손 손해와 조치

### (1) 선박회사의 조치

#### 1) 공동해손 정산인의 선정과 구상 관계서류

선주는 공동해손에 관한 일체의 행위의 타당성이나 손해액과 그 원인을 검토하기 위하여 공동해손 검사인을 선임한다 공동해손 검사인은 공동해손 발생과 동시에 선임되는데 그 경우에는 해상사업단체 전체를 위하여 가장 공평하며 타당하다고 생각되는 구조에 대한 대책을 관계자에게 알려주는 임무도 부과한다. 공동해손의 이익단체에 부과되는 분담가액은 공동해손 정산인이 공정하게 정산한다. 그래서 공동해손은 도착한 시점에서 도착한 장소에서 가액을 기준으로 정산하게 된다. 그러므로 공동해손 정산서가 도착장소에서 작성되는 것이 대부분이다. 따라서 정산인과 긴밀한 연락을 유지하면서 검사를 진행하여야 한다. 그래서 정산비와 검사비도 분담하게 된다.

#### 2) 공동해손의 통지와 공동해손 선언서

공동해손 선언서(General Average Declaration Letter)는 공동해손이 발생한 경우 선박회사가 공동해손 조사를 의뢰하고 선박 및 적하에 대한 손해를 감정하게 함과 동시에 서면을 통하여 수화인에게도 공동해손이 발생한 사실을 통지할 때에 발행하는 서류이다. 항해 중에 공동해손이 발생하면 선박회사는 선박이 도착항에 도착하기 전에 그 사실을 화주에게 통지하고 공동해손 정산인을 선임할 것을 전달한다. 그리고 적하의 인도시까지 공동해손 정산을 위한 공동해손 맹약서, 가액신고서, 상업송장, 공동해손 공탁금, 공동해손 분담보증장 등을 제출하도록 요구한다. 선박이 도착하기 전에 공동해손 손해가 발생한 사실에 대한 통지를 하지 않더라도 공동해손의 청구권이 없는 것은 아니지만 도착항에서 화주로부터 공동해손에 필요한 서류와 담보를 받아 원활하게 적하를 인도할 수 있도록 하기 위해서는 공동해손 손해의 발생에 대한 통지는 확실하게 해주어야 한다. 화주는 공동해손 손해의 발생 사실에 대한 통지를 받으면 그에 따르는 서류를 제출하고 적하를 인수할 수 있다.

### 3) 공동해손 채권확보와 공동해손 맹약서

공동해손 맹약서(General Average Bond)는 공동해손 맹약서는 화주가 선박회사에 대하여 장래에 공동해손이 정당하게 정산되었을 때에 그 정산결과에 따라 공동해손 분담금을 지급하겠다고 약속하는 것과 함께 상업송장에 기재된 적하의 가액을 알려주고, 공동해손 정산인이 정산을 하여 증명하면 공동해손 분담금의 내역에 대한 의무를 이행하겠다고 확약하는 서류이다. 즉 화주가 선박회사로부터 적하를 인수하는 것에 대하여 화주가 자기에게 할당된 공동해손 분담금을 지급할 것과 공동해손 분담가액의 정확한 산출을 위하여 자기의 적하에 대한 가액명세를 정확하게 신고할 것을 약속하는 서류이다. 화주가 선박회사에게 공동해손 분담액을 지급하겠다고 약속하는 것이기 때문에 선박회사가 정한 서류에 화주가 서명한다. 일반적으로는 로이드 공동해손 맹약서가 사용되지만 선박회사에 따라서는 특별한 서식에 따라 적하보험자의 연서를 요구하는 경우도 있다.

### (2) 화주의 조치

### 1) 적하가액 신고서의 제출

적하가액 신고서(Valuation Form or Paper)는 공동해손 공탁금의 지급 및 적하의 인수에 앞서 적하의 도착가액을 신고하는 서류이다. 화물이 도착한 시간에 도착한 장소에서 가액이라고 하는 것은 보험가액이 아니라 도착한 장소의 시장가액에서 산출된 가액이다. 일반적으로 상업송장에 기재된 가액을 적하가액 신고서에 기재하는 것이 대부분이다.

### 2) 공동해손 공탁금 납부

공동해손 공탁금(General Average Deposit)은 선적화물에 공동해손이 발생한 경우 선박회사가 송장가액의 일정한 비율에 해당하는 금액을 공탁할 것을 요구할 때에 제공하는 금액이다. 선박회사는 공동해손이 발생한 경우, 적하에 대한 유치권을 가지고 있지만 공동해손을 정산하는 경우에는 많은 기간이 소요되기 때문에 그 정산금의 지급에 대한 보증으로서 수화인으로부터 공동해손 공탁금을 징수할 수 있다. 선박회사는 선박이 최종 목적항에 도착할 때까지 공동해손총액의 분담률을 개략적으로 산출한 각각의 적하 도착가액에 곱한 액수를 공탁금으로 요구한다. 공탁금은 은행에 예탁되어진 이자와 함께 보증으로서 관리되어진다. 그리고 최종 공동해손 분담액을 지급한 이후에 그 잔액은 화주에게 반환한다. 실제적으로는 적하가 보험에 부보되어 있기 때문에 보험회사의 보증장을 제출하고 적하를 인수하는 것이 대부분이다.

## (3) 보험회사의 조치

### 1) 공동해손 분담보증장 발행

공동해손 분담보증장(General Average Letter of Guarantee)은 선박회사가 현금공탁금을 받지 않고 적하를 선박회사에 인도하여 주는 대신에 장래에 공동해손이 정당하게 정산될 때에는 그 분담액을 보험회사가 선박회사에게 지급하겠다고 보증하는 서류이다. 즉 적하보험에 부보된 적하로 인하여 공동해손을 분담하게 되었을 때에 화주를 대신하여 공동해손분담금을 보험회사가 직접 지급하겠다고 약속하는 보증장으로 보험회사의 지급보증장이라고도 한다. 공동해손 분담보증장은 공동해손 제한 분담보증장과 공동해손 무제한 분담보증장으로 구분된다.

공동해손 제한 분담보증장은 공동해손의 정산에 자료로 사용된 적하의 분담가액이 보험금액을 초과하는 경우에는 적하분담가액을 지급하지 않고 보험금액에 대한 분담가액의 일정한 비율을 적용하여 산출한 금액을 지급하겠다고 약속하는 제한보증장이다. 보험금액이 적하의 분담가액보다 큰 경우에는 지급을 하지 않는다. 보험회사가 지급하지 않는 부분에 대해서는 화주가 부담하여야 하기 때문에 충분하게 보증으로서의 역할을 할 수 없다.

공동해손 무제한 분담보증장은 공동해손의 정산 결과 적하의 분담가액을 분담가액의 정도에 관계없이 부담하겠다고 보험회사가 보증하는 것이다. 그러나 공동해손분담가액이 보험금액을 초과하는 경우 보험계약상으로 손해보상액은 보험가액에 대한 분담가액의 비율을 적용하여 산출한 금액을 지급하여야 하는 것이기 때문에 보험회사로서는 초과 지급한 부분에 대하여 화주로부터 회수할 필요가 있게 된다. 실무적으로는 적하보험회사가 무제한 보증장을 제출하고 대신에 화주로부터 보험회사가 보상한도액을 초과하여 지급한 금액에 대해서는 반환하겠다는 역보증장(Counter Guarantee)을 화주로부터 받는 경우가 대부분이다.

### 2) 적하의 손해검사와 손해액의 통지

공동해손의 경우에는 공동해손 검사인을 선임하면 공동해손 검사인이 선박과 적하에 대한 전반적인 검사를 한다. 공동해손 정산인은 적하의 공동해손 희생손해에 관련된 적하의 분담가액을 산출한다. 공동해손 검사인의 보고서는 적하보험자의 보험금지급액을 결정하는 데에 중요하다. 그래서 공동해손의 경우에는 공동해손 손해검사인이 공동해손 정산인과 공동해손에 대한 조사 결과에 대하여 논의를 하고 조정하여 선박과 적하에 관련된 당사자 양자가 납득할 수 있는 보고서를 제출하여야 하고, 공동해손 희생손해의 손해 수량과 손해율 등을 명백하게 보고서에 기재하여야 한다.

### 3) 적하의 손해에 대한 보험금의 지급

공동손해 검사인의 보고서가 보험회사에 제출되면 보험회사는 화주에 대하여 보험금을 지급한다. 공동해손의 경우에도 마찬가지이다. 공동해손 희생손해에 대해서는 보험회사가 직접보상 책임을 가진다. 그렇지만 그 전액을 피보험자에게 지급하지는 않는다 .공동해손 비용에 대해서는 보험회사가 정산완료루 적하분담가액에 대해서 책임을 부담하지만 만약 화주가 공동해손비용을 지출한 것이 있는 경우에는 공동해손 정산 전에 보험회사에 청구할 수는 없다. 공동해손 희생손해에 대해서도 보험금으로서 직접 보험회사에 청구하지 않고 이것을 해상사업단체로부터 회수할 수도 있지만 그것은 공동해손의 정산일까지 걸리는 시간만큼 지연되기 때문에 먼저 보험금으로 전액을 회수하는 것이 화주에게는 편리하다.

### 4) 보험금의 지급통지

보험금을 지급하는 보험회사는 검사인의 보고서등의 서류를 첨부하여 지급보험금의 금액, 지급일자, 그 내역을 공동해손 정산인에게 통지한다. 공동해손 정산인은 그 통지에 따라 보험회사가 공동해손 희생손해에 관한 권리를 대위 취득한 것으로 알고 이 통지를 자료로 하여 공동해손으로 인정하는 희생손해액을 산출하여 분담가액을 산정한다. 즉 공동해손 정산인은 공동해손 희생손해로서 지급한 보험금을 직접적으로 공동해손 분담가액으로 한다.

### 5) 공동해손 정산서의 검토

공동해손 정산인에게 필요한 자료가 모아지면 공동해손 정산인은 공동해손을 정산한 공동해손 정산서를 발행한다. 적하보험자에게도 공동해손 정산서를 송부된다. 그러면 적하보험회사는 정산서의 내용을 검토한다.

### 6) 보험금의 지급

공동해손 정산서의 끝에는 결제표가 있다. 결제표는 공동해손의 비용의 지급에 대한 내용, 공동해손 희생손해에 대한 보험금의 지급시기, 선박보험회사와 적하보험회사의 명칭, 공탁금의 액수, 공동해손 대체수수료와 이자, 공동해손 이해관계자의 지급액과 수취액 등이 표시되어 있다. 그래서 결제표는 공동해손 정산인이 발행하지만 보험금 지급은 공동해손 정산인에게 하지 않는다. 보험금 입금도공동해손 정산인에게 하지 않는 것이 일반적이다. 공동해손 정산서에 기재된 적하의 부담가액이 보험가액을 초과하는 경우 보험회사의 지급액은 일정비율로 감액한 금액이 지급된다. 적하에 단독해손이 있어서 정산서에서 분담가액을 산출하여 공제한 때에는 보험가액에서 동액을 감액한다.

## 2. 공동해손 규칙의 규정

### (1) 일반규칙

#### 1) 해석규정

##### ① 조항의 내용

| RULE OF INTERPRETATION | 해석규정 |
|---|---|
| In the adjustment of general average the following Rules shall apply to the exclusion of any Law and Practicein consistent there with. Except as provided by the Rule Paramount and the numbered Rules, general average shall be adjusted according to the lettered Rules. | 공동해손의 정산에 있어서 다음의 문자규정 및 숫자 규정은 이에 반하는 일체의 법률 및 관습을 배제하고 이를 적용한다.<br>최우선 약관과 숫자 규정에 정한 경우를 제외하고 공동해손은 문자 규정에 따라 정산하여야 한다. |

##### ② 조항의 개요

공동해손의 정산에 있어서 다음의 문자규정 및 숫자 규정은 이에 반하는 일체의 법률 및 관습을 배제하고 이를 적용한다. 최우선 약관과 숫자 규정에 정한 경우를 제외하고 공동해손은 문자 규정에 따라 정산하여야 한다. 문자규정이 일반적인 사항을 규정한 것이고 숫자규정은 특별한 사항을 규정한 것이다. 즉 문자규정은 원칙에 대한 규정이고 숫자규정은 규칙의 적용에 대한 규정이다. 숫자규정에 규정되지 않은 경우에는 숫자규정 또는 해석규정을 적용하면 된다.

#### 2) 최우선 약관

##### ① 조항의 내용

| RULE PARAMOUNT | 최우선 약관 |
|---|---|
| In no case shall there be any allowance for sacrifice or expenditure unless reasonably made or incurred. | 공동해손의 희생과 비용은 합리적으로 발생하거나 지출된 것이 아니면 여하한 경우에도 공동해손의 희생 또는 비용으로 인정하지 않는다. |

##### ② 조항의 개요

공동해손의 희생과 비용은 합리적으로 발생하거나 지출된 것이 아니면 여하한 경우에도 공동해손의 희생 또는 공동해손의 비용으로 인정하지 않는다.

## (2) 문자 규정(Letterd Rules)

### 1) A조

#### ① 조항의 내용

| RULE A | A조 |
|---|---|
| 1. There is a general average act when, and only when, any extraordinary sacrifice or expenditure is intentionally and reasonably made or incurred for the common safety for the purpose of preserving from peril the property involved in a common maritime adventure. | 1. 공동해손 행위는 공동의 해상사업단체에 속하는 재산을 위험으로부터 보존할 목적으로 공동의 안전을 위하여 고의로 또한 합리적으로 비상(非常)한 희생을 치르거나 또는 비용을 지출한 경우 한하여 성립한다. |
| 2. General average sacrifices and expenditures shall be borne by the different contributing interests on the basis hereinafter provided. | 2. 공동해손인 희생과 비용은 다음에 규정하는 기준에 따라서 각 분담 이해관계인이 부담한다. |

#### ② 조항의 개요

공동해손 행위는 공동의 해상사업단체에 속하는 재산을 위험으로부터 보존할 목적으로 공동의 안전을 위하여 고의로 또한 합리적으로 이례적인 희생을 치르거나 또는 비용을 지출한 경우 한하여 성립한다. 공동해손인 희생과 비용은 다음에 규정하는 기준에 따라서 각 분담 이해관계인이 부담한다.

### 2) B조

#### ① 조항의 내용

| RULE B | B조 |
|---|---|
| 1.There is a common maritime adventure when one or more vessels are towing or pushing another vessel or vessels, provided that they are all involved in commercial activities and not in a salvage operation. When measures are taken to preserve the vessels and their cargoes, if any, from a common peril, these Rules shall apply. | 1. 1척 이상의 선박이 다른 선박을 끌거나 밀 경우에 공동해상사업이라 할 수 있으며, 이 경우 이들 선박은 모두 상행위에 종사하는 것이지, 구조 작업에 종사하는 것은 아니다. 공동의 위험으로부터 선박과 적하를 보존하기 위하여 조치를 하는 경우에 이 규칙이 적용된다. |
| 2. A vessel is not in common peril with another vessel or vessels if by simply disconnecting from the other vessel or vessels she is in safety; but if the disconnection is itself a general average act the common maritime adventure continues. | 2. 한 선박이 다른 선박과 단지 분리됨으로써 또는 선박이 안전한 경우에 그 선박은 다른 선박과 같이 공동의 위험에 처해 있는 것은 아니다. 그러나 공동해상 사업이 계속되는 동안에는 분리 그 자체가 공동해손행위이다. |

② 조항의 개요

1척 이상의 선박이 다른 선박을 끌거나 밀 경우에 공동해상사업이라 할 수 있으며, 이 경우 이들 선박은 모두 상행위에 종사하는 것이지, 구조 작업에 종사하는 것은 아니다. 공동의 위험으로부터 선박과 적하를 보존하기 위하여 조치를 하는 경우에 공동해손 규칙이 적용된다. 한 선박이 다른 선박과 단지 분리됨으로써 또는 선박이 안전한 경우에 그 선박은 다른 선박과 같이 공동의 위험에 처해 있는 것은 아니다. 그러나 공동해상 사업이 계속되는 동안에는 분리 그 자체가 공동해손 행위이다. 이러한 문제는 선박을 예인하는 경우에 예인선과 피예인선에서 발생할 수 있다.

### 3) C조

① 조항의 내용

| RULE C | C조 |
|---|---|
| 1.Only such losses, damages or expenses which are the direct consequence of the general average act shall be allowed as general average. | 1. 공동해손행위의 직접적인 결과인 멸실 손상 또는 비용만이 공동해손으로 인정된다. |
| 2.In no case shall there be any allowance in general average for losses, damages or expenses incurred in respect of damage to the environment or in consequence of the escape or release of pollutant substances from the property involved in the common maritime adventure. | 2. 어떠한 경우에도 환경오염손해와 관련되거나 또는 공동해상사업을 구성하는 재산으로부터 오염물질이 유출되거나 배출된 물질을 제거하기 위한 결과로 인하여 생긴 멸실, 손상 또는 비용은 공동해손으로 인정하지 않는다. |
| 3.Demurrage, loss of market, and any loss or damage sustained or expense incurred by reason of delay, whether on the voyage or subsequently, and any indirect loss whatsoever, shall not be allowed as general average. | 3.항해 중에 또는 항해 종료 후를 불문하고 체선료, 시장가격상실 및 항해지연으로 인하여 입은 멸실, 손상 또는 비용과 같은 일체의 간접손해는 공동해손으로 인정하지 않는다. |

② 조항의 개요

공동해손 행위의 직접적인 결과인 멸실 손상 또는 비용만이 공동해손으로 인정된다. 어떠한 경우에도 환경오염손해와 관련되거나 또는 공동해상사업을 구성하는 재산으로부터 오염물질이 유출되거나 배출된 물질을 제거하기 위한 결과로 인하여 생긴 멸실, 손상 또는 비용은 공동해손으로 인정하지 않는다. 항해 중에 또는 항해 종료 후를 불문하고 체선료, 시장가격상실 및 항해지연으로 인하여 입은 멸실, 손상 또는 비용과 같은 일체의 간접 손해는 공동해손으로 인정하지 않는다.

### 4) D조

#### ① 조항의 내용

| RULE D | D조 |
|---|---|
| Rights to contribution in general average shall not be affected, though the event which gave rise to the sacrifice or expenditure may have been due to the fault of one of the parties to the adventure, but this shall not prejudice any remedies or defences which may be open against or to that party in respect of such fault. | 희생 또는 비용을 발생시킨 사고가 해상사업에 속하는 당사자 중 어느 일방의 과실로 인하여 발생한 경우에도 공동해손의 분담청구권은 영향을 받지 않는다. 그러나 그러한 과실과 관련하여 그 당사자에 대하여 또는 당사자에게 행사할 수 있는 일체의 구상 또는 항변을 침해하는 것은 아니다. |

#### ② 조항의 개요

희생 또는 비용을 발생시킨 사고가 해상사업에 속하는 당사자 중 어느 일방의 과실로 인하여 발생한 경우에도 공동해손의 분담청구권은 영향을 받지 않는다. 그러나 그러한 과실과 관련하여 그 당사자에 대하여 또는 당사자에게 행사할 수 있는 일체의 구상 또는 항변을 침해하는 것은 아니다.

### 5) E조

#### ① 조항의 내용

| RULE E | E조 |
|---|---|
| 1.The onus of proof is upon the party claiming in general average to show that the loss or expense claimed is properly allowable as general average.<br>2.All parties claiming in general average shall give notice in writing to the average adjuster of the loss or expense in respect of which they claim contribution within 12 months of the date of the termination of the common maritime adventure.<br>3.Failing such notification, or if within 12 months of a request for the same any of the parties shall fail to supply evidence in support of a notified claim, or particularsof value in respect of a contributory interest, the average adjuster shall be at liberty to estimate the extent of the allowance or the contributory value on the basis of the information available to him, which estimate may be challenged only on the ground that it is manifestly incorrect. | 1. 공동해손으로 청구하는 손실 또는 비용이 공동해손으로 정당함을 입증할 책임은 그것을 청구하는 자에 있다.<br><br>2. 공동해손의 모든 청구권자는 공동해상사업이 종료된 날로부터 12개월 이내에 각자가 주장하는 분담청구권에 관련된 희생과 비용을 서면으로 해손정산인에게 통지하여야 한다.<br><br>3.위의 통지를 하지 못하였거나 또는 당사자가 상기한 바와 같이 12개월 이내에 통지된 청구를 뒷받침하기 위한 증거 또는 분담 이해관계와 관련되는 가액의 명세를 제공하지 못한 경우에 해손정산인은 자기가 가진 정보를 근거로 공동해손의 범위 또는 부담액을 자유롭게 추정할 수 있다. 그러한 추정에 분명한 오류가 있을 때에 한하여 이의를 제기할 수 있다. |

② 조항의 개요

공동해손으로 청구하는 손실 또는 비용이 공동해손으로 정당함을 입증할 책임은 그것을 청구하는 자에 있다. 공동해손의 모든 청구권자는 공동해상사업이 종료된 날로부터 12개월 이내에 각자가 주장하는 분담청구권에 관련된 희생과 비용을 서면으로 해손정산인에게 통지하여야 한다. 위의 통지를 하지 못하였거나 또는 당사자가 상기한 바와 같이 12개월 이내에 통지된 청구를 뒷받침하기 위한 증거 또는 분담 이해관계와 관련되는 가액의 명세를 제공하지 못한 경우에 해손정산인은 자기가 가진 정보를 근거로 공동해손의 범위 또는 부담액을 자유롭게 추정할 수 있다. 그러한 추정에 분명한 오류가 있을 때에 한하여 이의를 제기할 수 있다.

### 6) F조

#### ① 조항의 내용

| RULE F | F조 |
|---|---|
| Any additional expense incurred in place of another expense, which would have been allowable as general average shall be deemed to be general average and so allowed without regard to the saving, if any, to other interests, but only up to the amount of the general average expense avoided. | 공동해손으로 인정될 수 있는 비용을 대신하여 지출된 일체의 추가비용은 다른 피보험이익에 대하여 절약을 생기게 한 경우에도 공동해손으로 인정한다. 그러나 그 액수는 그로 인하여 지출을 면하게 될 공동해손비용 금액을 한도로 한다. |

#### ② 조항의 개요

공동해손으로 인정될 수 있는 비용을 대신하여 지출된 일체의 추가비용은 다른 피보험이익에 대하여 절약을 생기게 한 경우에도 공동해손으로 인정한다. 그러나 그 액수는 그로 인하여 지출을 면하게 될 공동해손비용 금액을 한도로 한다.

### 7) G조

#### ① 조항의 내용

| RULE G | G조 |
|---|---|
| 1. General average shall be adjusted as regards both loss and contribution upon the basis of values at the time and place when and where the adventure ends. | 1. 공동해손은 희생손해와 분담액 모두를 해당 항해가 종료한 때와 그곳이 가액에 근거하여 정산한다. |
| 2.This rule shall not affect the determination of the place at which the average statement is to be made up. | 2. 이 규정은 공동해손정산서를 작성할 장소를 결정하는 데에 영향을 주지 않는다. |
| 3.When a ship is at any port or place in circumstances which would give rise to an allowance in general average under the | 3. 선박이 제10조와 제11조의 규정에 따라 공동해손으로 인정될 수 있는 상황에서 특정항구 또는 장소에 정박하고 있는 경우 그리고 가능 |

provisions of Rules X and XI, and the cargo or part thereof is forwarded to destination by other means, rights and liabilities in general average shall, subject to cargo interests being notified if practicable, remain as nearly as possible the same as they would have been in the absence of such forwarding, as if the adventure had continued in the original ship for so long as justifiable under the contract of affreightment and the applicable law.

4.The proportion attaching to cargo of the allowances made in general average by reason of applying the third paragraph of this Rule shall not exceed the cost which would have been borne by the owners of cargo if the cargo had been forwarded at their expense.

하다면 적하의 이해관계인에게 통지할 것을 조건으로 적하 또는 그 일부가 다른 운송 수단에 의하여 목적지로 운송되는 경우에 공동해손의 권리와 책임은 마치 해상사업이 운송계약과 적용법률에 따라서 적법한 한 본래의 선박에 의하여 운송되었던 것처럼 그 효력이 있는 것으로 본다.

4.이 조항 제3항의 적용을 이유로 공동해손으로 인정되는 적하의 분담비율은 하주가 자기의 비용으로 적하를 계속 운송하였다면 자기가 부담하였을 비용을 초과하지 못한다.

### ② 조항의 개요

공동해손은 희생손해와 분담액 모두를 해당 항해가 종료한 때와 그곳이 가액에 근거하여 정산한다. 선박이 공동해손으로 인정될 수 있는 상황에서 특정항구 또는 장소에 정박하고 있는 경우 그리고 가능하다면 적하의 이해관계인에게 통지할 것을 조건으로 적하 또는 그 일부가 다른 운송 수단에 의하여 목적지로 운송되는 경우에 공동해손의 권리와 책임은 해상사업이 운송계약과 적용 법률에 따라서 적법한 한 본래의 선박에 의하여 운송되었던 것처럼 그 효력이 있는 것으로 본다. 공동해손으로 인정되는 적하의 분담비율은 하주가 자기의 비용으로 적하를 계속 운송하였다면 자기가 부담하였을 비용을 초과하지 못한다.

### (3) 숫자규정

### 1) 적하의 투하

### ① 조항의 내용

| RULE I. JETTISON OF CARGO | 제1조 적하의 투하 |
| --- | --- |
| No jettison of cargo shall be allowed as general average, unless such cargo is carried in accordance with the recognised custom of the trade. | 적하가 인정된 상관습에 따라서 운송되지 아니하는 한 적하의 투하는 공동해손으로 인정되지 않는다. |

### ② 조항의 개요

적하가 인정된 상관습에 따라서 운송되지 아니하는 한 적하의 투하는 공동해손으로 인정되지 않는다.

### 2) 공동의 안전을 위한 희생손해

#### ① 조항의 내용

| RULE II. LOSS OR DAMAGE BY SACRIFICES FOR THE COMMON SAFETY Loss of or damage to the property involved in the common maritime adventure by or in consequence of a sacrifice made for the common safety, and by water which goes down a ship's hatches opened or other opening made for the purpose of making a jettison for the common safety, shall be allowed as general average. | 제2조 공동의 안전을 위한 희생손해 공동의 안전을 위하여 행한 희생으로 인하여 또는 그 결과로 생긴 공동해상사업을 구성하는 재산의 멸실 또는 손상 그리고 공동의 안전을 위하여 투하할 목적으로 개방한 창구 기타의 개구를 통한 침수로 인하여 생긴 손해는 공동해손을 구성한다. |
| --- | --- |

#### ② 조항의 개요

공동의 안전을 위하여 행한 희생으로 인하여 또는 그 결과로 생긴 공동해상사업을 구성하는 재산의 멸실 또는 손상 그리고 공동의 안전을 위하여 투하할 목적으로 개방한 창구 기타의 개구를 통한 침수로 인하여 생긴 손해는 공동해손을 구성한다.

### 3) 선박 내의 화재 소화

#### ① 조항의 내용

| RULE III. EXTINGUISHING FIRE ON SHIPBOARD Damage done to a ship and cargo, or either of them, by water or otherwise, including damage by beaching or scuttling a burning ship, in extinguishing a fire on board the ship, shall be allowed as general average; except that no allowance shall be made for damage by smoke however caused or by heat of the fire. | 제3조 선박 내의 화재 소화 선박 내의 화재를 소화함에 있어서 불이 붙은 선박을 해안에 얹히거나 또는 배 밑에 구멍을 내어 발생한 손해를 포함하여 물 또는 다른 물체에 의하여 선박과 적하의 양쪽 또는 한쪽에 끼친 손해는 공동해손을 구성한다. 그러나 원인 여하를 불문하고 화재의 연기 또는 열로 인하여 생긴 손해는 배상에서 제외한다. |
| --- | --- |

#### ② 조항의 개요

선박 내의 화재를 소화함에 있어서 불이 붙은 선박을 해안에 얹혀 임의로 좌초시키거나 또는 배 밑에 구멍을 내어, 천공을 하여 발생한 손해를 포함하여 물 또는 다른 물체에 의하여 선박과 적하의 양쪽 또는 한쪽에 끼친 손해는 공동해손을 구성한다. 그러나 원인 여하를 불문하고 화재의 연기 또는 열로 인하여 생긴 손해는 배상에서 제외한다. 즉 화재의 연기 또는 열에 의하여 그슬리거나 변색되거나 형체에 변형이 발생한 것에 대해서는 공동해손 희생손해로 인정되지 않는다.

### 4) 난파물의 절단

① 조항의 내용

| RULE IV. CUTTING AWAY WRECK<br>Loss or damage sustained by cutting away wreck or parts of the ship which have been previously carried away or are effectively lost by accident shall not be allowed as general average. | 제4조 난파물의 절단<br>사고로 인하여 이미 손상되어 사실상 날파되었거나 또는 선박의 일부를 절단함으로써 입은 멸실 또는 손상은 공동해손으로 보상되지 않는다. |
|---|---|

② 조항의 개요

사고로 인하여 이미 손상되어 사실상 난파되었거나 또는 선박의 일부를 절단함으로써 입은 멸실 또는 손상은 공동해손으로 보상되지 않는다.

### 5) 고의적인 좌초

① 조항의 내용

| RULE V. VOLUNTARY STRANDING<br>When a ship is intentionally run on shore for the common safety, whether or not she might have been driven on shore, the consequent loss or damage to the property involved in the common maritime adventure shall be allowed in general average. | 제5조 고의적인 좌초<br> 공동의 안전을 위하여 선박을 고의로 해안에 얹힌 때에는 그러한 행위가 없었더라도 그 선박이 해안에 얹혔을 것이라는 사정에 관계없이 그 결과로 인하여 공동해상사업을 구성하는 재산에 발생한 멸실 또는 손상은 공동해손으로 인정된다. |
|---|---|

② 조항의 개요

공동의 안전을 위하여 선박을 고의로 해안에 얹힌 때에는 그러한 행위가 없었더라도 그 선박이 해안에 얹혔을 것이라는 사정에 관계없이 그 결과로 인하여 공동해상사업을 구성하는 재산에 발생한 멸실 또는 손상은 공동해손으로 인정된다.

### 6) 구조료

① 조항의 내용

| RULE VI. SALVAGE REMUNERATION<br>a. Salvage payments, including interest thereon and legal fees associated with such payments, shall lie where they fall and shall not be allowed in general average, save only that if one party to the salvage shall have paid all or | 제6조 구조료<br> a. 구조비는 관련된 그 금액과 그에 따른 이자와 법적 비용을 포함하는 것으로 처한 시점에서 달라질 수 있으므로 공동해손으로 해당하지 않는다, 만일 구조 당사자중 일방이 다른 피구조재산의 당사자가 지급하여야 할, 공동해손분 |
|---|---|

any of the proportion of salvage (including interest and legal fees) due from another party (calculated on the basis of salved values and not general average contributory values), the unpaid contribution to salvage due from that other party shall be credited in the adjustment to the party that has paid it, and debited to the party on whose behalf the payment was made.
b. Salvage payments referred to in paragraph (a) above shall include any salvage remuneration in which the skill and efforts of the salvors in preventing or minimising damage to the environment such as is referred to in Article 13 paragraph 1(b) of the International Convention on Salvage 1989 have been taken into account.
c. Special compensation payable to a salvor by the shipowner under Article 14 of the said Convention to the extent specified in paragraph 4 of that Article or under any other provision similar in substance (such as SCOPIC) shall not be allowed in general average and shall not be considered a salvage payment as referred to in paragraph (a) of this Rule.

담가액이 아닌 구조된 가액의 기준에 따라 정산된 이자와 법적비용을 포함한 구조비 전액 또는 일정비율을 지급한 경우에는, 다른 이해관계 당사자가 지급하여야 할 구조 미지급분담가액은 지급을 행한 당사자의 정산서 대변에 기입하여 회수해야할 사실을 표시하여야 하고 변제가 이루어진 이후에는 당사자의 정산서 차변에 기재할 수 있다.
b. 상기 (a)에 명시된 공동해손으로 인정되지 않는 구조비에는 1989년 해난구조협약 제13조 1항 (b)에 규정된 것과 같은 환경손해를 방지하거나 경감시키기 위한 기술 또는 노력을 고려한 모든 구조보수를 포함한다.

c. 선박회사가 제14조 4항에 범위가 명시된 해난구조협약 제14조에 따라 또는 SCOPIC와 같은 것에 명시된 어떠한 유사한 조항에 따라 구조자에게 지급할 특별비용은 공동해손으로 인정되지 않으며 YAR 제6조 (a)에 명시된 구조비로 간주되지 않는다."

### ② 조항의 개요

구조비는 관련된 그 금액과 그에 따른 이자와 법적 비용을 포함하는 것으로 처한 시점에서 달라질 수 있으므로 공동해손으로 해당하지 않는다. 공동해손으로 인정되지 않는 구조비에는 1989년 해난구조협약에 규정된 것과 같은 환경손해를 방지하거나 경감시키기 위한 기술 또는 노력을 고려한 모든 구조보수를 포함한다. 선박회사가 해난구조협약에 따라 또는 어떠한 유사한 조항에 따라 구조자에게 지급할 특별비용은 공동해손으로 인정되지 않는다.

### 7) 기관과 보일러의 손해

### ① 조항의 내용

| RULE VII. DAMAGE TO MACHINERY AND BOILERS | 제7조 기관과 보일러의 손해 |
|---|---|
| Damage caused to any machinery and boilers of a ship which is ashore and in a position of peril, in endeavouring to refloat, shall be allowed in general average when shown to have arisen from an actual intention to float the ship for the common safety at the risk of such damage; but where a ship is afloat no loss or damage caused by working the | 좌초되어 위험한 상태에 있는 선박을 부양시키려고 노력하는 중에 선박의 기관과 보일러에 생긴 손해는 그러한 위험 속에서 공동의 안전을 위하여 선박을 부양시키려는 의도에서 생긴 것이 증명될 때는 그 손해는 공동해손으로 인정한다.; 그러나 선박이 떠 있는 상태에서 추진기와 보일러를 작동시켜 발생한 멸실 또는 손상은 어떠한 경우에도 공동해손을 구성하지 않 |

| | |
|---|---|
| propelling machinery and boilers shall in any circumstances be allowed as general average. | 는다. |

## ② 조항의 개요

좌초되어 위험한 상태에 있는 선박을 부양시키려고 노력하는 중에 선박의 기관과 보일러에 생긴 손해는 그러한 위험 속에서 공동의 안전을 위하여 선박을 부양시키려는 의도에서 생긴 것이 증명될 때는 그 손해는 공동해손으로 인정한다. 그러나 선박이 떠 있는 상태에서 추진기 와 보일러를 작동시켜 발생한 멸실 또는 손상은 어떠한 경우에도 공동해손을 구성하지 않는다.

### 8) 제8조 좌초된 선박의 무게 경감을 위한 비용 및 그 결과로 생긴 손해

#### ① 조항의 내용

| RULE VIII. EXPENSES LIGHTENING A SHIP WHEN ASHORE AND CONSEQUENT DAMAGE | 제8조 얹힌 선박의 무게 경감을 위한 비용 및 그 결과로 생긴 손해 |
|---|---|
| When a ship is ashore and cargo and ship's fuel and stores or any of them are discharged as a general average act, the extra cost of lightening, lighter hire and reshipping (if incurred), and any loss or damage to the property involved in the common maritime adventure in consequence thereof, shall be allowed as general average. | 선박이 좌초된 경우에 적하와 선박이 연료, 선용품 또는 그 일부가 공동해손행위로 양륙된 경우의 경감비용, 부서임차료 및 적하의 재선적 비용 등이 특별비용과 그 결과로 인하여 공동해상사업을 구성하는 재산에 발생된 모든 멸실 또는 손상은 공동해손으로 인정된다. |

#### ② 조항의 개요

선박이 좌초된 경우에 적하와 선박이 연료, 선용품 또는 그 일부가 공동해손행위로 양륙된 경우의 경감비용, 부서임차료 및 적하의 재선적 비용 등이 특별비용과 그 결과로 인하여 공동 해상사업을 구성하는 재산에 발생된 모든 멸실 또는 손상은 공동해손으로 인정된다.

### 9) 제9조 연료로 사용된 적하, 선박 재료와 선용품

#### ① 조항의 내용

| RULE VIII. EXPENSES LIGHTENING A SHIP WHEN ASHORE AND CONSEQUENT DAMAGE | 제9조 연료로 사용된 적하, 선박 재료와 선용품 |
|---|---|
| When a ship is ashore and cargo and ship's fuel and stores or any of them are discharged as a general average act, the extra cost of lightening, lighter hire and reshipping (if incurred), and any loss or damage to the | 위험이 닥쳤을 때에 공동의 안전을 위하여 불가피하게 연료로 사용된 적하, 선박의 재료와 선용품 또는 적하, 선박의 재료와 선용품 또는 그 일부는 공동해손으로 인정된다. 그러나 선박의 재료와 선용품을 공동해손으로 인정할 경 |

| | |
|---|---|
| property involved in the common maritime adventure in consequence thereof, shall be allowed as general average. | 우에는 계획된 다른 항해를 실행할 때에 별도로 소비되었을 연로의 견적 비용을 공제하여야 한다. |

## ② 조항의 개요

위험이 닥쳤을 때에 공동의 안전을 위하여 불가피하게 연료로 사용된 적하, 선박의 재료와 선용품 또는 적하, 선박의 재료와 선용품 또는 그 일부는 공동해손으로 인정된다. 그러나 선박의 재료와 선용품을 공동해손으로 인정할 경우에는 계획된 다른 항해를 실행할 때에 별도로 소비되었을 연로의 견적 비용을 공제하여야 한다.

### 10) 제10조 피난항 등에서의 비용 및 기타

## ① 조항의 내용

| | |
|---|---|
| RULE X. EXPENSES AT PORT OF REFUGE, ETC.<br>a. (i) When a ship shall have entered a port or place of refuge or shall have returned to her port or place of loading in consequenceof accident, sacrifice or other extraordinary circumstances which render that necessary for the common safety, the expenses of entering such port or place shall be allowed as general average; and when she shall have sailed thence with her original cargo, or a part of it, the corresponding expenses of leaving such port or place consequent upon such entry or return shall likewise be allowed as general average.<br>(ii) When a ship is at any port or place of refuge and is necessarily removed to another port or place of refuge because repairs cannot be carried out in the first port or place, the provisions of this Rule shall be applied to the second port or place of refuge as if it were a port or place of refuge and the cost of such removal including temporary repairs and towage shall be allowed as general average. The provisions of Rule XI shall be applied to the prolongation of the voyage occasioned by such removal.<br>b. (i) The cost of handling on board or discharging cargo, fuel or stores whether at a port or place of loading, call or refuge, shall be allowed as general average, when the handling or discharge was necessary for the common safety or to enable damage to the ship caused by sacrifice or accident to be repaired, if the repairs were necessary for the | 제10조 피난항 등에서의 비용 및 기타<br>a. (i) 선박이 사고, 희생 또는 기타의 비상사태의 결과, 선박의 공동의 안전을 위하여 피난항 또는 피난장소에 입항하거나 또는 선적항 또는 선적지로 회항하는 경우에 그러한 항구 또는 장소에 입항하는데 드는 비용은 공동해손으로 인정한다.<br>(ii) 선박이 피난항 또는 피난지에 있으나 그 최초의 항구 또는 장소에서 수리가 불가능하여 부득이 다른 항구 또는 장소로 이동하여야 할 경우에 제2의 항구 또는 장소에 대하여도 제1의 피난항 또는 피난장소에 대한 것과 같이 이 조항을 적용하며 또한 그러한 이동비용도 임시 수리비용 및 예선료와 함께 공동해손으로 인정한다. 제11조의 규정은 이러한 이동에 의하여 발생하는 항해의 연장에 적용한다.<br>b. (i) 적하의 선적, 양륙, 피난항 또는 장소의 여하를 묻지 아니하고 그곳에서 적하, 연료 또는 선용품의 관리 또는 양륙하는 데에 필요한 비용은 그 관리 또는 양륙이 공동의 안전을 위하여 필요하거나 또는 희생 또는 사고로 인하여 선박에 생긴 손상을 수리할 필요가 있는 경우에 이를 공동해손으로 인정한다. 그러나 항해 중에 발생된 선박의 손상과 관련하여 어떠 |

543

safe prosecution of the voyage, except in cases where the damage to the ship is discovered at a port or place of loading or call without any accident or other extraordinary circumstances connected with such damage having taken place during the voyage.

(ii)The cost of handling on board or discharging cargo, fuel or stores shall not be allowable as general average when incurred solely for the purpose of restowage due to shifting during the voyage, unless such restowage is necessary for the common safety.

c. Whenever the cost of handling or discharging cargo, fuel or stores is allowable as general average, the costs of storage, including insurance if reasonably incurred, reloading and stowing of such cargo, fuel or stores shall likewise be allowed as general average. The provisions of Rule XI shall be applied to the extra period of detention occasioned by such reloading or restowing. But when the ship is condemned or does not proceed on her original voyage, storage expenses shall be allowed as general averageonly up to the date of the ship's condemnation or of the abandonment of the voyage or up to the date of completion of discharge of cargo if the condemnation or abandonment takes place before that date.

한 사고 또는 기타의 비정상적인 사정이 없는 선적 또는 기항하는 항구 또는 장소에서 선박의 손상이 발견된 경우에는 제외한다.

(ii) 선박 안에서 적하, 연료 또는 선용품의 관리 또는 양륙하는데 필요한 비용이 항해 중에 이들의 이동 때문에 재적부만을 목적으로 지출되는 경우에는 공동해손으로 인정하지 않는다.

c. 선박 내에서 적하, 연료 또는 선용품의 관리 또는 양륙비용이 공동해손으로 인정되는 경우에는 그 적하, 연료 또는 선용품에 관리 또는 보관비용과 합리적으로 지출된 보험료를 포함하여 재선적 및 적부 비용도 이를 공동해손으로 인정한다. 제11조의 조항은 그러한 재선적 또는 재적부에 의하여 발생한 초과지연기간에 적용된다.

그러나 선박이 불감항의 선고를 받았거나 또는 본래의 항해를 계속하지 아니한 경우에 선박의 불감항의 선고일 또는 항해의 포기일까지의 보관비용을 공동해손으로 인정하거나 또는 적하의 양륙 완료일 전에 선박의 불감항이나 항해의 포기가 있을 때는 양륙 완료일까지만 이를 공동해손으로 인정한다.

## ② 조항의 개요

선박이 사고, 희생 또는 기타의 비상사태의 결과, 선박의 공동의 안전을 위하여 피난항 또는 피난장소에 입항하거나 또는 선적항 또는 선적지로 회항하는 경우에 그러한 항구 또는 장소에 입항하는데 드는 비용은 공동해손으로 인정한다.

선박이 피난항 또는 피난지에 있으나 그 최초의 항구 또는 장소에서 수리가 불가능하여 부득이 다른 항구 또는 장소로 이동하여야 할 경우에 이동비용도 임시 수리비용 및 예선료와 함께 공동해손으로 인정한다. 적하의 선적, 양륙, 피난항 또는 장소의 여하를 묻지 아니하고 그곳에서 적하, 연료 또는 선용품의 관리 또는 양륙하는 데에 필요한 비용은 공동해손으로 인정한다. 선박 내에서 적하, 연료 또는 선용품의 관리 또는 양륙비용이 공동해손으로 인정되는 경우에는 재선적 및 적부 비용도 이를 공동해손으로 인정한다. 선박이 불감항의 선고를 받았거나 또는 본래의 항해를 계속하지 아니한 경우에 선박의 불감항의 선고일 또는 항해의 포기일까지의 보관비용을 공동해손으로 인정하거나 또는 적하의 양륙 완료일 전에 선박의 불감항이나 항해의 포기가 있을 때는 양륙 완료일까지만 이를 공동해손으로 인정한다.

## 11) 피난항 등으로 항해 중 및 피난항 등에 정박 중의 선원의 급료, 식대 및 기타의 비용

### ① 조항의 내용

RULE XI. WAGES AND MAINTENANCE OF CREW AND OTHER EXPENSES PUTTING IN TO AND AT A PORT OF REFUGE, ETC.

a. Wages and maintenance of master, officers and crew reasonably incurred and fuel and stores consumed during the prolongation of the voyage occasioned by a ship entering a port or place of refuge or returning to her port or place of loading shall be allowed as general average when the expenses of entering such port or place are allowable as general average in accordance with Rule X(a).

b. For the purpose of this and the other Rules wages shall include all payments made to or for the benefit of the master, officers and crew, whether such payments be imposed by law upon the shipowners or be made under the terms of articles of employment.

c. (i) When a ship shall have entered or been detained in any port or place in consequence of accident, sacrifice or other extraordinary circumstances which render that necessary for the common safety, or to enable damage to the ship caused by sacrifice or accident to be repaired, if the repairs were necessary for the safe prosecution of the voyage, fuel and stores consumed during the extra period of detention in such port or place until the ship shall or should have been made ready to proceed upon her voyage, shall be allowed as general average, except such fuel and stores as are consumed in effecting repairs not allowable in general average.

(ii) Port charges incurred during the extra period of detention shall likewise be allowed as general average except such charges as are incurred solely by reason of repairs not allowable in general average.

(iii) Provided that when damage to the ship is discovered at a port or place of loading or call without any accident or other extraordinary circumstance connected with such damage having taken place during the voyage, then fuel and stores consumed and port charges incurred during the extra detention for repairs to damages so discovered shall not be allowable as general average, even if the repairs are necessary for the safe prosecution

제11조 피난항 등으로 항해 중 및 피난항 등에 정박 중의 선원의 급료, 식대 및 기타의 비용

a. 선박이 피난항 또는 피난장소에 입항하거나 선적항이나 선적지에 회항함으로써 발생하는 항해의 연장기간 중에 정당하게 지급한 선장, 고급선원 및 일반선원의 임금과 식대 및 소비한 연료와 선용품은 상기의 항구 또는 장소에 입항하는 비용이 제10조 (a) 에 따라서 공동해손으로 인정하는 경우에는 이를 공동해손으로 인정한다.

b. 이 규칙에서 적용되는 임금은 선장, 고급선원 및 일반선원에 대한 모든 지급을 포함하며 그와 같은 지급본 법률에 의하여 선박회사에게 부과된 것이거나 또는 고용계약의 조건에 따라서 행하여 진 것인가를 불문한다.

c. (ⅰ) 선박이 사고, 희생 또는 기타 비상사태의 결과로서 공동의 안전을 위하여 필요하거나 혹은 희생 또는 사고로 인하여 선박이 입은 손상을 수선하기 위하여 어떠한 항구 또는 장소에 입항하거나 지연된 때에 만일 그 수선이 안전항해를 위하여 필요한 경우에는 그러한 항구 또는 장소에서 선박이 계속 항해를 할 준비를 완료하거나 또는 완료 할 수 있을 I때까지 초과된 연장기간에 정당하게 지급된 선장, 고급선원 및 일반선원 임금과 식대는 공동해손으로 인정한다. 지연기간 중에 소비한 연료나 선용품은 공동해손으로 지급할 수 없는 것이 아닌 한 공동해손으로 인정한다.

(ⅱ) 지연기간 중에 발생한 항비도 공동해손으로 인정할 수 없는 것이 아닌한 공동해손으로 인정한다.

(ⅲ) 그러나 항해중에 발생된 선박의 손상과 관련하여 사고 또는 기타의 비상사태 없이 선적 또는 기항항 또는 장소에서 선박의 손상이 발견된 경우에는 비록 그 수리가 안전항해의 완성을 위하여 필요한 경우에도 손상을 수리하기 위하여 초과된 지연기간에 소비한 연료 및 선용품 및 선장, 고급선원 및 일반선원 임금과 식대 및 발생된 항비는 공동해손으로 인정하지 않는다.

of the voyage.
(iv) When the ship is condemnedor does not proceed on her original voyage, fuel and stores consumed and port charges shall be allowed as general average only up to the date of the ship's condemnation or of the abandonment of the voyage or up to the date of completion of discharge of cargo if the condemnation or abandonment takes place before that date.
d. The cost of measures undertaken to prevent or minimise damage to the environment shall be allowed in general average when incurred in any or all of the following circumstances:
(i) as part of an operation performed for the common safety which, had it been undertaken by a party outside the common maritime adventure, would have entitled such party to a salvage reward;
(ii) as a condition of entry into or departure from any port or place in the circumstances prescribed in Rule X(a);
(iii) as a condition of remaining at any port or place in the circumstances prescribed in Rule XI(c), provided that when there is an actual escape or release of pollutant substances the cost of any additional measures required on that account to prevent or minimise pollution or environmental damage shall not be allowed as general average;
(iv) necessarily in connection with the discharging, storing or reloading of cargo whenever the cost of those operations is allowable as general average.

(iv) 선박이 불감항의 선고를 받거나 또는 본래의 항해를 계속하지 아니한 경우에 소비된 연료와 선용품 및 항비는 선박의 불감항 선고일 또는 항해포기일까지 혹은 적하의 양륙완료일 전에 불감항의 선고나 항애의 포기가 있게 되면 양륙 완료일까지만 이를 공동해손으로 인정한다.

d. 환경의 손해를 방지하거나 또는 최소화하기 위하여 취한 조치의 비용은 다음 상황의 일부 또는 전부가 발생한 경우에 공동해손으로 인정한다.
(i) 공동의 안전을 위하여 공동의 해상사업자가 해야 할 작업의 일부를 공동의 해상사업자 이외이 사람이 실시한 경우에는 그 사람이 구조비를 청구할 수 있다.

(ii) 제10조(a) 항에 규정된 상황에서 어느 항구 또는 장소에 입출항하는 경우

(iii) 제11조 (c)에 규정된 상황에서 어느 항구 또는 장소에 정박하는 경우, 다만 오염물질 이 현실적으로 유출 또는 배출될 대에 환경손해를 방지하거나 또는 최소화하기 위하여 취하는 추가조치비용은 공동해손으로 인정하지 않는다.

(iv) 적하의 양륙, 보관 또는 제선적과 관련하여 소요되는 작업비용이 공동해손으로 인정될 수 있다.

② 조항의 개요

선박이 피난항 또는 피난장소에 입항하거나 선적항이나 선적지에 회항함으로써 발생하는 항해의 연장기간 중에 정당하게 지급한 선장, 고급선원 및 일반선원의 임금과 식대 및 소비한 연료와 선용품은 상기의 항구 또는 장소에 입항하는 비용은 공동해손으로 인정한다. 선박이 사고, 희생 또는 기타 비상사태의 결과로서 입은 손상을 수선하기 위하여 어떠한 항구 또는 장소에 입항하거나 지연된 때는 항해를 할 준비를 완료하거나 또는 완료할 수 있을 때까지 초과된 연장기간에 정당하게 지급된 선장, 고급선원 및 일반선원 임금과 식대, 지연 중에 지급한 연료비, 선용품비, 항비 등은 공동해손으로 인정한다. 선박이 불감항의 선고를 받아 항해를 포기하는 경우, 양륙 완료일까지만 공동해손으로 인정한다. 환경의 손해를 방지하거나 또는 최소화하기 위하여 취한 조치의 비용은 다음 상황의 일부 또는 전부가 발생한 경우에 공동해손으로 인정한다.

## 12) 양륙 등에 있어서 화물의 손해

### ① 조항의 내용

| RULE XII. DAMAGE TO CARGO IN DISCHARGING, ETC.<br><br>Damage to or loss of cargo, fuel or stores sustained in consequence of their handling, discharging, storing, reloading and stowing shall be allowed as general average, when and only when the cost of those measures respectively is allowed as general average. | 제12조 양륙 등에 있어서 화물의 손해<br><br>화물의 취급, 양륙, 보관, 재선적 및 적부의 결과, 입는 화물, 연료 또는 선용품의 손상 또는 멸실은 이러한 작업에 소요되는 비용은 각각 공동해손으로 인정되는 경우에 한하여 공동해손은 성립한다. |

### ② 조항의 개요

화물의 취급, 양륙, 보관, 재선적 및 적부의 결과, 입는 화물, 연료 또는 선용품의 손상 EH는 멸실은 이러한 작업에 소요되는 비용은 각각 공동해손으로 인정되는 경우에 한하여 공동해손은 성립한다.

## 13) 수리비용에서의 공제

### ① 조항의 내용

| RULE XIII. DEDUCTIONS FROM COST OF REPAIRS<br>a. Repairs to be allowed in general average shall not be subject to deductions in respect of 'new for old' where old material or parts are replaced by new unless the ship is over fifteen years old in which case there shall be a deduction of one third. The deductions shall be regulated by the age of the ship from the 31st December of the year of completion of construction to the date of the general average act, except for insulation, life and similar boats, communications and navigational apparatus and equipment, machinery and boilers for which the deductions shall be regulated by the age of the particular parts to which they apply.<br>b. The deductions shall be made only from the cost of the new material or parts when finished and ready to be installed in the ship. No deduction shall be made in respect of provisions, stores, anchors and chain cables. Drydock and slipway dues and costs of shifting the ship shall be allowed in full.<br>c. The costs of cleaning, painting or coating of | 제13조 수리비용에서의 공제<br><br>a. 공동해손으로 인정되는 수리비용은 수선 비용의 3분의 1을 공제하는 기준인 선령이 15년을 초과하지 아니한 때에 선박을 수리하여 선박의 기존의 재료 또는 부품이 신품으로 교환된 경우에는 신구교환차익에 대하여 공제하지 않는다. 공제는 공동해손행위가 이루어진 해의 12월 31일을 기준으로 선령을 정하며, 절연체를 제외하고, 구명정이나 유사한 배, 통신시설, 항해기기와 설비, 기계와 보일러 등과 같은 것들은 선박에 특수하게 설치된 것으로 공제의 대상이 되는 것으로 규정되어 있다.<br><br><br>b. 공제는 신재료 또는 신부품이 완성되어 선박에 장치될 수 있는 상태의 가격에 의하여 계산한다. 식대, 선용품, 닻 및 닻줄은 공제하지 않는다. 건선거(乾船渠)와 경사선대의 입거비와 선박 이동비용은 이를 전액 인정한다.<br><br>c. 선저의 청소, 도장 도는 도료비용은 공동 해 |

| | |
|---|---|
| bottom shall not be allowed in general average unless the bottom has been painted or coated within the twelve months preceding the date of the general average act in which case one half of such costs shall be allowed. | 손해의 행위 성립일 전, 12개월 이내에 선저의 도장 또는 도료가 되지 않은 것이면 공동해손으로 인정하지 않는다. 다만 공동해손이 있기 12개월 전에 선저의 도장 또는 도료를 한 경우에는 그 비용의 반을 공동해손으로 인정한다. |

## ② 조항의 개요

선박을 수리하여 선박의 기존의 재료 또는 부품이 신품으로 교환된 경우에 그 선령이 15년을 초과하지 아니한 때에는 공동해손으로 인정되는 수리비용은 신구교환차익에 대하여 공제하지 않는다. 그러나 선령이 15년을 초과한 선박일 경우에는 수선 비용의 3분의 1을 공제한다. 건선거(乾船渠)와 경사 선대의 입거비와 선박 이동비용은 이를 전액 인정한다. 공동해손이 있기 12개월 전에 선저의 도장 또는 도료를 한 경우에는 그 비용의 반을 공동해손으로 인정한다.

## 14) 임시수리비

### ① 조항의 내용

| RULE XIV. TEMPORARY REPAIRS | 제14조 임시수리비 |
|---|---|
| a. Where temporary repairs are effected to a ship at a port of loading, call or refuge, for the common safety, or of damage caused by general average sacrifice, the cost of such repairs shall be allowed as general average.<br>b. Where temporary repairs of accidental damage are effected in order to enable the adventure to be completed, the cost of such repairs shall be allowed as general average without regard to the saving, if any, to other interests, but only up to the saving in expense which would have been incurred and allowed in general average if such repairs had not been effected there. Provided that for the purposes of this paragraph only, the cost of temporary repairs falling for consideration shall be limited to the extent that the cost of temporary repairs effected at the port of loading, call or refuge, together with either the cost of permanent repairs eventually effected or, if unrepaired at the time of the adjustment, the reasonable depreciation in the value of the vessel at the completion of the voyage. exceeds the cost of permanent repairs had they been effected at the port of loading, call or refuge.<br>c. No deductions 'new for old' shall be made from the cost of temporary repairs allowable as general average. | a. 선적항, 기항항 또는 피난항에서 공동의 안전을 위하여 또는 공동해손 희생손해에 의하여 발생한 손상을 임시로 수리할 경우, 그 수리비용은 공동해손으로 인정한다.<br>b. 다만 항해를 완성시키기 위하여 우발적인 사고로 인한 손상을 임시수리하는 경우에 그 수리비용은 만일 그곳에서 임시수리를 하지 않았다면 지출하게 되어 공동해손으로 인정되었을 비용이 절약된 범위안에서만 다른 이해관계인의 절약액의 유무를 불문하고 이를 공동해손으로 인정한다. 그러나 본 조항의 취지를 위하여 임시수리비는 피난항에서 수리한 임시수리비와 이후에 수리하는 영구수리비의 합계액이 피난항에서 수리하였다면 지급하였을 영구수리비를 초과하는 금액을 한도 내에서 공동해손으로 인정하고, 만약 공동해손을 정산할 시점에 미수리 상태인 경우에는 항해가 종료된 때에 선박의 가액에 대한 합리적인 감가액이 적재항, 기항항 또는 피난항에서 영구수리를 한 것으로 가정한 금액을 초과하는 부분을 공동해손으로 인정한다.<br><br>c. 공동해손으로 인정되는 임시수리비에서는 신구교환차익을 공제하지 않는다. |

② 조항의 개요

선적항, 기항항 또는 피난항에서 손상을 임시로 수리할 경우, 그 수리비용은 공동해손으로 인정한다. 임시수리비는 피난항에서 수리한 임시수리비와 이후에 수리하는 영구수리비의 합계액이 피난항에서 수리하였다면 지급하였을 영구수리비를 초과하는 금액을 한도내에서 공동해손으로 인정한다. 공동해손을 정산할 시점에 미수리 상태인 경우에는 항해가 종료된 때에 선박의 가액에 대한 합리적인 감가액이 적재항, 기항항 또는 피난항에서 영구수리를 한 것으로 가정한 금액을 초과하는 부분을 공동해손으로 인정한다. 공동해손으로 인정되는 임시수리비에서는 신구교환차익을 공제하지 않는다.

### 15) 운임의 손실

① 조항의 내용

| RULE XV. LOSS OF FREIGHT | 제15조 운임의 손실 |
|---|---|
| Loss of freight arising from damage to or loss of cargo shall be allowed as general average, either when caused by a general average act, or when the damage to or loss of cargo is so allowed.<br>Deduction shall be made from the amount of gross freight lost, of the charges which the owner thereof would have incurred to earn such freight, but has, in consequence of the sacrifice, not incurred. | 적하의 손상 또는 멸실로 발생한 운임의 손실은 그것이 공동해손행위로 인하여 발생하거나 또는 적하의 손상 또는 멸실이 공동해손을 구성하는 경우에는 공동해손이 성립된다.<br><br>해상운송인이 그러한 운임을 취득하기 위하여 지출한 비용으로서 희생의 결과 지출을 면하게 된 비용은 상실된 총운임에서 공제하여야 한다. |

② 조항의 개요

공동해손 행위로 인한 적하의 손상 또는 멸실로 발생한 운임의 손실은 공동해손이 성립된다. 해상운송인이 그러한 운임을 취득하기 위하여 지출한 비용으로서 희생의 결과 지출을 면하게 된 비용은 상실된 총운임에서 공제하여야 한다.

### 16) 공동해손 희생에 의하여 멸실 또는 손상된 적하에 대한 배상액

① 조항의 내용

| RULE XVI. AMOUNT TO BE ALLOWED FOR CARGO LOST OR DAMAGED BY SACRIFICE | 제16조 희생에 의하여 멸실 또는 손상된 적하에 대한 배상액 |
|---|---|
| a. The amount to be allowed as general average for damage to or loss of cargo sacrificed shall be the loss which has been sustained thereby based on the value at the | a. 희생된 적하의 손상 또는 멸실에 대한 공동해손배상액은 수화인에게 발급된 상업송장에 의하고 상업송장이 없는 때에는 선적가액에 의하여 확인된 양륙시의 가액을 기준으로 하여 |

| | |
|---|---|
| time of discharge, ascertained from the commercial invoice rendered to the receiver or if there is no such invoice from the shipped value. The value at the time of discharge shall include the cost of insurance and freight except insofar as such freight is at the risk of interests other than the cargo.<br>b. When cargo so damaged is sold and the amount of the damage has not been otherwise agreed, the loss to be allowed in general average shall be the difference between the net proceeds of sale and the net sound value as computed in the first paragraph of this Rule. | 산출한 하주가 입은 손해액으로 한다. 양륙시의 가액은 적하 이해관계인 이외의 자가 그 운임에 대한 위험을 부담하는 경우를 제외하고 운임과 보험의 비용을 포함한다.<br><br>b. 위의 손상된 화물이 매각되었으나 그 손해액에 대하여 별도의 합의가 없는 때에는 공동해손으로 배상될 손해액은 본조 제1항에 따라서 계산한 순정산가액과 순매각가액의 차액으로 한다. |

② 조항의 개요

공동해손 행위로 희생된 적하의 손상 또는 멸실에 대한 공동해손 배상액은 수화인에게 발급된 상업송장에 의하고 상업송장이 없는 때에는 선적가액에 의하여 확인된 양륙시의 가액을 기준으로 하여 산출한 화주가 입은 손해액으로 한다. 양륙시의 가액은 적하 이해관계인 이외의 자가 그 운임에 대한 위험을 부담하는 경우를 제외하고 운임과 보험의 비용을 포함한다.

### 17) 분담액

① 조항의 내용

| RULE XVII. CONTRIBUTORY VALUES | 제17조 분담액 |
|---|---|
| a. (i) The contribution to a general average shall be made upon the actual net values of the property at the termination of the adventure except that the value of cargo shall be the value at the time of discharge, ascertained from the commercial invoice rendered to the receiver or if there is no such invoice from the shipped value.<br>(ii) The value of the cargo shall include the cost of insurance and freight unless and insofar as such freight is at the risk of interests other than the cargo, deducting therefrom any loss or damage suffered by the cargo prior to or at the time of discharge.<br>(iii) The value of the ship shall be assessed without taking into account the beneficial or detrimental effect of any demise or time charterparty to which the ship may be committed.<br>b. To these values shall be added the amount allowed as general average for property sacrificed, if not already included, deduction being made from the freight and passage | a. (i) 공동해손분담액은 항해가 종료한 때의 재산의 순현실가액에 따라서 정산한다. 다만 적하의 가액은 수화인에게 발급한 상업송장에 의하여 그리고 송장이 없으면 선적가액에서 확인된 양륙시의 가액으로 한다.<br><br>(ii) 적하의 가액은 적하의 이해관계인 이외의 자가 그 운임에 대한 위험을 부담하는 경우를 제외하고는 보험과 운임을 포함한다. 그러나 그 금액은 양륙할 때 또는 그 이전에 적하가 입은 모든 멸실 또는 손상액을 공제한 금액으로 한다.<br>(iii) 선박의 가액은 선박이 이미 체결한 임대차계약이나 정기 용선계약으로 인하여 유리하거나 불이익 효과를 고려하지 않고 평가하여야 한다.<br>b. 이 가액에 희생된 재산의 공동해손 배상액이 포함되어 있지 않은 경우에는 이를 가산한다. 다만 예정 화물운임과 여객운임으로부터는 만약 선박과 적하가 공동해손의 행위를 실행한 |

money at risk of such charges and crew's wages as would not have been incurred in earning the freight had the ship and cargo been totally lost at the date of the general average act and have not been allowed as general average; deduction being also made from the value of the property of all extra charges incurred in respect thereof subsequently to the general average act, except such charges as are allowed in general average or fall upon the ship by virtue of an award for special compensation under Art. 14 of the International Convention on Salvage, 1989 or under any other provision similar in substance.

날짜에 전손이 되었다고 한다면 운임 가득을 위하여 지출하지 않아도 되고 따라서 공동해손으로서 인정되지 않을 여러 비용 및 선원의 임금을 공제하여야 한다. 그리고 공동해손 행위 이후에 그 재산에 관하여 지출한 비용 가운데 나머지의 모든 특별비용을 재산의 가액에서 공제하여야 한다. 다만 공동해손으로 인정되거나 또는 1989년 국제해난구조협약 또는 실질적으로 기타 유사한 조항에 따라서 특별배상 판정에 의하여 선박에 부과된 특별비용을 제외한다.

## ② 조항의 개요

공동해손 분담액은 항해가 종료한 때의 재산의 순현실가액에 따라서 정산한다. 적하의 가액은 적하의 이해관계인 이외의 자가 그 운임에 대한 위험을 부담하는 경우를 제외하고는 보험과 운임을 포함한다. 선박의 가액은 선박이 이미 체결한 임대차 계약이나 정기 용선계약으로 인하여 유리하거나 불이익 효과를 고려하지 않고 평가하여야 한다. 공동해손 행위 이후에 그 재산에 관하여 지출한 비용 가운데 특별비용을 재산의 가액에서 공제하여야 한다. 다만 공동해손으로 인정되거나 또는 1989년 국제해난구조협약 또는 실질적으로 기타 유사한 조항에 따라서 특별배상 판정에 의하여 선박에 부과된 특별비용을 제외한다.

## 18) 선박의 손상

### ① 조항의 내용

| RULE XVIII. DAMAGE TO SHIP | 제18조 선박의 손상 |
|---|---|
| The amount to be allowed as general average for damage or loss to the ship, her machinery and/or gear caused by a general average act shall be as follows:<br>a. When repaired or replaced,<br>The actual reasonable cost of repairing or replacing such damage or loss, subject to deductions in accordance with Rule XIII;<br>b. When not repaired or replaced,<br>The reasonable depreciation arising from such damage or loss, but not exceeding the estimated cost of repairs. But where the ship is an actual total loss or when the cost of repairs of the damage would exceed the value of the ship when repaired, the amount to be allowed as general average shall be the | 공동해손의 행위에 의하여 발생한 선박, 기관 또는 기계의 손상 또는 멸실이 공동해손으로 인정되는 금액은 다음과 같다.<br><br>a. 수리 또는 교환된 경우<br>제13조의 공제조항에 따라서 손상 또는 멸실을 수리 또는 교환한 실질적이고 합리적인 비용;<br><br>b. 수리 또는 교환되지 아니한 경우<br> 수리 추정비용을 초과하지 아니하는 범위 안에서 그러한 손상 또는 멸실로 인하여 발생한 합리적인 감가액으로 한다. 그러나 선박이 현실 전손이 된 경우 또는 손상된 선박의 수리비용이 수리 후의 선박가액을 초과하는 경우에 공동해손으로 인정되어야 할 금액은 선박이 손 |

| | |
|---|---|
| difference between the estimated sound value of the ship after deducting therefrom the estimated cost of repairing damage which is not general average and the value of the ship in her damaged state which may be measured by the net proceeds of sale, if any. | 상을 입지 아니한 상태의 견적가액에서 공동해손이 아닌 훼손의 견적 수리비용을 공제한 가액과 손상 선반이 매각되는 경우에는 순매각가액을 산정할 수 있는 손상 선박의 가액과의 차액으로 한다. |

### ② 조항의 개요

공동해손의 행위에 의하여 발생한 선박, 기관 또는 기계의 손상 또는 멸실과 관련하여 수리 또는 교환된 경우에는 실질적이고 합리적인 비용을 공동해손으로 인정한다. 수리 또는 교환되지 아니한 경우는 수리 추정비용을 초과하지 아니하는 범위 안에서 그러한 손상 또는 멸실로 인하여 발생한 합리적인 감가액으로 한다.

### 19) 불고지 또는 부실 고지된 적하

#### ① 조항의 내용

| RULE XIX. UNDECLARED OR WRONGFULLY DECLARED CARGO | 제19조 불고지 또는 부실 고지된 적하 |
|---|---|
| a. Damage or loss caused to goods loaded without the knowledge of the shipowner or his agentor to goods wilfully misdescribed at time of shipment shall not be allowed as general average, but such goods shall remain liable to contribute, if saved. | a. 해상운송인 또는 대리인에게 고지하지 아니하고 선적한 적하 또는 선적시에 고의로 부실고지한 적하에 발생한 멸실 또는 손상은 공동해손으로 인정하지 않는다. |
| b. Damage or loss caused to goods which have been wrongfully declared on shipment at a value whichis lower than their real value shall be contributed for at the declared value, but such goods shall contribute upon their actual value. | b. 그러나 이러한 적하도 구조된 경우에는 공동해손의 분담 의무를 져야 한다. 선적시에 허위로 실제 가격보다 적은 가액으로 신고한 적하에 발생된 손상 또는 멸실은 그 신고한 가액에 따라서 보상된다. 그러나 그러한 적하는 그 실제가액에 따라 공동해손금을 분담한다. |

### ② 조항의 개요

해상운송인 또는 대리인에게 고지하지 아니하고 선적한 적하 또는 선적시에 고의로 부실 고지한 적하가 구조된 경우에는 공동해손의 분담 의무가 있다. 선적시에 허위로 실제 가격보다 적은 가액으로 신고한 적하에 발생된 손상 또는 멸실은 그 신고가액에 따라서 보상된다.

### 20) 공동해손기금의 조달

#### ① 조항의 내용

| RULE XX. PROVISION OF FUNDS | 제20조 공동해손기금의 조달 |
|---|---|
| a. The capital loss sustained by the owners of | a. 공동해손을 지급하기 위하여 기금을 마련할 |

| | |
|---|---|
| goods sold for the purpose of raising funds to defray general average disbursements shall be allowed in general average. | 목적으로 매각한 적하의 소유자가 입은 자본 손해는 공동해손으로 인정한다. |
| b. The cost of insuring average disbursements shall also be allowed in general average. | b. 공동해손을 지급하기 위하여 선불된 금액의 보험비용도 공동해손으로 인정한다. |

### ② 조항의 개요

공동해손 분담금을 지급하기 위하여 기금을 마련할 목적으로 매각한 적하의 소유자가 입은 자본 손해는 공동해손으로 인정한다. 공동해손 분담금을 지급하기 위하여 선불된 금액의 보험 비용도 공동해손으로 인정한다.

### 21) 공동해손 손해의 이자

#### ① 조항의 내용

| | |
|---|---|
| RULE XXI. INTEREST ON LOSSES ALLOWED IN GENERAL AVERAGE<br>a. Interest shall be allowed on expenditure, sacrifices and allowances in general average until three months after the date of issue of the general average adjustment, due allowance being made for any payment on account by the contributory interests or from the general average deposit fund. | 제21조 공동해손 손해의 이자<br>a. 이자는 공동해손에 계상된 비용, 희생에 대하여 인정하고 공동해손정산이 이루어진 날로부터 3개월 이내까지 공동해손으로 인정하는데, 분담이익 또는 공동해손 공탁금으로부터 계산지급된 것에 대해서는 상당액을 공제한다. |
| b. Each year the Assembly of the Comité Maritime International shall decide the rate of interest which shall apply. This rate shall be used for calculating interest accruing during the following calendar year. | b. 매년 국제해사위원회(CMI)에서 공동해손에서 적용할 이자율을 결정한다. 이자율은 다음 1년동안 발생되는 이자를 산정하는 데에 사용한다. |

#### ② 조항의 개요

이자는 공동해손에 계상된 비용, 희생에 대하여 인정하고 공동해손정산이 이루어진 날로부터 3개월 이내까지 공동해손으로 인정한다. 매년 국제해사위원회(CMI)에서 공동해손에서 적용할 이자율을 결정한다.

### 22) 공탁금의 취급

#### ① 조항의 내용

| | |
|---|---|
| RULE XXII. TREATMENT OF CASH DEPOSITS<br>Where cash deposits have been collected in respect of cargo's liability for general average, | 제22조 공탁금의 취급<br>공동해손, 구조료 또는 특별비용에 대한 적하의 배상책임에 관하여 공탁금을 징수한 경우에 |

| | |
|---|---|
| salvage or special charges such deposits shall be paid without any delay into a special account in the joint names of a representative nominated on behalf of the shipowner and a representative nominated on behalf of the depositors in a bank to be approved by both. The sum so deposited together with accrued interest, if any, shall be held as security for payment to the parties entitled thereto of the general average, salvage or special charges payable by cargo in respect of which the deposits have been collected. Payments on account or refunds of deposits may be made if certified to in writing by the average adjuster. Such deposits and payments or refunds shall be without prejudice to the ultimate liability of the parties | 이 공탁금은 지체없이 해상운송인이 지정한 대리인과 공탁자가 지명한 대리인의 공동명의로 쌍방이 합의한 은행에 특별계정으로 예금하여야 한다.<br><br>이와 같이 예탁된 공탁기금에서 이자가 발생하면 그것을 합산하고 징수한 공탁기금과 관련하여 적하가 지급할 공동해손비용, 구조료 또는 특별비용과 관계되는 채권자를 위한 지급보증용으로 보관하여야 한다. 공동해손 정산인이 서면으로 증명하면 공탁금의 정산지급 또는 환급이 이루어질 수 있다. 이러한 공탁금의 지급 또는 환급은 공동해손 당사자의 책임을 침해하는 것은 아니다. |

② 조항의 개요

공동해손, 구조료 또는 특별비용에 대한 적하의 배상책임에 관하여 공탁금을 징수한 경우에 이 공탁금은 지체없이 해상운송인이 지정한 대리인과 공탁자가 지명한 대리인의 공동명의로 쌍방이 합의한 은행에 특별계정으로 예금하여야 한다. 공동해손 정산인이 서면으로 증명하면 공탁금의 정산지급 또는 환급이 이루어질 수 있다.

### 23) 공동해손 분담금 채권시효

① 조항의 내용

| | |
|---|---|
| **RULE XXIII. TIME BAR FOR CONTRIBUTIONS TO GENERAL AVERAGE**<br>a. Subject always to any mandatory rule on time limitation contained in any applicable law:<br>(i) Any rights to general average contribution, including any rights to claim under general average bonds and guarantees, shall be extinguished unless an action is brought by the party claiming such contribution within a period of one year after the date upon which the general average adjustment was issued. However, in no case shall such an action be brought after six years from the date of the termination of the common maritime adventure.<br>(ii) These periods may be extended if the parties so agree after the termination of the common maritime adventure. | 제23조 공동해손분담금 채권시효<br><br>a. 모든 준거법에 기간적 제한에 관한 강행 규정이 명시된 경우에는 채권시효에 대한 강행규정을 준수하여야 한다.<br>(i) 공동해손 분담금에 대한 모든 청구권리는 공동해손 맹약서 또는 공동해손 보증장에 근거하여 모든 손해배상 청구권은 공동해손 정산서가 발행된 이후 1년 이내에 당사자가 소송을 제기하지 않으면 소멸한다. 그러나 어떠한 경우라도 공동의 항해사업이 종료된 날로부터 6년을 경과한 이후에는 소송을 제기할 수 없다.<br><br>(ii) 이러한 채권시효기간은 만약 당사자들이 공동의 항해사업의 종료 후에 합의 하는 경우에는 연장할 수 있다. |

| b. This Rule shall not apply as between the parties to the general average and their respective insurers | b. 이 조항은 공동해손 당사자와 당사자를 대변하는 보험자 사이에는 적용하지 않는다. |

② 조항의 개요

공동해손 분담금에 대한 모든 청구권리는 공동해손 맹약서 또는 공동해손 보증장에 근거하여 모든 손해배상 청구권은 공동해손 정산서가 발행된 이후 1년 이내에 당사자가 소송을 제기하지 않으면 소멸한다. 그러나 어떠한 경우라도 공동의 항해사업이 종료된 날로부터 6년을 경과한 이후에는 소송을 제기할 수 없다.

# 제5편

# 무역분쟁해결 관련 국제관습과 협약

# 제 13 장

# 무역거래분쟁과 해결방법

## 제 1 절  무역거래 분쟁

### 1. 무역거래 분쟁의 의의

무역거래에서 지칭하는 분쟁(claim)은 무역계약 당사자의 일방이 계약의 내용을 충실히 이행하지 않았을 경우에 그로 말미암아 손해를 입은 당사자가 권리의 회복을 요구하거나 또는 손해의 배상을 청구하는 것을 의미한다. 즉 무역거래 분쟁은 무역계약 당사자 중 일방의 계약불이행이나 계약위반에 대하여 상대방이 제기하는 계약의 해제 또는 해지, 인도 또는 인수의 거절, 가격인하 요구 또는 손해보상의 요구 등을 말하는 것이다.

### 2. 무역거래 분쟁의 원인

#### (1) 언어의 이해부족

무역은 국가와 국가 사이의 교역이기 때문에 용어 해석에 따른 관념의 차이로 인하여 분쟁이 발생하는 경우가 있다. 또한 무역서류의 취급에 있어 용어의 오역이나 상담 중에 용어에 대한 이해가 불충분하게 되면 본래의 취지가 잘못 전달될 가능성이 있다. 이로 인하여 분쟁이 발생될 가능성이 높게 된다.

### (2) 신용조사 미비

무역업자의 신용조사 미비로 인하여 무역거래 분쟁 이 발생할 수 있다. 해외시장조사에서 거래처를 선정한 후 실시하는 것이 신용조사이다. 거래처에 대한 신용조사의 불성실로 인하여 분쟁이 발생하기도 한다. 신용조사가 미비한 경우 거래처의 불성실 및 자본 부족 등으로 인하여 대금지급지연, 대금지급거절, 무역사기 등이 발생하기도 한다.

### (3) 무역실무 지식 부족

무역에서는 무역실무 지식의 결여로 인하여 계약이행이 순조롭게 진행되지 않는 경우가 있다. 무역거래는 이행절차가 복잡하고 이행단계마다 서류의 법적 요건이나 당사자 사이의 법적 책임 등에 관한 사항들이 많아 실무지식이 없으면 이행단계에 따른 분쟁이 발생할 수 있다.

### (4) 계약조건 미비

무역계약 당사자가 무역계약을 체결할 때에 계약조건을 불확실하게 함으로써 분쟁을 유발할 수 있다. 무역조건에 해당하는 품질조건, 수량조건, 가격조건, 거래조건, 운송조건, 보험조건 등과 같은 사항에 대하여 주의를 결여하여 발생하는 분쟁도 있다. 계약조건에 이런 사항들을 명시하지 못한 경우에는 무역계약 당사자 사이의 이해상관관계로 인하여 분쟁이 발생하게 된다.

### (5) 국제상관습 이해부족

무역업자의 국제상관습과 국제조약에 대한 무지로 인하여 분쟁이 발생할 수 있다. 항구나 관공서 등에서 행사가 있어서 업무를 한정된 시간으로 제한하는 경우에는 선적작업 및 서류작성 등에 지장을 받게 되어 계약을 이행하지 못하는 경우도 있다. 무역거래와 관련한 국제조약 등에 무관심한 경우에도 분쟁이 발생할 가능성이 있다. 국가와 국가 사이에 쌍무적으로 또는 지역별로 체결한 무역협정이나 국제조약에 대한 정보부족으로 분쟁이 발생할 가능성이 높다.

### (6) 무역거래단계별 위험대응 미비

무역거래단계에서 발생하는 위험으로 야기된 손해에 대한 구상조치는 손해배상청구가 대부분이다. 그리고 무역운송 도중에는 운송수단에 따라 해상위험, 육상위험, 항공위험 등이 발생한다. 이와 같은 무역거래에서 발생한 손해를 무역업자가 보전하려는 조치를 취하고자 할 때 분쟁을 제기하게 된다.

## 제2절  무역거래 분쟁의 해결

### 1. 당사자 사이의 직접 해결

#### (1) 청구권의 포기

청구권의 포기(waiver of claim)는 무역거래 분쟁 제기자가 제기한 구상액이 소액이거나 다른 조건에 의하여 제기되었던 무역거래 분쟁에 대한 불만 요인이 제거되어 무역거래 분쟁을 철회하는 것이다. 일반적으로 무역거래의 과정 중에 발생한 손해에 대하여 손해를 입은 당사자가 상대방에 대한 손해배상청구권을 철회하거나 손해배상청구권을 행사하지 않는 것이다. 또 한편으로 청구권의 포기는 무역거래에서 분쟁이 발생한 경우 손해배상청구를 받은 당사자가 상대방이 원하는 손해배상에 대한 요구를 수락한 경우에도 청구권의 포기가 이루어진다.

결국 청구권의 포기는 무역거래 분쟁 당사자가 원만한 타협을 전제로 하여 이루어지는 것이 대부분이다. 청구권을 포기하는 이유는 이외에도 다양룩이지만 무역거래 당사자 사이에 지속적인 거래관계를 유지하는 데에 기여한다. 즉 무역거래 중에 분쟁이 발생하였다고 하여서 감정적으로 상대방을 대하거나 손해의 원인에 대하여한 정확한 상황을 파악하지도 않은 채 속단하여 분쟁의 해결을 도모하는 것은 바람직하지 않다.

#### (2) 화해

##### 1) 화해의 의미

화해(amicable settlement)는 분쟁당사자들이 당사자 쌍방이 직접 교섭을 통하여 해결의 타협점을 찾는 방법이다. 즉 직접적인 협의를 통하여 무역거래에서 발생한 손해 등에 대하여 법적인 책임을 부담하거나 손해보상액에 대하여 상호 납득할 수 있는 합의점을 찾는 방법이다. 화해는 제3자의 개입이 없이 당사자 사이의 자율적인 교섭과 양보로 분쟁을 해결하는 방법이기 때문에 효율적이면서도 경제적이라고 할 수 있다. 화해에 전제가 되는 것은 분쟁당사자가 상호평등의 원칙하에 대등한 입장에서 분쟁의 해결점을 찾는다는 것이다. 그래서 화해에는 별도의 규정된 화해를 절차 등이 없다. 화해를 하려는 경우에는 분쟁당사자가 직접 교섭을 하는 경우가 대부분이다.

### 2) 화해의 구분

#### ① 재판 외의 화해

재판 외의 화해는 당사자간의 교섭에 의하여 이루어지는 화해이다. 일반적으로는 민법상의 화해를 의미한다. 즉 분쟁당사자가 서로 양보하여 분쟁을 끝낼 것을 약정함으로써 해결이 되는 방법이다. 재판외의 화해는 당사자가 이행을 하지 않는 경우 분쟁이 재연될 수 있는 단점이 있다.

#### ② 재판상의 화해

재판상의 화해는 법원의 중개에 의하여 이루어지는 해결방법이다. 재판상의 화해는 소송전에 이루어지는 화해와 소송진행 중에 이루어지는 화해로 구분할 수 있다. 소송전에 이루어지는 화해는 분쟁당사자가 문제를 해결할 수 있기 때문에 분쟁이 소송으로 이어지는 것을 방지하기 위한 방법이다. 소송진행 중에 이루어지는 화해는 소송 중에 있는 분쟁 대상물에 대하여 서로의 권리에 대한 양보를 통하여 소송을 종료시키기로 합의하는 방법이다.

### 3) 화해의 유의점

화해가 이루어졌다면 분쟁의 종결에 대한 합의가 이루어졌음을 증명할 수 있도록 하여 이후에 화해의 내용을 번복하는 일이 없도록 하여야 한다. 즉 당사자 사이에 서로 양보가 있는 경우 양보의 범위, 양보 이후의 이행조치에 대한 보장, 분쟁의 종결에 대한 당사자의 합의 및 이에 대한 확인, 화해의 범위 및 내용 등에 관한 사항을 확정지을 수 있는 조치가 필요하다.

## 2. 당사자 사이의 간접 해결

### (1) 알선

### 1) 알선의 의미

알선(intercession, mediation)은 분쟁당사자 일방 또는 쌍방의 의뢰에 의하여 상업회의소 (chamber of commerce) 등과 같은 제3자가 사건에 개입하여 해결방안을 제시하거나 조언 또는 권고를 하여 해결하는 방법이다. 알선에서는 분쟁과 관련이 없는 제3자가 개입하여 분쟁의 논점을 정리하여 해결방안을 제시하게 된다. 즉 분쟁당사자의 의견을 청취하고 당사자 사이의 의견 차이를 좁히는 데에 핵심이 있다.

### 2) 알선의 구분

#### ① 국내알선

국내알선은 분쟁당사자가 모두 한국국적의 사람이거나 법인인 경우에 제3자가 개입하여 현지조사를 하거나 당사자회의 등을 통하여 분쟁을 해결하는 방법이다.

#### ② 국제알선

국제알선은 분쟁당사자 중 일방이 외국국적의 사람이거나 법인인 경우에 제3자가 개입하여 양측의 주장을 청취하여 전달하는 과정을 통하여 분쟁을 해결하는 방법이다. 국제알선에는 대내알선과 대외알선이 있다. 대내알선은 외국국적의 사람이나 법인이 수출입과 관련하여 한국국적의 사람이나 법인을 상대로 제기하는 분쟁을 해결하는 방법이다. 대외알선은 한국국적의 사람이나 법인이 수출입과 관련하여 외국국적의 사람이나 법인을 상대로 제기하는 분쟁을 해결하는 방법이다.

### (2) 조정

#### 1) 조정의 의미

조정(conciliation)은 분쟁당사자가 공정한 제3자를 조정자로 선임하고 이러한 조정자가 제시하는 구체적인 해결안에 대하여 합의함으로써 무역거래 분쟁을 해결하는 것이다. 즉 분쟁당사자가 선임한 조정인의 조정안에 대하여 분쟁당사자가 합의를 함으로써 분쟁을 해결하는 방법이다. 조정은 매우 다양한 방식과 절차에 따라 이루어지고 있기 때문에 그 형식이나 절차를 어느 한가지로 특정지을 수는 없다.

#### 2) 조정의 특징

조정은 분쟁당사자의 의견을 청취하여 그 주장의 내용에 대한 절충안을 제시하고 합의를 유도함으로써 분쟁을 해결하는 것이지만 어느 일방이 승복을 하지 않는 경우에는 해결점을 찾기가 어렵다. 그래서 대부분의 경우에는 국가기관이 제도적으로 조정을 이행하는 경우가 많다. 조정절차는 간단하지만 분쟁당사자를 설득해야 하는 조정인은 본인의 경험과 지식 그리고 해결점을 찾기 때문에 오히려 해결기간이 장기화 될 수도 있다. 그래서 조정을 조정인의 노력으로 해결점을 찾았다고 하더라도 종국적인 해결방법이 될 수 없다는 단점이 있다. 더구나 조정인이 제시하는 타협안은 분쟁당사자들에게 명쾌한 해결책이 되지 않는 한 강제권이 없기 때문에 의견차이를 좁혀주는 권고에 그칠 가능성도 배제할 수가 없다.

### 3) 분쟁조정제도

#### ① 우리나라의 분쟁조정제도

##### ㉠ 무역분쟁조정위원회

우리나라에서는 무역거래자가 그 상호간이나 교역상대국의 무역거래자와 물품 등의 수출입과 관련하여 분쟁이 발생한 경우 산업통상자원부장관이 분쟁을 신속하고 공정하게 처리하는 것이 필요하다고 인정하거나 무역분쟁당사자가 신청한 경우 분쟁의 해결을 위한 조정을 권고할 수 있도록 하고 있다. 선적 전 검사와 관련하여 수출업자와 선적 전 검사 기관간에 분쟁이 발생한 경우에도 분쟁의 해결을 위하여 조정을 권고할 수 있도록 하고 있다. 이를 취급하는 기구가 산업통상자원부의 위탁을 받아 대한상사중재원에 설치한 분쟁조정위원회이다. 그리고 특별법에 따라 각 중앙행정부 산하에 조정위원회를 설치 운영하고 있다.

##### ㉡ 민사조정

민사조정법은 민사에 관한 분쟁을 간편한 절차에 따라 분쟁당사자간의 상호양해를 통하여 법 조항을 바탕으로 실정에 맞게 해결하는 것을 목적으로 제정된 법이다. 민사조정법에 의한 조정은 민사조정과 가사조정으로 구분된다. 민사조정은 사법부, 즉 법원이 분쟁당사자간에 개입하여 합의점을 도출함으로써 분쟁을 해결하는 민사조정에서는 분쟁당사자들이 서로 합의하여 조정을 신청하고 법원이 제시한 조정안에 대하여 분쟁당사자들이 승복할 것을 전제로 하여 진행하는 특징이 있다. 이 경우에 분쟁당사자들의 승복 의사와는 관계없이 강제조정이 있을 수 있다. 우리나라에서 강제조정과 관련한 법으로는 소액사건 심판법, 간이절차에 의한 민사분쟁 사건처리 특례법 등을 들 수 있다. 법원의 민사조정은 관할 지방법원, 지장법원지원, 시법원 또는 군법원에 신청하여 조정담당판사나 조정위원회에서 처리하는 것이 일반적이다. 법원에 의한 민사조정으로 판단한다면 중재신청 후에 조정에 회부되는 것도 조정에 해당한다고 보아야 한다. 민사 이외의 분쟁을 해결하기 위한 조정제도를 규정하고 있는 법규로는 소액심판법, 환경분쟁조정법, 가사소송법 등이 있다.

#### ② 국제적 분쟁조정제도

국제상업회의소에서도 무역분쟁의 신속한 해결을 위하여 국제중재법원을 통하여 조정제도를 시행하고 있다. 국제상업회의소가 주관하는 조정은 분쟁당사자의 무조건적 동의로 해결하는 방법을 채택하고 있다. 그래서 국제상업회의소에서는 분쟁조정 관련하여 ICC 조정규칙을 적용하여 왔다. 즉 국제상업회의소의 조정은 중재와는 다른 절차와 다른 법의 근거를 가지고 시행되고 있다.

### (3) 중재

#### 1) 중재의 의미

중재(arbitration)는 분쟁당사자 사이의 합의에 의하여 사법상의 법률관계를 법원 소송절차에 의하지 않고 사인인 공정한 제3자를 중재인(arbitrator)으로 선임하고 이 중재인의 판정에 복종함으로써 무역클레임을 해결하는 방법이다. 상사중재는 중재의 신청, 중재의 수리 및 통지, 답변서의 제출, 중재인의 선정, 중재심판, 중재판정 등과 같은 중재절차를 거쳐 처리한다.

#### 2) 중재의 특징

첫째, 중재제도는 민간인의 운영에 의한 자주적인 분쟁해결방법이기 때문에 소송절차를 통하여 무역클레임을 해결하는 것보다는 판정이 신속하고 소송비용이 저렴하다.

둘째, 중재절차에서 이루어진 사항은 중재절차에 참여한 중재인단과 중재 신청인과 피신청인 이외에는 알 수 없도록 비공개로 진행하기 때문에 기업의 비밀을 보장받을 수 있다.

셋째, 단심제로 운영되기 때문에 시간을 절약할 수 있다.

넷째, 중재절차에 중재 신청인과 피신청인이 참여하여 상호 견해를 밝힌 후에 거래실정에 밝은 중재인이 판정하게 되어 신뢰성이 있다.

다섯째, 상사중재인의 판정은 효력본 법원의 확정판결과 동일한 효력을 가지게 된다는 점에서 소송보다도 효력의 범위가 넓다.

여섯째, 외국에서도 중재판정에 대한 집행보장이 이루어지기 때문에 국제적으로도 공신력이 있다.

#### 3) 중재합의

중재합의는 계약상의 분쟁인지 여부에 관계없이 일정한 법률관계에 관하여 당사자 간에 이미 발생하였거나 앞으로 발생할 수 있는 분쟁의 전부 또는 일부를 중재에 의하여 해결하도록 하는 당사자 간의 합의를 의미한다. 중재합의는 독립된 합의 또는 계약에 중재조항을 포함하는 형식으로 할 수 있다. 중재합의는 서면으로 하여야 한다. 당사자들이 서명한 문서에 중재합의가 포함된 경우, 편지, 전보(電報), 전신(電信), 팩스 또는 그 밖의 통신수단에 의하여 교환된 문서에 중재합의가 포함된 경우, 어느 한쪽 당사자가 당사자 간에 교환된 문서의 내용에 중재합의가 있는 것을 주장하고 상대방 당사자가 이에 대하여 다투지 아니하는 경우, 계약이 중재조항을 포함한 문서를 인용하고 있는 경우 등은 서면에 의한 중재합의로 본다.

### 4) 상사중재인의 선정[1]

#### ① 단독 중재인의 선정

당사자 간에 다른 합의가 없으면 중재인은 국적에 관계없이 선정될 수 있다. 그러므로 중재법에 따르는 경우에 매매당사자가 속한 국가의 중재인을 선임하여도 중재를 하는데에는 문제가 없다. 중재인의 선정절차는 당사자 간의 합의로 정한다. 합의가 없으면 단독중재인에 의한 중재의 경우는 어느 한쪽 당사자가 상대방 당사자로부터 중재인의 선정을 요구받은 후 30일 이내에 당사자들이 중재인의 선정에 관하여 합의하지 못한 경우에는 어느 한쪽 당사자의 신청을 받아 법원이 중재인을 선정한다.

#### ② 3인 중재인의 선정

3명의 중재인에 의한 중재의 경우는 각 당사자가 1명씩 중재인을 선정하고, 이에 따라 선정된 2명의 중재인들이 합의하여 나머지 1명의 중재인을 선정한다. 이 경우 어느 한쪽 당사자가 상대방 당사자로부터 중재인의 선정을 요구받은 후 30일 이내에 중재인을 선정하지 아니하거나 선정된 2명의 중재인들이 선정된 후 30일 이내에 나머지 1명의 중재인을 선정하지 못한 경우에는 어느 한쪽 당사자의 신청을 받아 법원이 그 중재인을 선정한다. 합의가 있더라도 어느 한쪽 당사자가 합의된 절차에 따라 중재인을 선정하지 아니하였을 때, 양쪽 당사자 또는 중재인들이 합의된 절차에 따라 중재인을 선정하지 못하였을 때, 중재인의 선정을 위임받은 기관 또는 그 밖의 제3자가 중재인을 선정할 수 없을 때는 당사자의 신청을 받아 법원이 중재인을 선정한다. 법원의 결정에 대하여는 항고(抗告)할 수 없다.

### 5) 상사분쟁의 실체에 적용될 법[2]

중재판정부는 당사자들이 지정한 법에 따라 판정을 내려야 한다. 특정 국가의 법 또는 법 체계가 지정된 경우에 달리 명시된 것이 없으면 그 국가의 국제사법이 아닌 분쟁의 실체(實體)에 적용될 법을 지정한 것으로 본다. 지정이 없는 경우 중재판정부는 분쟁의 대상과 가장 밀접한 관련이 있는 국가의 법을 적용하여야 한다.

### 6) 중재판정부의 의사결정[3]

당사자 간에 다른 합의가 없는 경우 3명 이상의 중재인으로 구성된 중재판정부의 의사결정은 과반수의 결의에 따른다.

---

1) 중재법 제12조 참조.
2) 중재법 제29조 참조.
3) 중재법 제30조 참조.

### 7) 상사중재의 절차

#### ① 중재계약

중재를 활용하여 무역클레임을 해결하기 위해서는 무역클레임 당사자 사이에 중재계약에 의하여 클레임을 해결한다는 약정이 있어야 한다.

#### ② 중재의 신청

중재는 대한상사중재원에서 담당한다. 무역클레임이 발생한 경우 중재신청인은 중재신청서, 중재계약을 증명하는 서류, 청구의 근거를 입증하는 서류, 대리인인 청구하는 경우에는 위임장 등과 같은 서류를 첨부하여 대한상사중재원에 신청한다.

#### ③ 중재의 수리 및 통지

중재신청인이 중재신청에 관한 서류를 대한상사중재원에 제출하면 사무국에서는 중재신청요건에 대한 적정성 및 적법성 여부를 심사한 후에 그 사실을 당사자들에게 서면으로 통지하게 된다. 중재신청에 대한 수리통지를 받은 피신청인은 대한상사중재원 사무국으로부터 통지받은 클레임 사항과 관련한 답변서를 답변의 취지, 답변의 이유 및 입증방법 등과 같은 내용으로 작성하여 제출하여야 한다.

#### ④ 중재인의 선정

중재인 선정은 대한상사중재원 사무국에서 중재인 후보자명단을 분쟁당사자에게 보내어 당사자들이 희망하는 중재인을 표시한 후 반송하면 대한상사중재원 사무국에서는 이를 근거로 중재인을 선정한다. 일방의 요구가 있으면 제3국인 중에서 선정할 수 있다.

#### ⑤ 중재심문

대한상사중재원에서 중재판정부가 구성되면 사안의 파악 및 공정한 판정을 위하여 당사자의 심문, 증거조사, 검증 등과 같은 절차로 심문을 진행하게 된다. 심문의 순서, 일시, 장소 등은 중재판정부가 중재신청 당사자와 합의하여 결정한다.

#### ⑥ 중재판정

대한상사중재원 중재판정부의 중재판정은 중재인들의 다수결에 의하여 결정된다. 대한상사중재원 중재판정부는 중재판정에 대한 판정문을 작성하여 중재신청 당사자들에게 통보한다.

#### ⑦ 판정문의 법원 이송

대한상사중재원 중재판정부가 작성한 중재판정문은 상사중재원에서 1부를 보관하고 법원으로 1부를 송부하면 중재판정문은 법원의 확정판결과 동일한 효력을 발휘하게 된다.

# 무역분쟁해결 관련 국제 규칙

## 제1절 뉴욕 협약

### 1. 뉴욕 협약의 의의

뉴욕 협약은 본질적으로 외국중재판정의 승인 및 집행에 관한 UN 협약(United Nations Convention on the Recognition and Enforcement of Foreign Arbitral Awards)이라고 한다. 뉴욕 협약은 제네바 협약을 보완하여 1959년에 효력을 발생시켰다. 본 협약에 의하여 상사중재의 계약의 효력은 뉴욕 협약의 회원국 사이에 상호주의에 의하여 보장받게 되었다. 우리나라는 1973년에 가입하였다. 뉴욕 협약은 전문 16조로 되어 있다. 중재판정의 승인 및 집행 그리고 중재계약의 승인 및 집행에 관한 사항을 규정하고 있다.

### 2. 뉴욕 협약의 규정

#### (1) 적용범위

#### 1) 조항의 내용

| United Nations Convention on the Recognition and Enforcement of Foreign Arbitral Awards (New York, 10 June 1958) | 외국중재판정의 승인 및 집행에 관한 UN 협약 (1958년 6월 10일 뉴욕에서 채택) |
|---|---|

Ⅰ.

1. This Convention shall apply to the recognition and enforcement of arbitral awards made in the territory of a State other than the State where the recognition and enforcement of such awards are sought, and arising out of differences between persons, whether physical or legal. It shall also apply to arbitral awards not considered as domestic awards in the State where their recognition and enforcement are sought.

2. The term 'arbitral awards' shall include not only awards made by arbitrators appointed for each case but also those made by permanent arbitral bodies to which the parties have submitted.

3 . When signing, ratifying or acceding to this Convention, or notifying extension under article X hereof, any State may on the basis of reciprocity declare that it will apply the Convention to the recognition and enforcement of awards made only in the territory of another Contracting State. It may also declare that it will apply the Convention only to differences arising out of legal relationships, whether contractual or not, which are considered as commercial under the national law of the State making such declaration.

제1조

1. 본 협약은 중재판정의 승인 및 집행의 요구를 받은 국가 이외의 국가의 영토 내에서 내려진 판정으로서, 자연인 또는 법인간의 분쟁으로부터 발생하는 중재판정의 승인 및 집행에 적용한다. 본 협약은 또 한 그 승인 및 집행의 요구를 받은 국가에서 내국판정이라고 인정되지 아니하는 중재판정에도 적용한다.

2. '중재판정'은 개개의 사건을 위하여 선정된 중재인이 내린 판정뿐만 아니라 당사자들이 부탁한 상설 중재기관이 내린 판정도 포함한다.

3. 어떠한 국가든지 본 협약에 서명, 비준 또는 가입할 때, 또는 이 제10조에 의하여 확대 적용을 통고할 때에 상호주의의 기초에서 다른 체약국의 영토 내에서 내려진 판정의 승인 및 집행에 한하여 본 협약을 적용한다고 선언할 수 있다. 또한 어떠한 국가든지 계약적 성질의 것이거나 아니거나를 불문하고 이러 한 선언을 행하는 국가의 국내법상 상사상의 것이라고 인정되는 법률관계로부터 발생하는 분쟁에 한하여 본 협약을 적용할 것이라고 선언할 수 있다.

## 2) 조항의 개요

본 협약은 중재판정의 승인 및 집행을 요구받은 국가 이외의 국가의 영토 내에서 내려진 판정으로서, 자연인 또는 법인간의 분쟁으로부터 발생하는 중재판정의 승인 및 집행에 적용한다.

## (2) 중재합의

### 1) 조항의 내용

Ⅱ.

1. Each Contracting State shall recognize an agreement in writing under which the parties undertake to submit to arbitration all or any differences which have arisen or which may arise between them in respect of a defined legal relationship, whether contractual or not, concerning a subject matter capable of settlement by arbitration.

2. The term 'agreement in writing' shall include an arbitral clause in a contract or an

제2조

1. 각 체약국은 계약적 성질의 것이거나 아니거나를 불문하고 중재에 의하여 해결이 가능한 사항에 관 한 일정한 법률관계에 관련하여 당사자 사이에 발생하였거나 또는 발생할 수 있는 전부 또는 일부의 분쟁을 중재에 부탁하기로 약정한 당사자 사이의 서면에 의한 합의를 승인하여야 한다.

2. '서면에 의한 합의'는 계약문중의 중재조항 또는 당사자 사이에 서명되었거나, 교환된 서

arbitration agreement, signed by the parties or contained in an exchange of letters or telegrams.

3. The court of a Contracting State, when seized of an action in a matter in respect of which the parties have made an agreement within the meaning of this article, at the request of one of the parties, refer the parties to arbitration, unless it finds that the said agreement is null and void, inoperative or incapable of being performed.

신이나 전보에 포함되어 있는 중재의 합의를 포함한다.

3. 당사자들이 본조에서 의미하는 합의를 한 사항에 관한 소송이 제기되었을 때에는, 체약국의 법원은, 전기 합의를 무효, 실효 또는 이행불능이라고 인정하는 경우를 제외하고, 일방 당사자의 청구에 따라서 중재에 부탁할 것을 당사자에게 명하여야 한다.

## 2) 조항의 개요

각 체약국은 계약적 성질의 것이냐의 여부를 불문하고 중재로 해결이 가능한 사항에 관련한 분쟁이 당사자 사이에 발생하였거나 또는 발생할 수 있는 경우, 그 전부 또는 일부의 분쟁을 당사자가 중재에 의하여 해결하기로 약정하였다면 서면에 의한 합의를 하여야 한다.

## (3) 중재판정

### 1) 조항의 내용

| III. | 제3조 |
|---|---|
| Each Contracting State shall recognize arbitral awards as binding and enforce them in accordance with the rules of procedure of the territory where the award is relied upon, under the conditions laid down in the following articles. There shall not be imposed substantially more onerous conditions or higher fees or charges on the recognition or enforcement of arbitral awards to which this Convention applies than are imposed on the recognition or enforcement of domestic arbitral awards. | 각 체약국은 중재판정을 다음 조항에 규정한 조건하에서 구속력 있는 것으로 승인하고 그 판정이 원용될 영토의 절차 규칙에 따라서 그 것을 집행하여야 한다.<br>본 협약이 적용되는 중재판정의 승인 또는 집행에 있어서는 내국중재 판정의 승인 또는 집행에 있어서 부과하는 것보다 실질적으로 엄격한 조건이나 고액의 수수료 또는 과징금을 부과하여서는 아니된다. |

### 2) 조항의 개요

각 체약국은 중재판정을 다음 조항에 규정한 조건하에서 구속력 있는 것으로 승인하고 그 판정이 원용될 영토의 절차 규칙에 따라서 그것을 집행하여야 한다. 내국중재 판정의 승인 또는 집행에 있어서 부과하는 것보다 실질적으로 엄격한 조건이나 고액의 수수료 또는 과징금을 부과하여서는 아니된다.

## (4) 중재신청서류

### 1) 조항의 내용

| IV. | 제4조 |
|---|---|
| 1. To obtain the recognition and enforcement mentioned in the preceding article, the party applying for recognition and enforcement shall, at the time of the application, supply:<br>(a) The duly authenticated original award or a duly certified copy thereof;<br>(b) The original agreement referred to in article II or a duly certified copy thereof.<br>2. If the said award or agreement is not made in an official language of the country in which the award is relied upon, the party applying for recognition and enforcement of the award shall produce a translation of these documents into such language. The translation shall be certified by an official or sworn translator or by a diplomatic or consular agent. | 1. 전조에서 언급된 승인과 집행을 얻기 위하여 승인과 집행을 신청하는 당사자는 신청시에 다음의 서류를 제출하여야 한다.<br><br>(a) 정당하게 인증된 중재판정 원본 또는 정당하게 증명된 그 등본.<br>(b) 제2조에 규정된 합의의 원본 또는 정당하게 증명된 그 등본.<br>2. 전기 판정이나 합의가 원용될 국가의 공용어로 작성되어 있지 아니한 경우에는, 판정의 승인과 집행을 신청하는 당사자는 그 문서의 공용어 번역문을 제출하여야 한다. 번역문은 공증인 또는 선서한 번역관, 외교관 또는 영사관에 의하여 증명되어야 한다. |

### 2) 조항의 개요

승인과 집행을 얻기 위하여 승인과 집행을 신청하는 당사자는 신청시에 정당하게 인증된 중재판정 원본 또는 정당하게 증명된 그 등본, 합의의 원본 또는 정당하게 증명된 그 등본 등을 제출하여야 한다.

## (5) 중재의 거부

### 1) 조항의 내용

| V. | 제5조 |
|---|---|
| 1. Recognition and enforcement of the award may be refused, at the request of the party against whom it is invoked, only if that party furnishes to the competent authority where the recognition and enforcement is sought, proof that:<br>(a) The parties to the agreement referred to in article II were, under the law applicable to them, under some incapacity, or the said agreement is not valid under the law to which the parties have subjected it or, failing any indication thereon, under the law of the | 1. 판정의 승인과 집행은 판정이 불리하게 원용되는 당사자의 청구에 의하여, 그 당사자가 판정의 승인 및 집행의 요구를 받은 국가의 권한 있는 기관에게 다음의 증거를 제출하는 경우에 한하여 거부될 수 있다.<br><br>(a) 제2조에 규정된 합의의 당사자가 그들에게 법의 적용에 있어서, 혹은 능력에 있어서, 혹은 합의가 양당사자가 준수할 가치가 없다거나, 판정이 이루어진 국가의 법으로는 어떠한 도출을 할 수 없는 경우; 또는 |

country where the award was made; or

(b) The party against whom the award is invoked was not given proper notice of the appointment of the arbitrator or of the arbitration proceedings or was otherwise unable to present his case; or

(c) The award deals with a difference not contemplated by or not falling within the terms of the submission to arbitration, or it contains decisions on matters beyond the scope of the submission to arbitration, provided that, if the decisions on matters submitted to arbitration can be separated from those not so submitted, that part of the award which contains decisions on matters submitted to arbitration may be recognized and enforced; or

(d) The composition of the arbitral authority or the arbitral procedure was not in accordance with the agreement of the parties, or, failing such agreement, was not in accordance with the law of the country where the arbitration took place; or

(e) The award has not yet become binding on the parties, or has been set aside or suspended by a competent authority of the country in which, or under the law of which, that award was made.

2. Recognition and enforcement of an arbitral award may also be refused if the competent authority in the country where recognition and enforcement is sought finds that:

(a) The subject matter of the difference is not capable of settlement by arbitration under the law of that country; or

(b) The recognition or enforcement of the award would be contrary to the public policy of that country.

(b) 판정이 불리하게 원용되는 당사자가 중재인의 선정이나 중재절차에 관하여 적절한 통고를 받지 아니 하였거나 또는 기타 이유에 의하여 응할 수 없었을 경우 또는,

(c) 판정이 중재부탁조항에 규정되어 있지 아니하거나 또는 그 조항의 범위에 속하지 아니하는 분쟁에 관한 것이거나 또는 그 판정이 중재부탁의 범위를 벗어나는 사항에 관한 규정을 포함하는 경우. 다만, 중재에 부탁한 사항에 관한 결정이 부탁하지 아니한 사항과 분리될 수 있는 경우에는 중재부탁사항에 관한 결정을 포함하는 판정의 부분은 승인되고 집행될 수 있다.

(d) 중재기관의 구성이나 중재절차가 당사자 사이의 합의와 합치하지 아니하거나, 또는 이러한 합의가 없는 경우에는 중재를 행하는 국가의 법령에 합치하지 아니하는 경우 또는

(e) 판정이 당사자에 대한 구속력을 아직 발생하지 아니하였거나 또는 판정이 내려진 국가의 권한 있는 기관이나 또는 그 국가의 법령에 의거하여 취소 또는 정지된 경우

2. 중재판정의 승인 및 집행이 요구된 국가의 권한 있는 기관이 다음의 사항을 인정하는 경우에도 중재 판정의 승인과 집행은 거부할 수 있다.

(a) 분쟁의 대상인 사항이 그 국가의 법률하에서는 중재에 의한 해결을 할 수 없는 경우, 또는

(b) 판정의 승인이나 집행이 그 국가의 공공의 질서에 반하는 경우

## 2) 조항의 개요

중재의 거부는 중재판정이 본인에게 불리하게 되었다고 주장하는 당사자가 판정의 승인 및 집행의 요구를 받은 국가의 권한 있는 기관에게 증거를 제출하는 이루어 질 수 있다. 즉, 합의의 당사자가 그들에게 법의 적용에 있어서, 혹은 능력에 있어서, 혹은 합의가 양당사자가 준수할 가치가 없다거나, 판정이 이루어진 국가의 법으로는 어떠한 도출을 할 수 없는 경우, 판정에 이의를 가진 당사자가 중재인의 선정이나 중재절차에 관하여 적절한 통고를 받지 못한 경우 등이 발생하면 증거를 제출하여 중재의 거부권리를 행사할 수 있다.

## (6) 중재판정의 취소 및 연기

### 1) 조항의 내용

| VI. | 제6조 |
|---|---|
| If an application for the setting aside or suspension of the award has been made to a competent authority referred to in article V (1) (e), the authority before which the award is sought to be relied upon may, if it considers it proper, adjourn the decision on the enforcement of the award and may also, on the application of the party claiming enforcement of the award, order the other party to give suitable security. | 판정의 취소 또는 정지를 요구하는 신청이 제5조 1항의 (e)에 규정된 권한 있는 기관에 제기되었을 경우에는, 판정의 원용이 요구된 기관은, 그것이 적절하다고 인정될 때에는 판정의 집행에 관한 판결을 연기할 수 있고, 또한 판정의 집행을 요구한 당사자의 신청에 의하여 타당사자에 대하여 적당한 보장을 제공할 것을 명할 수 있다. |

### 2) 조항의 개요

판정이 당사자에 대한 구속력을 아직 발생하지 아니하였거나 또는 판정이 내려진 국가의 권한 있는 기관이나 또는 그 국가의 법령에 의거하여 취소 또는 정지된 경우에 판정의 취소 또는 정지를 요구하는 신청이, 권한 있는 기관에 제기되었을 경우에는, 판정의 원용이 요구된 기관은, 그것이 적절하다고 인정될 때에는 판정의 집행에 관한 판결을 연기할 수 있고, 또한 판정의 집행을 요구한 당사자의 신청에 의하여 타당사자에 대하여 적당한 보장을 제공할 것을 명할 수 있다.

## (7) 중재의 효력

### 1) 조항의 내용

| VII. | 제7조 |
|---|---|
| 1. The provisions of the present Convention shall not affect the validity of multilateral or bilateral agreements concerning the recognition and enforcement of arbitral awards entered into by the Contracting States nor deprive any interested party of any right he may have to avail himself of an arbitral award in the manner and to the extent allowed by the law or the treaties of the country where such award is sought to be relied upon. | 1. 본 협약의 규정은 체약국에 의하여 체결된 중재판정의 승인 및 집행에 관한 다자 또는 양자 협정의 효력에 영향을 미치지 아니하며, 또한 어떠한 관계 당사자가 중재판정의 원용이 요구된 국가의 법령이나 조약에서 인정된 방법과 한도 내에서 그 판정을 원용할 수 있는 권리를 박탈하지도 않는다. |
| 2. The Geneva Protocol on Arbitration Clauses of 1923 and the Geneva Convention on the Execution of Foreign Arbitral Awards of 1927 | 2. 1923년 중재조항에 관한 제네바 의정서 및 1927년 외국중재판정의 집행에 관한 제네바 협약은 체약국 간에 있어 본 협약에 의한 구속을 |

| | |
|---|---|
| shall cease to have effect between Contracting States on their becoming bound and to the extent that they become bound, by this Convention. | 받게 되는 때부터 그 구속을 받는 한도 내에서 효력을 종료한다. |

### 2) 조항의 개요

본 협약의 규정은 체약국에 의하여 체결된 중재판정의 승인 및 집행에 관한 다자 또는 양자 협정의 효력에 영향을 미치지 아니하며, 또한 어떠한 관계 당사자가 중재판정의 원용이 요구된 국가의 법령이나 조약에서 인정된 방법과 한도 내에서 그 판정을 원용할 수 있는 권리를 박탈 하지도 않는다. 1923년 중재조항에 관한 제네바 의정서 및 1927년 외국중재판정의 집행에 관한 제네바 협약은 체약국 간에 있어 본 협약에 의한 구속을 받게 되는 때부터 그 구속을 받는 한 도 내에서 효력을 종료한다.

### (8) 비준

### 1) 조항의 내용

| VIII. | 제8조 |
|---|---|
| 1. This Convention shall be open until 31 December 1958 for signature on behalf of any Member of the United Nations and also on behalf of any other State which is or hereafter becomes a member of any specialized agency of the United Nations, or which is or hereafter becomes a party to the Statute of the International Court of Justice, or any other State to which an invitation has been addressed by the General Assembly of the United Nations. | 1. 본 협약은 국제연합회원국, 현재 또는 장래 의 국제연합 전문기구의 회원국, 현재 또는 장 래의 국제사법재판소규정의 당사국, 또는 국제 연합총회로부터 초청장을 받은 기타 국가의 서 명을 위하여 1958년 12월31일 까지 개방된다. |
| 2. This Convention shall be ratified and the instrument of ratification shall be deposited with the Secretary-General of the United Nations. | 2. 가입은 국제연합사무총장에게 가입서를 기 탁함으로써 발효한다. |

### 2) 조항의 개요

본 협약은 국제연합회원국, 현재 또는 장래의 국제연합 전문기구의 회원국, 현재 또는 장래 의 국제사법재판소규정의 당사국, 또는 국제연합총회로부터 초청장을 받은 기타 국가의 서명을 위하여 1958년 12월31일까지 개방된다. 가입은 국제연합사무총장에게 가입서를 기탁함으로써 발효한다.

## (9) 가입

### 1) 조항의 내용

| IX. | 제9조 |
|---|---|
| 1. This Convention shall be open for accession to all States referred to in article VIII.<br>2 . Accession shall be effected by the deposit of an instrument of accession with the Secretary-General of the United Nations. | 1. 본 협약은 제8조에 규정된 모든 국가의 가입을 위하여 개방된다.<br>2. 가입은 국제연합사무총장에게 가입서를 기탁함으로써 발효한다. |

### 2) 조항의 개요

본 협약은 규정된 모든 국가의 가입을 위하여 개방된다. 가입은 국제연합사무총장에게 가입서를 기탁함으로써 발효한다.

## (10) 가입의 효력

### 1) 조항의 내용

| X. | 제10조 |
|---|---|
| 1. Any State may, at the time of signature, ratification or accession, declare that this Convention shall extend to all or any of the territories for the international relations of which it is responsible. Such a declaration shall take effect when the Convention enters into force for the State concerned. | 1. 어떠한 국가든지 서명, 비준 또는 가입시에 국제관계에 있어서 책임을 지는 전부 또는 일부의 영토에 본 협약을 확대 적용할 것을 선언할 수 있다. 이러한 선언은 본 협약이 관계국가에 대하여 효력을 발생할 때 발효한다. |
| 2. At any time thereafter any such extension shall be made by notification addressed to the Secretary-General of the United Nations and shall take effect as from the ninetieth day after the day of receipt by the Secretary-General of the United Nations of this notification, or as from the date of entry into force of the Convention for the State concerned, whichever is the later. | 2. 이러한 확대적용은 그 이후 어느 때든지 국제연합사무총장 앞으로 통고함으로써 행할 수 있으며, 그 효력은 국제연합사무총장이 통고를 접수한 날로부터 90일 후 또는 관계국가에 대하여 본 협약이 효력을 발생하는 날 중의 늦은 편의 일자에 발생한다. |
| 3. With respect to those territories to which this Convention is not extended at the time of signature, ratification or accession, each State concerned shall consider the possibility of taking the necessary steps in order to extend the application of this Convention to such territories, subject, where necessary for constitutional reasons, to the consent of the Governments of such territories. | 3. 서명, 비준 또는 가입시에 본 협약이 확대 적용되지 아니한 영토에 관하여는, 각 관계국가는 헌법상의 이유에 의하여 필요한 경우에는 이러한 영토의 정부의 동의를 얻을 것을 조건으로 하고, 본 협약을 이러한 영토에 확대 적용하기 위하여 조치를 취할 수 있는 가능성을 고려하여야 한다. |

### 2) 조항의 개요

어떠한 국가든지 서명, 비준 또는 가입시에 국제관계에 있어서 책임을 지는 전부 또는 일부의 영토에 본 협약을 확대 적용할 것을 선언할 수 있다. 이러한 선언은 본 협약이 관계국가에 대하여 효력을 발생할 때 발효한다. 이러한 확대적용은 그 이후 어느 때든지 국제연합사무총장 앞으로 통고함으로써 행할 수 있으며, 그 효력은 국제연합사무총장이 통고를 접수한 날로부터 90일 후 또는 관계국가에 대하여 본 협약이 효력을 발생하는 날 중의 늦은 편의 일자에 발생한다. 서명, 비준 또는 가입시에 본 협약이 확대 적용되지 아니한 영토에 관하여는, 각 관계국가는 헌법상의 이유에 의하여 필요한 경우에는 이러한 영토의 정부의 동의를 얻을 것을 조건으로 하고, 본 협약을 이러한 영토에 확대 적용하기 위하여 조치를 취할 수 있는 가능성을 고려하여야 한다.

### (11) 가입국의 의무

#### 1) 조항의 내용

| XI. | 제11 조 |
|---|---|
| In the case of a federal or non-unitary State, the following provisions shall apply:<br>(a) With respect to those articles of this Convention that come within the legislative jurisdiction of the federal authority, the obligations of the federal Government shall to this extent be the same as those of Contracting States which are not federal States;<br>(b) With respect to those articles of this Convention that come within the legislative jurisdiction of constituent states or provinces which are not, under the constitutional system of the federation, bound to take legislative action, the federal Government shall bring such articles with a favourable recommendation to the notice of the appropriate authorities of constituent states or provinces at the earliest possible moment;<br>(c) A federal State Party to this Convention shall, at the request of any other Contracting State transmitted through the Secretary-General of the United Nations, supply a statement of the law and practice of the federation and its constituent units in regard to any particular provision of this Convention, showing the extent to which effect has been given to that provision by legislative or other action. | 1. 연방국가 또는 비단일국가의 경우에는 다음의 규정이 적용된다.<br>(a) 본 협약은 조항 중 연방정부의 입법 관할권 내에 속하는 것에 관하여는, 연방정부의 의무는 그 한도 내에서 연방국가 아닌 다른 체약국의 의무와 동일하여야 한다.<br><br>(b) 본 협약의 중재조항 중 주 또는 지방의 입법권의 범위 내에 있고 또한 연방의 헌법체제 하에서 입법조치를 취할 의무가 없는 것에 관여하는, 연방정부는 주 또는 지방의 관계기관에 대하여 가급적 조속히 호의적 권고를 첨부하여 이러한 조항에 대한 주의를 환기 시켜야 한다.<br><br><br>(c) 본 협약의 당사국인 연방국가는, 국제연합사무총장을 통하여 전달된 기타 체약국의 요청이 있을 때에는, 본 협약의 어떠한 특정 규정에 관한 연방과 그 구성단위의 법령 및 관례와 아울러 입법 또는 기타 조치에 의하여 그 규정이 실시되고 있는 범위를 표시하는 설명서를 제공하여야 한다. |

## 2) 조항의 개요

본 협약은 조항 중 연방정부의 입법 관할권 내에 속하는 것에 관하여는, 연방정부의 의무는 그 한도 내에서 연방국가 아닌 다른 체약국의 의무와 동일하여야 한다. 본 협약의 중재조항 중 주 또는 지방의 입법권의 범위 내에 있고 또한 연방의 헌법체제하에서 입법조치를 취할 의무가 없는 것에 관여하는, 연방정부는 주 또는 지방의 관계기관에 대하여 가급적 조속히 호의적 권고를 첨부하여 이러한 조항에 대한 주의를 환기 시켜야 한다. 본 협약의 당사국인 연방국가는, 국제연합 사무총장을 통하여 전달된 기타 체약국의 요청이 있을 때에는, 본 협약의 어떠한 특정 규정에 관한 연방과 그 구성단위의 법령 및 관례와 아울러 입법 또는 기타 조치에 의하여 그 규정이 실시되고 있는 범위를 표시하는 설명서를 제공하여야 한다.

## (12) 협약의 발효

### 1) 조항의 내용

| XII.<br>1. This Convention shall come into force on the nineteenth day following the date of deposit of the third instrument of ratification or accession.<br>2. For each State ratifying or acceding to this Convention after the deposit of the third instrument of ratification or accession, this Convention shall enter into force on the ninetieth day after deposit by such State of its instrument of ratification or accession. | 제12조<br>1. 본 협약은 세번째의 비준서 또는 가입서의 기탁일자로부터 90일 이후에 발효한다.<br><br>2. 세번째의 비준서 또는 가입서의 기탁일자 후에 본 협약을 비준하거나 또는 본 협약에 가입하는 국가에 대하여는 그 국가의 비준서 또는 가입서의 기탁일로부터 90일 후에 효력을 발생한다. |
| --- | --- |

### 2) 조항의 개요

본 협약은 세 번째의 비준서 또는 가입서의 기탁일자로부터 90일 이후에 발효한다. 세 번째의 비준서 또는 가입서의 기탁일자 후에 본 협약을 비준하거나 또는 본 협약에 가입하는 국가에 대하여는 그 국가의 비준서 또는 가입서의 기탁일로부터 90일 후에 효력을 발생한다.

## (13) 폐기

### 1) 조항의 내용

| XIII.<br>1. Any Contracting State may denounce this Convention by a written notification to the | 제13조<br>1. 어떠한 체약국이든지 국제연합 사무총장 앞으로의 서면통고로서 본 협약을 폐기할 수 있 |
| --- | --- |

| | |
|---|---|
| Secretary-General of the United Nations. Denunciation shall take effect one year after the date of receipt of the notification by the Secretary-General. | 다. 폐기는 사무총장이 통고를 접수한 일자로 부터 1년 후에 발효한다. |
| 2. Any State which has made a declaration or notification under article X may, at any time thereafter, by notification to the Secretary-General of the United Nations, declare that this Convention shall cease to extend to the territory concerned one year after the date of the receipt of the notification by the Secretary-General. | 2. 제10조에 의하여 선언 또는 통고를 한 국가는, 그 후 어느 때 든지 사무총장이 통고를 접수한 일자로 부터 1년후에 관계영토에 대한 확대 적용이 종결된다는 것을 선언할 수 있다. |
| 3. This Convention shall continue to be applicable to arbitral awards in respect of which recognition and enforcement proceedings have been instituted before the denunciation takes effect. | 3. 폐기가 발효하기 전에 시작된 판정의 승인이나 집행절차에 관여하는 본 협약이 계속하여 적용된다. |

## 2) 조항의 개요

어떠한 체약국이든지 국제연합 사무총장 앞으로의 서면통고로서 본 협약을 폐기할 수 있다. 폐기는 사무총장이 통고를 접수한 일자로부터 1년 후에 발효한다. 본 협약에 규정된 어떠한 국가든지 서명, 비준 또는 가입시에 국제관계에 있어서 책임을 지는 전부 또는 일부의 영토에 본 협약을 확대 적용할 것을 선언할 수 있다. 이러한 선언은 본 협약이 관계국가에 대하여 효력을 발생할 때 발효한다는 내용에 관련하여 선언 또는 통고를 한 국가는, 그 후 어느 때든지 사무총장이 통고를 접수한 일자로부터 1년 후에 관계영토에 대한 확대 적용이 종결된다는 것을 선언할 수 있다. 폐기가 발효하기 전에 시작된 판정의 승인이나 집행절차에 관여하는 본 협약이 계속하여 적용된다.

## (14) 협약의 원용

### 1) 조항의 내용

| XIV. | 제14조 |
|---|---|
| A Contracting State shall not be entitled to avail itself of the present Convention against other Contracting States except to the extent that it is itself bound to apply the Convention. | 체약국, 타 체약국에 대하여 본 협약을 적용하여야 할 의무가 있는 범위를 제외하고는, 본 협약을 원용할 권리를 가지지 못한다. |

### 2) 조항의 개요

체약국은 타 체약국에 대하여 본 협약을 원용할 권리를 가지지 못한다.

## (15) 통지

### 1) 조항의 내용

| | |
|---|---|
| ⅩⅤ.<br>The Secretary-General of the United Nations shall notify the States contemplated in article VIII of the following:<br>(a) Signatures and ratifications in accordance with article VIII;<br>(b) Accessions in accordance with article IX;<br>(c) Declarations and notifications under articles I, X and XI;<br>(d) The date upon which this Convention enters into force in accordance with article XII;<br>(e) Denunciations and notifications in accordance with article XIII. | 제15조<br>국제연합사무총장은 제8조에 규정된 국가에 대하여 다음의 사항에 관하여 통고하여야 한다.<br>(a) 제8조에 의한 서명 또는 비준<br>(b) 제9조에 의한 가입<br>(c) 제1조, 제10조, 그리고 제11조에 의한 선언 및 통고<br>(d) 제12조에 의하여 본 협약이 효력을 발생한 일자<br>(e) 제13조에 의한 폐기 및 통고 |

### 2) 조항의 개요

국제연합사무총장은 체약국에 대하여 서명, 비준, 가입, 선언 및 통고, 본 협약의 효력이 발생한 일자, 폐기 등과 관련한 사항을 통지하여야 한다.

## (16) 협약문 작성 및 보관

### 1) 조항의 내용

| | |
|---|---|
| ⅩⅥ<br>1. This Convention, of which the Chinese, English, French, Russian and Spanish texts shall be equally authentic, shall be deposited in the archives of the United Nations.<br>2. The Secretary-General of the United Nations shall transmit a certified copy of this Convention to the States contemplated in article VIII. | 제16조<br>1. 중국어, 영어, 러시아어 및 스페인어로 된 본 협약은 동등한 효력을 가지며 국제연합 기록 보관소에 기탁 보존되어야 한다.<br>2. 국제연합 사무총장은 본 협약의 인증 등본을 제8조.에 규정된 국가에 송부하여야 한다. |

### 2) 조항의 개요

본 협약의 협약문은 중국어, 영어, 러시아어 및 스페인어로 된 본 협약은 동등한 효력을 가지며 국제연합 기록 보관소에 기탁 보존되어야 한다.

# 제2절 UNCITRAL 국제 상사중재 모델법

## 1. UNCITRAL 국제 상사중재 모델법의 의의

제네바에서는 1923년 무역클레임의 국제적 해결을 위하여 제네바 의정서를 제정하였다. 제네바 의정서는 장래의 분쟁에 관한 중재계약의 효력을 국제적으로 승인하는 것을 목적으로 하지만 외국중재판정의 승인과 집행이 보장되고 있지 않았다. 이러한 이유로 인하여 국제적으로 클레임에 대한 구속력이 보장되지 않기 때문에 국제협약으로써의 가치가 없었다. 이와 같은 문제점을 해결하기 위하여 1927년에 제네바 의정서를 보완하여 외국중재판정의 집행에 관한 협약(Convention on the Execution of Foreign Arbitral Awards)이 제정되었다.

이 후 국제연합은 국제무역법위원회(UNCITRAL)를 설치하여 국제유체동산매매, 국제결제, 보험, 운송과 함께 국제상사중재에 관한 통일법 제정에 대한 연구를 하여 1985년에 국제 상사중재 모델법을 제정하였다. 국제무역법위원회 국제 상사중재 모델법은 국제 상사중재를 위한 특별법으로 이를 채택하는 국가는 중재에 관한 모든 국내법을 우선한다는 데에 목적을 두었다.

## 2. UNCITRAL 국제 상사중재 모델법의 규정

### (1) 총칙

### 1) 적용범위

### ① 조항의 내용

| | |
|---|---|
| UNCITRAL Model Law on International Commercial Arbitration (1985) (as adopted by the United Nations Commission on International Trade Law on 21 June 1985) | 국제무역법을 위하여 국제연합위원회가 1985년 6월 21일에 채택한 국제상사중재를 위한 국제무역위원회의 모델법 |
| CHAPTER I - GENERAL PROVISIONS | 제1장 총 칙 |
| Article 1 Scope of application<br>1. This Law applies to international commercial arbitration, subject to any | 제1조(적용 범위)<br>1. 본 법은 당국과 타국간에 체결된 모든 합의를 준수할 것을 조건으로 하고 국제상사중재에 |

agreement in force between this State and any other State or States.

2. The provisions of this Law, except articles 8, 9, 35 and 36, apply only if the place of arbitration is in the territory of this State.

3. An arbitration is international if:

(a) the parties to an arbitration agreement have, at the time of the conclusion of that agreement, their places of business in different States; or

(b) one of the following places is situated outside the State in which the parties have their places of business:

(i) the place of arbitration if determined in, or pursuant to, the arbitration agreement;

(ii) any place where a substantial part of the obligations of the commercial relationship is to be performed or the place with which the subject-matter of the dispute is most closely connected; or

(c) the parties have expressly agreed that the subject-matter of the arbitration agreement relates to more than one country.

4. For the purposes of paragraph (3) of this article:

(a) if a party has more than one place of business, the place of business is that which has the closest relationship to the arbitration agreement;

(b) if a party does not have a place of business, reference is to be made to his habitual residence.

5. This Law shall not affect any other law of this State by virtue of which certain disputes may not be submitted to arbitration or may be submitted to arbitration only according to provisions other than those of this Law.

이를 적용한다.

2. 본 법의 규정은 제8조, 제9조, 제35조 및 제36조를 제외하고, 중재지가 해당국의 영역 내에 있는 경우에 한하여 적용한다.

3.국제중재는 다음에 해당하는 경우이다.

(a) 중재합의의 당사자가 중재합의를 체결할 당시 상이한 국가내에 영업소를 두고 있는 경우

(b) 다음 장소 중 어느 한 장소가 당사자의 영업소 소재지국외에 있는 경우

(i) 중재합의에서 결정되어 있거나 또는 그에 따라 결정되는 중재지

(ii) 상거래상 의무의 실질적인 부분이 이행되어야 할 장소 또는 분쟁의 본안사항과 가장 밀접하게 연결되어 있는 장소

(c) 중재합의의 본안사항이 2개국 이상과 관련되어 있다고 당사자들이 명시적으로 합의한 경우

4. 제3항의 적용상

(a) 일방당사자가 2개 이상의 영업소를 두고 있는 경우에는 중재합의와 가장 밀접한 관계가 있는 영업소를 지칭하고

(b) 일방당사자가 영업소를 두고 있지 아니하는 경우에는 상거소를 참조하는 것으로 한다.

5. 해당국가의 법령에 의하면 특정 분쟁이 중재에 회부될 수 없거나 본 법 이외의 규정에 따라서만 중재에 회부되어야 하는 경우에 본 법은 해당 국가의 타 법령에 영향을 미치지 않는다.

## ② 조항의 개요

본 법은 당국과 타국간에 체결된 모든 합의를 준수할 것을 조건으로 하고 국제상사중재에 이를 적용한다. 중재합의의 당사자가 중재합의를 체결할 당시 상이한 국가 내에 영업소를 두고 있는 경우와 어느 한 장소가 당사자의 영업소 소재지국외에 있는 경우는 국제중재이다. 일방당사자가 2개 이상의 영업소를 두고 있는 경우에는 중재합의와 가장 밀접한 관계가 있는 영업소를 지칭하고 일방당사자가 영업소를 두고 있지 아니하는 경우에는 상거소를 참조하는 것으로 한다. 해당국가의 법령에 따라 분쟁이 중재에 회부될 수 없거나 본 법 이외의 규정에 따라서만 중재에 회부되어야 하는 경우에 본 법은 해당 국가의 다른 법령에 영향을 미치지 않는다.

## 2) 정의와 해석의 원칙

### ① 조항의 내용

| Article 2 Definitions and rules of interpretation<br>For the purposes of this Law:<br>(a) 'arbitration' means any arbitration whether or not administered by a permanent arbitral institution;<br>(b) 'arbitral tribunal' means a sole arbitrator or a panel of arbitrators;<br>(c) 'court' means a body or organ of the judicial system of a State;<br>(d) where a provision of this Law, except article 28, leaves the parties free to determine a certain issue, such freedom includes the right of the parties to authorize a third party, including an institution, to make that determination;<br>(e) where a provision of this Law refers to the fact that the parties have agreed or that they may agree or in any other way refers to an agreement of the parties; such agreement includes any arbitration rules referred to in that agreement;<br>(f) where a provision of this Law, other than in articles 25 (a) and 32 (2) (a), refers to a claim, it also applies to a counter-claim, and where it refers to a defence, it also applies to a defence to such counter-claim. | 제2조 정의와 해석의 원칙<br>본 법의 적용상<br>(a) '중재'는 상설중재기관에 의하여 관리되거나 아니되거나를 불문하고 모든 중재를 의미한다.<br>(b) '중재판정부'은 단독 중재인 또는 수인의 중재인단을 의미한다.<br>(c) '법원'은 한 국가의 사법기관을 의미한다.<br>(d) 제28조를 제외한 본 법의 규정이 당사자로 하여금 일정한 쟁점을 자유롭게 결정하도록 허용하고 있는 경우에는, 어떤 기관을 포함한 제3자에게 당해 결정을 내릴 권한을 부여하는 당사자의 권리가 포함된다.<br>(e) 본 법의 규정에서 당사자가 합의하였거나 합의할 수 있다고 정하거나 또는 기타 방법으로 당사자의 합의에 관하여 언급한 경우에 그러한 합의는 그 합의 속에 언급된 모든 중재규칙을 포함한다.<br>(f) 제25조 (a)호 및 제32조 제2항 (a)호를 제외하고 청구에 관한 본 법의 규정은 반대청구에도 적용된다. 방어에 관한 규정은 그러한 반대청구의 항변에도 적용된다. |

### ② 조항의 개요

본 법에서 명시된 중재는 상설 중재기관에 의하여 관리되거나 관리되지 않거나를 불문하고 모든 중재를, 중재판정부는 단독 중재인 또는 수인의 중재인단을, 법원은 한 국가의 사법기관을 의미한다. 당사자가 합의하였거나 합의할 수 있다고 정하거나 또는 기타의 방법으로 당사자의 합의에 관하여 언급한 경우에 그러한 합의는 그 합의 속에 언급되어 있는 모든 중재규칙을 포함한다.

## 3) 서면통지의 수령

### ① 조항의 내용

| Article 3 Receipt of written communications<br>1. Unless otherwise agreed by the parties:<br>(a) any written communication is deemed to | 제3조 서면통지의 수령<br>1. 당사자 사이에 달리 합의가 없는 한<br>(a) 모든 서면통지는 수신인에게 직접 교부되거 |

| | |
|---|---|
| have been received if it is delivered to the addressee personally or if it is delivered at his place of business, habitual residence or mailing address; if none of these can be found after making a reasonable inquiry, a written communication is deemed to have been received if it is sent to the addressee's last-known place of business, habitual residence or mailing address by registered letter or any other means which provides a record of the attempt to deliver it;<br>(b) the communication is deemed to have been received on the day it is so delivered.<br>2. The provisions of this article do not apply to communications in court proceedings. | 나 수신인의 영업소, 상거소 또는 우편 주소지에 전달된 경우에는 수령된 것으로 본다. 또한 그러한 주소들이 합리적인 조회의 결과로써도 발견될 수 없는 경우에는 등기우편 또는 전달하려고 한 기록을 제공할 수 있는 그 밖의 다른 수단에 의하여 수신인의 최후 영업소, 상거소, 또는 우편주소지에 발송된 경우에는 서면통지가 수령된 것으로 본다.<br><br>(b) 서면통지는 1호의 방법으로 전달된 일자에 수령된 것으로 본다.<br>2. 제1항의 규정은 소송절차상의 송달에는 적용되지 않는다. |

② 조항의 개요

당사자 사이에 달리 합의가 없는 한 모든 서면통지는 수신인에게 직접 교부되거나 수신인의 영업소, 상거소 또는 우편 주소지에 전달된 경우에는 수령된 것으로 본다. 또한 그러한 주소들이 합리적인 조회의 결과로써도 발견될 수 없는 경우에는 등기우편 또는 전달하려고 한 기록을 제공할 수 있는 그 밖의 다른 수단에 의하여 수신인의 최후 영업소, 상거소, 또는 우편주소지에 발송된 경우에는 서면통지가 수령된 것으로 본다. 서면통지는 등기우편 또는 전달하려고 한 기록을 제공할 수 있는 방법으로 전달된 일자에 수령된 것으로 본다. 당사자 사이에 달리 합의가 없는 한 모든 서면통지는 수신인에게 직접 교부되거나 수신인의 영업소, 상거소 또는 우편 주소지에 전달된 경우에는 수령된 것으로 본다는 규정은 소송절차상의 송달에는 적용되지 않는다.

### 4) 이의신청권의 포기

① 조항의 내용

| | |
|---|---|
| Article 4  Waiver of right to object<br>A party who knows that any provision of this Law from which the parties may derogate or any requirement under the arbitration agreement has not been complied with and yet proceeds with the arbitration without stating his objection to such non-compliance without undue delay or, if a time-limit is provided therefor, within such period of time, shall be deemed to have waived his right to object. | 제4조 이의신청권의 포기<br>본 법의 규정에 의하여 당사자가 그 효력을 배제할 수 있다는 규정이나 중재합의의 요건이 준수되지 아니한 사실을 알았거나 알 수 있으면서 당사자가 지체없이 또는 기한이 정해져 있는 경우에는 그 기한 내에 그러한 불이행에 대해 이의를 제기하지 아니하고 중재절차를 속행한 경우에는 자신의 이의신청권을 포기한 것으로 본다. |

② 조항의 개요

당사자가 그 효력을 배제할 수 있다는 규정이나 중재합의의 요건이 준수되지 아니한 사실을 알았거나 알 수 있으면서 당사자가 지체없이 불이행에 대해 이의를 제기하지 아니하고 중재절차를 속행한 경우에는 자신의 이의신청권을 포기한 것으로 본다. 또는 기한이 정해져 있는 경우에는 그 기한 내에 그러한 이의를 제기하지 아니하고 중재절차를 속행한 경우에는 자신의 이의신청권을 포기한 것으로 본다.

### 5) 법원의 관여

① 조항의 내용

| Article 5 Extent of court intervention In matters governed by this Law, no court shall intervene except where so provided in this Law. | 제5조 법원의 관여 본 법이 적용되는 사항에 대해서 법원은 본 법이 규정한 경우를 제외하고는 관여해서는 안된다. |
| --- | --- |

② 조항의 개요

법원은 본 법이 적용되는 사항에 대하여 본 법이 규정한 경우를 제외하고는 관여해서는 안된다.

### 6) 중재 지원 및 감독 기능을 수행하는 법원 또는 기타 기관

① 조항의 내용

| Article 6 Court or other authority for certain functions of arbitration assistance and supervision The functions referred to in articles 11 (3), 11(4), 13(3),14,16 (3) and 34 (2) shall be performed by ... [Each State enacting this model law specifies the court, courts or, where referred to therein, other authority competent to perform these functions.] | 제6조 중재 지원 및 감독 기능을 수행하는 법원 또는 기타 기관 제11조 제3항, 제11조 제4항, 제13조 제3항, 제14조, 제16조 제3항 및 제34조 제2항에 규정된 기능은 ... [이 모델법을 입법하는 각 국가는 법원 또는 이 기능을 수행할 수 있는 기타 기관을 명시하여야 함] ... 에 의하여 수행된다. |
| --- | --- |

② 조항의 개요

본 법을 입법하는 각 국가는 중재 지원 및 감독 기능을 수행하는 법원 또는 기타 기관 등을 명시하여야 한다. 이는 당사자의 3인의 중재인을 선정하는 경우에 합의가 없게 되면 중재인을 선정할 수 있는 기관으로 법원이 규정되어 있기 때문이다. 또한 단독 중재인을 선정함에 있어서도 동일한 상황이 발생하기 때문이다.

## (2) 중재합의

### 1) 중재합의의 정의와 방식

#### ① 조항의 내용

| CHAPTER II ARBITRATION AGREEMENT | 제2장 중재합의 |
|---|---|
| Article 7 Definition and form of arbitration agreement | 제7조 중재합의의 정의와 방식 |
| 1. 'Arbitration agreement' is an agreement by the parties to submit to arbitration all or certain disputes which have arisen or which may arise between them in respect of a defined legal relationship, whether contractual or not. An arbitration agreement may be in the form of an arbitration clause in a contract or in the form of a separate agreement. | 1. '중재합의'는 계약에 의하거나 또는 계약에 의하지 아니한 일정한 법률관계에 관하여 당사자 사이에 이미 발생하였거나 장래 발생할 수 있는 모든 분쟁 또는 특정한 분쟁을 중재에 부탁하는 당사자 사이의 합의이다. 중재합의는 계약상의 중재조항의 형식이나 별도의 합의형태로 할 수 있다. |
| 2. The arbitration agreement shall be in writing. An agreement is in writing if it is contained in a document signed by the parties or in an exchange of letters, telex, telegrams or other means of telecommunication which provide a record of the agreement, or in an exchange of statements of claim and defence in which the existence of an agreement is alleged by one party and not denied by another. The reference in a contract to a document containing an arbitration clause constitutes an arbitration agreement provided that the contract is in writing and the reference is such as to make that clause part of the contract. | 2.중재합의는 서면으로 하여야 한다. 중재합의는 당사자가 서명한 서류에 포함되어 있거나 서신, 텔렉스, 전신 등 기타 중재합의를 기록한 통신 등의 교환에 포함되어 있거나 또는 신청서와 답변서의 교환 속에서 중재합의의 존재가 일방당사자에 의해서 주장되고 상대방당사자가 이를 부인하지 아니하는 경우에는 그러한 합의는 서면으로 작성한 것으로 한다. 그리고 당사자 사이의 계약속에서 어떤 중재조항이 포함되어 있는 서류에 대한 언급이 있는 경우에는 이를 중재합의로 의미하고 있는 것으로 해석한다. 다만 그러한 계약이 서면으로 작성되어 있어야 하며, 당해 조항이 그러한 계약의 일부를 구성하는 것으로 볼 수 있을 경우에 한한다. |

#### ② 조항의 개요

중재합의는 계약여부를 불문하고 일정한 법률관계에 관하여 당사자 사이에 이미 발생하였거나 장래 발생할 수 있는 모든 분쟁 또는 특정한 분쟁을 중재에 부탁하는 당사자 사이의 합의이다. 중재합의는 서면으로 하여야 한다. 중재합의는 당사자가 서명한 서류에 포함되어 있거나 서신, 텔렉스, 전신 등 기타 중재합의를 기록한 통신 등의 교환에 포함되어 있거나 또는 신청서와 답변서의 교환 속에서 중재합의의 존재가 일방당사자에 의해서 주장되고 상대방당사자가 이를 부인하지 아니하는 경우에는 그러한 합의는 서면으로 작성한 것으로 한다. 그리고 당사자 사이의 계약 속에서 중재조항이 포함되어 있는 서류가 있다면 이를 중재합의로 본다.

### 2) 중재합의와 법원에 제소

#### ① 조항의 내용

| Article 8 Arbitration agreement and substantive claim before court<br>1. A court before which an action is brought in a matter which is the subject of an arbitration agreement shall, if a party so requests not later than when submitting his first statement on the substance of the dispute, refer the parties to arbitration unless it finds that the agreement is real and void, inoperative or incapable of being performed.<br>2. Where an action referred to in paragraph (1) of this article has been brought, arbitral proceedings may nevertheless be commenced or continued, and an award may be made, while the issue is pending before the court. | 제8조 중재합의와 중재법원에 제소<br>1. 중재합의의 대상이 된 사건이 중재법원에 제소되었을 경우로서, 일방당사자가 그 분쟁의 본안에 관한 제1차 진술서를 제출하기 이전에 이에 관한 항변을 제기하면, 법원은 그 중재합의가 무효이거나, 실효하였거나, 또는 이행불능의 상태에 있는 것으로 판단되지 아니하는 한 당사자들을 중재에 회부하여야 한다.<br><br>2. 제1항에서 언급한 소송이 제기된 경우에도 중재절차는 개시되거나 속행될 수 있으며 사건 본 법원에 계속 중인 경우에도 중재판정이 행해질 수 있다. |
|---|---|

#### ② 조항의 개요

중재합의의 대상이 된 사건이 중재법원에 제소되었을 경우로서, 일방당사자가 그 분쟁의 본안에 관한 제1차 진술서를 제출하기 이전에 이에 관한 항변을 제기하면, 중재법원은 그 중재합의가 무효이거나, 실효하였거나, 또는 이행불능의 상태에 있는 것으로 판단되지 아니하는 한 당사자들을 중재에 회부하여야 한다. 즉 분쟁의 당사자 중에서 일방이 중재를 청구와 관련한 진술서를 작성하기 전에 분쟁을 중재에 의하여 해결하려는 시도에 대하여 항변이 제기되었다고 하여서 중재법원이 그 항변에 따라 제소된 사건에 대한 중재합의를 무효 등으로 판단하지 않는 한 중재절차를 진행한다는 취지이다. 언급한 소송이 제기된 경우에도 중재절차는 개시되거나 속행될 수 있으며 사건본 법원에 계속 중인 경우에도 중재판정이 행해질 수 있다.

### 3) 중재합의와 법원의 보전처분

#### ① 조항의 내용

| Article 9 - Arbitration agreement and interim measures by court<br>It is not incompatible with an arbitration agreement for a party to request, before or during arbitral proceedings, from a court an interim measure of protection and for a court to grant such measure. | 제9조 중재합의와 법원의 보전처분<br>일방당사자가 중재절차 전이나 진행 중에 법원에 보전처분을 신청하거나 법원이 이러한 조치를 허여하는 것은 중재합의에 반하지 않는다. |
|---|---|

② 조항의 개요

일방당사자가 중재절차 전이나 진행 중에 법원에 보전처분을 신청하거나 법원이 이러한 조치를 허여하는 것은 중재합의에 반하지 않는다.

## (3) 중재판정부의 구성

### 1) 중재인의 수

① 조항의 내용

| CHAPTER III COMPOSITION OF ARBITRAL TRIBUNAL<br><br>Article 10 Number of arbitrators<br>1. The parties are free to determine the number of arbitrators.<br>2. Failing such determination, the number of arbitrators shall be three. | 제3장 중재판정부의 구성<br><br>제10조 중재인의 수<br>1. 당사자는 중재인의 수를 자유로이 정할 수 있다.<br>2. 그러한 결정이 없는 경우에는 중재인의 수는 3인으로 한다. |
|---|---|

② 조항의 개요

당사자는 중재인의 수를 자유로이 정할 수 있다. 그러한 결정이 없는 경우에는 중재인의 수는 3인으로 한다.

### 2) 중재인의 선정

① 조항의 내용

| Article 11 Appointment of arbitrators<br>1. No person shall be precluded by reason of his nationality from acting as an arbitrator, unless otherwise agreed by the parties.<br>2. The parties are free to agree on a procedure of appointing the arbitrator or arbitrators, subject to the provisions of paragraphs (4) and (5) of this article.<br>3. Failing such agreement,<br>(a) in an arbitration with three arbitrators, each party shall appoint one arbitrator, and the two arbitrators thus appointed shall appoint the third arbitrator; if a party fails to appoint the arbitrator within thirty days of receipt of a request to do so from the other party, or if the two arbitrators fail to agree on the third arbitrator within thirty days of their | 제11조 중재인의 선정<br>1. 당사자가 달리 합의하지 않는 한 누구라도 자신의 국적을 이유로 중재인으로서 활동하는 데 배제되지 않는다.<br>2. 본조 제4항과 제5항의 제한하에 당사자는 중재인의 선정절차를 자유로이 합의할 수 있다.<br><br>3. 그러한 합의가 없는 경우에<br>(a) 3인 중재에서 각 당사자는 1인의 중재인을 선정하고 이에 따라 선정된 2인의 중재인이 제3의 중재인을 선정한다. 일방당사자가 상대방으로 부터 중재인 선정을 요구받은 후 30일 이내에 중재인을 선정하지 않거나 2인의 중재인이 그 선정된 후 30일 이내에 제3의 중재인을 선정하지 못하였을 경우에는 일방당사자의 요 |
|---|---|

appointment, the appointment shall be made, upon request of a party, by the court or other authority specified in article 6;

(b) in an arbitration with a sole arbitrator, if the parties are unable to agree on the arbitrator, he shall be appointed, upon request of a party, by the court or other authority specified in article 6.

4. Where, under an appointment procedure agreed upon by the parties,

(a) a party fails to act as required under such procedure, or

(b) the parties, or two arbitrators, are unable to reach an agreement expected of them under such procedure, or

(c) a third party, including an institution, fails to perform any function entrusted to it under such procedure,

any party may request the court or other authority specified in article 6 to take the necessary measure, unless the agreement on the appointment procedure provides other means for securing the appointment.

5. A decision on a matter entrusted by paragraph (3) and (4) of this article to the court or other authority specified in article 6 shall be subject to no appeal. The court or other authority, in appointing an arbitrator, shall have due regard to any qualifications required of the arbitrator by the agreement of the parties and to such considerations as are likely to secure the appointment of an independent and impartial arbitrator and, in the case of a sole or third arbitrator, shall take into account as well the advisability of appointing an arbitrator of a nationality other than those of the parties.

청에 따라 제6조에 규정된 법원이나 기타 기관이 중재인을 선정한다.

(b) 단독중재의 경우에 당사자가 중재인 선정을 합의하지 못한 때에는 일방당사자의 요청이 있으면 제6조에 규정된 법원이나 기타 기관이 중재인을 선정한다.

4. 당사자가 합의한 중재인 선정절차에 따라

(a) 일방당사자가 그 절차에서 요구하는 대로 이행하지 아니하거나,

(b) 양당사자나 2인의 중재인이 그 절차에서 기대되는 합의에 이를 수 없거나,

(c) 일정 기관을 포함한 제3자가 그 절차에서 위임된 기능을 수행할 수 없는 때에 당사자는 선정절차 합의내용 속에 그 선정을 보전하는 그밖의 다른 조치가 없는 한 제6조에 규정된 법원이나 기타 기관에 필요한 처분을 취할 것을 요청할 수 있다.

5.본조 제3항과 제4항에 따라 제6조에 규정된 법원이나 기타 기관에 위임된 사항에 관한 결정에 대하여는 항고할 수 없다. 중재인을 선정할 때 법원이나 기타 기관은 당사자들의 합의에서 요구하는 중재인의 자격을 고려하여야 하며 또한 독립적이며 공정한 중재인의 선정을 보장하는데 적절한지도 고려하여야 한다. 단독중재인이나 제3의 중재인의 경우에는 당사자들의 국적 이외의 국적을 가진 중재인을 선정하는 것이 바람직한 지도 고려하여야 한다.

## ② 조항의 개요

당사자가 달리 합의하지 않는 한 누구라도 자신의 국적을 이유로 중재인으로서 활동하는데 배제되지 않는다. 그러한 합의가 없는 경우에 3인 중재에서 각 당사자는 1인의 중재인을 선정하고 이에 따라 선정된 2인의 중재인이 제3의 중재인을 선정한다. 일정 기관을 포함한 제3자가 그 절차에서 위임된 기능을 수행할 수 없는 때에 당사자는 선정절차 합의내용 속에 그 선정을 보전하는 그 밖의 다른 조치가 없는 한 법원이나 기타 기관에 필요한 처분을 취할 것을 요청할 수 있다. 중재인을 선정할 때 법원이나 기타 기관은 당사자들의 합의에서 요구하는 중재인의 자격을 고려하여야 한다.

### 3) 중재인기피의 사유

#### ① 조항의 내용

| Article 12  Grounds for challenge | 제12조 중재인기피의 사유 |
|---|---|
| 1. When a person is approached in connection with his possible appointment as an arbitrator, he shall disclose any circumstances likely to give rise to justifiable doubts as to his impartiality or independence. An arbitrator, from the time of his appointment and throughout the arbitral proceedings, shall without delay disclose any such circumstances to the parties unless they have already been informed of them by him. | 1. 중재인으로 직무수행의 요청을 받은 자는 그 자신의 공정성이나 독립성에 관하여 당연시되는 의심을 야기할 수 있는 모든 사정을 고지하여야 한다. 중재인은 중재인으로 선정된 때로부터 그리고 중재절차의 종료시까지 그러한 사정을 당사자에게 지체없이 고지하여야 한다. 다만, 중재인이 그러한 사정을 이미 통지한 당사자에게 대하여는 그러하지 아니하다. |
| 2. An arbitrator may be challenged only if circumstances exist that give rise to justifiable doubts as to his impartiality or independence, or if he does not possess qualifications agreed to by the parties. A party may challenge an arbitrator appointed by him, or in whose appointment he has participated, only for reasons of which he becomes aware after the appointment has been made. | 2. 중재인은 그 자신의 공정성이나 독립성에 관하여 당연시되는 의심을 야기할 수 있는 사정이 존재하거나 또는 당사자가 합의한 자격을 갖추지 못한 때에 한해 기피될 수 있다. 당사자는 자신이 선정하였거나 그 선정절차에 참여한 중재인에 대하여 선정 후에 비로소 알게 된 사유에 의해서만 기피할 수 있다. |

#### ② 조항의 개요

중재인은 그 자신의 공정성이나 독립성에 관하여 당연시되는 의심을 야기할 수 있는 사정이 존재하거나 또는 당사자가 합의한 자격을 갖추지 못한 때에 한해 기피될 수 있다.

### 4) 중재인의 기피절차

#### ① 조항의 내용

| Article 13 Challenge procedure | 제13조 중재인의 기피절차 |
|---|---|
| 1. The parties are free to agree on a procedure for challenging an arbitrator, subject to the provisions of paragraph (3) of this article. | 1. 본조 제3항의 제한하에 당사자들은 중재인 기피절차를 자유로이 합의할 수 있다. |
| 2. Failing such agreement, a party which intends to challenge an arbitrator shall, within fifteen days after becoming aware of the constitution of the arbitral tribunal or after becoming aware of any circumstance referred to in article 12(2), send a written statement of the reasons for the challenge to the arbitral tribunal. Unless the challenged arbitrator withdraws from his office or the other party agrees to the challenge, the arbitral tribunal | 2. 제1항의 합의가 없는 경우에 중재인을 기피하고자 하는 당사자는 중재판정부가 구성된 후 또는 12조 제2항의 사정을 알게 된 후 15일 이내에 중재인기피사유를 진술한 서면을 중재판정부에 송부하여야 한다. 기피당한 중재인이 그 직무로부터 사퇴하지 아니하거나, 상대방당사자가 그 기피신청에 동의하지 아니하는 한 중재판정부는 그 기피신청에 관하여 결정하여야 한다. |

shall decide on the challenge.

3. If a challenge under any procedure agreed upon by the parties or under the procedure of paragraph (2) of this article is not successful, the challenging party may request, within thirty days after having received notice of the decision rejecting the challenge, the court or other authority specified in article 6 to decide on the challenge, which decision shall be subject to no appeal; while such a request is pending, the arbitral tribunal, including the challenged arbitrator, may continue the arbitral proceedings and make an award.

3. 당사자가 합의한 절차나 본조 제2항의 절차에 따라 기피신청이 받아들여지지 아니하면, 기피 신청한 당사자는 그 기피거절 결정의 통지를 받은 후 30일 이내에 제6조에서 정한 법원이나 기타 기관에 기피에 대한 결정을 신청할 수 있다. 그 결정에 대하여는 항고할 수 없으며 그러한 신청이 계속 중인 경우에도 기피신청의 대상이 된 중재인을 포함한 중재판정부는 중재절차를 속행하여 판정을 내릴 수 있다.

② 조항의 개요

당사자들은 중재인 기피절차를 자유로이 합의할 수 있다. 합의가 없는 경우에 중재인을 기피하고자 하는 당사자는 중재판정부가 구성된 후 또는 사정을 알게 된 후 15일 이내에 중재인 기피사유를 진술한 서면을 중재판정부에 송부하여야 한다.

### 5) 중재인의 불이행 또는 이행불능

① 조항의 내용

Article 14 Failure or impossibility to act
1. If an arbitrator becomes de jure or de facto unable to perform his functions or for other reasons fails to act without undue delay, his mandate terminates if he withdraws from his office or if the parties agree on the termination. Otherwise, if a controversy remains concerning any of these grounds, any party may request the court or other authority specified in article 6 to decide on the termination of the mandate, which decision shall be subject to no appeal.
2. If, under this article or article 13 (2), an arbitrator withdraws from his office or a party agrees to the termination of the mandate of an arbitrator, this does not imply acceptance of the validity of any ground referred to in this article or article 12 (2).

제14조 중재인의 불이행 또는 이행불능
1. 중재인본 법률상 또는 사실상 자신의 직무를 이행할 수 없거나, 다른 사유로 인하여 적정기간에 직무를 수행하지 아니하는 경우에 그가 자진하여 사임하거나 당사자의 합의로써 중재인의 직무권한은 종료된다. 이러한 사유에 관하여 다툼이 있는 경우에 각 당사자는 제6조에 기재된 법원이나 기타 기관에 대하여 중재인의 권한종료에 관하여 결정할 것을 요청할 수 있으며 그 결정에 대하여는 항고할 수 없다.

2. 본조나 제13조 제2항에 따라 중재인이 자진하여 사임하거나 당사자가 중재인의 권한종료에 합의하였다 하더라도 이러한 사실이 본조나 제12조 제2항에서 언급하고 있는 기피사유의 유효성을 인정하는 것을 의미하지는 않는다.

② 조항의 개요

중재인본 법률상 또는 사실상 직무를 이행할 수 없거나, 적정기간에 직무를 수행하지 아니하는 경우에 그가 자진하여 사임하거나 당사자의 합의로써 중재인의 직무권한은 종료된다.

## 6) 보궐중재인의 선정

### ① 조항의 내용

| | |
|---|---|
| Article 15 Appointment of substitute arbitrator Where the mandate of an arbitrator terminates under article 13 or 14 or because of his withdrawal from office for any other reason or because of the revocation of his mandate by agreement of the parties or in any other case of termination of his mandate, a substitute arbitrator shall be appointed according to the rules that were applicable to the appointment of the arbitrator being replaced. | 제15조 보궐중재인의 선정 제13조나 제14조에 따라 또는 기타 사유로 인하여 중재인이 자진하여 사임하거나 또는 당사자의 합의로 중재인의 권한이 취소되었거나 기타 사유로 인하여 중재인의 권한이 종료되는 경우에 보궐중재인은 대체되는 중재인의 선정에 적용되었던 규칙에 따라 선정되어야 한다. |

### ② 조항의 개요

중재인이 자진하여 사임하거나 또는 당사자의 합의로 중재인의 권한이 취소되었거나 기타 사유로 인하여 중재인의 권한이 종료되는 경우에 보궐중재인을 선정할 수 있다.

## (4) 중재판정부의 관할

## 1) 자신의 관할에 관한 중재판정부의 결정권한

### ① 조항의 내용

| | |
|---|---|
| CHAPTER IV JURISDICTION OF ARBITRAL TRIBUNAL Article 16 Competence of arbitral tribunal to rule on its jurisdiction 1. The arbitral tribunal may rule on its own jurisdiction, including any objections with respect to the existence or validity of the arbitration agreement. For that purpose, an arbitration clause which forms part of a contract shall be treated as an agreement independent of the other terms of the contract. A decision by the arbitral tribunal that the contract is null and void shall not entail ipso jure the invalidity of the arbitration clause. 2. A plea that the arbitral tribunal does not have jurisdiction shall be raised not later than the submission of the statement of defence. A party is not precluded from raising such a plea by the fact that he has appointed, or participated in the appointment of, an arbitrator. A plea that the arbitral tribunal is | 제4장 중재판정부의 관할 제16조 자신의 관할에 관한 중재판정부의 결정권한 1. 중재판정부는 중재합의의 존부 또는 유효성에 관한 이의를 포함하여 자신의 관할을 결정할 권한을 가진다. 그러한 규정의 적용상 계약의 일부를 이루는 중재조항은 그 계약의 다른 조항과는 독립된 합의로 취급하여야 한다. 중재판정부에 의한 계약무효의 결정은 법률상 당연히 중재조항의 부존재 내지 무효를 의미하는 것은 아니다. 2. 중재판정부가 관할권을 가지고 있지 않다는 항변은 늦어도 답변서를 제출할 때까지 제기되어야 한다. 당사자의 이러한 항변은 자신이 중재인을 선정하였거나 또는 중재인의 선정에 참여하였다는 사실 때문에 배제되지 않는다. 중재판정부가 그 직무권한의 범위를 벗어났다는 항변은 그러한 권한유월이 주장되는 사항이 중 |

| | |
|---|---|
| exceeding the scope of its authority shall be raised as soon as the matter alleged to be beyond the scope of its authority is raised during the arbitral proceedings. The arbitral tribunal may, in either case, admit a later plea if it considers the delay justified. <br> 3. The arbitral tribunal may rule on a plea referred to in paragraph (2) of this article either as a preliminary question or in an award on the merits. If the arbitral tribunal rules as a preliminary question that it has jurisdiction, any party may request, within thirty days after having received notice of that ruling, the court specified in article 6 to decide the matter, which decision shall be subject to no appeal; while such a request is pending, the arbitral tribunal may continue the arbitral proceedings and make an award. | 재절차 진행중에 제출된 즉시 제기되어야 한다. 중재판정부는 시기에 늦게 제출된 항변에 대해서도 그 지연이 정당하다고 인정하는 경우에는 이를 허용할 수 있다. <br><br> 3. 중재판정부는 본조 제2항의 항변에 관하여 선결문제로서 또는 본안에 관한 중재판정에서 결정할 수 있다. 중재판정부가 선결문제로서 자신의 관할권이 있음을 결정하는 경우에 당사자는 당해 결정의 통지를 받은 후 30일 이내에 제6조에 명시된 법원에 대하여 당해 사항을 결정해 줄 것을 신청할 수 있으며 그 결정에 대하여는 항고할 수 없다. 이러한 신청이 계속중인 경우에도 중재판정부는 중재절차를 속행하여 중재판정을 내릴 수 있다. |

② 조항의 개요

중재판정부는 중재합의의 존부 또는 유효성에 관한 이의를 포함하여 자신의 관할을 결정할 권한을 가진다. 중재판정부는 시기에 늦게 제출된 항변에 대해서도 그 지연이 정당하다고 인정하는 경우에는 이를 허용할 수 있다. 중재판정부는 본조항변에 관하여 선결문제로서 또는 본안에 관한 중재판정에서 결정할 수 있다.

### 2) 중재판정부의 보전처분

① 조항의 내용

| | |
|---|---|
| Article 17 Power of arbitral tribunal to order interim measures <br> Unless otherwise agreed by the parties, the arbitral tribunal may, at the request of a party, order any party to take such interim measure of protection as the arbitral tribunal may consider necessary in respect of the subject-matter of the dispute. The arbitral tribunal may require any party to provide appropriate security in connection with such measure. | 제17조 중재판정부의 보전처분 <br> 당사자가 달리 합의하지 않는 한 중재판정부는 일방당사자의 신청에 따라 분쟁의 본안에 관하여 필요하다고 인정하는 보전처분을 명하도록 일방당사자에게 명할 수 있다. 중재판정부는 각 당사자에게 그러한 조치와 관련하여 적절한 담보를 제공할 것을 요구할 수 있다. |

② 조항의 개요

당사자가 달리 합의하지 않는 한 중재판정부는 일방당사자의 신청에 따라 분쟁의 본안에 관하여 필요하다고 인정하는 보전처분을 명하도록 일방당사자에게 명할 수 있다.

**(5) 중재절차의 진행**

**1) 당사자의 동등한 대우**

① 조항의 내용

| | |
|---|---|
| CHAPTER V. CONDUCT OF ARBITRAL PROCEEDINGS<br>Article 18 Equal treatment of parties<br>The parties shall be treated with equality and each party shall be given a full opportunity of presenting his case. | 제5장 중재절차의 진행<br>제18조 당사자의 동등한 대우<br>양당사자는 동등한 대우를 받아야 하며 각 당사자는 자신의 사안을 진술할 수 있는 충분한 기회를 가져야 한다. |

② 조항의 개요

중재절차를 진행하는 과정 중에 양당사자는 동등한 대우를 받아야 한다. 그리고 중재절차에 참여하는 각 당사자는 중재인들에게 자신의 사안에 대하여 진술할 수 있는 충분한 기회를 가져야 한다.

**2) 중재절차규칙의 결정**

① 조항의 내용

| | |
|---|---|
| Article 19 Determination of rules of procedure<br>1. Subject to the provisions of this Law, the parties are free to agree on the procedure to be followed by the arbitral tribunal in conducting the proceedings.<br>2. Failing such agreement, the arbitral tribunal may, subject to the provisions of this Law, conduct the arbitration in such manner as it considers appropriate. The power conferred upon the arbitral tribunal includes the power to determine the admissibility, relevance, materiality and weight of any evidence. | 제19조 중재절차규칙의 결정<br>1. 본 법의 규정에 따라 당사자는 중재판정부가 중재절차를 진행할 때 지켜야할 절차규칙에 관하여 자유로이 합의할 수 있다.<br><br>2. 제1항의 합의가 없는 경우에 중재판정부는 본 법의 규정에 따라 스스로 적절하다고 여기는 방식으로 중재를 진행할 수 있다. 중재판정부의 권한에는 증거의 채택 여부, 관련성, 중요성 및 그 경중을 결정할 권한이 포함된다. |

② 조항의 개요

당사자는 중재판정부가 중재절차를 진행할 때 지켜야할 절차규칙에 관하여 자유로이 합의할 수 있다. 합의가 없는 경우에 중재판정부는 본 법의 규정에 따라 스스로 적절하다고 여기는 방식으로 중재를 진행할 수 있다. 중재판정부의 권한에는 증거의 채택 여부, 관련성, 중요성 및 그 경중을 결정할 권한이 포함된다.

### 3) 중재지

#### ① 조항의 내용

| Article 20 - Place of arbitration<br>1. The parties are free to agree on the place of arbitration. Failing such agreement, the place of arbitration shall be determined by the arbitral tribunal having regard to the circumstances of the case, including the convenience of the parties.<br>2. Notwithstanding the provisions of paragraph (1) of this article, the arbitral tribunal may, unless otherwise agreed by the parties, meet at any place it considers appropriate for consultation among its members, for hearing witnesses, experts or the parties, or for inspection of goods, other property or documents. | 제20조 중재지<br>1. 당사자는 중재지에 관하여 자유로이 합의할 수 있다. 그러한 합의가 없는 경우는 중재지는 중재판정부가 당사자의 편의 등을 포함한 당해 사건의 사정을 고려하여 결정한다.<br><br>2. 본조 제1항의 규정에도 불구하고 당사자의 별도 합의가 없는 한 중재판정부는 그 구성원 간의 협의를 위해서나 증인, 감정인 또는 당사자의 심문을 위하여 또는 물품, 기타 재산 또는 문서의 조사를 위하여 중재판정부가 적당하다고 여기는 장소에서 회합 할 수 있다. |

#### ② 조항의 개요

당사자는 중재지에 관하여 자유로이 합의할 수 있다. 그러한 합의가 없는 경우는 중재지는 중재판정부가 당사자의 편의 등을 포함한 당해사건의 사정을 고려하여 결정한다. 당사자의 별도 합의가 없는 한 중재판정부는 그 구성원간의 협의를 위해서나 증인, 감정인 또는 당사자의 심문을 위하여 또는 물품, 기타 재산 또는 문서의 조사를 위하여 중재판정부가 적당하다고 여기는 장소에서 회합 할 수 있다.

### 4) 중재절차의 개시

#### ① 조항의 내용

| Article 21 Commencement of arbitral proceedings<br>Unless otherwise agreed by the parties, the arbitral proceedings in respect of a particular dispute commence on the date on which a request for that dispute to be referred to arbitration is received by the respondent. | 제21조 중재절차의 개시<br><br>당사자 사이에 달리 합의하지 않는 한 특정한 분쟁에 관한 중재절차의 진행은 당해 분쟁을 중재에 부탁할 것을 요구한 서면이 피신청인에 의하여 수령된 일자에 개시된다. |

#### ② 조항의 개요

당사자 사이에 달리 합의하지 않는 한 특정한 분쟁에 관한 중재절차의 진행은 당해 분쟁을 중재에 부탁할 것을 요구한 서면이 피신청인에 의하여 수령된 일자에 개시된다.

### 5) 언어

### ① 조항의 내용

| Article 22 Language | 제22조 언어 |
|---|---|
| 1. The parties are free to agree on the language or languages to be used in the arbitral proceedings. Failing such agreement, the arbitral tribunal shall determine the language or languages to be used in the proceedings. This agreement or determination, unless otherwise specified therein, shall apply to any written statement by a party, any hearing and any award, decision or other communication by the arbitral tribunal. | 1. 당사자는 중재절차의 진행에 사용되는 일개 또는 수개 언어에 관하여 자유로이 합의할 수 있다. 그러한 합의가 없는 경우에는 중재판정부는 중재절차에 사용되는 일개 또는 수개 언어를 결정하여야 한다. 그러한 합의 또는 결정은 그 속에 별도의 의사가 명시되어 있지 않는 한 당사자의 서면진술, 중재판정부의 심문 및 판정, 결정 또는 기타 통지에도 적용된다. |
| 2. The arbitral tribunal may order that any documentary evidence shall be accompanied by a translation into the language or languages agreed upon by the parties or determined by the arbitral tribunal. | 2. 중재판정부는 어떤 서증에 대하여서도 당사자에 의하여 합의하거나 중재판정부가 결정한 일개 또는 수개 언어로 번역한 문서를 첨부하도록 명할 수 있다. |

### ② 조항의 개요

당사자는 중재절차의 진행에 사용되는 일개 또는 수개 언어에 관하여 자유로이 합의할 수 있다.

### 6) 중재신청서와 답변서

### ① 조항의 내용

| Article 23 Statements of claim and defence | 제23조 중재신청서와 답변서 |
|---|---|
| 1. Within the period of time agreed by the parties or determined by the arbitral tribunal, the claimant shall state the facts supporting his claim, the points at issue and the relief or remedy sought, and the respondent shall state his defence in respect of these particulars, unless the parties have otherwise agreed as to the required elements of such statements. The parties may submit with their statements all documents they consider to be relevant or may add a reference to the documents or other evidence they will submit. | 1. 당사자가 합의하였거나 또는 중재판정부가 결정한 기간 내에 신청인은 청구의 원인사실, 쟁점사항과 신청취지를 진술하여야 하고, 피신청인은 그러한 세부사항에 대한 답변내용을 진술하여야 한다. 그러나 당사자가 그러한 진술의 필요한 사항을 달리 합의하는 경우에는 그러하지 아니하다. 당사자는 직접 관계가 있다고 보는 모든 서류를 상기 진술서에 첨부하여 제출할 수 있으며 자신이 제출하고자 하는 기타 증거에 참고자료로 추가할 수도 있다. |
| 2. Unless otherwise agreed by the parties, either party may amend or supplement his claim or defence during the course of the arbitral proceedings, unless the arbitral tribunal considers it inappropriate to allow such | 2. 당사자 사이에 달리 합의하지 않는 한 어느 일방 당사자가 중재절차 진행 중에 자신의 청구내용이나 답변을 수정하거나 보충할 수 있다. 다만 중재판정부가 이를 인정함으로써 야기되는 지연을 고려하여 그러한 수정을 허용하 |

amendment having regard to the delay in making it. | 는 것이 부적절하다고 여기는 경우에는 그러하지 아니하다.

### ② 조항의 개요

당사자가 합의하였거나 또는 중재판정부가 결정한 기간 내에 신청인은 청구의 원인사실, 쟁점사항과 신청취지를 진술하여야 하고, 피신청인은 그러한 세부사항에 대한 답변내용을 진술하여야 한다.

### 7) 구술심리 및 서면절차

### ① 조항의 내용

| | |
|---|---|
| Article 24 Hearings and written proceedings<br>1. Subject to any contrary agreement by the parties, the arbitral tribunal shall decide whether to hold oral hearings for the presentation of evidence or for oral argument, or whether the proceedings shall be conducted on the basis of documents and other materials. However, unless the parties have agreed that no hearings shall be held, the arbitral tribunal shall hold such hearings at an appropriate stage of the proceedings, if so requested by a party.<br>2. The parties shall be given sufficient advance notice of any hearing and of any meeting of the arbitral tribunal for the purposes of inspection of goods, other property or documents.<br>3. All statements, documents or other information supplied to the arbitral tribunal by one party shall be communicated to the other party. Also any expert report or evidentiary document on which the arbitral tribunal may rely in making its decision shall be communicated to the parties. | 제24조 구술심리 및 서면절차<br>1. 당사자 사이에 반대의 합의를 하지 않는 한, 중재판정부는 증거의 제출이나 구술변론을 위하여 구술심문을 할 것인지 아니면 서면 및 기타 자료에 근거하여 중재절차를 진행시킬 것인지를 결정하여야 한다. 그러나 당사자 사이에 구술심문을 개최하지 아니한다는 별단의 합의가 없는 한, 중재판정부는 당사자 일방의 요청이 있으면 중재절차 진행 중의 적절한 단계에서 그러한 구술심문을 개최하여야 한다.<br><br>2. 모든 심문에 관한 통지 및 물품, 또는 기타 재산 및 문서의 조사를 위한 중재판정부의 회합의 통지는 충분한 시간적 여유를 두고 사전에 당사자들에게 발송되어야 한다.<br><br>3. 당사자의 일방에 의하여 중재판정부에 제출된 모든 진술서, 문서, 또는 기타 정보는 타방 당사자에게도 통지되어야 한다. 중재판정부가 그 결정상 원용하게 될지도 모르는 감정인의 모든 보고서 또는 서증도 당사자들에게 통지되어야 한다. |

### ② 조항의 개요

당사자 사이에 반대의 합의를 하지 않는 한, 중재판정부는 증거의 제출이나 구술변론을 위하여 구술심문을 할 것인지 아니면 서면 및 기타 자료에 근거하여 중재절차를 진행시킬 것인지를 결정하여야 한다. 그러나 당사자 사이에 구술심문을 개최하지 아니한다는 별단의 합의가 없는 한, 중재판정부는 당사자 일방의 요청이 있으면 중재절차 진행 중의 적절한 단계에서 그러한 구술심문을 개최하여야 한다.

596

### 8) 제조

#### ① 조항의 내용

| Article 25 Default of a party<br>Unless otherwise agreed by the parties, if, without showing sufficient cause,<br>(a) the claimant fails to communicate his statement of claim in accordance with article 23 (1), the arbitral tribunal shall terminate the proceedings;<br>(b) the respondent fails to communicate his statement of defence in accordance with article 23 (1), the arbitral tribunal shall continue the proceedings without treating such failure in itself as an admission of the claimant's allegations;<br>(c) any party fails to appear at a hearing or to produce documentary evidence, the arbitral tribunal may continue the proceedings and make the award on the evidence before it. | 제25조 일방당사자의 해태<br>당사자가 달리 합의하지 않는 한 충분한 이유를 제시하지 아니하고<br>(a) 신청인이 제23조 제1항에 의하여 청구에 관한 진술서를 제출하지 않는 경우에는 중재판정부는 중재절차를 종료하여야 한다.<br><br>(b) 피신청인이 제23조 제1항에 의하여 방어에 대한 진술서를 제출하지 아니하는 경우에는 중재판정부는 그러한 해태의 사실자체가 피신청인이 신청인의 주장을 그대로 인정하는 것으로 취급함이 없이 중재절차를 속행하여야 한다.<br><br>(c) 당사자의 어느 일방이 심문에 출석하지 아니하거나, 서증을 제출하지 아니하는 경우에는 중재판정부는 중재절차를 속행하고 제출된 증거에 근거하여 중재판정을 내릴 수 있다. |

#### ② 조항의 개요

청구에 관한 진술서를 제출하지 않는 경우에는 중재판정부는 중재절차를 종료하여야 한다. 피신청인이 방어에 대한 진술서를 제출하지 아니하는 경우에는 중재판정부는 그러한 해태의 사실자체가 피신청인이 신청인의 주장을 그대로 인정하는 것으로 취급함이 없이 중재절차를 속행하여야 한다.

### 9) 중재판정부가 지정한 감정인

#### ① 조항의 내용

| Article 26 Expert appointed by arbitral tribunal<br>1. Unless otherwise agreed by the parties, the arbitral tribunal<br>(a) may appoint one or more experts to report to it on specific issues to be determined by the arbitral tribunal;<br>(b) may require a party to give the expert any relevant information or to produce, or to provide access to, any relevant documents, goods or other property for his inspection.<br>2. Unless otherwise agreed by the parties, if a party so requests or if the arbitral tribunal considers it necessary, the expert shall, after delivery of his written or oral report, | 제26조 중재판정부가 지정한 감정인<br>1. 당사자가 달리 합의하지 않는 한 중재판정부는,<br>(a) 중재판정부에 의하여 결정될 특정한 쟁점에 관하여 보고할 1인 이상의 감정인을 지정할 수 있다.<br>(b) 일방당사자로 하여금 감정인에게 관계 정보를 주거나 감정인의 조사를 위해 관련 문서의 제출, 물품 또는 기타의 재산을 조사하거나 또는 감정인이 이용할 수 있도록 명할 수 있다.<br>2. 당사자가 달리 합의하지 않는 한 당사자 일방의 요청이 있거나 중재판정부가 필요하다고 여기는 경우에는 그 감정인은 자신의 서면 또 |

| participate in a hearing where the parties have the opportunity to put questions to him and to present expert witnesses in order to testify on the points at issue. | 는 구두보고를 제출한 후에도 문제된 쟁점에 관하여 당사자들이 그 감정인에게 질문할 기회 및 타감정인들이 그 전문가적 증언을 할 기회를 갖는 심문에 참가하여야 한다. |

### ② 조항의 개요

중재판정부에 의하여 결정될 특정한 쟁점에 관하여 보고할 1인 이상의 감정인을 지정할 수 있다. 일방당사자로 하여금 감정인에게 관계 정보를 주거나 감정인의 조사를 위해 관련 문서의 제출, 물품 또는 기타의 재산을 조사하거나 또는 감정인이 이용할 수 있도록 명할 수 있다

### 10) 증거조사에서 법원의 협조

### ① 조항의 내용

| Article 27 Court assistance in taking evidence<br>The arbitral tribunal or a party with the approval of the arbitral tribunal may request from a competent court of this State assistance in taking evidence. The court may execute the request within its competence and according to its rules on taking evidence. | 제27조 증거조사에서 법원의 협조<br>중재판정부나 중재판정부의 승인을 받은 당사자는 해당국가의 관할법원에 대해 증거조사에서 협조를 요청할 수 있다. 법원은 그 권한 범위 내에서 증거조사의 규칙에 따라 그러한 요청에 응할 수 있다. |

### ② 조항의 개요

중재판정부나 중재판정부의 승인을 받은 당사자는 해당국가의 관할법원에 대해 증거조사에서 협조를 요청할 수 있다.

### 11) 중재판정부의 결정방법

### ① 조항의 내용

| Article 29 Decision-making by panel of arbitrators<br>In arbitral proceedings with more than one arbitrator, any decision of the arbitral tribunal shall be made, unless otherwise agreed by the parties, by a majority of all its members. However, questions of procedure may be decided by a presiding arbitrator, if so authorized by the parties or all members of the arbitral tribunal. | 제29조 중재판정부의 결정방법<br>당사자들이 달리 합의하지 않는 한, 2인 이상의 중재인에 의한 중재절차진행에 있어서는 중재판정부의 모든 결정은 전 구성원중의 과반수 결의에 의한다. 그러나 중재절차의 문제는 당사자나 중재판정부 구성원 전원의 수권이 있으면 의장중재인이 결정할 수 있다. |

② 조항의 개요

당사자들이 달리 합의하지 않는 한, 2인 이상의 중재인에 의한 중재절차진행에 있어서는 중재판정부의 모든 결정은 전 구성원중의 과반수 결의에 의한다.

### (6) 중재판정문의 작성과 중재절차의 종료

### 1) 분쟁의 실체에 적용할 법규

① 조항의 내용

| CHAPTER VI - MAKING OF AWARD AND TERMINATION OF PROCEEDINGS<br><br>Article 28 Rules applicable to substance of dispute<br>1. The arbitral tribunal shall decide the dispute in accordance with such rules of law as are chosen by the parties as applicable to the substance of the dispute. Any designation of the law or legal system of a given State shall be construed, unless otherwise expressed, as directly referring to the substantive law of that State and not to its conflict of laws rules.<br>2. Failing any designation by the parties, the arbitral tribunal shall apply the law determined by the conflict of laws rules which it considers applicable.<br>3. The arbitral tribunal shall decide ex aequo et bono or as amiable compositeur only if the parties have expressly authorized it to do so.<br><br>4. In all cases, the arbitral tribunal shall decide in accordance with the terms of the contract and shall take into account the usages of the trade applicable to the transaction. | 제6장 중재판정문의 작성과 중재절차의 종료<br><br>제28조 분쟁의 실체에 적용할 법규<br><br>1. 중재판정부는 당사자들이 분쟁의 본안에 적용하려고 선택한 법규에 따라 판정을 하여야 한다. 달리 명시하지 아니하는 한 일정한 국가의 법 또는 법률체계의 지정이 있을 때는 당해 국가의 실체법을 직접 지칭하는 것으로 해석하며, 그 국가의 국제사법원칙을 지칭하는 것으로 해석하지 않는다.<br><br>2. 당사자들에 의한 준거법의 지정이 없는 경우에는 중재판정부는 중재판정부가 적용가능하다고 보는 국제사법 규정에 따라 결정되는 법을 적용한다.<br>3. 중재판정부는 당사자가 명시적으로 권한을 부여하는 경우에 한하여 형평성과 선의에 의하여 또는 우의적 중재인으로서 판정을 내려야 한다.<br>4. 전 각항의 모든 경우에 있어서 중재판정부는 계약조건에 따라 결정하여야 하며, 당해 거래에 적용가능한 상관습을 고려하여야 한다. |

② 조항의 개요

중재판정부는 당사자들이 분쟁의 본안에 적용하려고 선택한 법규에 따라 판정을 하여야 한다. 달리 명시하지 아니하는 한 일정한 국가의 법 또는 법률체계의 지정이 있을 때는 당해 국가의 실체법을 직접 지칭하는 것으로 해석하며, 그 국가의 국제사법원칙을 지칭하는 것으로 해석하지 않는다. 당사자들에 의한 준거법의 지정이 없는 경우에는 중재판정부는 중재판정부가 적용가능하다고 보는 국제사법 규정에 따라 결정되는 법을 적용한다. 중재판정부는 당사자가 명시적으로 권한을 부여하는 경우에 한하여 형평성과 선의에 의하여 또는 우의적 중재인으로서 판정을 내려야 한다.

### 2) 화해

#### ① 조항의 내용

| | |
|---|---|
| Article 30  Settlement<br>1. If, during arbitral proceedings, the parties settle the dispute, the arbitral tribunal shall terminate the proceedings and, if requested by the parties and not objected to by the arbitral tribunal, record the settlement in the form of an arbitral award on agreed terms.<br>2. An award on agreed terms shall be made in accordance with the provisions of article 31 and shall state that it is an award. Such an award has the same status and effect as any other award on the merits of the case. | 제30조 화해<br>1. 중재절차 진행 중에 당사자들 자신이 분쟁을 해결하는 경우에는 중재판정부는 그 절차를 종료하여야 하며, 당사자들의 요구가 있고 중재판정부가 이의를 제기하지 않는 재판정부는 그 화해를 당사자가 합의한 내용의 중재판정문의 형식으로 기록하여야 한다.<br>2. 당사자가 합의한 내용의 중재판정문은 제31조의 규정에 따라 작성되어야 하고 이를 중재판정으로 한다고 기재되어야 한다. 그러한 중재판정문은 당해 사건의 본안에 관한 다른 모든 중재판정과 동일한 지위와 효력을 가진다. |

#### ② 조항의 개요

중재절차 진행 중에 당사자들 자신이 분쟁을 해결하는 경우에는 중재판정부는 그 절차를 종료하여야 하며, 당사자들의 요구가 있고 중재판정부가 이의를 제기하지 않는 재판정부는 그 화해를 당사자가 합의한 내용의 중재판정문의 형식으로 기록하여야 한다.

### 3) 중재판정의 형식 및 내용

#### ① 조항의 내용

| | |
|---|---|
| Article 31  Form and contents of award<br>1. The award shall be made in writing and shall be signed by the arbitrator or arbitrators. In arbitrator proceedings with more than one arbitrator, the signatures of the majority of all members of the arbitral tribunal shall suffice, provided that the reason for any omitted signature is stated.<br>2. The award shall state the reasons upon which it is based, unless the parties have agreed that no reasons are to be given or the award is an award on agreed terms under article 30.<br>3. The award shall state its date and the place of arbitration as determined in accordance with article 20 (1). The award shall be deemed to have been made at that place.<br>4. After the award is made, a copy signed by the arbitrators in accordance with paragraph (1) of this article shall be delivered to each party. | 제31조 중재판정의 형식 및 내용<br>1. 중재판정문은 서면으로 작성되어야 하며 중재인 또는 중재인들이 이에 서명하여야 한다. 2인 이상의 중재에 있어서는 중재판정부 구성원 중의 과반수의 서명으로 충분하다. 다만 이 경우에는 서명이 생략된 이유가 기재됨을 요한다.<br>2. 중재판정문에는 그 판정의 근거가 되는 이유를 기재하여야 한다. 다만, 당사자 사이에 이유의 불기재에 관하여 합의하였거나 또는 그 중재판정문이 제30조에 의하여 합의된 내용의 판정인 경우에는 그러하지 아니하다.<br>3. 중재판정문에는 작성일자와 제20조 제1항에 따라 정해진 중재지를 기재하여야 한다. 중재판정문은 당해 장소에서 작성된 것으로 한다.<br>4.중재판정문이 작성된 후 본조 제1항에 따라 중재인들이 서명한 등본은 각 당사자에게 송부되어야 한다. |

② 조항의 개요

중재판정문은 서면으로 작성되어야 하며 중재인 또는 중재인들이 이에 서명하여야 한다. 2인 이상의 중재에 있어서는 중재판정부 구성원 중의 과반수의 서명으로 충분하다. 다만 이 경우에는 서명이 생략된 이유가 기재되어야 한다. 중재판정문에는 그 판정의 근거가 되는 이유를 기재하여야 한다.

### 4) 중재절차의 종료

① 조항의 내용

| | |
|---|---|
| Article 32 Termination of proceedings<br>1. The arbitral proceedings are terminated by the final award or by an order of the arbitral tribunal in accordance with paragraph (2) of this article.<br>2. The arbitral tribunal shall issue an order for the termination of the arbitral proceedings when:<br>(a) the claimant withdraws his claim, unless the respondent objects thereto and the arbitral tribunal recognizes a legitimate interest on his part in obtaining a final settlement of the dispute;<br>(b) the parties agree on the termination of the proceedings;<br>(c) the arbitral tribunal finds that the continuation of the proceedings has for any other reason become unnecessary or impossible.<br>3. The mandate of the arbitral tribunal terminates with the termination of the arbitral proceedings, subject to the provisions of articles 33 and 34 (4). | 제32조 중재절차의 종료<br>1. 중재절차는 최종판정에 의하거나 본조 제2항에 따른 중재판정부의 명령에 의하여 종료된다.<br>2. 중재판정부는 다음의 경우에 중재절차의 종료를 명하여야 한다:<br>(a) 신청인이 그 신청을 철회하는 경우. 다만, 피신청인이 이에 대하여 이의를 제기하고 중재판정부가 분쟁의 최종적 해결을 구하는데에 대하여 피신청인에게 적법한 이익이 있다고 인정하는 때에는 그러하지 아니하다.<br>(b) 당사자가 중재절차의 종료를 합의하는 경우<br>(c) 중재판정부가 그밖의 사유로 중재절차를 속행하는 것이 불필요하거나 불가능하다고 인정하는 경우<br>3. 제33조와 제34조 제4항의 규정에 따를 것을 조건으로 하고 중재판정부의 판정임무는 중재절차의 종료와 동시에 종결된다. |

② 조항의 개요

중재절차는 최종판정에 의하거나 중재판정부의 명령에 의하여 종료된다. 중재절차는 신청인이 그 신청을 철회하는 경우 중재판정부의 명령에 의하여 종료된다. 다만, 피신청인이 이에 대하여 이의를 제기하고 중재판정부가 분쟁의 최종적 해결을 구하는 데에 대하여 피신청인에게 적법한 이익이 있다고 인정하는 때에는 그러하지 아니하다. 당사자가 중재절차의 종료를 합의하는 경우 중재절차는 종료된다. 중재판정부가 그 밖의 사유로 중재절차를 속행하는 것이 불필요하거나 불가능하다고 인정하는 경우 중재절차는 종료된다.

## (7) 중재판정에 대한 불복

### ※ 중재판정에 대한 유일한 불복방법으로서 취소신청

#### ① 조항의 내용

| CHAPTER VII RECOURSE AGAINST AWARD | 제7장 중재판정에 대한 불복 |
|---|---|
| Article 34 Application for setting aside as exclusive recourse against arbitral award | 제34조 중재판정에 대한 유일한 불복방법으로서 취소신청 |
| 1. Recourse to a court against an arbitral award may be made only by an application for setting aside in accordance with paragraphs (2) and (3) of this article. | 1. 중재판정에 대하여 법원에 제기하는 불복은 본조 제2항과 제3항에 따라 취소신청을 함으로써 가능하다. |
| 2. An arbitral award may be set aside by the court specified in article 6 only if: | 2. 중재판정은 다음에 해당하는 경우에 한하여 제6조에 명시된 관할법원에 의해 취소될 수 있다. |
| (a) the party making the application furnishes proof that: | (a) 취소신청을 한 당사자가 다음의 사실에 대한 증거를 제출하는 경우 |
| (i) a party to the arbitration agreement referred to in article 7 was under some incapacity; or the said agreement is not valid under the law to which the parties have subjected it or, failing any indication thereon, under the law of this State; or | (i) 제7조에 규정된 중재합의의 당사자가 무능력자인 사실 또는 그 중재합의가 당사자들이 준거법으로서 지정한 법에 의하여 무효이거나 그러한 지정이 없는 경우에는 중재판정이 내려진 국가의 법률에 의하여 무효인 사실 |
| (ii) the party making the application was not given proper notice of the appointment of an arbitrator or of the arbitral proceedings or was otherwise unable to present his case; or | (ii) 취소신청을 한 당사자가 중재인의 선정 또는 중재절차에 관하여 적절한 통지를 받지 못하였거나 기타 사유로 인하여 방어할 수 가 없었다는 사실 |
| (iii) the award deals with a dispute not contemplated by or not falling within the terms of the submission to arbitration, or contains decisions on matters beyond the scope of the submission to arbitration, provided that, if the decisions on matters submitted to arbitration can be separated from those not so submitted, only that part of the award which contains decisions on matters not submitted to arbitration may be set aside; or | (iii) 중재판정이 중재부탁의 내용에 예정되어 있지 아니하거나 그 범위에 속하지 아니하는 분쟁을 다루었거나 또는 중재부탁합의의 범위를 유월한 사항에 관한 결정을 포함하고 있다는 사실. 다만, 중재에 부탁된 사항에 관한 결정이 부탁되지 아니한 사항에 관한 결정으로부터 분리될 수 있는 경우에는 중재에 부탁되지 아니한 사항에 관한 결정을 포함하는 중재판정 부분에 한하여 취소될 수 있다는 사실 |
| (iv) the composition of the arbitral tribunal or the arbitral procedure was not in accordance with the agreement of the parties, unless such agreement was in conflict with a provision of this Law from which the parties cannot derogate, or, failing such agreement, was not in accordance with this Law; or | (iv) 중재판정부의 구성이나 중재절차가 당사자 사이의 합의에 따르지 아니하였다는 사실 또는 그러한 합의가 없는 경우에 본 법에 따르지 아니하였다는 사실. 다만, 그 합의는 당사자에 의해 배제될 수 없는 성격을 가진 본 법의 규정에 저촉되어서는 아니된다는 사실, 또는 |
| (b) the court finds that: | (b) 법원이 다음의 사실을 알았을 경우, |
| (i) the subject-matter of the dispute is not capable of settlement by arbitration under the law of this State; or | (i) 분쟁의 본안이 해당국의 법령상 중재로 해결할 수 없다는 사실 또는 |
| (ii) the award is in conflict with the public | (ii) 중재판정이 해당국의 공서양속에 저촉되는 |

| | |
|---|---|
| policy of this State.<br>3. An application for setting aside may not be made after three months have elapsed from the date on which the party making that application had received that award or, if a request had been made under article 33, from the date on which that request had been disposed of by the arbitral tribunal.<br>4. The court, when asked to set aside an award, may, where appropriate and so requested by a party, suspend the setting aside proceedings for a period of time determined by it in order to give the arbitral tribunal an opportunity to resume the arbitral proceedings or to take such other action as in the arbitral tribunal's opinion will eliminate the grounds for setting aside. | 사실<br>3. 중재판정취소의 신청인이 중재판정문을 수령한 날로부터 3개월이 경과하였거나 또는 제33조에 의하여 신청을 하였을 경우에는 당해 신청이 중재판정부에 의해 처리된 날로부터 3개월이 경과한 후에는 제기할 수 없다.<br><br>4. 중재판정취소신청이 있을 경우에 법원은 당사자의 신청이 있고 또한 그것이 적절한 때에는 중재판정부로 하여금 중재절차를 재개하게 하거나 중재판정부가 취소사유를 제거하는데 필요한 기타의 조치를 취할 기회를 허여하기 위하여 일정한 기간을 정하여 정지할 수 있다. |

② 조항의 개요

중재판정에 대하여 법원에 제기하는 불복은 취소신청을 함으로써 가능하다. 취소신청을 한 당사자가 다음의 사실에 대한 증거를 제출하는 경우 중재합의의 당사자가 무능력자인 사실 또는 그 중재합의가 당사자들이 준거법으로서 지정한 법에 의하여 무효이거나 그러한 지정이 없는 경우에는 중재판정이 내려진 국가의 법률에 의하여 무효인 사실에 대한 증거를 제출하는 경우 취소신청이 가능하다.

### (8) 중재판정의 승인과 집행

### 1) 승인과 집행

① 조항의 내용

| | |
|---|---|
| CHAPTER VIII RECOGNITION AND ENFORCEMENT OF AWARDS<br>Article 35 Recognition and enforcement<br>1. An arbitral award, irrespective of the country in which it was made, shall be recognized as binding and, upon application in writing to the competent court, shall be enforced subject to the provisions of this article and of article 36.<br>2. The party relying on an award or applying for its enforcement shall supply the duly authenticated original award or a duly certified copy thereof, and the original arbitration agreement referred to in article 7 or a duly | 제8장 중재판정의 승인과 집행<br><br>제35조 승인과 집행<br>1. 중재판정은 그 판정이 어느 국가에서 내려졌는지 불문하고 구속력있는 것으로 승인되어야 하며 관할법원에 서면으로 신청하면 본조 및 제36조의 규정에 따라 집행되어야 한다.<br><br>2. 중재판정을 원용하거나 그 집행을 신청하는 당사자는 정당하게 인증된 중재판정문의 원본 또는 정당하게 증명된 등본과 제7조에서 규정한 중재합의서의 원본 또는 정당하게 증명된 등본을 제출하여야 한다. 중재판정문이나 중재 |

| | |
|---|---|
| certified copy thereof. If the award or agreement is not made in an official language of this State, the party shall supply a duly certified translation thereof into such language. | 합의서가 해당국의 공용어로 작성되어 있지 아니한 경우에 당사자는 정당하게 증명된 해당국의 공용어 번역본을 제출하여야 한다. |

### ② 조항의 개요

중재판정은 그 판정이 어느 국가에서 내려졌는지 불문하고 구속력있는 것으로 승인되어야 하며 관할법원에 서면으로 신청하면 집행되어야 한다.

### 2) 중재판정문의 정정 및 해석과 추가판정

### ① 조항의 내용

| | |
|---|---|
| Article 33 - Correction of interpretation of award; additional award<br>1. Within thirty days of receipt of the award, unless another period of time has been agreed upon by the parties:<br>(a) a party, with notice to the other party, may request the arbitral tribunal to correct in the award any errord in computation, any clerical or typographical errors or any errors of similar nature;<br>(b) if so agreed by the parties, a party, with notice to the other party, may request the arbitral tribunal to give an interpretation of a specific point or part of the award.<br>If the arbitral tribunal considers the request to be justified, it shall make the correction or give the interpretation within thirty days of receipt of the request. The interpretation shall form part of the award.<br>2. The arbitral tribunal may correct any error of the type referred to in paragraph (1) (a) of this article on its own initiative within thirty days of the day of the award.<br>3. Unless otherwise agreed by the parties, a party, with notice to the other party, may request, within thirty days of receipt of the award, the arbitral tribunal to make an additional award as to claims presented in the arbitral proceedings but omitted from the award. If the arbitral tribunal considers the request to be justified, it shall make the additional award within sixty days.<br>4. The arbitral tribunal may extend, if necessary, the period of time within which it shall make a correction, interpretation or an | 제33조 중재판정문의 정정 및 해석과 추가판정<br>1. 당사자들이 달리 정하지 않는 한 중재판정문을 수령한 날로부터 30일 이내에,<br>(a) 일방당사자는 상대방에게 통지함과 동시에 그 판정문의 계산상 오류, 오기나 오식 또는 이와 유사한 오류를 정정해 줄 것을 중재판정부에 요청할 수 있다.<br>(b) 당사자 사이에 합의가 있는 경우에 일방당사자는 상대방 당사자에게 통지함과 동시에 중재판정의 특정 사항이나 판정의 일부에 대한 해석을 중재판정부에 요청할 수 있다. 중재판정부는 그 요청이 이유가 있다고 보는 경우에는 이를 수령한 날로부터 30일 이내에 정정 또는 해석하여야 한다. 그 해석은 중재판정의 일부를 형성하는 것으로 한다.<br>2. 중재판정부는 판정일자로 부터 30일 이내에 본조 제1항 (가)호에 규정된 유형의 오류도 정정할 수 있다.<br>3. 당사자들이 달리 합의하지 않는 한, 일방당사자는 상대방에게 통지함과 동시에 중재판정문을 수령한 날로부터 30일 이내에 중재절차 중에 제출되었으나 중재판정에서 유탈된 청구부분에 관한 추가판정을 중재판정부에 요청할 수 있다. 중재판정부는 그 요청이 정당하다고 보는 경우에 60일 이내에 추가판정을 내려야 한다.<br>4. 중재판정부는 필요한 경우 본조 제1항 또는 제3항에 따라 정정, 해석 또는 추가판정의 기간을 연장할 수 있다. |

| | |
|---|---|
| additional award under paragraph (1) or (3) of this article.<br>5. The provisions of article 31 shall apply to a correction or interpretation of the award or to an additional award. | 5. 제31조의 규정은 중재판정문의 정정이나 해석 또는 추가판정의 경우에 이를 적용한다. |

② 조항의 개요

일방당사자는 상대방에게 통지함과 동시에 그 판정문의 계산상 오류, 오기나 오식 또는 이와 유사한 오류를 정정해 줄 것을 중재판정부에 요청할 수 있다.

### 3) 승인 또는 집행의 거부사유

① 조항의 내용

| Article 36 Grounds for refusing recognition or enforcement | 제36조 승인 또는 집행의 거부사유 |
|---|---|
| 1. Recognition or enforcement of an arbitral award, irrespective of the country in which it was made, may be refused only:<br>(a) at the request of the party against whom it is invoked, if that party furnishes to the competent court where recognition or enforcement is sought proof that:<br>(i) a party to the arbitration agreement referred to in article 7 was under some incapacity; or the said agreement is not valid under the law to which the parties have subjected it or, failing any indication thereon, under the law of the country where the award was made; or<br>(ii) the party against whom the award is invoked was not given proper notice of the appointment of an arbitrator or of the arbitrator proceedings or was otherwise unable to present his case; or<br>(iii) the award deals with a dispute not contemplated by or not falling within the terms of the submission to arbitration, or it contains decisions on matters beyond the scope of the submission to arbitration, provided that, if the decisions on matters submitted to arbitration can be separated from those not so submitted, that part of the award which contains decisions on matters submitted to arbitration may be recognized and enforced; or<br>(iv) the composition of the arbitral tribunal or the arbitral procedure was not in accordance with the agreement of the parties or, failing such agreement, was not in accordance with | 1. 중재판정의 승인과 집행은 판정이 내려진 국가에 관계없이 다음의 경우에 한하여 거부할 수 있다.<br>(a) 중재판정이 불리하게 원용되는 당사자의 신청이 있을 때 그 당사자가 다음의 사실에 대하여 승인 또는 집행을 신청한 관할법원에 증거를 제출하는 경우<br>(i) 제7조에 규정된 중재합의의 당사자가 무능력자인 사실 또는 그 중 재합의가 당사자들이 준거법으로서 지정한 법에 의하여 무효이거 나 그러한 지정이 없는 경우에는 중재판정이 내려진 국가의 법에 의하여 무효인 사실<br>(ii) 중재판정이 불리하게 원용되는 당사자가 중재인의 선정 또는 중재절차에 관하여 적절한 통지를 받지 못하였거나 기타 사유로 인하여 방어할 수 없었다는 사실<br>(iii) 중재판정이 중재부탁의 내용에 예정되어 있지 아니하거나 그 범위에 속하지 아니하는 분쟁을 다루었거나 또는 중재부탁합의의 범위를 유월한 사항에 관한 결정을 포함하고 있다는 사실. 다만, 중재에 부탁된 사항에 관한 결정이 부탁되지 아니한 사항에 관한 결정으로부터 분리될 수 있는 경우에는 중재에 부탁되지 아니한 사항에 관한 결정을 포함하는 중재판정 부분에 한하여 취소될 수 있다는 사실<br>(iv) 중재판정부의 구성이나 중재절차가 당사자 사이의 합의에 따르지 아니하였다는 사실 또는 그러한 합의가 없는 경우에 본 법에 따르지 아니하였다는 사실. 다만, 그 합의는 당사자에 |

| | |
|---|---|
| the law of the country where the arbitration took place; or<br>(v) the award has not yet become binding on the parties or has been set aside or suspended by a court of the country in which, or under the law of which, that award was made; or<br>(b) if the court finds that:<br>(i) the subject-matter of the dispute is not capable of settlement by arbitration under the law of this State; or<br>(ii) the recognition or enforcement of the award would be contrary to the public policy of this State.<br>2. If an application for setting aside or suspension of an award has been made to a court referred to in paragraph (1) (a) (v) of this article, the court where recognition or enforcement is sought may, if it considers it proper, adjourn its decision and may also, on the application of the party claiming recognition or enforcement of the award, order the other party to provide appropriate security. | 의해 배제될 수 없는 성격을 가진 본 법의 규정에 저촉되어서는 아니된다는 사실, 또는<br>(v) 소속국의 법원에 의하여 또는 해당국의 법령에 의하여 중재는 당사자를 구속하거나 파기시키거나 연기시킬 수 없다. 또는<br>(b) 법원이 다음의 사실을 알았을 경우,<br>(i) 분쟁의 본안이 해당국의 법령상 중재로 해결할 수 없다는 사실 또는<br>(ii) 중재판정이 해당국의 공서양속에 저촉되는 사실<br>2. 중재판정의 취소 또는 정지신청이 본조 제1항 (a)호 (v)에서 정한 법원에 제출되었을 경우에 승인 또는 집행의 청구를 받은 법원은 정당하다고 판단하는 경우에 그 결정을 연기할 수 있으며 중재판정의 승인 또는 집행을 구하는 당사자의 신청이 있으면 상대방에게 상당한 담보를 제공할 것을 명할 수 있다. |

② 조항의 개요

중재판정이 불리하게 원용되는 당사자의 신청이 있을 때 그 당사자가 다음의 사실에 대하여 승인 또는 집행을 신청한 관할법원에 증거를 제출하는 경우, 중재합의의 당사자가 무능력자인 사실 또는 그 중 재합의가 당사자들이 준거법으로서 지정한 법에 의하여 무효이거나 그러한 지정이 없는 경우에는 중재판정이 내려진 국가의 법에 의하여 무효이면 중재판정의 승인과 집행은 거부할 수 있다. 중재판정의 취소 또는 정지신청본 법원에 제출되었을 경우에 승인 또는 집행의 청구를 받은 법원은 정당하다고 판단하는 경우에 그 결정을 연기할 수 있으며 중재판정의 승인 또는 집행을 구하는 당사자의 신청이 있으면 상대방에게 상당한 담보를 제공할 것을 명할 수 있다.

### 4) 최종조항

① 조항의 내용

| End notes | 최종조항 |
|---|---|
| 1. Article headings are for reference purposes only and are not to be used for purposes of interpretation.<br>2. The term "commercial" should be given a wide interpretation so as to cover matters arising from all relationships of a commercial | 1. 조항 표제는 참고용이지 해석을 목적으로 하는 것이 아니다.<br>2. 상업이라는 조건은 계약과는 무관하게 모든 상업적 속성과 문제를 해결하기 위하여 광범위하게 사용되는 용어이다. 상업적 속성을 포함 |

nature, whether contractual or not. Relationships of a commercial nature include, but are not limited to, the following transactions: any trade transaction for the supply or exchange of goods or services; distribution agreement; commercial representation or agency; factoring; leasing;

 3. The conditions set forth in this paragraph are intended to set maximum standards. It would, thus, not be contrary to the harmonization to be achieved by the model law if a State retained even less onerous conditions.

하는 관계는 제한적이 아니라 다음과 같은 거래를 의미한다. 즉 물품과 서비스의 공급과 교환, 분배협약, 상거래의 대표나 중개인, 채권매수나 임대 등과 같은 모든 무역거래이다.

3. 이 조항에서 결정된 조건은 최소한의 기준이다. 그래서 각국에서 의무가 경감될 수 있는 조건들이 있다면 모델법으로 반드시 일치시킬 필요는 없다.

② 조항의 개요

각 조항의 표제는 참고용이지 해석을 목적으로 하는 것이 아니다. 본 법에서 사용하는 상업이라는 용어는 물품과 서비스의 공급과 교환, 분배협약, 상거래의 대표나 중개인, 채권매수나 임대 등과 같은 모든 무역거래를 의미한다. 만약 각국에서 중재를 위한 조건들이 있다면 본 법에 우선한다.

# 참고문헌

## 1. 국내문헌

강이수, 국제무역관습론, 삼영사, 1993.
구종순·허은숙, 무역결제, 박영사, 2007.
권　오, 국제무역보험, 두남, 2011.
_____, 무역대금결제론, 청목출판사, 2008.
_____, 현대 무역학원론, 청목출판사, 2009.
_____, 보험학원론, 청목출판사, 2011.
_____, 국제무역운송론, 청목출판사, 2012.
_____(편저), 국제무역분쟁해결론, 청목출판사, 2013.
김웅진·박종삼·박영태, 신국제운송물류론, 두남, 2005.
김정건, 국제조약집, 박영사, 1984.
남풍우, 무역실무, 두남, 2007.
서정일, 국제거래계약실무, 한국금융경제연구소, 1998.
송선욱, 국제운송론, 도서출판 두남, 2009.
신동수, 국제무역규칙, 법경사, 1991.
양영환·서정두, 국제무역법규, 삼영사, 1994.
양영환·오원석·서정두, 국제표준은행관습, 한국무역상무학회, 2003.
오원석, 최신무역관습, 삼영사, 1997.
옥선종·김웅진·추창엽, 국제복합운송론, 두남, 1997.
이시환. 신무역실무강의, 신양사, 2005.
전순환, 국제운송물류론, 한올출판사, 2007.
정재락, 항공물류이론과 실제, 도서출판 두남, 2003,
대한상공회의소, UCP600(제6차 개정 신용장통일규칙) 공식번역 및 해설서, 2007.
수입연구소, 외환·수입결제, 2013.
한국관세무역연구원, 관세법령집, 2004.
_____, 수입통관편람, 2004.
한국무역상무학회, ISBP 국제표준은행관습, 2003.
한국무역협회, 주요 국제상관습 및 협약, 1984.
대한상공회의소, ICC 은행 간 신용장대금상환에 관한 통일규칙, 1996.
대한상공회의소, 제6차 개정 화환 신용장통일규칙 및 관례, 2007.

## 2. 일본문헌

加藤有作,「海上保險新講」, 春秋社, 1962.
葛城照三, 英文積荷保險約款論, 早稻田大學出版部, 1966.
廣海孝一,「保險論」, 中央經濟社, 1985.
藤田勝利, 航空賠償責任法論, 有斐閣, 1985.

木村榮一, 海上保險, 千倉書房, 1978.

_____, 「ロイス保險生成史」, 海文堂, 1980.

浜谷源藏, 船荷證券と傭船契約書, 同文館, 1981.

_____, 貨物の損害とクレーム, 同文館, 1977.

松島 惠, 貨物海上保險槪說, 成文堂, 1990.

新堀聰, 貿易取引の 理論と實踐, 三嶺書房, 1993.

勝呂弘, 「海上保險」(改訂新版), 春秋社, 1955, pp.49～50.

中村統太郎, 損害保險の知識, 日本經濟新聞社, 1981, p.21.

日本海技協會, 海難の處理と海上保險, 日本海技協會, 1982.


## 3. 영미문헌


Arnould A.S., General Insurance Principles, Revised ed.,University Press of America, 1983.

Arnould, Sir Joseph, Law of Marine Insurance and Average, 16th ed., (by Mustill and Gilman), London, Stevens & Sons, 1981.

Bickelhaupt, D. L., General Insurance, 11th ed., Irwin, 1983.

Brown, R. H., Dictionary of Marine Insurance Terms and Clauses, 5th ed., London,, Witherby & Co., Ltd., 1989.

Buglass, Leslie J., Marine Insurance and General Average in the United States, Cornell Maritime Press, 1981.

CIIT Tution Service, Insurance of Transportation, The Burlington Press Cambridge Limited, Foxton, Cambridge, 1981.

Folsom Ralph H., International Business Transactions, second ed., West Publishing Co, 1991.

Goodacre, J.Kenneth, Marine Insurance Claims, 2nd ed., London, Witherby & Co., Ltd., 1981.

_____, Institute Time Clauses Hulls, London, Witherby & Co., Ltd., 1983.

Guest, A. G., The Common Law Library Number 2, Benjamin,s Sale of Goods, Fourth Edition, London, Sweet & Maxwell, 1992.

Ivamy, E. R. H., Case book on Carriage by Sea, 4th ed., London, Lloyd's of London Press, 1979.

, Casebook on Shipping Law, 2nd ed., London, Lloyd's London Press, 1978.

Kurkela, M., Letters of Credit under International Trade Law, New York, Oceana Publications, Inc., 1985.

Rubino-Sammartano, M., International Arbitration Law, Boston, Kluwer Law Taxation Publishers, 1990.

Sassoon, D. M. and Merren, H. O., C.I.F. and F.O.B. Contracts, 3th ed., London, Stevens & Sons, 1984.

Schmitthoff, C. M., Schmitthoff's Export Trade, 7th ed., London, Stevens & Sons, 1980.

IATA, IATA AWB(The General Conditions of Carriage), 2012.

ICC, GUIDE TO INCOTERMS 1990, Pub.No.461/9,1991.

___, Incoterms 2000 introduction and Incoterms® 2010, 5.

___, International Standard Banking Practice for the Examination of Documents under Documentary Credits, 2002.

___, Supplement to UCP 500 for Electronic Presentation Version 1; eUCP, 2002.

610

___, Uniform Rules for Bank-to-Bank Reimbursements under Documentary Credits, ICC Publication No. 525, 1995.

___, Uniform Rules for Bank-to-Bank Reimbursements under Documentary Credits, ICC Publication No. 725, 2008.

___, Uniform Rules for Collections, 1995 Revision ICC Publication No. 522, 1995.

___, The Uniform Customs and Practice for Documentary Credits, 2007 Revision ICC Publication No. 600, 2007.

International Convention for the Unification of Certain Rules of Law relating to Bills of Lading(1924)

Maritime Transportation Security Act of 2002(Public Law 107-295), 2002.11.25.

United Nations Convention on the Carriage of Goods by Sea(1978)

United Nations Convention on Contracts for The International Sale of Goods, (1980)

United Nations Convention on International Multimodal Transport of Goods(1980)

UNCTAD/ICC Rules for Multimodal Transport Documents(1992)


http://www.customs.gov

http://www.cyberdongbu.co.kr

http://www.iata.org/whatwedo/cargo/Pages/air_waybill.aspx

http://www.iccwbo.org

http://www.iibf.org..in

http://www.inslink.com

http://www.insure.net

http://www.insweb.com

http://www.ikifi.com

http://www.keic.or.kr

http://www.kli.co.kr

http://www.knowledge.go.kr

http://www.kr.gobizkorea.com

http://www.letterofcreditforum.com

http://www.logiskorea.co.kr

http://www.nhic.co.kr

http://www.rhlg.com

http://www.rightquote.com

http://www.scribd.com

http://www.the.or.kr

http://www.tradegoods.com

http://www.tywell.com

http://www.the.or.kr

http://www.tradegoods.com

# [저자 약력]

· 약력: · 경제학박사(건국대)
· 대한상사중재원 중재인 · 관세사시험 출제위원 및 선정위원
· 한국관세학회 고문 · 공무원 7급, 9급 시험출제위원
· 한국상품학회 상임이사 · 한국무역학회 부회장
· 관세청 민관합동규제개혁추진단 위원
· 관세청 세계최고 세관행정 발전전략 추진위원회 위원
· 관세청 세관선진화추진위원회 위원,
· 기획재정부 관세심의 위원회 위원
· 한성대학교 사회과학대학 무역학과 교수

· 수상: · 기획재정부장관상 표창
· 교육부장관상 표창

· 저서: · 국제무역실무 · 현대무역학원론
· 국제무역보험 · 무역대금결제론
· 국제무역운송론 · 보험학원론
· 국제무역분쟁해결론 · 무역 관련 국내법규론

· 논문: 해상운송인의 위험대응조치와 적하보험자의 책임에 관한 연구
UCP 600의 서류심사기준과 eUCP 및 ISBP의 관련규정에 관한 고찰
전자상거래에 대한 과세부과의 논의와 우리의 추진과제
기업의 심사부담 완화를 위한 납부세액의 정산제도 등 도입방안에 관한 연구
지방세와 부담금의 효과적인 징수를 위한 관세청의 징수범위 확대방안에 관한 연구
보증신용장에 관한 통일 규칙(ISP 98)의 내용과 문제점
협회적하약관 2009(A)의 개정내용에 관한 연구
1982 협회동맹파업약관(적하)와 2009 협회동맹파업약관(적하)의 비교 연구
Incoterms® 2010의 매매당사자 운송계약 및 보험계약 의무조항에 관한 연구
이외 다수

## 국제무역관습 및 협약

2014년 2월 15일 초판인쇄
2014년 2월 20일 초판발행

저 자 권    오
발행인 유 성 열
발행처 **청목출판사**
서울특별시 영등포구 신길로 40길 20
전화 (02) 849-6157(代) · 2820 / 833-6090~1
FAX (02) 849-0817
등록 제318-1994-000090호

파본은 바꾸어 드립니다.                     값 30,000원

http://www.chongmok.co.kr

ISBN   978-89-5565-551-1